Individual Muscle Stretching

IDストレッチング

第2版

編集 鈴木重行

三輪書店

【編集】
鈴木重行　名古屋大学名誉教授，朝日大学客員教授

【執筆】
鈴木重行　名古屋大学名誉教授，朝日大学客員教授
平野幸伸　元 常葉大学健康科学部教授
鈴木敏和　レッツ統括センター・T＆Mコンサルティング株式会社

【装　丁】CRAFT 大友　洋
【イラスト】中野朋彦
【撮　影】酒井和彦
【撮影協力】ユマニテク医療専門学校

第 2 版の序

　IDストレッチング（individual muscle stretching；個別的筋伸張法）初版を出版してから早くも約7年が経過した．おかげさまで，初版は医療職のみならずスポーツ関係者の方々にも愛読され，利用していただいている．その間，IDストレッチングは臨床での経験や各地で指導しながら気づいた点について検討し改良を加え，今回，三輪書店のご好意で第2版を出版させていただくことになった．

　第2版の特徴は，①IDストレッチングの理論的背景を加筆したこと，②IDストレッチングの効果をより高めるため，疼痛抑制法を加えたこと，③IDストレッチングの対象とする筋を増やしたこと，④IDストレッチングの方法を改善したこと，⑤各筋のイラストを加えたこと，⑥IDストレッチングの効果をより持続するために，ホームエクササイズとしてのアクティブIDストレッチングを一部紹介したこと，などである．

　IDストレッチングが軟部組織を中心とした慢性的な疼痛に対する治療法の一つとして利用されていることは嬉しい限りであるが，それ以上に理論的背景を理解しながら，疼痛を軽減あるいは消失させ，関節可動性の改善，パフォーマンスあるいはQOLの向上などの効果を実感できる人たちが増えたことは喜ばしい限りである．

　軟部組織由来の疼痛は，今まで軽視されがちであったが，2000年から始まった「運動器の10年」世界運動と同時期に米国議会で決議された「痛みの10年」の各運動により，軟部組織由来の疼痛が大きく注目されている．一方で，神経生理学分野での痛み領域の研究は目覚ましく発展しており，軟部組織治療の理論的背景がさらに確実になると思われる．

　慢性的な疼痛は神経因性や心因性のものを除くと，画像や検査値で判断できる疾患自体の病理学的変化が直接関与する場合，疾患自体の病理学的変化に重複し，画像などでは判断できない軟部組織の機能的変化が原因とする場合，軟部組織の機能的変化単独により発生する場合が考えられる．軟部組織の機能的変化は，画像で捉えることができないため，その評価には問診・触診・運動検査が非常に重要となる．これらの評価の精度を高めるためには，解剖学・神経生理学などの基礎知識が必要である．関節可動域や筋力などの低下がみられた時，その改善策として骨頭の動きや運動負荷に直接結びつけるだけでなく，関節の動きを制限している要因あるいは筋力が発揮できない要因について評価することが重要である．

　読者の皆様がIDストレッチングの方法を本書により習得され，保健・医療・福祉領域あるいはスポーツ領域で活用されることを望むが，それ以上に，本書の内容を職場の上司や同僚にも理解していただき，治療法の一つとして用いるためには，解剖学・神経生理学などの基礎知識に精通し，疼痛抑制や筋伸張の理論的背景を第三者に説明できることがさらに重要であると考える．このことにより，本書に提唱させていただいている方法を一つの基礎として，自分自身の治療方法が生まれてくるものと考える．

　軟部組織の治療は，まだまだ発展段階にある．多くの方々がこの領域に興味をもっていただき，理論的背景を基礎として，互いに議論することにより，より軟部組織の治療が発展し，痛みやパフォーマンスの低下に苦しみ，その結果，QOLが低下している人々に対して，少しでもお役に立つことができれば，望外の喜びである．

　最後に，第2版の出版に多大なご理解とご協力をいただいた三輪書店・青山　智氏，濱田亮宏氏，幾度ものイラスト修正に快く応じていただいたイラストレーター・中野朋彦氏，写真撮影にご協力いただいたカメラマン・酒井和彦氏，モデル・木下芳美さん，快く撮影現場を提供していただいたユマニテク医療専門学校長・浅井友詞先生，そして，いつも陰ながら応援してくれている家族に感謝いたします．

2006年2月

鈴 木 重 行

初版の序

　ストレッチングは，血液循環の改善，疼痛軽減，可動域改善，リラクゼーションなどが期待できるだけでなく，傷害予防，巧緻性改善などを目的として，スポーツ分野に限らず病院，クリニックなどでも頻繁に用いられている．本書に記載しているストレッチング法は，一つ一つの筋を個別的にストレッチングし，筋の伸張性，柔軟性を高めることにより，筋が関与する関節可動域と巧緻性の改善を目的としていることから，これを **ID ストレッチング**（Individual Muscle Stretching，**個別的筋ストレッチング**）と名づけた．

　ID ストレッチングは個々の筋に対し，その緊張度に応じて次の2つの方法を選択する．すなわち，筋がリラックスしていて，可動域の制限もないときは，ベーシック法［①ストレッチング，②リラックス，③ストレッチング］を施行し，筋緊張が亢進していると判断されるときはコントラクト法［①ストレッチング，②リラックス，③等尺性収縮，④リラックス，⑤ストレッチング］を施行する．本書ではストレッチング開始前と終了後の写真のみを各筋について掲載し，等尺性収縮時の写真は省略した．

　ID ストレッチングの対象は体幹・四肢すべての筋であるが，本書では日常ストレッチングを行う機会の多い筋が網羅されている．伸張法の前半は主に頸部から肩甲帯，上肢に走行する筋を対象とし，後半は殿部から下肢に走行する筋についてまとめている．さらに，ストレッチング時の肢位は前半，後半を通して背臥位，腹臥位，側臥位，坐位，立位で区分した．

　各ストレッチングごとに，はじめのページは当該筋の起始部，付着部，支配を受ける脊髄髄節レベル，血管支配とともに，当該筋が筋連結をもつ筋群を挙げ，図示した．各筋の ID ストレッチングが複数の肢位で可能な場合は各肢位ごとに記載した．また，同じ筋でも筋線維の方向が異なる場合は区別してストレッチング法を提示した．備考では特に留意すべき事項があれば明記した．

　本書は1992年日本徒手医学研究会会員（当時会長，辻井洋一郎先生）のために，共同執筆者の先生方とともに作製した小冊子を，三輪書店のお勧めもあり，内容をまとめ直し，出来上がったものです．本書作製のきっかけとなった日本徒手医学研究会に感謝するとともに，多大なるご協力，ご援助をいただきました広島大学医学部保健学科教授・奈良　勲先生，JR東京総合病院・髙田治実先生，三輪書店・青山　智氏，関山歩さん，モデル・服部美智子さん，カメラマン・酒井和彦氏に厚くお礼申し上げます．

　最後に，本書がスポーツ分野，病院，クリニック等で使用され，選手，患者さんの傷害予防や機能改善の一助になれば，至上の喜びです．

1999年3月

鈴　木　重　行

CONTENTS

第1章　IDストレッチング概論

- ストレッチングの歴史的流れ 2
- ストレッチングの種類と生理学的背景 2
    1. バリスティック・ストレッチング 2
    2. スタティック・ストレッチング 3
- ストレッチングの対象 4
- ストレッチングの効果 5
    1. 関節可動域（柔軟性）の改善と筋緊張の低下 5
    2. 血液循環の改善 7
    3. 筋痛の緩和 9
    4. 障害予防・競技的パフォーマンスの改善 9
- 筋収縮の様式がストレッチング効果に与える影響 9
    1. 等尺性収縮とストレッチング 9
    2. 等張性収縮とストレッチング 10
- IDストレッチングの必要性 11

第2章　IDストレッチングのための基礎知識

- 解剖学的知識 14
    1. 筋走行 14
    2. 三次元的構造 14
    3. 筋連結 14
    4. 筋硬結 15
    5. 関節の動き 16
    6. ランドマーク 16
- 生理学的知識 17
    1. 筋および結合組織の特性 17
    2. 筋収縮と弛緩 17
    3. 筋緊張と循環状態 18
    4. 伸張反射 18
    5. 持続伸張（Ib抑制） 19
    6. 等尺性収縮 19
    7. 精神状態の把握 19
    8. 痛み 20

9．鎮痛 23

第3章　IDストレッチング

定義 30
目的 30
対象 30
1．ストレッチングする筋の選択 30
2．関節運動を利用したストレッチングが困難な場合 31
3．IDストレッチングの時間に対する考え方 31
4．特徴的な症例の考え方 31

評価 32
1．問診 32
2．運動検査 33
3．触診 37
4．疼痛閾値 39
5．関節可動域（柔軟性） 39
6．筋力 39
7．その他の評価法 39

IDストレッチング 42
1．ストレッチング前の対処 42
2．IDストレッチングの種類 44
3．施行時の注意点 44
4．禁忌症 45
5．期待される効果 46

症例報告 46
1．器質的変化と機能的変化とが重複した症例 46
2．器質的変化が存在していたか不明な症例 52

アクティブIDストレッチング 55
項目別文献紹介 58

第4章　IDストレッチングの実際

体幹・上肢
1 腸肋筋 68
2 最長筋 68

3	前鋸筋 74		4	僧帽筋上部 80
5	僧帽筋中部 84		6	僧帽筋下部 86
7	頭半棘筋 88		8	頭板状筋 90
9	肩甲挙筋 92		10	胸鎖乳突筋 94
11	前斜角筋 96		12	中斜角筋 96
13	後斜角筋 98		14	大菱形筋 100
15	小菱形筋 102		16	大胸筋鎖骨部 104
17	大胸筋胸肋部 106		18	大胸筋腹部 108
19	小胸筋 110		20	三角筋鎖骨部 112
21	三角筋肩峰部 114		22	三角筋肩甲棘部 116
23	棘上筋 118		24	棘下筋 120
25	小円筋 122		26	大円筋 124
27	広背筋 124		28	上腕三頭筋 130
29	上腕二頭筋 134		30	烏口腕筋 138
31	腕橈骨筋 140		32	長橈側手根伸筋 142
33	短橈側手根伸筋 144		34	尺側手根伸筋 146
35	総指伸筋 150		36	長母指伸筋 152
37	短母指伸筋 154		38	長母指外転筋 156
39	示指伸筋 158		40	小指伸筋 160
41	橈側手根屈筋 162		42	長掌筋 164
43	尺側手根屈筋 166		44	浅指屈筋 168
45	深指屈筋 170		46	長母指屈筋 172

下肢

47	腸骨筋 176		48	大腰筋 178
49	大殿筋 180		50	中殿筋 184
51	大腿筋膜張筋 188		52	縫工筋 192
53	恥骨筋 194		54	短内転筋 194
55	長内転筋 196		56	大内転筋 198
57	薄筋 200		58	梨状筋 202
59	外閉鎖筋 202		60	内閉鎖筋 202
61	上双子筋 202		62	下双子筋 203
63	大腿方形筋 203		64	大腿直筋 208
65	内側広筋 210		66	外側広筋 212

67	半腱様筋 214	68	半膜様筋 214
69	大腿二頭筋 216	70	腓腹筋外側頭 218
71	腓腹筋内側頭 220	72	ヒラメ筋 222
73	前脛骨筋 224	74	長趾伸筋 226
75	長母趾伸筋 230	76	長腓骨筋 234
77	短腓骨筋 234	78	長趾屈筋 238
79	長母趾屈筋 242	80	後脛骨筋 246
81	短趾伸筋 248		

資料

付表1．身体部位と注目すべき筋群 256
付表2．スポーツ種目別 ID ストレッチング（1） 257
　　　　スポーツ種目別 ID ストレッチング（2） 261

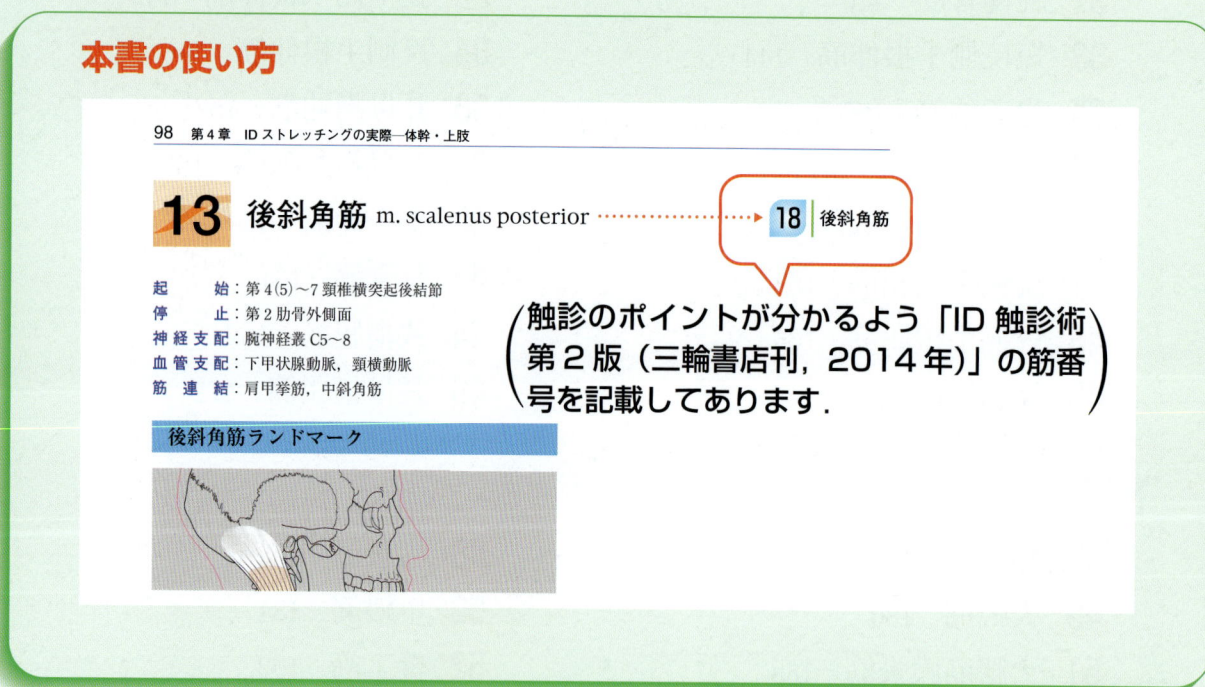

第1章

IDストレッチング概論

- ストレッチングの歴史的流れ 2
- ストレッチングの種類と生理学的背景 2
- ストレッチングの対象 4
- ストレッチングの効果 5
- 筋収縮の様式がストレッチング効果に与える影響 9
- IDストレッチングの必要性 11

ストレッチングの歴史的流れ

わが国でストレッチングが一般の人々に広く行われるようになったのは，NHK放送局のラジオ体操からであろう．ラジオ体操は日常生活活動を開始する前の柔軟運動としても行われ，義務教育や高等学校での体育授業にも一部用いられていた．なお，このような反動を利用した筋伸張法は，バリスティック・ストレッチング（ballistic stretching）といわれる．しかしながら，1950年代ごろまではストレッチングの意義やその効果について科学的に検討されてはおらず，一般の人々が認識するまでには至っていなかった．

しかし，スポーツ人口の増加とともに，運動前後のストレッチングの重要性が認識され始めた．その起爆剤となったのがBob Anderson（1975）の著書「STRETCHING」であった．Andersonは反動をつけずにゆっくりと筋を伸張し，その肢位を数十秒間保持するスタティック・ストレッチング（static stretching）を提唱した．スタティック・ストレッチングは運動選手のみならず，一般の人々にも広く受け入れられ，わが国において，いわゆるストレッチング・ブームを引き起こした．

その後，Kabat（1950）やKnott & Voss（1968）らによって提唱された固有受容性神経筋促通法（PNF：proprioceptive neuromuscular facilitation）がスポーツ選手の間で筋力増強法として注目を浴びるようになった．PNFは元来，医療の分野でリハビリテーションの一翼を担う理学療法（physical therapy）の治療手技として米国から導入されたもので，この手技はスポーツの分野にも取り入れられ，主に筋力増強法としてあらゆる競技種目のトレーニングに用いられてきた．また，この手技を利用したPNFストレッチングが柔軟性や俊敏性の改善を目的として，主にスポーツ分野で行われているのが現状である．

ストレッチングの種類と生理学的背景

ストレッチングは，バリスティック・ストレッチングとスタティック・ストレッチングの2種類に大別される（表1-1）．

1．バリスティック・ストレッチング

バリスティック・ストレッチングは反動を利用して筋を伸張する方法で，学生時代の体育授業やクラブ活動での柔軟体操など，反動を利用して行うストレッチングが思い出される．この反動を利用した急激な筋伸張は，筋の長さの変化を感受する筋紡錘を興奮させ，求心性Ia神経線維により脊髄後角を経て，脊髄前角に

表1-1 ストレッチングの比較

タイプ	種類	特徴
静的	スタティック・ストレッチング	・最終域で静止し，数秒から数十秒間ストレッチングする ・Ib抑制を利用し，筋緊張を低下させる
	PNFストレッチング（一部）	・PNFパターンを利用し，各パターンの最終域で行う等尺性収縮後のスタティック・ストレッチング ・各パターンの習得が必要
	IDストレッチング	個々の筋に対するIb抑制を利用した他動的スタティック・ストレッチング 筋の走行，刺激に対する筋の反応などの解剖学・生理学の詳細な知識が必要 筋緊張の程度により，等尺性収縮を組み合わせる
動的	バリスティック・ストレッチング	・反動を利用したストレッチング ・筋損傷の危険性や筋緊張亢進の可能性がある
	PNFストレッチング（一部）	・PNFパターンを利用し，拮抗筋の等張性収縮を行わせた後，ストレッチング
	ダイナミック・ストレッチング	・瞬発的な動きに対応することを目的の1つとしている ・拮抗筋の等張性収縮を俊敏に何度も繰り返すことで，目的とする筋の緊張を抑制する

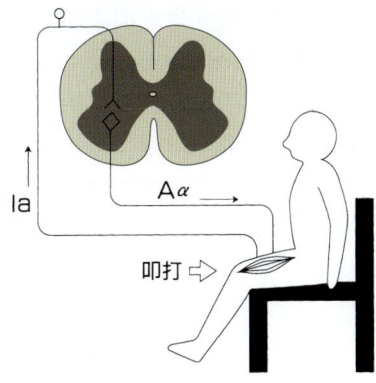

図 1-1 伸張反射
　膝蓋腱を叩打すると筋は瞬間的に引き伸ばされる．筋の長さの変化は筋紡錘により感知され，求心性 Ia 線維により脊髄に伝達される．Ia 線維は脊髄内で直接前角にある運動神経細胞にシナプス結合し，この細胞を脱分極させる．この脱分極は遠心性 Aα 線維により筋まで到達し，筋を反射的に収縮させる

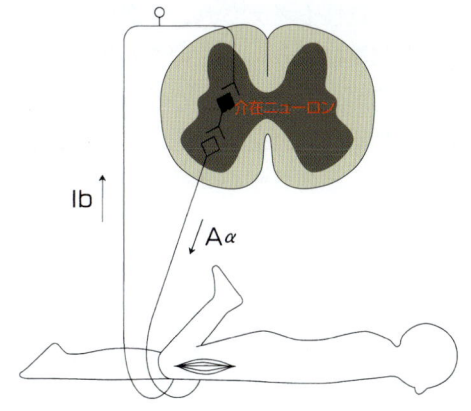

図 1-2 持続伸張と Ib 抑制
　筋が持続的に伸張されるとゴルジ腱器官が筋緊張の高まりを感知し，この信号は求心性 Ib 線維を伝播し，脊髄まで達する．脊髄内では介在ニューロンがこの信号を受け取り，脊髄前角にある運動神経細胞の興奮を低下させ，結果的に持続的に伸張された筋の緊張を低下させる

　存在する運動神経細胞を直接興奮（脱分極）させ，伸張した筋を反射性に収縮させる伸張反射を助長する（**図1-1**）．したがって，バリスティック・ストレッチングはストレッチングに期待される筋緊張（stiffness）の抑制効果とは逆に，筋緊張を亢進させる結果，可動域の減少や筋・腱損傷を引き起こす危険性を伴う．
　バリスティック・ストレッチングはこのような欠点がみられるため，現在ではほとんど使用されなくなってきている．

2．スタティック・ストレッチング

　Bob Anderson（1975）は反動を利用せずにゆっくりと筋を伸張し，その肢位を数十秒間保持するスタティック・ストレッチングを提唱した．スタティック・ストレッチングは筋を伸張した時，筋および結合組織からの抵抗が生じた時点で保持すると，筋腱移行部に多く存在するゴルジ腱器官がその刺激を受容し，求心性 Ib 神経線維を介して，脊髄後角までインパルスが伝播される．脊髄内では，脊髄前角細胞とシナプス結合している介在ニューロンが Ib 神経線維からの信号を受け取る．介在ニューロンは脊髄前角細胞の電位を下げる働きがあるため，結果的に前角細胞の脱分極を抑制し，支配筋の筋緊張を低下させることになる．この神経生理学的反応を Ib 抑制という（**図1-2**）．この結果，スタティック・ストレッチングは柔軟性を改善し，パフォーマンスを向上させることから，運動選手のみならず一般の人々にも広く受け入れられるようになった．また，スタティック・ストレッチングはスポーツ領域だけではなく，理学療法をはじめとして医療分野で筋緊張亢進を伴う関節可動域制限の改善に用いられ効果を上げている．逆にスタティック・ストレッチングは，急性効果としてピークトルクの低下（Cramer ら，2005）がみられることから，運動前のストレッチングが筋出力を減弱させる可能性もうかがえる．
　これに対し，相反神経メカニズムと Ib 抑制の両者を利用した方法がダイナミック・ストレッチング（dynamic stretching）で，主にスポーツ分野で利用されている．ダイナミック・ストレッチングは，例えば大腿四頭筋を反復して等張性収縮し，相反神経抑制により拮抗筋であるハムストリングスの筋緊張を低下させたのち，最後にハムストリングスをスタティック・ストレッチングする方法（鈴木，1994）である．ダイナミック・ストレッチングはスタティック・ストレッチング単独に比較し，筋出力を増加させ，パフォーマンスを発揮するには効果的であるとの報告（Yamaguchi ら，2005）がみられる．しかしながら，柔軟性の獲得にはスタティック・ストレッチングがダイナミック・ストレッチングよりも効果的であるとの報告（Bandy ら，1998）のように，ダイナミック・ストレッチングの方法に精通しなければ，ある筋の等張性収縮時に拮

抗筋が同時収縮する可能性も考えられ，主動筋だけでなく拮抗筋の筋緊張亢進を引き起こしかねない．さらに，主動筋の等張性収縮により，ある関節角度で静止するのには拮抗筋の収縮が必要であったり，主動筋により最終可動域まで関節を動かすと，バリスティック・ストレッチングのように，拮抗筋に伸張反射を引き起こすことも考えられる．これらのことより，競技前にすべての筋に対して，一様にダイナミック・ストレッチングをすると，もともと筋緊張が亢進している筋，痛みが発生している筋などでは，さらに筋緊張が亢進し，疼痛増悪や傷害発生の原因ともなりかねないので，常に筋緊張の状態を評価してストレッチングの方法を選択することが重要である．

ストレッチングの対象

　ストレッチングは，スポーツ領域においては筋および結合組織を対象として運動前後の柔軟性，粘弾性の獲得を目的とした手法として用いられ，臨床では関節可動域改善のための一つの方法として捉えられている．
　関節可動域に対する治療では，疼痛軽減，血液循環の改善を含めた筋および結合組織などの軟部組織を対象とし，軟部組織の柔軟性，伸張性を改善し，結果的に関節可動域の改善を求める方法と，関節の動き自体に着目し，関節に直接アプローチする方法とに分かれる．
　関節に直接アプローチする治療法の基礎には関節の動き，すなわち関節窩に対して関節頭が正常の動きを阻害されているので，関節頭の動きを引き出すために，運動制限されている方向に他動的に関節を動かすという考え方が存在する．したがって，この考え方には筋をストレッチングするという意識は希薄である．一方，関節モビライゼーションは同様に，関節窩に対する関節頭の動きが正常でないため，関節頭の動きを詳細に検討して関節頭を直接動かし，関節包の柔軟性を高めるとともに関節頭の動きを改善しようとする関節の動きを中心とした考え方である．
　関節可動域制限の原因は，関節内の外傷や線維性組織の増殖，椎間板ヘルニア，腱板損傷あるいは関節裂隙の狭小化など単純X線，MRI，超音波，内視鏡などにより診断される器質的変化と，筋あるいは関節包，靱帯，筋膜などの結合組織の柔軟性および粘弾性の低下，筋緊張亢進などによる機能的な変化が考えられる（図1-3）．
　機能的変化は筋・筋膜性腰痛症などのように単一に出現する場合と，器質的変化に重複して存在する場合が考えられる．本来，関節あるいは骨は脊髄前角に細胞体をもつ運動神経の支配を受けていないので，関節の運動制限は器質的変化がない場合や関節内炎症により浮腫が形成されている以外などを除くと，骨頭そのものが関節の動きを制限しているのではなく，関節周囲の軟部組織により骨頭の動きが制限され，その結果として関節の運動制限が生じていると考えられる．
　関節可動域制限を引き起こす関節拘縮の原因は先天的なもの以外，①皮膚性拘縮，②結合組織性拘縮，③

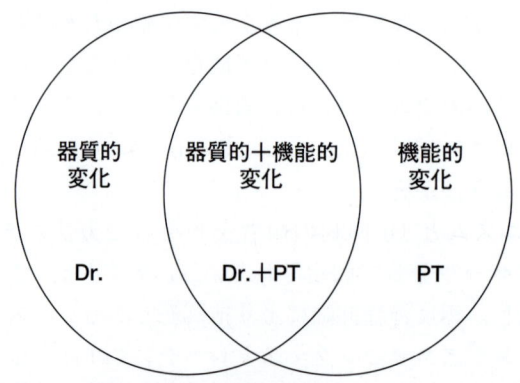

図1-3　器質的変化と機能的変化（文献1）より引用）
疼痛と筋緊張亢進に伴う関節可動域制限は，器質的変化と機能的変化の両者から発生すると考えられるので，その原因を追及するとともに，医師と理学療法士がそれぞれの役割を担うことが重要である

筋性拘縮，④神経性拘縮，⑤関節性拘縮に分類されている（高橋，1994）．これらの中で，①皮膚性拘縮，②結合組織性拘縮，③筋性拘縮はそれぞれ軟部組織が直接拘縮の原因となっている．さらに④神経性拘縮は，痛みなどによる反射性収縮や中枢性神経障害による筋緊張異常，末梢神経障害などに筋の弛緩性麻痺が原因とされており，軟部組織の関与がうかがえる．また，関節性拘縮は関節を構成する軟部組織である滑膜・関節包・靱帯・関節周囲組織などの炎症または外傷により，これらの萎縮または癒着で起こった拘縮と定義されており，軟部組織由来であることがわかる．これらのことより関節拘縮においても，その原因は結合組織あるいは筋などが含まれる軟部組織の機能的変化によることが多いので，関節可動域を改善するためには軟部組織に着目する必要性がある．

　また，医師以外の者が軟部組織による関節可動域制限に対して力量を発揮できるのは，生体外部から刺激を与え変化させることができる次の3つの場合に絞られる．①器質的変化の改善を目的とした手術後に，機能的変化が残存する場合，②手術の対象とならない程度の器質的変化の存在とともに機能的変化が重複している場合，③機能的変化だけの場合である（鈴木，2003）．したがって，関節可動域制限に対する治療法では関節の動きを主導する筋および筋の形状を保つ筋膜，さらには靱帯・腱あるいは最内層の関節包などの結合組織などで構成される軟部組織の機能的変化に対する評価能力と，軟部組織の機能的変化に付随して起こる関節運動に対する評価能力が必要となる．さらに関節可動域に対する治療では，リスク管理の点からもまず軟部組織へのアプローチの後に，関節への直接的なアプローチへと進むことが望まれる．また，それぞれのアプローチが何をターゲットにして，どのような目的で行うのかを明確にしなければならない．そのためには，まず関節可動域制限あるいは拘縮の病態を知ることが重要となる（図1-4～6）（沖田ら，2000，2003；Okitaら，2004）．

　一方，関節可動域運動では，われわれはその原因を関節頭の動きの低下や拮抗筋の筋緊張亢進と決めつけ，安易に制限のある方向に動かす．しかしながら，例えば腰痛時，腰椎を伸展することにより，脊柱起立筋群の一部に痛みが再現され，体幹伸展動作が制限されることや，前夜までまったく痛みや運動制限がなかった場合でも，いわゆる寝違いにより運動制限が引き起こされ，制限されている方向に頸部を動かすことにより，同様の事態が起こることも経験している．すなわち，筋を含む軟部組織は緊張亢進や柔軟性低下の状況下では，短縮あるいは圧縮させる方向に動かすことによっても痛みとともに関節の運動制限が起こるのである．したがって，軟部組織の機能的変化による可動域制限では，その原因が拮抗筋のみならず主働筋と主働筋を包む筋膜などにも存在することを知っておくべきである．

ストレッチングの効果

1. 関節可動域（柔軟性）の改善と筋緊張の低下

　Hagbarth（1985）は手指中手指節（MP：metacarpophalangeal joint）関節にトルクモータを設置し，他動的に手指MP関節を屈曲・伸展し，各条件下での関節の可動性・筋緊張について検討している（図1-7）．その結果，指屈筋群を他動的に大きく伸張すると伸張前に比べ，手指MP関節伸展の可動域拡大と伸張反射の抑制がみられ，逆に指屈筋群を短縮方向に動かすと手指MP関節伸展の可動域減少と伸張反射の亢進が出現し，筋緊張の亢進を示唆した．

　このことは，ストレッチングは筋および結合組織の柔軟性を改善するだけでなく，伸張反射の抑制効果がみられたことから，筋緊張の抑制にも効果的であることを示したものと考えられる．逆に，筋を他動的に短縮すると関節可動域が減少し伸張反射が亢進したことにより，軟部組織の機能的変化による関節可動域低下に対するストレッチングでは伸張する方向が非常に重要であることがわかる．例えば，肩関節屈曲の可動域制限があり，屈曲最終域での痛みが三角筋前部線維に存在する場合では，肩関節を他動的に，あるいはプーリーなどを利用して自動介助的に屈曲すると，三角筋前部線維が短縮方向に動かされるため，筋緊張がさらに亢進し，関節可動域はさらに低下することが予想される．この場合の肩関節屈曲の可動域を改善させるためのストレッチングの方向は肩関節伸展方向であり，結果として屈曲の可動性改善が得られるのである．さ

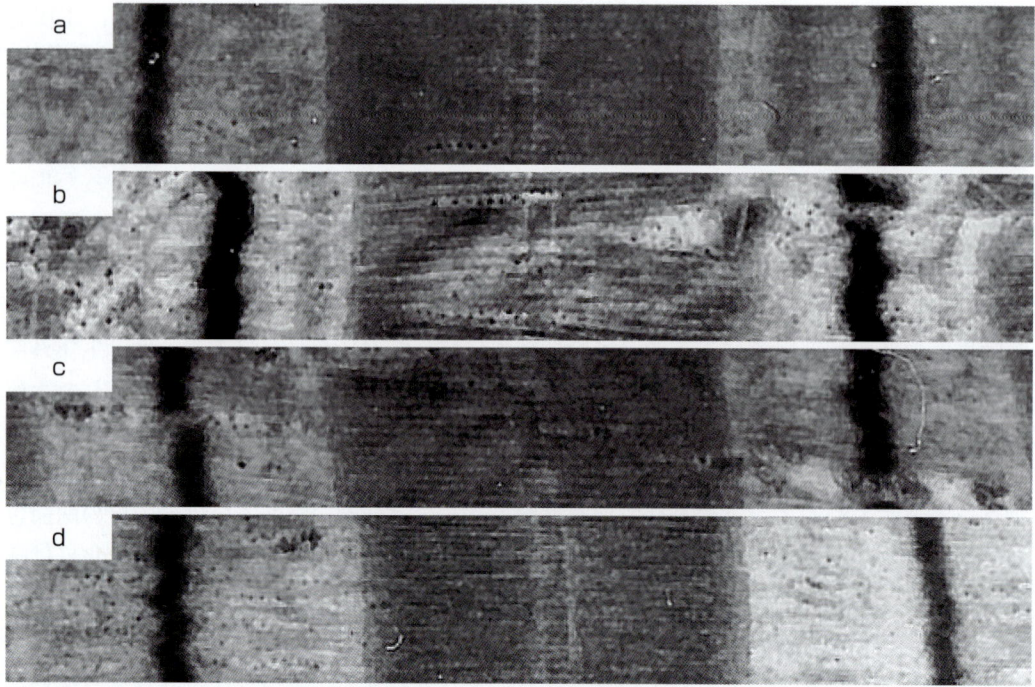

図1-4 ラットの筋節長変化
a. 正常
b. 4週間固定
c. 4週間固定後自由飼育
d. 4週間固定後ストレッチ

ラットの足関節を4週間底屈位ギプス固定することにより，筋節長は短縮するが（b），ストレッチングにより筋節長は回復する（d）（写真：沖田実先生の御厚意による）

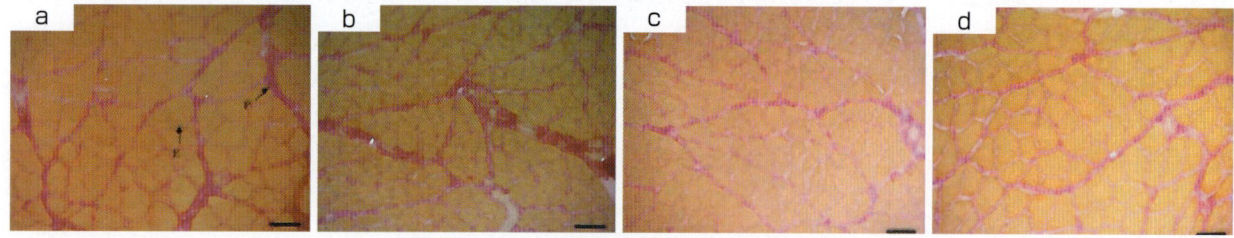

図1-5 ラットの筋線維と結合組織の変化
a. 正常
b. 4週間固定
c. 4週間固定後自由飼育
d. 4週間固定後ストレッチ

ラットの足関節を4週間底屈位ギプス固定することにより筋細胞は萎縮し（b），逆に結合組織の占有面積が増加する．ストレッチングにより，正常までほぼ回復する（d）（写真：沖田実先生の御厚意による）

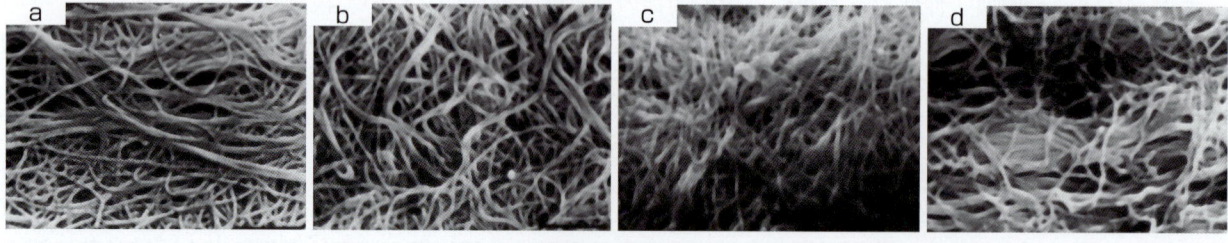

図1-6 ラットのコラーゲン線維走行の変化（文献2）より一部改変引用）
a. 正常
b. 4週間固定
c. 4週間固定後自由飼育
d. 4週間固定後ストレッチ

ラットの足関節を4週間底屈位ギプス固定することにより，コラーゲン線維走行は筋線維に対し横走化するが（b），ストレッチングにより筋線維に対し正常と同様に縦走化する（d）

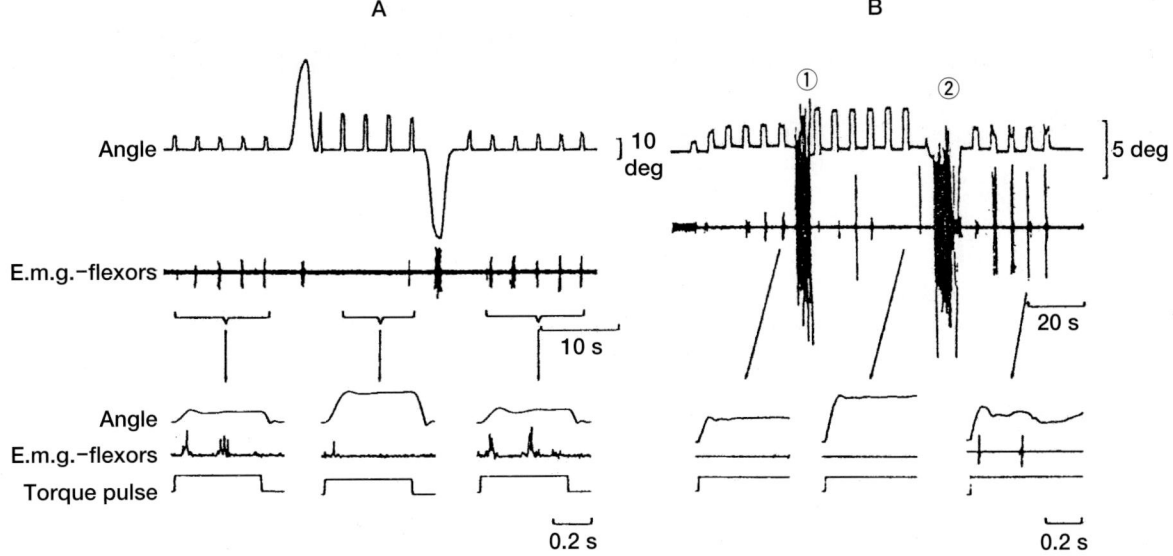

図1-7 異なる条件下での筋緊張に伴う反射的変化（文献3）より一部改変引用）
A．手指MP関節をトルクモータで他動的に大きく伸展し（最上段のベースラインより上方向），手指屈筋群を伸張すると，伸展後は伸展前と同じトルクを負荷しても手指屈筋群の筋緊張が低下し，伸張反射の消失（最上段より2段目）とともに，大きな角度が獲得された．逆に，手指MP関節を他動的に大きく屈曲した場合では，伸張反射の再出現と伸展角度の減少がみられた
B．手指屈筋群に等尺性収縮（①）を負荷すると（最上段より2段目）負荷前に比較し，わずかな手指MP関節の角度増加がみられたが（最上段），等張性収縮（②）後では伸張反射の増強とともに伸展角度の減少が観察された

らに，ストレッチングが筋緊張亢進に対する効果として，電気生理学的には安静時放電の著明な低下（De Varies，1961），神経伝達効率の増大（片平ら，1985），運動時の異常放電の減少（寺崎ら，1988），H反射の振幅減少（Guissardら，2003），平均周波数の高周波成分への移行（**図1-8**）（森谷ら，1987），モアレ像の正常化（**図1-9**）（寺崎ら，1988）などにより裏づけられている．

ストレッチングの可動域あるいは柔軟性の改善効果は，関節可動性の増大（Williams，1988；Bandyら，1994；佐伯ら，2000；Okitaら，2001；中田ら，2002），筋湿重量の改善（佐伯ら，2000；Okitaら，2001），筋線維断面積の増大（**図1-5**）（Yamazakiら，1996；沖田ら，1998，2003；Okitaら，2001），筋節長の改善（**図1-4**）（佐伯ら，2000，沖田ら，2003），筋節減少の防止（Willams，1990；Coxら，2000；佐伯ら，2000），結合組織占有面積の減少（**図1-5**）（Williams，1988；佐伯ら，2000；Okitaら，2001），コラーゲン線維の走行改善（**図1-6**）（佐伯ら，2000）やコラーゲン線維の代謝改善（Savolainenら，1988）などから検討され，いずれもストレッチングの効果を示唆している．

軟部組織の柔軟性に関与する因子として，関節包，筋・筋膜，腱，皮膚などが考えられるが，その大部分は関節包と筋・筋膜が，それぞれ47%と41%関与し（Johnsら，1962），筋・筋膜が可動域や柔軟性に与える影響の重要性がうかがえる．また，関節包・腱・靱帯などの結合組織は収縮・弛緩の特性はないが若干の柔軟性をもち，伸張可能であるが，短縮した結合組織の伸張のためには少なくとも20分間の施行が望ましいとの報告（Kottke，1966）や，ストレッチングは結合組織の粘性には効果的であるが，弾性には効果がないとの報告（Kuboら，2001，2002）もみられる．

2．血液循環の改善

血液循環の改善は，筋弛緩のために筋細胞内に放出されたカルシウムを筋小胞体へ取り込む時のエネルギー源であるアデノシン三リン酸の生成を活発にし，筋収縮から弛緩への移行をスムーズにするとともに，筋疲労の回復を促すことが考えられる．

健常人を対象とした実験では，ストレッチング後の血流量はストレッチング時間が長くなるに伴い多くなる傾向を認め，運動前のストレッチが運動後の皮膚温上昇にも関与すると報告されている（福永ら，1983；安部ら，1983；影山ら，1986；中村，1995）．また鈴木ら（2004，2005）は，慢性腰痛者に対し疼痛抑制と

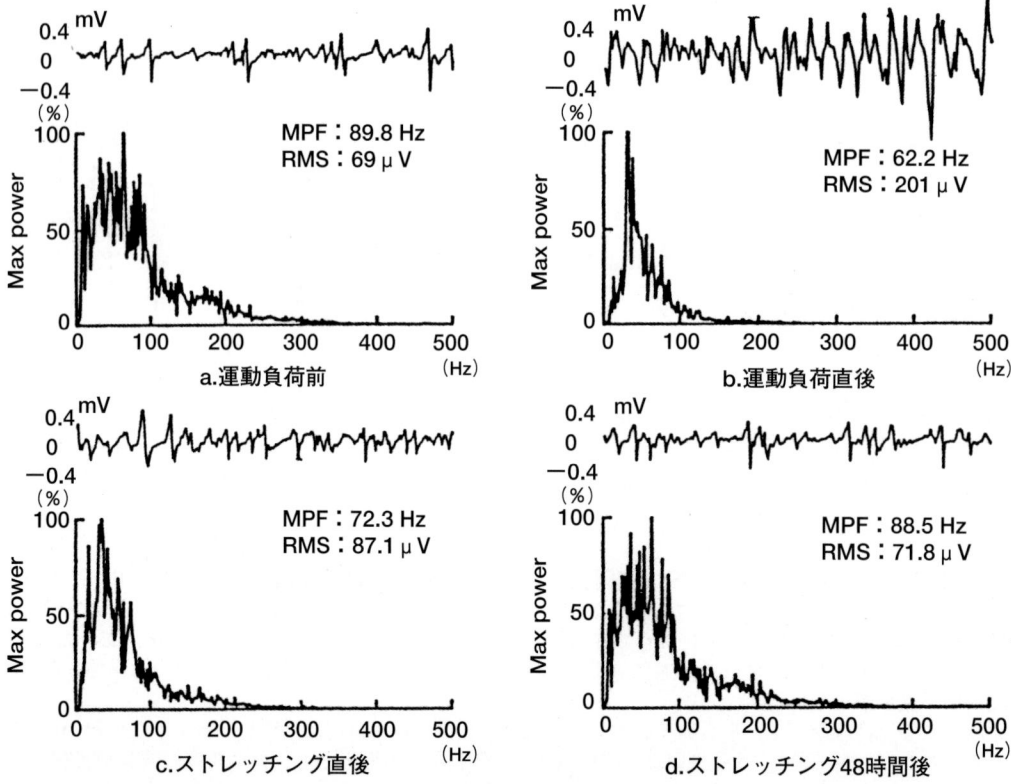

図1-8 ストレッチングによる筋電図周波数の変化（文献4）より一部改変引用）
　運動負荷により筋電図は低周波成分が増加し，平均周波数も低下するが，ストレッチング48時間後では運動負荷前までほぼ回復している

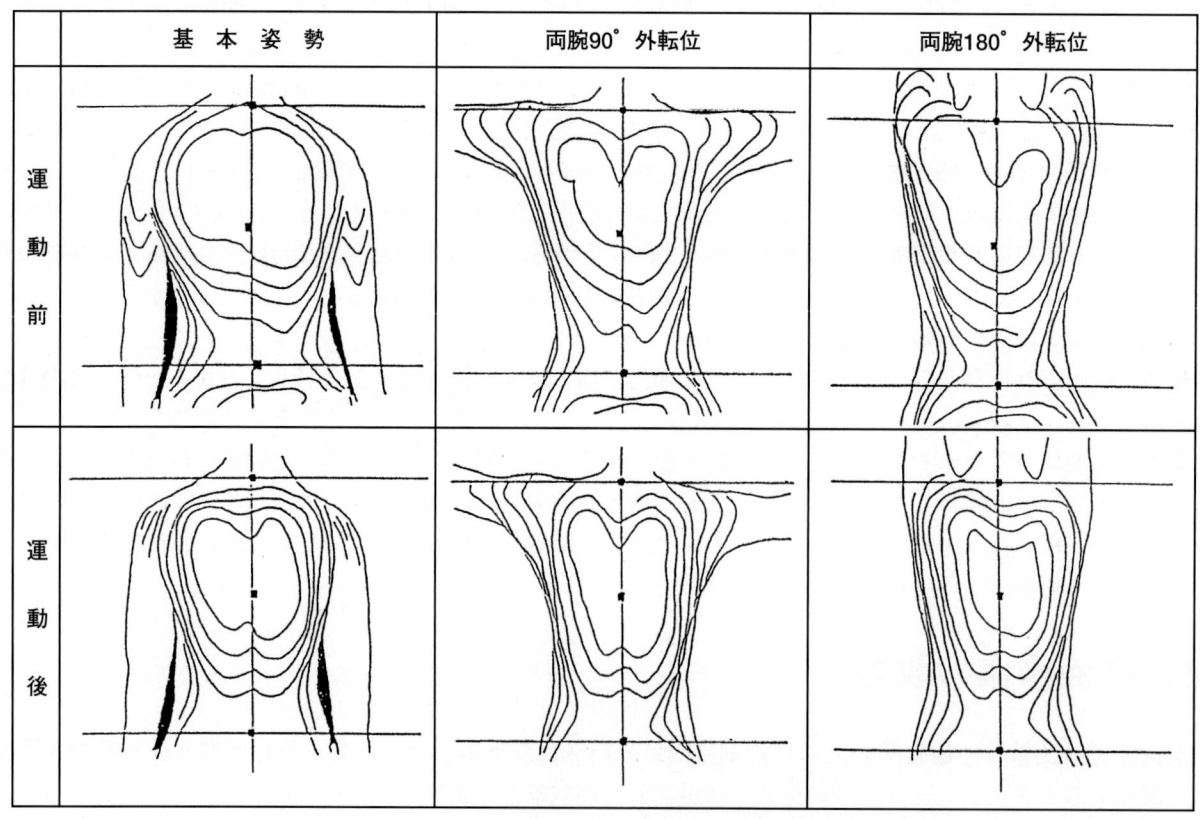

図1-9 ストレッチングによるモアレ像の変化（文献5）より引用）
　上段：腰痛者のモアレ像
　下段：ストレッチング後のモアレ像
　腰痛者は筋緊張の左右アンバランスからモアレ像はゆがんで撮影されるが，ストレッチングはほぼ左右対称的な像が獲得できている

ストレッチングを施行した結果，腰部深部微小動脈の血管断面積が拡大し血流が改善したことを確認している．

3．筋痛の緩和

血液の循環改善は発痛物質や疼痛増強物質の生成を抑制し，いわゆる筋痛を緩和する．また，ストレッチングによるIb抑制作用は筋痛による脊髄運動ニューロンの興奮性を低下させる（森谷ら，1987）．鈴木ら（2003～2005）は，肩関節部に種々の器質的疾患を有し，かつ疼痛が発生している筋に対し，ストレッチングによる軽減効果を報告している．

4．障害予防・競技的パフォーマンスの改善

ストレッチングは，筋紡錘が関与する伸張反射の閾値を高めるとともに，種々の動作に協調して作用する主動作筋，拮抗筋，共同筋および固定筋のスムーズな反応を促し，筋断裂などを防止する．

山下ら（1993，2001）は，筋伸張により神経筋接合部間隙の距離が短縮したとして，筋伸張が神経筋伝達機能を促進すると示唆している．さらに，ラットの下腿骨に延長術を施行し，筋を持続的に伸張した片平ら（1985）の報告では，神経伝達効率が増大し，次に生じる刺激に対して応答しやすくなるとしており，神経伝導速度は血流に依存する（Mortimerら，1970）ことを考え合わせると，ストレッチングが神経伝達機能を向上させ，バランス機能や反応時間の向上（Behmら，2004）の結果，パフォーマンスの改善に作用すると考えられる．

筋収縮の様式がストレッチング効果に与える影響

筋ストレッチングは，スタティック・ストレッチング単独の場合と筋収縮後にストレッチングする場合とに大きく分かれる．筋収縮の様式は，等尺性収縮・等張性収縮・等速性収縮に分類される．

1．等尺性収縮とストレッチング

これまでもスタティック・ストレッチング単独と等尺性収縮後のスタティック・ストレッチングとの比較研究が多く報告されているが，研究者によりストレッチングの施行時間が異なることもあり，一定した結果には至っていない．健常人を対象とした研究では，等尺性収縮後のストレッチングがストレッチング単独に比較して可動域獲得に効果がみられるとの報告（Sadyら，1982；Etnyreら，1986；Tanigawa，1972）が多いものの，電気生理学的検討ではストレッチング後の自発放電が大きく，筋がリラックスしないとの報告（Osteringら，1987）や，等尺性収縮直後，H反射の抑制効果が数百ミリ間みられるが，その後はストレッチング単独のレベルまで戻る（Etnyreら，1986）という報告もあり，等尺性収縮を組み合わせたスタティック・ストレッチングが常に効果的であるとは言い切れない．この理由として，Ribot-Ciscarら（1991）はヒト筋紡錘からの求心性神経の自発放電に注目し，①伸張反射に関与する筋紡錘からの求心性神経が自発的な放電をしていない時，すなわち筋がリラックスした状態では，等尺性収縮を行うと逆に自発放電が発生し，伸張反射が起こるまでの潜時も短縮し，伸張反射の閾値は低下する，②筋紡錘からの求心性神経に自発放電がみられる時，すなわち筋緊張が亢進した状態では，等尺性収縮によってその放電活動は一時的に消失するという結果を得ている（図1-10）．また，Hagbarthら（1985）も同様に，筋を軽く伸張するだけでも伸張反射が出現する，いわゆる筋緊張が亢進した状態では，等尺性収縮後は若干の可動性の改善とストレッチング時の伸張反射の出現の低下を報告している（図1-7）．

これらの結果は，臨床的には等尺性収縮後のストレッチングは筋緊張亢進状態の筋に対し効果的であるが，筋が弛緩した状態では，等尺性収縮後のストレッチングは逆に筋緊張を亢進させる結果につながる可能性を

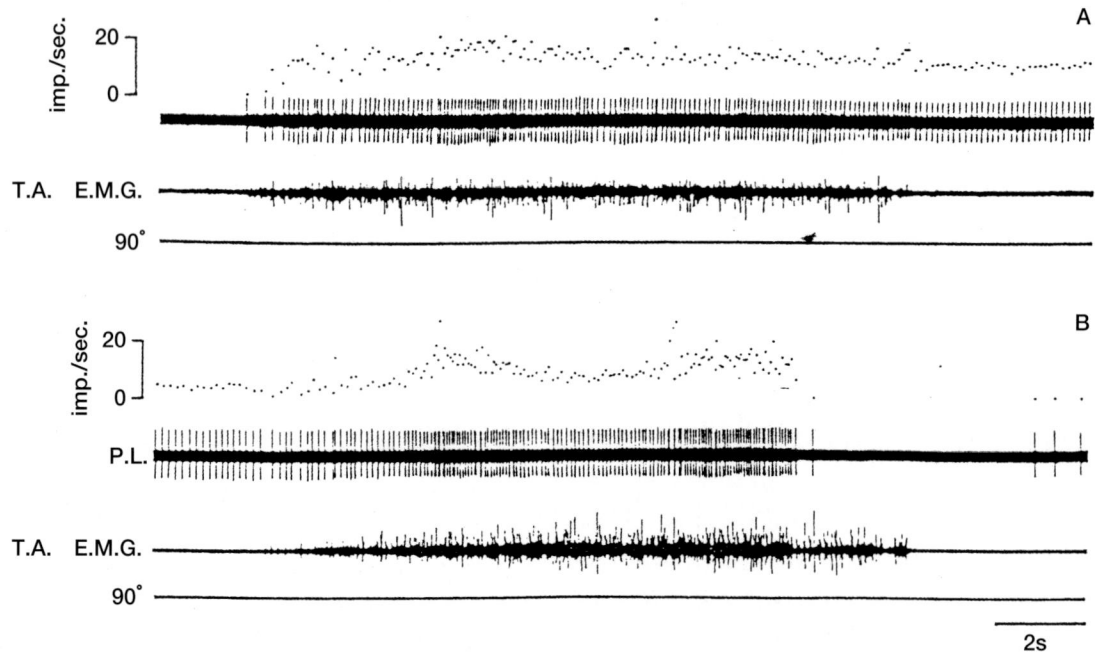

図1-10　等尺性収縮とIa神経線維活動（文献6)より引用）

A，Bとも上段：Ia活動
　　　　中段：前脛骨筋活動
　　　　下段：足関節角度変化

A．Ia神経線維の活動がみられない，いわゆるリラックスした状態の時に，前脛骨筋に等尺性収縮前を負荷すると，収縮終了後もIa神経線維の活動が維持され，筋緊張が亢進していることを推察させる

B．Ia神経線維の活動が著明な時に，等尺性収縮を負荷すると，収縮終了後はIa神経線維活動がある時間抑制され，筋緊張が抑制されたことを推察させる

示唆しており，ストレッチングを行う時には，筋の生理的緊張状態をよく把握し，等尺性収縮を利用する必要性があることをうかがわせる．なお，筋緊張亢進時の可動性の改善および筋緊張抑制を目的として，等尺性収縮を併用する方法は「hold-relax」と呼ばれ，臨床的にも多用されている．

2．等張性収縮とストレッチング

　筋トレーニングを行った直後は運動負荷した筋の緊張が増強し，極端な時には関節の可動性も低下する．
　Hagbarthら（1985）は手指屈筋に対する等張性収縮後は明らかな伸張反射を助長し，手指MP関節の伸展方向の可動性を極端に低下させたと報告している（図1-7）．理学療法では関節可動域運動後に当該関節周囲筋に対し，筋力増強運動を当然のごとく行い，多くの場合，等張性収縮による運動負荷を与える．このことは，関節可動域運動により可動域が改善したとしても等張性収縮により逆に筋緊張が亢進し，可動性を低下させることとなることを意味しており，特に留意する必要がある．等張性収縮を負荷した筋に対しては，その柔軟性を維持するために，再度，当該筋をストレッチングするとよい．スポーツ領域においても同様で，等張性収縮を多く用いたトレーニング後は，ストレッチングを含めたクーリングダウンを行わないと筋緊張が亢進した状態が維持され，その後の筋傷害の発生原因にもなりかねない．
　以上のことをまとめると，関節可動域や筋緊張に対するストレッチングの効果として，次のことが考えられる．①筋および結合組織を伸張すると関節可動域は増強する．②筋および結合組織を伸張すると伸張反射は抑制される．③筋緊張が亢進している時，等尺性収縮を負荷すると伸張反射は抑制され，関節可動域は若干改善する．④筋緊張が亢進している時，等張性収縮を負荷すると伸張反射はさらに亢進し，関節可動域は低下する．

 # IDストレッチングの必要性

　解剖書やご遺体による解剖実習からも理解できるように，同じ筋でもいろいろな方向に線維が走行している．三角筋は前部・中部・後部線維に，大胸筋は鎖骨部・胸肋部・腹部線維と走向が大きく異なる時は名称を区別している．また，広背筋は腸骨稜に付着している外側部線維は縦方向に，胸椎棘突起に付着している筋線維はむしろ横方向に走行し，中殿筋の外側部線維は大転子に向かって縦方向に，上後腸骨棘近くからの線維は斜め方向に走行している．このように，前述の三角筋のごとく，同じ筋名でも異なる線維名がつけられている筋はもちろんであるが，一つの筋名だけの場合においても線維の走行は異なることが多い．したがって，筋を効果的に伸張するには筋線維がなるべく一直線上になるような肢位を選択し，同じ筋でも筋線維の走向が大きく異なる時には，方向を変えてそれぞれ筋線維を個別にストレッチングする必要がある．

　従来行われているストレッチングは，以下のような利点がある．①一つの運動方向の筋群をまとめてストレッチングできる．したがって，短時間で多くの筋群をストレッチングできる．②治療者，パートナーがいなくても1人でできる方法を含んでいる．③専門的知識をさほど必要としない．特に一人で行うストレッチングでは各関節の運動方向を知っていれば，その運動方向に拮抗する筋群がストレッチングできる．④ベッドやマットの設備がなくても簡単にストレッチングを行うことができることが多く，場所を選ばない．

　しかし，従来のストレッチングには，以下のような重大な欠点が含まれている．①選択的な筋ストレッチングが困難である．ストレッチングはある運動方向に拮抗する筋群を一つの筋群として捉えており，筋が三次元的に走行することや，広背筋のごとく一つの筋の中でも線維方向が大きく異なっていることが多いことなどを考えると，いくつかの筋をまとめてストレッチングするには無理がある．②筋緊張が亢進している筋をさらに悪化させる可能性がある．従来のストレッチングは筋走行などの解剖学や生理学的反応についての専門的知識をさほど必要としないことから，ある筋をストレッチングすることによって，拮抗筋の筋緊張をよりいっそう亢進させる可能性がある．

　これらの欠点を補い筋をストレッチングするには，単に関節の運動方向だけを考慮するだけでなく，筋や結合組織からなる軟部組織の機能評価だけではなく，筋走行の特徴などを含む解剖学の詳細な知識と痛みや筋緊張に関する神経生理学の知識を基礎としたストレッチングが望まれる．

　個別的筋伸張法（Individual Muscle Stretching；以下，IDストレッチング）を学ぶことは，治療者やトレーナーの筋に関する解剖学あるいは生理学の知識が豊富になるとともに，筋やランドマークになる骨突出部の触診技術，関節可動域制限や痛みの原因となっている軟部組織の機能評価能力が確実に向上する．その結果，筋を的確に捉え，適切な方向にストレッチングすることが容易となり，結果的に可動域制限や痛みが改善し，傷害を未然に防ぐことになる．このような考えで生まれたのがIDストレッチングである．

第2章

IDストレッチングのための基礎知識

| 解剖学的知識 | 14 |
| 生理学的知識 | 17 |

解剖学的知識

1. 筋走行

　個々の筋をストレッチするには筋の走行を理解しておく必要がある．人体解剖の実際や見学などにより，紡錘状筋・羽状筋・半羽状筋・鋸筋などに区別されている個々の筋の線維方向が異なることを実感してもらいたい（図2-1）．四肢の筋でもほとんどの筋線維は骨長軸に沿ってまっすぐには走行していないので，一つの筋をストレッチングする際にもいくつかの方向にストレッチングすることが望まれる．

2. 三次元的構造

　一つの筋を詳細に観察すると，筋線維がいかに多くの方向に三次元的に走行しているかがわかる（図2-2）．さらにある筋が体表近くに存在し，主に大きな関節運動に関与する場合でも，付着部が関節包や骨間筋膜などの深層部に入り込み，関節の固定にも関与すると想像できるものなどがあり，ある運動方向に関与する筋群をまとめてストレッチングできないことがわかる．この三次元的構造の理解には解剖実習・見学が不可欠となる．解剖実習・見学ができない時は解剖書に記載されている写真および四肢の輪切り構造を示した図などをじっくり観察すること，あるいは市販DVDビデオなどにより筋の三次元的構造を理解することもよい方法である．

3. 筋連結

　筋は骨から骨に付着するばかりでなく，筋膜・筋間中隔・靱帯・関節包などにも付着する．さらに上腕筋間中隔が上腕筋・上腕二頭筋などの肘屈筋群と上腕三頭筋の肘伸筋群の両者に付着部を提供していることに代表されるように，筋は間接的あるいは筋線維どうしにより直接的に同じ作用をもつ筋群のみならず，拮抗

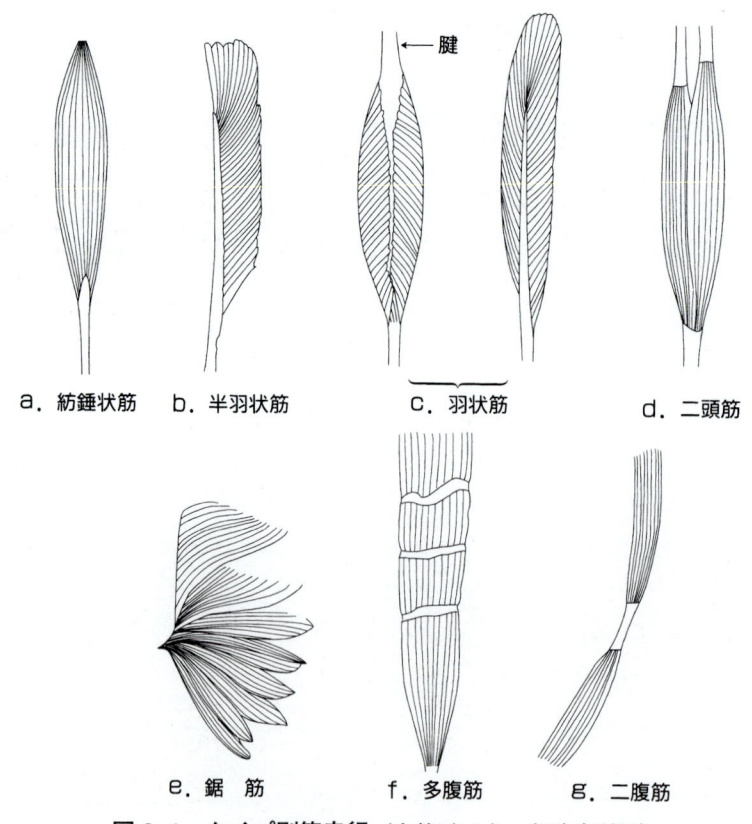

図2-1　タイプ別筋走行（文献7）より一部改変引用）

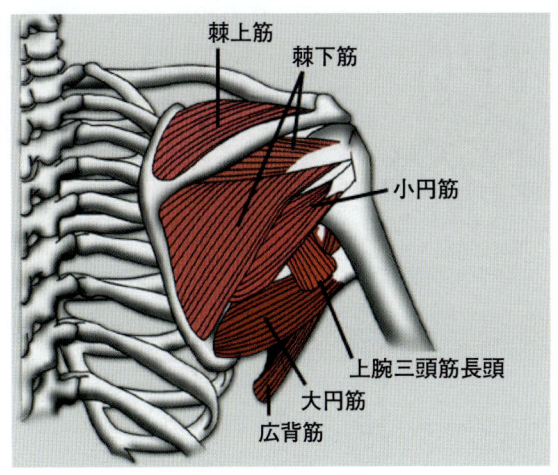

図2-2 三次元的構造の理解（文献8)より一部改変引用）

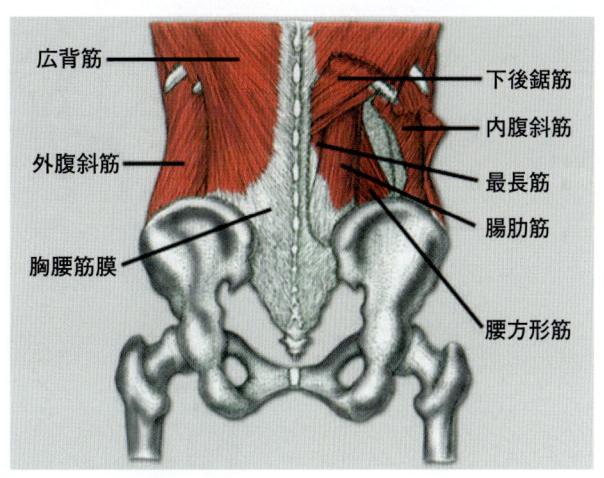

図2-3 筋連結の理解（文献8)より一部改変）
筋は筋膜をはじめとする結合組織だけでなく，筋線維どうしでも連結している

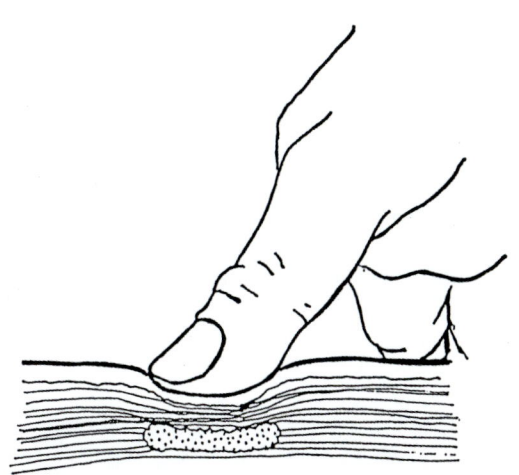

図2-4 筋硬結（文献9)より一部改変引用）
筋硬結は筋線維の一部に存在し，圧迫すると痛みを発現する

筋との間にもいわゆる筋連結を形成している（図2-3）（Vleemingら，1995；河上ら，1998）．慢性痛症ではこの筋連結に沿って痛みを自覚し，筋緊張亢進が存在することが多いので注意して観察する必要がある．

4．筋硬結

　筋硬結とは筋線維に沿って存在する限局した硬いものをいい，筋線維全体にあることは少なく，ごく一部筋線維に限局していることが特徴で，圧迫するとその局所に痛みが発現する（図2-4）．筋硬結は持続的な筋収縮と循環不全が基礎となり，自発放電がみられる部分的な筋収縮と筋収縮自体はみられない結節様変化とが混在したものとして捉えられている．また，筋を包む結合組織の粘弾性も低下していることが予想される．ゆえに筋硬結を圧迫すると，結合組織への機械的刺激の入力とともに循環障害がさらに引き起こされ，痛みが再現される．

　筋硬結は，軟部組織が関係する可動域制限の原因の一つとして考えられ，無理に可動域を拡大しようとすると筋硬結部位周辺から痛みが発生する．軟部組織の機能的な変化による可動域の制限や痛みの原因がこの筋硬結部であることが多いので，筋硬結を探し出すことが非常に重要となる．生体では年齢とともに軟部組織の硬度が増し，いわゆる筋硬結と呼ばれる部位が多く存在するようになる．しかしながら，痛みや可動域制限を引き起こす筋硬結部位は限定されているので，治療においては患者や選手が訴える筋硬結部位あるいは結合組織の硬度が増した部位を正確に捉えることが必要となり，IDストレッチングの治療効果にも影響する．

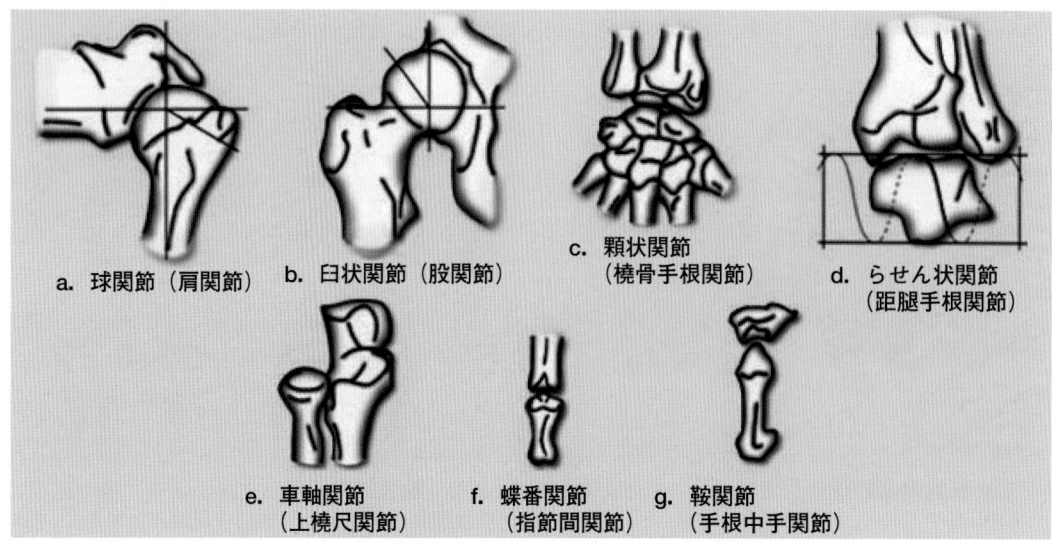

図 2-5 関節の構造と動き (文献 7) より一部改変引用)
ストレッチングでは関節の構造と動きを理解しておくことが重要である

表 2-1 ランドマーク一覧表

頭部	外後頭隆起，上項線，乳様突起
脊柱	棘突起，横突起，仙骨外側縁
胸骨	胸骨角，胸骨柄，剣状突起
鎖骨	全体
肋骨	各肋骨（特に，第 2，12 肋骨），肋骨弓
肩甲骨	肩甲棘，内側縁，下角，外側縁，肩峰，烏口突起
上腕骨	大結節，小結節，外側上顆，内側上顆
前腕骨	橈骨頭，橈骨茎状突起，肘頭，尺骨茎状突起
手根骨以下	各手根骨，中手骨，指節骨
骨盤	腸骨稜，上前腸骨棘，下前腸骨棘，上後腸骨棘，坐骨結節，坐骨棘，大・小坐骨切痕
大腿骨	大転子，小転子，外側上顆，内側上顆，内転筋結節
膝蓋骨	膝蓋骨底，上縁，下縁
下腿骨	腓骨頭，脛骨粗面，脛骨前縁，外果，内果
足根以下	各足根骨，中足骨，指節骨

5．関節の動き

関節は，その構造により，球関節・臼状関節・蝶番関節・楕円関節などに分類され，その動きはさまざまである（図 2-5）．関節の動きを十分理解し，ID ストレッチング時には軽く牽引し，関節面の接触によるストレッチングの範囲が制限されないよう留意する．

6．ランドマーク

ID ストレッチングは個々の筋を対象とするため，ID ストレッチングを施行する人は少なくともそれぞれの筋を触診できることが要求される．個々の筋の触診が容易になるためには，まず骨突出部の確認が必要である．筋線維全体またはその一部は起始部・停止部とも骨へ付着することが多いので，筋の触診では骨突出部をランドマークとして活用する（表 2-1）．

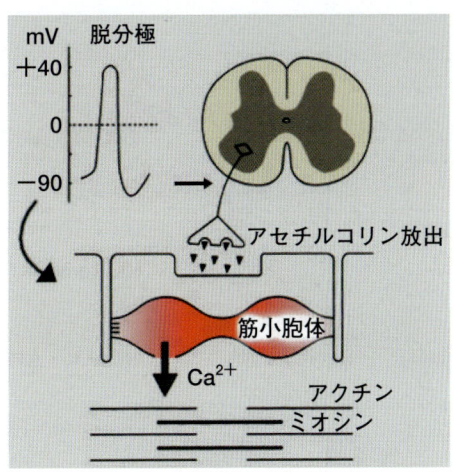

図2-6 脊髄前角細胞の脱分極と筋収縮

 生理学的知識

1. 筋および結合組織の特性

不動の影響で筋は短縮，萎縮するとともに筋線維タイプが変化し，結合組織は増殖するとともにコラーゲン線維は筋線維長軸方向に対して横断するように走行が変化し，さらにヒアルロン酸含有量が増加する．これらの結果，関節可動域は減少し，柔軟性の低下を引き起こす（沖田ら，1998，2000，2003，2004；佐伯ら，2000）（図1-5，6）．

関節の可動域制限は，関節構成体の異常と関節を取り巻く軟部組織の短縮・萎縮などによる伸張性の低下・痛みなどが関与する．骨は随意運動をつかさどる運動神経線維の支配を受けていないので，それ自体では動きを発揮することはできない．したがって，可動域の制限は骨・関節の病理学的変化がないかぎり，結果的には効果器の機能を有する筋およびその他，軟部組織の異常と考えることができる．中枢神経系の異常は多くの場合，痙性（spastisity）や固縮（rigidity）などの緊張異常が効果器である筋に出現する．したがって，IDストレッチングは中枢神経系の病理学的変化そのものには適応とならないが，運動負荷による筋緊張亢進が原因で可動域制限が悪化した場合，またはその予防として施行される．

筋の中でもストレッチングの影響が大きい部位についてGarrettら（1988）は，動物筋の伸張負荷試験から伸張されるのは，筋の形態にかかわらず錘外筋実質，すなわち筋線維そのものよりも筋腱移行部であるとしている．

2. 筋収縮と弛緩

IDストレッチングの対象はその程度の差はあるものの，通常状態でも過度な緊張状態にある筋が多い．特に激しい運動後に発生するいわゆる遅発性筋痛（dilayed onset muscle soreness）の筋電図所見では，運動前に比較すると異常な筋放電が認められている（森谷，1987）．したがって，IDストレッチングの基礎として筋収縮と弛緩についての知識をもつ必要がある．

筋の収縮は脊髄前角細胞（運動神経細胞）の脱分極（興奮）がトリガーとなって引き起こされる（図2-6）．前角細胞が脱分極するとその興奮は，軸索（末梢運動神経）を経て筋との接合部である神経筋接合部へ到達する．神経筋接合部では神経の興奮を筋に伝播するために，神経伝達物質であるアセチルコリンが神経終末から筋細胞膜に向かい放出され，ある一定以上の電位変化が生じてはじめて筋細胞膜の脱分極が起こる．この変化は筋小胞体に伝わり，筋小胞体からカルシウムが筋細胞内に放出されることで筋収縮が発生する．

筋が収縮後，弛緩状態に移行するには筋小胞体から放出されたカルシウムを再度取り込むためのいわゆる「カルシウムポンプ」というエネルギーが必要となる（図2-7）．カルシウム再吸収のためのエネルギーはア

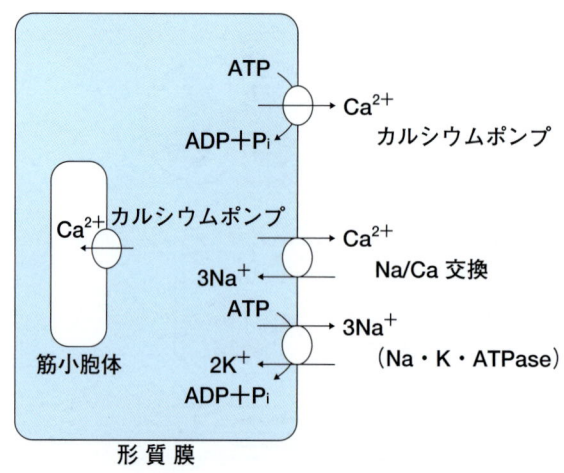

図 2-7 筋弛緩時のエネルギー源(文献10)より引用)
筋が弛緩するにはATPがADPとPiとに分解される
時に発生するエネルギーが必要である

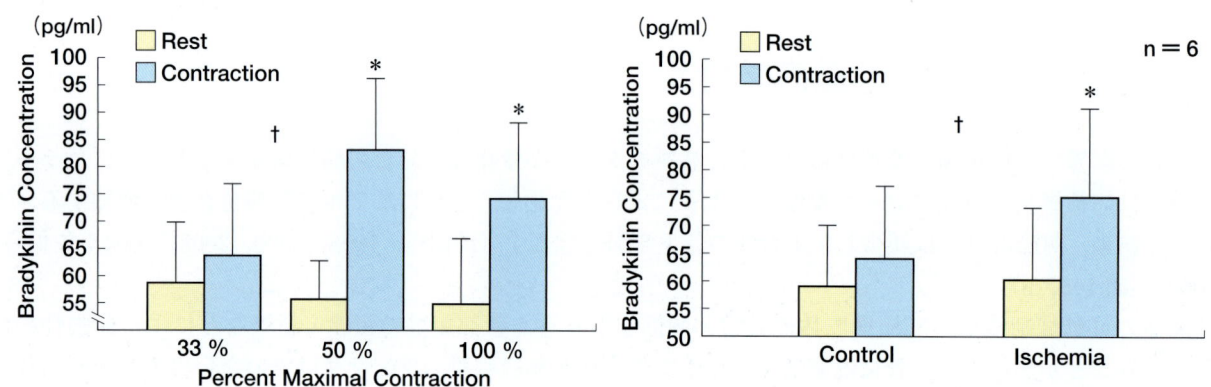

a. 最大筋収縮の50%，100%で血中ブラジキニン濃度が有意に増加し，痛みを誘発する

b. 最大筋収縮の30%でも，血流を遮断すると同様に血中ブラジキニン濃度が有意に増加し，痛みを誘発する

図 2-8 筋収縮とブラジキニン濃度(文献11)より引用)

デノシン三リン酸（ATP：adenosine triphosphate）がアデノシン二リン酸（ADP：adenosine diphosphate）と無機リン酸（Pi）に分解される時に発生するエネルギーが関与し，筋収縮から弛緩へのスムーズな移行を促し，筋緊張を生理的正常範囲に保持する．すなわち，筋収縮により引き起こされる筋緊張の亢進は，体性神経系や自律神経系を介して脊髄前角細胞の異常興奮が継続した状態と捉えることができ，最悪の場合はいわゆる「こむら返り」や「ぎっくり腰」を呈することになる．

3．筋緊張と循環状態

循環状態が良好であることは筋収縮から弛緩へのスムーズな移行を促し，筋緊張を生理的範囲内に保持するために重要である．一方，持続的な収縮は発痛物質であるブラジキニンの血中濃度を上昇させ痛みを誘発し，侵害受容器を興奮させない程度の筋収縮でも血流が障害されると，同様にブラジキニン濃度が上昇し，いわゆる筋肉痛を発現させる（図2-8）．

4．伸張反射

伸張反射とは筋が瞬間的に過度に伸張された時，筋紡錘の働きにより反射的に筋が収縮する現象をいい（図1-1），脳血管障害などによる錘体路障害では病的に亢進するが，健常人でも筋緊張の程度により伸張反射の閾値が異なる．この理由は，脊髄前角にある運動神経細胞体が上位中枢やゴルジ腱器官，痛み感覚を伝

える求心性神経，内臓などからの自律神経系などから直接あるいは間接的にシナプスを介して結合しているためである．すなわち，脊髄前角細胞は直接的または間接的に興奮性あるいは抑制性の電位変化を起こし，その結果として筋の反射性収縮や弛緩状態を呈することになる．

　筋緊張が亢進した状態では伸張反射の感受性は高まり，伸張反射は起こりやすく，逆に筋が弛緩した状態では伸張反射は起こりにくい．IDストレッチングは筋緊張を低下させ，伸張反射の閾値を高めるとともに，種々の動作に協調して作用する主動作筋，拮抗筋，共同筋および固定筋のスムーズな反応を促し，筋傷害を予防する．

5．持続伸張（Ib抑制）

　持続伸張（prolonged stretch）は，筋緊張の抑制あるいは低下の効果を発揮する．筋が引き伸ばされる時に，筋緊張の抑制に関与する末梢の受容器は，ゴルジ腱器官・関節受容器である．一般に筋腱移行部（必ずしも筋の起始部・停止部の両端とは限らないことに注意すること）に多く存在するといわれているゴルジ腱器官からのIb求心性線維は，筋の張力に応じて興奮の程度が変化する（**図1-2**）．すなわち，筋に持続的な伸張が加わると主動筋・共同筋に存在するゴルジ腱器官が興奮し，この信号が求心性にIb線維を伝播し脊髄後角に入り，介在ニューロンを介して同名筋の脊髄前角細胞の興奮を抑制し，逆に拮抗筋の脊髄前角細胞に対し促通的に働く（自己抑制と相反性促通）．すなわち，ゴルジ腱器官を興奮させることにより，目的とする筋の緊張を低下させることが可能となる．この原理を利用したのがIDストレッチングである．

6．等尺性収縮

　筋の収縮様式には，等尺性収縮（isometric contraction），等張性収縮（isotonic contraction），等速性収縮（isokinetic contraction）の3種類がある．

　等尺性収縮は筋の長さが変化せずに筋収縮を呈する収縮様式であり，等張性収縮とは筋の長さが短縮あるいは延長しながら収縮する様式である．等速性収縮とは筋の長さが一定した速度で短縮あるいは延長しながら収縮する様式をいい，機械的な負荷あるいは介助をした場合に限り現れるものである．

　等尺性収縮後のストレッチングの効果は，主に筋緊張が亢進している場合に出現し，リラックスしている筋に対し等尺性収縮を行うと，逆に緊張を助長する危険性がある（**図1-10**）．したがって，IDストレッチングでは等尺性収縮の負荷を与えるか否かを判断する能力が求められる．また，IDストレッチングのコントラクト法で行う等尺性収縮により筋力が増強されるとは考えられない．しかしながら，動物実験ではストレッチングが速筋筋細胞の増殖を起こし，さらに筋芽細胞においてもストレッチングを受けた箇所のみ筋細胞の増殖と肥大が観察されている（山田ら，1992）．この事実は，ストレッチングが骨格筋細胞の肥大や増殖に対して重要な要因であることを示すものである．

7．精神状態の把握

　精神状態が筋緊張を変化させるのは周知のごとくである．試合前の過度の緊張状態や心配事などにより，交感神経系が優位に働き，その結果，筋緊張が増強する．過度に筋緊張が亢進するとパフォーマンスの低下を引き起こす．競技者や患者の日々の精神状態を把握するためには，ストレッチングする前に会話などを通して観察する必要がある．

　菊地（2003）は，疼痛治療難例の治療には無作為比較試験でも報告（Lemstraら，2005）されているように，生物学的・心理的・社会的疼痛症候群と捉えれば精神科医も参加した集学的なアプローチが重要であるとし，熊澤（2005）は学際的痛みセンターでの臨床心理士を含めたチームアプローチの重要性を力説している．

表 2-2 一次痛と二次痛 (文献 12) より引用)

	一次痛	二次痛
感覚の性質	判別性感覚 鋭い，刺すような痛み	原始性感覚 鈍い，うずくような痛み
情報の精度	高い（刺激の部位，期間について）	低い
繰り返し刺激により	40 秒に 1 回以上の頻度で減少 （末梢性に）	3 秒に 1 回以上の頻度で増強 （中枢性に）
修飾作用 　末梢，中枢刺激により 　心理的要因により	 なし なし	 抑制されうる 増強されうる
受容器	高閾値機械的受容器 または熱受容器	ポリモーダル受容器
適刺激	侵害的機械刺激 または侵害的熱刺激	侵害的熱，機械的および化学的刺激のすべて
神経線維タイプ	主に Aδ 線維	皮膚では主に C 線維 深部組織では Aδ および C 線維
脊髄後角ニューロン	辺縁細胞（LⅠ）	膠様質細胞（LⅡ）→広作動域ニューロン 　　　　　　　（LⅠ，Ⅴ，Ⅶ，Ⅷ）
上行路	脊髄前側索：脊髄視床路	脊髄前側索：脊髄視床路，脊髄網様体経路など
視　床	外側腹側部（腹側基底核被殻部）	内側部（束傍核，束傍下核，外側中心核など）
大　脳	皮質感覚領野	皮質下核

8．痛み

　ある刺激が生体に加わり害を与える時，一般的にその刺激を侵害刺激と呼ぶ．侵害刺激により痛みを体感した時，瞬間的に感ずる痛みを一次痛と呼び，一次痛の後で引き続き起こる痛みを二次痛と呼ぶ（表 2-2）．一次痛は Aδ 神経線維によって，二次痛は Aδ および C 神経線維によって脊髄後角まで侵害情報が伝達される．この両者の神経線維は，脊髄後角灰白質に入り込む部位が異なる．すなわち，脊髄後角を 6 層に分けた中で，Aδ 神経線維は脊髄後角の最も背側部を占める第Ⅰ層（辺縁細胞），第Ⅱ層（膠様質層）の外側部に入り，特異的侵害受容ニューロン（nociceptive specific neuron）とシナプスを形成する．また，C 神経線維（Kumazawa ら，1977；横田，1988）は，脊髄後角で特異的侵害受容ニューロンのほかに第Ⅰ，Ⅱ，Ⅳ，Ⅴ，Ⅵ層に細胞体をもつ広作動域ニューロン（wide dynamic range neuron）とシナプスを形成する（図 2-9）．

　一次痛は痛みの部位が明確な判別性感覚に優れ，末梢および中枢神経系からの作用によっても痛みの程度は変化せず，心理的影響も受けないのが特徴である．したがって，この痛みはいったん発生すると防御できない．一方，二次痛は一次痛に引き続き起こる「ズキズキする痛み」「ジンジンする痛み」という表現をする性質をもった痛みである（熊澤，1989）．持続的ないわゆる筋肉痛も二次痛である．二次痛はその痛みが慢性化するほど痛みの部位の判別性が困難となる．また，二次痛はホットパックなどによる温熱刺激や，逆に「イライラ」などの心理的作用によって痛みが悪化する特徴をもつ．したがって，保存療法の対象となる病態の中でも器質的変化により出現する痛みは一次痛と二次痛を含んでいるのに対し，軟部組織由来の疼痛はほとんどが理学療法により可逆的な変化が期待できる二次痛と考えられるので，二次痛に関係する受容器の働きをいかに抑制するかが課題となる（鈴木ら，2004）．

　患者が訴える痛みに密接な関係をもつポリモーダル受容器（polymodal receptor）（Kumazawa，1977，1989，1996）は，二次痛を伝える受容器として知られ，皮膚では無髄で，伝導速度が毎秒 3 m 以下の C 神経線維により伝達されるが，骨格筋・関節・内臓などの深部組織からの痛みは Aδ 線維により伝達される場合もある．

　ポリモーダル受容器の名前の由来は，その機能が多くの（poly）様式（mode）の刺激に反応することからきている（表 2-3）．すなわち，Aδ 神経線維にインパルスを送る高閾値機械的受容器が一般的には侵害的な機械的刺激に反応するのに対して，ポリモーダル受容器は機械的刺激（触，圧），化学的刺激（発痛物質）さらには熱刺激のいずれにも反応する特徴をもつ．また，ポリモーダル受容器は痛みを感じさせない非侵害的刺激から侵害的刺激までの幅広い刺激強度に応じ，他の受容器にはない特殊性をもっている（図 2-10）．言

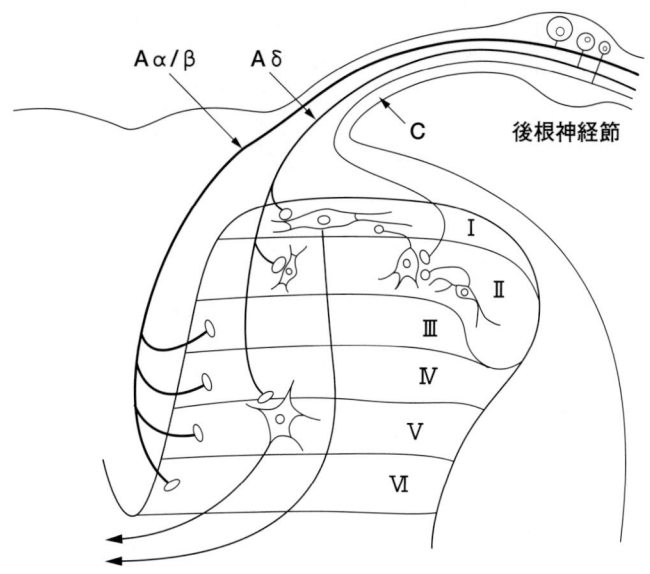

図 2-9 脊髄後角の階層構造と末梢神経の層特異的終末分布
（文献 13）より引用）

表 2-3 ポリモーダル受容器の特徴
・皮膚・靱帯・筋膜・関節包・内臓など全身に分布
・非侵害刺激から侵害刺激まで応答
・機械的，熱，化学的刺激のいずれの刺激にも応答
・軟部組織の持続的な痛みに関与
・感作，アロディニアに関与

い換えれば，ポリモーダル受容器はあらゆる刺激の種類や強さに反応する受容器といえる．さらにポリモーダル受容器は，皮膚・筋膜・靱帯・腱・関節包・内臓・血管など広く全身に分布し，組織の異常を知らせる警告系として重要な働きをしている．

ポリモーダル受容器の特筆すべき特徴は，侵害的な刺激を同じ強度で同じ部位（受容野）に繰り返すと，①閾値の低下，②刺激に対する反応性の増大，③受容野の拡大，④自発放電の増大などの現象を示す．このことを感作（sensitization）（Perl ら，1976；Suzuki ら，1994，1995，1996）といい，脊髄後角では広作動域ニューロンが関与している（図 2-11）．

痛みの受容器は関節頭・関節窩，さらには筋細胞内には存在しないので，われわれが可動域運動時に与える痛みは多くの場合，筋膜・靱帯・関節包などの結合組織から発生すると考えられる．また，その痛みは反射的に交感神経系および運動神経系の興奮を助長し，結合組織および筋への血流低下，柔軟性低下および緊張亢進を引き起こし，さらに可動域を制限する．したがって，可動域運動では痛みを我慢させて，可動域の改善を図ることは避けるべきである．痛みを伴う関節可動域運動を熱心にすればするほど，時間をかければかけるほど，痛みはさらに悪化し，関節可動域はさらに低下する（鈴木，2005）．

ポリモーダル受容器は C 神経線維により侵害情報を伝達するだけでなく，末梢組織に効果器として働きかける性質をもつ．ポリモーダル受容器が効果器としての作用を発揮し，受容器の近傍周辺に炎症症状を呈する時，これを神経性炎症（neurogenic inflammation）（Kumazawa，1990）という．

痛み信号は細径求心性線維により脊髄後角に入り，介在ニューロンを介して脊髄前角細胞を興奮させ，筋緊張を助長するだけでなく，脊髄灰白質外側部に節前線維の細胞体をもつ交感神経系ともシナプスを介して結合し，交感神経系を興奮させる（熊澤，1980，1984，1996；Sato ら，1993）．痛みの慢性化は交感神経系の興奮を助長し，末梢血管を収縮させ，末梢組織に血流不全が促進されることで，いわゆる「痛みの悪循環」を引き起こす（図 2-12）．

さらに，筋緊張亢進や軟部組織に疼痛が存在した状態でスポーツを行うと，痛みの程度が悪化するばかりでなく，ポリモーダル受容器の感作を引き起こし，それまで痛みを感じていなかった範囲内の動きでも痛み

22　第2章　IDストレッチングのための基礎知識

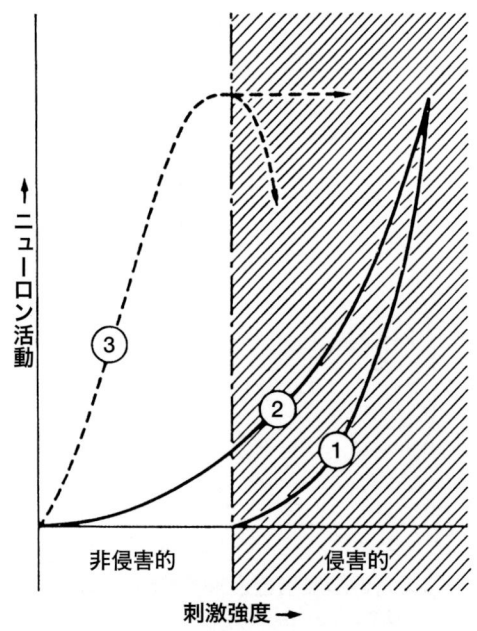

図2-10　刺激強度と受容器活動
（文献14）より引用）

　非侵害刺激に反応する受容器は侵害刺激にまで強くなると，その反応は低下する（③）．また，侵害刺激だけに反応する受容器は非侵害的な刺激には関与しない（①）．一方，ポリモーダル受容器は非侵害刺激・侵害刺激の両者に反応し，刺激が強くなるに従い，反応性も大きくなる（②）

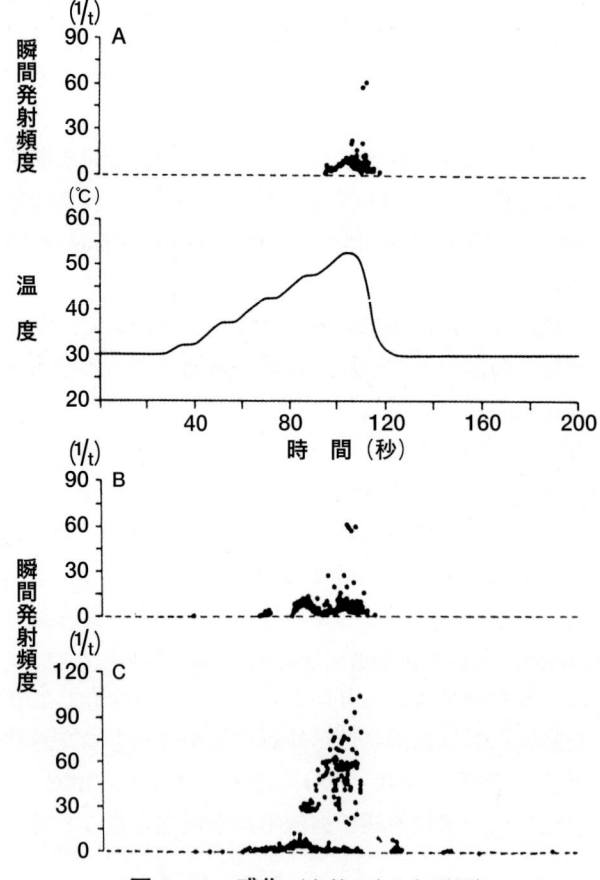

図2-11　感作（文献15）より引用）
　ポリモーダル受容器は侵害的な刺激を繰り返すと，閾値の低下，反応性の増大，自発放電の増大などを引き起こす

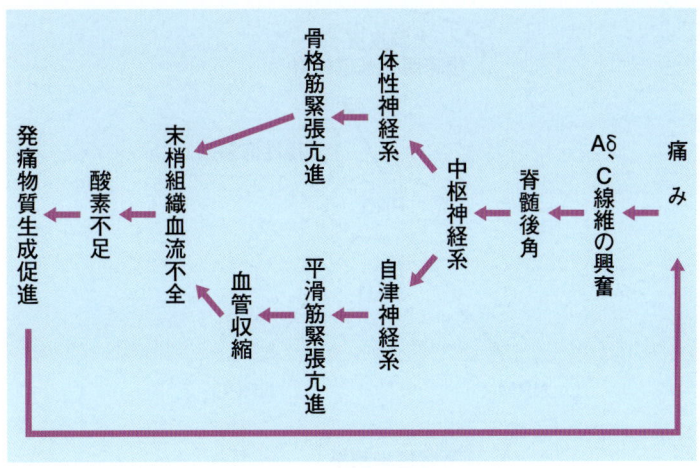

図 2-12　痛みの悪循環
痛みは運動神経のみならず交感神経にも影響し，筋緊張亢進，血流不全から酸素不足を引き起こし，さらに痛みを増強する

表 2-4　慢性痛の分類（文献 16)より一部改変引用）

	慢性痛といわれているもの	
	急性痛が長引いたもの	慢性痛症
発生源	組織傷害部の痛覚受容器の興奮	神経系（主に中枢）の可塑的異常
組織傷害	あり	なし
警告信号としての意義	あり	なし
薬物治療	有効	無効な場合が多い

が出現し，結果的にパフォーマンスを低下させることになる．したがって，軟部組織由来の疼痛では，まず痛みと筋緊張を軽減することが重要（鈴木，2000, 2001, 2004, 2005) であり，このことがスポーツ傷害を予防することになる．

　熊澤（2005）は，慢性痛を急性痛が長引いたものと慢性痛症とに分類している（表2-4)．急性痛は組織損傷により痛覚受容器が興奮し，オピオイドが有効である病態であるのに対し，慢性痛症は神経系の可塑的な異常を引き起こし，オピオイドが無効な場合が多い病態としている．国際疼痛学会では，痛みを「不快な感覚性・情動性の体験であり，それには組織損傷を伴うものと，そのように表現されるものがある」と定義し，組織損傷が検出できない痛みも痛みであることをはじめて明文化している．このことから，軟部組織の機能的変化による痛みの多くは慢性痛症に分類されると考えられるので，今後，慢性痛症の病態解明が世界的に進んでいくことが期待される．

9．鎮痛

　筋ストレッチングの効果は，ストレッチング前に軟部組織由来の疼痛をいかに軽減あるいは抑制できるかに依存しているといっても過言ではない．その理由は，筋ストレッチング時の痛みは防御反応として，逆に筋緊張を亢進させるためである．したがって，軟部組織由来の疼痛の治療においては，生体に備わる鎮痛のメカニズムを理解し応用することが重要となる．

1）下行性疼痛抑制系

　脳幹から脊髄（あるいは延髄）後角における痛覚伝達に抑制の作用を及ぼす神経系を下行性疼痛抑制系（図

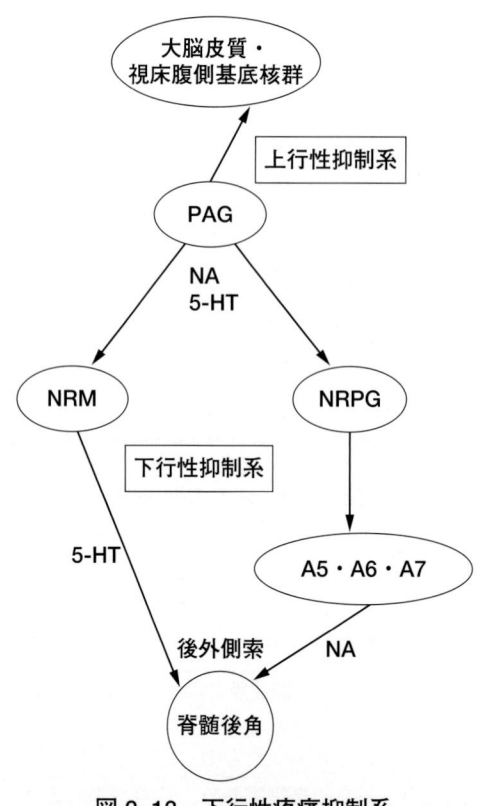

図2-13　下行性疼痛抑制系
（文献17）より改変引用）
5-HT：セロトニン，NA：ノルアドレナリン，PAG：中脳水道灰白質，NRPG：傍巨大細胞網様核，NRM：大縫線核

2-13）という．

　下行性疼痛抑制系はノルアドレナリン（NA：noradrenaline）神経系とセロトニン（5-HT：5-hydroxytryptamine）神経系が代表的である．第3脳室と第4脳室を結ぶ脳脊髄液の通路である中脳水道を取り囲む神経細胞の集まりである中脳水道灰白質（PAG：periaqueductal central gray matter）が下行性疼痛抑制系の起始部として関与している．PAGが終始する傍巨大細胞網様核が関与するNA神経系は橋と青斑核に存在するNA細胞群から，5-HT神経系はPAGから直接連絡をもつ大縫線核から，それぞれ脊髄後角に投射し，脊髄後角での痛覚伝達抑制に関与している．さらに傍巨大細胞網様核は痛み刺激に応じてエンケファリンを遊離し，下行性疼痛抑制系における重要な役割を果たしている．したがって，この系が作用すると脊髄後角でサブスタンスP，グルタミン酸，ソマトスタチンなどの神経伝達物質遊離を抑制することにより，末梢からの侵害刺激に対する脊髄後角ニューロンの反応が抑制され，痛みを伝えるインパルスの上行を阻むことになる．

2）広汎性侵害抑制調節

　Le Barsら（1979）は，麻酔したラットの脊髄後角や三叉神経脊髄路核から広作動域ニューロンを記録し，後肢足部にC線維が興奮する強い電気刺激を加えて誘発されるニューロンの発射が，尾部に与えた侵害的な刺激によって抑制されることを発見し，これを広汎性侵害抑制調節（DNIC：diffuse noxious inhibitory controls）と名づけた（図2-14）．また，ある部位からの広作動域ニューロンにおけるC線維の活動が抑制できる異なる部位の検討もなされ，反対側足部やまったく離れた髄節レベルである鼻部でも同様の効果（Villanuera ら，1984）が報告されている（図2-15）．さらに，尾部に熱刺激を与えても同様の効果を報告している．すなわち，ある部位の痛みがその部位以外の手足などの軟部組織に与えた痛み刺激により，抑制されるというものである．このことは，痛み刺激を利用した慢性的な疼痛抑制に対する方法の生理学的な基礎を提示したものであり，この調節機構にポリモーダル受容器の関与が考えられている．また，DNICメカニズムとして脳幹部からのネガティブフィードバック機構の関与（Gallら，1998）が報告されており，脊髄分節性の疼

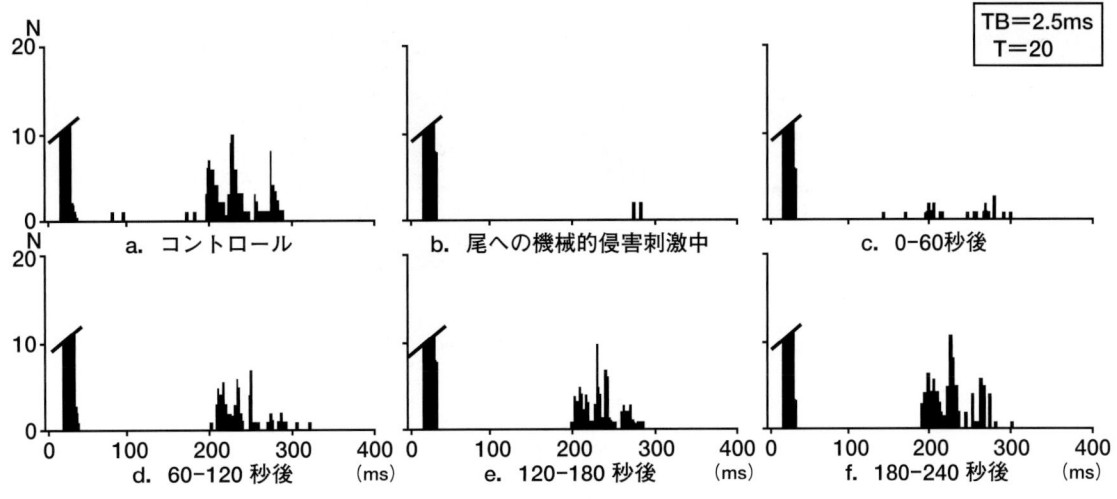

図 2-14 広汎性侵害抑制調節（文献 18) より改変引用）
各図の縦軸は神経線維の発射頻度，横軸は時間経過を示す．各図は潜時の短いA線維の放電と遅れて現れるC線維の放電を表している．ラットの後肢足部に強い電気刺激を与えると脊髄後角広作動域ニューロンにおけるC線維活動が増強している（a）．ピンセットで強力にラットの尾を挟みつけると，C線維活動が完全に抑制されている（b）．その抑制効果は2分間程度継続し（c, d），3〜4分後に元の活動に戻っている（e, f）

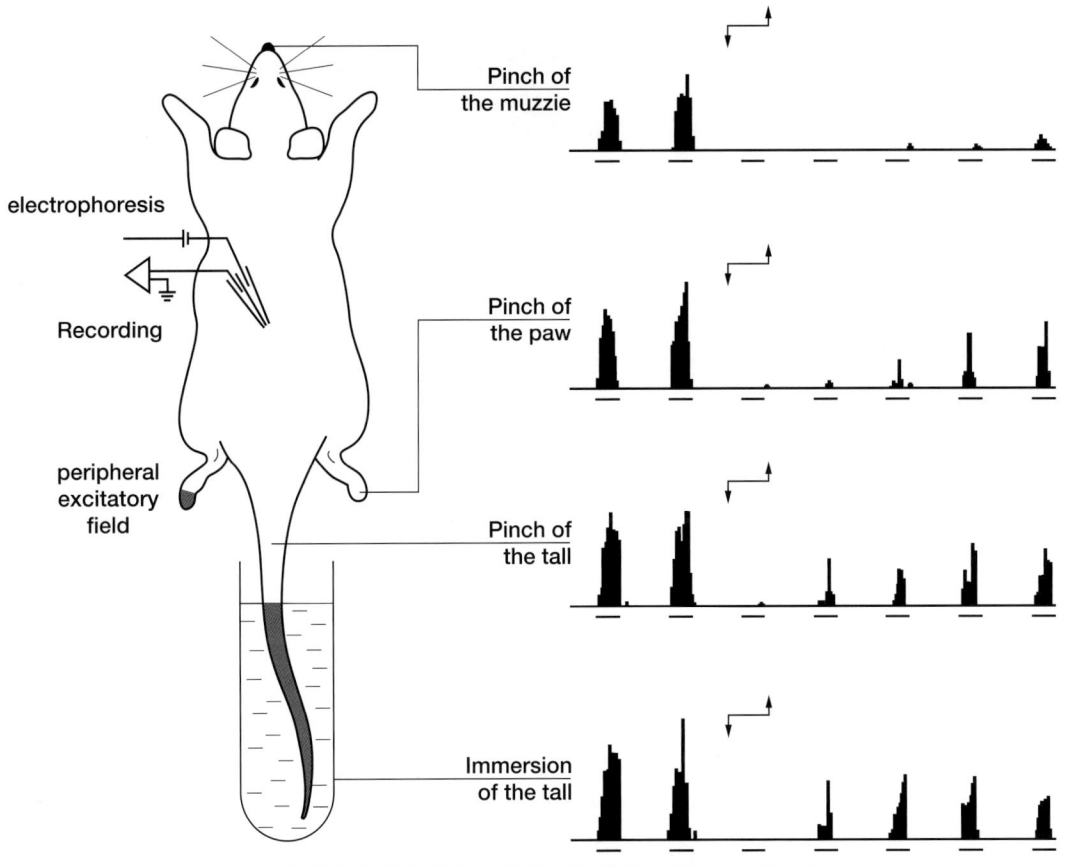

図 2-15 広汎性侵害抑制調節の効果出現部位の検討（文献 19) より引用）
広汎性侵害抑制調節による効果が出現する部位は身体の部位に関係なく，また熱刺激でもみられたことから刺激の種類にも依存しない

痛抑制の関与などは否定されている（図 2-16）．

3）内因性オピオイド鎮痛系

生体には，強烈な痛みから生体を保護する内因性鎮痛物質（オピオイド物質）が中枢神経系に存在する．その物質にはβ-エンドルフィン，エンケファリン，ダイノルフィンなどがあり，脊髄後角をはじめ，中脳

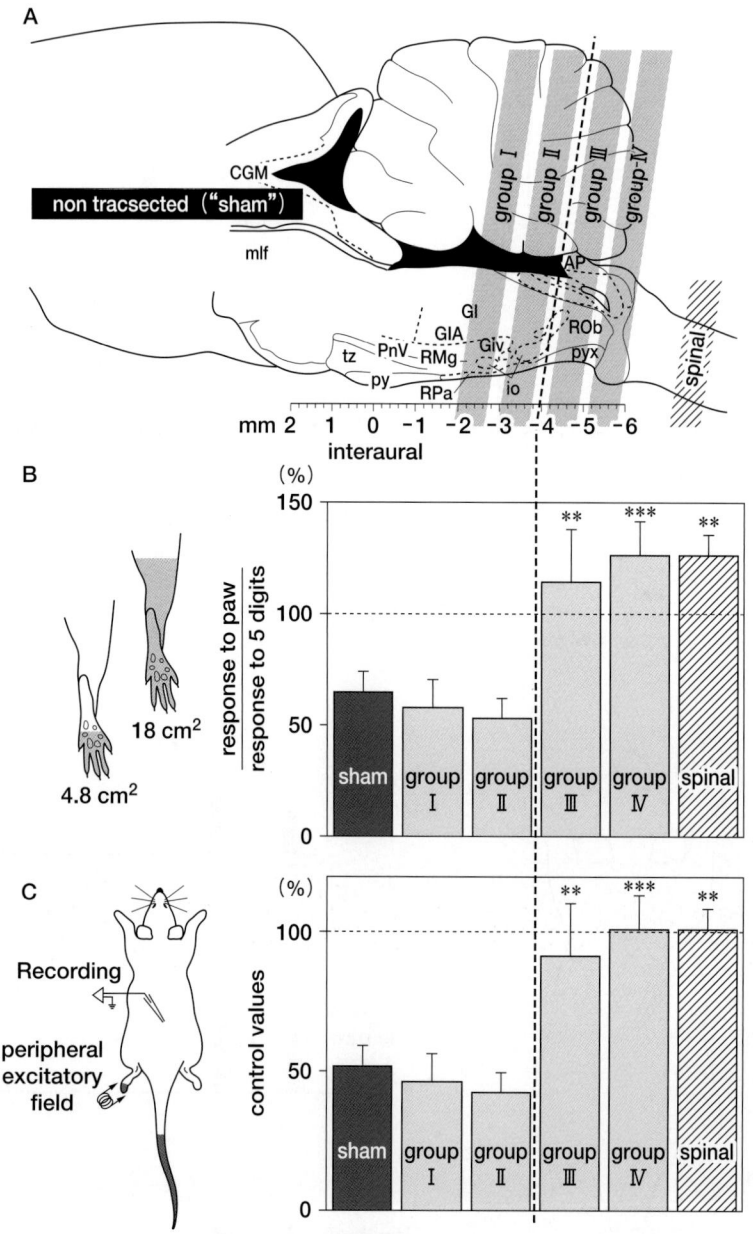

図2-16 広汎性侵害抑制調節に関係する脳幹部からの疼痛抑制系
（文献20）より引用）
広汎性侵害抑制調節は脳幹部を残存することにより，はじめて抑制効果が出現したことより，脊髄レベルの反射でないことがわかっている

中心灰白質・視床下部・視床内側部・尾状核などにこれら麻薬性鎮痛薬の受容体が存在することがわかっている（高木，1986）．したがって，末梢組織で引き起こされた侵害受容性のインパルスは，大脳で痛みとして知覚するまで，中枢のいくつかの部位で抑制される可能性を示している．また，炎症時にはこれらの鎮痛効果が正常時に比べ大きい（熊澤，1997）ことが知られている．さらに，オピオイド物質は前述の下行性疼痛抑制系におけるエンケファリンのように下行性鎮痛にも作用する．これらの物質は疼痛時に作用するだけでなく，ランニングなどのストレスにも働きかけ，毎日ランニングすることで爽快感が生じ，逆に走らないとイライラするなどの感覚を引き起こす，いわゆる「ランニング・ハイ」現象を生み出す．

4）非侵害刺激抑制

MelzackとWall（1965）は痛みの抑制に関し，ゲートコントロール説（gate control theory）を提唱した．彼らの説は痛みの特異性説（specificity theory）と痛みの強度説またはパターン説（intensity or pattern theory）からなる．すなわち，痛覚伝導系は末梢から中枢まで存在するが，触刺激などに関与する速い伝導速度をもつ

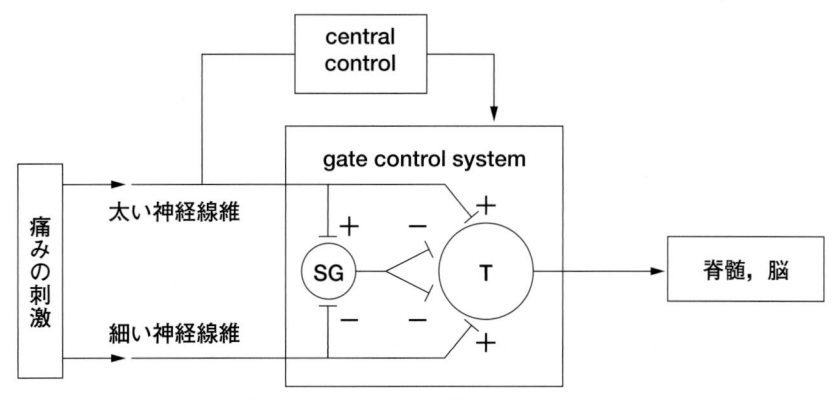

図 2-17 ゲートコントロール説（文献 21)より改変引用）

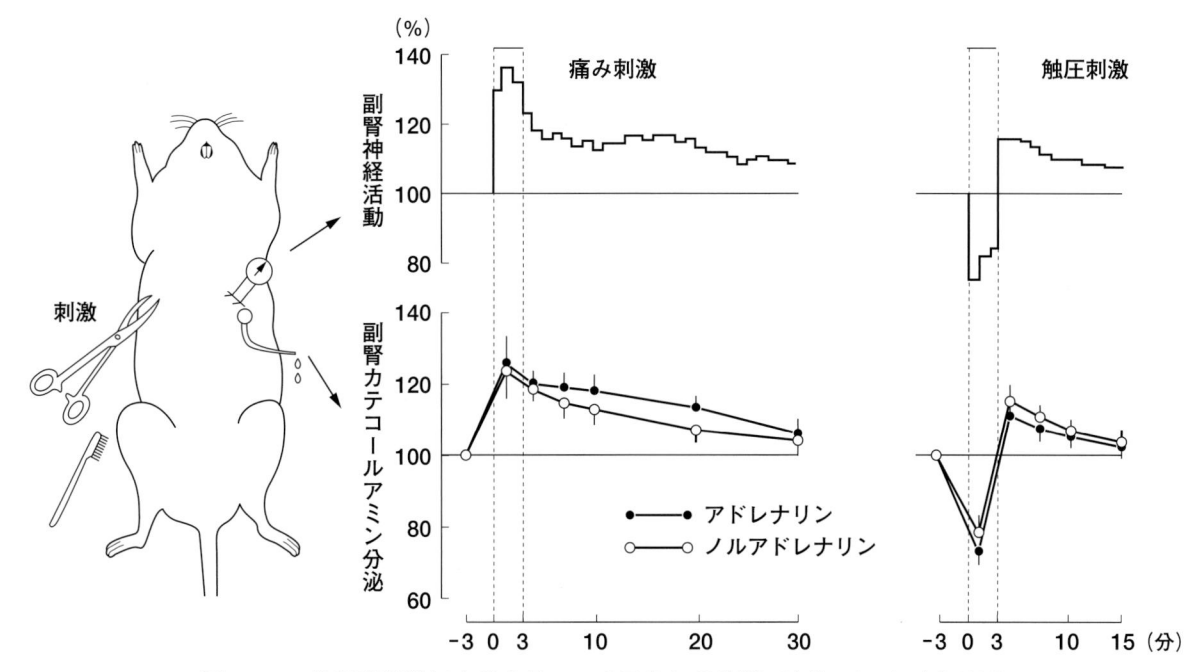

図 2-18 非侵害刺激によるカテコールアミンの分泌（文献 22)より改変引用）
ラットに侵害刺激を与えると副腎からのカテコールアミンの分泌は増強するが，非侵害刺激を与えると，逆の生体反応が出現する

た太い有髄神経線維（例えば，Aβ線維）の興奮が，脊髄後角膠様質細胞（SG 細胞）を脱分極させ，痛み信号を伝達する細い神経線維に対して門を閉じるように SG 細胞を過分極させる結果，第 V 層に存在する伝達細胞とシナプスを形成する前に抑制をかけるとするものである．しかしながら，細い神経が SG 細胞の過分極を起こし，シナプス前抑制を脱抑制するという考えは多くの神経生理学者によって否定された．その後，ゲートコントロール説の理論上の欠陥は修正され，今日に至っているが，この説が痛みの治療に関する臨床的な意義は現在でも高く評価されている（図 2-17）．

　非侵害刺激による痛みの抑制法は，経皮的電気刺激（TENS：transcutaneous electrical nerve stimulation）などに代表される電気刺激，ホットパックや渦流浴などの温熱刺激，テーピングやマッサージなど圧受容器や触受容器を興奮させる各種テクニックなどが含まれる．非侵害刺激である触圧刺激がカテコールアミンの分泌を指標とした実験で侵害刺激による反応とはまったく逆に，局所の交感神経系活動を抑制することが報告（図 2-18）（Kurosawa ら，1982；Araki ら，1984）されており，その結果，血流増加・筋緊張低下を引き起こすことなどが考えられる．さらに，非侵害刺激の一つであるストレッチングは筋緊張抑制・血液循環改善などの効果があることから，間接的に痛みを抑制すると考えられる．

第3章

IDストレッチング

定義	30
目的	30
対象	30
評価	32
IDストレッチング	42
症例報告	46
アクティブIDストレッチング	55
項目別文献紹介	58

IDストレッチングは，筆者ら（1999）によって提唱され，軟部組織に対する疼痛抑制法を併用することでスポーツ領域のみならず，医療関係，特に理学療法領域において関節可動域制限の改善策として多く使用されるようになってきている．

定義

IDストレッチングは主に伸張性の低下した個々の筋を対象とし，筋緊張の低下，可動域および柔軟性の改善などを目的として，個々の筋線維走行および筋連結を意識し，同じ運動方向に関与する筋群の中でも，目的とする筋が最も効率よく伸張できる他動的ストレッチング法である．本法は，筋緊張抑制のためにIb抑制および等尺性収縮を取り入れたスタティック・ストレッチング法の範疇に分類される．

IDストレッチングは，解剖学では筋の名称，起始・付着部，走行，三次元的な筋の位置関係の理解が重要であり，ストレッチングする筋または結合組織が触診できる能力などが求められる．神経生理学的には筋収縮機構，神経反射，体性神経系と自律神経系との関連，疼痛および疼痛抑制に関連する知識などの専門的知識が重要である．関節可動域制限に対するIDストレッチングでは，想定される筋および結合組織すべてを対象として問診，触診および運動検査を行い，責任筋および部位を同定し，その筋線維および結合組織に沿ったストレッチングを行う．また，疼痛を伴う場合は，まず疼痛を緩和した後，IDストレッチングを行う．

目的

IDストレッチングは以下の目的をもって，対象となる筋を個別にストレッチングする．
①筋緊張の低下．
②可動域（柔軟性）の改善．
③筋痛の緩和．
④血液循環の改善．
⑤傷害予防．
⑥パフォーマンスの向上．

対象

IDストレッチングの対象は個別的に筋をストレッチングできる特徴から，原則的には上・下肢および体幹の筋群すべてであり，筋緊張の状態に応じてその方法を選択する．

複数の筋に緊張亢進がみられる時には，その中で最も訴えの強い筋および運動制限や痛みの原因と考えられる筋からストレッチングする．また，スポーツ領域などでウォーミングアップやクーリングダウンに用いる場合には，中枢側の筋ほど固定作用を強いられ緊張度が高い傾向にあるので，ストレッチングは中枢側に位置する筋から末梢側に位置する筋へ順次行うと，時間も節約でき，かつ効果的である．さらに，ストレッチングは四肢・体幹の表層を走行する筋から開始し，深層筋へと進めていく．このために，筋の三次元的な走行の理解が必要となる．深層筋のストレッチングは，表層筋の緊張が亢進している時には効果的ではない．

1. ストレッチングする筋の選択

ストレッチングする筋の選択は重要である．例えば，肩関節屈曲の可動域制限がある時，その原因を安易に拮抗筋である広背筋や三角筋後部線維とし，単純に関節運動が制限されている方向にストレッチングしてはならない．軟部組織の機能的変化による可動域制限では，むしろ拮抗筋より主動作筋の筋緊張亢進あるい

は痛みが原因であることが多い．肩関節屈曲制限の原因が拮抗筋である広背筋や三角筋後部線維でなく，主動作筋である三角筋前部線維であるならば，ストレッチングする方向はまったく逆となり，ストレッチング時の肢位も背臥位から腹臥位へと変化する．したがって，ストレッチングにおける筋の選択は，関節の動きを制限している筋がどこに存在しているかを確実に把握することが重要である（鈴木，2003）．

スポーツ領域では，IDストレッチングは疼痛を訴える軟部組織あるいはそのスポーツの種目で頻繁に用いられる主動作筋または拮抗筋に注目し施行される．なお，スポーツ種目別にストレッチングすべき筋を本書の巻末に掲載した．

2．関節運動を利用したストレッチングが困難な場合

一般的に施行されるストレッチングは，関節の動きを利用したストレッチングであり，筋に対しては間接的ストレッチング（indirect stretching）である．一方，三角筋中部線維や棘上筋などのように，体幹がストレッチングの妨げになる時は，筋線維を自身の指で直接ストレッチングする方法が効果的である．これを直接的ストレッチング（direct stretching）という．直接的ストレッチングは皮膚上から主に母指で垂直方向に圧迫し，筋線維を確認後，その深さを維持しながら，次に筋線維に対して直角方向に母指を動かし，直接的に筋線維をストレッチングする．この方法は筋触診の手法と同じである．

3．IDストレッチングの時間に対する考え方

スタティック・ストレッチングの効果が出現する時間について一定した結論は出ていない．Bandyら（1994）は30秒間または60秒間ストレッチング群が15秒間，あるいはコントロール群に比較し，有意に可動域の改善がみられたと報告している．安部ら（1983）は，ストレッチングの時間と前腕血流量との関係について検討し，最も血流量の増加が著しいのは，軽いストレッチングとそれよりも強いストレッチングをそれぞれ20秒間ずつ行ったもので，血流は安静時の1.4倍に増加し，統計的に有意な増加を示したとしている．魚住（1987）は，その施行時間について10秒を1〜2回，10秒間できない場合は3〜5回行うとしている．「STRETCHING」の著者Andersonは10〜30秒のストレッチングを指示している．

IDストレッチングの時間は，ストレッチング中にIb抑制などにより筋からの抵抗が弱まり，筋の伸張性が拡大するまでの約10〜20秒間とする．ストレッチングの時間が統一できない理由は，一つの筋は多くの脊髄前角細胞からの支配を受けており，ゴルジ腱器官からのIb求心性線維などの影響で，前角細胞の電位の下降とともに前角細胞の脱分極を抑えるには，その時々の静止電位の状態に依存することが予想されることによる．したがって，IDストレッチングでは施行前にできる限り筋緊張亢進の原因でもある疼痛を軽減することが重要となる．

4．特徴的な症例の考え方

1）ストレッチング時に異なる部位に痛みが発生する場合

例えば，中殿筋のストレッチングでは股関節を屈曲・内転するため，股関節前面に疼痛を訴える場合がある．この時は，股関節屈曲の主動筋である腸腰筋・縫工筋・大腿直筋などの短縮や機械的圧迫による疼痛発現を疑い，問診・触診により当該筋を同定し，まず当該筋の運動痛を抑制した後，中殿筋に対してIDストレッチングを施行する必要がある．関節可動域制限時に引き起こされる運動痛は，このような場合が多いので注意する．

2）慢性痛症の症例の場合

慢性痛症では疼痛を誘発する筋硬結部位が1カ所ではなく，同じ筋あるいは隣接する筋にも存在することがあるので，治療の順序は問診・触診を慎重に行い，痛みを最も強く訴えている疼痛閾値の低い部位から治療を進める．1回の治療ですべての疼痛部位を治療するのではなく，数回に分けて行うことも考える．

図 3-1　評価の流れ

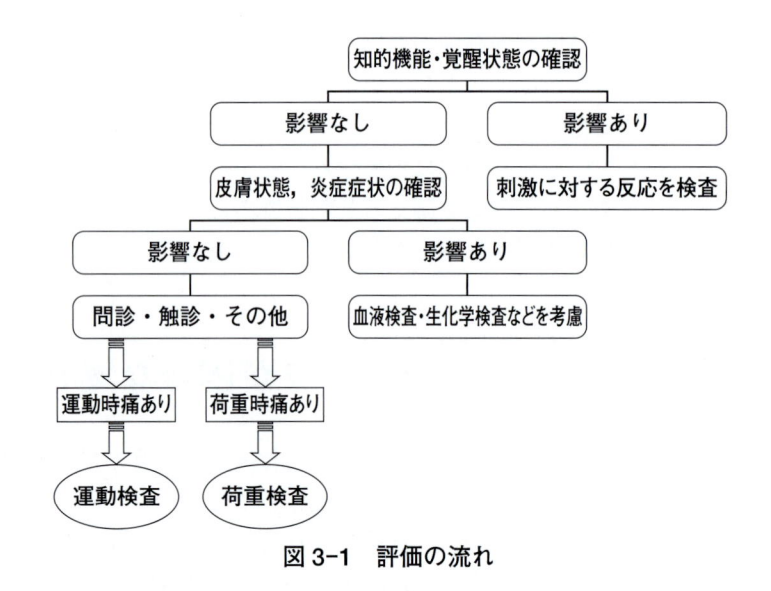

3）中枢神経障害における疼痛，関節可動域制限の場合

中枢神経障害では痙性や固縮による筋緊張異常が発生するが，さらに不動あるいは努力性筋収縮や理学療法士が与える外的刺激によっても痛みや反射性の筋緊張亢進が引き起こされ，さらに関節可動域制限が悪化することがある．したがって，中枢神経障害に対するストレッチングでは末梢性の筋緊張亢進に対して効果が発揮できると考えられ，その結果，座位バランスや歩行の改善効果が期待できる．

4）急性炎症による疼痛や可動域障害の場合

いわゆるぎっくり腰などの急性期では各種疼痛抑制法により，一時的に疼痛が抑制され，その結果 ID ストレッチングが可能となるが，炎症の病態像が局所に残存している限り，時間の経過とともに侵害受容器の活動が再度活発となり，疼痛・筋緊張亢進・可動域障害が再発する．したがって，急性炎症時の当該部位には各種疼痛抑制法や ID ストレッチングは特殊な目的以外には適応とならない．特殊な目的とは，術後痛みにより筋力が発揮できず，思うように筋力増強運動が進まない場合には，一時的に当該部位の侵害受容器からのインパルスを疼痛抑制法を用いてブロックすることであり，これにより運動負荷を与えることができるようになる．

評価

評価の流れを図 3-1 に示す．

1．問診

まず，問診における一般的な留意点を以下に述べる（鈴木ら，2006）．

問診は，①良好な患者関係の構築，②必要な情報の聴取，③対象者への情報提示や教育，という役割をもつ．したがって，痛みに対しての単純な質疑応答ではなく，会話を成立させていくことが重要である．痛みに限らず問診では，対象者の自発的発言を促す開放型質問（open-ended question）を主体とする．そして，聞き役に徹しながら姿勢・表情・声の調子・視線・四肢の動き・感情の起伏などの非言語的表現（body language）にも注目する．自発的発言が終了して，欠けている情報を補うために，閉鎖型質問（close-ended question；direct question）により「はい」「いいえ」で回答させることも必要となる．

検査環境はプライバシーに配慮し，意識が集中できる場所を提供する．事前調査で重要なことは患者との信頼関係を大切にし，疼痛に関連した医学的所見を注意深く聞き取ることである．同時に疼痛に関連した精

神的・心理的・社会的要因にも着目し，対人関係や1日，1週間の生活リズムを知っておくことも重要となる．対象者の疼痛を理解するためには，日内変動，日間変動など疼痛変化時刻の確認や天候，気温変動との関連なども聴取しておく．また，検査時の薬理効果を把握するため，薬剤投与量・投与方法・投与からの経過時間を把握する．同時に，これまでに使用した鎮痛薬についても把握しておく．

一般的なポイントとして，疼痛の病歴を聴取して急性痛症か慢性痛症かを見極め，疼痛の種類を把握する．急性痛症の場合は痛みの場所を特定し，起因する器質的病変を探り，関連する皮膚および内臓症状を聞く．慢性痛症の場合は疼痛の病歴を確認し，疼痛発症からの期間を考慮する．以前使用していた薬剤が多岐にわたっている可能性があり，薬理効果を理解しておくため，鎮痛剤〔非ステロイド系抗炎症剤（NSAIDs），コデイン，モルヒネ〕，睡眠剤，精神安定剤，抗うつ剤（灼熱痛），抗痙攣剤（放散痛），鎮痙薬（疝痛）および神経ブロックなどの処方状況を聴取する．また，その他の因子を理解するため，家族関係・社会関係・職業などの社会的要因を確認し，対象者のみでなく家族の病歴も把握し，心理的要因を考慮するため，不安・抑うつ・苦悩なども確認する．さらに，以前受けた理学療法治療があればその時の効果状況を聞いておくとよい．心因性の場合は器質的病変がないことを確認し，身体化障害や心気症などはどうか確認する．

軟部組織由来の疼痛では，さらに以下の内容を加える．

1）疼痛の有無，部位の確認

まず，疼痛の部位を聞き，筋・筋膜，腱，靱帯，支帯などの軟部組織に訴えがあれば，その部位を確認する．確認作業は以下のように行う．

①患者に疼痛部位を聞き，指で示してもらう．指1本で示す場合は，その時点でその部位にある侵害受容器が活発に活動していると考えられ，治療はその指の下にある筋あるいは結合組織などが対象となる．手のひらで示す場合は，症状が慢性化している傾向が強く，その中でも最も痛みの強い部位を探し出す必要がある．

②関節部の疼痛であっても，関節内に炎症あるいは器質的変化が存在しない場合は軟部組織由来の疼痛であることが多いので，注意深く観察する．また，疼痛部位が関節内の炎症によるものか，関節構成体以外からの痛みによるものかを判断する必要がある．そのためには，単純X線や関節造影などによる画像検査，白血球や赤沈などの血液一般検査，C反応性蛋白（CRP：c-reactive protein）やリウマチ（RA：rheumatoid arthritis）テストなどの免疫・血清学的検査などを参考にしなければならない（鈴木ら，2005）．関節内の炎症であれば，医師以外による直接的な治療はできない．

2）疼痛部位に存在する筋を想定する

筋緊張あるいは痛みの部位を指先で示す時は，それが限局し発症期間も短いことが想定され，指先で示した部位に走行する筋を思い浮かべる．この時，多くの場合指先の下を走行する筋は一つでない．したがって運動方向が異なる筋が重なりあって走行している場合で想像できない時は，解剖書などにより疼痛を発現している可能性のある筋あるいは結合組織を想定する．

筋緊張あるいは痛みの部位が手のひらで大きく示すようであれば，慢性化していることを示しており，IDストレッチングは多くの筋群が対象となる．

2．運動検査

疼痛が再現する動作の確認とともに，疼痛部位の再確認を行う（図3-2）．可動域の制限が存在している場合は，安易に拮抗筋を責任筋としない．逆に，主動筋の筋緊張亢進や疼痛により関節可動域制限を生じることが多い．また，靱帯・腱などの軟部組織が疼痛の原因であると考えられる場合においても，疼痛発現動作の確認を行う．筋細胞内には疼痛に関係する侵害受容器が存在しないので，運動検査により出現する疼痛は筋を包む筋膜，靱帯，支帯などの結合組織から発生していると想像される．

疼痛が発現する運動痛は，短縮痛・伸張痛・収縮痛の3種類である（図3-3）．短縮痛とは，他動的に筋の起始部と停止部を互いに近づけ，最終可動域で発生する痛みのことである．筋および結合組織を含めた運動

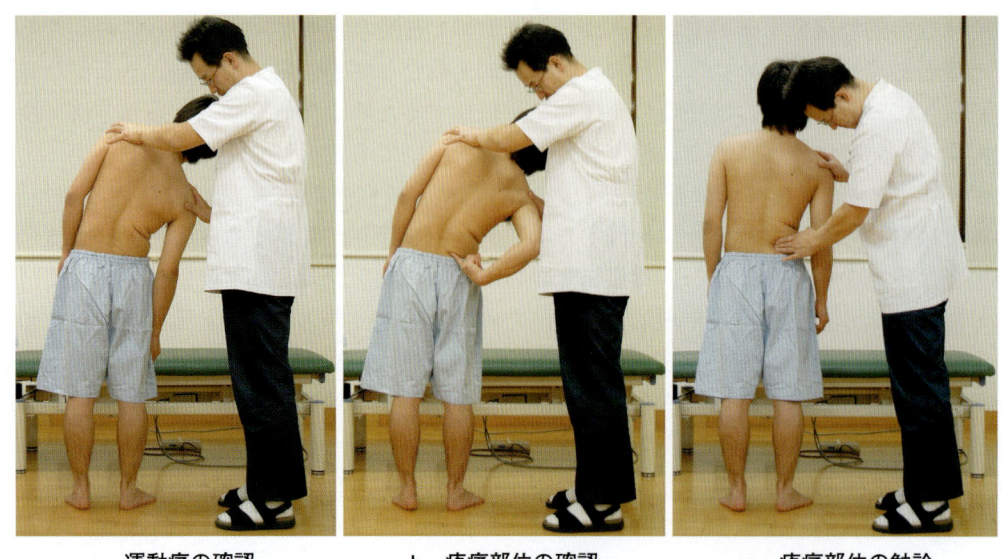

a. 運動痛の確認　　　　b. 疼痛部位の確認　　　　c. 疼痛部位の触診

図3-2　運動検査
運動検査では運動痛の確認（a），疼痛部位の確認（b），疼痛部位の触診（c）を行う

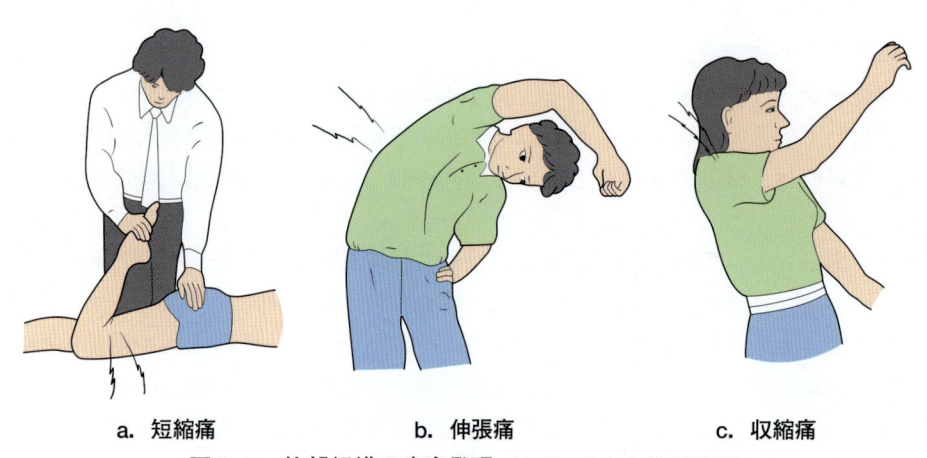

a. 短縮痛　　　　b. 伸張痛　　　　c. 収縮痛

図3-3　軟部組織の疼痛発現（文献23）より改変引用）

　検査では，その組織を短縮する方向に他動的に動かすと疼痛が発現しやすい．伸張痛とは，他動的に筋線維が走行する方向に引き伸ばした時に発生する痛みのことである．収縮痛とは，筋を自動的に収縮させた時に最終可動域近くで出現する痛みをいう．この3種類の中で，最も疼痛が出現しやすく，評価に有用であるのは短縮痛であるので，IDストレッチングを施行する前には，必ずチェックし，より効率的で的確なストレッチングができるように心がける（**表3-1**）．
　以下に運動検査の具体例をいくつか示す．

1）股関節屈曲運動検査（図3-4a）
　股関節他動的屈曲は，大殿筋と中殿筋後部線維の伸張痛が確認できる．この際，股関節の内旋を強調することにより，より強い伸張を与えることができる．また，腋窩方向に股関節を屈曲すると大殿筋が，やや内転方向に伸張すると中殿筋後部線維が，それぞれ伸張され，両者を区別できる．この検査で出現する股関節前面の疼痛は，大腰筋・腸骨筋・大腿直筋などの短縮痛が考えられる．短縮痛がどの筋に出現しているかは，次に行う詳細な触診にて最終的に判断する．

2）股関節伸展運動検査（図3-4b）
　股関節他動的伸展は，大腰筋・腸骨筋・大腿直筋を伸張する．膝が完全伸展位では，主に大腰筋と腸骨筋が伸張される．さらに骨盤を固定したままの股関節伸展は腸骨筋の伸張痛を，骨盤を固定せず前傾を自由に

表 3-1 各関節における短縮痛・伸張痛の出現筋

		屈曲		外転		外旋	
		短縮痛	伸張痛	短縮痛	伸張痛	短縮痛	伸張痛
肩関節		三角筋鎖骨部 上腕二頭筋 烏口腕筋	三角筋肩甲棘部 棘下筋 小円筋 大円筋 広背筋(付着部) 上腕三頭筋	三角筋肩峰部 棘上筋	大胸筋 小胸筋 大円筋 広背筋	棘下筋 小円筋 三角筋肩甲棘部	大胸筋 肩甲下筋 大円筋 広背筋 三角筋鎖骨部
肘関節		上腕二頭筋 上腕筋 腕橈骨筋	上腕三頭筋 肘筋				
手関節		橈側手根屈筋 長掌筋 尺側手根屈筋 (深指屈筋) (浅指屈筋)	長橈側手根伸筋 短橈側手根伸筋 尺側手根伸筋 (総指伸筋)				
股関節		大腰筋 腸骨筋 大腿直筋 縫工筋 大腿筋膜張筋	大殿筋 中殿筋 大腿二頭筋 半腱様筋 半膜様筋	中殿筋 大腿筋膜張筋	大内転筋 長内転筋 薄筋 短内転筋 恥骨筋	梨状筋 外・内閉鎖筋 上・下双子筋 大腿方形筋	大腿筋膜張筋
膝関節		大腿二頭筋 半腱様筋 半膜様筋 腓腹筋	大腿直筋 外側広筋 中間広筋 内側広筋				
足関節		腓腹筋 ヒラメ筋 後脛骨筋 長母趾屈筋 長趾屈筋	前脛骨筋 長母趾伸筋 長趾伸筋				
頸部		胸鎖乳突筋 前斜角筋 中斜角筋 頭・頸長筋	僧帽筋上部 頭板状筋 頭半棘筋 頭最長筋 肩甲挙筋 後斜角筋				
体幹		腹直筋 外腹斜筋 内腹斜筋	棘筋 最長筋 腸肋筋 多裂筋				

注1) 伸展時の短縮痛と伸張痛の出現筋は屈曲時の逆となる．内転時，内旋時も同様である
注2) 各運動に主な筋のみ示した．これらの筋以外にも短縮・伸張される筋はあるので運動を考えながら行ってもらいたい
注3) 収縮痛は，短縮痛と同方向に随意運動させることにより出現する

したやや外転位での股関節伸展は大腰筋の伸張痛を，それぞれ強調して誘発できる．この検査で大殿筋・中殿筋は短縮されるが，股関節伸展可動域が少ないため，短縮痛の誘発には至らない．

3) 膝関節屈曲運動検査（図 3-4c）

膝関節他動的屈曲は，大腿四頭筋の伸張痛が確認できる．股関節内旋位での膝関節屈曲は外側広筋，股関節外旋位での膝関節屈曲は内側広筋を，より強調して伸張することができる．この検査でハムストリングス，腓腹筋は短縮されるが，ハムストリングスは筋長が長く，どの部位に疼痛が誘発されるか確認する必要がある．膝窩に疼痛が誘発される場合は，腓腹筋起始部の短縮痛の可能性も考慮する．

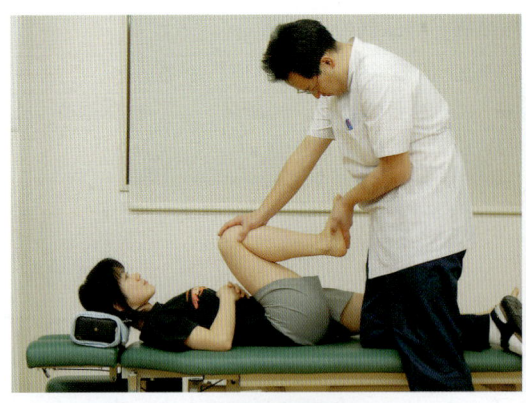

a. 股関節屈曲運動検査 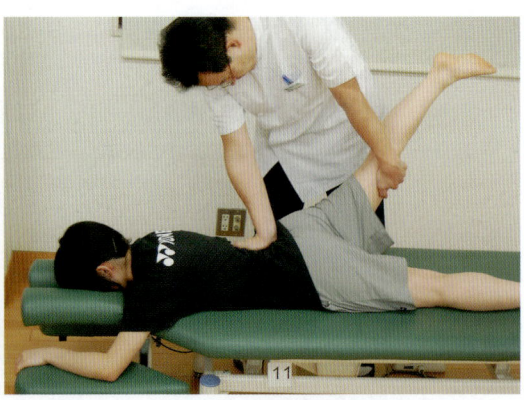　　　　　　　　　b. 股関節伸展運動検査

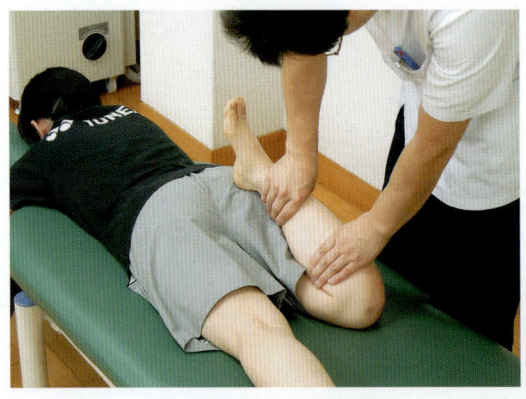

c. 膝関節屈曲運動検査 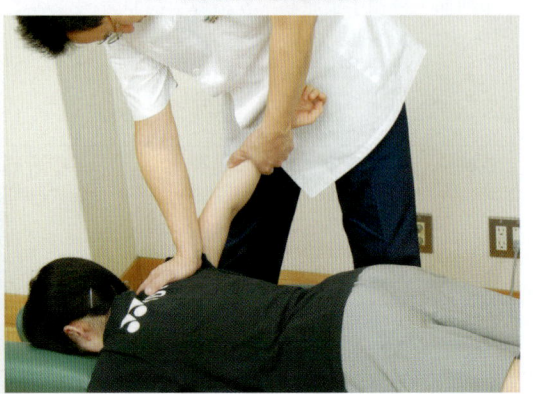　　　　　　　　　d. 肩関節伸展運動検査

e. 体幹屈曲運動検査
図 3-4　運動検査の具体例

4）肩関節伸展運動検査（図 3-4d）

　肩関節他動的伸展は，三角筋鎖骨部・上腕二頭筋・烏口腕筋の伸張痛が確認できる．単なる伸展は上腕二頭筋の伸張痛を，やや外旋・内転位での伸展は三角筋鎖骨部の伸張痛を，外旋・外転位での伸展は烏口腕筋の伸張痛を，それぞれ強調して誘発できる．この検査で短縮される筋は多数存在するため，触診などで確認しながら筋の特定を行う．しかし，肩関節伸展は可動域が少ないために十分な短縮痛の誘発は難しい．

5）体幹屈曲運動検査（図 3-4e）

　自重による体幹の自動的屈曲は棘筋，最長筋，腸肋筋，多裂筋の伸張痛が確認できる．この検査では体幹屈筋である腹直筋，外・内腹斜筋，股関節屈筋である大腰筋，腸骨筋が短縮されるため，短縮痛出現部位に

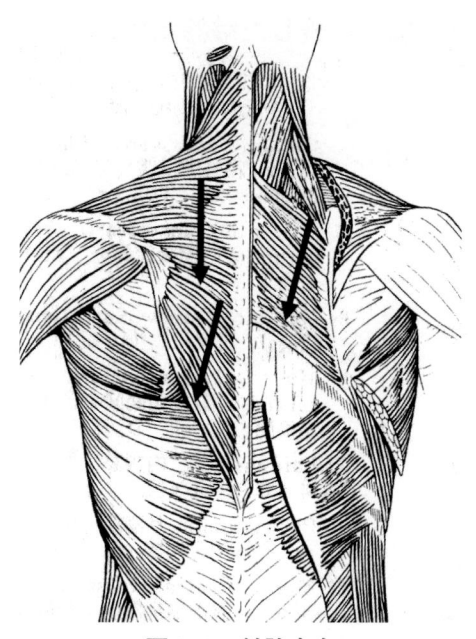

図 3-5　触診方向
触診は筋線維に対して横断するように行う

注意が必要である．

　いくつかの具体例を示した．基本的に伸張痛は検査する筋の起始部・停止部が最も離れる方向に，短縮痛については両者が最も近づく方向に動かす．また収縮痛については短縮痛と同様，起始部・停止部が最も近づく方向に収縮させれば，それぞれの目的とする筋を検査することができる．

3．触診

　IDストレッチングは個々の筋および結合組織を対象とするため，IDストレッチングを施行する人は少なくともそれぞれの筋を触診できることが要求される．個々の筋が判別できれば，緊張が亢進している筋が同定でき，確実で効果的なIDストレッチングが可能となる．疼痛を伴う時はまず疼痛軽減を図る必要があり，疼痛部位を明確にするために触診は重要な技術となる．また，患者や選手が疼痛を訴えない部位でも疼痛閾値の低い場合や筋緊張が亢進している部位も存在するので，治療においては問診により訴えのあった部位を中心に触診する．

　触診の目的は，疼痛発現部位を特定し，その発現部位の状態，疼痛閾値を判断するために行う．筋が関与する疼痛発現部位には筋硬結の存在することが多い．また，結合組織の中でも，筋膜の判別は困難であるので，筋腹に相当する部位から疼痛が発現する時は，筋線維を触診するつもりでよい．関節周囲では，腱・靭帯・支帯などの結合組織から疼痛が多く発現する（Guilbaud ら 1985，鈴木 2001）ので，特に弾力性の低下した結合組織にも注目し，患者の訴える疼痛が圧迫により再現できるかを確認することが必要である．

　触診は母指指腹で行うことを基本とし，まずその触診指が筋線維あるいは腱・靭帯・支帯などの結合組織を感知できるまで，骨などの硬い組織に向かい圧迫する．次に，圧迫部位での筋線維などの触知後，当該筋の筋線維あるいは腱・靭帯の走行をイメージし，その走行に対し横断方向に触察指を動かし，筋緊張程度や筋硬結部位の大きさ，性状などを確認する．特に深層筋を触診する際には，ゆっくり深部に触診指を進入させ，直接触れる浅層筋の筋線維走行方向に惑わされず，深層筋の筋線維走行をイメージすることが重要である（図3-5）．筋硬結をみつけるためには同じ部位でも，いろいろな方向に圧迫刺激を加え，最も触診しやすい方向をみつけることが必要である（鈴木ら 2005）．

　次に，触診時の具体的注意点について述べる（鈴木ら 2006）．

1）身体形状・部位・深さ・疼痛閾値に適した触診指の選択

触診は母指で行うのが基本であるが，すべての骨格筋を母指で行う必要はない．患者が示した疼痛部位が狭ければ母指が好ましいが，広範囲を示す場合，母指だけの触診では時間がかかってしまい，また筋の状態を把握できないことが多い．また，疼痛閾値が低くなっている部位では，母指での刺激が強すぎ，余分な筋緊張を招き，筋の状態を判断できないこともある．そこで，以下に述べる触診の特徴を理解し，適切な触診方法を選択をする必要がある．

2）触診指のスピード

触診の基本として，目的とする骨格筋に至るまで触診指を皮膚に押しつける．この際，速く進入しすぎてしまうと，防御反応により筋緊張が増してしまい，筋の状態が判別できないばかりか，疼痛閾値をさらに低下させる場合もある．したがって，適切な進入スピードを心がけるようにする．

3）触診肢位

触診の際，患者のポジショニングは非常に重要である．目的とする筋が伸張位になっていないか，緊張状態になっていないか常に全身に気を配る必要がある．また，深層筋を触診する際に，浅層筋ができるだけ弛緩するポジションをとることにより，的確な深層筋の触診ができるようになるので工夫する．

4）共同筋の把握

筋は単独で働くことはなく，共同収縮をすることにより関節運動を生み出す．したがって，触診は共同して作用する筋群全体の緊張状態を把握する必要がある．例えば，膝関節屈曲筋であるハムストリングスは大腿二頭筋・半腱様筋・半膜様筋からなるので，半膜様筋に特に痛みが強い場合でも，触診は大腿二頭筋・半腱様筋も行い，全体の筋緊張を把握する．

5）大きな骨格筋の触診

大きく肥厚した骨格筋は，全体を触診するのが非常に難しい．筋線維の走行をイメージして，全体をくまなく触診できるよう留意し行う．例えば，大殿筋は大きく肥厚しているため，触診は筋線維全体を数回に分けて行う．

6）触診方向の意識

触診は常に深部に位置する骨に向かって圧迫し，筋線維を確認する．同じ筋でも部位が変わると深部の骨の位置が変わるため，圧迫方向も変化することに注意する．例えば，大腿四頭筋は大腿骨を覆うように走行しているので，触診は大腿骨内側・前面・外側・後面外側と各方向から行うことが必要となる．

7）正常筋の理解

筋は形状・深層の組織の状態（骨・軟部組織・腹腔など），起始・停止間の距離・触診時の肢位などにより，正常でもその硬度が変化する．痛みを伴わない正常な筋緊張範囲にある筋を多く触り，正常と異常との判別ができるように心がける．また，筋硬度が増強している部位でも患者の訴えがない場合も多いことを経験するとよい．

8）筋以外の器官への配慮

例えば，斜角筋群触診の場合は気管支，腕神経叢，腋窩動・静脈などの深部器官への留意が必要である．筋触診では筋だけに集中してしまい，他の組織へ配慮が低下する．筋の形状を理解するだけでなく，他の組織・器官への配慮が必要である．

以上を留意し行うことにより，触診がより正確に，容易に行うことができるようになる．筋を触診する際には，疼痛好発部位を考慮して行うことも必要である．すなわち，筋付着部・筋腱移行部・筋交叉部・筋連

結部などは閾値が低い傾向にあり，この部位の解剖学的特徴が想定できると，触診技術の向上がさらに期待できる．また筋だけでなく，靭帯損傷・関節包炎などの炎症部位は閾値が低下しているため，その当該部位を圧迫することにより，容易に疼痛が誘発できる．この場合も筋と同様，解剖学的知識が不足していると，触診が困難となる．解剖学的知識が不足している者が触診しても，疼痛発現部位が発見できないばかりか，逆に炎症を悪化させる場合があり，偶然に疼痛誘発部位が確認できても，その痛みがどこなのか判断することはできず，治療に生かすことはできない．

　触診は疼痛発現部位の特定，その発現部位状態，疼痛閾値を判断するために行う．この判断を的確に行うことは，その後に行う治療部位・方法の選択・ADL指導などに影響することになる．疼痛発現部位と治療部位が異なっている場合，当然治療効果は期待できず，再度触診治療部位の特定からやり直さねばならず余計な治療時間を費やしてしまう．正確な触診は，治療効果の向上だけでなく，治療時間の短縮にもつながる．

　軟部組織の触診に慣れていない場合には，次の点に留意して触診することを勧める．

①まず筋走行に沿って触診指を動かし，筋線維が判別できること．
②筋線維の中から筋硬結をみつける練習を行い，筋硬結の中でも圧迫による疼痛閾値が違うことを実感すること．
③関節周囲の筋組織が存在しない部位でも，骨膜からの痛みとは異なる軟部組織性の疼痛が存在することを実感すること．

4．疼痛閾値

　筋硬結や結合組織を圧迫した時に，痛みが起こり始める圧迫力，すなわち疼痛閾値を確認する．疼痛閾値は治療後にも再度確認し，治療効果の判定の材料とする．確認作業では必要以上に圧迫を加えて疼痛を与えすぎないこと，疼痛が出現しやすい方向，深さを把握することが重要である．その理由は，過度の痛みを与えることにより反射性の筋緊張亢進の出現を防止するためと，同一部位でも圧迫する深さや方向が変われば，疼痛閾値が変化するためである．

5．関節可動域（柔軟性）

　筋緊張部位あるいは疼痛部位に関係する筋または筋群を想定した後，当該筋または筋群が関与する関節の可動域を検査する．この時，屈曲―伸展，外転―内転，外旋―内旋の方向だけでなく，三次元的に可動域制限または柔軟性制限方向に動かし，左右比較とともに筋緊張亢進あるいは痛みが出現している部位を再確認する．また，体幹の可動域は測定が困難であるが，指床間距離（FFD：finger-floor distance）や体幹伸展の可動性は必ず確認し，治療効果判定の一つの指標にするとよい．

6．筋力

　筋力は，徒手筋力テスト法や市販の筋力測定器を用いて検査されるが，軟部組織に疼痛が存在する時，筋力測定をすると一般的に低値を示す．このことは日常生活でも経験することであり，検査の結果，筋力低下の数値が示されたとしても，単純に筋力増強を図るべきではない．特に，等張性収縮による筋力の強化は，当該筋の緊張をさらに高め，疼痛を悪化させる可能性があることを念頭におく必要がある．逆に当該筋の疼痛が軽減し，筋緊張が正常範囲に戻れば，筋力が発揮されることが多い．

7．その他の評価法

1）マクギル疼痛質問表（MPQ：McGill pain questionnaire）

　Melzack（1975）は痛みを表現する言葉，例えば「ズキズキ」「疼くような」「おののくような」「重苦しい」などの感覚や情動を表現する形容詞など45表現を分類した質問表を作成し点数化した．これは信頼性が高

表 3-2 簡易型マクギル疼痛質問表

	なし	軽度	中等度	重度
1．ズキズキする	0	1	2	3
2．ピーンと痛みが走る	0	1	2	3
3．刃物で刺すような	0	1	2	3
4．スパッと切るような	0	1	2	3
5．締めつける	0	1	2	3
6．噛みつかれるような	0	1	2	3
7．熱い・焼けるような	0	1	2	3
8．疼くような	0	1	2	3
9．重苦しい	0	1	2	3
10．触られると痛い	0	1	2	3
11．割れるような	0	1	2	3
12．疲れる，疲れ果てる	0	1	2	3
13．気分が悪くなる	0	1	2	3
14．おののくような	0	1	2	3
15．こりごりする，むごたらしい	0	1	2	3

痛みなし ──────────────── 最も激しい痛み
-------------------- 10cm --------------------

図 3-11 視覚的アナログスケール

いといわれている．その後，マクギル疼痛質問表の中から15語を取り出したのが，マクギル簡易疼痛質問表である（表3-2）（佐藤ら，1988）．

2）視覚的アナログスケール（VAS：visual analogue scale）

10 cm の直線を引き，0 cm をまったく痛みがない場合（no pain），10 cm を今まで経験した中で最も激しい痛み（the worst pain I ever felt）として，現在の痛みを直線上にプロットさせる方法である（図3-11）（Bondら，1966）．

急性期の評価方法としては信頼性が認められているが，慢性痛に対する評価方法としては信頼性が低いといわれている．

3）faces pain rating scale

WongとBaker（1988）は「痛みがまったくなく，とても幸せである」表情から「これ以上考えられないほど強い痛み」の表情まで6種類の顔面の表情を選択させる方法を考案した．VASによる痛みの評価に比べ，子どもに質問する時に便利であり，短時間で評価できる利点がある．

4）Roland-Morris 腰痛特異的 QOL 尺度（RDQ：Roland-Morris disability questionnaire）

Rolandら（1983）は，腰痛による日常生活の障害を患者自身が評価する尺度を開発した．これは腰痛のために「立つ」「歩く」「座る」「仕事する」などの日常の生活行動が障害されているか否かを「はい」「いいえ」で24項目の質問形式である．0点から24点の範囲で得点化され，高得点ほど日常生活の障害の度合いが高いことを示す（福原，2004）．

5）SF-36（MOS short-from 36-item health survey）

SF-36は医学的ケアの効果を評価するために，心理社会的側面をも含む主観的要素をもつ尺度として開発されたもので，機能レベル，幸福度，健康感について36項目の質問からなり，慢性疾患の全般的なQOL評

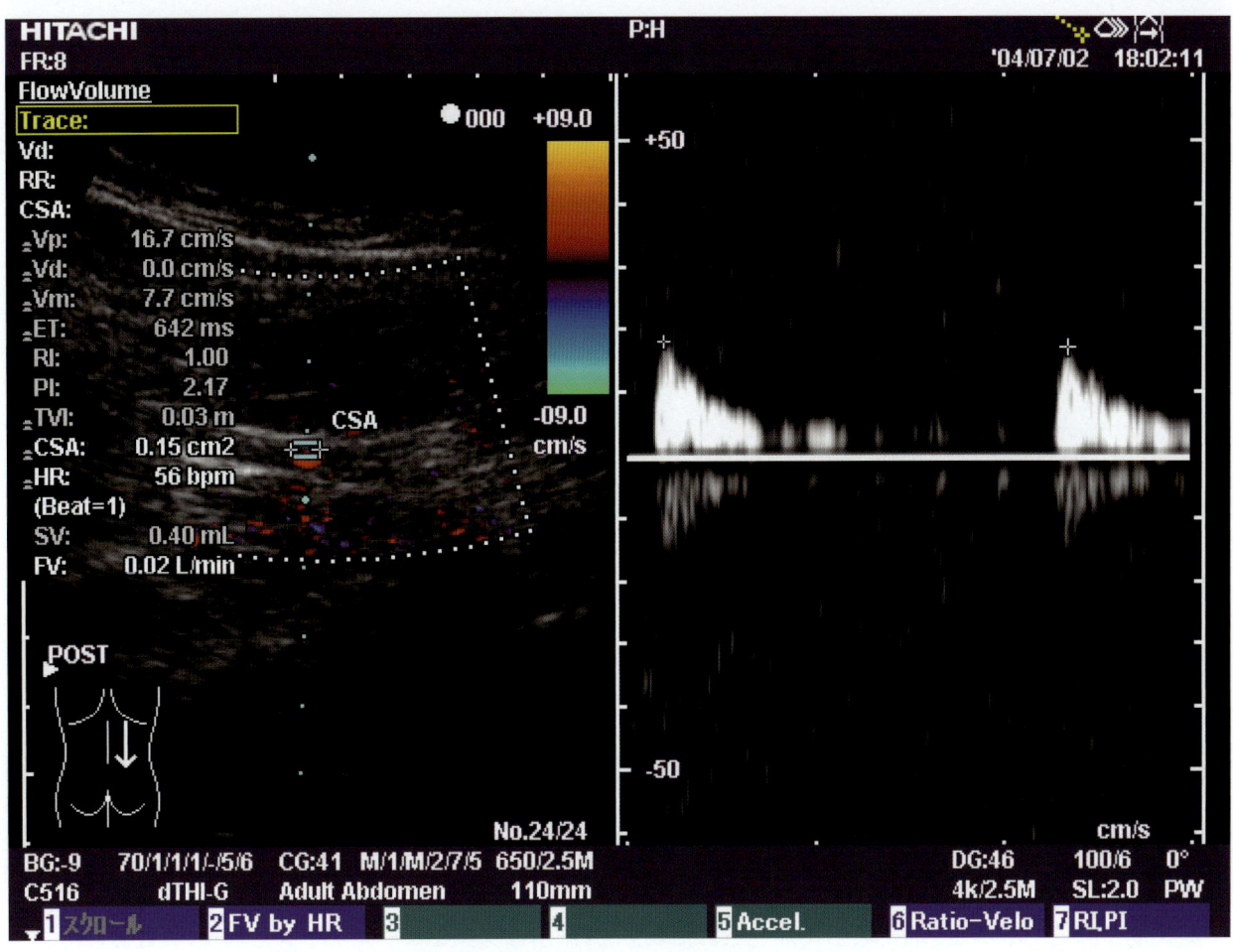

図 3-12　超音波画像診断装置による血流測定（文献 24）より引用）
皮膚表面から約 4 cm を走行する血管を捉えている

価表として，世界的に使用されている．わが国で本評価表を使用する時には，著作権者（福原俊一氏）の許可が必要となっている．

6）超音波画像診断装置による血流測定

　超音波画像診断装置はプローブの開発の結果，深部軟部組織を走行する微小な血管を捉えることができるようになった（図 3-12）．深部軟部組織の血管撮影には中心周波数 3.5 MHz のコンベックス形探触子プローブが使用される．本装置は最高血流速（cm/s），拡張末期最低血流速（cm/s），平均流速（cm/s），駆出時間（ms），抵抗係数（RI），拍動係数（PI），断面積（cm^2），一回拍出量（mL），一分間あたりの血流量（L/min）の計測が可能である．撮影に熟練を要するが，治療前後の効果判定に有用である．

7）三次元 CT

　一般 CT は水平面画像であるが，三次元 CT（以下，3DCT）は，前額面・矢状面からの画像情報が加えられ，立体画像を作製することができる（図 3-13）．3DCT による立体画像は 360°どの方向にも回転することができ，任意の位置で画像を観察することができる．さらに，筋の浅層から深層までを任意の深さで観察できることが大きな特徴である．したがって，3DCT は一般的には内臓系，血管系および骨・関節系の診断に用いられることが多いが，筋系の診断にも優れているといえる．また，3DCT は軟部組織の機能的変化の診断について客観的な情報を画像として提供してくれるとともに，筋の幅や長さ，指定した部位の面積や容積さらに CT 値の検出など数値を示すことも可能である．

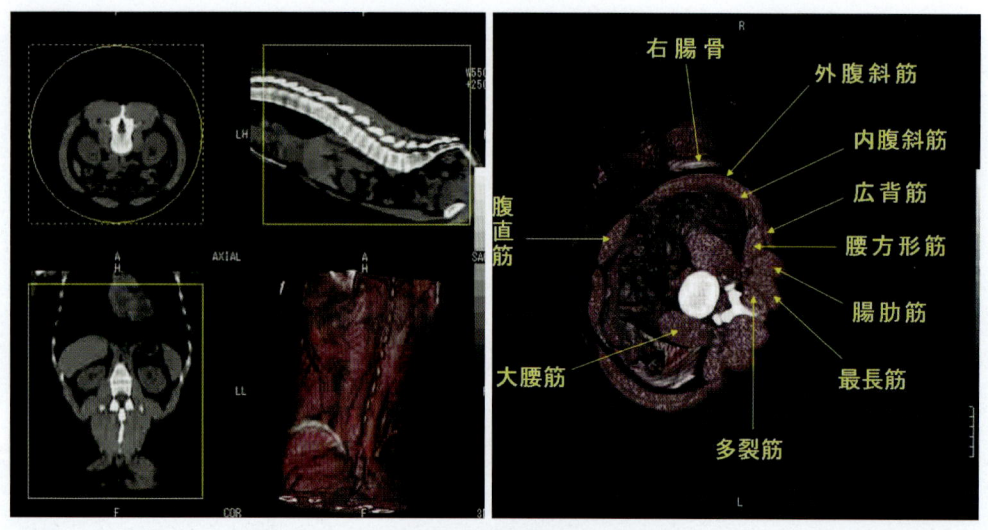

図 3-13　三次元 CT 画像（文献 25）より引用）
三次元 CT 画像は軟部組織の機能的変化の評価にも役立つ

8）プッシュプルゲージによる疼痛閾値測定

疼痛閾値は客観的測定方法の一つとして，プッシュプルゲージによる疼痛閾値の測定が考えられる．本装置は付属のアタッチメントを目的とする軟部組織にあて，垂直に押し込み，疼痛の閾値を測定するものである．測定誤差は部位にもよるが，治療効果判定の一つのツールとして活用できる．

9）筋硬度計（筋弾性計）

筋硬度を測定することを目的として開発された装置で，測定はプッシュプルゲージと同様に，装置のアタッチメントを筋に対し垂直に1秒かけて押しつける．熟練すれば3％以内の誤差で測定可能である．

10）放射温度計

本装置はレーザービームを利用して，簡易的に皮膚温を測定することが可能で，再現性に優れている．温熱刺激の指標の一つに利用できる．

IDストレッチング

1．ストレッチング前の対処

1）循環の改善

スポーツ領域ではストレッチング施行前に軽いランニングなどを行い，全身の血液循環を活発にしておくことが重要である．また，病院などではホットパック，渦流浴，超音波などにより血液循環を改善しておくとよい．

ウォーミングアップの効果として形本（1988）は，①筋温の上昇による筋粘性の低下，②柔軟性の増加，③神経機能の亢進などをあげている．また，Williford ら（1986）は，スタティック・ストレッチング単独群とジョギング併用群とを比較し，併用群の肩，足関節の柔軟性がより大きく改善したと報告している．Wessling ら（1987）は，スタティック・ストレッチング単独群と超音波併用群の可動域改善効果を比較し，超音波併用群がスタティック・ストレッチング単独群に比較し，有意に改善したと報告している．さらに，結合組織について Kottke ら（1966）と Lehamann ら（1970）は収縮および弛緩の特性はないが，わずかな柔軟性を有し伸張可能で，温熱によりその程度はさらに大きくなると報告している．これらのことより，ストレッチング前の循環改善の重要性がうかがえる．

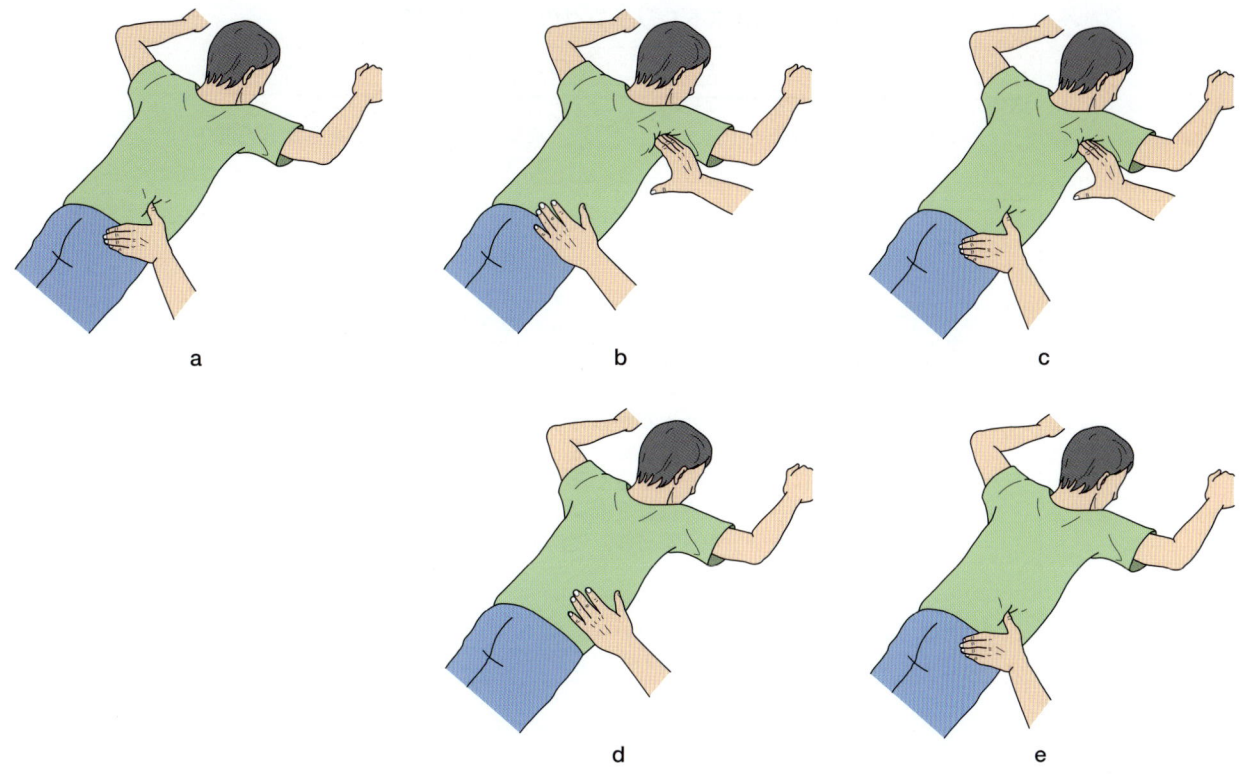

図 3-14　DNIC アプローチ（文献 26）より引用）
a．治療肢位で疼痛部位を再確認する
b．他の部位に侵害刺激を与える
c．他の部位に侵害刺激を与えている時に，もともとの部位の疼痛が抑制されているかを患者に聞いて確認する
d．疼痛部位を中心に圧刺激を約 10～20 秒加える
e．a で与えた同じ圧迫力でもともとの部位の疼痛が抑制されていることを再確認する

2）疼痛抑制

　筆者は生体に存在する鎮痛の機序のうち，徒手的に短時間で痛みを抑制する方法として，広汎性侵害抑制調節（DNIC）と非侵害刺激である圧刺激を併用した疼痛抑制法の一つである DNIC アプローチ（鈴木，2001～2005）を施行しているので，具体的方法を紹介する．

　①患者が訴える疼痛部位と疼痛閾値を問診，運動検査，触診により明らかにした後，治療肢位で再確認する（**図 3-14a**）．

　②疼痛部位に軽く指をあてておき，DNIC を利用するため他方の手指にて異なる部位（例えば，僧帽筋・棘下筋・上腕二頭筋・長橈側手根伸筋・外側広筋・腓腹筋など）になるべく軽度な侵害刺激を与える（**図 3-14b**）．

　③異なる部位に侵害刺激を与えている状態で，もともとの疼痛部位に対し，①で疼痛閾値を確認した時と同じ方向，深さ，力で再度圧迫し，疼痛が消失あるいは減少していることを確認する（**図 3-14c**）．

　④疼痛抑制のために利用した筋に対し，軽く指腹でマッサージし，痛みの感覚を消失させる．

　⑤疼痛部位に対し，より多くの圧受容器を興奮させる目的で，筋線維が判別できる程度の軽い圧刺激を手指指腹で約 10～20 秒施行する（**図 3-14d**）．

　⑥再度，もともとの疼痛部位の閾値を評価し，患者の主観とともに疼痛が抑制されたことを確認する（**図 3-14e**）．

　⑦疼痛発現動作を再度行わせ，疼痛の軽減とともに動作が改善されたことを確認する．

　DNIC アプローチでは他の部位に与える侵害刺激は，同一筋を常時利用するのではなく，いくつかの筋を利用することが必要である．同一筋を繰り返し利用すると感作が起こり，その筋から痛みが持続するようになるので注意する．

表3-3 IDストレッチングのタイプ別特徴

	ベーシック法	コントラクト法
適応	・筋緊張亢進が著明でない筋 ・運動前後の各筋	・筋緊張が亢進している筋 ・運動中，特に負荷が大きかった筋 ・痛みがある筋
方法	1. IDストレッチング 2. リラックス 3. IDストレッチング	1. 等尺性収縮 2. リラックス 3. IDストレッチング 4. リラックス 5. IDストレッチング
注意点	1. ストレッチング前に疼痛を軽減し，筋温も高めておく 2. 対象となる筋を特定する 3. 筋走行を常に思い浮かべながら行う 4. 痛みが起こらないように留意する 5. 呼吸が楽に行えるように留意する 6. 関節面を引き離すように軽度牽引する 7. 原則として表層筋から深層筋，近位筋から遠位筋へと進める 8. 筋連結に注意する 9. 術者の肢位や固定方法に注意する 10. なるべく当該筋を圧迫しない 11. 関節モビライゼーションの併用も考える	

2. IDストレッチングの種類

IDストレッチングは筋の緊張状態により，その方法を選択する（表3-3）．

1）ベーシック法

筋緊張亢進が著明でない筋または運動前後の各筋に対し，その伸張性を維持する目的で行うIDストレッチングは，以下の順序で行う．
①IDストレッチング
②リラックス
③IDストレッチング

2）コントラクト法

筋緊張が亢進している筋またはスポーツ時，特に負荷が大きかった筋に対しては，以下の方法で行う．
①等尺性収縮
②リラックス
③IDストレッチング
④リラックス
⑤IDストレッチング

3. 施行時の注意点

1）対象となる筋を特定する

可動域の制限が存在している場合は，拮抗筋の筋緊張亢進によるものか，逆に主動作筋の筋緊張亢進または痛みによるものかを評価し，ストレッチングの対象となる筋を特定する．

2）筋走行を常に思い浮かべながら行う

対象とする筋線維の走行を常に思い浮かべながら，各筋線維の起始部と付着部の延長線上で，互いが引き

離される方向にストレッチングする．

3）痛みが起こらないように留意する

　ストレッチング時の痛みは当該筋あるいは拮抗筋，その他，周囲筋群の筋収縮を誘発するためストレッチングが無効となる．ストレッチングの程度は気持ちよく伸ばされている感じでよい．また，高齢者のように痛みに対する閾値が高くなっている場合には，筋・腱の断裂，血管の損傷にもつながるので，あくまでも痛みを訴えない強さで段階的にその強度を上げていく必要がある．

4）伸張反射が発生しないように，ストレッチング強度を調節する

　ストレッチングはゆっくりとした速度で行い，生体からの抵抗を感じた位置で保持する．過度の伸張は，主に筋腱移行部に顕微鏡学的な断裂が起こる危険性を伴うとともに筋緊張が逆に亢進する．

　筋緊張は前日までの運動の負荷量や精神的状態，痛みなどによって容易に変化するので，その日の筋緊張の状態に応じたストレッチングの強度を決定しなければならない．また，筋緊張の度合いは個人差が大きく，さらにスポーツ分野では競技種目により緊張度の高い特定の筋群がみられるのが特徴である．

5）呼吸が楽に行えるように留意する

　ストレッチング中はリズミカルな呼気と吸気を繰り返しているか注意しておく．過度なストレッチングは呼気を妨げ，筋緊張を亢進させる．

6）関節面を引き離すように軽度牽引する

　より効果的なストレッチングをするために，関節の動きをよく理解し，関節面が接触してストレッチングの妨げとならないように工夫する．

7）原則として表層筋から深層筋，近位筋から遠位筋へと進める

　表層筋の筋緊張が亢進した状態では，深層筋へのストレッチングは表層筋に痛み，または伸張反射を助長することになり逆効果となる．また一般的に，近位筋は遠位筋による運動を固定する役割があり緊張しやすいので，ストレッチングは近位筋から遠位筋へと進めていく．

8）筋連結に注意する

　ストレッチングする筋の緊張が亢進している時には，その筋と筋連結をもつ筋に注目する必要がある．筋連結を有する筋どうしはお互いに影響しあい，筋緊張を増す傾向にある．ほとんどの筋は本書でも示すように他の筋と筋連結をもっている．慢性の腰痛症では痛みの部位が腰，臀部から大腿外側，下腿外側，足背部へとその範囲を拡大していくのは，この筋連結が関係していると考えられる．

9）術者の肢位や固定方法に注意する

10）なるべく当該筋を圧迫しない

11）関節モビライゼーションの併用も考える

　関節構成体が原因すると思われる可動域制限では，ストレッチング後に関節モビライゼーションの併用も考える．

4．禁忌症

　IDストレッチングの禁忌症は整形外科疾患，例えば，関節障害，骨折，捻挫，筋断裂，腱断裂，五十肩，腰痛症などの急性期，脳血管障害などの中枢神経系疾患の急性期などである．

5．期待される効果

①筋緊張が低下することにより，血液循環が改善され，筋のリラクゼーションが得られる．
②痛みの閾値が上昇し，疼痛が軽減する．
③伸張反射の閾値が上昇し，傷害の予防になる．
④関節可動域が改善する．
⑤巧緻性・俊敏性が改善される．

症例報告

1．器質的変化と機能的変化とが重複した症例

【症例1】45歳，女性．診断名：左肩腱板損傷，左肩関節周囲炎．平成14年10月，ゴルフ場でのキャディーの仕事中，芝で滑った時，手をついて転倒した．平成14年12月，近医受診．初診時，左肩関節屈曲130°であったが，レントゲン上では問題なし．Neer test（＋），Hawkins test（＋）であった．平成15年3月初旬，左肩関節屈曲150°，外転120°であった．急に上肢を挙上すると疼痛が発現した．外来にて，関節

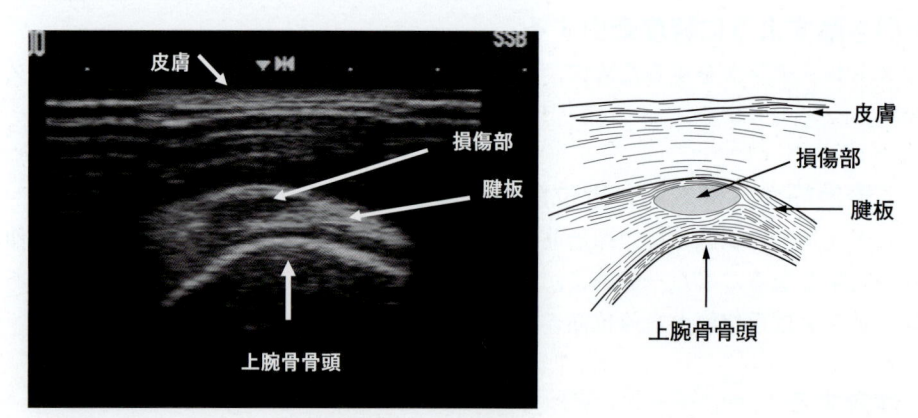

図3-15 腱板損傷の超音波画像（文献1）より改変引用）
腱板損傷部に輝度の異なる像が観察された

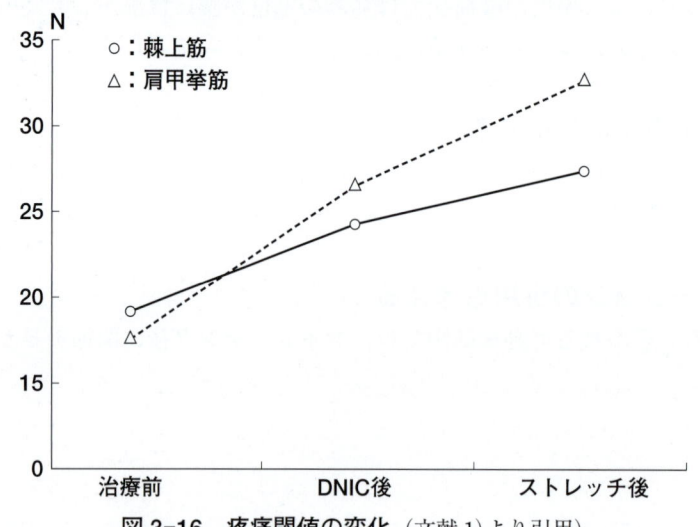

図3-16 疼痛閾値の変化（文献1）より引用）
棘上筋，肩甲挙筋ともIDストレッチング後に疼痛閾値の改善が得られた

腔内注射（1％カルボカイン 3 ml，リンデロン 1A）した．

　平成 15 年 3 月下旬，関節可動域は左肩関節屈曲 150°，外旋 60°，内旋 35°に変化したが，肩関節から肩甲帯を中心として筋緊張が亢進していた．超音波画像（本田電子社製，HS-2000）では腱板損傷部に輝度の異なる像が観察された（図 3-15）．

　治療は問診で訴えの強かった筋の中から，まず三角筋後部線維と上腕三頭筋長頭部に対し，DNIC アプローチとストレッチングを施行するも，関節可動域に変化がみられなかった．そこで他の疼痛部位であった棘上筋・肩甲挙筋の圧痛部に対しアプローチした．治療前の push-pull gauge（AIKOH 社製，model-9505A）による疼痛閾値は，棘上筋が 19.3N，肩甲挙筋が 17.9N であった（図 3-16）．

　DNIC アプローチにおける疼痛部位と異なる筋への徒手による侵害刺激部位は，棘下筋・短橈側手根伸筋・小胸筋などを用いた．DNIC アプローチ後，疼痛閾値はそれぞれ棘上筋が 24.2N，肩甲挙筋が 26.4N へと改善し，関節可動域も屈曲 150°，外旋 70°，内旋 55°に変化した．ID ストレッチングは肩甲挙筋に対してのみ施行した．

　ID ストレッチング後，疼痛閾値は棘上筋 27.3N，肩甲挙筋 32.3N へとさらに改善した．棘上筋の疼痛閾値の改善は，肩甲挙筋・僧帽筋などの筋緊張低下により，それらの筋と筋連結をもつ棘上筋が間接的に緊張低下を引き起こし，疼痛閾値が高まったためと想像される．また，可動域は屈曲 160°，外旋 75°，内旋 55°へと変化し，治療前と比較しそれぞれの運動が容易となった（図 3-17）．本症例のように，器質的変化が認められる場合でも，軟部組織に疼痛や可動域制限の原因を求め，アプローチすることにより良好な結果が得られることが多い（鈴木，2003，2005）．

a. ID ストレッチング前屈曲　　　　　　　　　　b. ID ストレッチング後屈曲

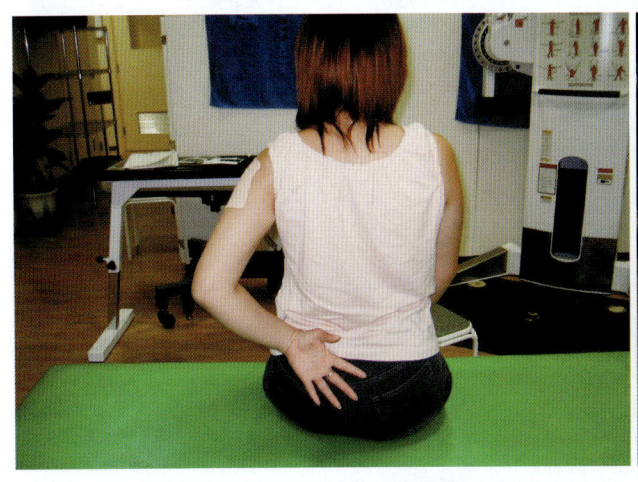

c. ID ストレッチング前内旋　　　　　　　　　　d. ID ストレッチング後内旋

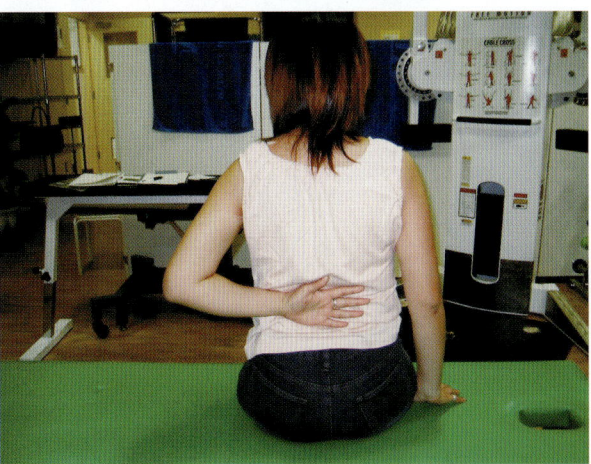

図 3-17　肩関節屈曲・内旋動作の変化（文献 1）より引用）

【症例2】17歳，男子．高校野球部．平成15年3月，右肩関節内インピンジメントの診断を受ける．関節可動域は右肩屈曲180°，外旋30°であった．理学的所見は，Hawkins's impingement test（＋），Neer's impingement test（－），Relocation test（＋），Clunk test（＋），Sulcus sign（－）であり，肩関節周囲筋群にはオーバーユースによる拘縮・圧痛を認め，保存療法で経過を追うこととなった．

整形外科初診3週後においても強い投球動作で右肩に疼痛が残存していた．運動痛および圧痛の訴えは，

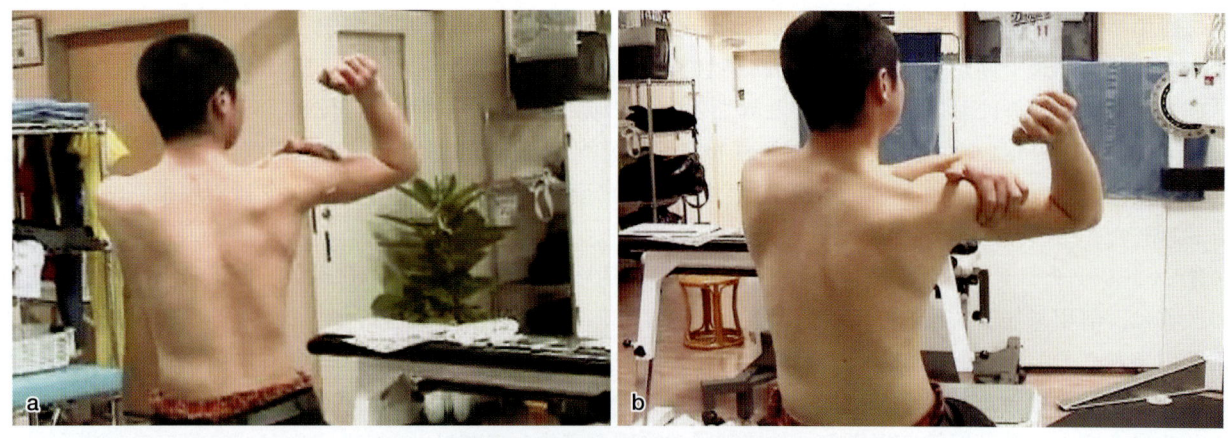

図3-18　運動痛および圧痛部位（文献27）より引用）
a．運動痛および圧痛部位は，当初，三角筋後部線維付着部近傍に最も強く存在した
b．三角筋後部線維付着部近傍へのアプローチ後の運動痛および圧痛部位は，上腕三頭筋外側頭を訴えるようになった

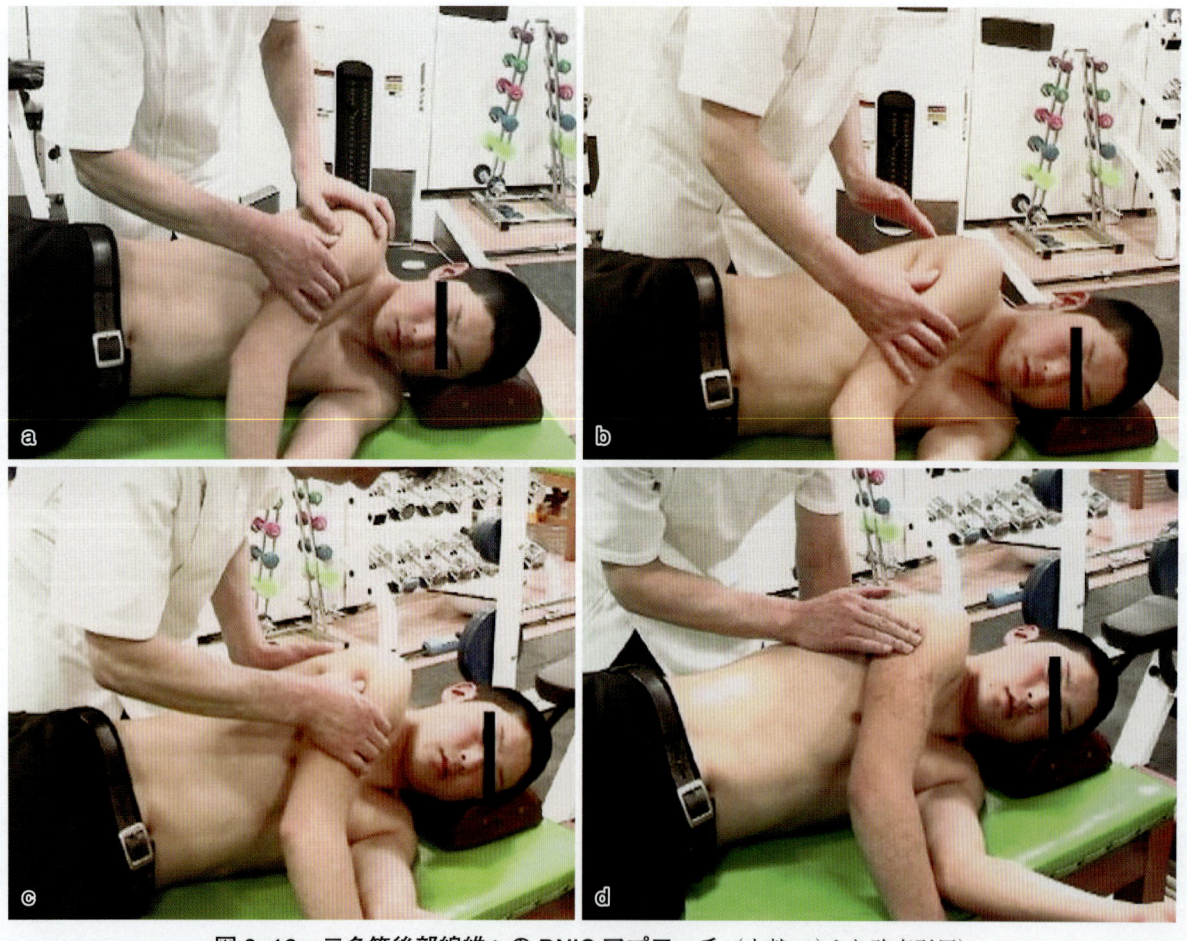

図3-19　三角筋後部線維へのDNICアプローチ（文献27）より改変引用）
a．疼痛を発生させる筋硬結部をみつけ，疼痛閾値を確認する
b．他の部位（ここでは棘下筋）に侵害刺激を加える
c．筋硬結部の疼痛閾値が上昇したことを確認する
d．指腹で圧刺激を10〜20秒加える

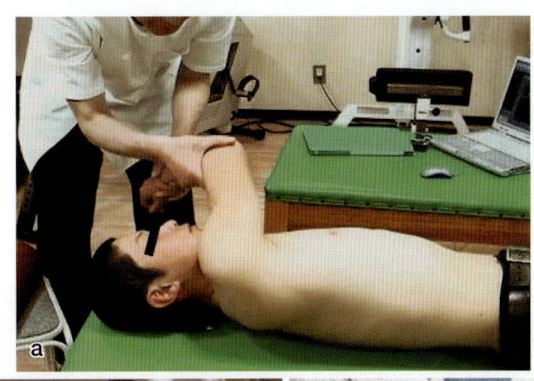

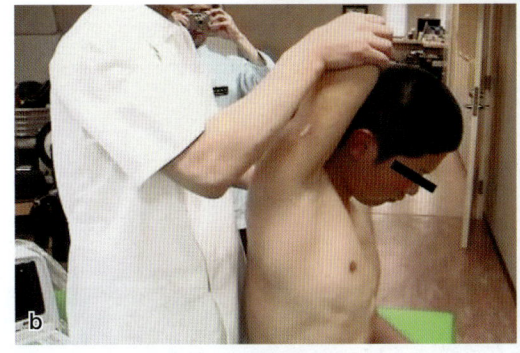

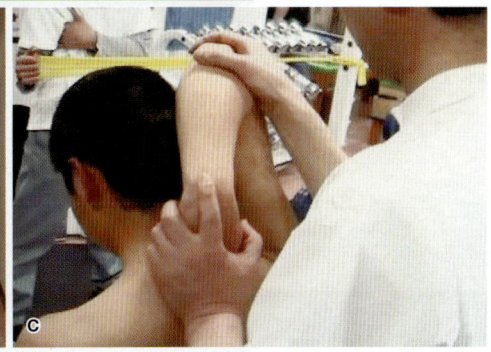

図 3-20　ID ストレッチング（文献 27）より改変引用）
a．右三角筋後部線維．背臥位で頸椎を左回旋後，筋線維の方向を意識しながら，肩関節を牽引し，内転・屈曲方向に動かす．最終域で軽度内旋し，筋線維にテンションがかかったところで保持する
b，c．右上腕三頭筋外側頭．端座位で，右手で肘頭部を，左手で手背部を脊柱線上に保持し，肘関節を最大屈曲した後，肩関節を屈曲・外転する

　三角筋後部線維および三角筋付着部近傍に存在した（図 3-18）．三角筋後部線維の中でも，特に圧痛の強い筋硬結部に対し，疼痛抑制を目的として DNIC アプローチを施行した（図 3-19）．当該部の疼痛閾値が改善したことを患者の主観と push-pull gauge で確認した．続いて三角筋後部線維に対し，筋走向を考慮して筋硬結部が存在していた筋線維を意識して，最も効率よく伸長できる方向，すなわち肩関節屈曲・内転方向に伸張し，最終域で軽度内旋方向に ID ストレッチングを施行した（図 3-20a）．

　ID ストレッチング後，投球動作にて確認したところ，投球時に発生していた三角筋後部線維の運動痛はほぼ消失したが，今度は上腕三頭筋外側部線維に運動痛を訴えたので，同様に疼痛部位を確定し，DNIC アプローチと ID ストレッチングを施行した．上腕三頭筋外側頭の ID ストレッチングでは同筋長頭の伸張方向と比較して，手関節以下をより体幹中央部に固定し肩関節を屈曲した後，より内転方向に伸張した（図 3-20b）．

　その結果，三角筋後部線維と上腕三頭筋外側部線維の疼痛閾値の上昇とともに圧痛が軽減した（図 3-21）．投球動作では肩関節外旋と水平外転の可動域が増加し，投球時の運動痛も消失した（図 3-22）．この効果を持続させるため，自宅や学校でできるアクティブ ID ストレッチング（次項を参照）を指導した．部活動を再開してから 1 週間後に再受診したが，三角筋後部線維と上腕三頭筋の運動痛の再発もなく，初診時に比較し右肘関節が投球時に上がるようになり効果は持続していた（鈴木ら，2004，2005）．

【症例 3】15 歳，男子．体育授業のバスケットの練習中，腰部痛が出現したものの，翌日には軽快した．約 1 カ月半後，再度バスケットの練習中に腰部痛が出現し，翌朝には起床不能となり，外来受診し軽度の L4〜5，L5〜S1 椎間板ヘルニアの診断を受けた（図 3-23）．

　触診では左 L4〜5 腸肋筋部および左右中殿筋部に強度な圧痛を確認した．運動検査では腰椎伸展および腰椎側屈・伸展に著明な可動制限が認められ，治療前の VAS は 36/100，SLR（straight leg raising）テストは右 70°，左 60°，FFD は 53.5 cm であった（図 3-24，25a）．

　症例 1，2 と同様に，圧痛部位の疼痛閾値を確認後，DNIC アプローチによる圧痛部の疼痛を抑制した後，腸肋筋と中殿筋に対し ID ストレッチングを施行した．治療時間は 20 分間であった．治療後，腰部の可動性

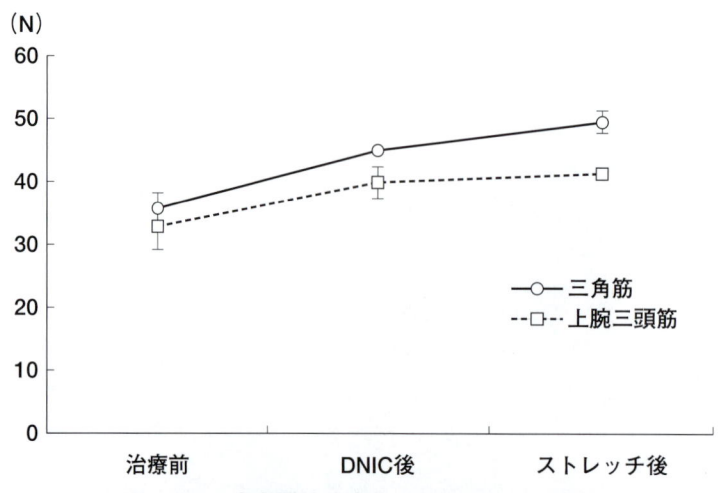

図 3-21 疼痛閾値の変化（文献 27）より引用）
三角筋後部線維と上腕三頭筋外側頭の疼痛閾値は，治療前に比較し DNIC アプローチ後と ID ストレッチング後に上昇し，治療効果を裏づけた

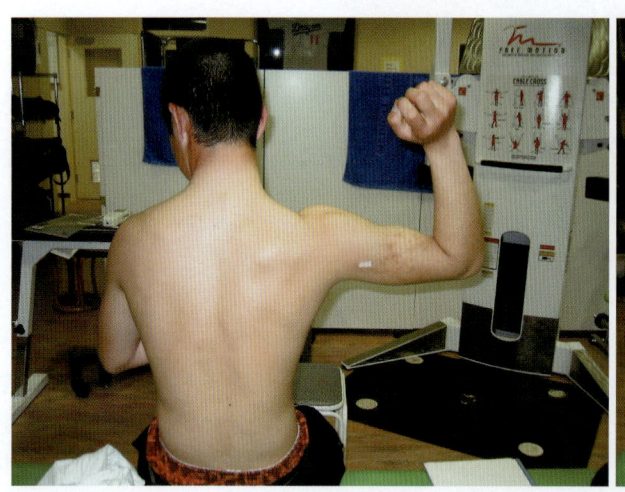

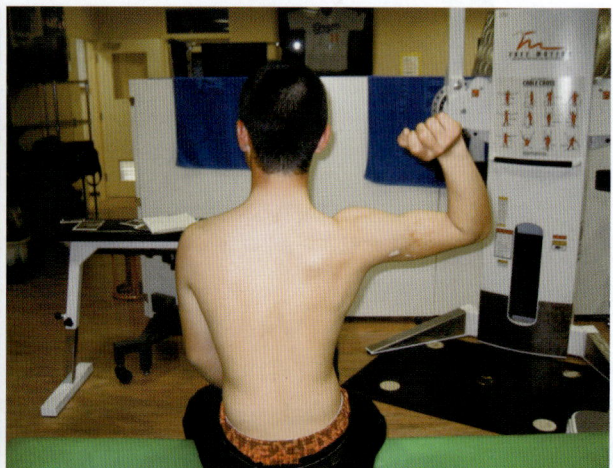

a. ID ストレッチング前　　　　　　b. ID ストレッチング後

図 3-22 右肩関節外旋肢位の変化（文献 27）より引用）

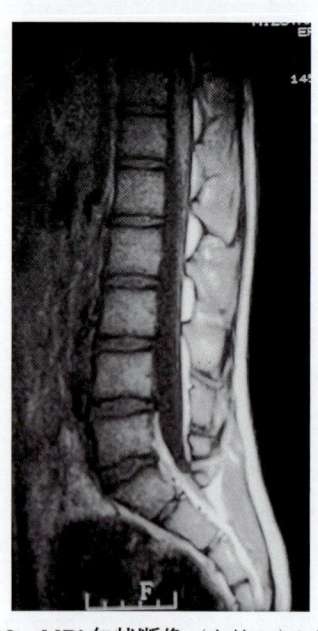

図 3-23 MRI 矢状断像（文献 28）より引用）
L4〜5，L5〜S1 で軽度な椎間板ヘルニアを認めた

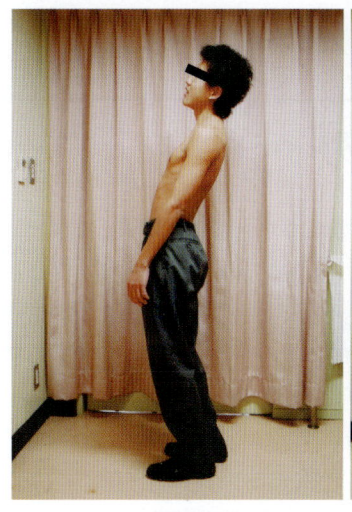

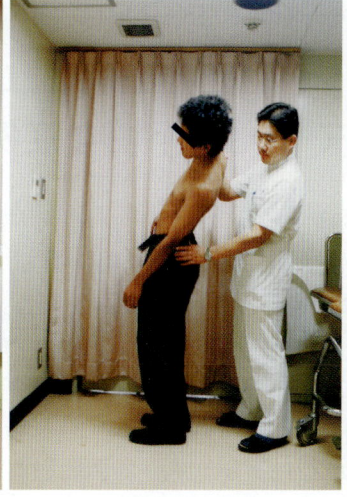

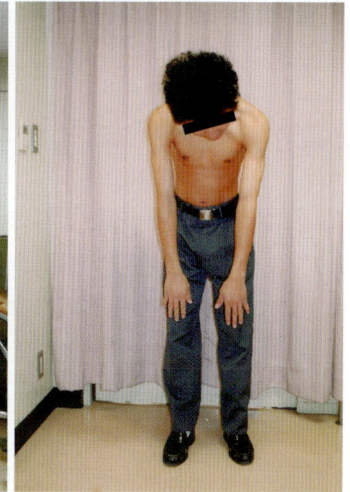

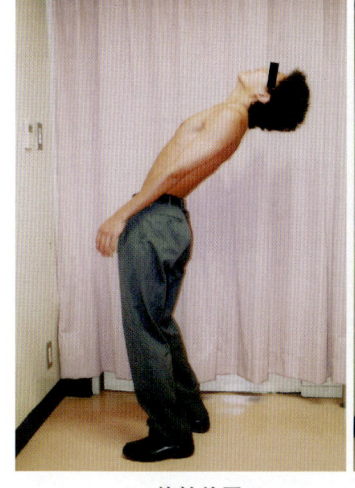

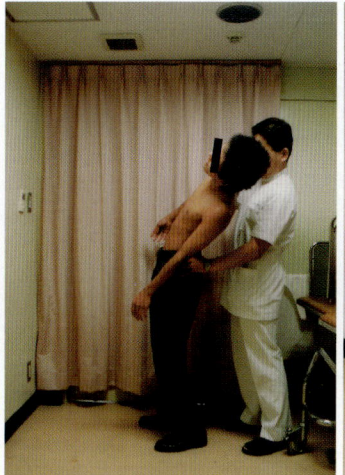

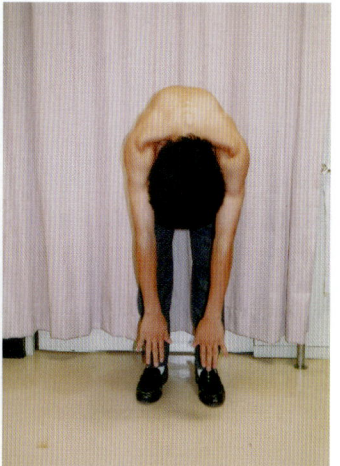

a. 体幹伸展　　　　b. 体幹伸展・側屈　　　　c. 体幹前屈

d. 体幹伸展　　　　e. 体幹伸展・側屈　　　　f. 体幹前屈

図 3-24　体幹の可動性変化（文献 28)より引用）
上段：ID ストレッチング前
下段：ID ストレッチング後
各運動検査で，ID ストレッチング後，著明な改善が認められた

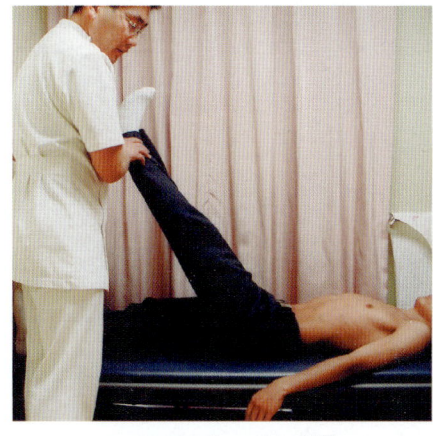

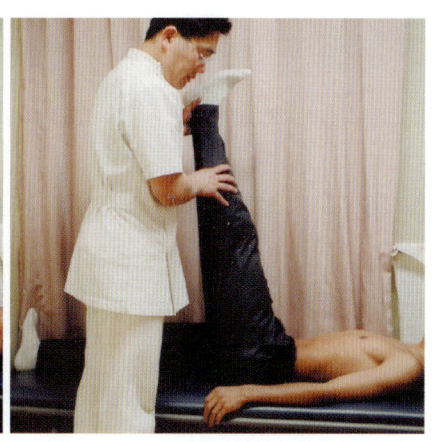

a. ID ストレッチング前　　　　b. ID ストレッチング後

図 3-25　左 SLR テストの変化（文献 28)より引用）
SLR テストでも著明な改善を示した

は改善し，VAS は 8/100，SLR テストは右 85°，左 85°，FFD は 19.5 cm へと著明に変化した（図 3-24, 25b）（鈴木ら，2003）．

2．器質的変化が存在していたか不明な症例

【症例4】21 歳，学生．2 年前より腰痛（+），時々痛みがあり，増悪すると腰部にしびれが出現する．触診にて左 L3/4 レベルの腸肋筋，右 L3 レベルの最長筋に圧痛があり，運動検査では腰椎伸展で痛みが圧痛部に出現した（図 3-26a）．治療前の評価では，SLR テストは右 75°，左 65°，股関節屈曲（膝屈曲位）は右 100°，左 95°，FFD は 11 cm であった（図 3-27, 28, 29a）．また，治療前の下部腰椎を走行する腸肋筋・最長筋は，筋短縮あるいは筋緊張亢進のため腰椎後彎が不十分であった（図 3-26b）．

ID ストレッチングは，DNIC アプローチ後，下部腸肋筋・最長筋に対して施行した（図 3-30）．ID ストレッチング後の評価では，SLR テストが左右とも 100°，股関節屈曲（膝屈曲位）は左右とも 125°，FFD は 0 cm にそれぞれ改善した（図 3-27, 28, 29b）．また，腸肋筋・最長筋の伸張性の改善により，腰椎後彎と骨盤後傾がストレッチ最終域でそれぞれ可能となった．

ID ストレッチング効果の客観的判定の指標として超音波診断装置（HITACHI 製，EUB-6500）による血流を測定した．棘突起より左右 4 cm 外側で，L3〜4 レベルを中心とした長軸方向の超音波画像による血流は，ストレッチング前後で比較すると，平均血流速度に変化がないものの，血管断面積の拡大とともに，一拍動あたりの血流量と 1 分間あたりの血流量がともに増加し，筋および結合組織への血液供給が増加したことをうかがわせた（表 3-4）（鈴木ら，2004）．

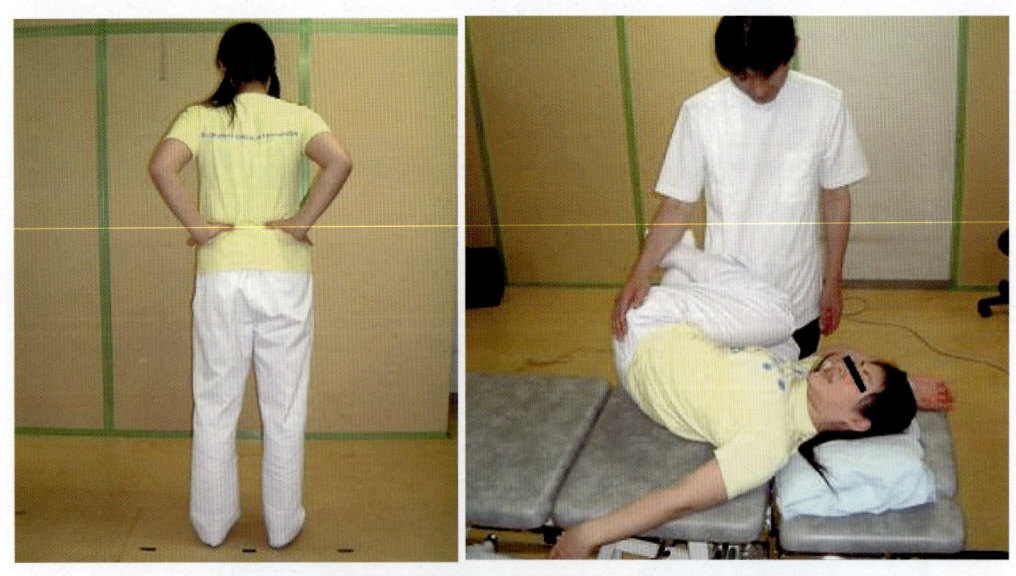

図 3-26　圧痛部と腰椎の可動性低下（文献 24）より引用）
腰部筋群の筋短縮あるいは筋緊張亢進のため，腰椎後彎，骨盤後傾に制限があった

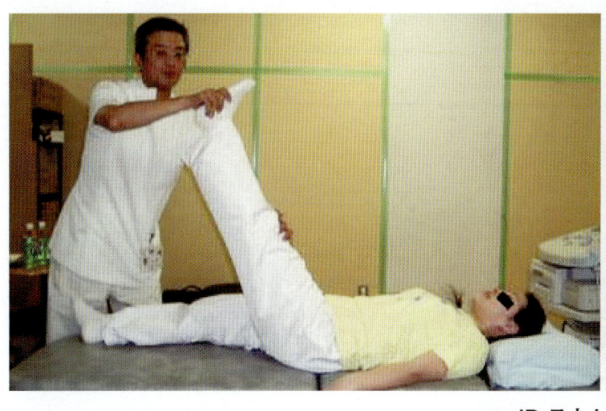

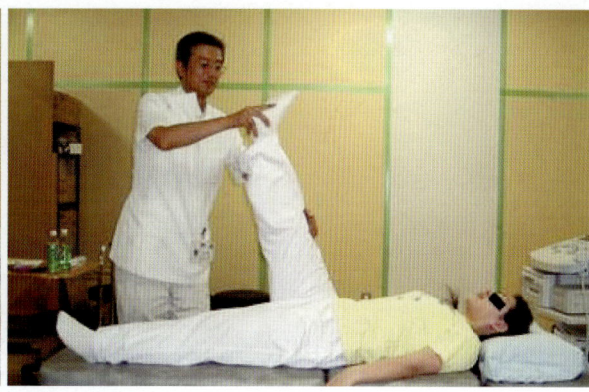

a. ID ストレッチング前

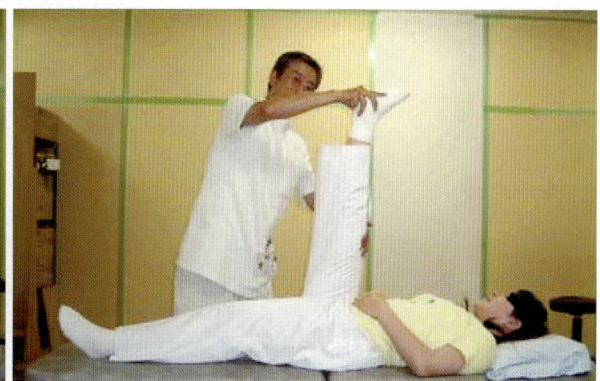

b. ID ストレッチング後

図 3-27　SLR テストの変化（文献 24）より引用）
左右下肢とも SLR テストに著明な改善が認められた

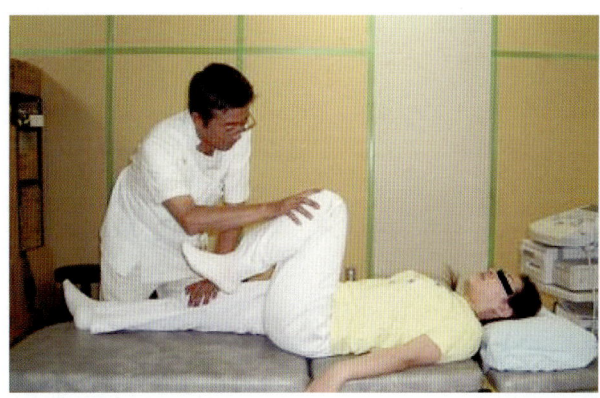

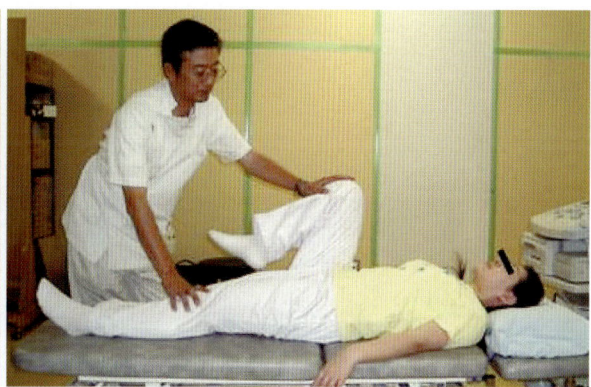

a. ID ストレッチング前

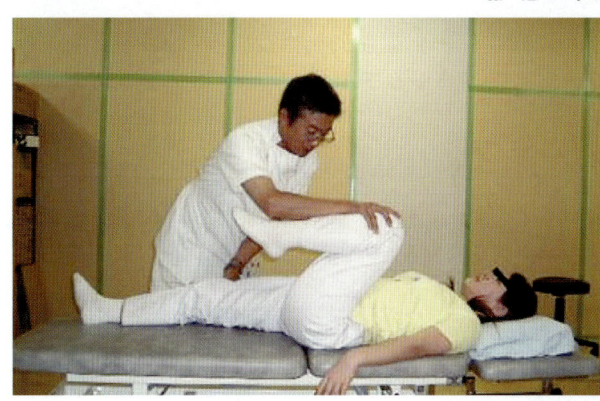

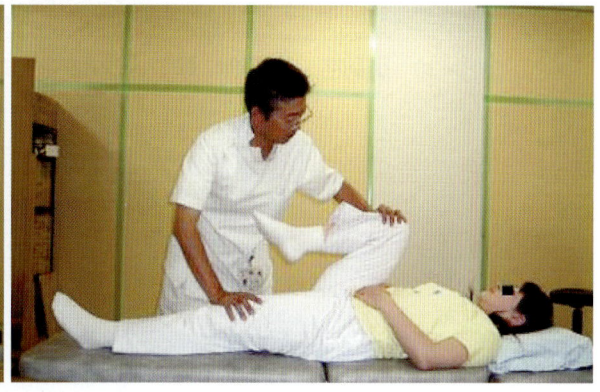

b. ID ストレッチング後

図 3-28　股関節屈曲の角度変化（文献 24）より引用）
左右とも股関節屈曲角度に著明な改善が認められた

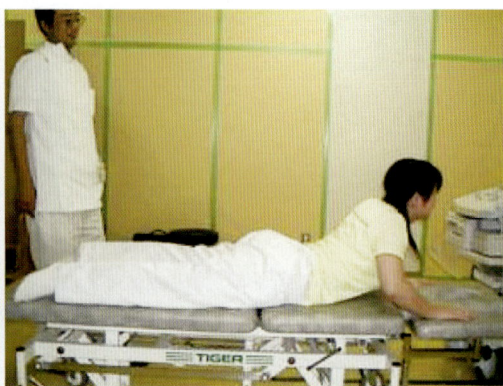

a. IDストレッチング前

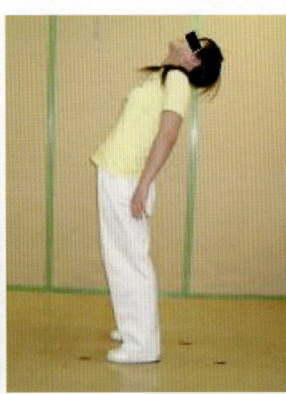

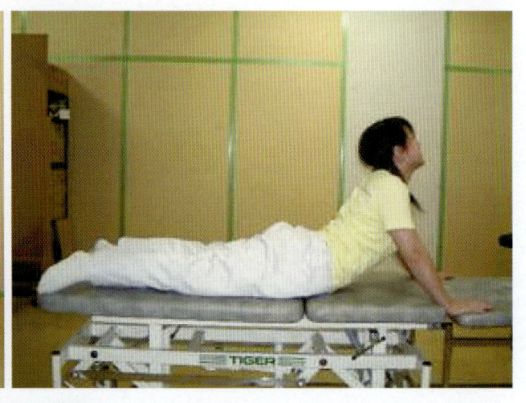

b. IDストレッチング後

図 3-29　体幹の可動性の変化（文献24）より引用）
体幹屈曲と腹臥位での腰椎伸展に著明な改善が認められた

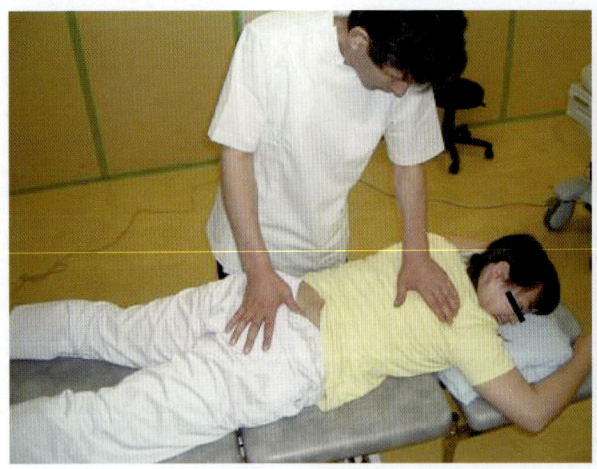

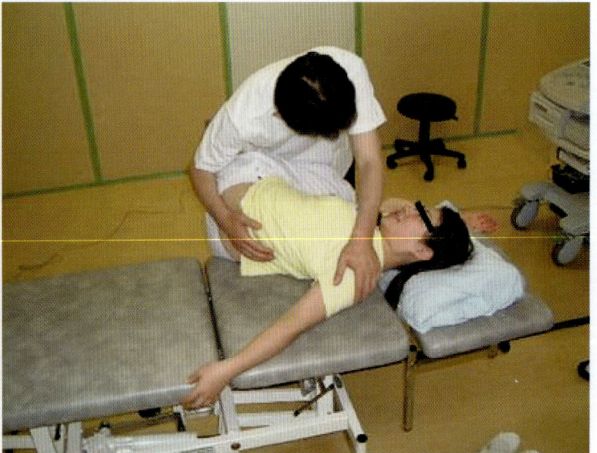

図 3-30　腸肋筋・最長筋に対する DNIC アプローチと ID ストレッチング（文献24）より引用）

表 3-4　ID ストレッチング前後の血流変化

指標	L3～4, Lt, 4cm		L3～4, Rt, 4cm	
	ストレッチング前	ストレッチング後	ストレッチング前	ストレッチング後
平均血流速度　　　　（cm/s）	6.8	7	7.4	7.7
血管断面積　　　　　（cm^2）	0.03	0.05	0.04	0.15
一拍動あたりの血流量　（mL）	0.07	0.12	0.12	0.4
一分間あたりの血流量（L/min）	0	0.011	0.01	0.021

アクティブIDストレッチング

　アクティブIDストレッチングは，自分一人で行うストレッチングの方法である．IDストレッチングに比べて，①ストレッチングの強さが自覚できる，②場所をあまり選ばない，③自分の都合に合わせてできるなどの利点がある．アクティブIDストレッチングは，治療後の効果を持続する目的で用いられ，患者または選手のホームエクササイズとして指導するとよい．

腸肋筋・最長筋
椅座位．左足を右足の上に組む．右手を左膝の外側床面につけるようにして体幹を前屈・左側屈・左回旋し，体幹を左斜め前方に倒す．この際，左前方への転倒を防ぐ目的と体幹運動の微調整をする目的で左手は椅子を押さえておくとよい

僧帽筋上部
椅座位．左手で右手首を背中で把持して左方向に引き寄せ，左腰背部におき，右肩関節を伸展・内転・内旋位にする．頸椎を左側屈させる．頸椎の自然回旋は許す．伸張感がない場合は，左手を右側頭部にあて，さらに左側屈を強めるとよい

胸鎖乳突筋
椅座位．腰背部で両手を組む．頸椎を左側屈・右回旋し，伸展させる．伸張感がない場合は，左手で前頭部を押さえて頸椎伸展を増すとよい

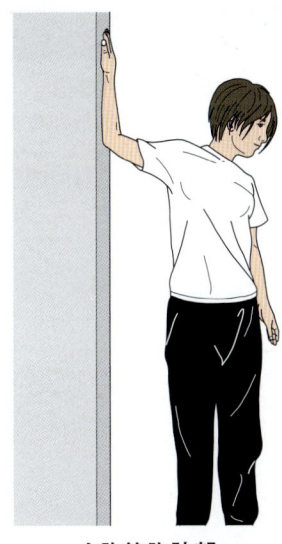

大胸筋胸肋部
立位．右肩関節約100°外転・90°外旋位，肘関節屈曲位にて右前腕を壁に固定する．体幹全体を左回旋させ，右肩関節を水平外転させる

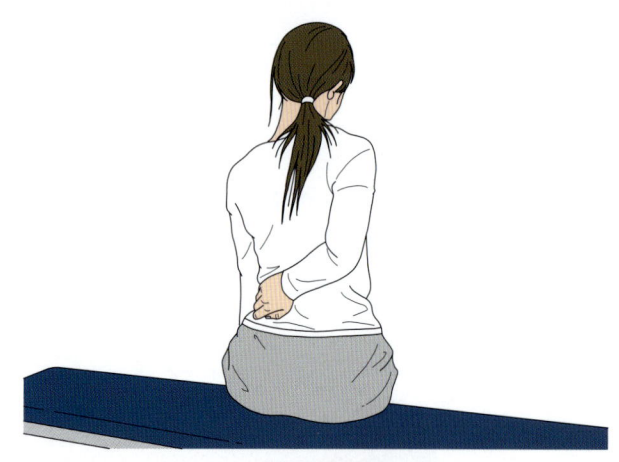

三角筋鎖骨部

椅座位．右肩関節を伸展・内転・内旋，前腕を回外し，手指を下方に向けて右腰背部に手掌をつける．右手を左腰背部に移動させて肩関節を伸展・内転し，さらに肘を後方に押し出して肩関節を外旋させる

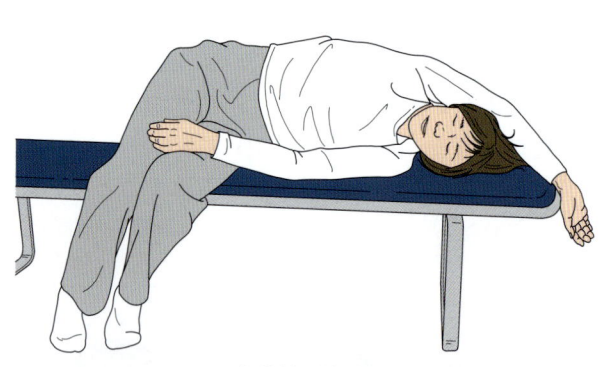

広背筋外側部

端座位．下肢を下垂したまま，左側臥位となる．右肩関節を最大屈曲・最大外転させる．

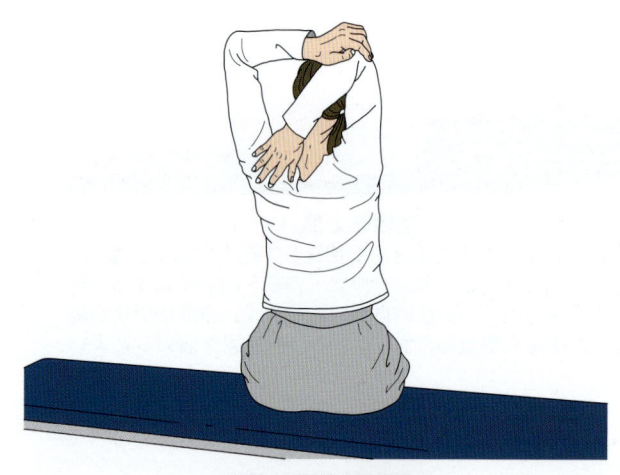

上腕三頭筋外側頭

椅座位．右肩関節を屈曲・外旋，肘関節を屈曲，前腕を回外にし，右手掌を左肩甲骨背面にあてる．左手で右上腕骨遠位部を背外側から把持する．左手で右肘関節を最大屈曲位のまま，左背側方向に動かし，右肩関節を最大屈曲・最大外転させる．

長橈側手根伸筋

椅座位．右肘関節を伸展，右前腕を手掌が床面を向く程度に回内し，左手で母指側から右手根部を包み込むように把持する．右手関節を掌屈・尺屈させる

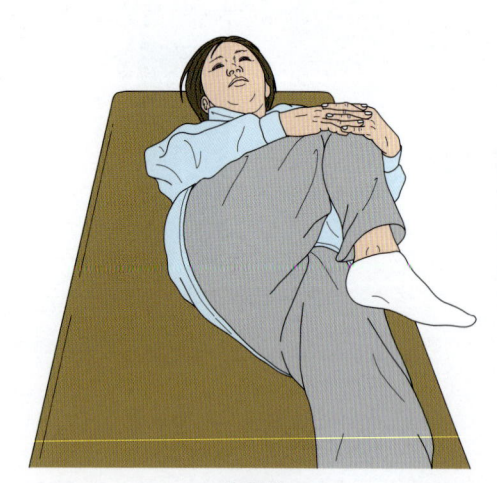

大殿筋

背臥位．右股関節を屈曲・内転・内旋，膝関節を屈曲し，両手を膝関節前面で組み，右膝を抱え込む．右膝が左上腕につくように右股関節を屈曲・内転させる

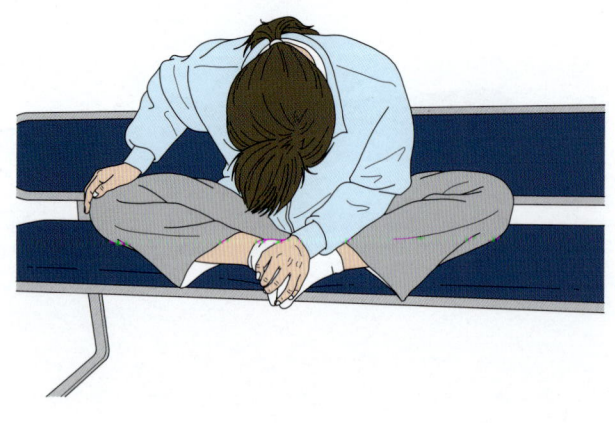

長内転筋

椅座位．両股関節を屈曲・外転・外旋し，両足底を合わせ，両手で足部を把持する．腰椎がなるべく屈曲しないように体幹を前傾し，両股関節の屈曲・外転・外旋を増す．伸張感がない場合は，右手で右膝内側部を外転方向に押すとよい

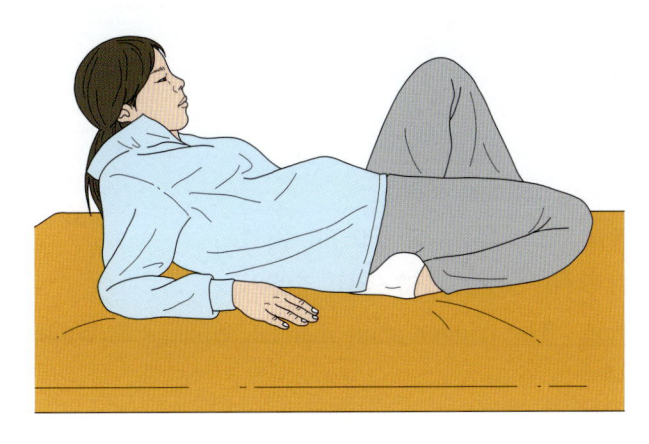

大腿直筋
背臥位．両手を後ろにつき，体幹を軽度後方に倒しておく．右踵が右殿部につくように右膝を屈曲する．両肘をついて曲げ，右股関節を伸展させる．それでも伸びない場合は，左股・膝関節を屈曲して左膝を立てる

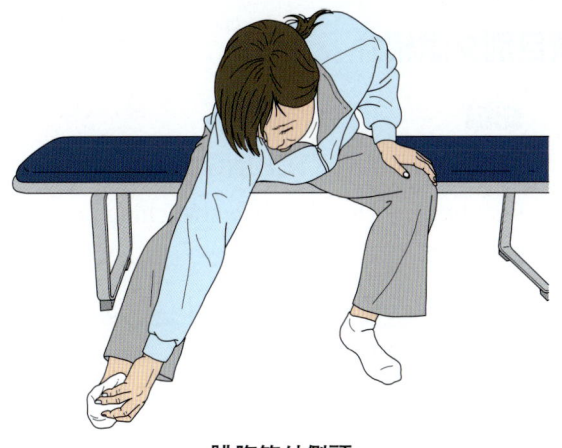

腓腹筋外側頭
椅座位．右股関節を屈曲・外旋，膝関節を軽度屈曲し，体幹を屈曲して右手で右足部内側を把持し，足関節を背屈しておく．右手で足関節背屈を維持したまま，右膝関節を完全伸展させる

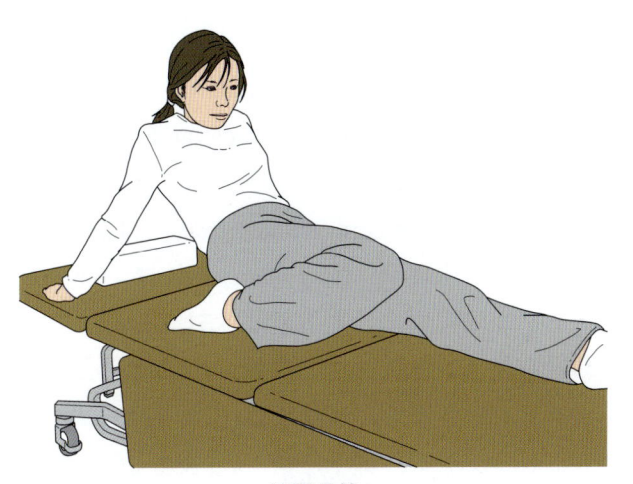

前脛骨筋
長座位．右膝関節を完全屈曲，足関節を底屈させる．両手を後方につき，体幹はリラックスさせる．右股関節を屈曲して膝をベッドから浮かし，右足関節をさらに底屈をさせる

項目別文献紹介

1．総論

- Anderson B：STETCHING. Shelter Publications Inc, Bolinas, 1980
- Beaulie JE：Developing a stretching program. *Phys Sports Med* **9**：59-66, 1981
- 堀井　昭：ストレッチング（Stretching）．体育の科学　**32**：177-181，1982
- Travell JG, et al：Myofascial pain and dysfunction：The trigger point manual. Wiliams & Wiilkins, Baltimore, 1983
- 金子丑之助：日本人体解剖学第一巻．南山堂，1985，pp327-527
- Shellock FG, et al：Warming-up and stretching for improved physical performance and prevention of sports-related injuries. *Sports Med* **2**：267-278, 1985
- 山本啓一，他：筋肉．化学同人，1986，pp101-118
- 永田　晟：障害予防のためのウォームアップとクールダウンの意義．臨床スポーツ医学　**4**：1226-1234，1987
- 魚住廣信：PNFストレッチング．医道の日本，1987，pp112-122，p518
- Schmidt RF（編），内薗耕二（訳）：神経生理学第2版．金芳堂，1988，pp147-155
- Herbert R：The passive mechanical properties of muscle and their adaptations to altered patterns of use. *Aust J Physiother* **34**：141-149, 1988
- Huxley HE：The mechanism of muscular contraction. *Science* **164**：1356-1366, 1969
- 形本静夫：ウォーミングアップの生理学．*Jpn J Sports Sci* **7**：620-627，1988
- 熊澤孝雄：痛みとポリモーダル受容器．日本生理誌　**51**：1-15，1989
- 宮本重範：理学療法におけるストレッチングの意義．理学療法　**7**：313-319，1990
- 太田　勲，他：ストレッチングの生理学．理学療法　**7**：321-326，1990
- 山本利春：スポーツとストレッチング．理学療法　**7**：351-361，1990
- 山際哲夫：ストレッチングの理論と実際．医学のあゆみ　**163**：445-449，1992
- 辻井洋一郎，他：筋ストレッチング―筋・筋膜摩擦伸張法．細田多穂，他（編）：理学療法ハンドブック改訂第2版．協同医書出版社，1992，pp239-268
- 高橋栄明：骨，関節の病態生理．広畑和志（監），寺山和雄，他（編）：標準整形外科学第5版．医学書院，1993，pp45-58
- 鈴木秀次：ダイナミックストレッチング．*Coaching Clinic* **3**：6-9，1994
- 小柳磨毅，他：ストレッチングと筋力増強訓練．PTジャーナル　**29**：12-15，1995
- 鈴木重行：肩関節周囲炎の徒手的療法．理学療法　**15**：369-372，1998
- 鈴木重行：疼痛の理学療法における課題と今後の展望．理学療法　**17**：102-106，2000
- 鈴木重行：疼痛コントロールをタッチ．理学療法　**17**：930-936，2000
- 鈴木重行：関節可動域運動．奈良　勲（監），吉尾雅春（編）：標準理学療法専門分野―運動療法学総論．医学書院，2001，pp166-192
- 平野幸伸，他：痛みに対する徒手的アプローチの効果とその限界．理学療法　**18**：63-70，2001
- Simon DG, et al：Endplate potentials are common to midfiber myofacial trigger points. *Am J Phys Med Rehabil* **81**：212-222, 2002
- 菊地臣一：腰痛．医学書院，2003，pp209-224

- 鈴木重行：関節可動域運動を考える．理学療法学　**32**：492-499，2005
- 鈴木重行，他：疼痛．奈良　勲，他（編）：図解理学療法検査・測定ガイド．文光堂，2006，印刷中

2．電気生理学的検討

- De Varies HA：Electromyographic observations of the effect of static stretching upon muscular distress. *Res Quart*　**32**：468-479, 1961
- Mortimer JT, et al：Conduction velocity in ischemic muscle：effect on EMG frequency spectrum. *Am J Physiol*　**219**：1324-1329, 1970
- Moore MA, et al：Electromyographic investigation of muscle stretching techniques. *Med Sci Sports Exerc*　**12**：322-329, 1980
- Hagbarth KE, et al：Thixotropic behaviour of human finger flexor muscles with accompanying changes in spindle and reflex responses to stretch. *J Physiol*　**368**：323-342, 1985
- 片平弦一郎，他：筋の伸張に伴う電気生理学的変化からみたストレッチング体操の有効性についての一考察．臨床スポーツ医学　**2**（増刊号）：21-23，1985
- Etnyre BR, et al：H-reflex changes during static stretching and two variations of proprioceptive neuromuscular facilitation techniques. *Electroencephalogr Clin Neurophysiol*　**63**：174-179, 1986
- 永田　晟，他：運動性筋疲労回復のためのストレッチングの効果．整形外科スポーツ医学会誌　**5**：193-196，1986
- 森谷敏夫，他：ストレッチングによる筋痛の生理学的効果に対する電気生理学的解明．デサントスポーツ科学　**8**：212-219，1987
- Osternig LR, et al：Muscle activation during proprioceptive neuromuscular facilitation (PNF) stretching techniques. *Am J Phys Med*　**66**：298-307, 1987
- Condon SM, et al：Soleus muscle electromyographic activity and ankle dorsiflexion range of motion during four stretching procedures. *Phys Ther*　**67**：24-30, 1987
- Guissard N, et al：Muscle stretching and motorneuron excitability. *Eur J Appl Physiol Occup Physiol*　**58**：47-52, 1988
- 寺崎博子，他：腰痛者における形態分析と筋放電から見た運動効果．神奈川県立衛生短期大学紀要　**21**：27-33，1988
- Guissard N, et al：Decrease of motorneuron excitability during stretching of the human soleus. *Biomed Biochim Acta*　**48**：489-492, 1989
- Osternig LR, et al：Differential responses to proprioceptive neuromuscular facilitation (PNF) stretch technique. *Med Sci Sports Exerc*　**22**：106-111, 1990
- 市橋則明，他：筋疲労回復におけるストレッチングの効果―筋電図の周波数解析による検討．運動生理　**6**：181-185，1991
- Ribot-Ciscar E, et al：Post-contraction changes in human muscle spindle resting discharge and stretch sensitivity. *Exp Brain Res*　**86**：673-678, 1991
- 山下敏彦，他：ストレッチングの有効性に関する基礎的研究．*Jpn J Sports Sci*　**12**：785-790，1993
- 山下敏彦，他：ストレッチングの生理学―筋伸張が神経筋伝達機能に及ぼす影響．運動・物理療法　**12**：20-26，2001

- Guissard N, et al：Effect of static stretch training on neural and mechanical properties of the human planter-flexor muscles. *Muscle Nerve* **29**：248-255, 2004
- Cramer JT, et al：The acute effects of static stretching on peak torque, mean power output, electromyography, and mechanomyography. *Eur J Appl Physiol* **93**：530-539, 2005

3．柔軟性，可動域の検討

- Johns RJ, et al：The relative importance of various tissues in joint stiffness. *J Appl Physiol* **17**：824-828, 1962
- Kottke FJ, et al：The rationale for prolonged stretching for correction shortening of connective tissue. *Arch Phys Med Rehabil* **47**：345-352, 1966
- Lehamnn JF, et al：Effect of therapeutic temperature on tendon extensibility. *Arch Phys Med Rehabil* **51**：481-487, 1970
- Tanigawa MC：Comparison of the hold-relax procedure and passive mobilization on increasing muscle length. *Phys Ther* **52**：725-735, 1972
- Sady SP, et al：Flexibility training：ballistic, static or proprioceptive neuromuscular facilitation? *Arch Phys Med Rehabil* **63**：261-263, 1982
- Wiktorsson-Moller M, et al：Effects of warming up, massage, and stretching on range of motion and muscle strength in the lower extremity. *Am J Sports Med* **11**：249-252, 1983
- 米本恭三：筋障害の機能回復のメカニズム．リハ医学 **20**：27-29，1983
- Moller M, et al：Duration of stretching effect on range of motion in lower extremities. *Arch Phys Med Rehabil* **66**：171-173, 1985
- Etnyre BR, et al：Gains in range of ankle dorsiflexion using three popular stretching techniques. *Am J Phys Med* **65**：189-196, 1986
- Williford HN, et al：Evaluation of warm-up for improvement in flexibility. *Am J Sports Med* **14**：316-319, 1986
- Wessling KC, et al：Effects of static stretch versus static stretch and ultrasound combined on triceps surae muscle extensibility in healthy women. *Phys Ther* **67**：674-679, 1987
- 寺崎博子，他：腰痛者における形態分析と筋放電から見た運動効果．神奈川県立衛生短期大学紀要 **21**：27-33，1988
- Williams PE：Effect of intermittent stretch on immobilised muscle. *Ann Rheum Dis* **47**：1014-1016, 1988
- Savolainen J, et al：Collagen synthesis and proteolytic activities in rat skeletal muscle：Effect of cast-immobilization in the lengthened and shortened position. *Arch Phys Med Rehabil* **69**：964-969, 1988
- Willams PE：Use of intermittent stretch in the prevention of serial sarcomere loss immobilised muscle. *Ann Rheum Dis* **49**：316-317, 1990
- 山田　茂，他：ストレッチングが骨格筋細胞の肥大や増殖を促す．体力科学 **41**：131-139，1992
- 川島敏生，他：ストレッチング．臨床スポーツ医学 **10**（臨時増刊号）：44-48，1993
- Bandy WD, et al：The effect of time on static stretch on the flexibility of the hamstrings muscles. *Phys Ther* **74**：845-850, 1994

- Taylor B, et al：The effect of the therapeutic application of heat or cold followed by static stretch on hamstring muscle length. *J Orthop Sports Phys Ther* **21**：283-286, 1995
- Yamazaki Y, et al：Effect of short duration stretching for prevention of disuse muscle atrophy in mature rats. 理学療法学 **23**：349-354, 1996
- 沖田　実, 他：関節の固定肢位の違いが筋線維, ならびに筋内膜コラーゲン線維におよぼす影響. 理学療法学 **25**：128-134, 1998
- Bandy WD, et al：The effect of static stretch and dynamic range of motion training on the flexibility of the hamstring muscles. *J Orthop Sports Phys Ther* **27**：295-300, 1998
- Cox VM, et al：Growth induced by incremental static stretch in adult rabbit latissimus dorsi muscle. *Exp Physiol* **85**：193-202, 2000
- 佐伯　彩, 他：弛緩位ならびに伸張位での固定がラットヒラメ筋におよぼす影響. 理学療法学 **27**：63-68, 2000
- 沖田　実, 他：拘縮の病態とストレッチング. 理学療法探求 **3**：29-36, 2000
- Okita M, et al：Effects of short duration stretching on disuse muscle atrophy in immobilized rat soleus muscles. *J Jpn Phys Ther Assoc* **4**：1-5, 2001
- 鈴木重行：変形性膝関節症の最新の治療と評価―関節可動域の改善. 理学療法学 **28**：86-89, 2001
- Kubo K, et al：Influence of static stretching on viscoelastic properties of human tendon structures in vivo. *J Appl Physiol* **90**：520-527, 2001
- Kubo K, et al：Effects of resistance and stretching training programmes on the viscoelastic properties of human tendon structures in vivo. *J Physiol* **538**：219-226, 2002
- 中田　彩, 他：持続的伸張運動の実施時間の違いが関節拘縮の進行抑制効果におよぼす影響―マウスにおける実験的研究. 理学療法学 **29**：1-5, 2002
- 沖田　実：関節可動域制限の病態生理. 理学療法 **20**：603-611, 2003
- 沖田　実, 他：結合組織の構造・機能の研究と理学療法. 理学療法 **20**：719-725, 2003
- 沖田　実：拘縮に関する基礎研究. 奈良　勲, 他（編）：拘縮の予防と治療. 医学書院, 2003, pp37-48
- Okita M, et al：Effects of reduced joint mobility on sarcomere length, collagen fibril arrangement in the endomysium, and hyaluronan in rat soleus muscle. *J Muscle Res Cell Motil* **25**：159-166, 2004
- Behm DG, et al：Effect of acute static stretching on force, balance, reaction time, and movement time. *Med Sci Sports Exerc* **36**：1397-1402, 2004
- Yamaguchi T, et al：Effects of static stretching for 30 seconds and dynamic stretching on leg extension power. *J Strength Cond Res* **19**：677-683, 2005

4．血流の検討

- 安部　孝, 他：生理学的見地からみたストレッチングの効果. 日本体育学会第34回大会号, 1983, p306
- 福永哲夫, 他：ストレッチ運動における血流変化. デサントスポーツ科学 **4**：192-195, 1983
- 影山滋久：Warming up (Cool down) における Stretch および Jogging の効果について（カラーサーモグラフィーを用いて）. 臨床スポーツ医学 **3**（別冊）：306-308, 1986

- 中村　浩：ストレッチングが組織血流量に及ぼす影響．医療　49：746，1995
- 鈴木重行：筋・筋膜性疼痛に対する理学療法の画像による効果検証の試み．理学療法学　32：32-33，2005

5．解剖学的検討

- Garrett WE, et al：The effect of muscle architecture on the biomechanical failure properties of skeletal muscle under passive extension. *Am J Sports Med*　16：7-12, 1988
- 山田　茂，他：ストレッチングが骨格筋細胞の肥大や増殖を促す．体力科学　41：131-139，1992
- Vleeming A, et al：The posterior layer of the thoracolumbar fascia. *Spine*　20：753-758, 1995
- 河上敬介，他：ヒト骨格筋の肉眼解剖学的研究．理学療法学　23：424-429，1996
- 河上敬介，他（編）：骨格筋の形と触察法．大峰閣，1998，pp3-15
- 鈴木重行，他：腰背部痛の機能解剖学的特．性理学療法　21：365-373，2004
- 鈴木重行，他：ID触診術．三輪書店，2005
- 福林　徹（監訳）：DVD版機能解剖マニュアル—Atlas of human anatomy．ジャパンライム，2003

6．痛み

- Bond MR, et al：Subjective assessment of pain and its relationship to the administration of analgesics in patients with advanced cancer. *J Psychosomat Res*　10：203, 1966
- Melzack R：The McGill Pain Questionnaire：major properties and scoring methods. *Pain*　1：277-299, 1975
- Perl ER, et al：Sensitization of high threshold receptors with unmyelinated（C）afferent fibers. *Prog Brain Res*　43：263-277, 1976
- Kumazawa T, et al：Primate cutaneous sensory units with unmyelinated（C）afferent fibers. *J Neurophysiol*　40：1325-1338, 1977
- Kumazawa T, et al：Primate cutaneous receptors with unmyelinated（C）fibers and their projection to the substantia gelatinosa. *J Physiol*　73：287-304, 1977
- Kumazawa T, et al：Thin-fiber receptors responding to mechanical, chemical, and thermal stimulation in the skeletal muscle of the dog. *J Physiol*　273：179-194, 1977
- 熊澤孝朗：痛み，深部受容器，自律神経調節．日本医師会雑誌　84：257-274，1980
- 熊澤孝朗：痛み受容器と自律神経系機能．現代医学　31：365-373，1984
- Guilbaud G, et al：Sensory receptors in ankle joint capsules of normal and arthritic rats. *Exp Brain Res*　58：29-40, 1985
- 横田敏勝：痛みの中枢機構．高倉公朋，他（編）：Pain—痛みの基礎と臨床．朝倉書店，pp47-62，1988
- Wong DL, et al：Pain in children：comparison of assessment scales. *Pediatr Nurs*　14：9-17, 1988
- 佐藤愛子，他：McGill pain questionnaire—日本語版の検討．日本心理学会第52回大会論文集．1988，p542
- 熊澤孝朗：痛みとポリモーダル受容器．日本生理誌　51：1-15，1989
- McCaffery M, et al：Pain. Clinical manual for nursing practice. Mosby, St Louis, 1989
- Kumazawa T：Functions of the nociceptive primary neurons. *Jpn J Physiol*　40：1-14, 1990

- Stebbins CL, et al：Bradykinin release from contracting skeletal muscle of the cat. *J Appl Physiol* **69**：1225-1230, 1990
- Perl ER：Alterations in the responsivness of cutaneous nociceptors. Sensitization by noxious stimuli and the induction of adrenergic responsiven ess by nerve injury. Willis WD Jr (ed)：Hyperalgesia and allodynia. Raven Press, New York, 1992, pp59-79
- Sato J, et al：Adrenergic excitation of cutaneous nociceptors in chronically inflamed rats. *Neurosci Letters* **164**：225-228, 1993
- Suzuki S, et al：Mechanical and thermal hyperalgesia induced by clioquinol in rats. *Environ Med* **38**：119-122, 1994
- 熊澤孝朗：痛みのメカニズム．新医科学大系第7巻 刺激の受容と生体運動．中山書店，1995, pp153-167
- Suzuki S, et al：Hyperalgesia and sensitization of cutaneous polymodal receptors induced by clioquinol in rats. *Pain Research* **10**：39-41, 1995
- 鈴木重行，他：腰周辺の疼痛の評価．PTジャーナル **29**：155-160, 1995
- Suzuki S, et al：Hyperalgesia-related behaviors and sensitization of cutaneous nociceptors induced by clioquinol. *Pathophysiology* **3**：139-146, 1996
- 花岡一雄：痛みと鎮痛の機序．二瓶健次（編）：New Mook 小児科（9）小児の痛み．金原出版 1996, pp1-9
- 熊澤孝朗：痛み研究の最近の進歩．理学療法学 **23**：393-399, 1996
- 熊澤孝朗：痛みと自律神経．自律神経 **33**：221-227, 1996
- 熊澤孝朗：侵害受容の末梢機序．神経進歩 **42**：369-383, 1998
- 吉村　恵：痛覚系の可塑性．神経進歩 **42**：406-416, 1998
- 川喜田健司：筋痛のメカニズム．神経進歩 **42**：475-482, 1998
- 鈴木重行：痛み．細田多穂，他（編）：理学療法ハンドブック改訂第3版．協同医書出版社, 2000, pp435-461
- 熊澤孝朗：慢性痛の神経生理学的メカニズム．関節外科基礎と臨床 **20**（増刊号）：7-14, 2001
- 鈴木重行，他：疼痛の機序と治療におけるパラダイム転換．PTジャーナル **35**：239-246, 2001
- 小川節郎：交感神経と痛み．土肥修司（編）：別冊医学のあゆみ 痛みとその制御機構—分子メカニズムと治療の最前線．医歯薬出版，2002, pp61-65
- 福岡哲男，他：慢性疼痛の分子機構．*Clinical Neuroscience* **20**：1100-1104, 2002
- 野島浩史，他：アロディニアの神経機構．*Clinical Neuroscience* **20**：1129-1131, 2002
- 佐藤　純：慢性疼痛と交感神経．*Clinical Neuroscience* **20**：1132-1133, 2002
- 鈴木重行，他：腰痛症に対する徒手療法の再考．理学療法 **19**：1279-1287, 2002
- 山下敏彦，他：腰椎周囲の侵害受容器．骨・関節・靱帯 **16**：761-768, 2003
- 山縣正庸：椎間板由来の疼痛．骨・関節・靱帯 **16**：779-789, 2003
- 鈴木重行：疼痛．PTジャーナル **37**：229-234, 2003
- 肥田朋子，他：疼痛の検査・測定．理学療法 **20**：143-152, 2003
- 福原俊一（編）：Roland-Morris Disability Questionnaire（RDQ）日本語版マニュアル—腰痛特異的QOL尺度．医療文化社，2004
- 熊澤孝朗：痛みの神経科学—痛みの可塑性．*JOHNS* **21**：827-830, 2005

・Lemstra M, et al：The effectiveness of multidisciplinary rehabilitation in the treatment of fibromyalgia. a randomaized controlled traial. *Clin J Pain* **21**：166-174, 2005

7．鎮痛

・Melzack R, et al：Pain mechanisms：a new theory. *Science* **150**：971-979, 1965
・Le Bars D, et al：Diffuse noxious inhibitory controls（DNIC）．Ⅰ．Effects on dorsal horn convergent neurons in the rat. *Pain* **6**：283-304, 1979
・Kurosawa M, et al：Response of adrenal efferent nerve activity to non-noxious mechanical stimulation of the skin in rats. *Neurosci Lett* **34**：295-300, 1982
・Villanuera L, et al：Evidence that diffuse noxious inhibitory controls（DNIC）are mediated by a final post-synaptic inhibitory mechanism. *Brain Res* **298**：67-74, 1984
・Araki T, et al：Response of adrenal sympathetic nerve activity and catecholamine secretion to cutaneous stimulation in anesthetized rats. *Neuroscience* **12**：289-299, 1984
・高木博同：痛みの薬理．医学のあゆみ **138**：571-573，1986
・熊澤孝朗：鎮痛の生理的メカニズム．PTジャーナル **31**：656-664，1997
・平野幸伸，他：外傷による炎症性浮腫に対する中周波通電の効果．理学療法学 **24**：242-247，1997
・Gall O, et al：Involvement of the caudal medulla in negative feedback mechanisms triggered by spatial summation of nociceptive inputs. *J Neurophysiol* **79**：304-311, 1998
・長谷川祐一，他：整形外科疾患の慢性痛に対する物理療法の効果—VASとSF-MPQを指標として．日本物理療法学会会誌 **9**：37-41，2002
・平野幸伸，他：広帯域多重複合波治療の臨床的検討—肩関節周囲炎に対して．日本物理療法学会会誌 **9**：43-48，2002

8．IDストレッチング

・鈴木重行，他：IDストレッチング．三輪書店，1999
・鈴木重行，他：IDストレッチング．鈴木重行，他（編）：理学療法MOOK3 疼痛の理学療法．三輪書店，1999，pp67-76
・鈴木重行：筋・筋膜機能障害に対する徒手的アプローチの理論的背景．理学療法 **17**：2000
・鈴木重行：IDストレッチングの理論と実際．理療 **30**：37-46，2000
・鈴木重行：肩こり，腰痛対策：痛みの軽減とIDストレッチング．月刊ナーシング **21**：26-36，2001
・鈴木重行：ストレッチングのコツ．理学療法 **19**：480-489，2002
・鈴木重行，他：変形性膝関節症に対する関節可動域とその効果．*MB Med Reha* **32**：50-58，2003
・鈴木重行：関節可動域制限に対する複合的アプローチの現状と課題．理学療法 **20**：597-602，2003
・鈴木重行：筋を個別に伸張できるの？—個別的筋ストレッチングの背景．奈良 勲（編）：理学療法のとらえかたPART2．文光堂，2003，pp105-115
・鈴木重行：スポーツ障害に対するIDストレッチングのアプローチング．季刊マニピュレーション **19**：16-21，2003

- 鈴木重行：スポーツ障害に対するIDストレッチングのアプローチング．季刊マニピュレーション **20**：71-73, 2004
- 鈴木重行, 他：筋短縮改善のためのストレッチングの手技とその効果．理学療法 **21**：1448-1455, 2004
- 鈴木重行, 他：スポーツ障害に対するIndividual Muscle Stretching. 日整会誌 **78**：275-288, 2004
- 鈴木重行, 他：スポーツ傷害に対する個別的筋伸張法．リウマチ科 **32**：62-76, 2004
- 鈴木重行, 他：IDストレッチング．細田多恵, 他（編）：アドバンス版図解理学療法技術ガイド．文光堂, 2005, pp368-389
- 鈴木重行：IDストレッチング．からだの科学 **245**：61-67, 2005
- 鈴木重行：スポーツ分野におけるIDストレッチング．臨床スポーツ医学 **22**：1530-1532, 2005
- 鈴木重行：運動療法．越智隆弘, 他（編）：New Mook 整形外科17 整形外科プライマリケア．金原出版, 2005, pp281-292
- 鈴木重行・他：痛みを有する患者の面接・観察・痛覚検査・触診．理学療法 **22**：2006, 印刷中

第1〜3章の図表引用文献

1) 鈴木重行：関節可動域制限に対する複合的アプローチの現状と課題．理学療法 **20**：597-602, 2003
2) 沖田 実, 他：縮の病態とストレッチング．理学療法探求 **3**：29-36, 2000
3) Hagbarth KE, et al：Thixotropic behaviour of human finger flexor muscles with accompanying changes in spindle and reflex responses to stretch. *J Physiol* **368**：323-342, 1985
4) 森谷敏夫, 他：ストレッチングによる筋痛の生理学的効果に対する電気生理学的解明．デサントスポーツ科学 **8**：212-219, 1987
5) 寺崎博子, 他：腰痛者における形態分析と筋放電から見た運動効果．神奈川県立衛生短期大学紀要 **21**：27-33, 1988
6) Ribot-Ciscar E, et al：Post-contraction changes in human muscle spindle resting discharge and stretch sensitivity. *Exp Brain Res* **86**：673-678, 1991
7) 金子丑之助：日本人体解剖学第一巻．南山堂, 1985, pp327-527
8) Travell JG, et al：Myofascial pain and dysfunction：The trigger point manual. Wiliams & Wiilkins, Baltimore, 1983
9) 辻井洋一郎, 他：筋ストレッチング―筋・筋膜摩擦伸張法．細田多穂, 他（編）：理学療法ハンドブック改訂第2版．協同医書出版社, 1992, pp239-268
10) 山本啓一, 他：筋肉．化学同人, 1986, pp101-118
11) Stebbins CL, et al：Bradykinin release from contracting skeletal muscle of the cat. *J Appl Physiol* **69**：1225-1230, 1990
12) 熊澤孝朗：痛み受容器と自律神経系機能．現代医学 **31**：365-373, 1984
13) 吉村 恵：痛覚系の可塑性．神経進歩 **42**：406-416, 1998
14) 熊澤孝朗：痛みのメカニズム．新医科学大系第7巻 刺激の受容と生体運動．中山書店, 1995, pp153-167
15) Kumazawa T, et al：Primate cutaneous sensory units with unmyelinated（C）afferent fibers. *J Neurophysiol* **40**：1325-1338, 1977

16) 熊澤孝朗：痛みの神経科学—痛みの可塑性．*JOHNS* **21**：827-830，2005
17) 鈴木重行，他：疼痛の機序と治療におけるパラダイム転換．PTジャーナル **35**：239-246，2001
18) Le Bars D, et al：Diffuse noxious inhibitory controls（DNIC）．Ⅰ．Effects on dorsal horn convergent neurons in the rat. *Pain* **6**：283-304, 1979
19) Villanuera L, etal：Evidence that diffuse noxious inhibitory controls（DNIC）are mediated by a final post-synaptic inhibitory mechanism. *Brain Res* **298**：67-74, 1984
20) Gall O, etal：Involvement of the caudal medulla in negative feedback mechanisms triggered by spatial summation of nociceptive inputs. *J Neurophysiol* **79**：304-311, 1998
21) Melzack R, et al：Pain mechanisms：a new theory. *Science* **150**：971-979, 1965
22) Araki T, et al：Response of adrenal sympathetic nerve activity and catecholamine secretion to cutaneous stimulation in anesthetized rats. *Neuroscience* **12**：289-299, 1984
23) 鈴木重行：肩関節周囲炎の徒手的療法．理学療法 **15**：369-372，1998
24) 鈴木重行，他：筋短縮改善のためのストレッチングの手技とその効果．理学療法 **21**：1448-1455，2004
25) 鈴木重行，他：腰背部痛の機能解剖学的特性．理学療法 **21**：365-373，2004
26) 鈴木重行：疼痛．PTジャーナル **37**：229-234，2003
27) 鈴木重行，他：スポーツ障害に対するIndividual Muscle Stretching．日整会誌 **78**：275-288，2004
28) 鈴木重行，他：腰痛症に対する徒手療法の再考．理学療法 **19**：1279-1287，2002

第4章

IDストレッチングの実際

体幹・上肢

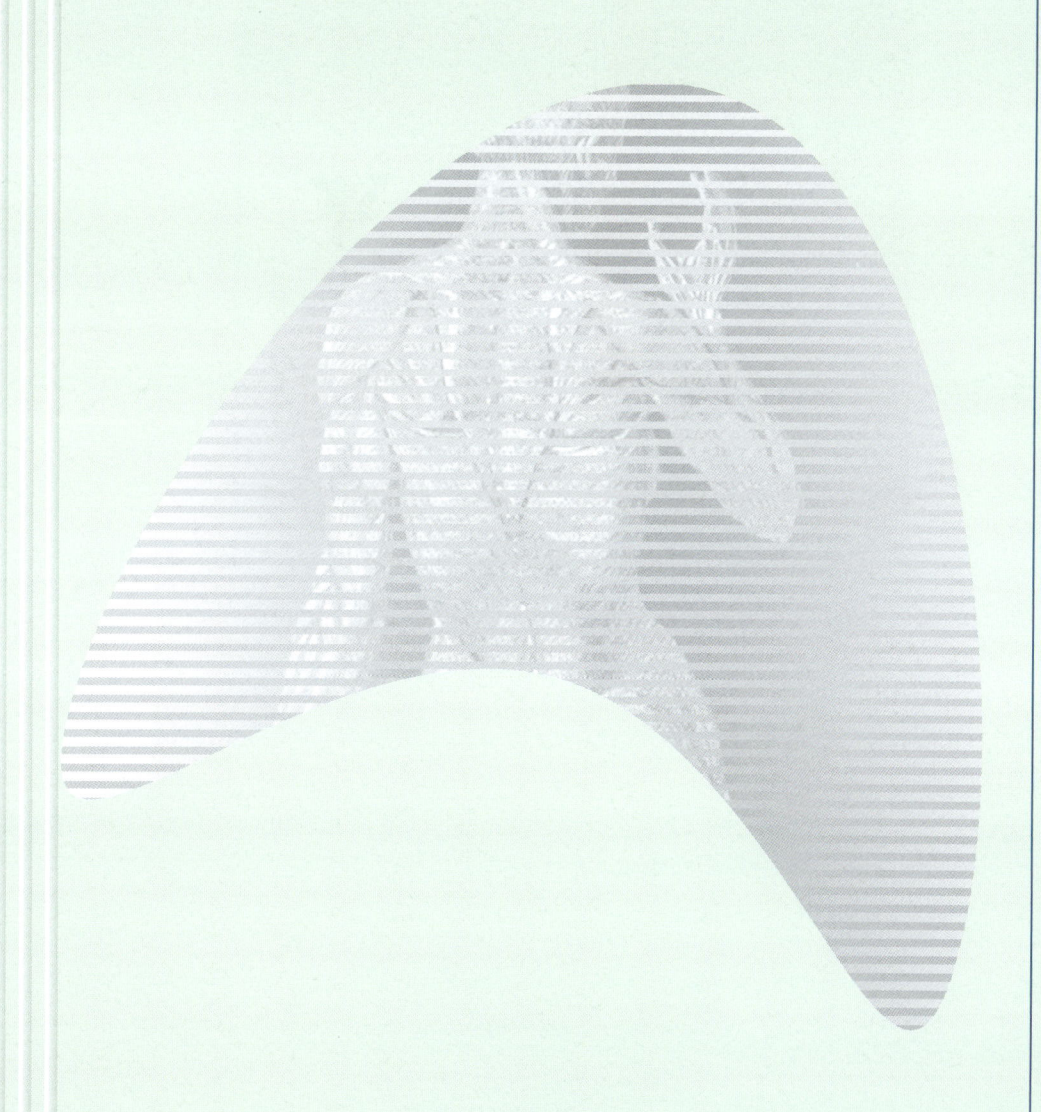

1・2 腸肋筋 m. iliocostalis・最長筋 m. longissimus

起　　始：（腰腸肋筋）腸骨稜，仙骨，下位腰椎棘突起，胸腰筋膜内面，（胸腸肋筋）第7〜12肋骨上縁，（頸腸肋筋）第3〜7肋骨上縁
停　　止：（腰腸肋筋）第12肋骨下縁，第4〜11肋骨角，（胸腸肋筋）第1〜7肋骨角，（頸腸肋筋）第4〜6頸椎横突起
神 経 支 配：脊髄神経後枝外側枝 C8〜L1
血 管 支 配：肋間動脈と腰動脈の後枝
筋 連 結：最長筋，多裂筋，腰方形筋

腸肋筋ランドマーク

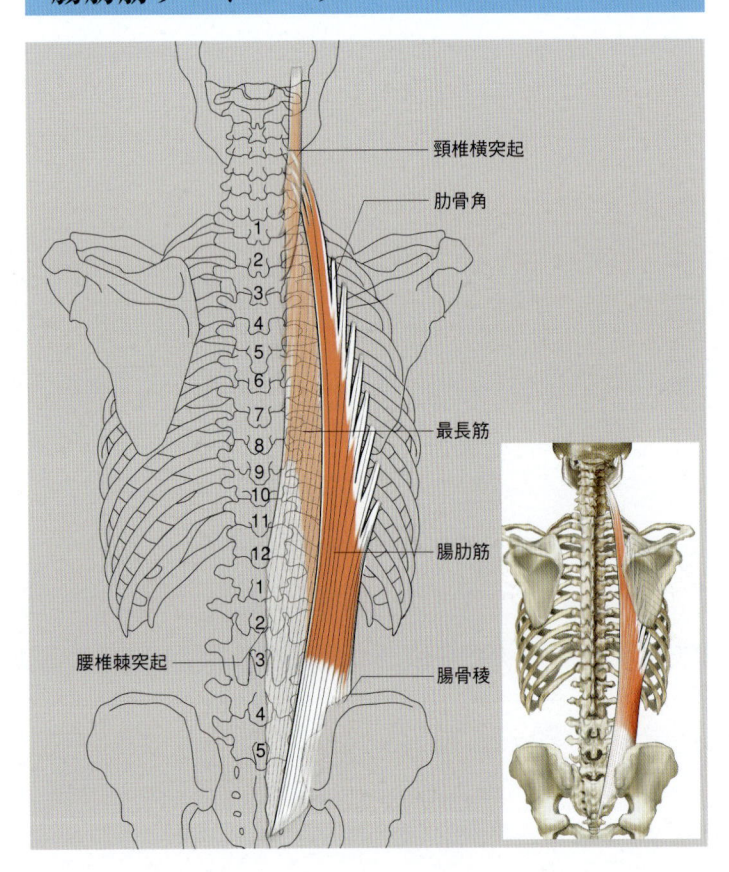

（頸椎横突起／肋骨角／最長筋／腸肋筋／腰椎棘突起／腸骨稜）

1・2 腸肋筋・最長筋

起　　始：（胸最長筋）腰腸肋筋，腸骨稜，下位胸椎・上位腰椎棘突起，下位胸椎横突起，正中仙骨稜，（頸最長筋）第1～6胸椎横突起，（頭最長筋）第3頸椎～第3胸椎横突起・関節突起
停　　止：（胸最長筋）上位腰椎副突起，全胸椎横突起，腰椎横突起，肋骨角，（頸最長筋）第2～5頸椎横突起，（頭最長筋）側頭骨乳様突起
神 経 支 配：脊髄神経後枝外側枝
血 管 支 配：肋間動脈と腰動脈の後枝，後頭動脈の筋枝，肋頸動脈の深頸枝
筋 連 結：腸肋筋，多裂筋，腰方形筋

最長筋ランドマーク

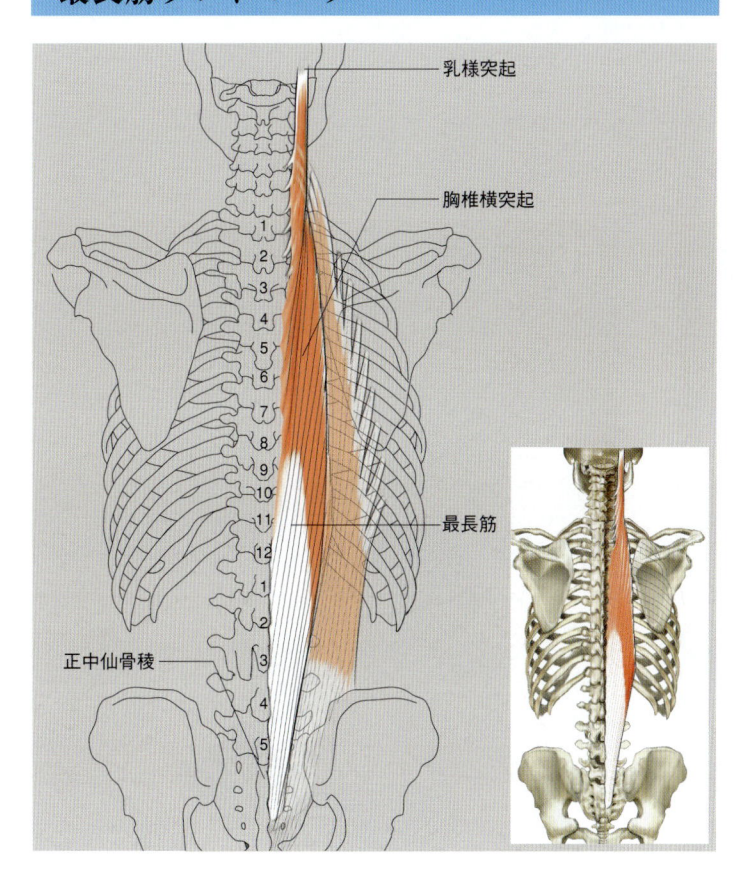

腸肋筋・最長筋伸張法（背臥位）

開 始 肢 位：背臥位．左上肢は挙上しておく．両下肢は屈曲位．体幹は左回旋位．

自分の位置：左側に立つ．自分の左大腿外側部を相手の左下腿に押し付け，骨盤後傾位で固定し，左肘を仙骨部にあてる．自分の右足部はつま先を頭部方向に向け，右手で右肩関節を軽く固定する．なお，体格差があり右肩関節が固定できない時は，右肋骨下部を固定する（備考①）．

伸　張　法：体重を右下肢に移しながら両膝を屈曲し，左肘を引き寄せることにより，骨盤後傾，腰椎後彎を呼吸のリズムに合わせて強める．伸張をさらに強めたい時は，両膝がベッドの高さよりさらに低くなるように調節する．

備　　　考：本法は，腸肋筋・最長筋の中・下部線維ならびに広背筋外側部線維を同時に伸張する．腸肋筋・最長筋が十分に伸張できれば，同時に深部脊柱筋群である回旋筋・多裂筋も同時に伸張できる．ただし，開始肢位で骨盤後傾が不十分であったり，腰椎前彎が残存している場合は，本筋への疼痛抑制を施行し，腰椎の十分な動きをだしてから行う．また骨盤後傾を強調したり，伸張方向を確認するには右手で膝関節部を下方に押し込むとよい（備考②）．

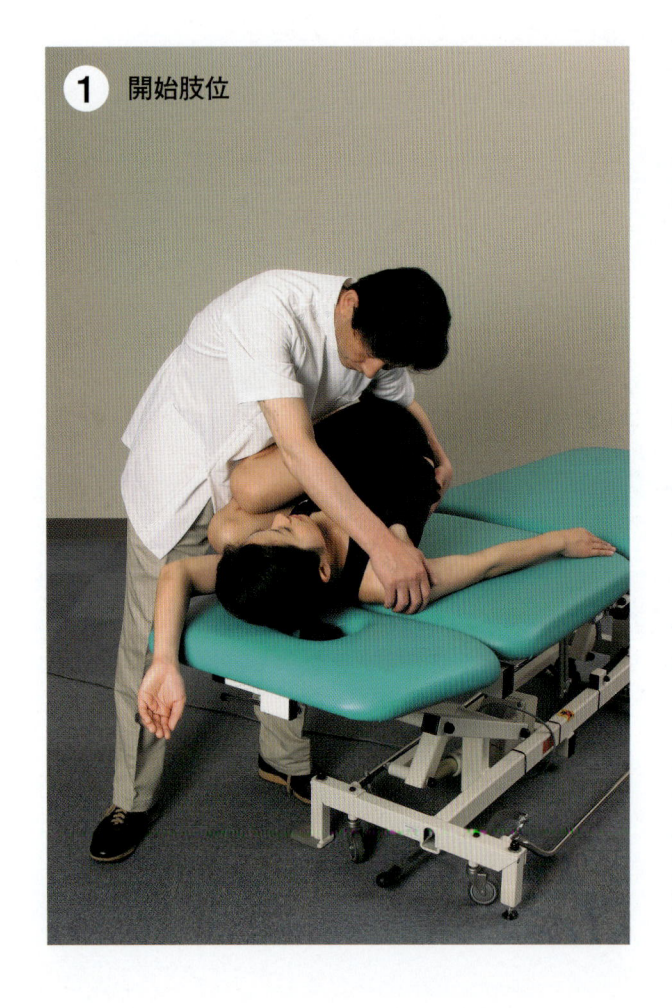

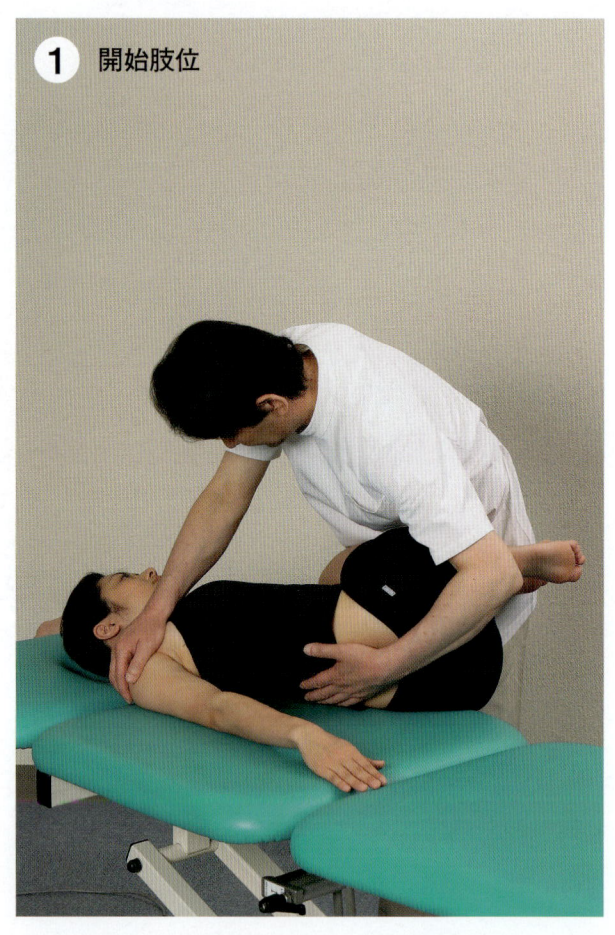

① 開始肢位

① 開始肢位

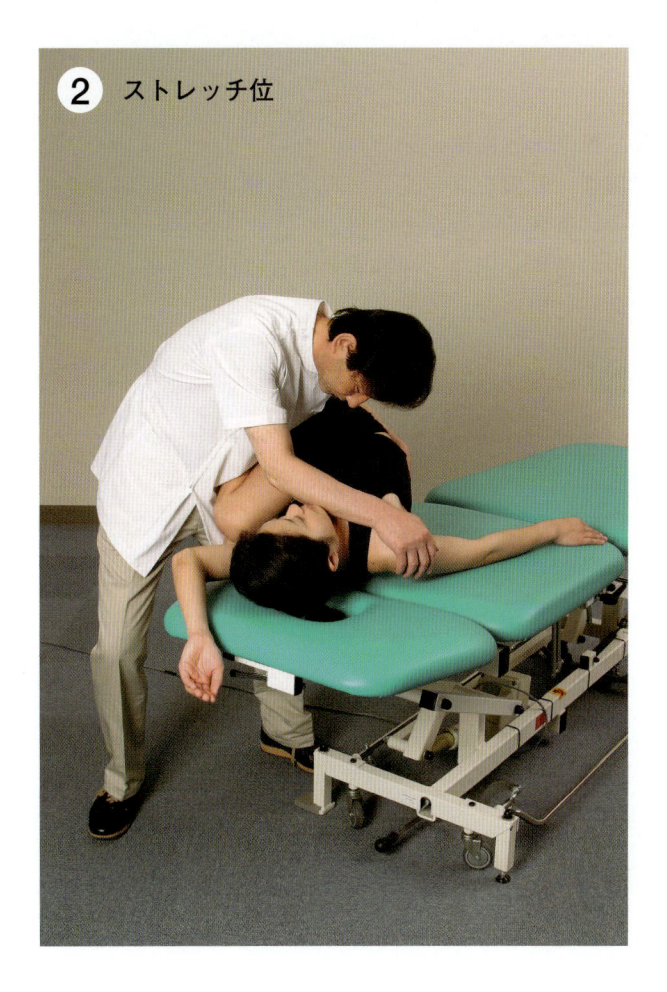

腸肋筋 m. iliocostalis・最長筋 m. longissimus 71

❷ ストレッチ位

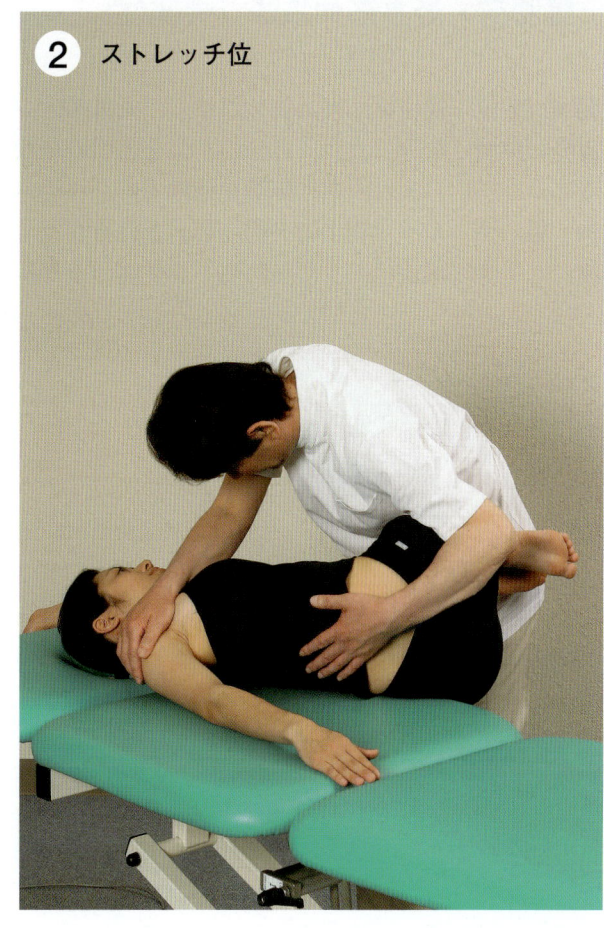

❷ ストレッチ位

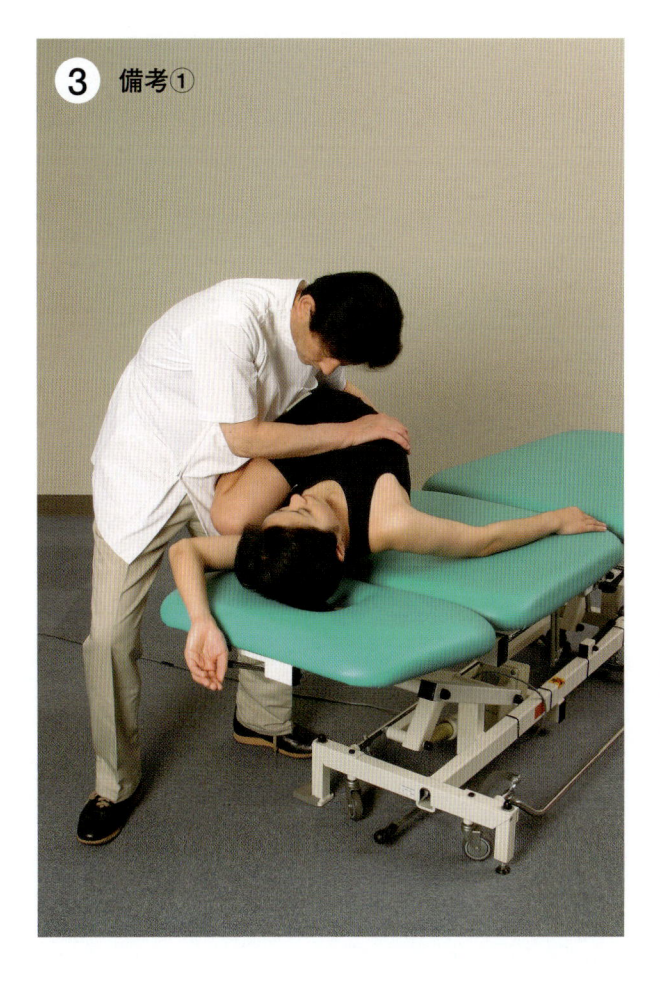

❸ 備考①

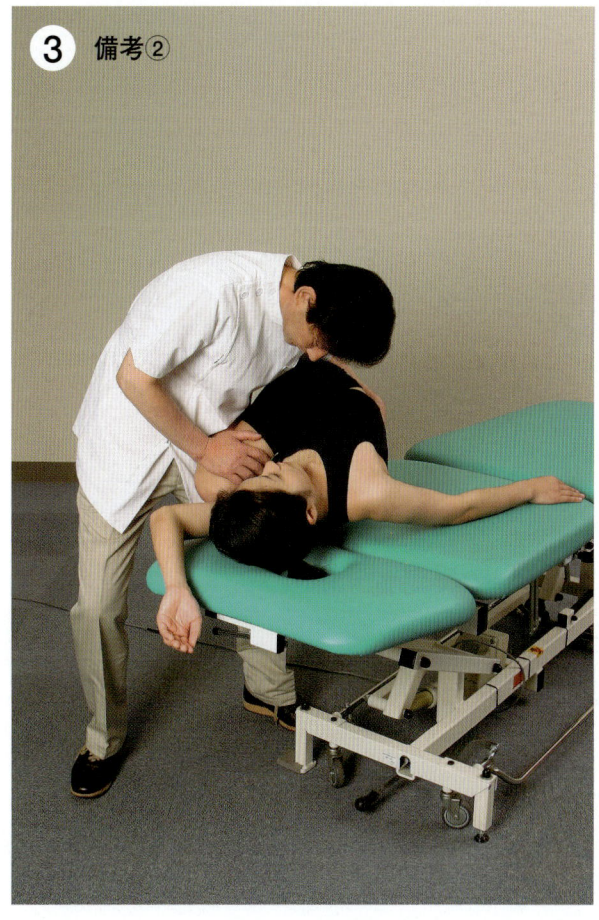

❸ 備考②

腸肋筋・最長筋伸張法（端座位）

開始肢位：端座位．両上肢を屈曲し，頭部後方で組み，頸部を屈曲位にする．
自分の位置：後方に立つ．自分の左膝を相手の左殿部に置き，骨盤を固定する．左手を相手の左腋窩より差し入れ，右上腕部を把持する．右手は，相手の胸背部肋骨面上に置く．
伸 張 法：左手で相手の上腕部を引き寄せながら，右手で体幹を屈曲・回旋するように胸郭を押し込む．
備 考：本法は，主に腸肋筋・最長筋の上部線維の伸張に用いる．

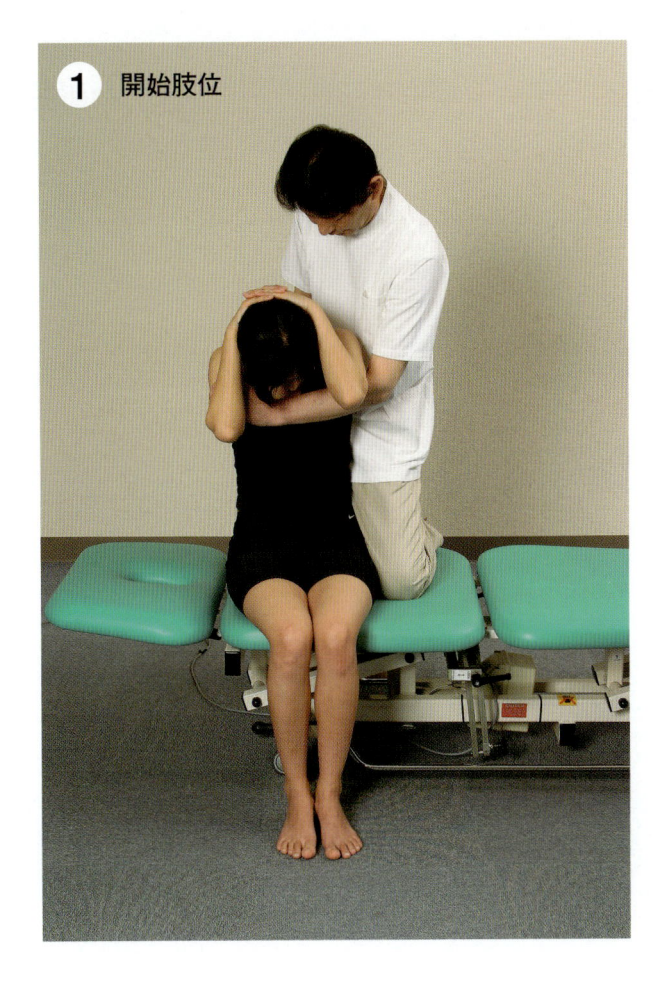

腸肋筋 m. iliocostalis・最長筋 m. longissimus   73

① 開始肢位

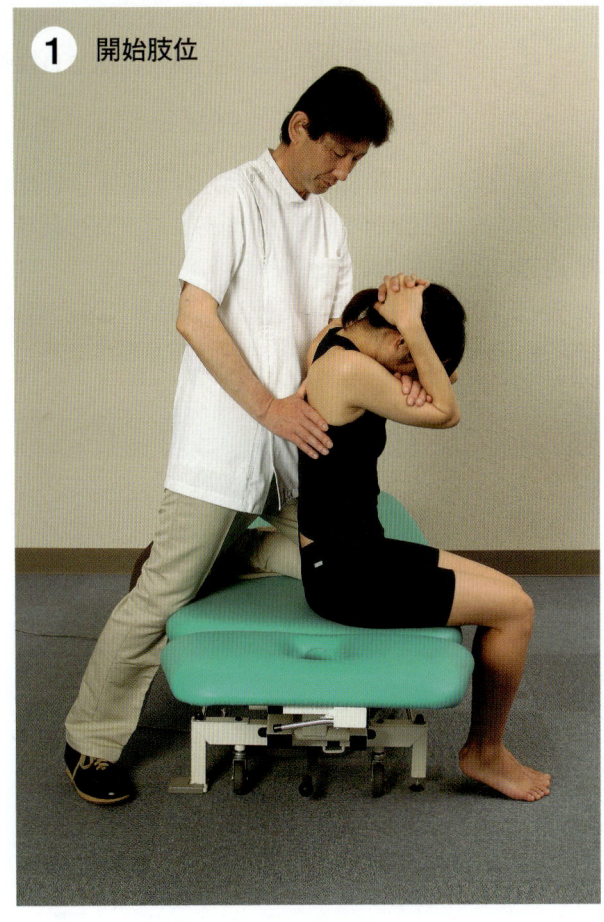

① 開始肢位

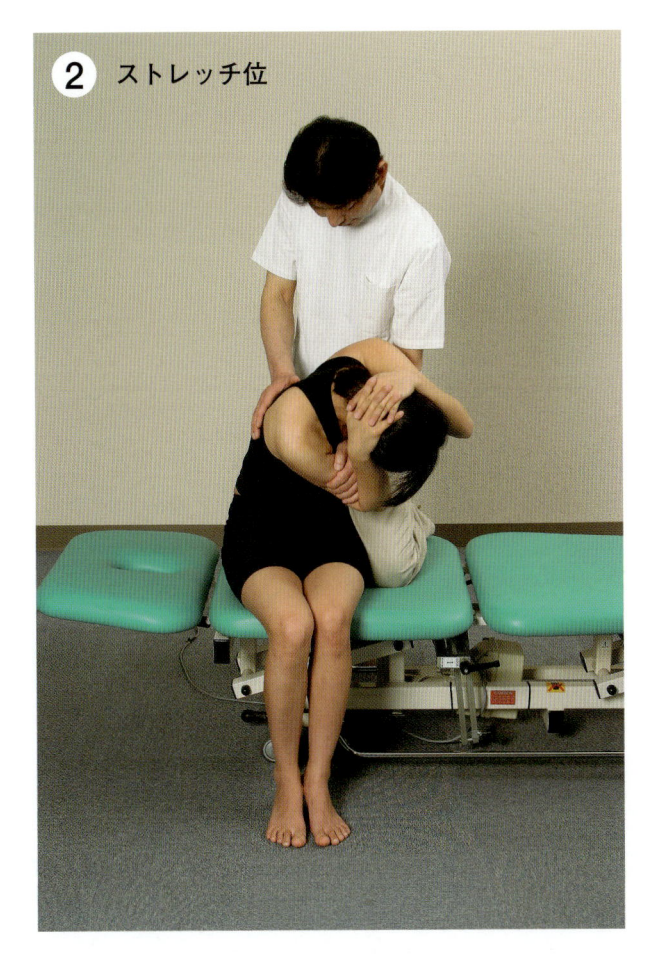

② ストレッチ位

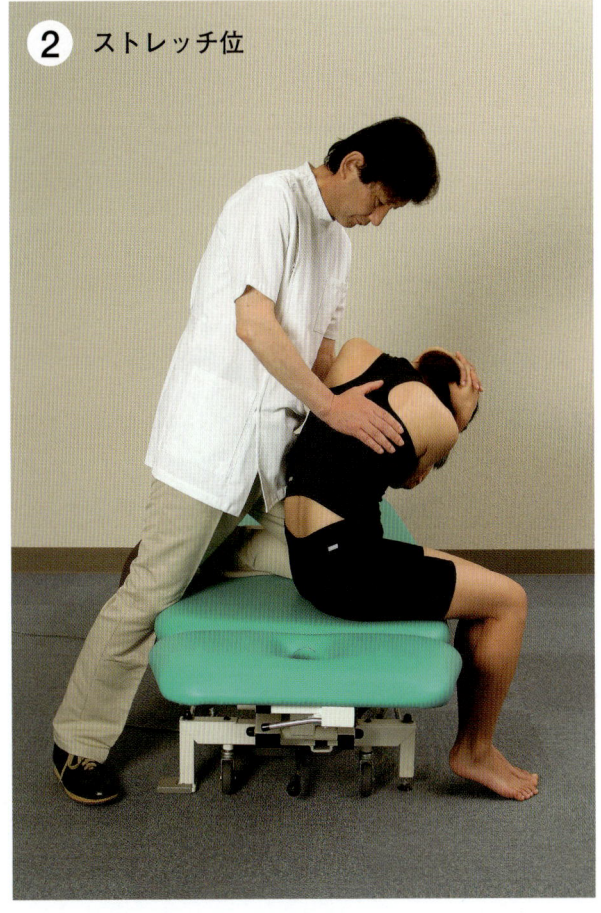

② ストレッチ位

3 前鋸筋 m. serratus anterior　　　▶ 5 前鋸筋

起　　　始：第1〜8(10)肋骨，第1・2肋骨とその間の腱弓
停　　　止：肩甲骨内側縁，上角および下角の肋骨面
神 経 支 配：長胸神経 C5〜7
血 管 支 配：頸横動脈深枝（下行肩甲動脈），最上胸動脈，胸背動脈
筋 連 結：外腹斜筋，大・小菱形筋，肩甲挙筋

前鋸筋ランドマーク

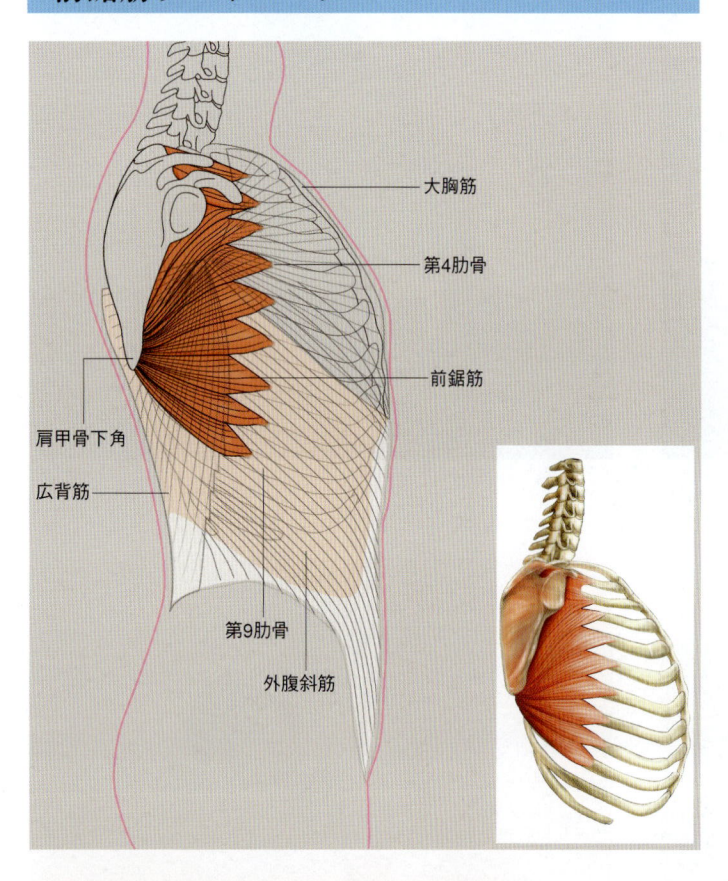

(図：大胸筋，第4肋骨，前鋸筋，肩甲骨下角，広背筋，第9肋骨，外腹斜筋)

前鋸筋上部（肩甲骨上角部）伸張法

開 始 肢 位：左側臥位．肩関節は中等度屈曲・軽度内転位．右下肢は屈曲位にし，膝をベッドに置く．
自分の位置：後方頭部に向かって立つ．右手で右肩関節部を把持し，左示指を肩甲骨内側縁中央部に掛ける．自分の骨盤で相手の体幹を固定する．
伸　張　法：右手で肩甲骨を内転方向に押し込み，左手で肩甲骨内側縁を胸郭から引き離した後，肩甲骨を上方回旋する．

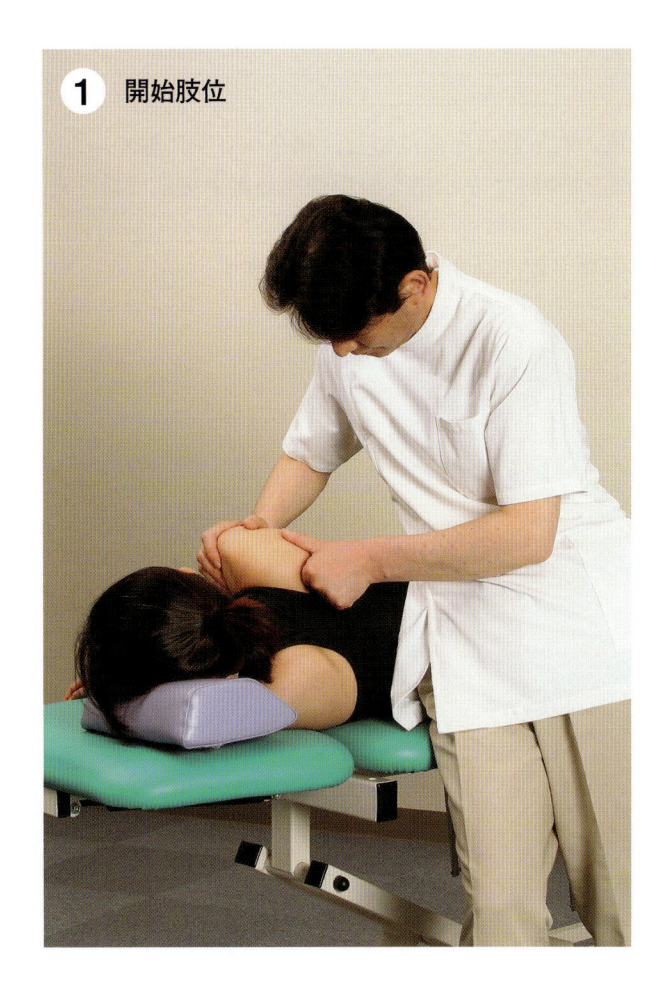

前鋸筋 m. serratus anterior 75

1 開始肢位

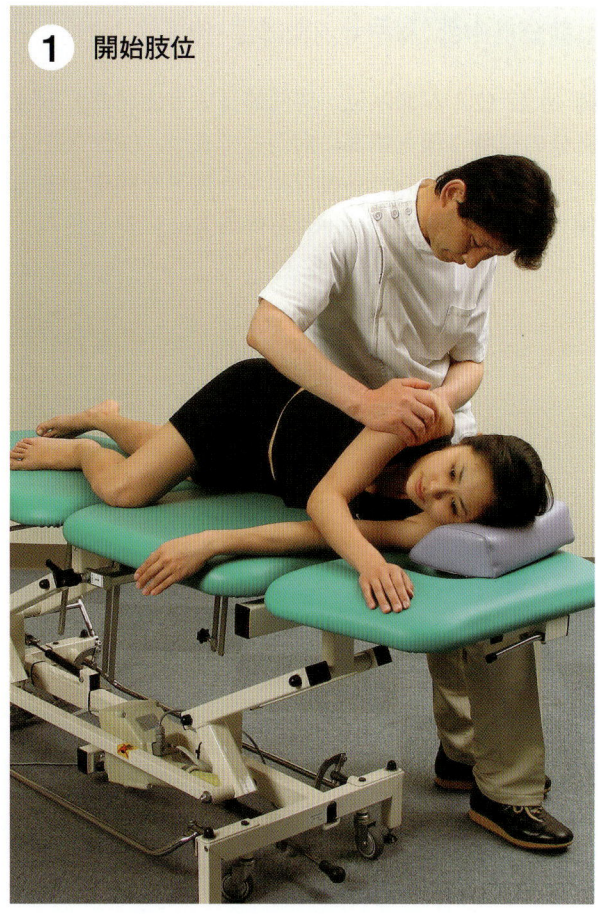

1 開始肢位

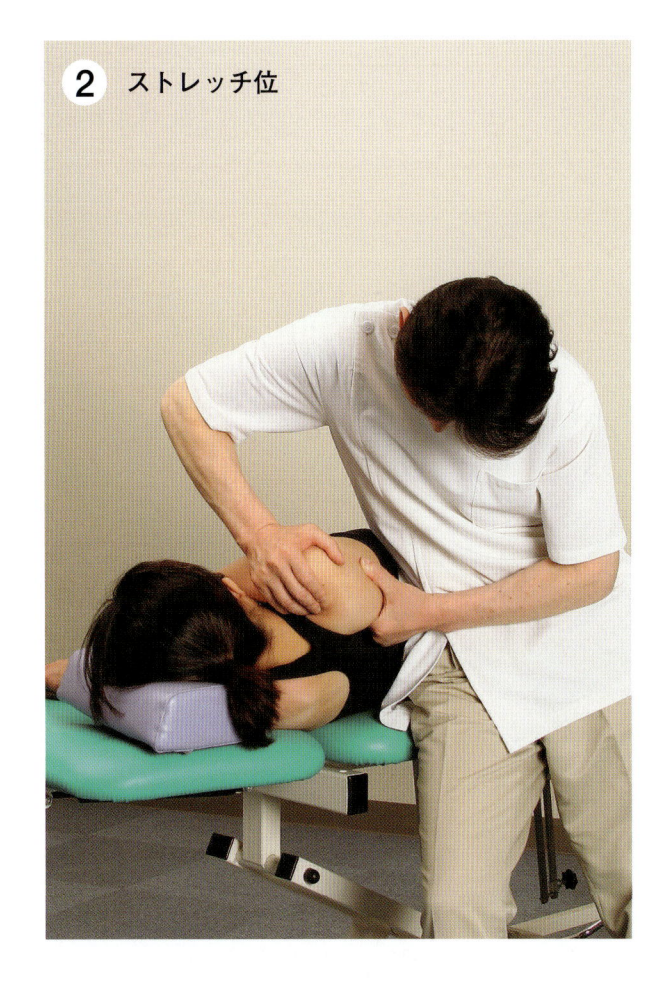

2 ストレッチ位

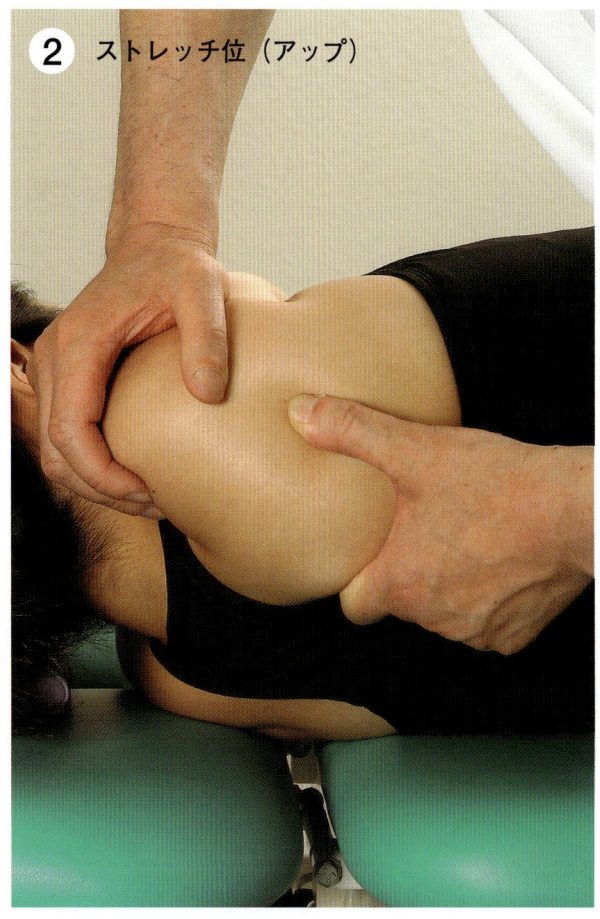

2 ストレッチ位（アップ）

前鋸筋中部（肩甲骨内側縁部）伸張法

開始肢位：左側臥位．肩関節は中等度屈曲・軽度内転位．右下肢は屈曲位にし，膝をベッドに置く．
自分の位置：後方頭部に向かって立つ．右手で右肩関節部を把持し，左示指を肩甲骨内側縁中央部に掛ける．自分の骨盤で相手の体幹を固定する．
伸　張　法：右手で肩甲骨を内転方向に押し込み，左手で肩甲骨内側縁を胸郭から引き離す．

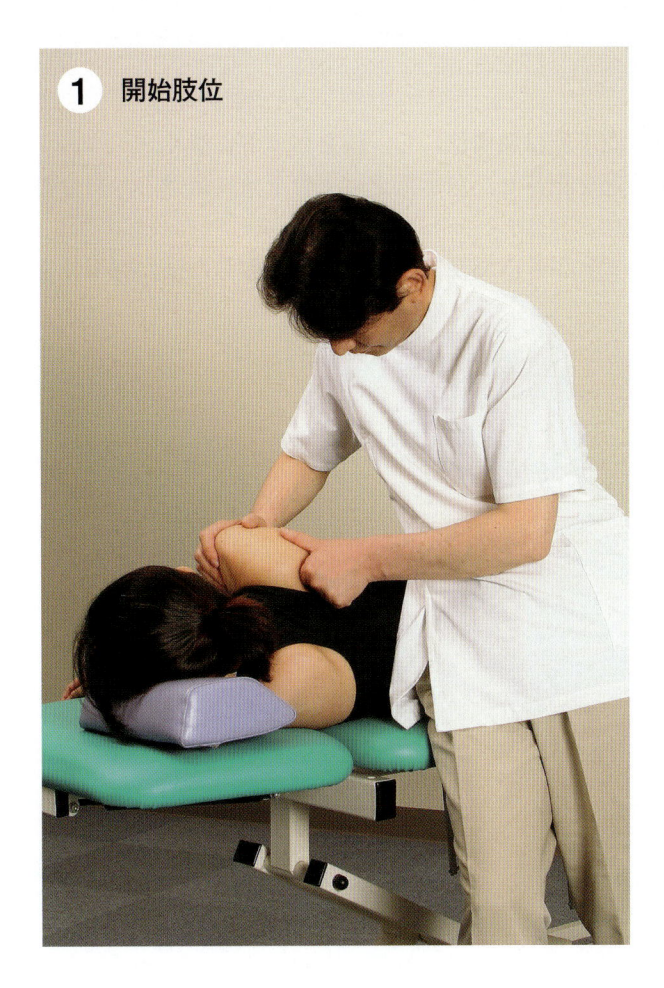

前鋸筋 m. serratus anterior   77

① 開始肢位

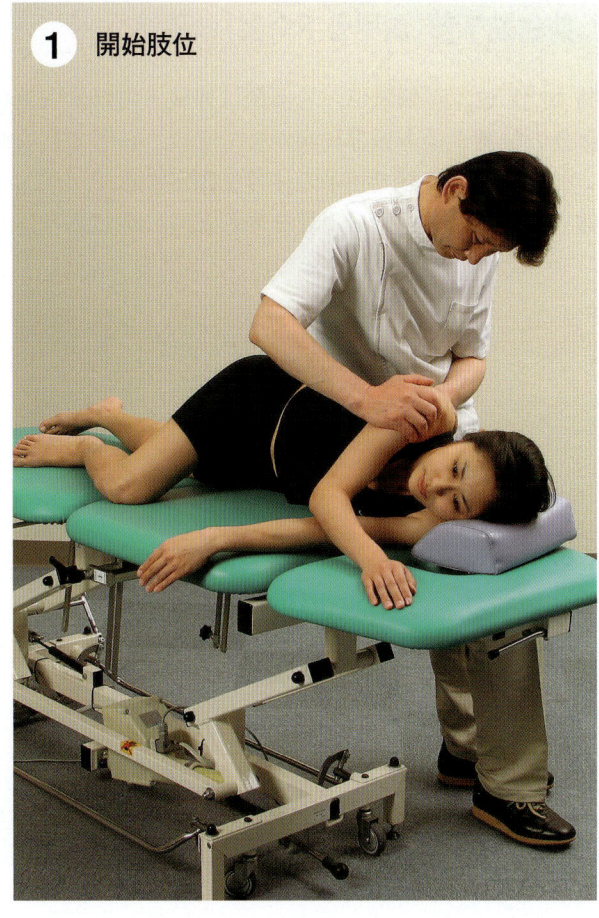

① 開始肢位

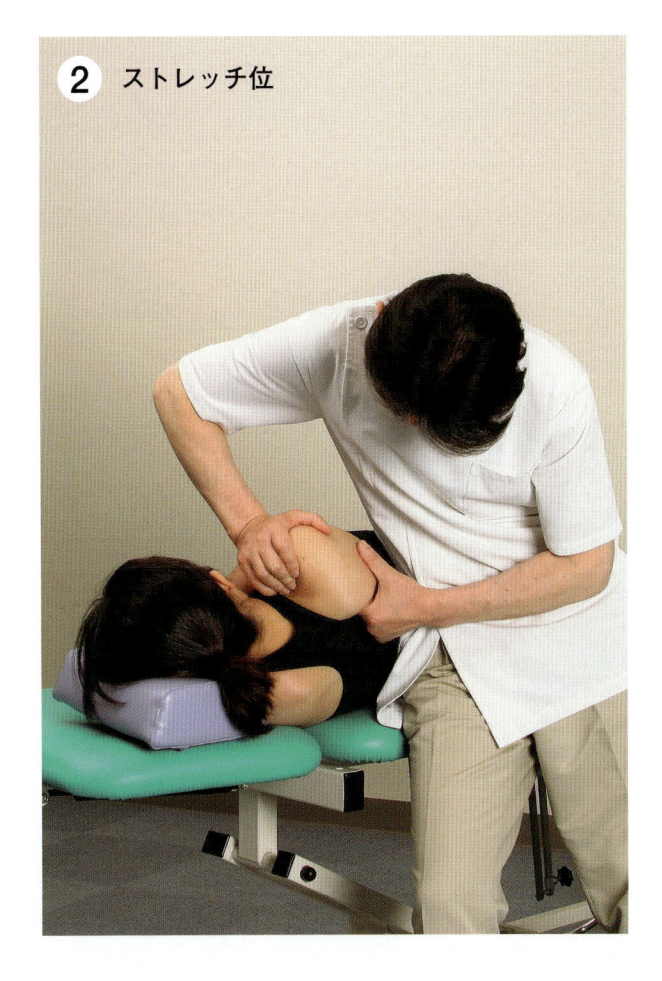

② ストレッチ位

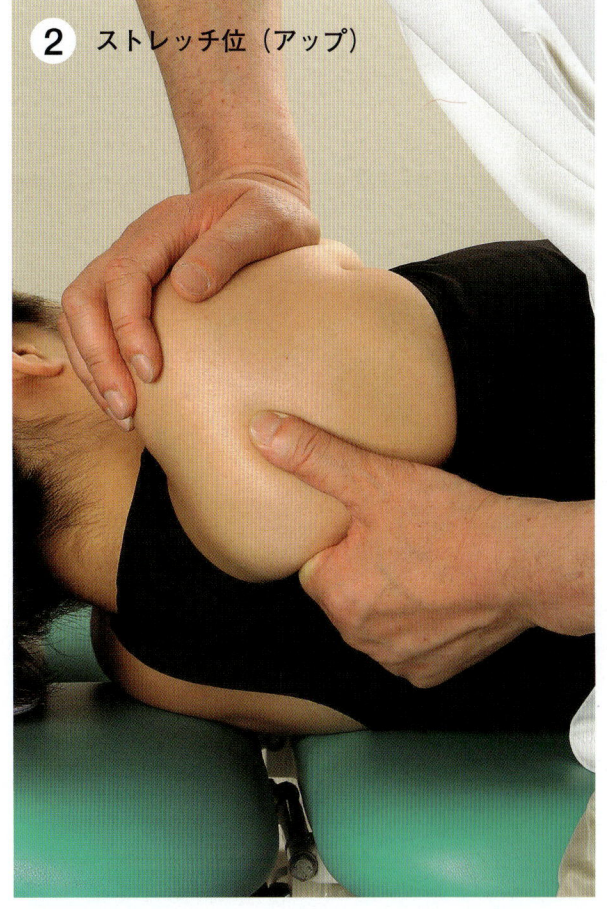

② ストレッチ位（アップ）

前鋸筋下部(肩甲骨下角部)伸張法

開始肢位：左側臥位．肩関節は伸展・内転・内旋位．右下肢は屈曲位にし，膝をベッドに置く．
自分の位置：後方頭部に向かって立つ．右手で右肩関節部を把持し，左示指を肩甲骨下角に掛ける．自分の骨盤で相手の体幹を固定する．
伸 張 法：右手で肩甲骨を内転方向に押し込み，左手で肩甲骨内側縁を胸郭から引き離した後，肩甲骨を下方回旋する．

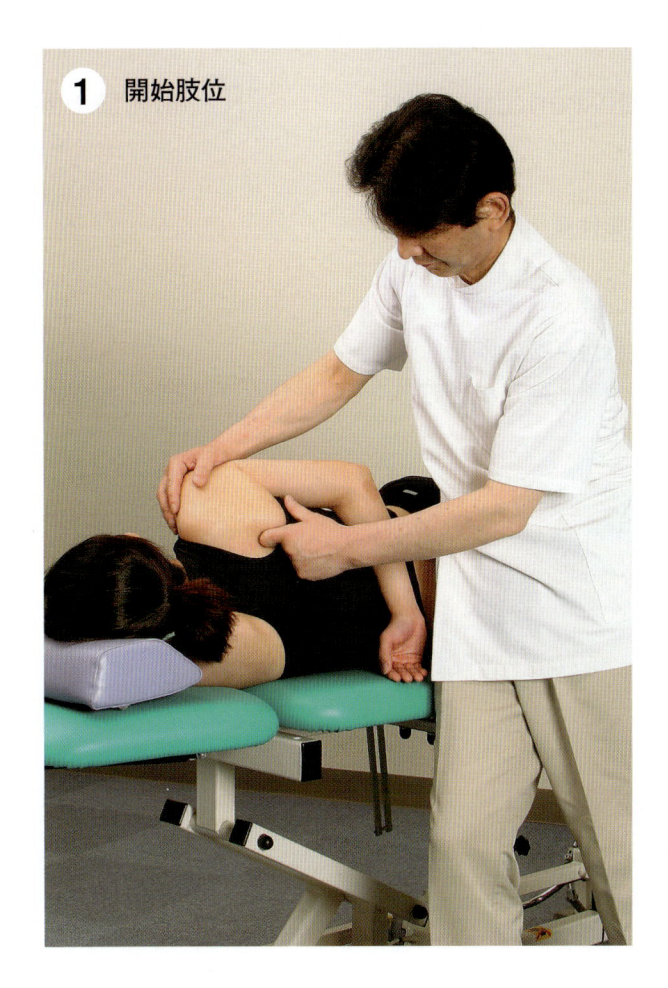

前鋸筋 m. serratus anterior   79

① 開始肢位

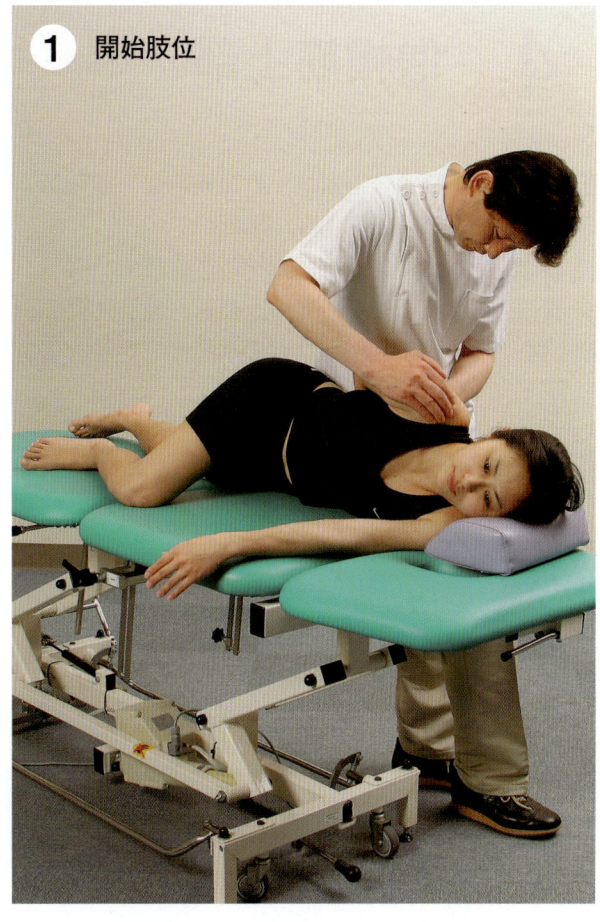

① 開始肢位

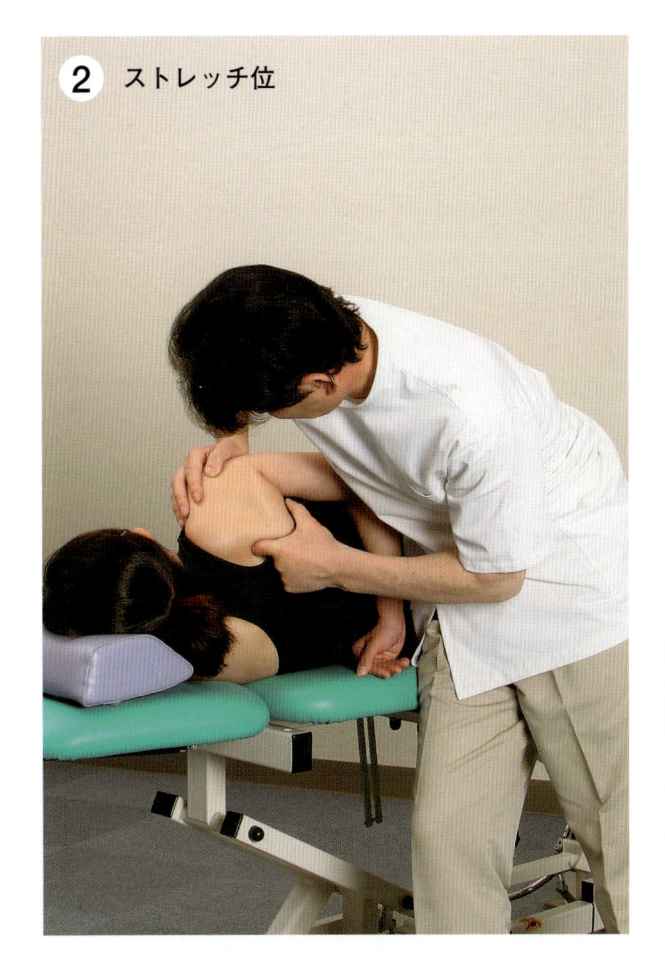

② ストレッチ位

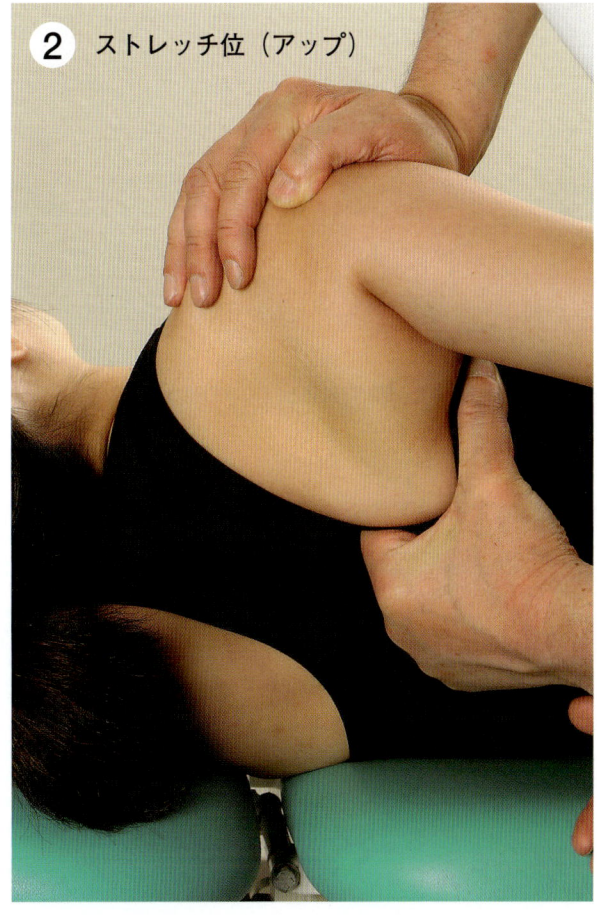

② ストレッチ位（アップ）

① 開始肢位

4 僧帽筋上部 m. trapezius descending part ……▶ 8 僧帽筋上部

起　　　始：後頭骨上項線，外後頭隆起，項靱帯，第 7 頸椎棘突起
停　　　止：鎖骨外側 1/3，肩峰
神 経 支 配：副神経外枝，頸神経叢筋枝 C2～4
血 管 支 配：頸横動脈，肩甲上動脈，後肋間動脈，深頸動脈，後頭動脈
筋 連 結：胸鎖乳突筋，肩甲挙筋，三角筋，広背筋，大菱形筋，小菱形筋，上後鋸筋，下後鋸筋，脊柱起立筋，頭板状筋

僧帽筋上部ランドマーク

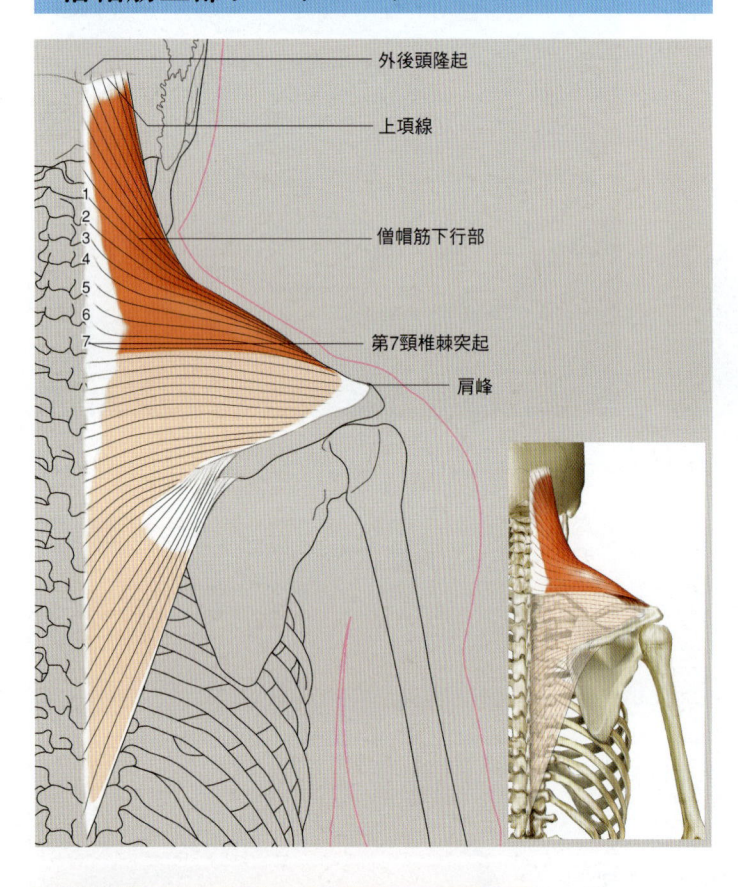

外後頭隆起
上項線
僧帽筋下行部
第 7 頸椎棘突起
肩峰

僧帽筋上部伸張法（外側部線維）

開 始 肢 位：背臥位．頭部をベッドの端から出す．頸椎は回旋中間位．
自分の位置：両下肢を肩幅ぐらいに開き，頭部上方に立つ．右手で右肩関節部を軽く固定し，左手は後頭部を把持した後，左大腿外側部にあてる．
伸 張 法：大腿部で頸椎を左側屈方向に動かす．
備　　　考：ストレッチ最終位で，自分が安定した立位となるように，自分の開始姿勢を調節しておく．伸長時，頭部が回旋しないように注意する．

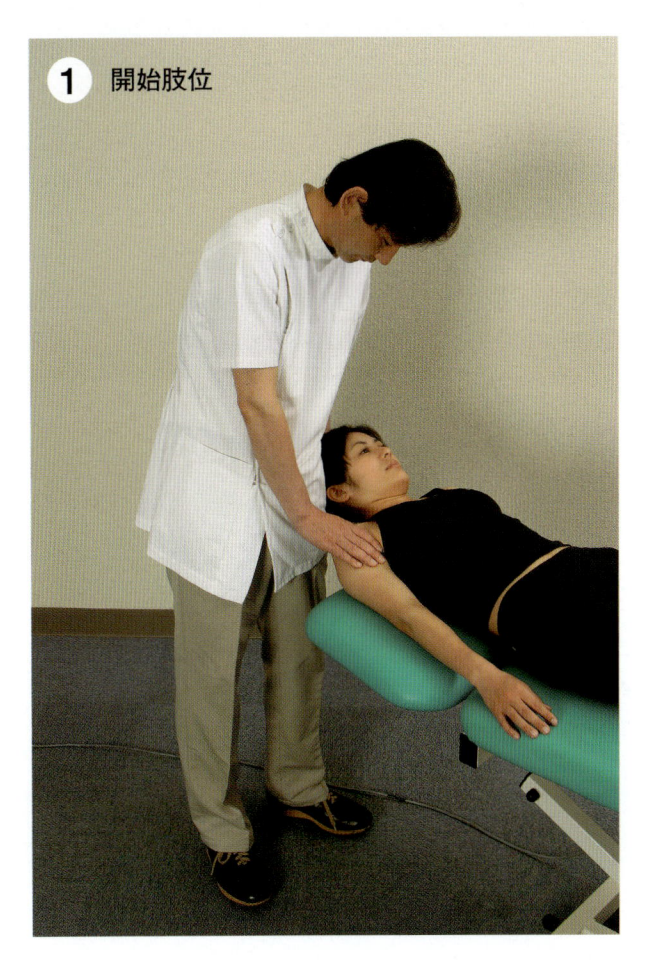

僧帽筋上部 m. trapezius descending part 81

① 開始肢位

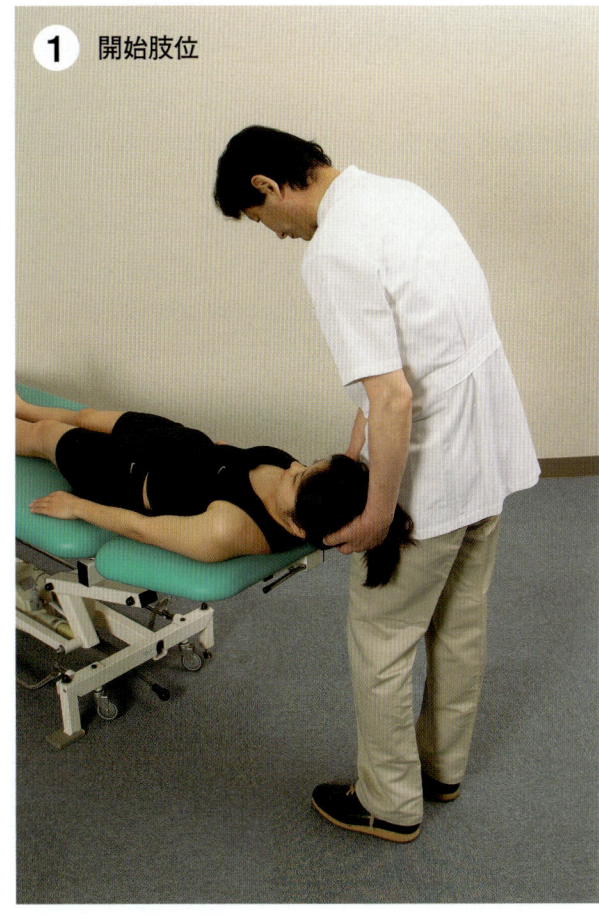

① 開始肢位

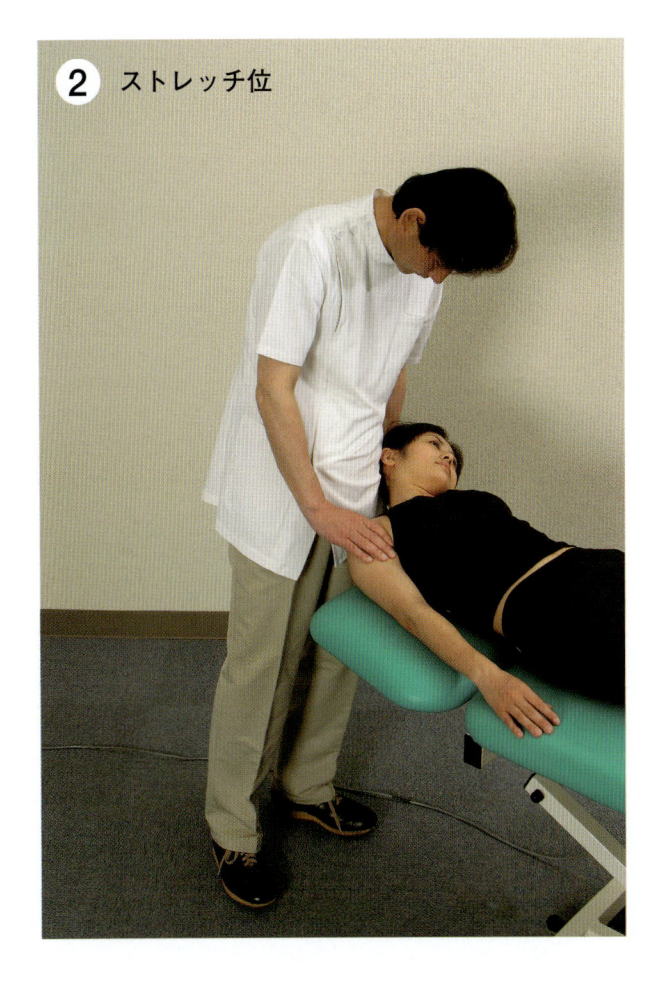

② ストレッチ位

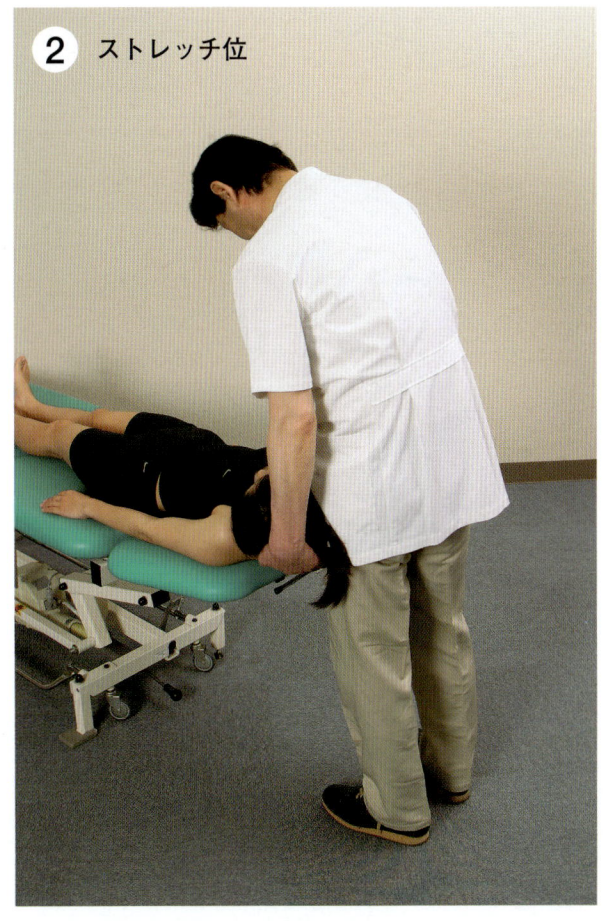

② ストレッチ位

開始肢位

僧帽筋上部伸張法（内側部線維）

開始肢位：背臥位．頭部をベッドの端から出す．頸椎は軽度屈曲・左回旋位．
自分の位置：頭部上方で両下肢を肩幅ぐらいに開き，右斜め前方に向いて立つ．両膝は軽度屈曲しておく．右手で右肩関節部を軽く固定し，左手は後頭部を把握した後，左大腿外側部にあてる．
伸　張　法：膝を伸展しながら体重を左斜め前方に移動させ，大腿外側部で頭頂部を押し込む．
備　　　考：伸張時，頸椎屈曲角を調節することにより伸張部が移行する．すなわち頸椎屈曲角が大きいほど，より内側部の線維が伸張される（肩甲挙筋伸張時の屈曲角よりも小さい）．伸張時，頭部が回旋しないように注意する．

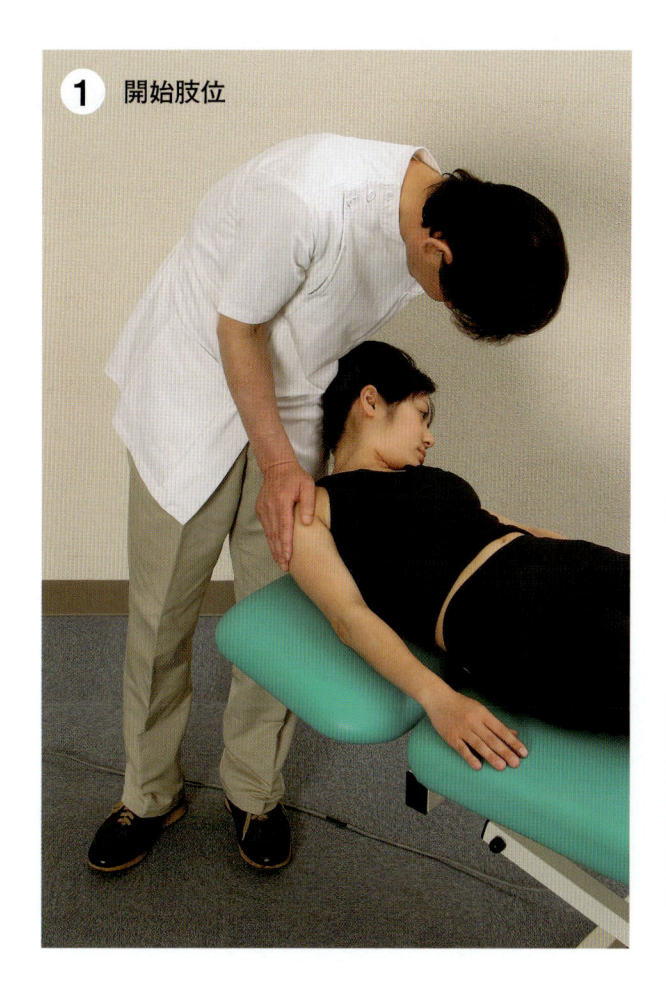

僧帽筋上部 m. trapezius descending part 83

1 開始肢位

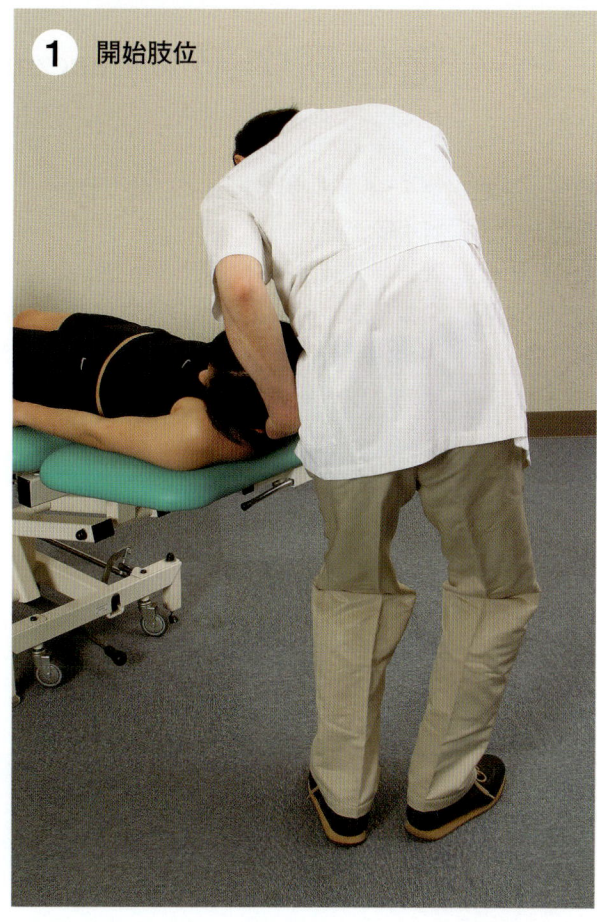

1 開始肢位

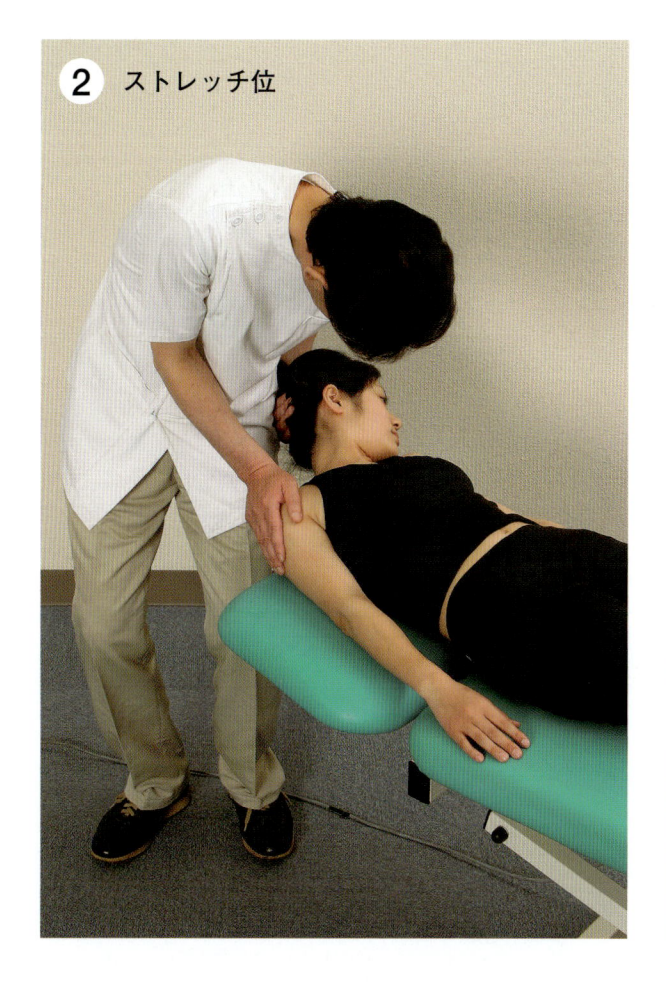

2 ストレッチ位

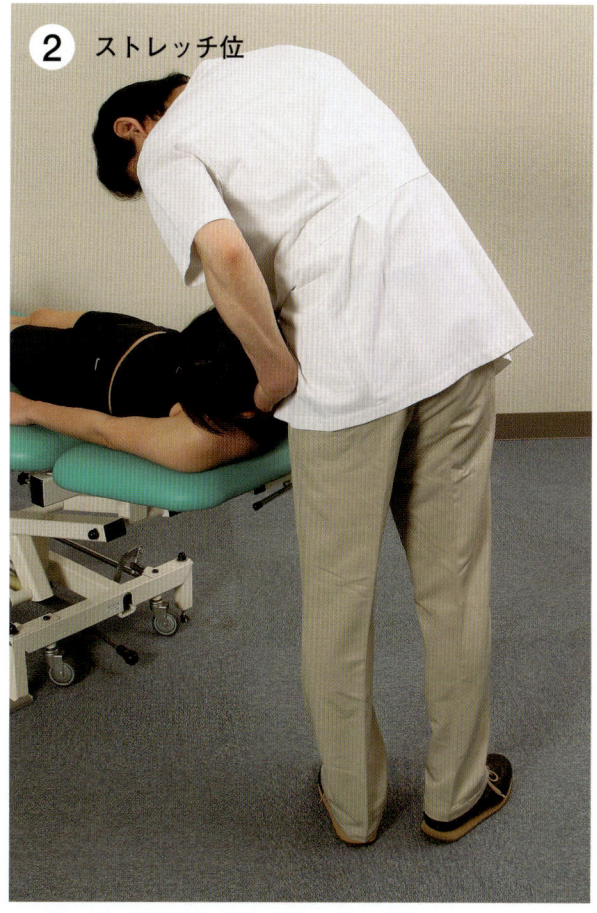

2 ストレッチ位

開始肢位

5　僧帽筋中部 m. trapezius transverse part　……………▶ 9 ｜僧帽筋中部

起　　　始：第1〜5胸椎棘突起および棘上靱帯
停　　　止：肩甲棘上縁
神 経 支 配：副神経外枝，頸神経叢筋枝C2〜4
血 管 支 配：頸横動脈，肩甲上動脈，後肋間動脈，深頸動脈，後頭動脈
筋 　連 　結：胸鎖乳突筋，肩甲挙筋，三角筋，広背筋，大菱形筋，小菱形筋，上後鋸筋，下後鋸筋，脊柱起立筋，頭板状筋

僧帽筋中部ランドマーク

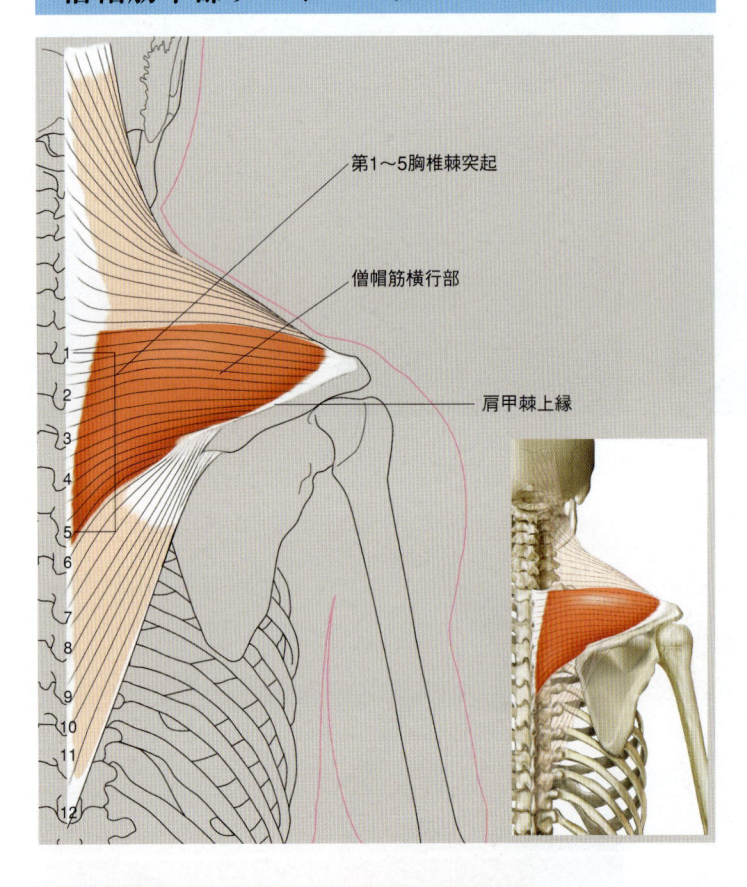

第1〜5胸椎棘突起
僧帽筋横行部
肩甲棘上縁

僧帽筋中部伸張法

開 始 肢 位：左側臥位．左上肢は挙上しておき，右手は腰の後ろにまわす．そして，骨盤を軽度右回旋させて右足部をベッドの端に引っ掛けておく．
自分の位置：左側に立つ．右手は右肩関節後部にあて，左手を右手に重ねる．
伸　張　法：両手で肩甲骨を外転，下方回旋する．
備　　　考：伸張時，肩甲骨の外転が得られない時は大・小菱形筋のストレッチングをまず試みる．

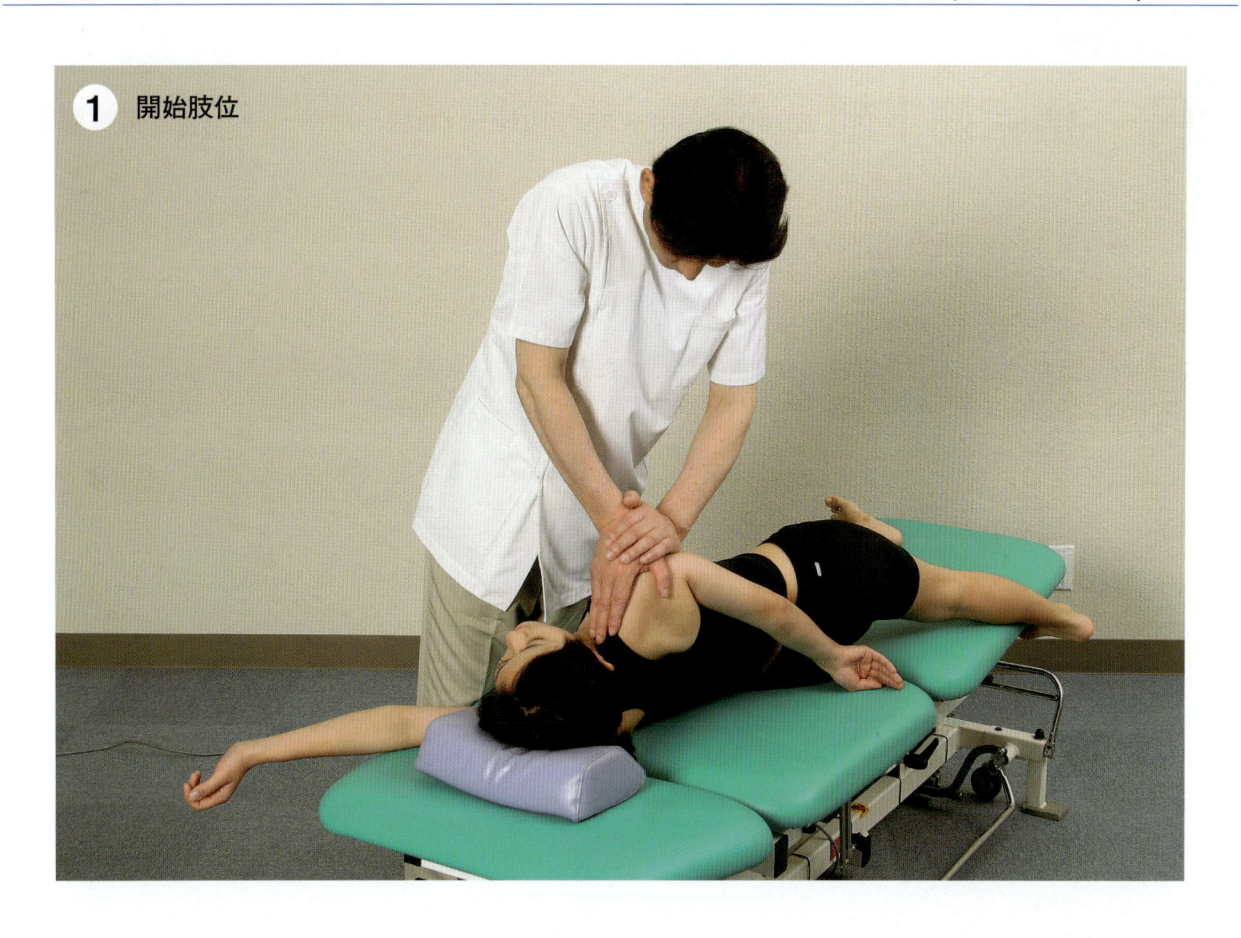

僧帽筋中部 m. trapezius transverse part　85

① 開始肢位

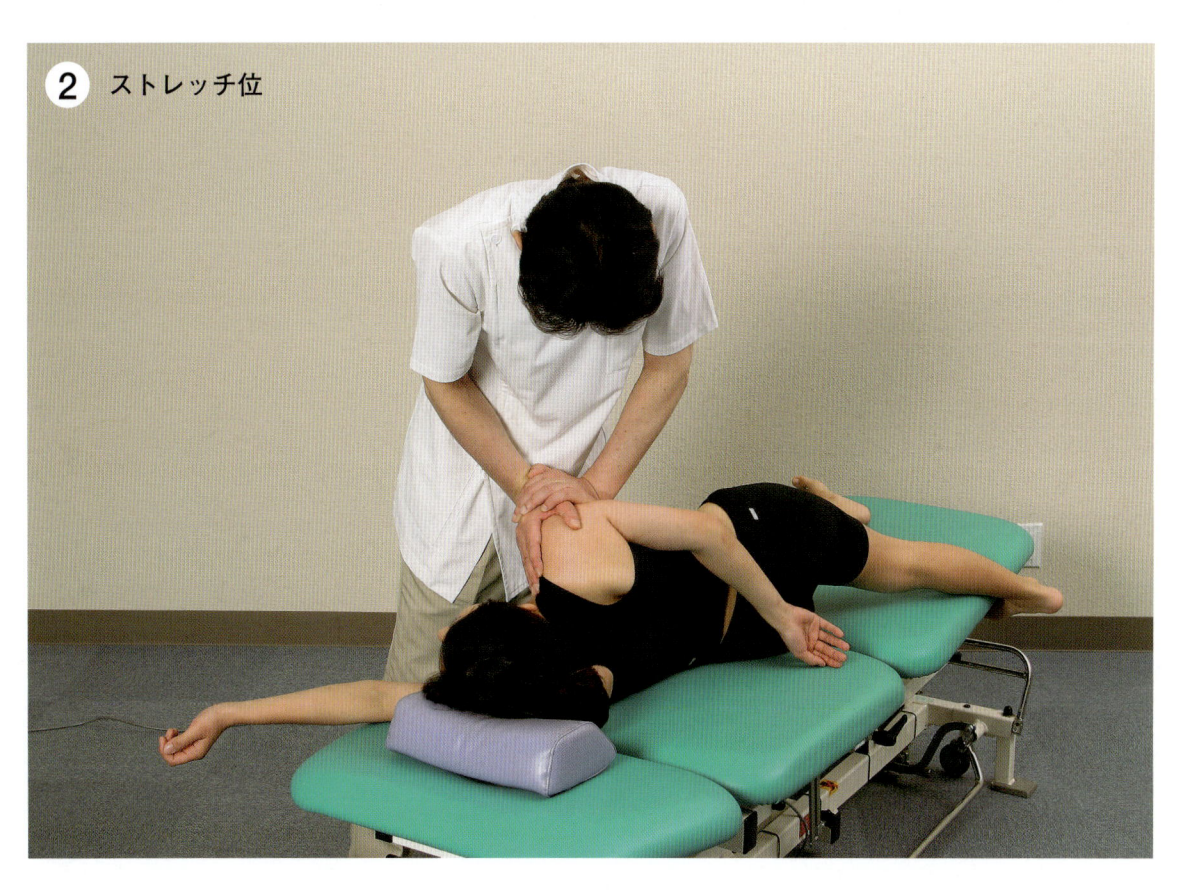

② ストレッチ位

6 僧帽筋下部 m. trapezius ascending part ……▶ 10 僧帽筋下部

起　　始：第6〜12胸椎棘突起および棘上靱帯
停　　止：肩甲棘三角
神経支配：副神経外枝，頸神経叢筋枝 C2〜4
血管支配：頸横動脈，肩甲上動脈，後肋間動脈，深頸動脈，後頭動脈
筋連結：胸鎖乳突筋，肩甲挙筋，三角筋，広背筋，大菱形筋，小菱形筋，上後鋸筋，下後鋸筋，脊柱起立筋，頭板状筋

僧帽筋下部ランドマーク

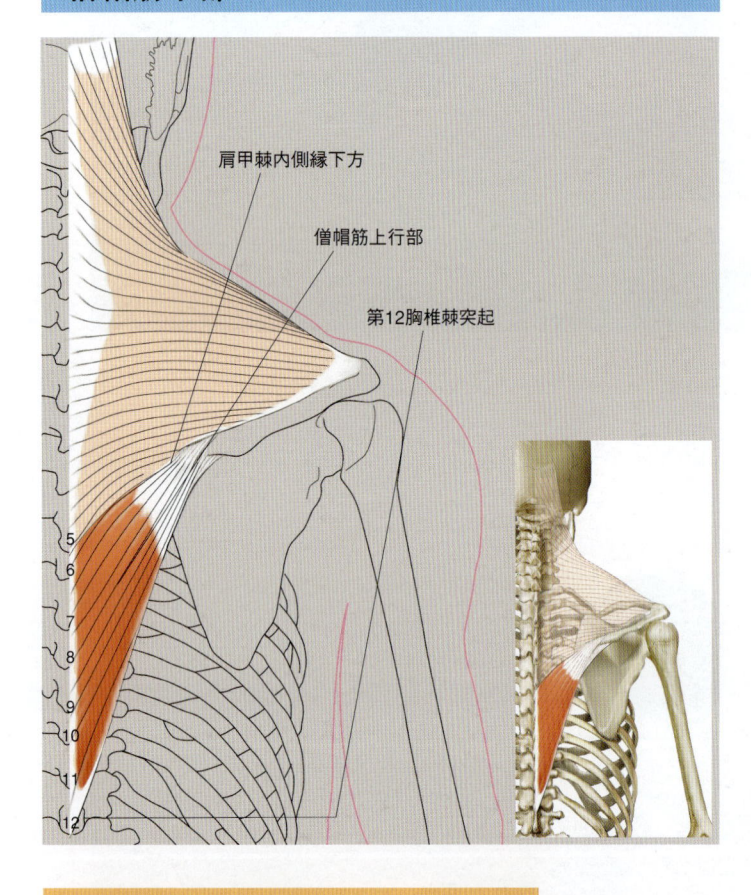

肩甲棘内側縁下方
僧帽筋上行部
第12胸椎棘突起

僧帽筋下部伸張法

開始肢位：左側臥位．頸椎は伸展位，左上肢は挙上しておく．右手を腹部前方に置き，骨盤を軽度右回旋させて右足部をベッドの端に引っ掛けておく．
自分の位置：左側に立つ．右手は右肩関節部にあて，左手を右手に重ねる．
伸　張　法：両手で肩甲骨を外転・挙上する．
備　　考：伸張時，肩甲骨が外転しにくい時は大・小菱形筋のストレッチングをまず試みる．

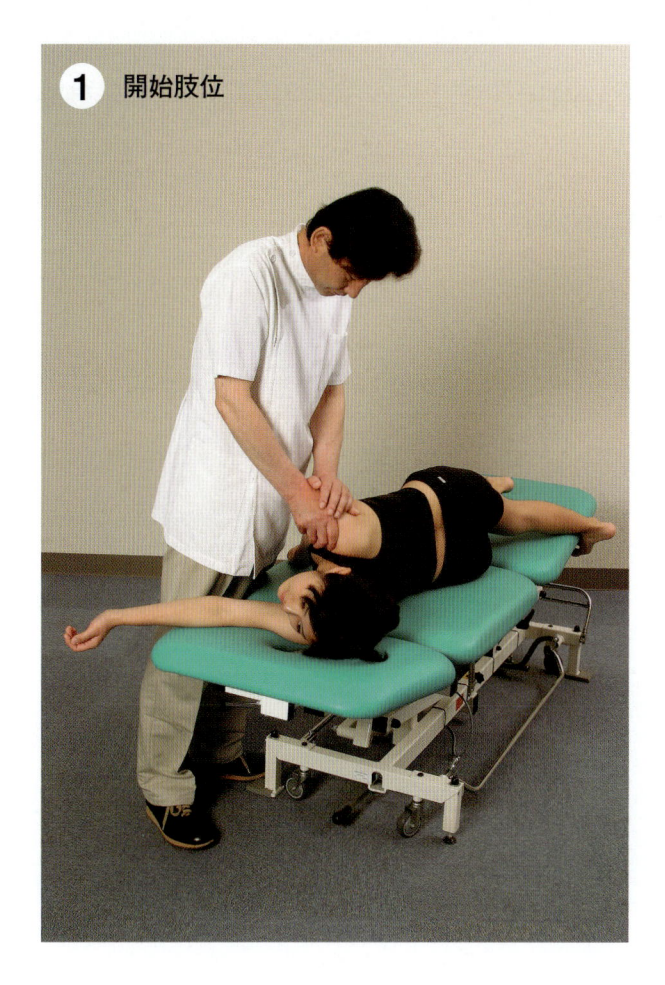

僧帽筋下部 m. trapezius ascending part 87

① 開始肢位

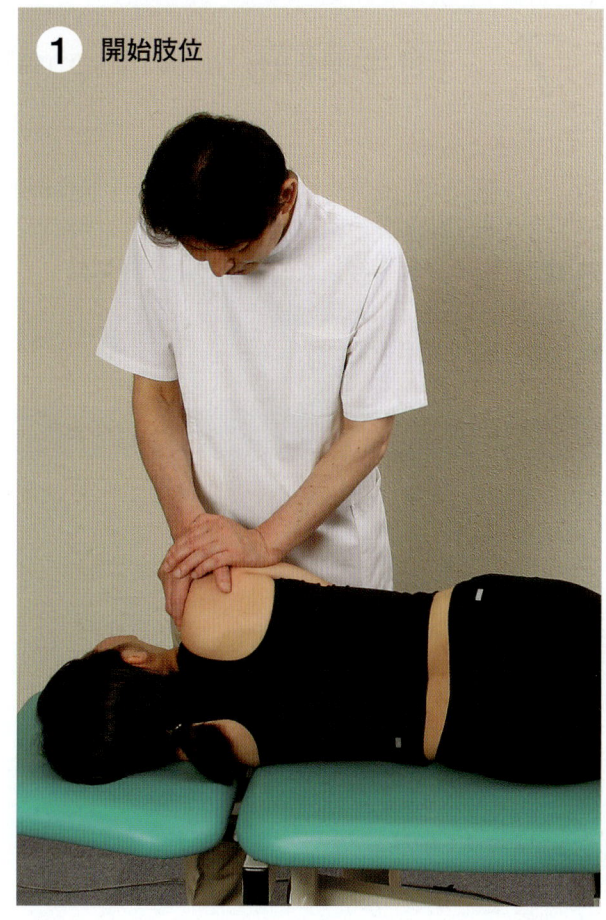

① 開始肢位

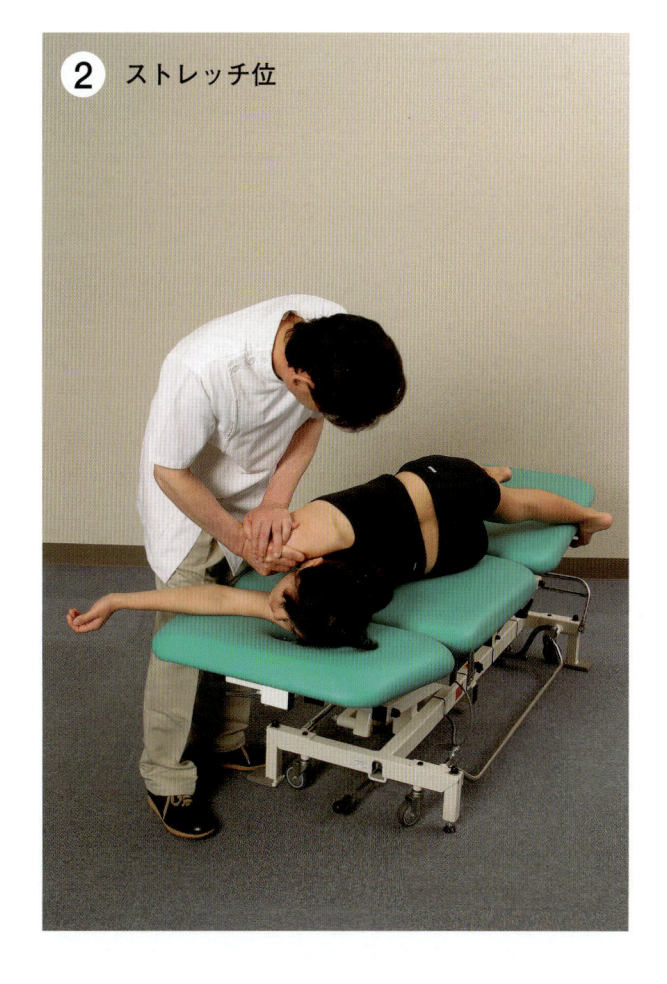

② ストレッチ位

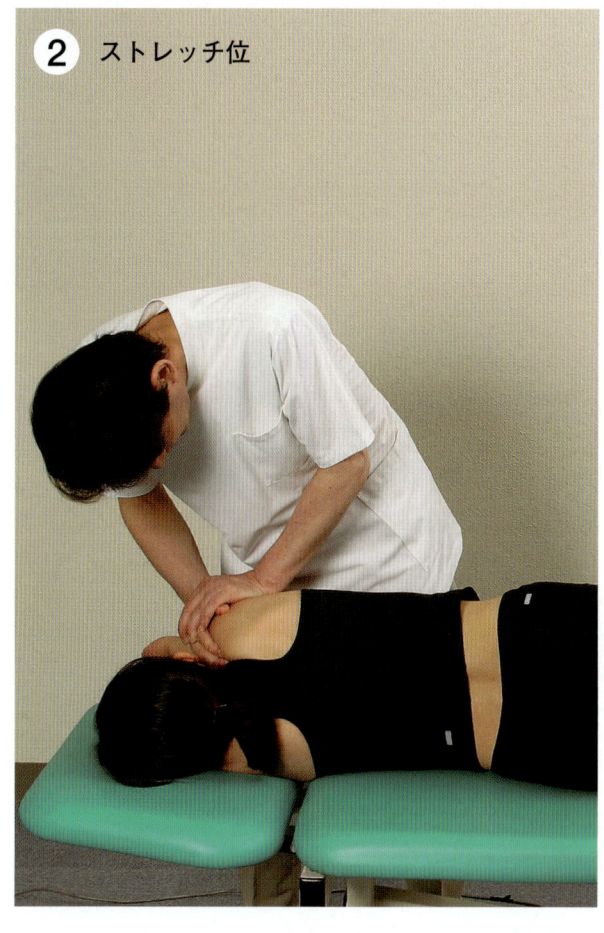

② ストレッチ位

7 頭半棘筋 m. semispinalis capitis　　▶ 11 頭半棘筋

起　　　始：上位6胸椎横突起，下位3～4頸椎関節突起（横突起）
停　　　止：後頭骨後頭鱗（頭最長筋付着部内側）
神 経 支 配：脊髄神経後枝内側枝および外側枝
血 管 支 配：上行頸動脈分枝
筋　連　結：肩甲挙筋

頭半棘筋ランドマーク

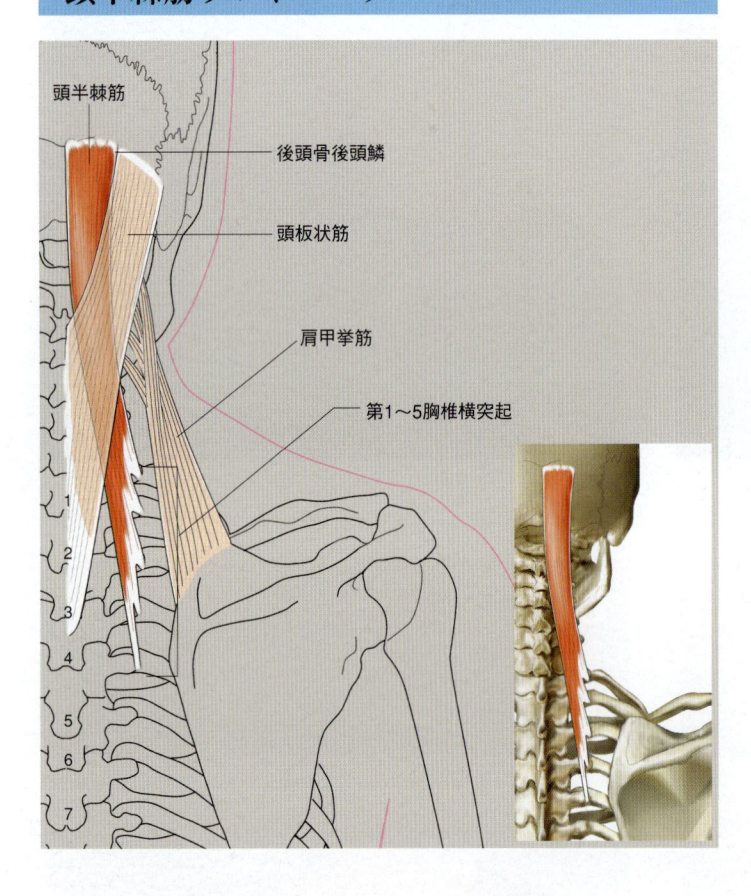

（図：頭半棘筋，後頭骨後頭鱗，頭板状筋，肩甲挙筋，第1～5胸椎横突起）

頭半棘筋伸張法

開 始 肢 位：背臥位．頭部をベッドの端から出す．頸椎は軽度屈曲位・軽度左回旋位．
自分の位置：頭部上方で両下肢を肩幅ぐらいに開き，右斜め前方に向いて立つ．両膝は軽度屈曲しておく．
　　　　　　右手で右肩関節部を軽く固定し，左手は後頭部を下方から支え，左大腿外側部にあてる．
伸　張　法：膝を伸展しながら体重を左斜め前方に移動させ，大腿外側部で頭頂部を左腰部方向に押し込む．

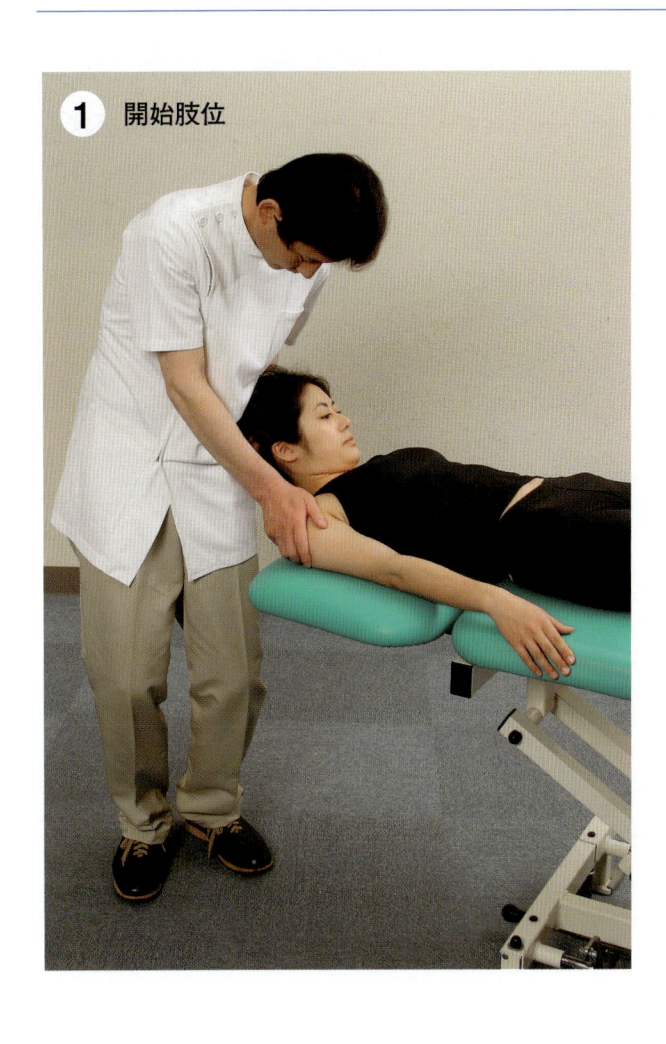

頭半棘筋 m. semispinalis capitis

① 開始肢位

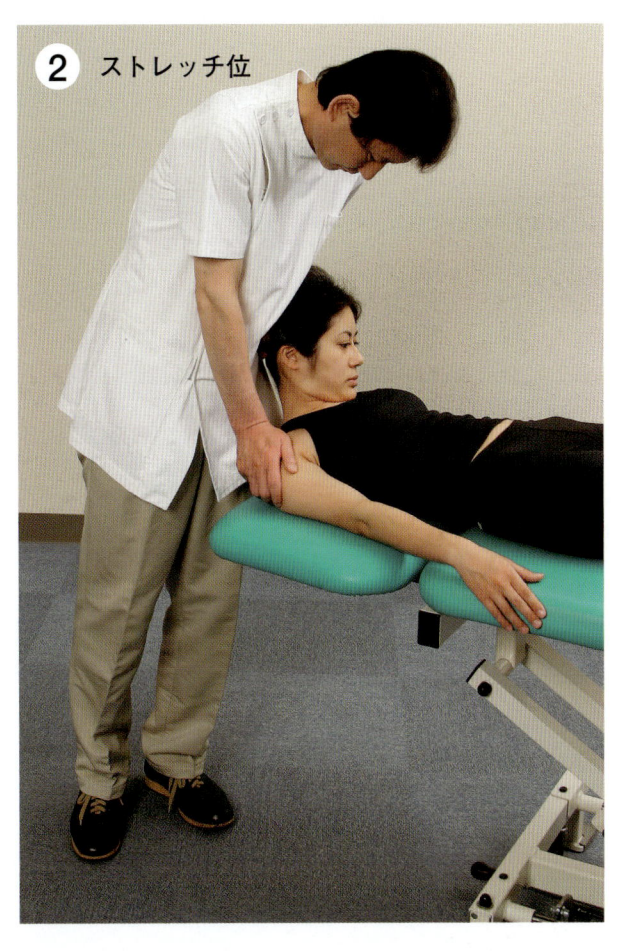

② ストレッチ位

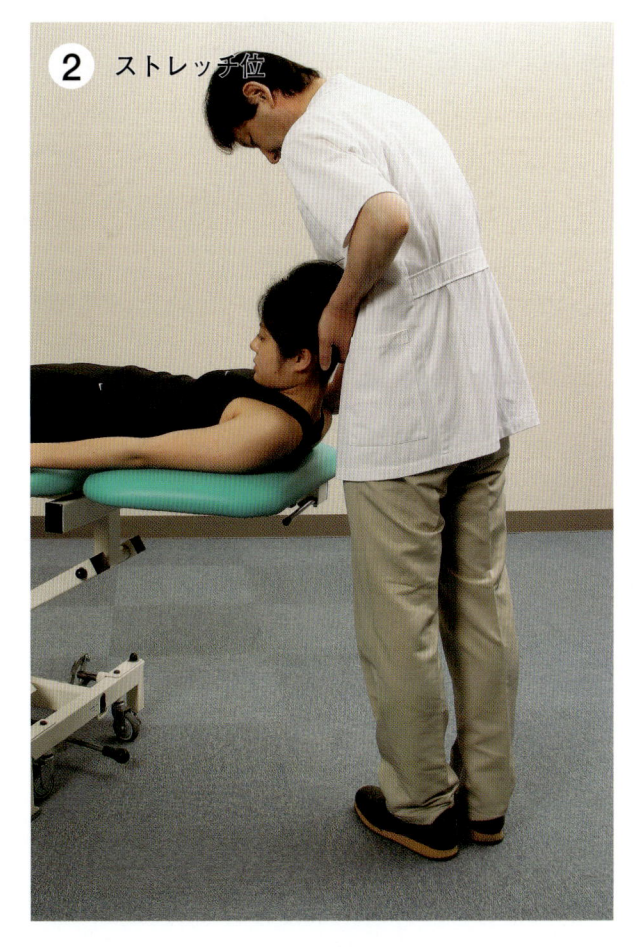

② ストレッチ位

① 開始肢位

8 頭板状筋 m. splenius capitis　▶ 12 頭板状筋

起　　　始：下位5頸椎の項靱帯，上位2(3)胸椎棘突起
停　　　止：側頭骨乳様突起，後頭骨上項線外側部
神 経 支 配：脊髄神経後枝外側枝
血 管 支 配：頸横動脈上行枝
筋 　連 　結：頭板状筋，胸鎖乳突筋

頭板状筋ランドマーク

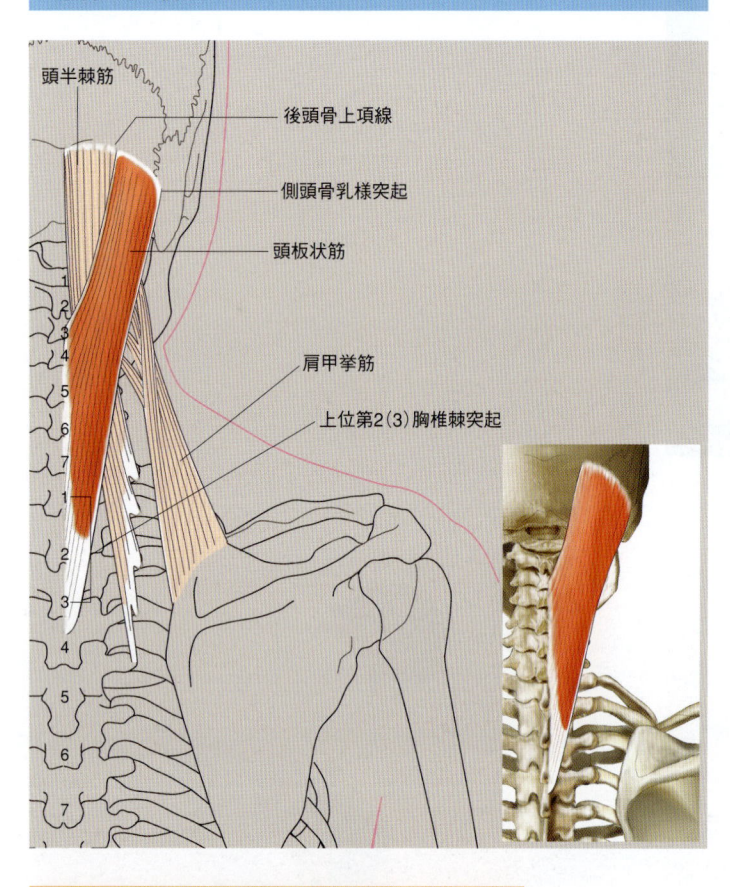

(図：頭半棘筋，後頭骨上項線，側頭骨乳様突起，頭板状筋，肩甲挙筋，上位第2(3)胸椎棘突起)

頭板状筋伸張法

開 始 肢 位：背臥位．頭部をベッドの端から出す．
自分の位置：頭部上方に立つ．両手で頭部を下方から支える．
伸　張　法：左足を左斜め前方に踏み出し，頸椎を左回旋した後，さらに屈曲・左側屈する．
備　　　考：頸椎屈曲角度は，僧帽筋上部内側線維より大きく，肩甲挙筋より小さい．

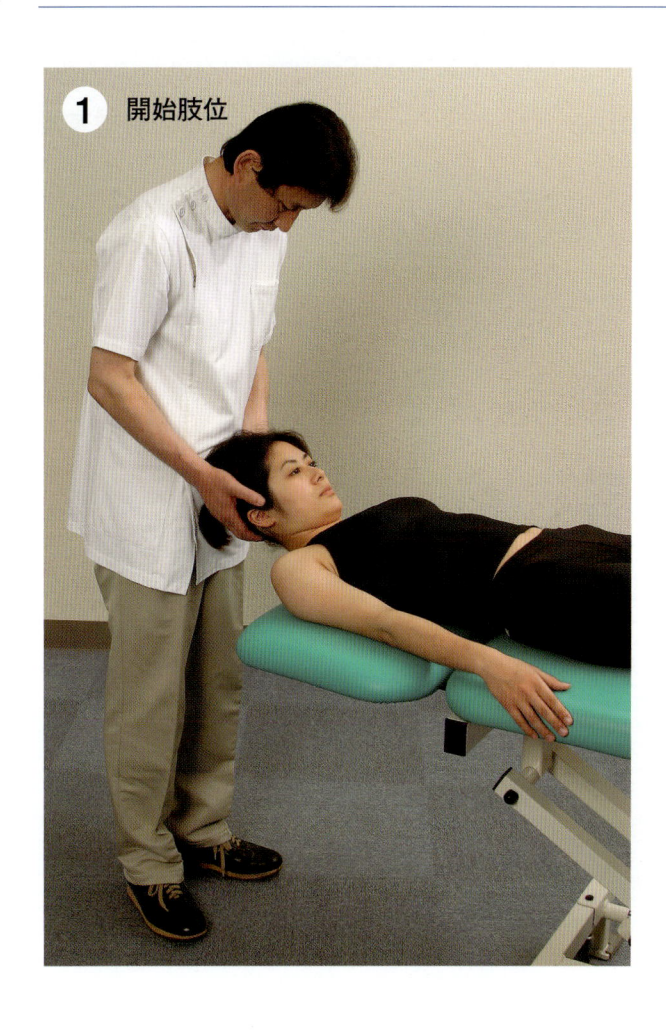

頭板状筋 m. splenius capitis 91

① 開始肢位

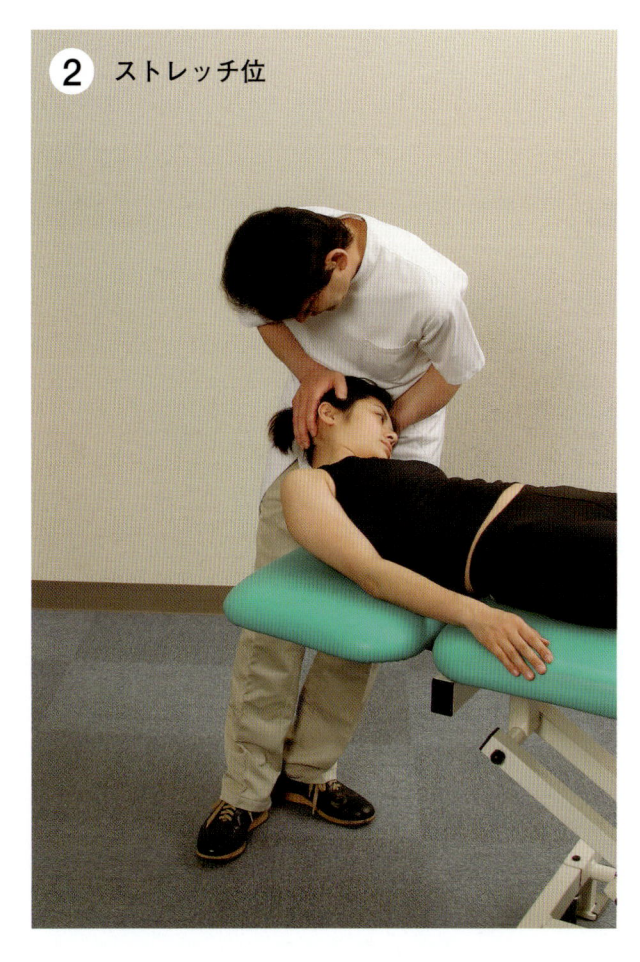

② ストレッチ位

① 開始肢位

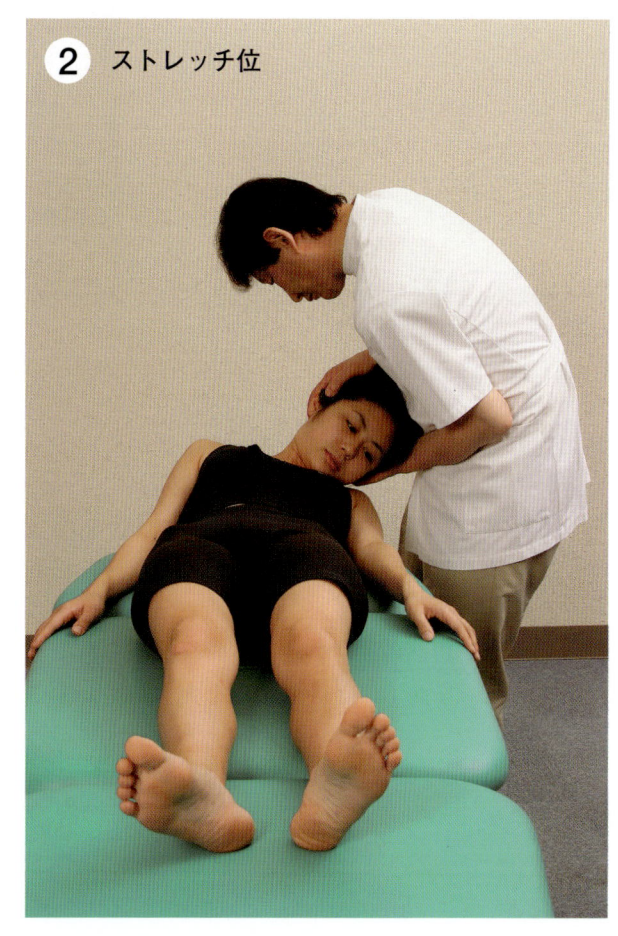

② ストレッチ位

9 肩甲挙筋 m. levator scapulae　　　▶ 14 | 肩甲挙筋

起　　　始：上位4～5頸椎横突起後結節
停　　　止：肩甲骨内側縁上方1/3
神 経 支 配：肩甲背神経C4～6
血 管 支 配：頸横動脈
筋 連 結：前鋸筋，僧帽筋，斜角筋，頸板状筋，頭半棘筋，小菱形筋

肩甲挙筋ランドマーク

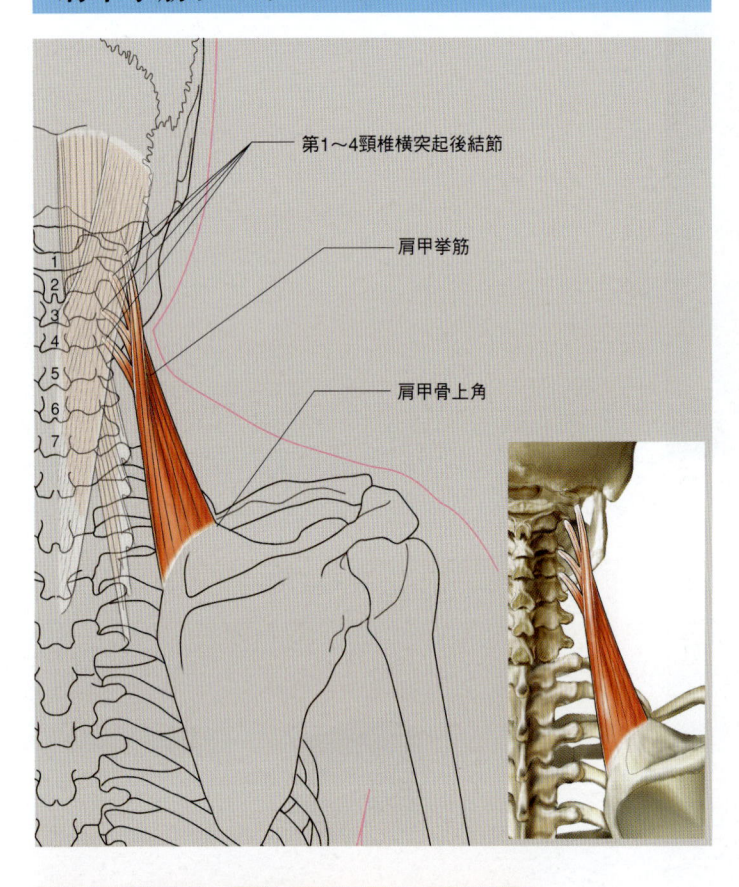

第1～4頸椎横突起後結節
肩甲挙筋
肩甲骨上角

肩甲挙筋伸張法

開 始 肢 位：背臥位．頭部をベッドの端から出す．頸椎は屈曲・左側屈・左回旋位．
自分の位置：頭部上方に右斜め前方に向いて立つ．左手で後頭部を支え，両膝を軽度屈曲した後，相手の側頭部を左大腿外側部にあてる．右手は右肩関節部を固定する．
伸　張　法：膝関節を伸展しながら，体重を左斜め前方に移動させ，頭頂部で円弧を描くように頸椎を屈曲する．
備　　　考：頸部の屈曲角度は，頭板状筋・僧帽筋上部内側線維より大きい．ただし伸張時，頸椎の右回旋を防ぐこと，頭頂部を大きく動かすことに留意する．

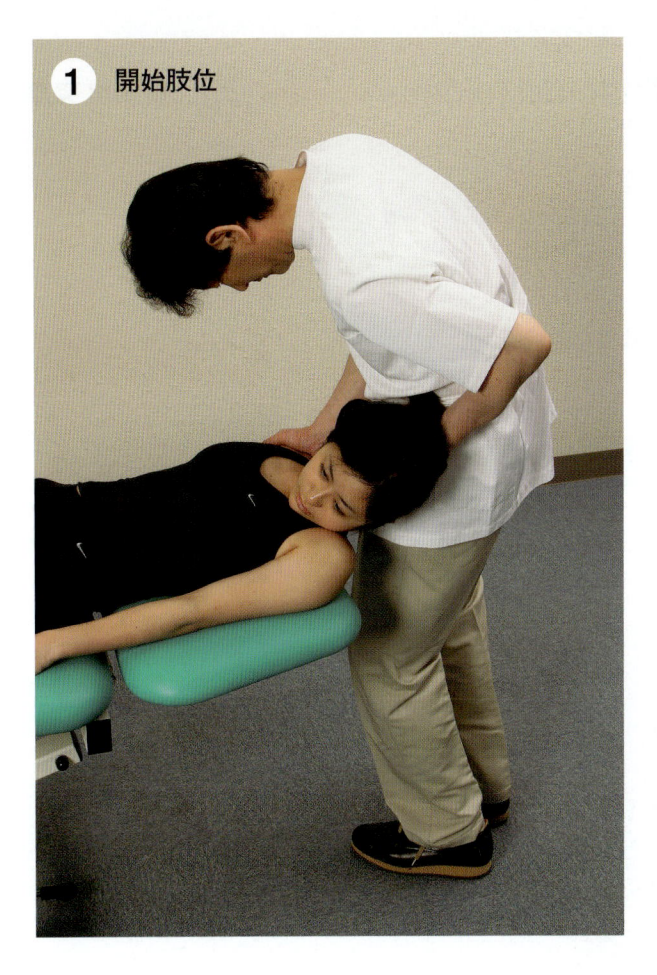

肩甲挙筋 m. levator scapulae

① 開始肢位

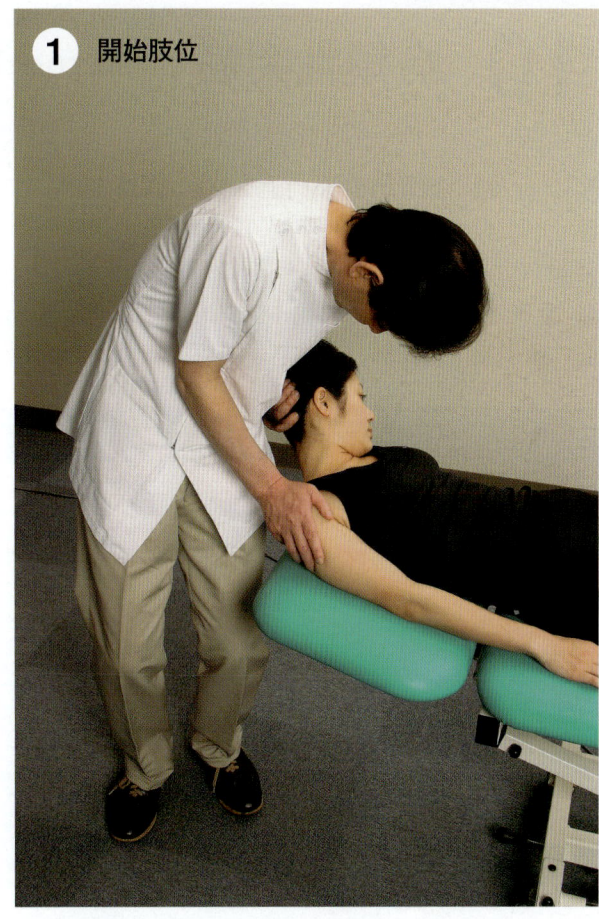

① 開始肢位

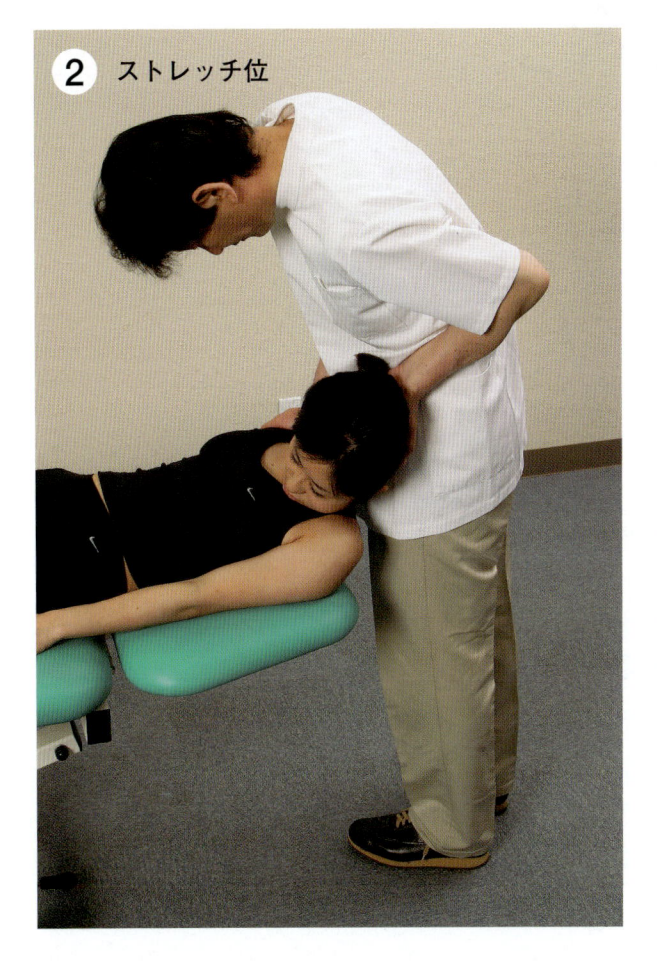

② ストレッチ位

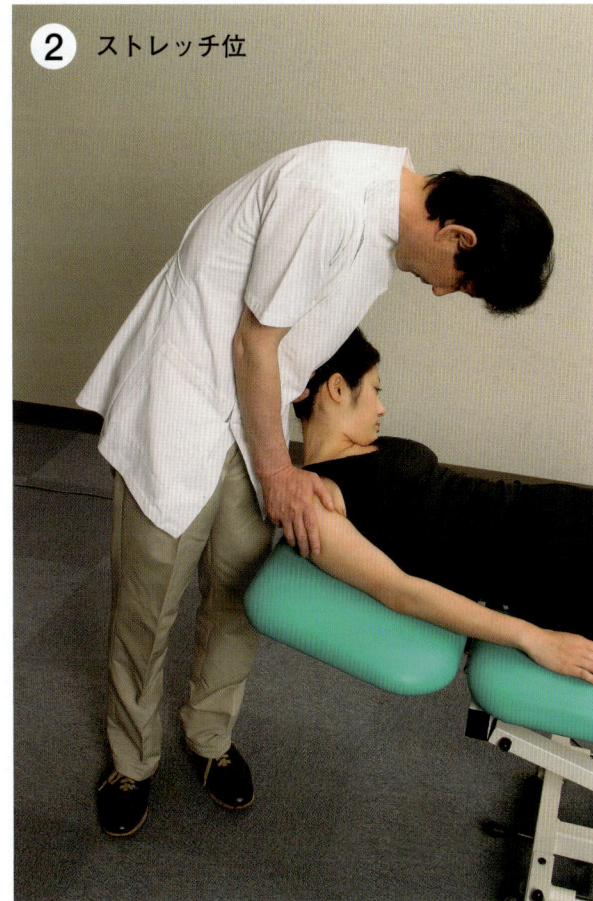

② ストレッチ位

① 開始肢位

10 胸鎖乳突筋 m. sternocleidomastoideus ········▶ 15 胸鎖乳突筋

起　　　始：胸骨柄上縁・前面，鎖骨内側 1/3
停　　　止：側頭骨乳様突起，後頭骨上項線
神 経 支 配：副神経，頸神経叢 C2〜3
血 管 支 配：上甲状腺動脈，後頭動脈，肩甲上動脈，後耳回動脈
筋 連 結：僧帽筋，大胸筋，頭板状筋

胸鎖乳突筋ランドマーク

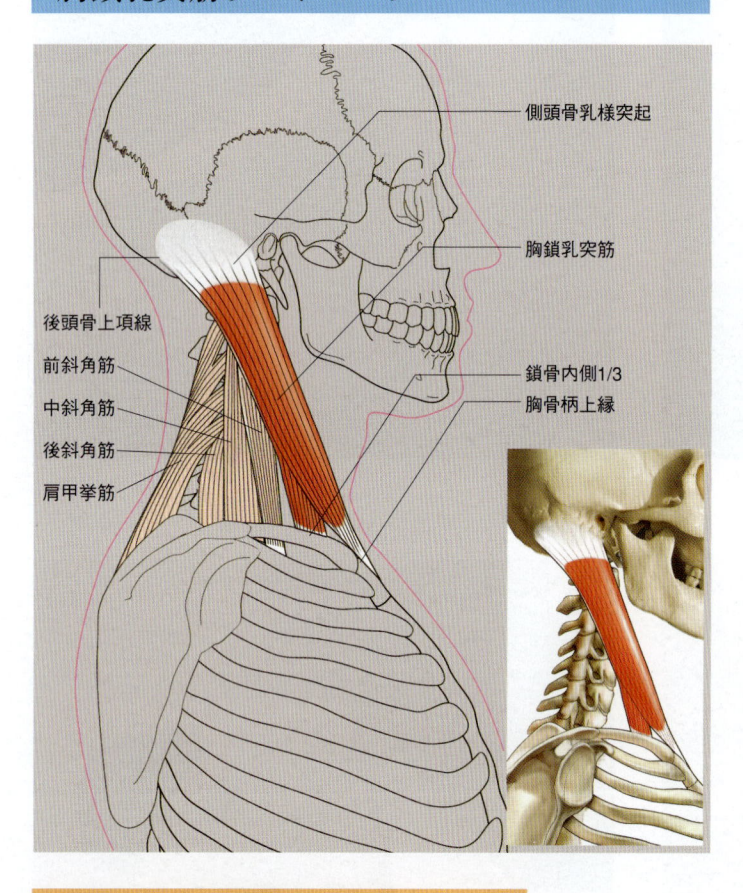

側頭骨乳様突起
胸鎖乳突筋
鎖骨内側1/3
胸骨柄上縁
後頭骨上項線
前斜角筋
中斜角筋
後斜角筋
肩甲挙筋

胸鎖乳突筋伸張法

開 始 肢 位：背臥位．頭部をベッドの端から出す．
自分の位置：頭部上方に右斜め前方に向いて立つ．左手で頭頂部から後頭部にかけて支え，相手の右側頭部を左大腿外側部にあてる．右手は右肩関節部を軽く固定する．
伸 張 法：頭頂部が円弧を描くように，頸椎を伸展・左側屈・右回旋方向に動かす．
備　　　考：胸骨部線維は鎖骨部線維に比べ，頸椎伸展角度が大きく，側屈角度が小さい．特に，高齢者では頸椎伸展は注意深く行わなければならない．

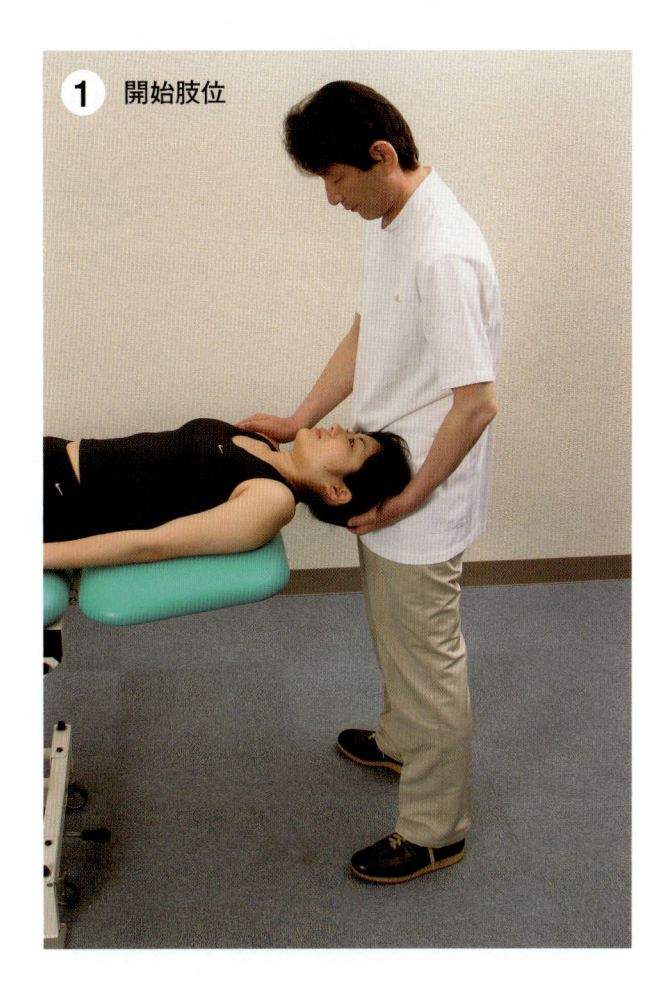

胸鎖乳突筋 m. sternocleidomastoideus 95

① 開始肢位

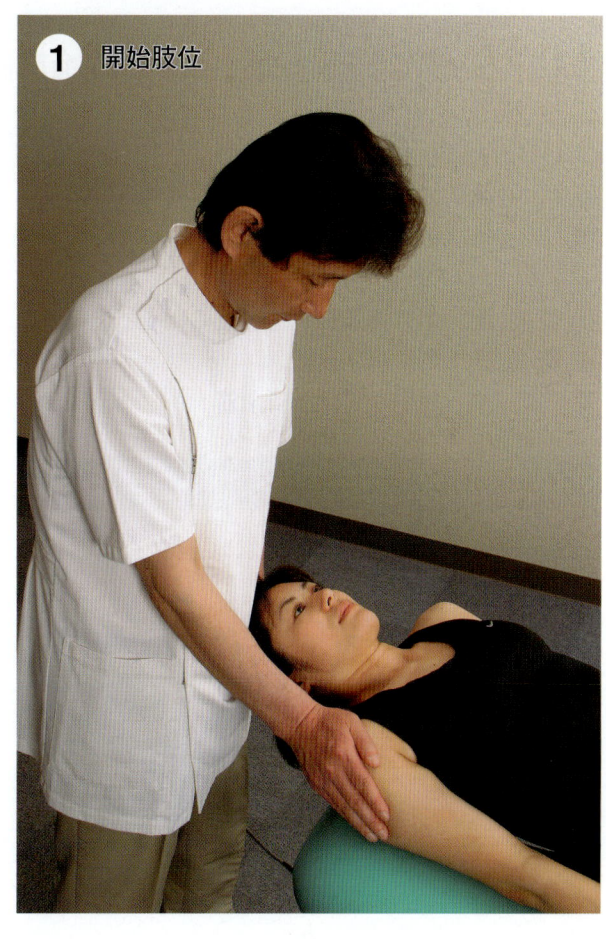

① 開始肢位

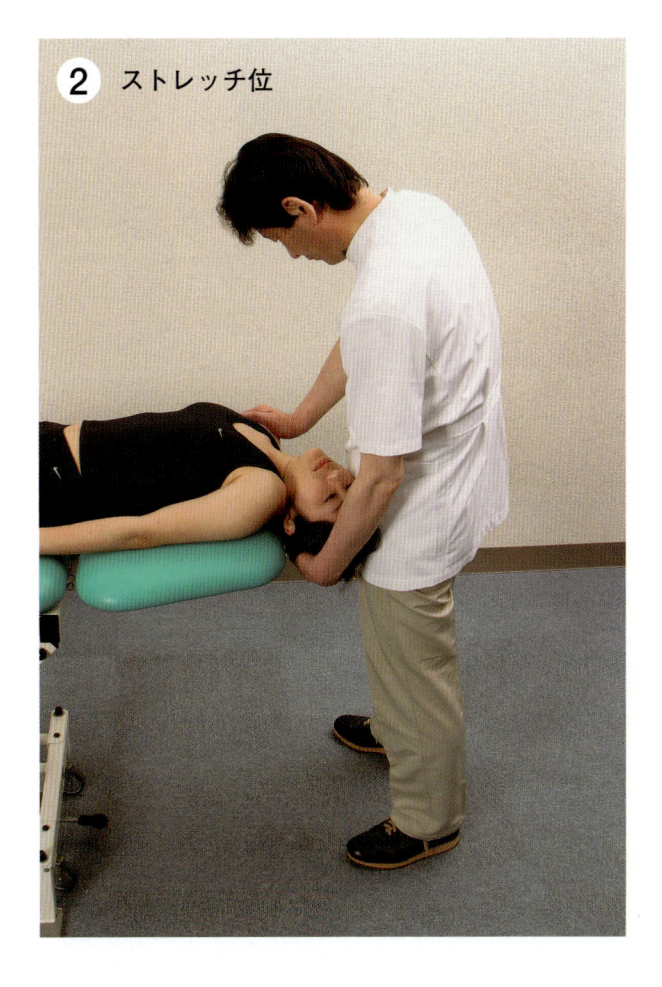

② ストレッチ位

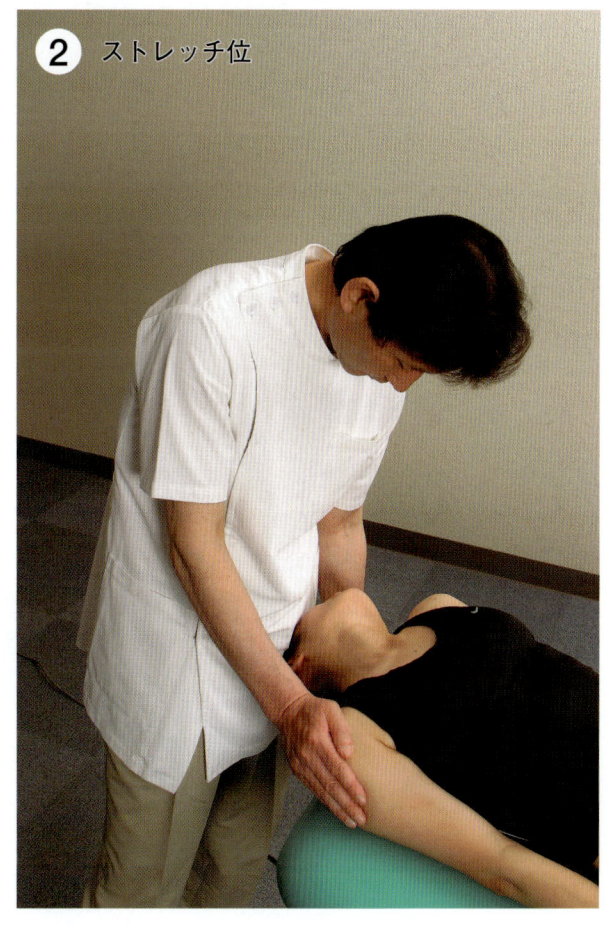

② ストレッチ位

11・12 前斜角筋 m. scalenus anterior・中斜角筋 m. scalenus medius　→　16・17 前斜角筋・中斜角筋

起　　　始：第3(4)〜6頸椎横突起前結節
停　　　止：第1肋骨前斜角筋結節（リスフラン結節）
神 経 支 配：頸神経叢，腕神経叢 C4〜7
血 管 支 配：下甲状腺動脈
筋 連 結：肩甲挙筋，中斜角筋

起　　　始：全頸椎横突起前結節
停　　　止：第1肋骨鎖骨下動脈溝後方隆起
神 経 支 配：頸神経叢，腕神経叢 C2〜8
血 管 支 配：上行頸動脈
筋 連 結：肩甲挙筋，前斜角筋

前斜角筋ランドマーク

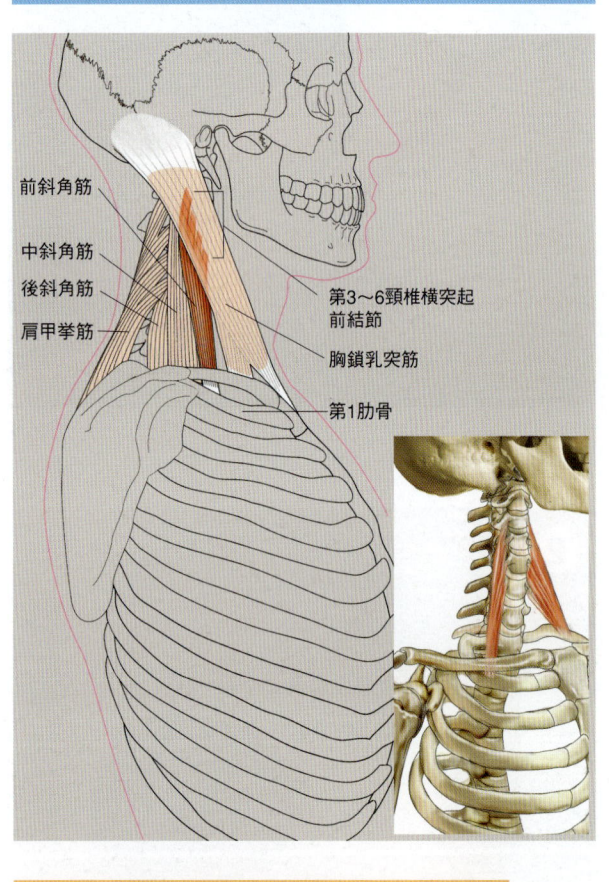

前斜角筋
中斜角筋
後斜角筋
肩甲挙筋
第3〜6頸椎横突起前結節
胸鎖乳突筋
第1肋骨

中斜角筋ランドマーク

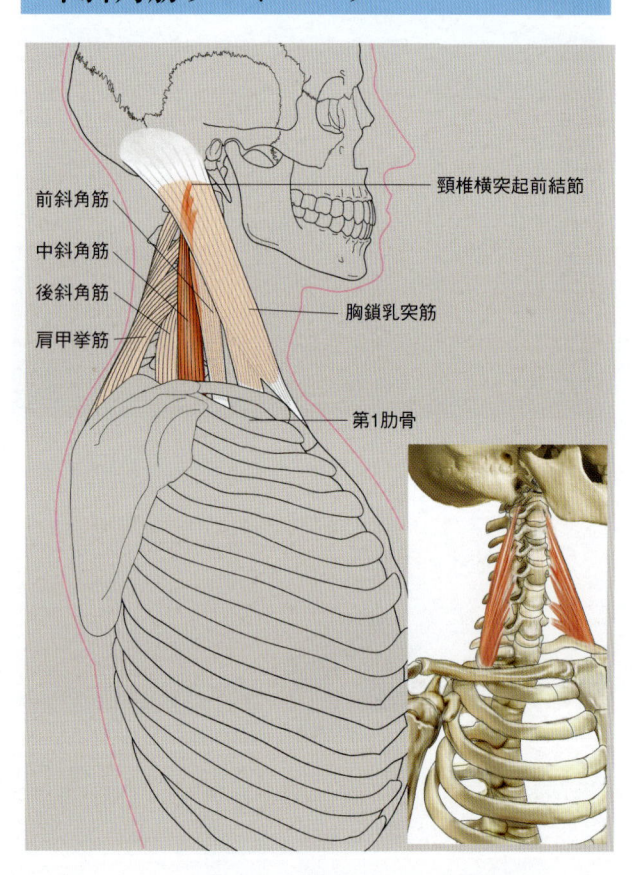

前斜角筋
中斜角筋
後斜角筋
肩甲挙筋
頸椎横突起前結節
胸鎖乳突筋
第1肋骨

前・中斜角筋伸張法

開 始 肢 位：背臥位．頭部をベッドの端から出し，右肩を軽度挙上しておく．
自分の位置：頭部上方に立つ．左手で後頭骨を下から支え，右手を側頭部に添える．
伸　張　法：左足を左斜め前方に踏み出し，頭頂部が円弧を描くように，頸椎を伸展・左側屈・右回旋方向に動かす．なお，頸椎の伸展角度は胸鎖乳突筋の伸張時よりも軽度である．また，前斜角筋は中斜角筋に比べ，伸展角度が大きく，側屈角度は小さい．
備　　　考：肩を挙上位にするのは，胸鎖乳突筋鎖骨部・僧帽筋上部の緊張を避けるためである．また，伸張感がない時は左手指で頸椎を側方から押し込み，頸椎側屈を増すとよい．

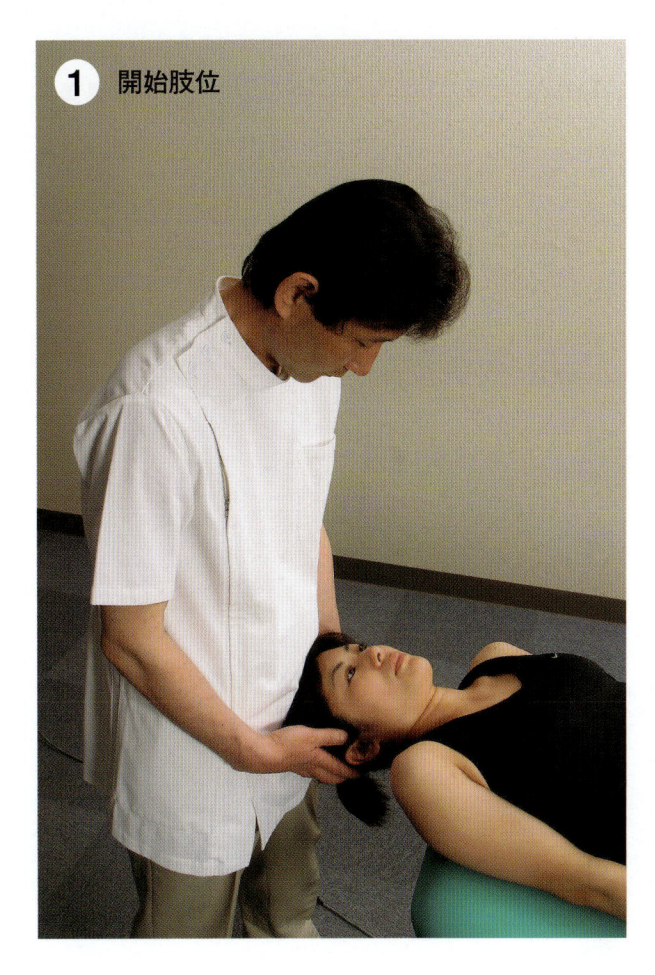

前斜角筋 m. scalenus anterior・中斜角筋 m. scalenus medius   97

① 開始肢位

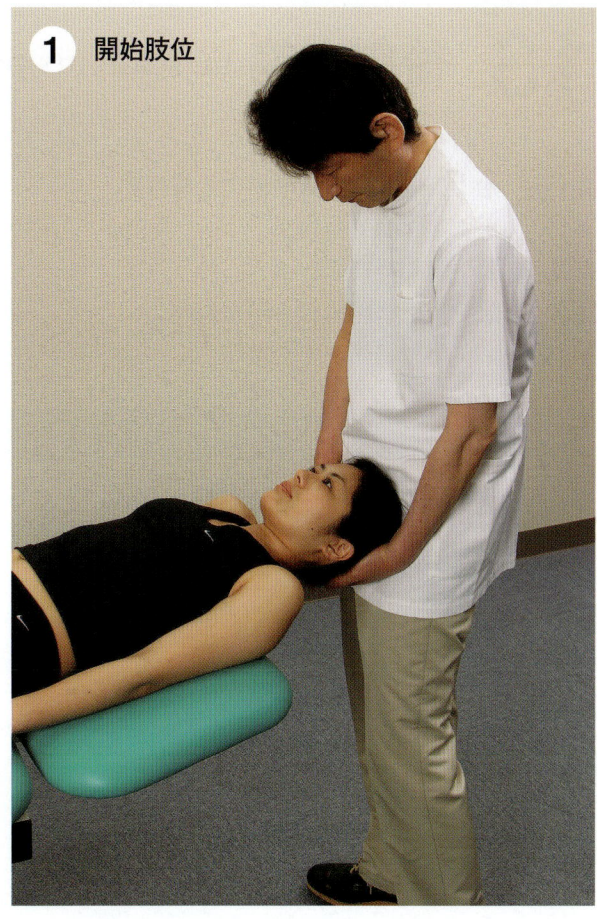

① 開始肢位

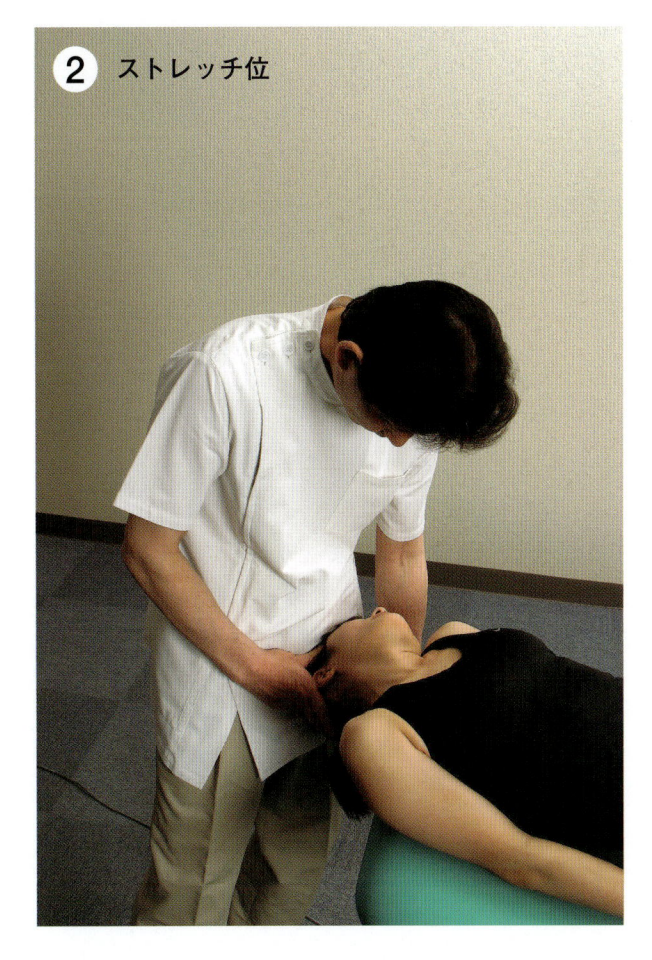

② ストレッチ位
開始肢位

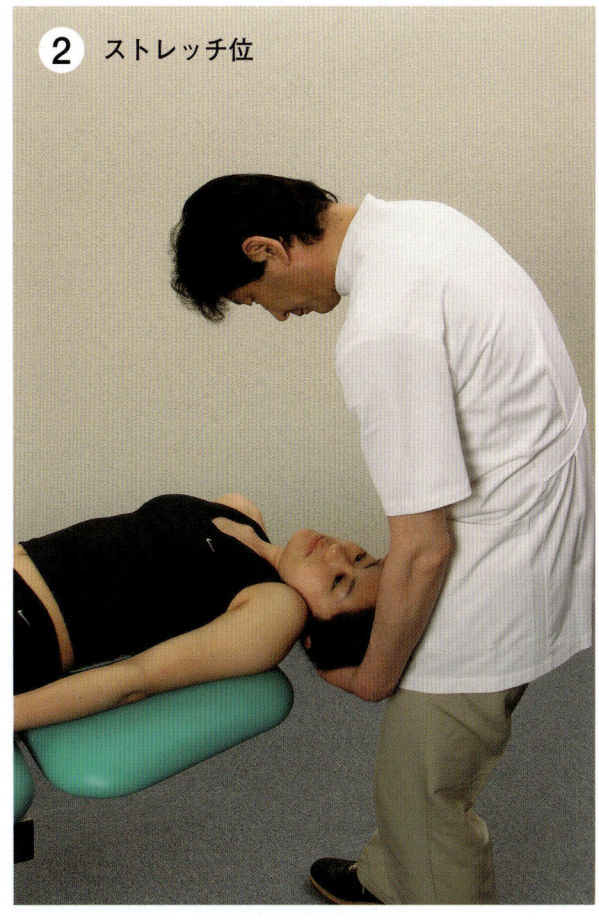

② ストレッチ位
開始肢位

13 後斜角筋 m. scalenus posterior　　▶ 18 後斜角筋

- 起　　始：第4(5)〜7頸椎横突起後結節
- 停　　止：第2肋骨外側面
- 神 経 支 配：腕神経叢 C5〜8
- 血 管 支 配：下甲状腺動脈，頸横動脈
- 筋 連 結：肩甲挙筋，中斜角筋

後斜角筋ランドマーク

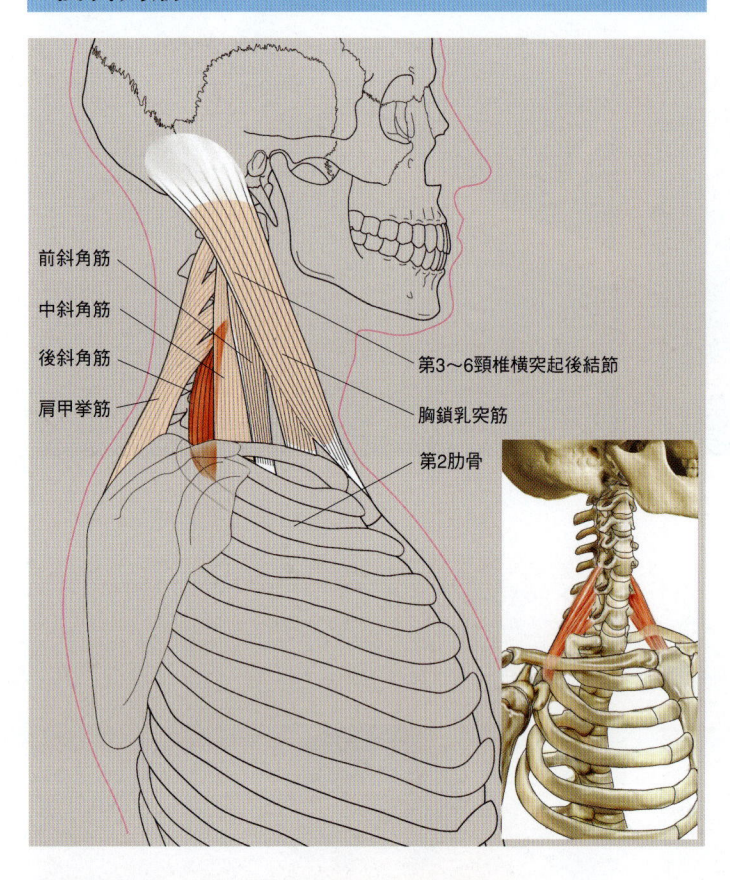

前斜角筋
中斜角筋
後斜角筋
肩甲挙筋
第3〜6頸椎横突起後結節
胸鎖乳突筋
第2肋骨

後斜角筋伸張法

- 開 始 肢 位：背臥位．頭部をベッドの端から出し，右肩を軽度挙上しておく．
- 自分の位置：頭部上方に立つ．左手で後頭部を下から支え，右手を側頭部に添える．
- 伸　張　法：左足を左斜め前方に踏み出し，大腿外側部で頸椎を軽度屈曲・左回旋・左側屈方向に押し込む．
- 備　　考：肩を挙上位にするのは，僧帽筋上部・肩甲挙筋の緊張を避けるためである．なお，頸椎の屈曲角度は僧帽筋下行部の伸張時よりも軽度である．

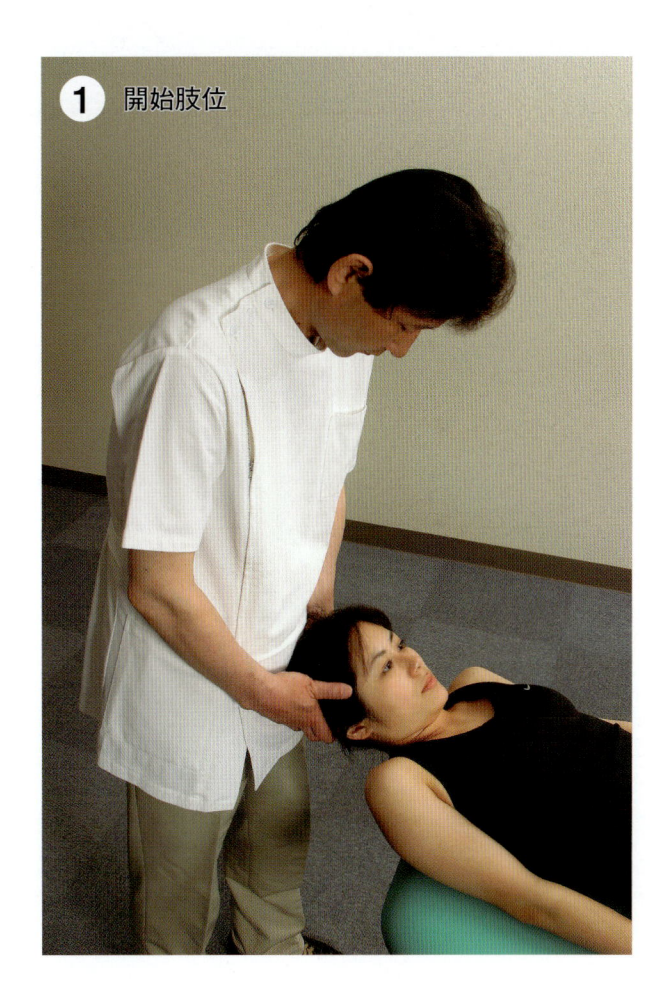

後斜角筋 m. scalenus posterior   99

① 開始肢位

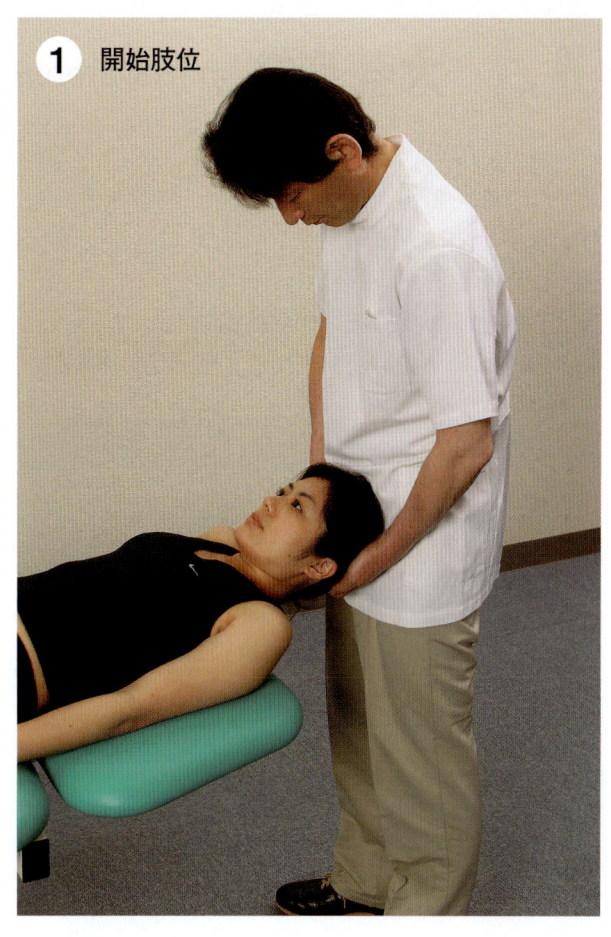

① 開始肢位

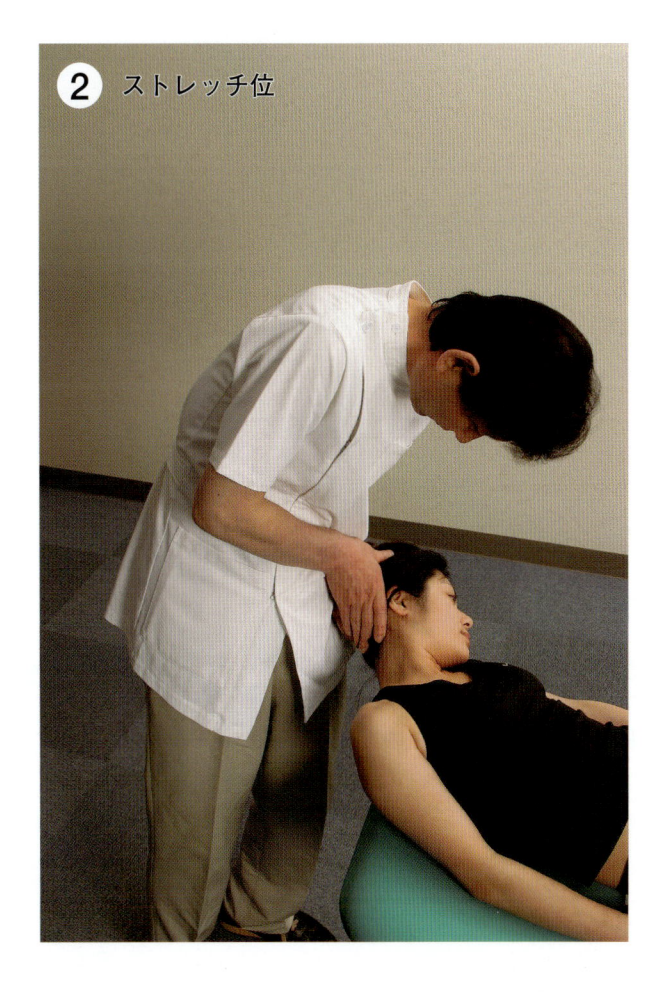

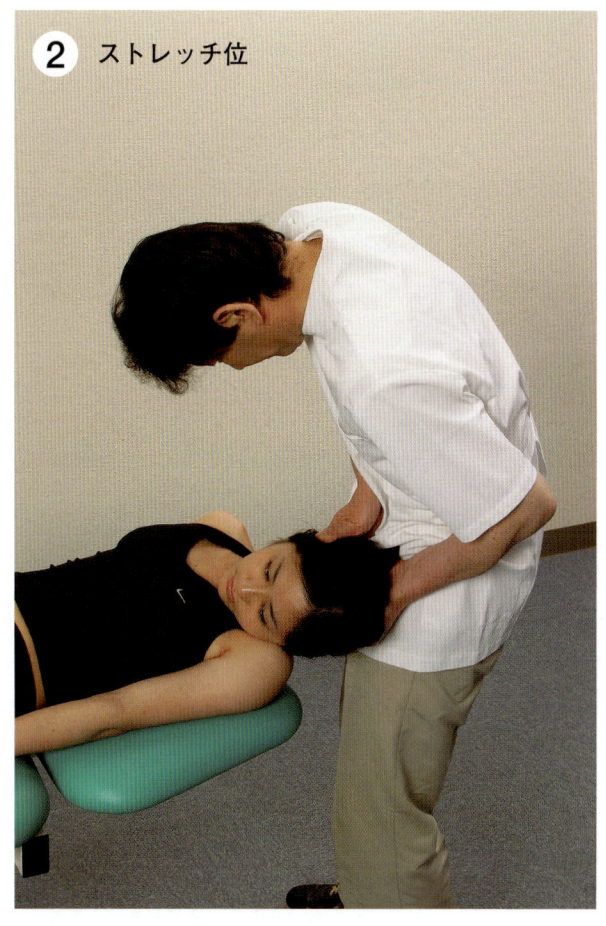

② ストレッチ位

① 開始肢位

14 大菱形筋 m. rhomboideus major　→　19 大菱形筋

- 起　　始：第1〜4胸椎の棘突起，棘間靱帯
- 停　　止：肩甲骨内側縁下部2/3
- 神 経 支 配：肩甲背神経 C4〜6
- 血 管 支 配：頸横動脈，後肋間動脈（上方）
- 筋 連 結：小菱形筋，大円筋，僧帽筋，前鋸筋

大菱形筋ランドマーク

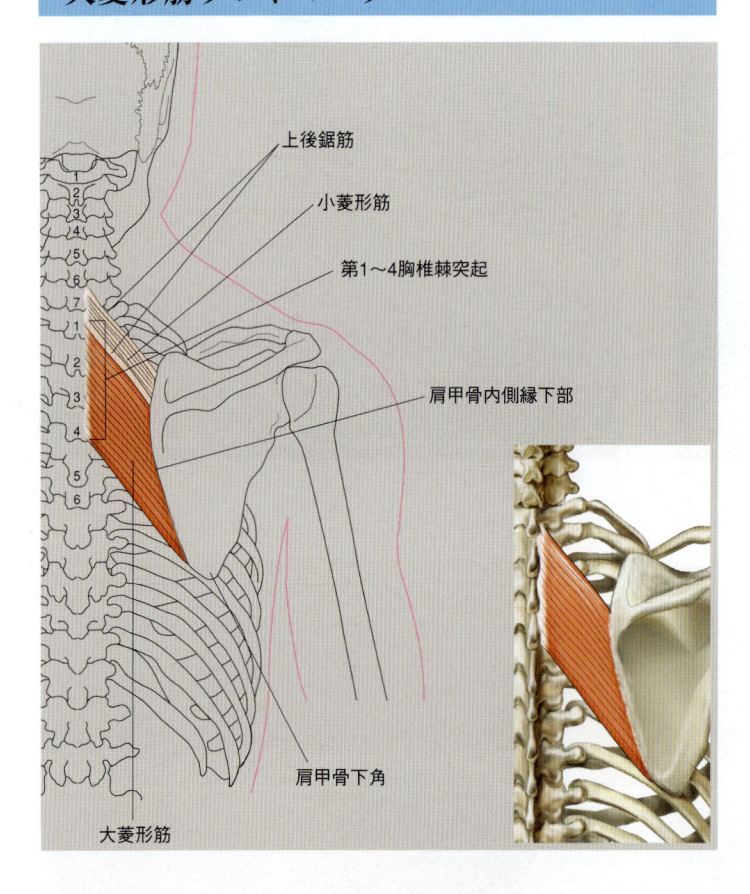

（図：上後鋸筋，小菱形筋，第1〜4胸椎棘突起，肩甲骨内側縁下部，肩甲骨下角，大菱形筋）

大菱形筋伸張法

- 開 始 肢 位：左側臥位．頸椎は伸転位．右肩関節は約120°屈曲位．右下肢は屈曲位とし，右膝をベッドに置く．
- 自分の位置：左側に立つ．左手で左肩甲骨内側縁を固定し，右手で右肩甲棘から肩関節を覆うように把持する．
- 伸　張　法：右肩甲骨を外転し，さらに上方回旋する．
- 備　　考：左肩甲骨が背部に突出する時は，左上肢を引っ張り，左肩甲骨外転位を維持する．なお，右肩関節を120°屈曲するのは，肩甲骨を上方回旋位に維持するためである．

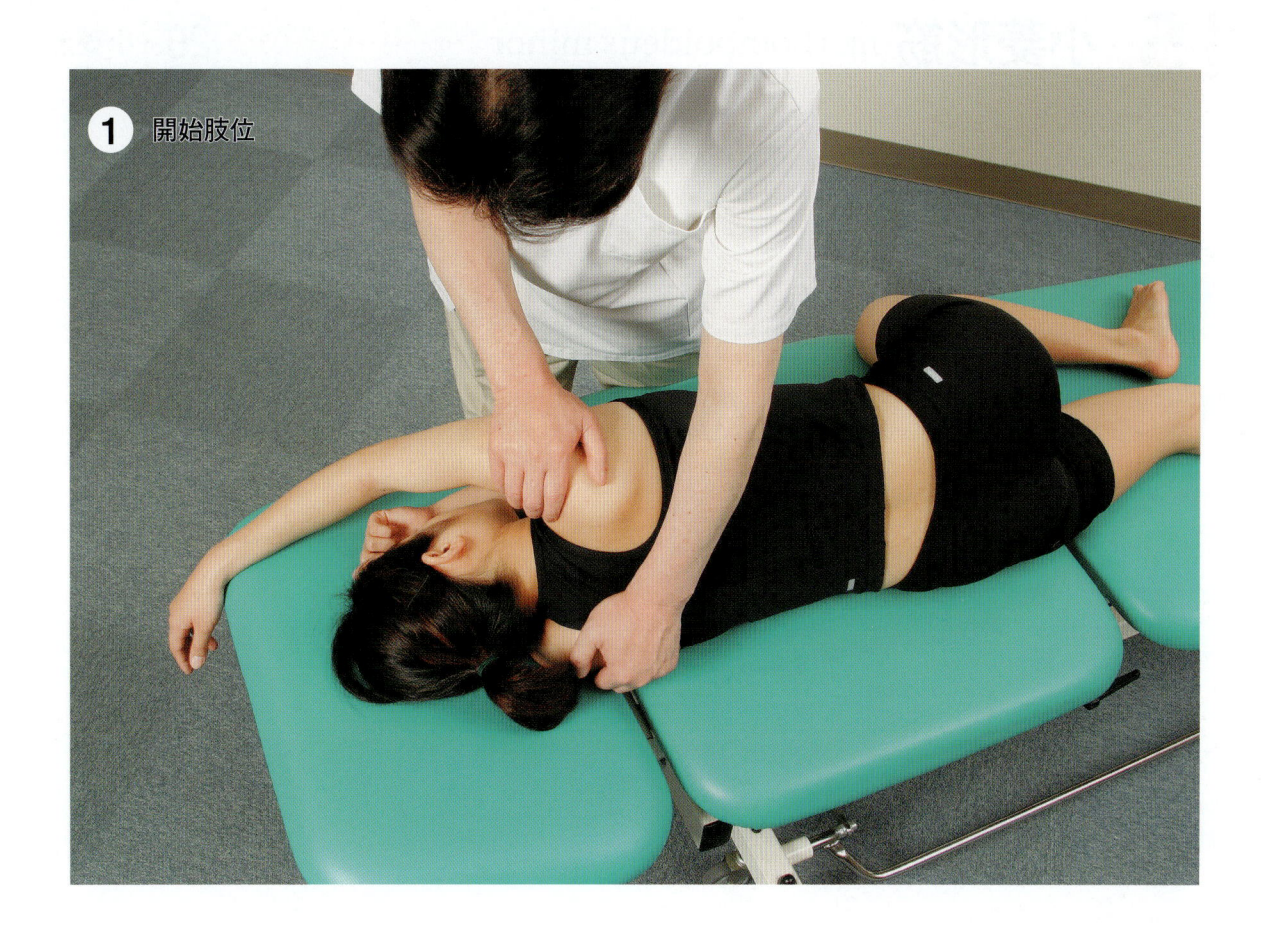

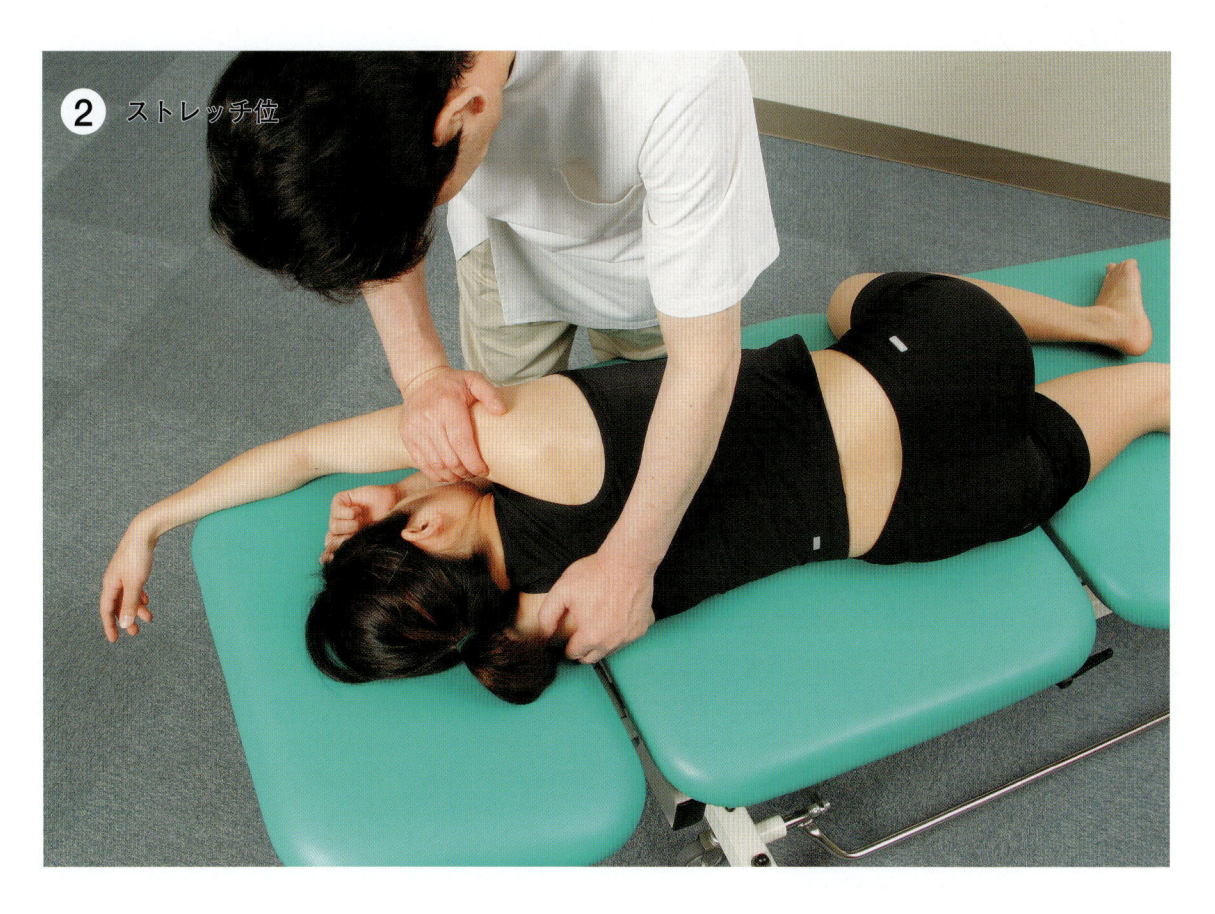

大菱形筋 m. rhomboideus major 101

① 開始肢位

② ストレッチ位

15 小菱形筋 m. rhomboideus minor　　20 小菱形筋

起　　始：最下2頸椎の棘突起・項靱帯
停　　止：肩甲骨内側縁上部1/3
神経支配：肩甲背神経C4〜6
血管支配：頸横動脈，後肋間動脈（上方）
筋連結：大菱形筋，大円筋，僧帽筋，上後鋸筋，前鋸筋

小菱形筋ランドマーク

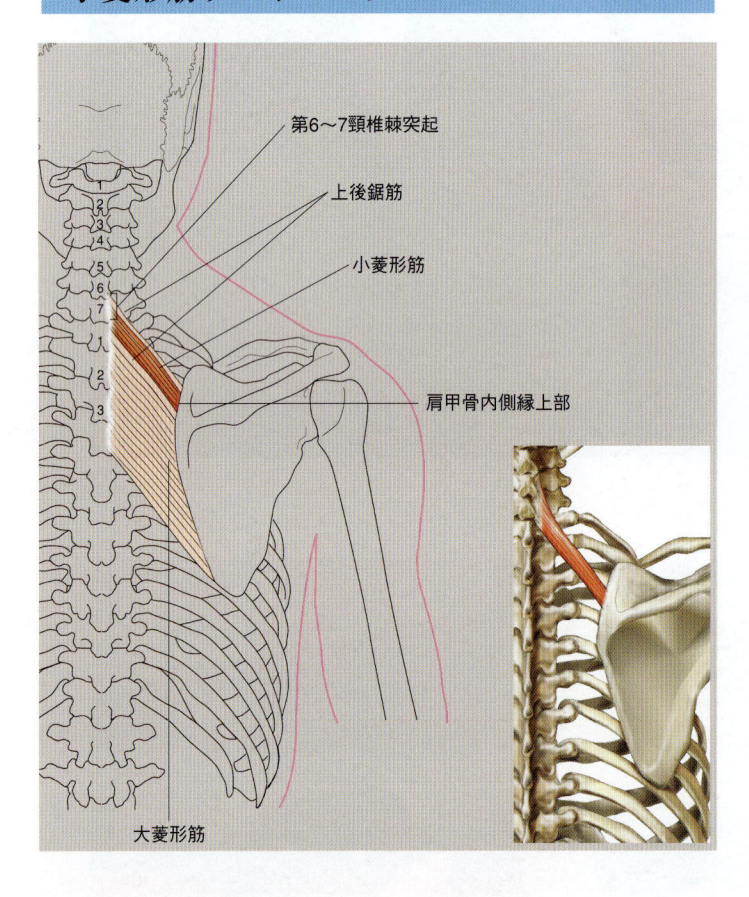

第6〜7頸椎棘突起
上後鋸筋
小菱形筋
肩甲骨内側縁上部
大菱形筋

小菱形筋伸張法

開始肢位：左側臥位．右肩関節は30°屈曲位．右下肢は屈曲位とし，右膝をベッドに置く．
自分の位置：頭部上方に立つ．右手で左肩甲骨内側縁を固定し，左手で右肩甲棘から肩関節を覆うように把持する．
伸　張　法：右肩甲骨を外転・下制する．
備　　考：左肩甲骨が背部に突出する時は，左上肢を引っ張り，左肩甲骨の外転位を維持する．

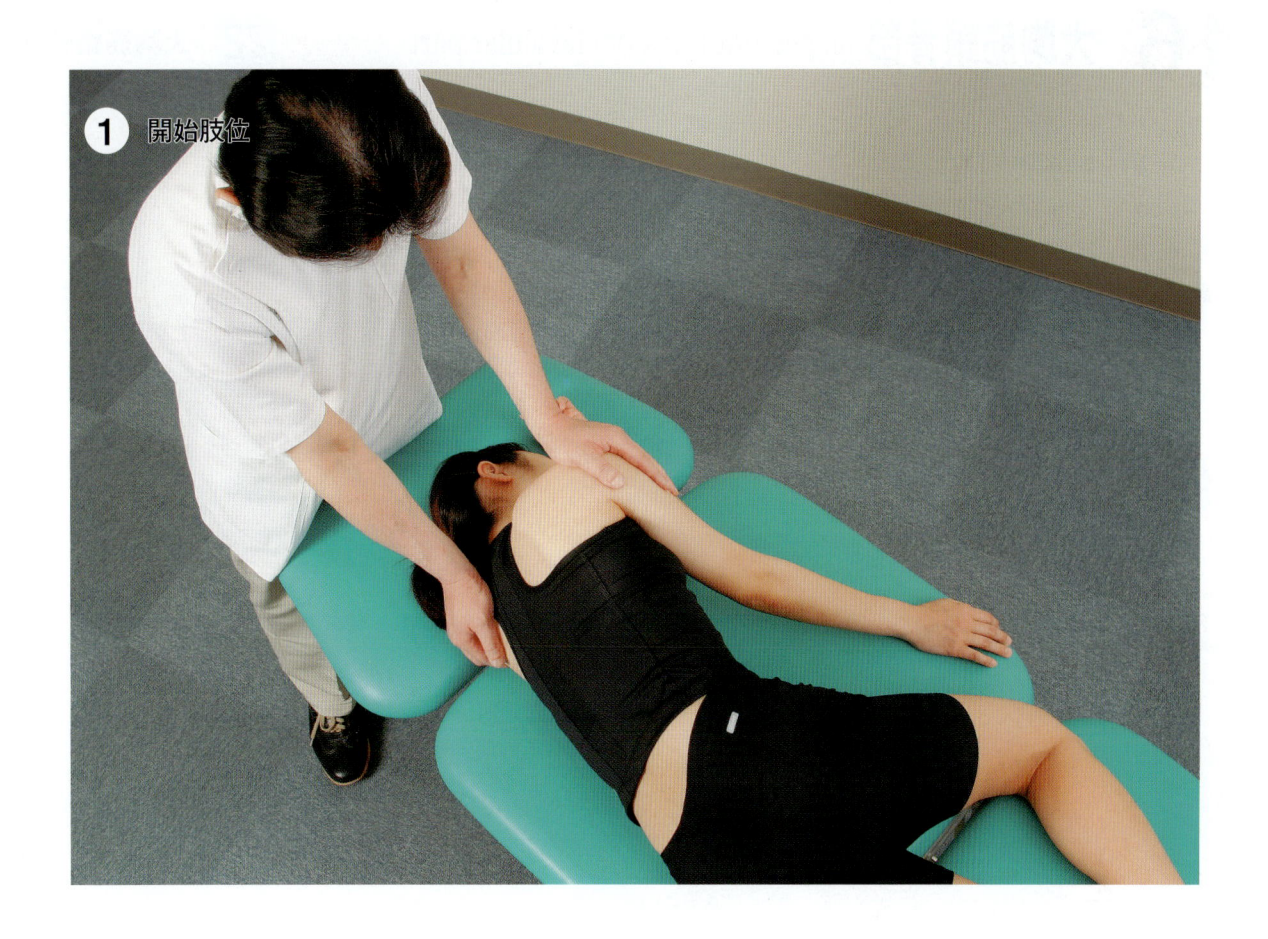

小菱形筋 m. rhomboideus minor 103

① 開始肢位

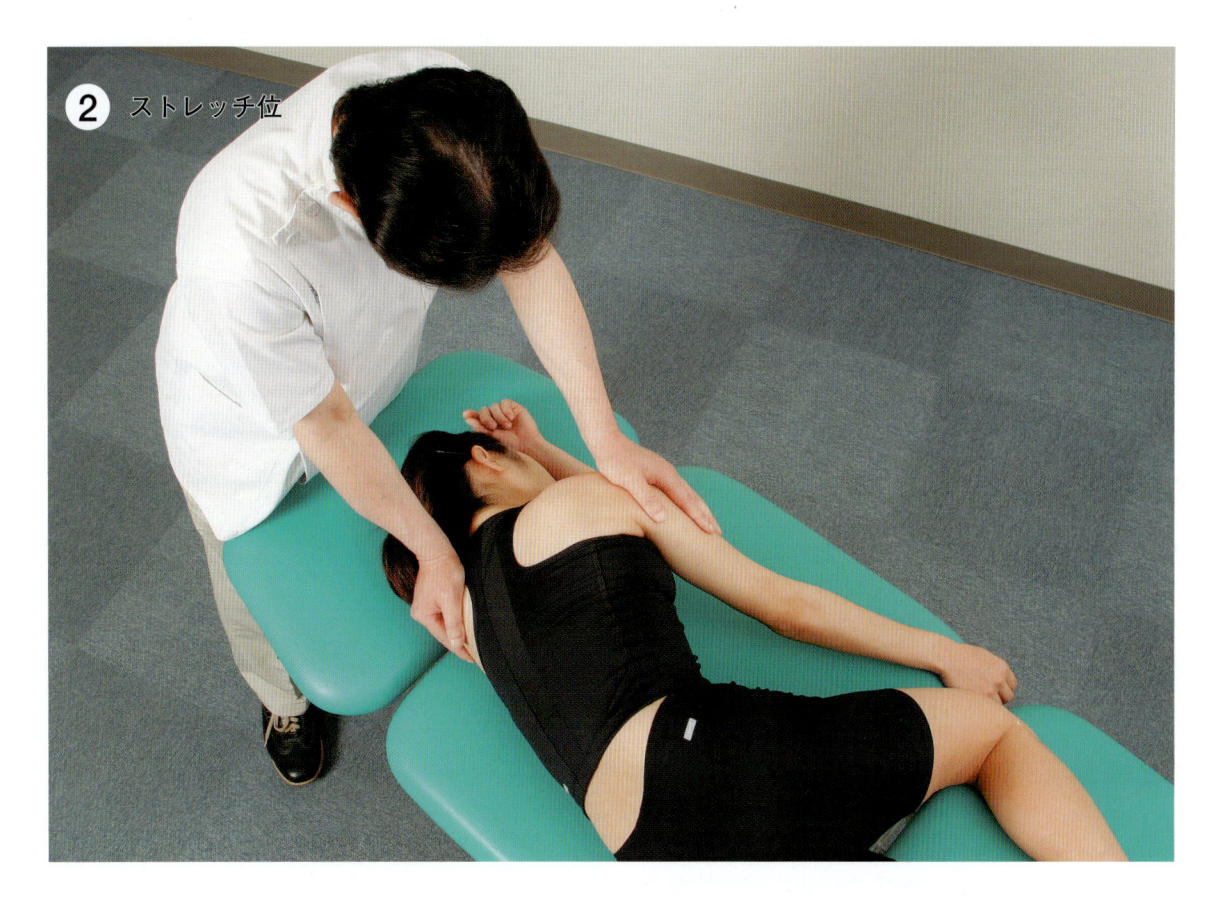

② ストレッチ位

16 大胸筋鎖骨部 m. pectoralis major clavicular part ……▶ 22 大胸筋鎖骨部

- 起　　始：鎖骨内側 1/2
- 停　　止：上腕骨大結節稜
- 神 経 支 配：内側・外側胸筋神経 C5〜Th1
- 血 管 支 配：胸肩峰動脈，最上胸動脈，外側胸動脈，前上腕回旋動脈，内胸動脈
- 筋 連 結：大胸筋胸肋部，大胸筋腹部，広頚筋，広背筋，三角筋，上腕二頭筋，小胸筋，上腕三頭筋，腹直筋，対側大胸筋鎖骨部，胸鎖乳突筋，（肩関節包を介して）小胸筋，棘上筋，棘下筋，小円筋，肩甲下筋，上腕二頭筋，上腕三頭筋

大胸筋鎖骨部ランドマーク

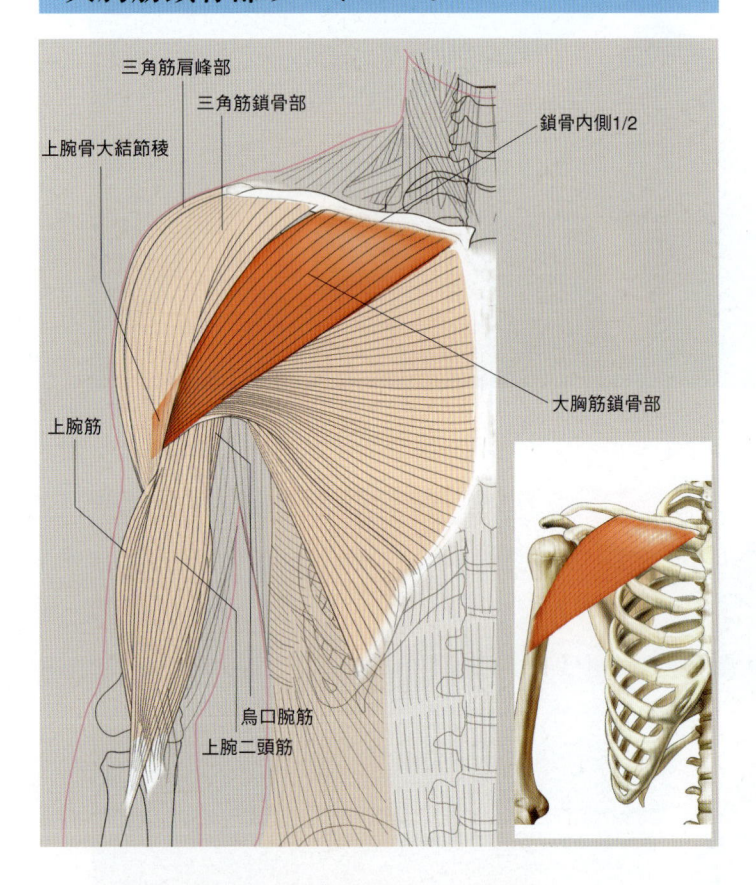

大胸筋鎖骨部伸張法（背臥位）

- 開 始 肢 位：背臥位．右肩関節をベッドの端から出す．肩関節は約 60°外転・70°外旋位．肘関節は 90°屈曲位．
- 自分の位置：右側に立つ．右手で右肘関節部を，左手で右手関節部をそれぞれ後方から把持する．
- 伸　張　法：自分の膝を曲げながら，前腕を床に平行に上肢全体を押し下げる．

大胸筋鎖骨部伸張法（端座位）

- 開 始 肢 位：端座位．両肩関節は約 60°屈曲・約 60°外転位，約 70°外旋位．肘関節は約 90°屈曲位．
- 自分の位置：後方に立つ．両手で両側前腕遠位部を把持する．
- 伸　張　法：両肩関節を伸展・内転する．

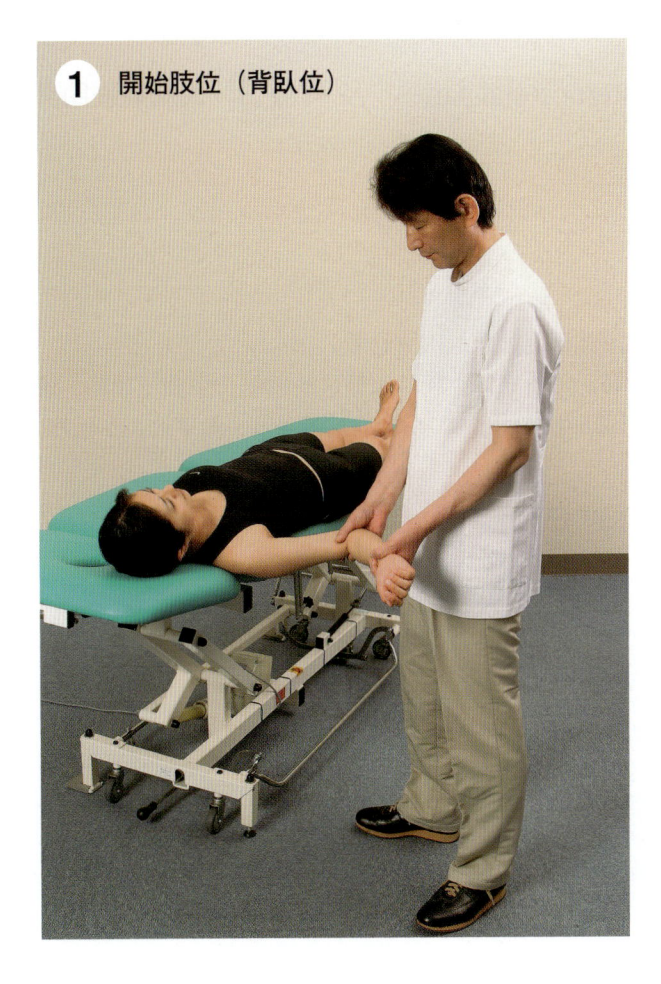

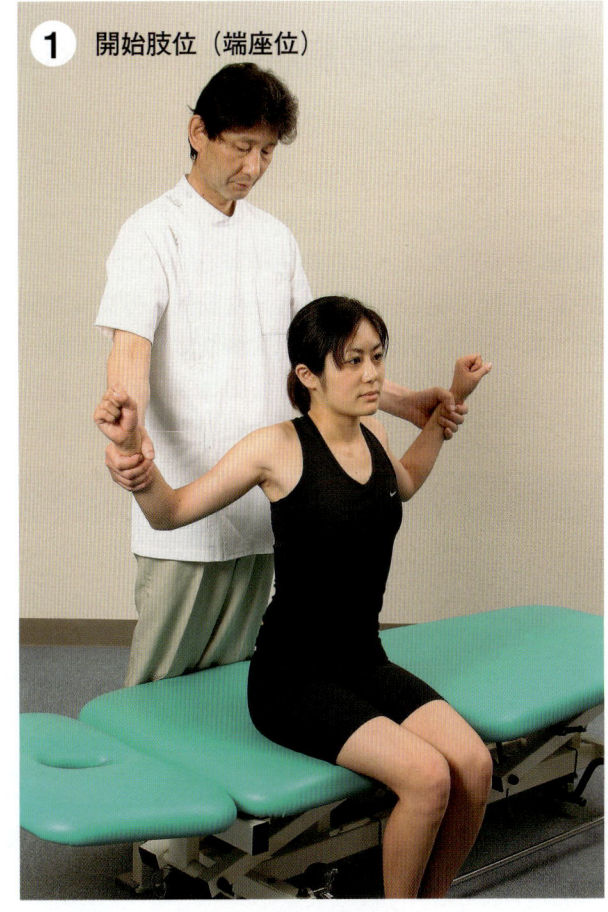

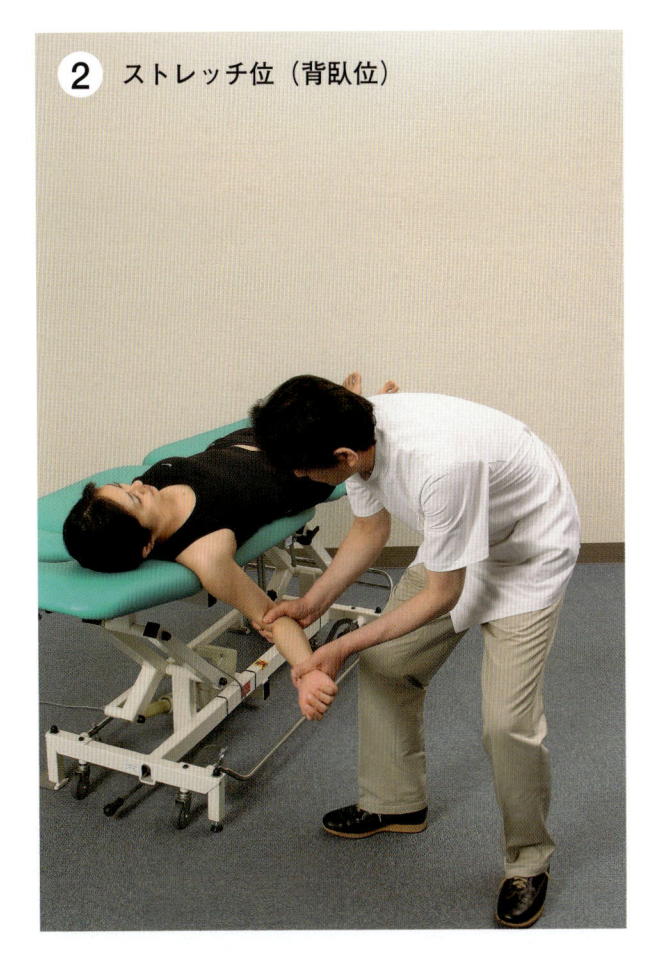

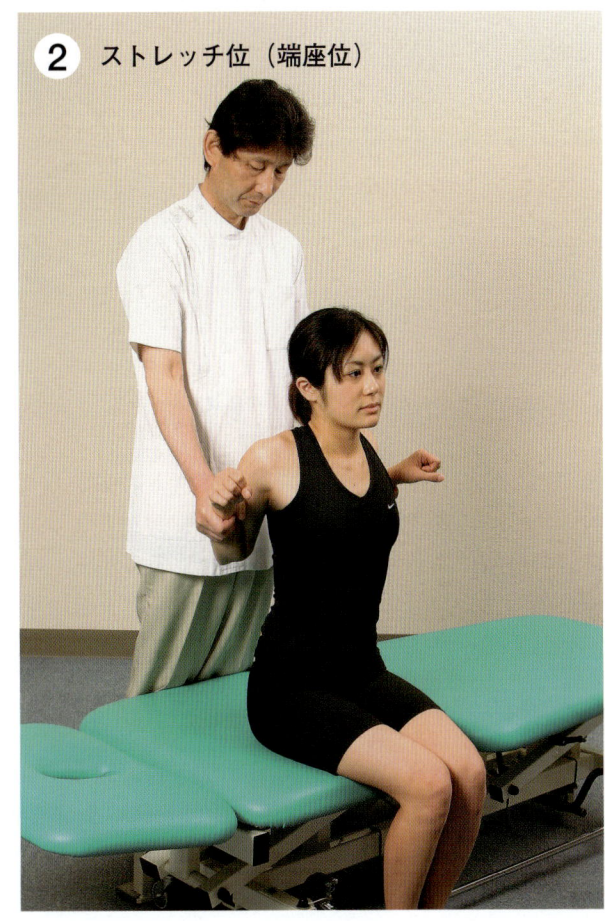

大胸筋鎖骨部 m. pectoralis major clavicular part　105

① 開始肢位（背臥位）

① 開始肢位（端座位）

② ストレッチ位（背臥位）

② ストレッチ位（端座位）

17 大胸筋胸肋部 m. pectoralis major sternocostal part ········▶ 23 大胸筋胸肋部

起　　　始	胸骨および第2〜7肋軟骨前面
停　　　止	上腕骨大結節稜
神 経 支 配	内側・外側胸筋神経C5〜Th1
血 管 支 配	胸肩峰動脈，最上胸動脈，外側胸動脈，前上腕回旋動脈，内胸動脈
筋 　連　 結	大胸筋鎖骨部，大胸筋腹部，広頸筋，広背筋，三角筋，上腕二頭筋，小胸筋，上腕三頭筋，腹直筋，対側大胸筋胸肋部，胸鎖乳突筋，(肩関節包を介して)小胸筋，棘上筋，棘下筋，小円筋，肩甲下筋，上腕二頭筋，上腕三頭筋

大胸筋胸肋部ランドマーク

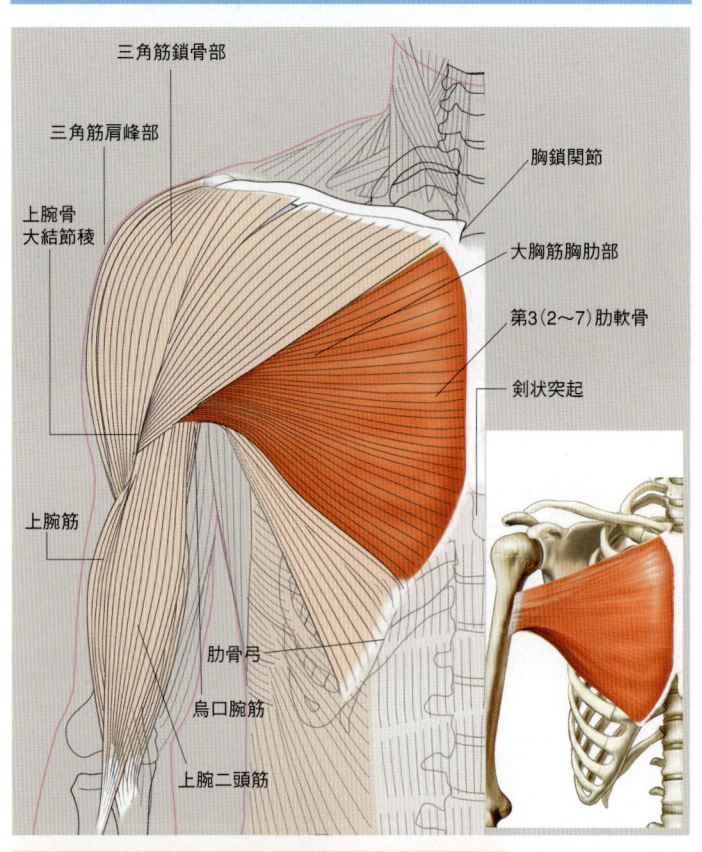

（図：三角筋鎖骨部，三角筋肩峰部，上腕骨大結節稜，上腕筋，肋骨弓，烏口腕筋，上腕二頭筋，胸鎖関節，大胸筋胸肋部，第3(2〜7)肋軟骨，剣状突起）

大胸筋胸肋部伸張法（背臥位）

開 始 肢 位：背臥位．右肩関節をベッドの端から出す．肩関節は60°〜120°外転・約70°外旋位．肘関節は約70°屈曲位．
自分の位置：右側に立つ．右手で右肘関節部を，左手で右手関節部をそれぞれ後方から把持する．
伸　張　法：自分の膝を曲げながら，前腕を床に平行に上肢全体を押し下げる．

大胸筋胸肋部伸張法（端座位）

開 始 肢 位：端座位．両肩関節は60〜120°屈曲・60〜120°外転・約70°外旋位．肘関節は約70°屈曲位．
自分の位置：後方に立つ．両手で両側前腕中央部を把持する．右足を右殿部に置き，下腿を脊柱背面にあて，相手の体幹を固定する．
伸　張　法：両肩関節を水平外転・外旋する．

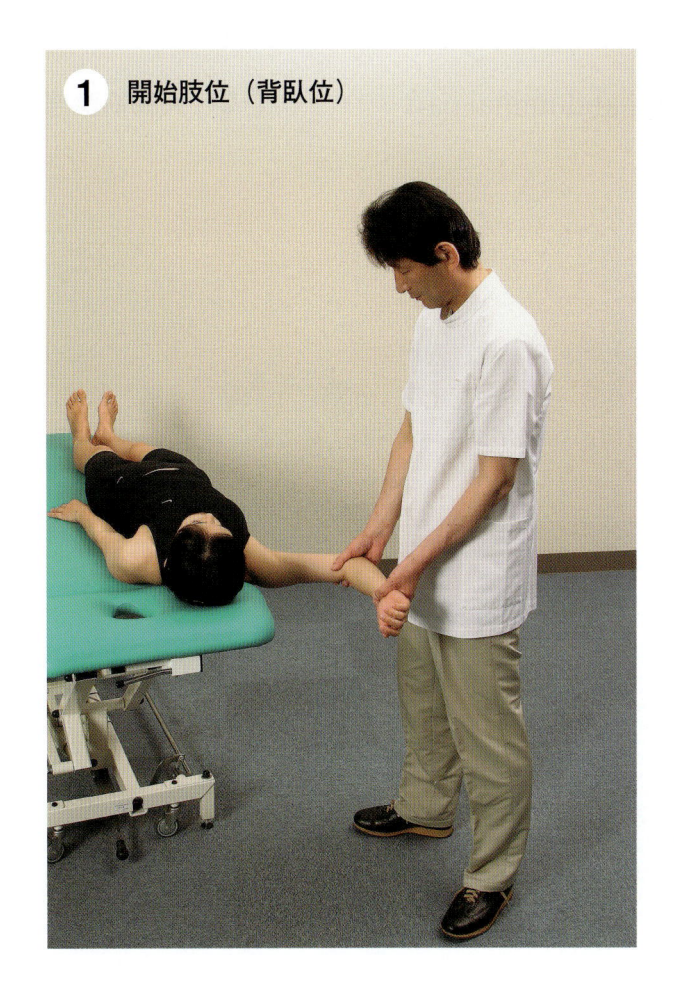

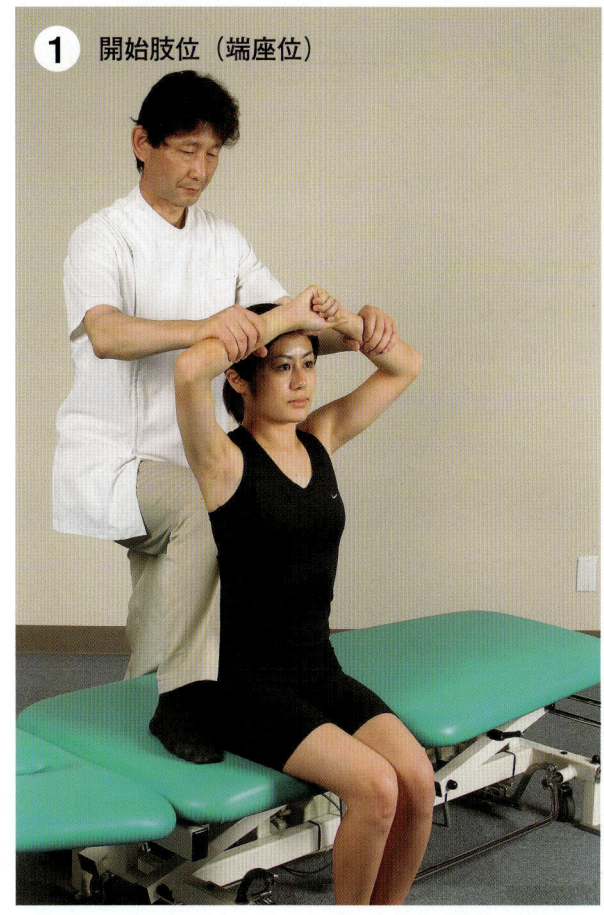

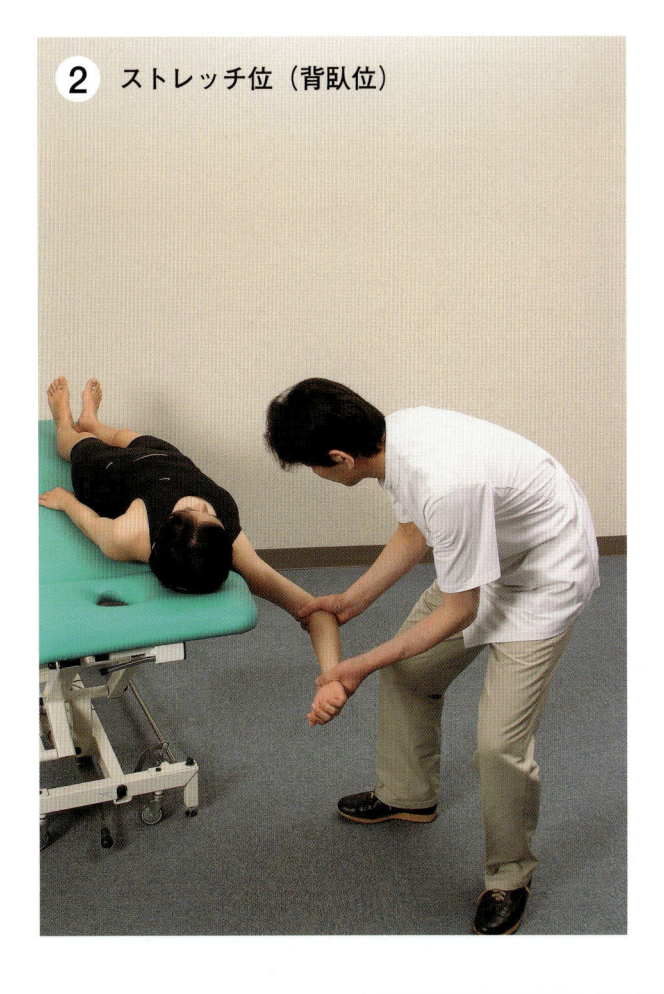

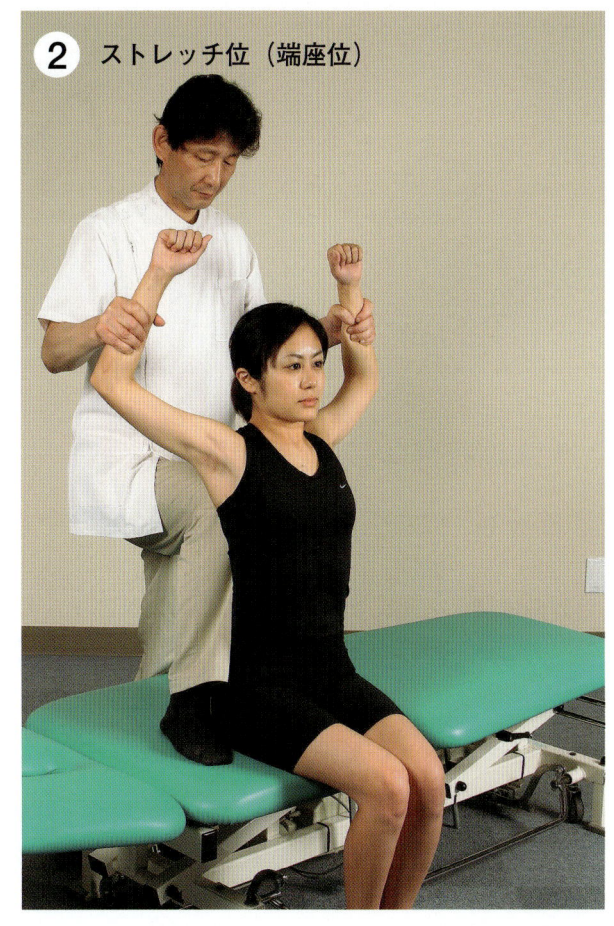

大胸筋胸肋部 m. pectoralis major sternocostal part 107

1 開始肢位（背臥位）

1 開始肢位（端座位）

2 ストレッチ位（背臥位）

2 ストレッチ位（端座位）

18 大胸筋腹部 m. pectoralis major abdominal part ▸ 24 大胸筋腹部

- 起　　始：腹直筋鞘前葉
- 停　　止：上腕骨大結節稜
- 神 経 支 配：内側・外側胸筋神経 C5〜Th1
- 血 管 支 配：胸肩峰動脈，最上胸動脈，外側胸動脈，前上腕回旋動脈，内胸動脈
- 筋 連 結：大胸筋鎖骨部，大胸筋胸肋部，広頸筋，広背筋，三角筋，上腕二頭筋，小胸筋，上腕三頭筋，腹直筋，対側大胸筋腹部，胸鎖乳突筋，（肩関節包を介して）小胸筋，棘上筋，棘下筋，小円筋，肩甲下筋，上腕二頭筋，上腕三頭筋

大胸筋腹部ランドマーク

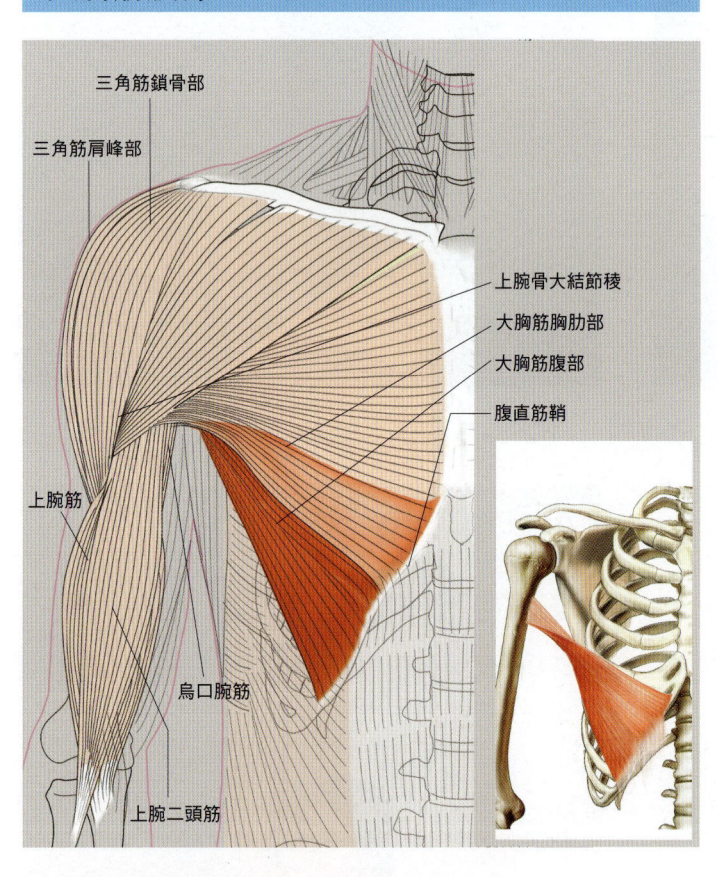

大胸筋腹部伸張法（背臥位）

- 開 始 肢 位：背臥位．右肩関節をベッドの端から出す．肩関節は 120°外転・70°外旋位．肘関節は約 50°屈曲位．
- 自分の位置：右側に立つ．右手で右肘関節部を，左手で右手関節部をそれぞれ後方から把持する．
- 伸　張　法：自分の膝を曲げながら，前腕を床に平行に上肢全体を押し下げる．

大胸筋腹部伸張法（端座位）

- 開 始 肢 位：端座位．両肩関節は約 120°屈曲・外転・70°外旋位．肘関節は約 50°屈曲位．
- 自分の位置：後方に立つ．両手で相手の両側前腕近位部を把持する．右足を右殿部に置き，下腿を脊柱背面にあて，相手の体幹を固定する．
- 伸　張　法：両肩関節を水平外転・外旋する．

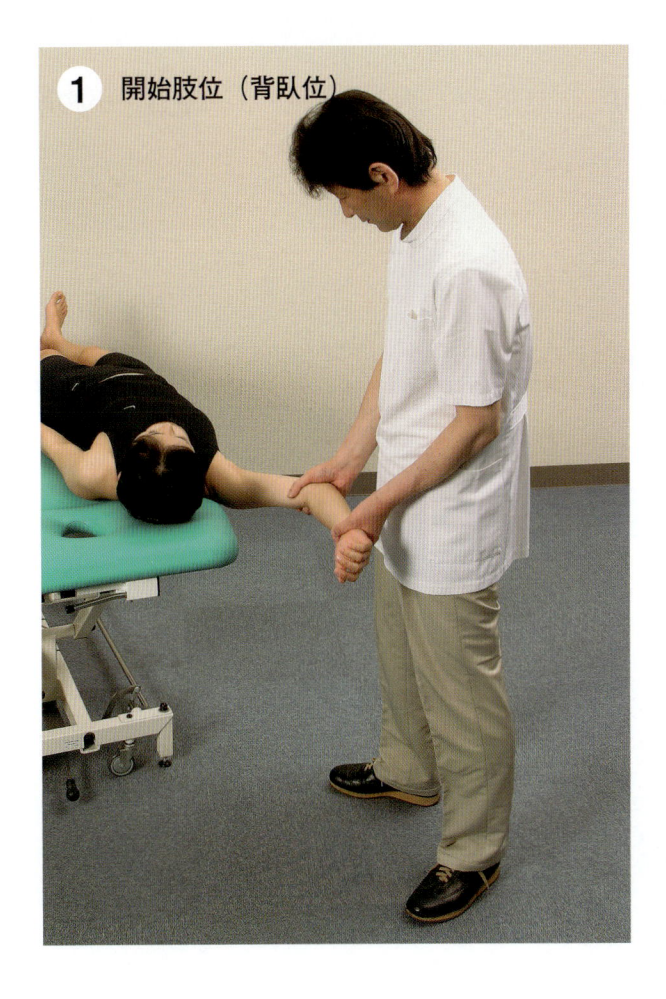

大胸筋腹部 m. pectoralis major abdominal part 109

① 開始肢位（背臥位）

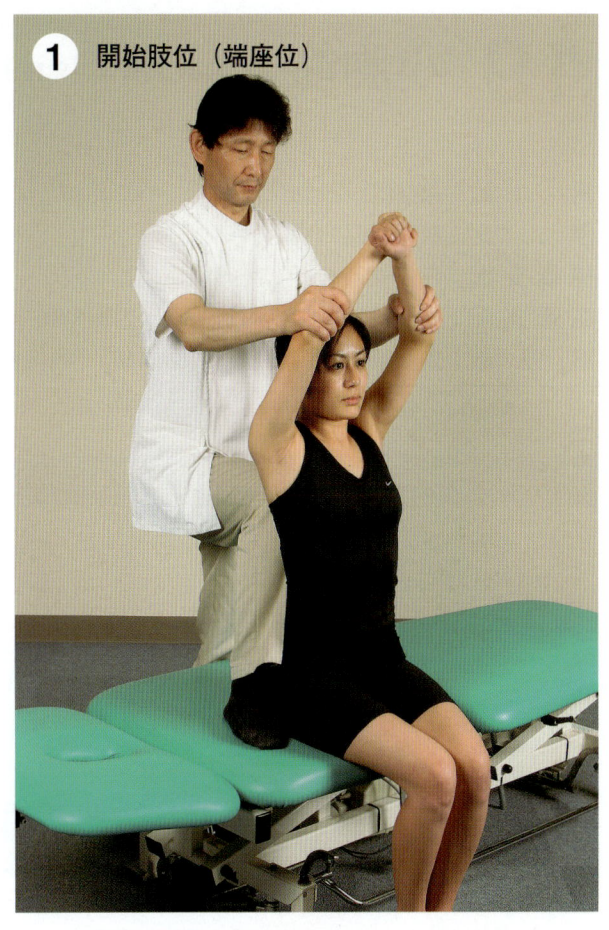

① 開始肢位（端座位）

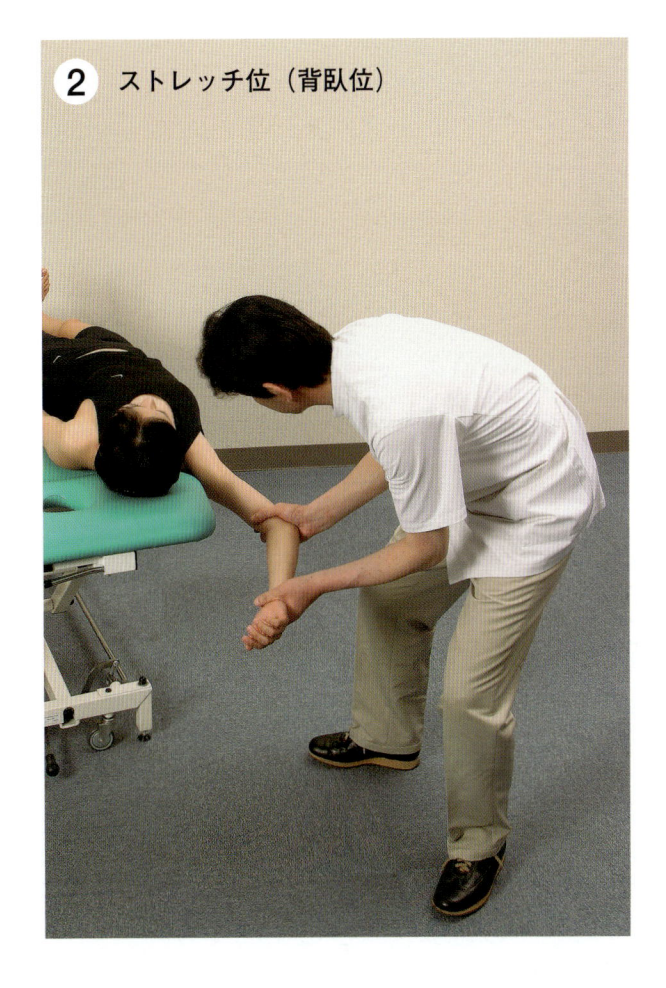

② ストレッチ位（背臥位）

② ストレッチ位（端座位）

19 小胸筋 m. pectoraris minor　　▶ 25 小胸筋

起　　　始：第2(3)〜5肋骨前面
停　　　止：肩甲骨烏口突起
神 経 支 配：内側胸筋神経 C7〜8
血 管 支 配：胸肩峰動脈，外側胸動脈，内胸動脈
筋 連 結：大胸筋，烏口腕筋，内肋間筋，(肩関節包を介して)大胸筋，棘上筋，棘下筋，小円筋，肩甲下筋，上腕二頭筋，上腕三頭筋

小胸筋ランドマーク

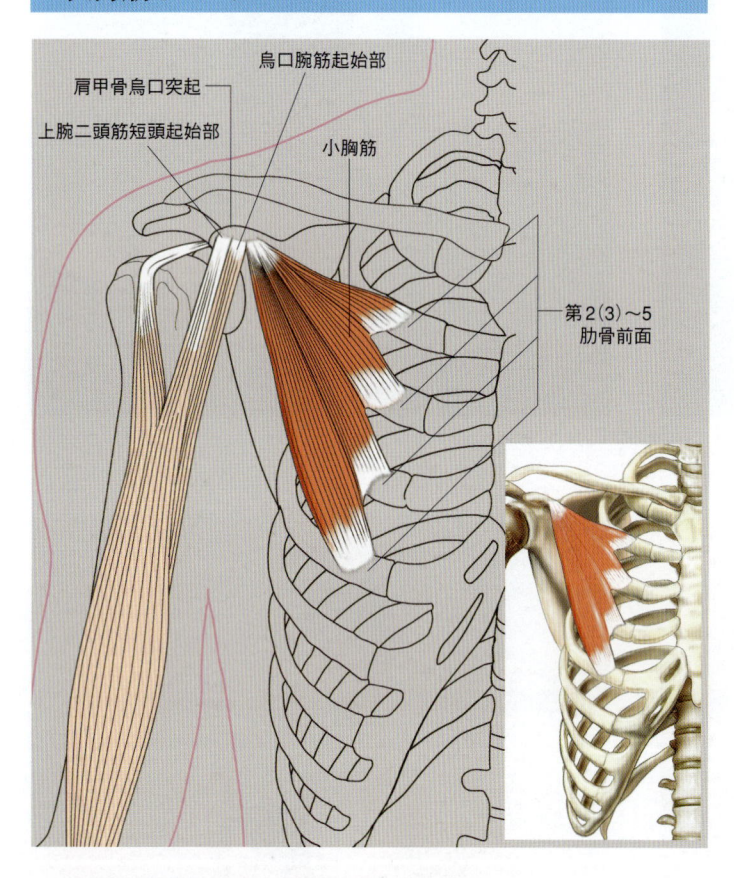

（図：肩甲骨烏口突起，烏口腕筋起始部，上腕二頭筋短頭起始部，小胸筋，第2(3)〜5肋骨前面）

小胸筋伸張法

開 始 肢 位：背臥位．右肩甲骨をベッド端から出す．肩関節は，約45°屈曲・内転位．肘関節は最大屈曲位．
自分の位置：右側に立つ．頭側に向いて，右足を前に出し，自分の腰部で相手の体幹を固定する．右手で肘頭部を把持しながら自分の胸郭全部で固定し，左手で右肩甲骨を把持する．
伸　張　法：肩関節は内転位を維持しながら，肘頭部を筋線維と平行に，斜め下方向に体重を利用して押し込む．
備　　　考：伸張時，左手で肩甲骨内側縁が後方に突出してくることを確認する．

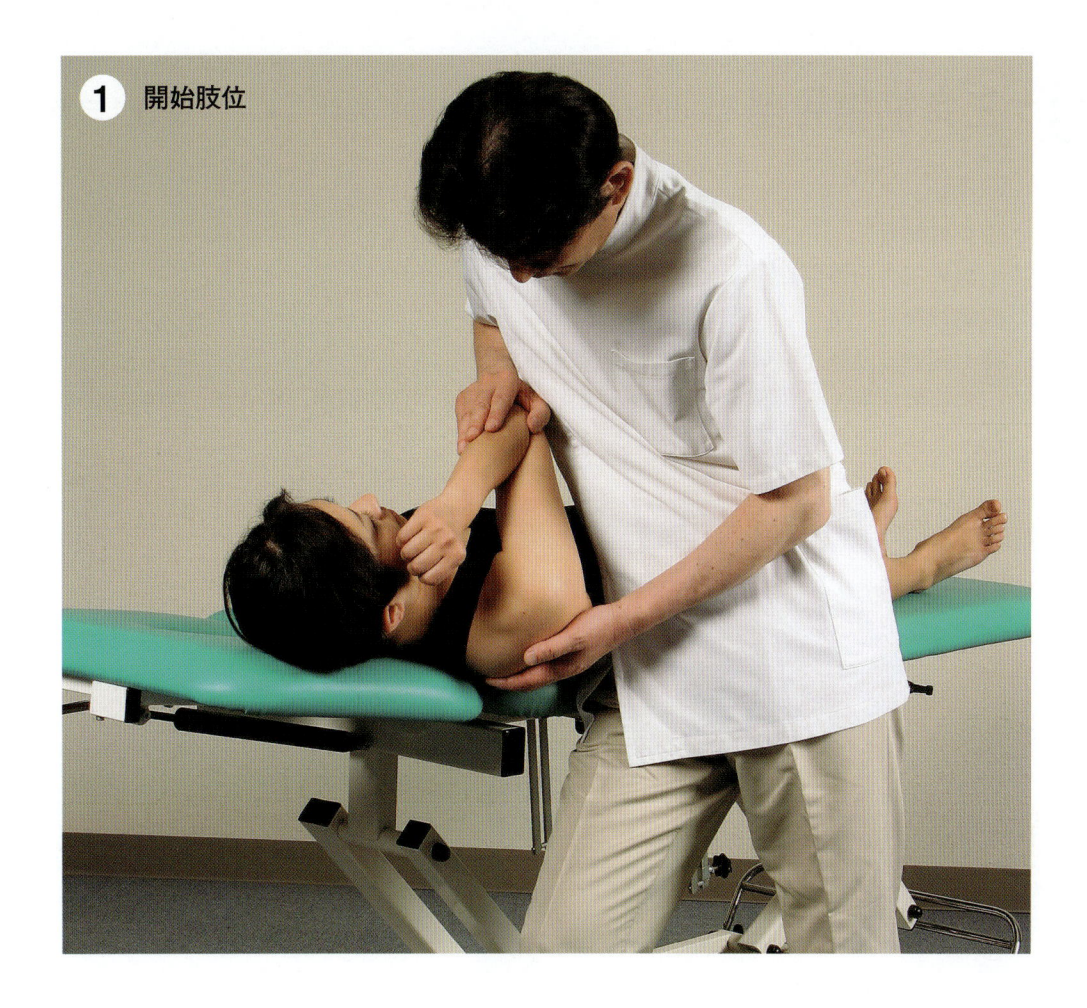

小胸筋 m. pectoraris minor 111

1 開始肢位

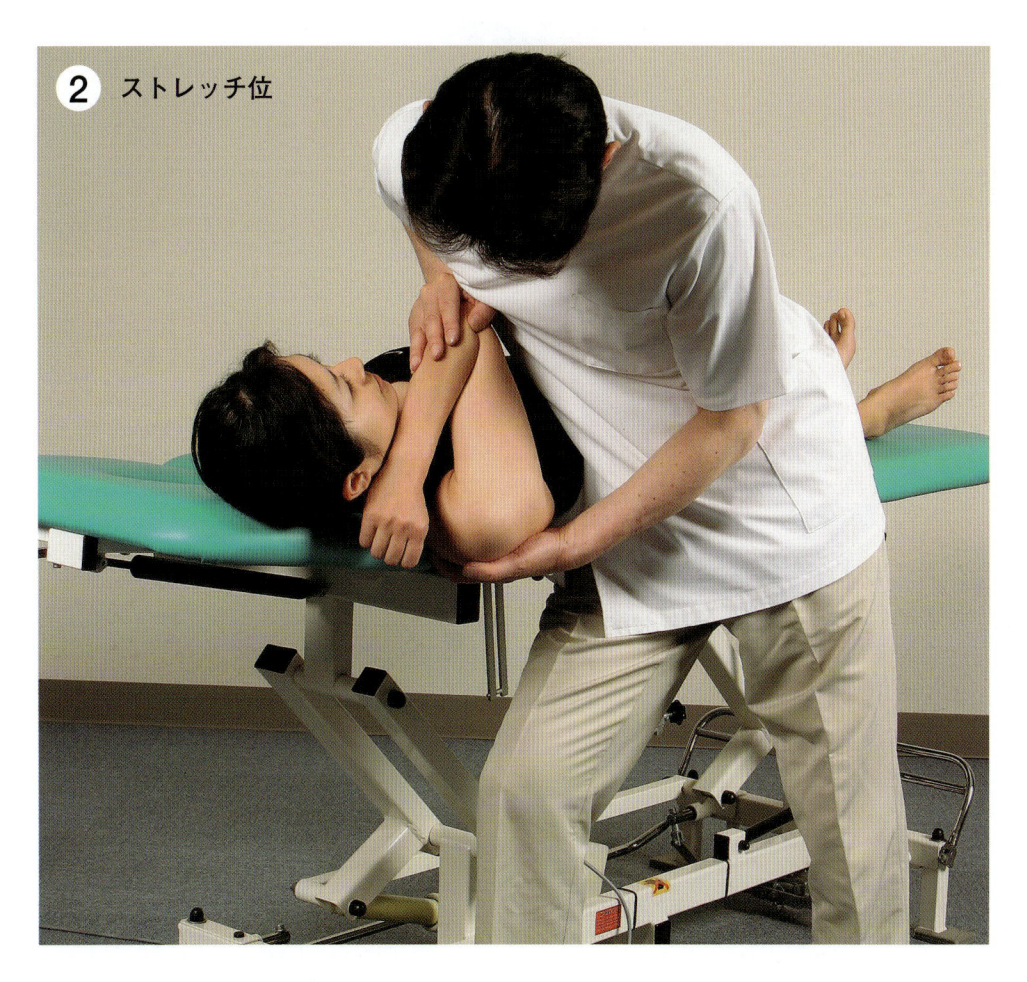

2 ストレッチ位

20 三角筋鎖骨部 m. deltoideus clavicular part ▸ 26 三角筋鎖骨部

起　　　始：鎖骨外側端
停　　　止：上腕骨三角筋粗面
神 経 支 配：腋窩神経 C4〜6
血 管 支 配：後上腕回旋動脈，胸肩峰動脈，上腕深動脈
筋 　連 　結：三角筋肩峰部，三角筋肩甲棘部，僧帽筋，大胸筋，烏口腕筋，広背筋，上腕筋，広頸筋，棘下筋，上腕三頭筋外側頭

三角筋鎖骨部ランドマーク

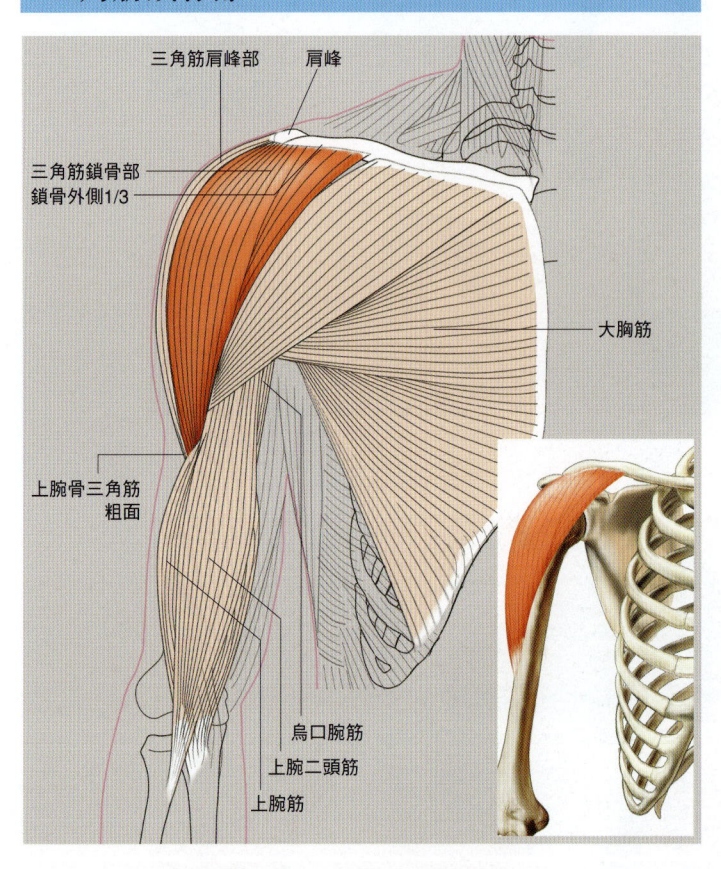

三角筋鎖骨部伸張法

開 始 肢 位：腹臥位．手掌をベッドに向け，上肢を体幹に沿わせる．
自分の位置：左側に立つ．右手で肘関節部を把持し，左手で右胸郭背面部を固定する．
伸　張　法：肘関節を胸郭に沿って動かし，肩関節を伸展・内転する．
備　　　考：肘を対側肩方向に引き寄せる．穴あきベッドがない場合は，頸椎は右回旋位とする．なお，左手で肩甲骨を固定しないよう留意する．

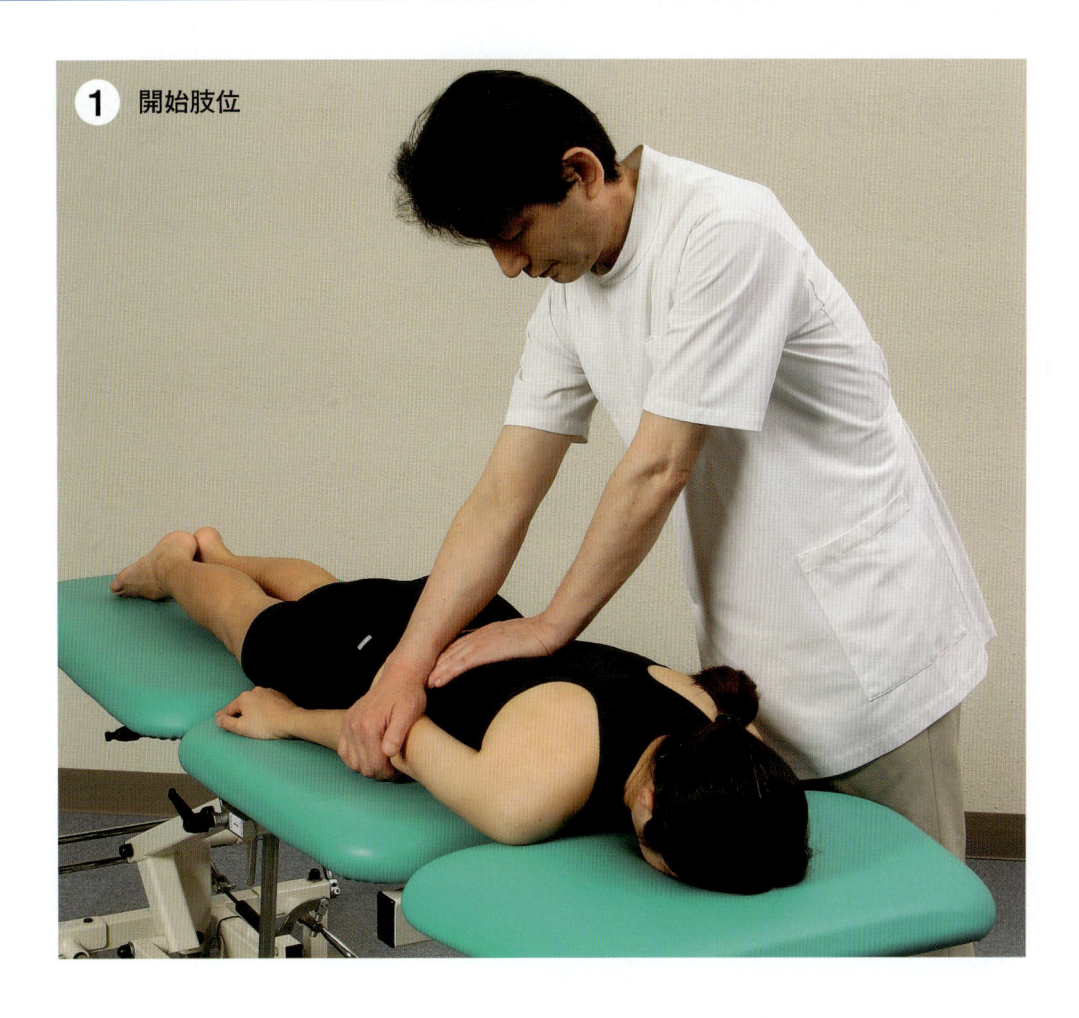

三角筋鎖骨部 m. deltoideus clavicular part 113

1 開始肢位

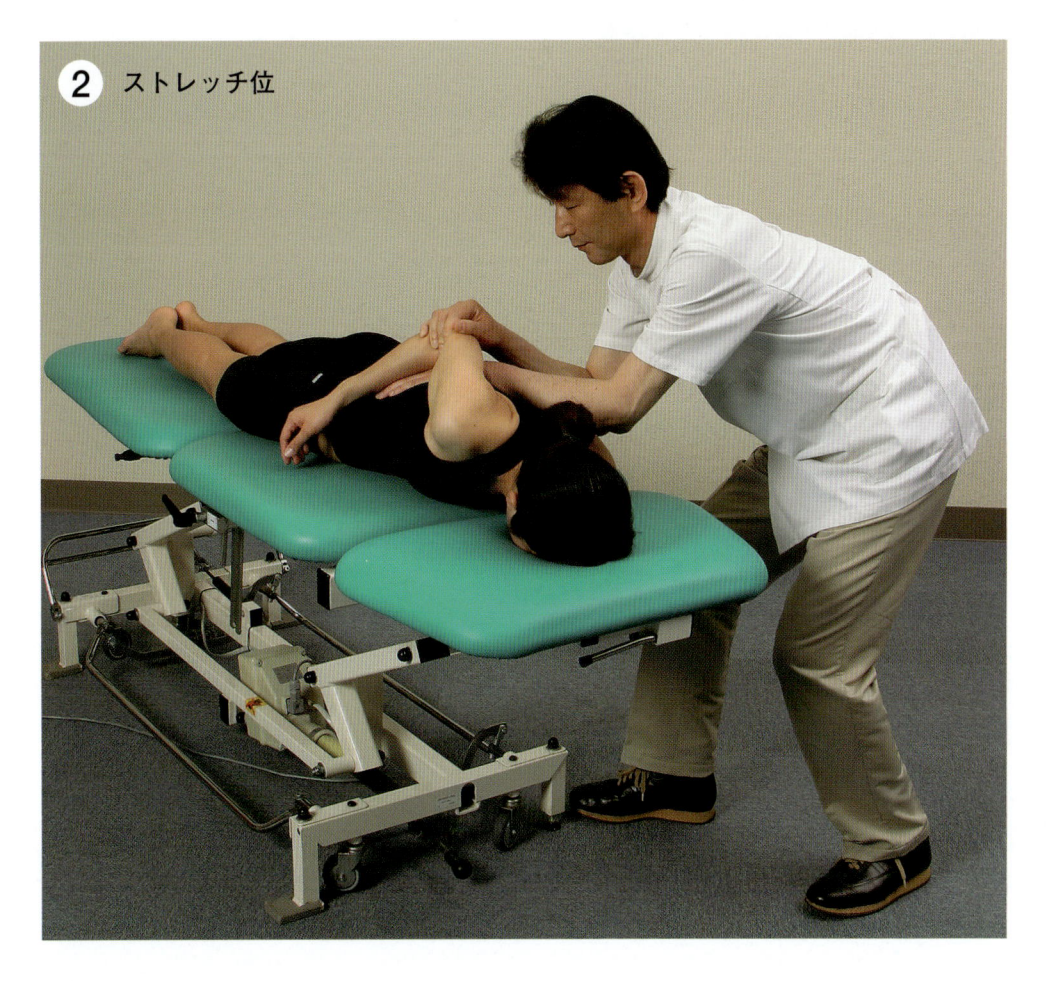

2 ストレッチ位

21 三角筋肩峰部 m. deltoideus acromial part ⋯⋯▶ 27 三角筋肩峰部

起　　始：肩峰
停　　止：上腕骨三角筋粗面
神 経 支 配：腋窩神経 C4〜6
血 管 支 配：後上腕回旋動脈，胸肩峰動脈，上腕深動脈
筋 連 結：三角筋鎖骨部，三角筋肩甲棘部，僧帽筋，棘下筋，大胸筋，烏口腕筋，広背筋，上腕筋，広頸筋，上腕三頭筋外側頭

三角筋肩峰部ランドマーク

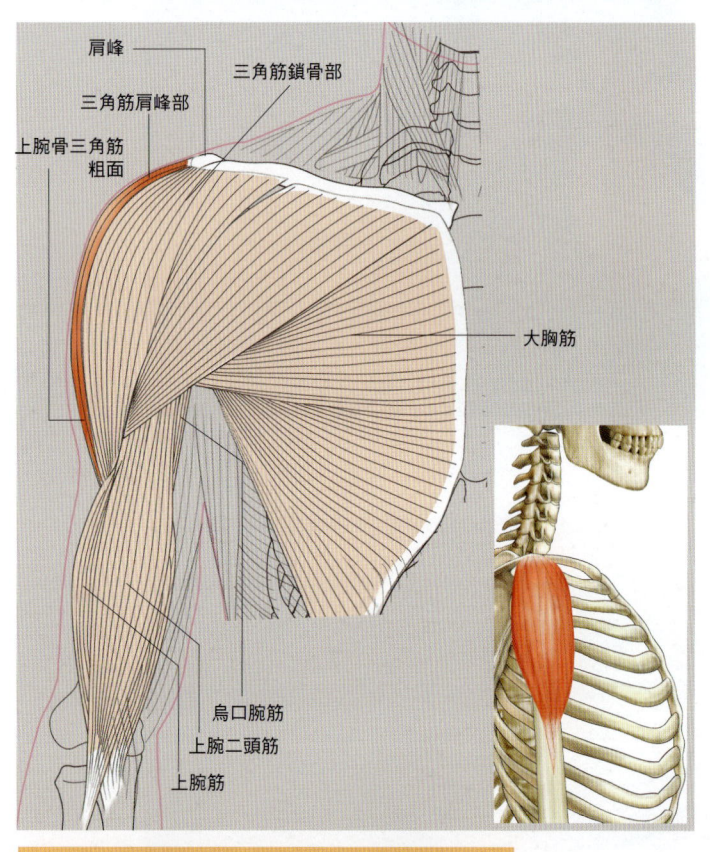

三角筋肩峰部伸張法（前部線維）

開 始 肢 位：腹臥位．手掌をベッドに向け，上肢を体幹に沿わせる．
自分の位置：左側に立つ．右手で肘関節部を，左手で胸郭を固定する．
伸　張　法：肘関節を胸郭に沿って動かし，肘を対側殿部方向に引き寄せるように肩関節の伸展・内転を強める．
備　　考：穴あきベッドがない場合は，頸椎は右回旋位とする．なお，左手で肩甲骨を固定しないよう留意する．

三角筋肩峰部伸張法（後部線維）

開 始 肢 位：背臥位．肩関節は軽度屈曲・内転・内旋位．肘関節は軽度屈曲位．
自分の位置：左側に立つ．右手で右肘関節部を，左手で手関節部を把持する．
伸　張　法：右肩関節を軽く牽引した後，自分の膝を屈曲させながら肩関節の内転を強める．
備　　考：伸張時，感覚的には上肢全体を引っ張り下ろす感じである．

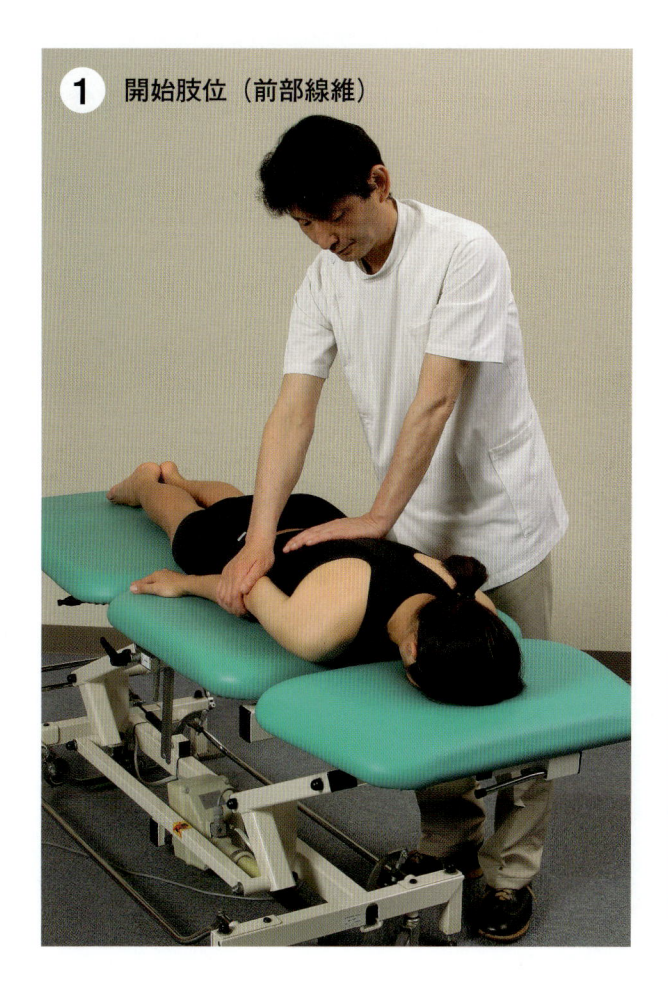

三角筋肩峰部 m. deltoideus acromial part　115

① 開始肢位（前部線維）

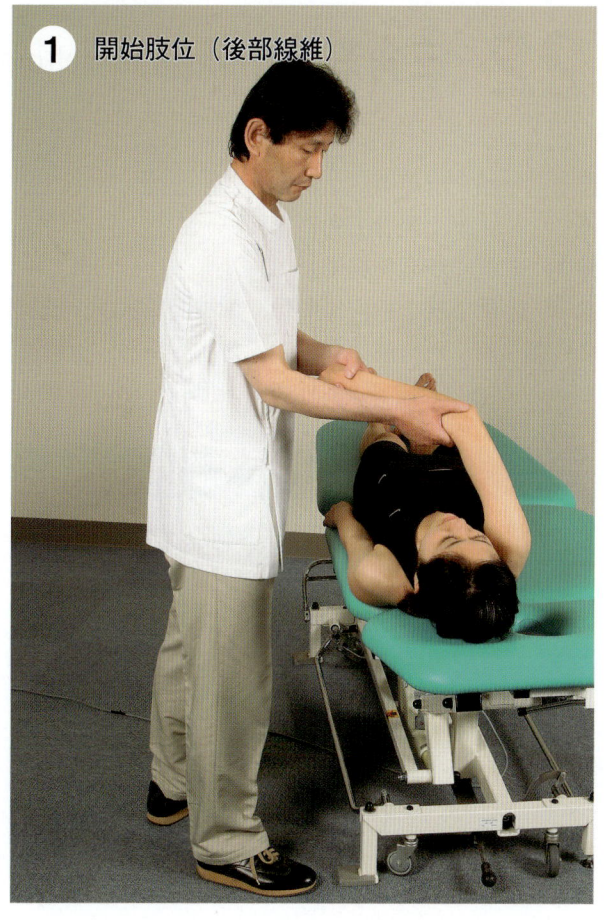

① 開始肢位（後部線維）

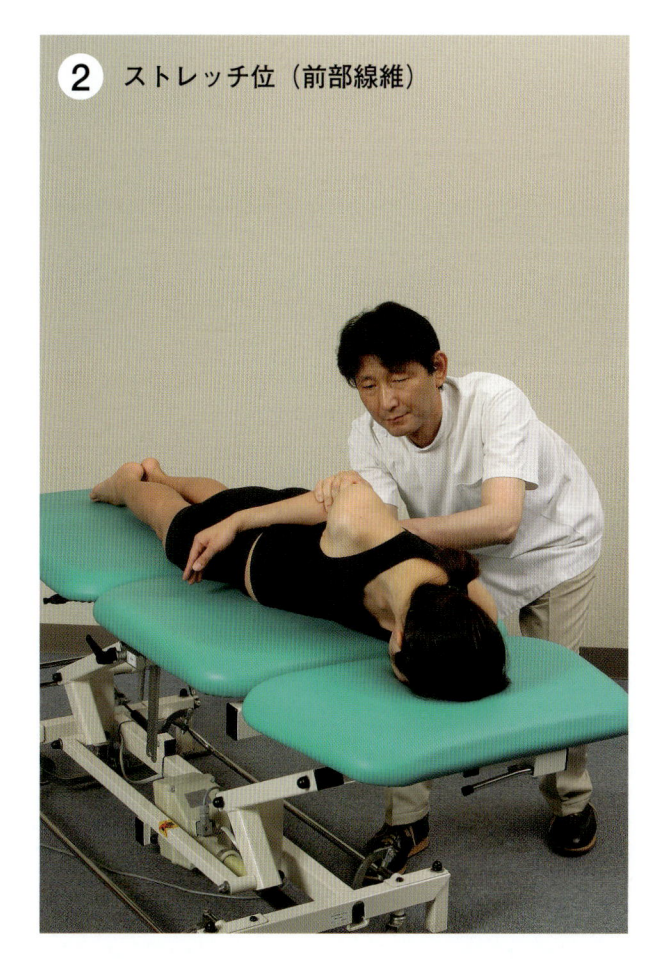

② ストレッチ位（前部線維）

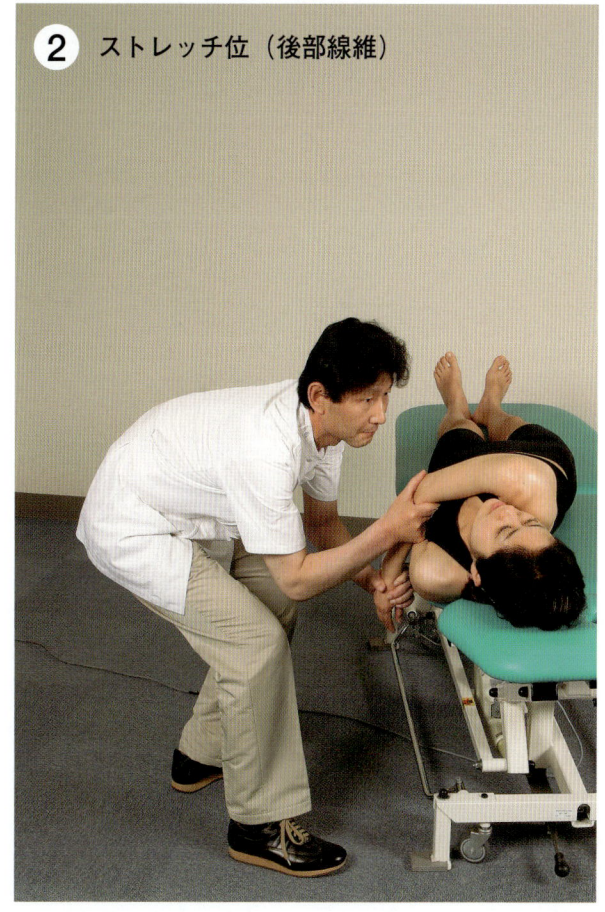

② ストレッチ位（後部線維）

22 三角筋肩甲棘部 m. deltoideus spinal part ▶ 28 三角筋肩甲棘部

起　　　始：肩甲棘
停　　　止：上腕骨三角筋粗面
神 経 支 配：腋窩神経 C4〜6
血 管 支 配：後上腕回旋動脈，胸肩峰動脈，上腕深動脈
筋 　連 　結：三角筋鎖骨部，三角筋肩峰部，僧帽筋，棘下筋，大胸筋，烏口腕筋，広背筋，上腕筋，広頸筋，
　　　　　　上腕三頭筋外側頭，上腕三頭筋長頭

三角筋肩甲棘部ランドマーク

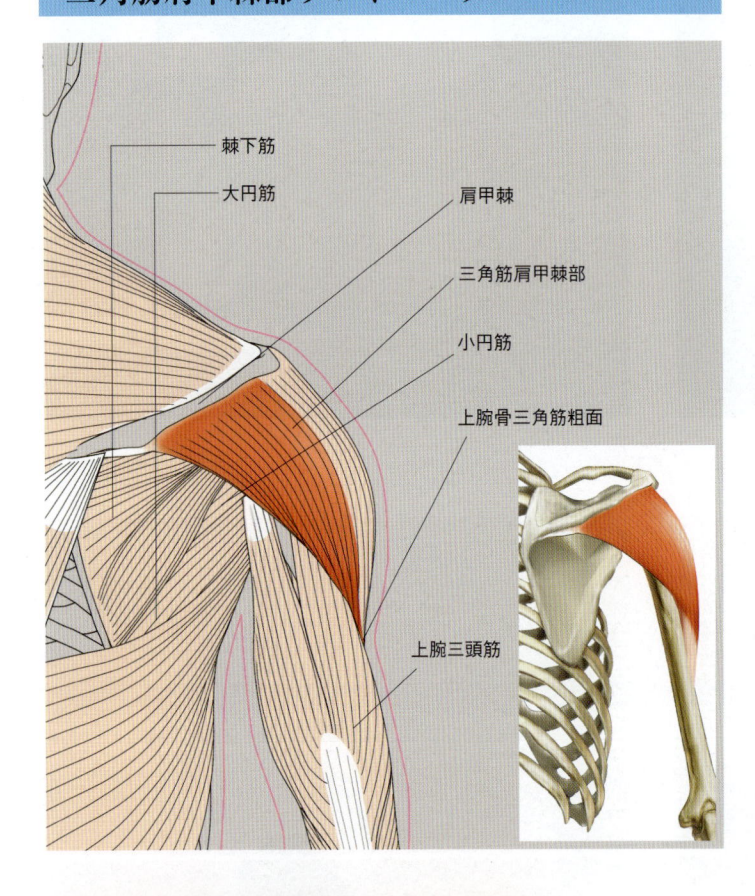

- 棘下筋
- 大円筋
- 肩甲棘
- 三角筋肩甲棘部
- 小円筋
- 上腕骨三角筋粗面
- 上腕三頭筋

三角筋肩甲棘部伸張法

開始肢位：背臥位．頸椎は伸展位．肩関節は約90°屈曲・内転・内旋位．肘関節は軽度屈曲位．
自分の位置：左側に立つ．右手で右肘関節部を，左手で手関節部を把持する．
伸　張　法：肩関節を軽く牽引した後，自分の膝を屈曲させながら肩関節の内転を強め，最終域で屈曲する．
備　　　考：伸張時，肩関節屈曲角度は棘下筋・小円筋より小さい．"セラピーベッド"の端を下げ，頸椎を伸展させる．これにより顔面部が邪魔にならず伸張することができる．"セラピーベッド"がない場合は胸背部の下に大きな枕を入れ，頸椎を伸展・左回旋位にする．

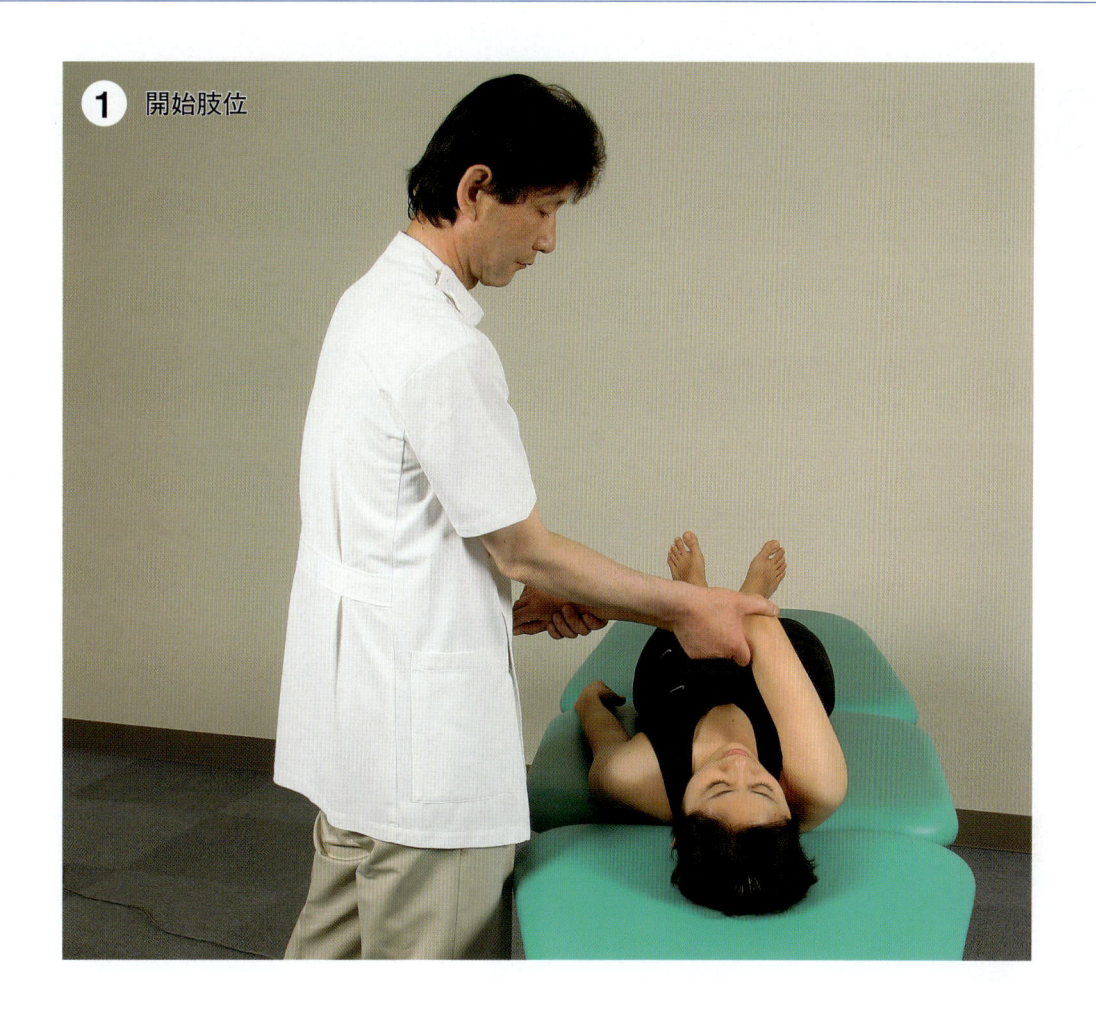

三角筋肩甲棘部 m. deltoideus spinal part　117

① 開始肢位

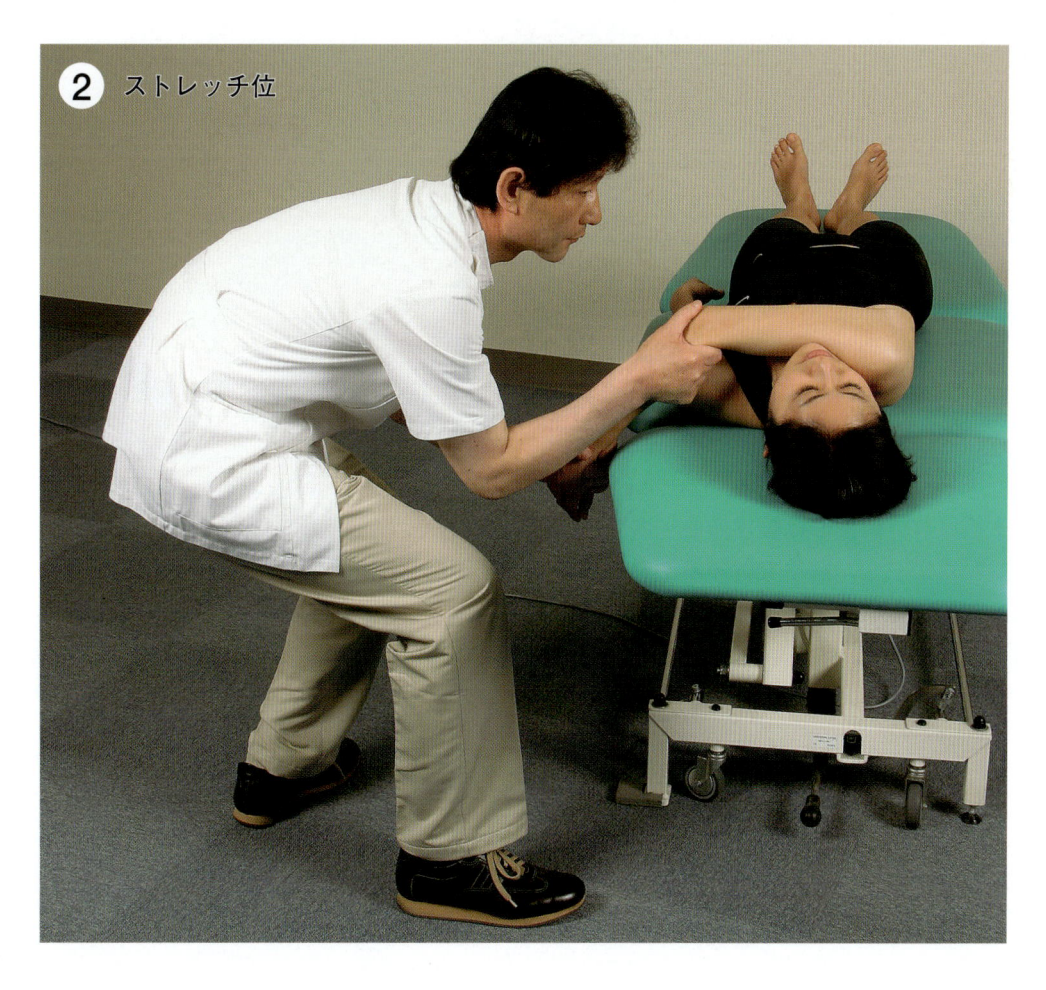

② ストレッチ位

開始肢位

23 棘上筋 m. supraspinatus　　→ 29 棘上筋

起　　始：棘上窩，棘上筋膜
停　　止：上腕骨大結節，肩関節包
神 経 支 配：肩甲上神経 C4〜6
血 管 支 配：肩甲上動脈，肩甲回旋動脈
筋 連 結：棘下筋，小円筋，（肩関節包を介して）大胸筋，肩甲下筋，上腕二頭筋，上腕三頭筋，小胸筋，肩甲挙筋

棘上筋ランドマーク

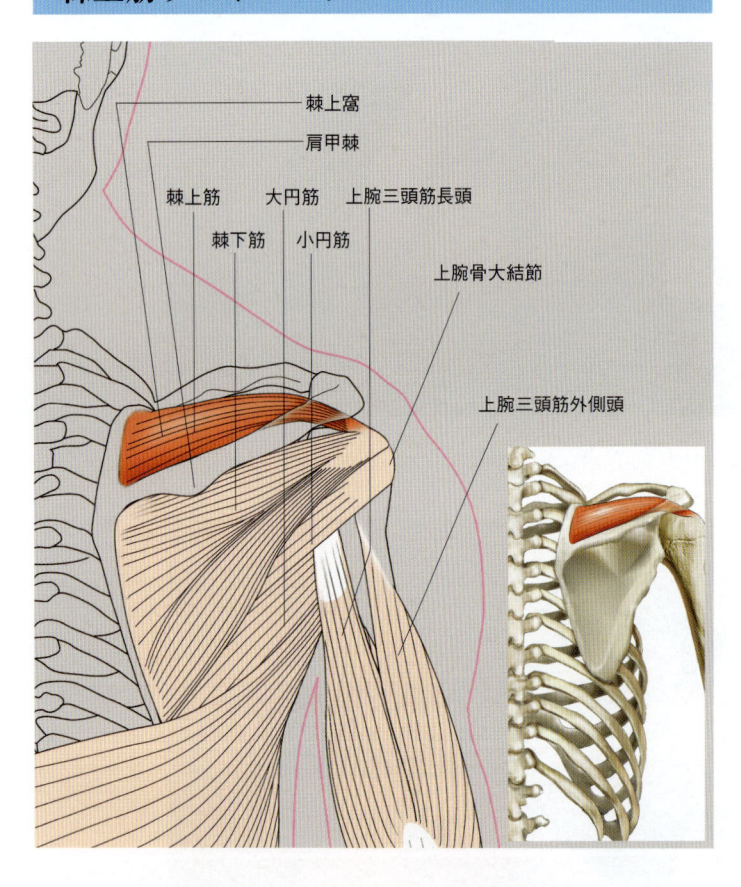

棘上筋伸張法

開 始 肢 位：腹臥位．肩関節は軽度伸展・内旋位．肘関節は軽度屈曲位．
自分の位置：左側に立つ．右手で肘関節部を，左手で手関節部を把持する．
伸 張 法：左腰部方向に，肩関節を伸展・内転する．
備　　考：伸張時，過度の肩関節伸展を防ぐために，肘関節を胸郭に沿って誘導する．また，穴あきベッドがない場合は，頸椎は右回旋位とする．

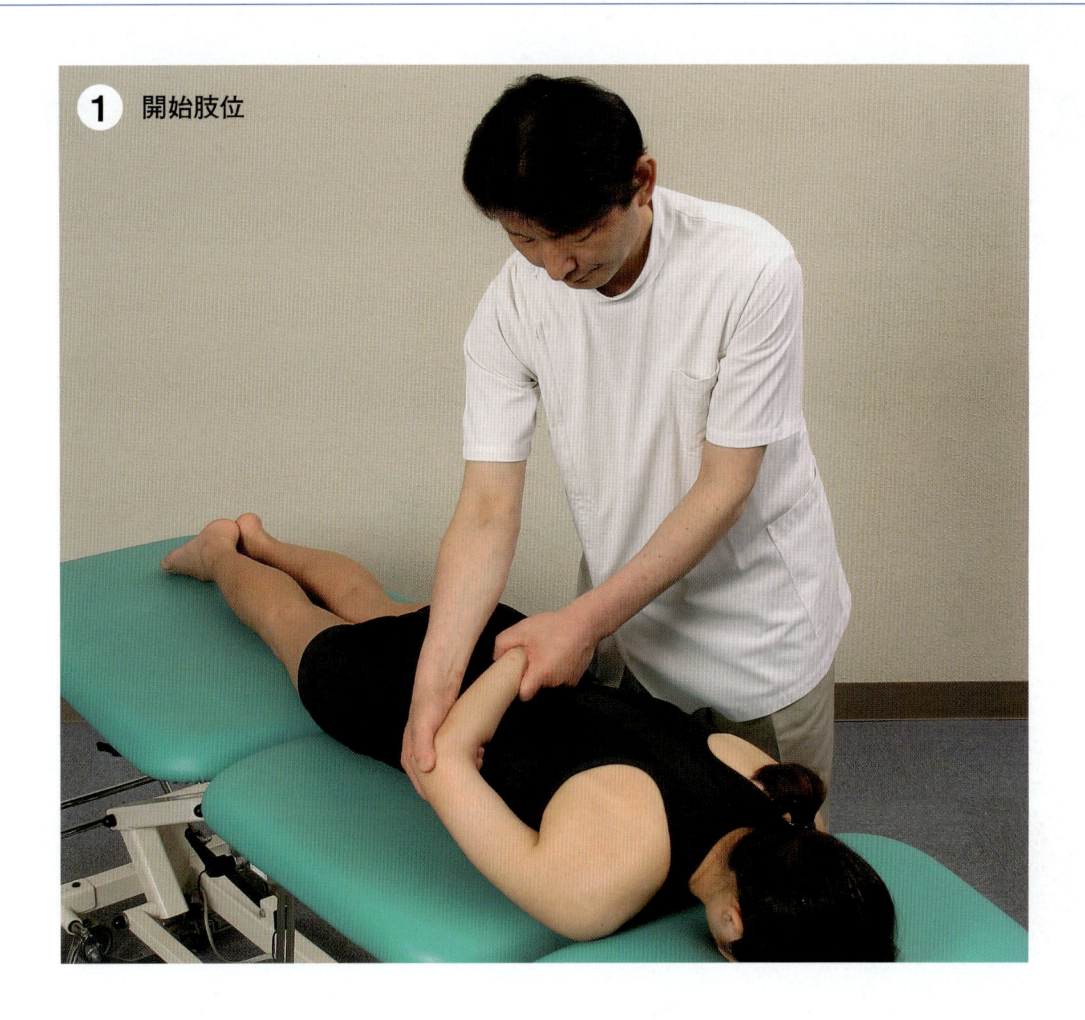

棘上筋 m. supraspinatus　119

1 開始肢位

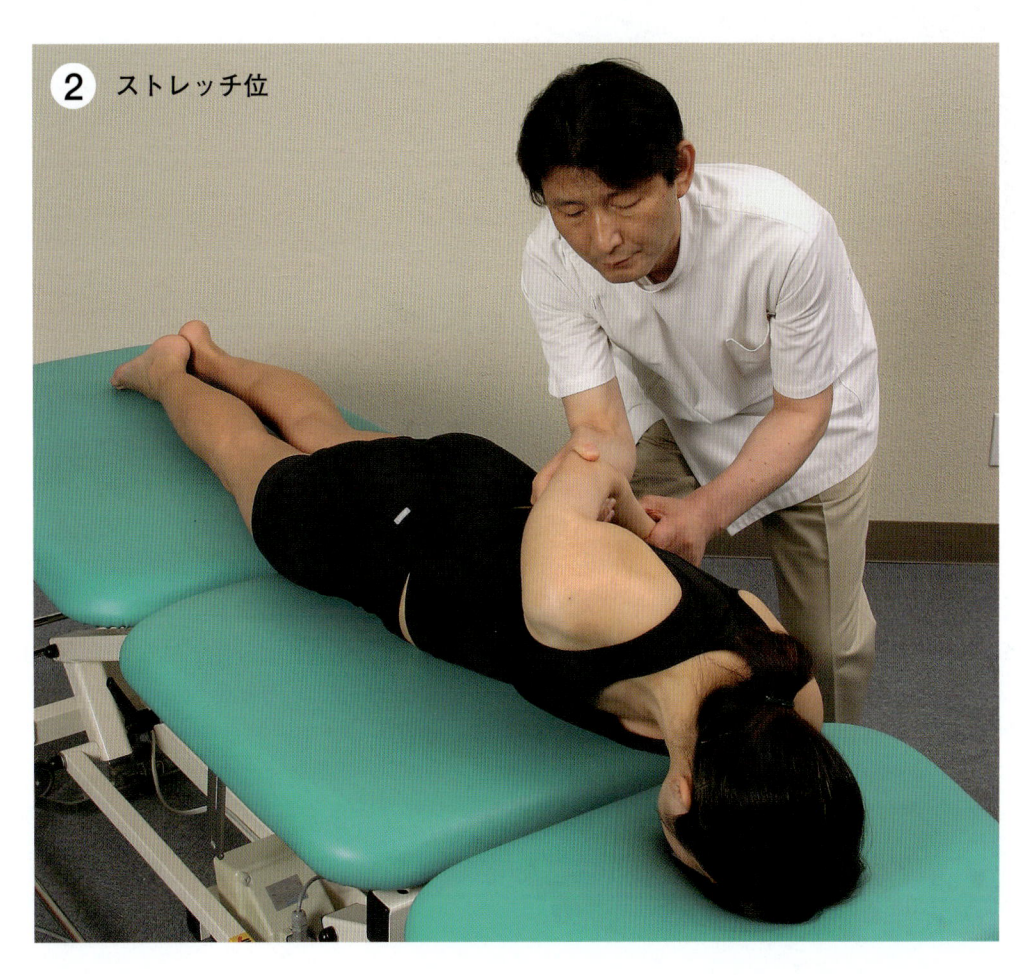

2 ストレッチ位

24 棘下筋 m. infraspinatus　→　30 棘下筋

起　　　始：棘下窩，棘下筋膜
停　　　止：上腕骨大結節中央部，肩関節包
神 経 支 配：肩甲上神経 C5〜6
血 管 支 配：肩甲回旋動脈，肩甲上動脈
筋　連　結：棘上筋，小円筋，三角筋，大円筋，広背筋，（肩関節包を介して）大胸筋，棘上筋，小円筋，肩甲下筋，上腕二頭筋，上腕三頭筋

棘下筋ランドマーク

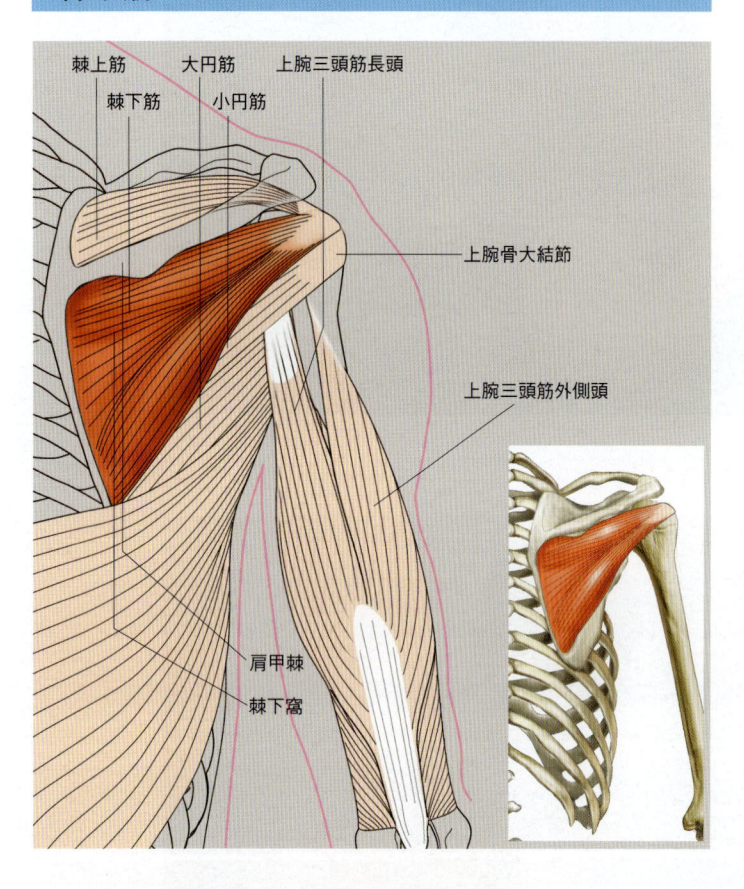

棘下筋伸張法

開 始 肢 位：背臥位．頸椎は伸展・左回旋位．肩関節は中等度屈曲・軽度内転・中等度内旋位．肘関節は中等度屈曲位．
自分の位置：左肩上方に立つ．右手で右肘関節部を，左手で右手関節部を把持する．
伸　張　法：右肩関節を軽く牽引した後，自分の膝を屈曲し，肘関節以下を引き下げながら右肩関節をさらに屈曲・内転方向に動かす．筋伸張が不足している場合は，内旋を加える．
備　　　考：伸張時の肩関節屈曲角度は，三角筋肩甲棘部より大きく，小円筋よりも小さい．"セラピーベッド"の端を下げ頸椎を伸展させる．これにより顔面部が邪魔にならず伸張することができる．"セラピーベッド"がない場合は胸背部の下に大きな枕を入れ，頸椎を伸展・左回旋位にする．

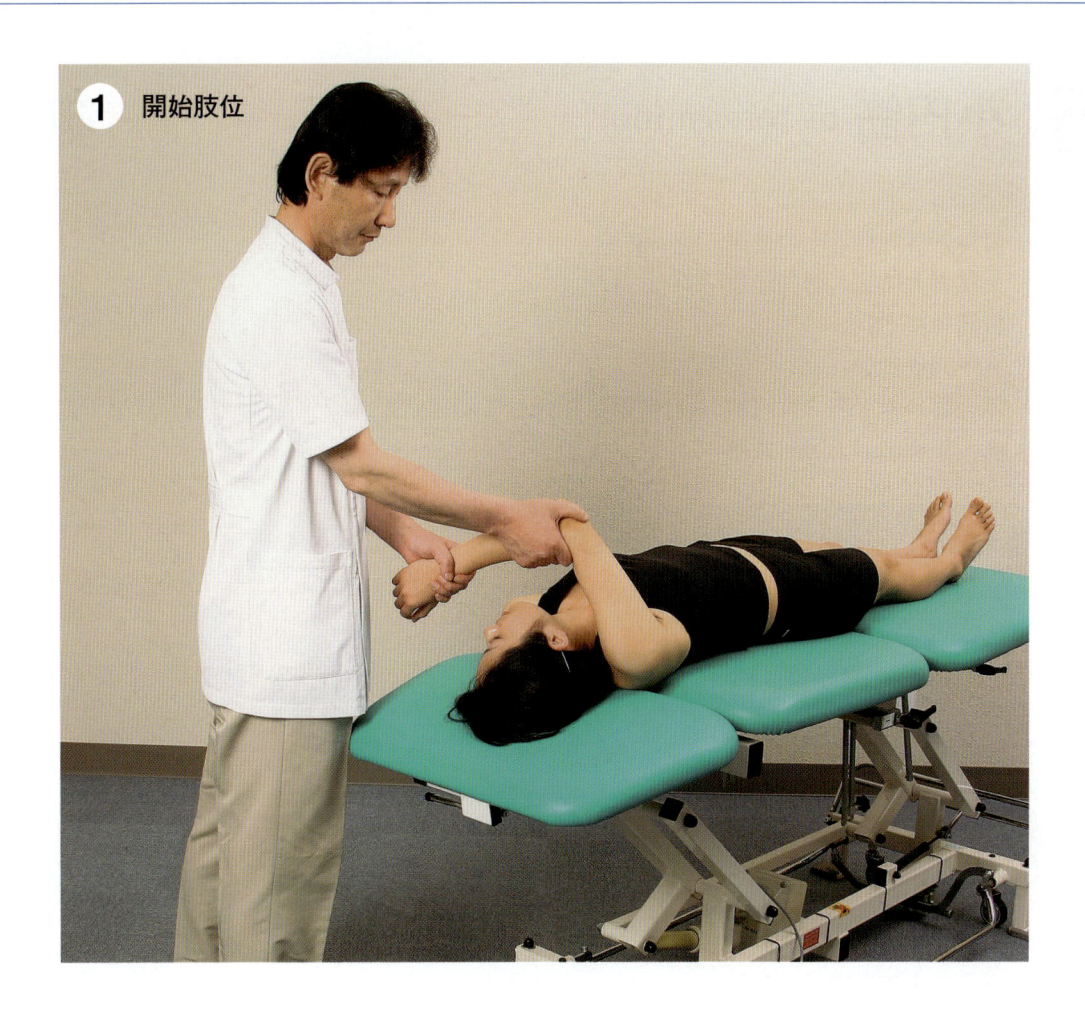

棘下筋 m. infraspinatus 121

① 開始肢位

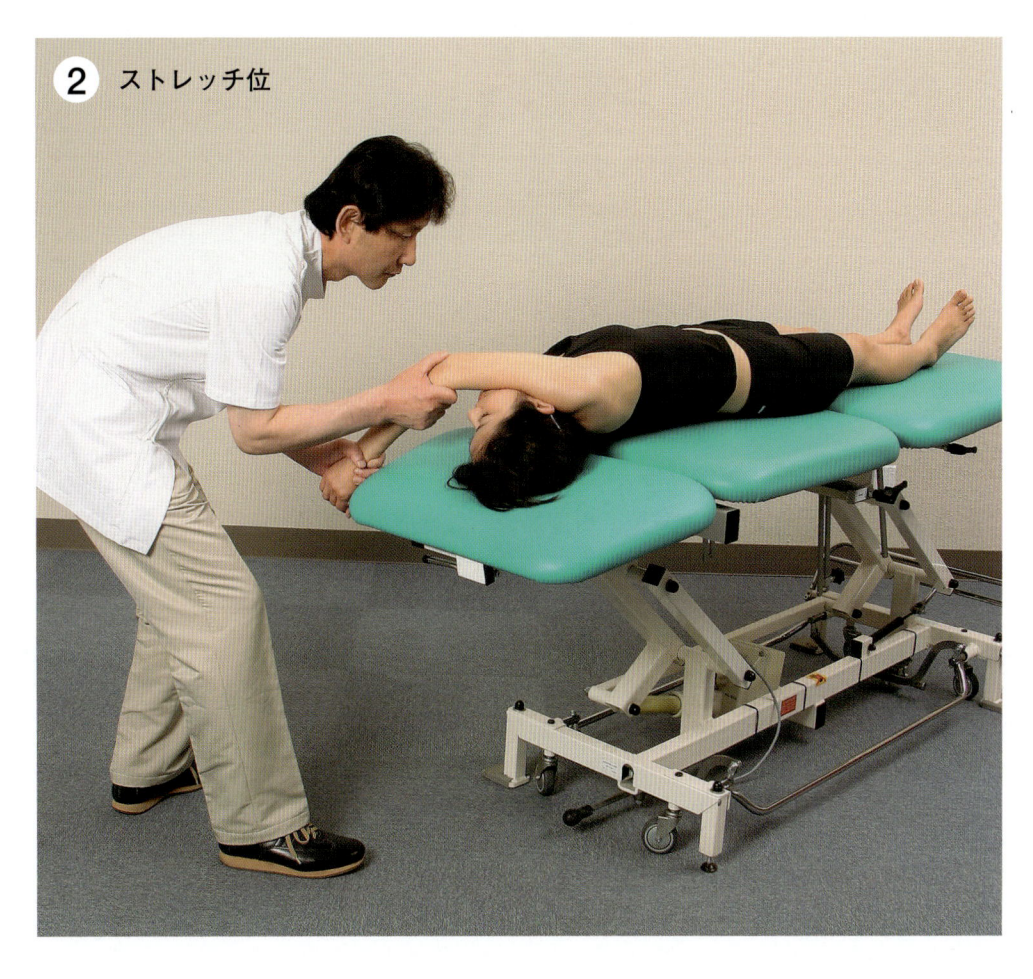

② ストレッチ位

25 小円筋 m. teres minor ……▶ 31 小円筋

起　　始：肩甲骨外側縁近くの後面，棘下筋膜
停　　止：上腕骨大結節，肩関節包
神経支配：腋窩神経 C5
血管支配：肩甲回旋動脈
筋 連 結：棘上筋，棘下筋，大円筋，（肩関節包を介して）大胸筋，棘上筋，棘下筋，肩甲下筋，上腕二頭筋，小胸筋，上腕三頭筋

小円筋ランドマーク

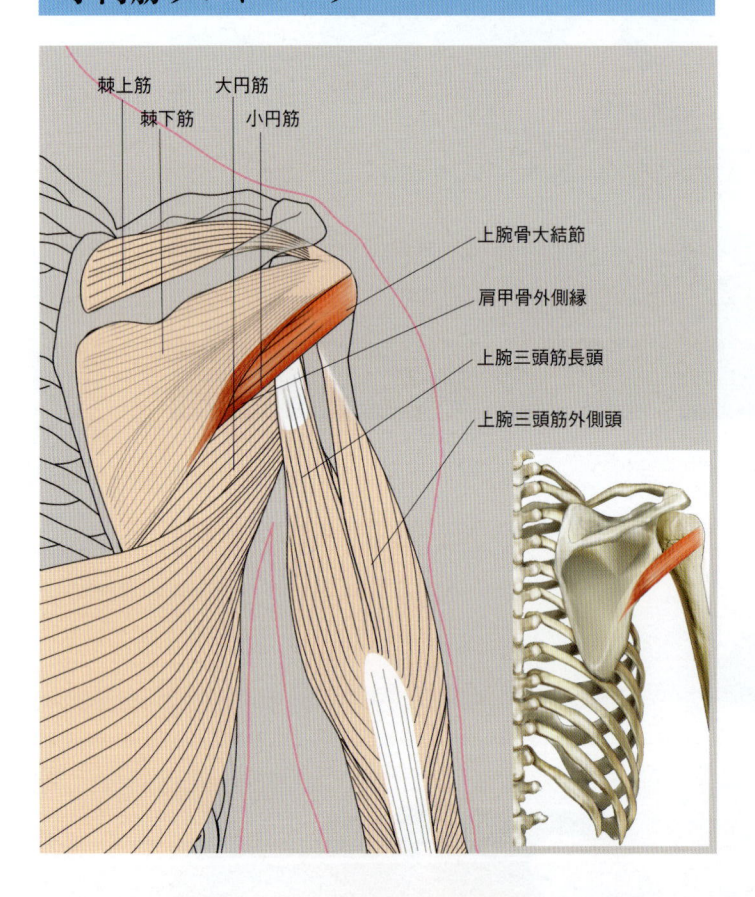

棘上筋
棘下筋
大円筋
小円筋
上腕骨大結節
肩甲骨外側縁
上腕三頭筋長頭
上腕三頭筋外側頭

小円筋伸張法

開始肢位：背臥位．頸椎は伸展・左回旋位．肩関節は中等度屈曲・軽度内転・中等度内旋位．肘関節は中等度屈曲位．
自分の位置：左肩上方に立つ．右手で右肘関節部を，左手で右手関節部を把持する．
伸　張　法：右肩関節を軽く牽引した後，自分の膝を屈曲し，肘関節以下を引き下げながら右肩関節を内転・屈曲方向（特に屈曲方向）に動かす．ただし，筋伸張が不足している場合は内旋を加える．
備　　考：伸張時，肩関節屈曲角度は三角筋肩甲棘部・棘下筋より大きい．"セラピーベッド"の端を下げ頸椎を伸展させる．これにより顔面部が邪魔にならず伸張することができる．"セラピーベッド"がない場合は胸背部の下に大きな枕を入れ，頸椎を伸展・左回旋位にする．

小円筋 m. teres minor 123

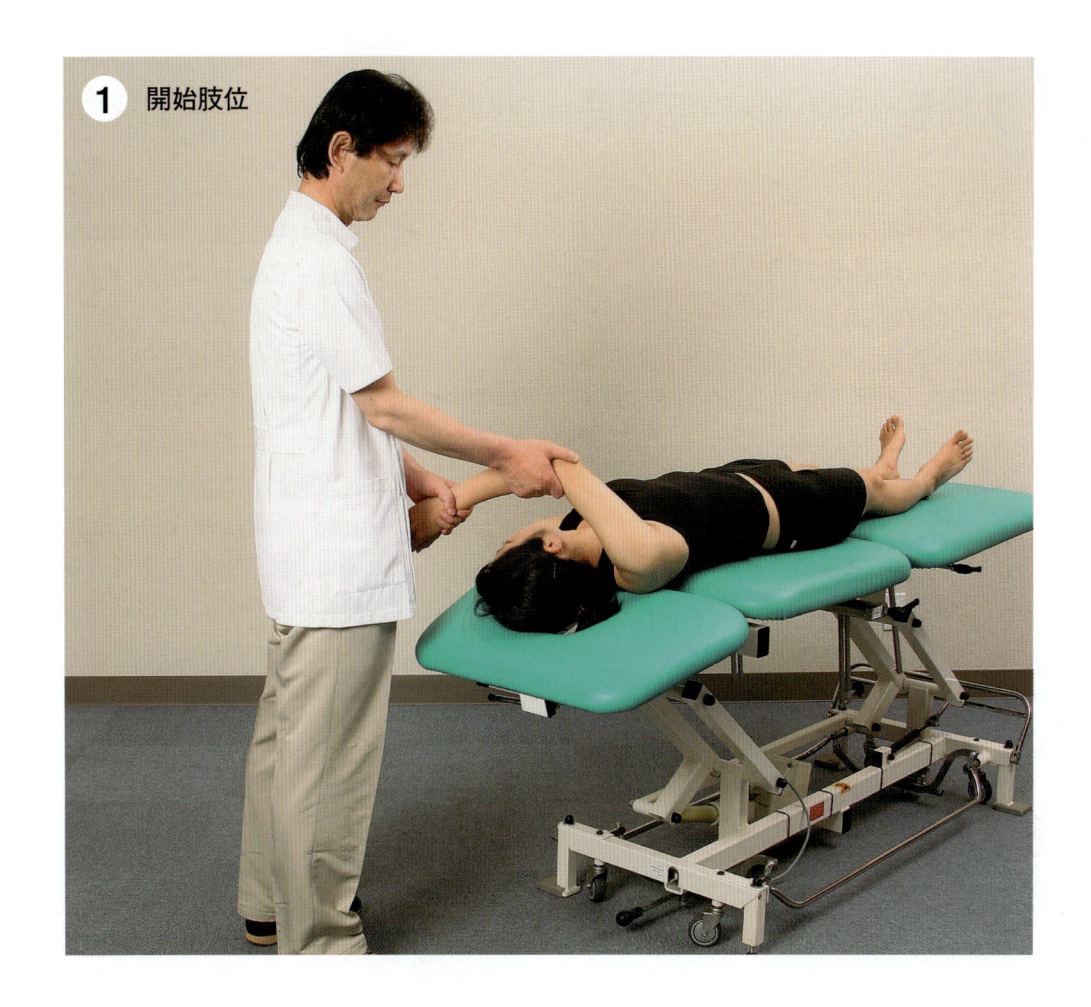

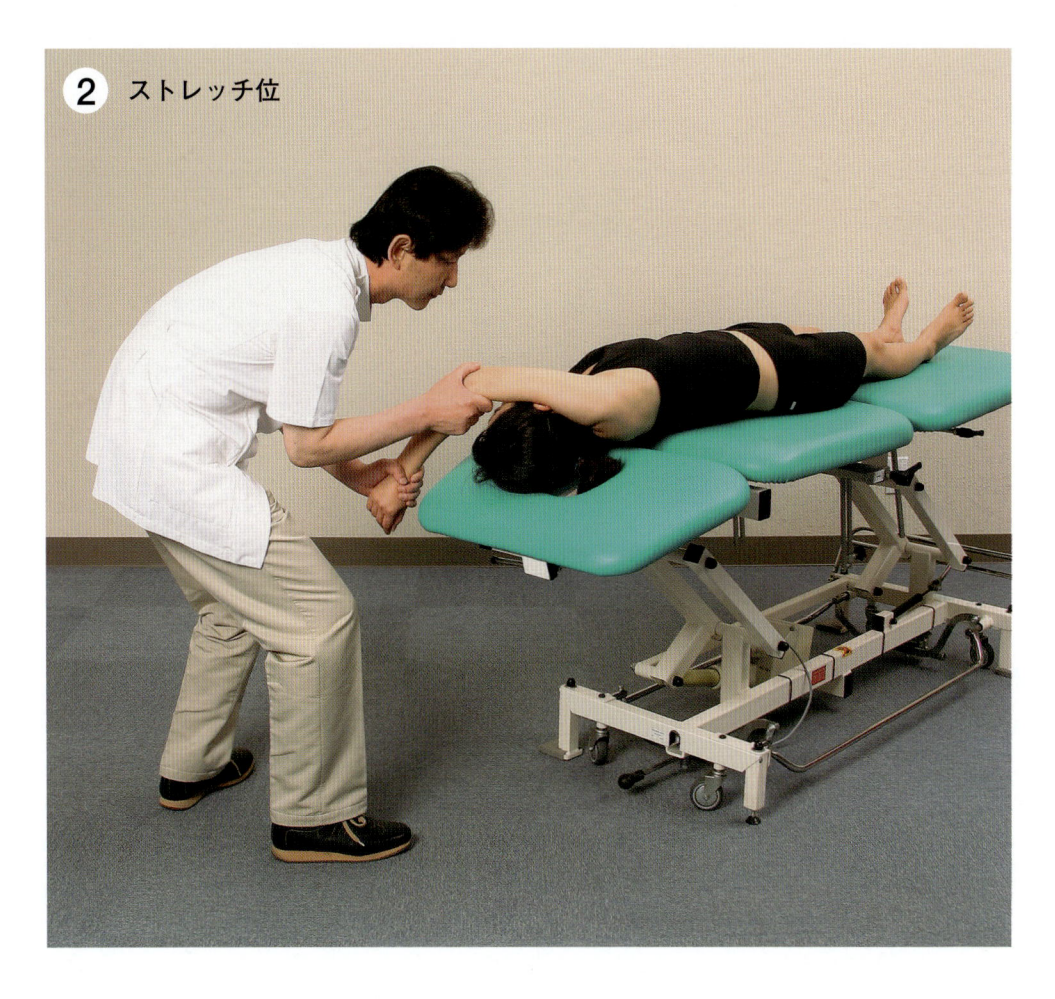

① 開始肢位

② ストレッチ位

26・27 大円筋 m. teres major・広背筋 m. latissimus dorsi ……▶ 32・33 大円筋・広背筋

起　　　始：肩甲骨下角後面	起　　　始：胸腰筋膜浅葉，下位第4〜8胸椎・全腰椎・仙椎の棘突起，肩甲骨下角，腸骨稜，下位第3〜4肋骨
停　　　止：上腕骨小結節稜	停　　　止：上腕骨小結節稜
神 経 支 配：肩甲下神経 C5〜7	神 経 支 配：胸背神経 C6〜8
血 管 支 配：肩甲下動脈，胸背動脈，肩甲回旋動脈	血 管 支 配：胸背動脈，頸横動脈
筋 連 結：広背筋，上腕三頭筋，大菱形筋，棘下筋	筋 連 結：外腹斜筋，大胸筋，大円筋，三角筋，上腕三頭筋，脊柱起立筋群，烏口腕筋，上腕二頭筋，橈側手根屈筋，尺側手根伸筋，僧帽筋，下後鋸筋，棘下筋

大円筋ランドマーク

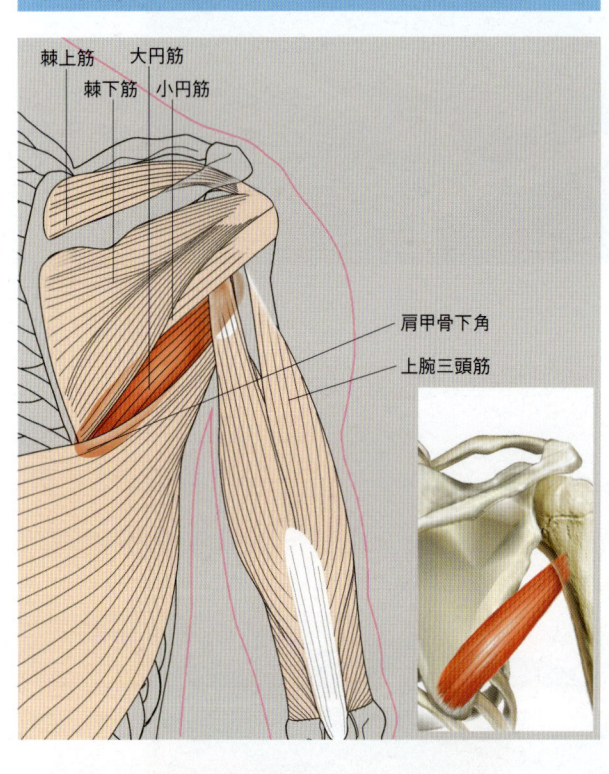

広背筋ランドマーク

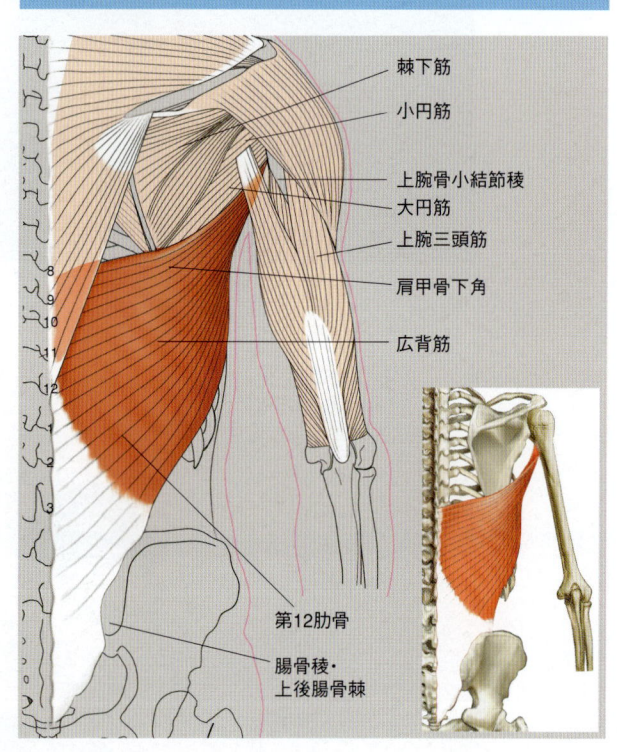

大円筋・広背筋伸張法（背臥位）

開 始 肢 位：背臥位．右上肢は挙上し，右肩関節は，ほぼ最大屈曲・外転・中等度外旋位にする．肘関節は軽度屈曲位，肘関節以下をベッドの端から出す．

自分の位置：頭部上方に立つ．右手で右肘関節部を，左手で右手関節部を把持する．

伸　張　法：右肩関節を軽く牽引した後，自分の膝を屈曲し，肘関節以下を引き下げながら右肩関節をさらに屈曲する．

備　　　考：上腕三頭筋の伸張を防ぐために，肘関節の屈曲を強くしない．また，肩関節をさらに外転・外旋方向に動かすことにより，付着部である小結節付近の筋伸張を可能にする．本伸張法は，広背筋の中でも，より近位の筋線維が伸張される．伸張が強すぎると，腰椎前彎が増強する．

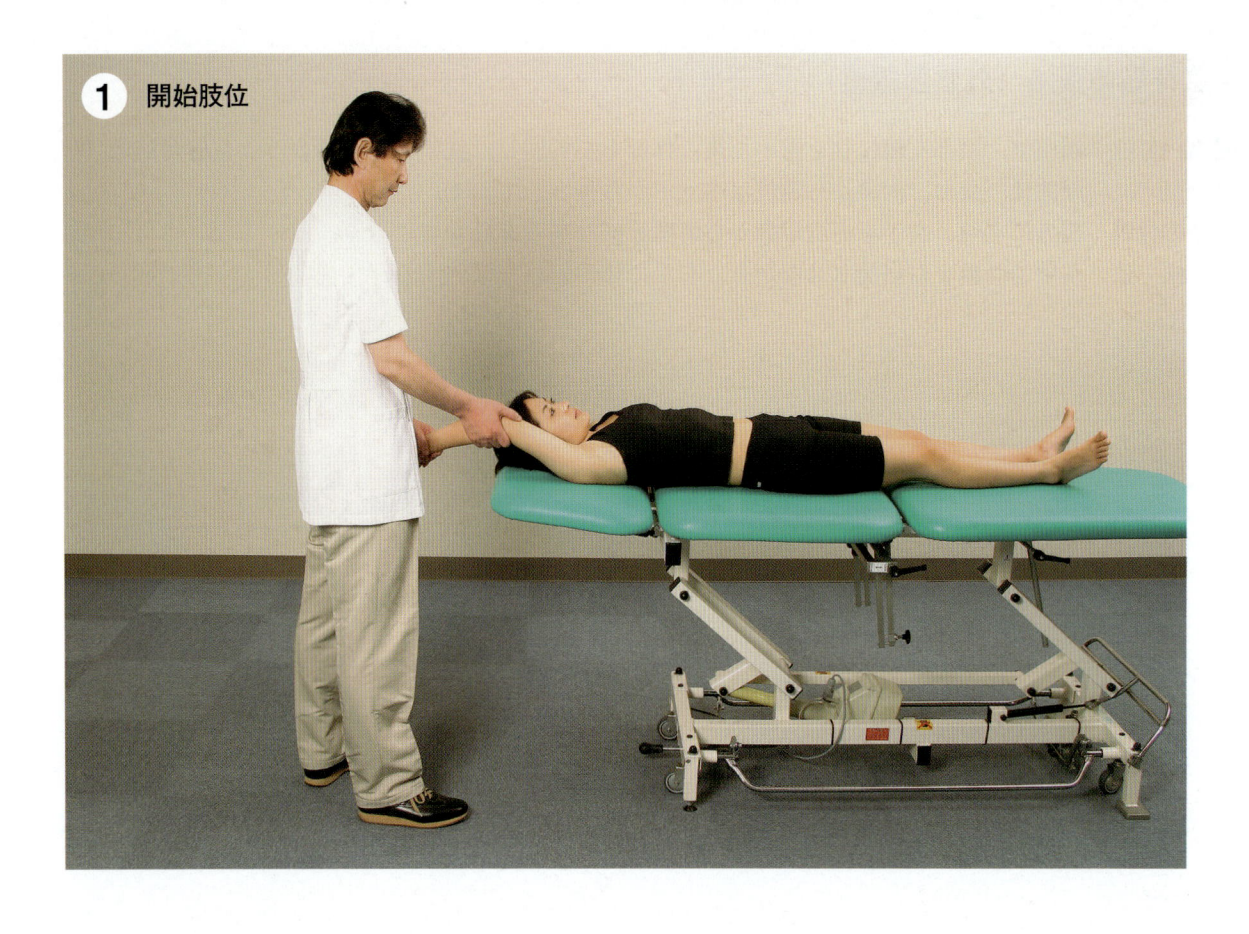

大円筋 m. teres major・広背筋 m. latissimus dorsi 125

① 開始肢位

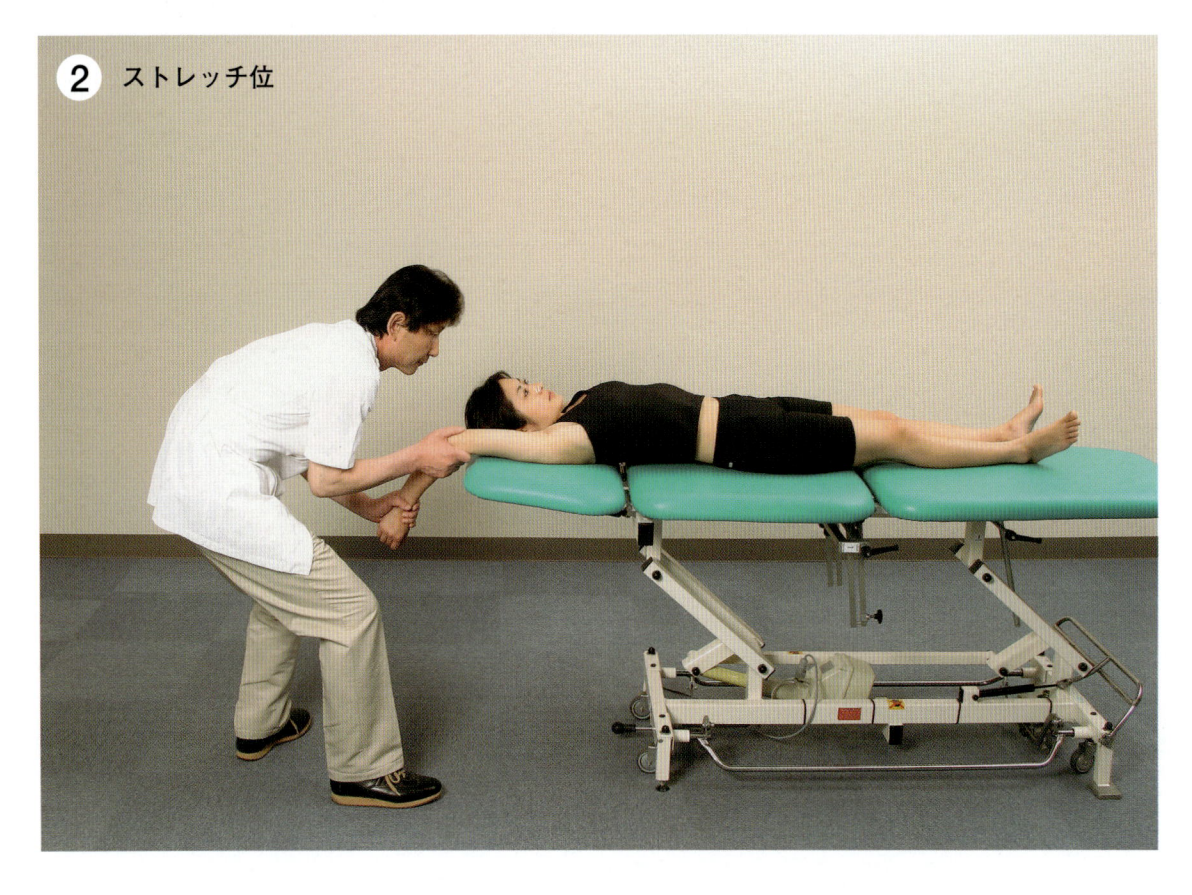

② ストレッチ位

広背筋伸張法（外側部線維）

開始肢位：端座位．殿部左側に枕を置いた後，体幹を左側屈し，枕に体幹を重ねる．右肩関節はほぼ最大屈曲位．なお，両膝から遠位はベッドから垂らしておく．
自分の位置：前方に立つ．右手を右肩甲棘から肩関節部，左手を腸骨稜に置く．
伸 張 法：左手で骨盤を右回旋させながら，右手で体幹側屈を増強する．

大円筋 m. teres major・広背筋 m. latissimus dorsi   127

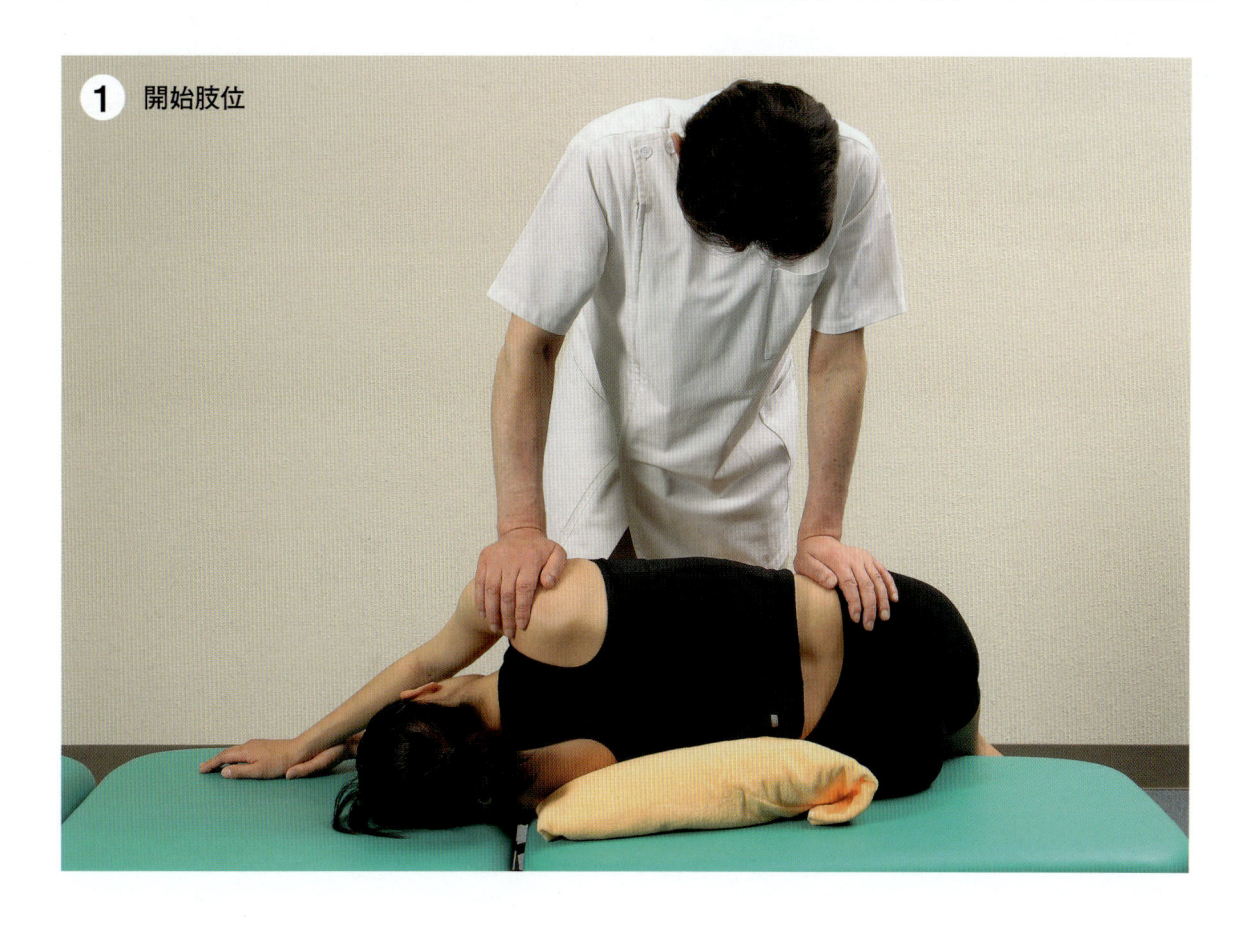

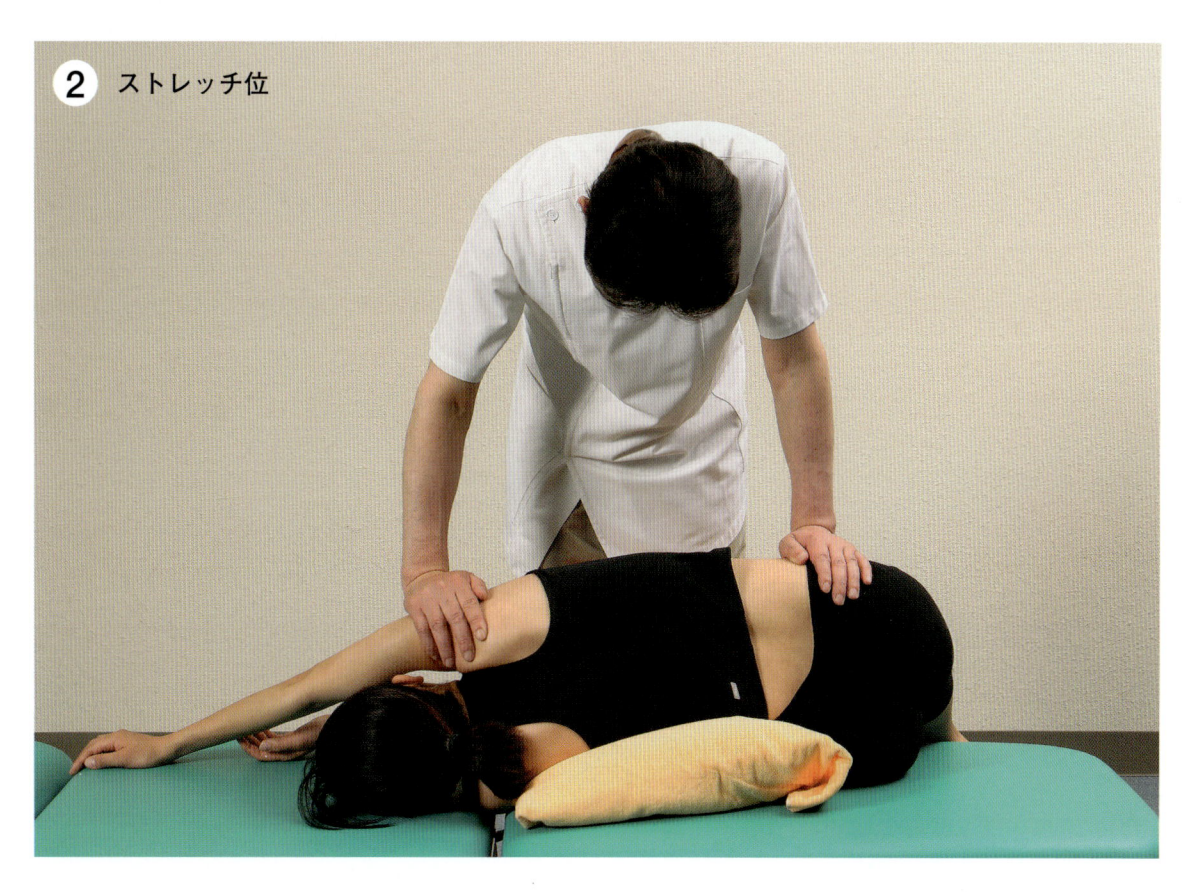

1 開始肢位

2 ストレッチ位

広背筋伸張法（上部線維）

開始肢位：端座位．殿部左側に枕を置いた後，体幹を左側屈し，枕に体幹を重ねる．右肩関節はほぼ最大屈曲位．なお，両膝から遠位はベッドに垂らしておく．
自分の位置：前方に立つ．右手を右肩甲棘から肩関節部，左手を腸骨稜に置く．
伸　張　法：左手で骨盤の動きを右回旋させながら，右手で体幹側屈を増強させるとともに左回旋する．

大円筋 m. teres major・広背筋 m. latissimus dorsi

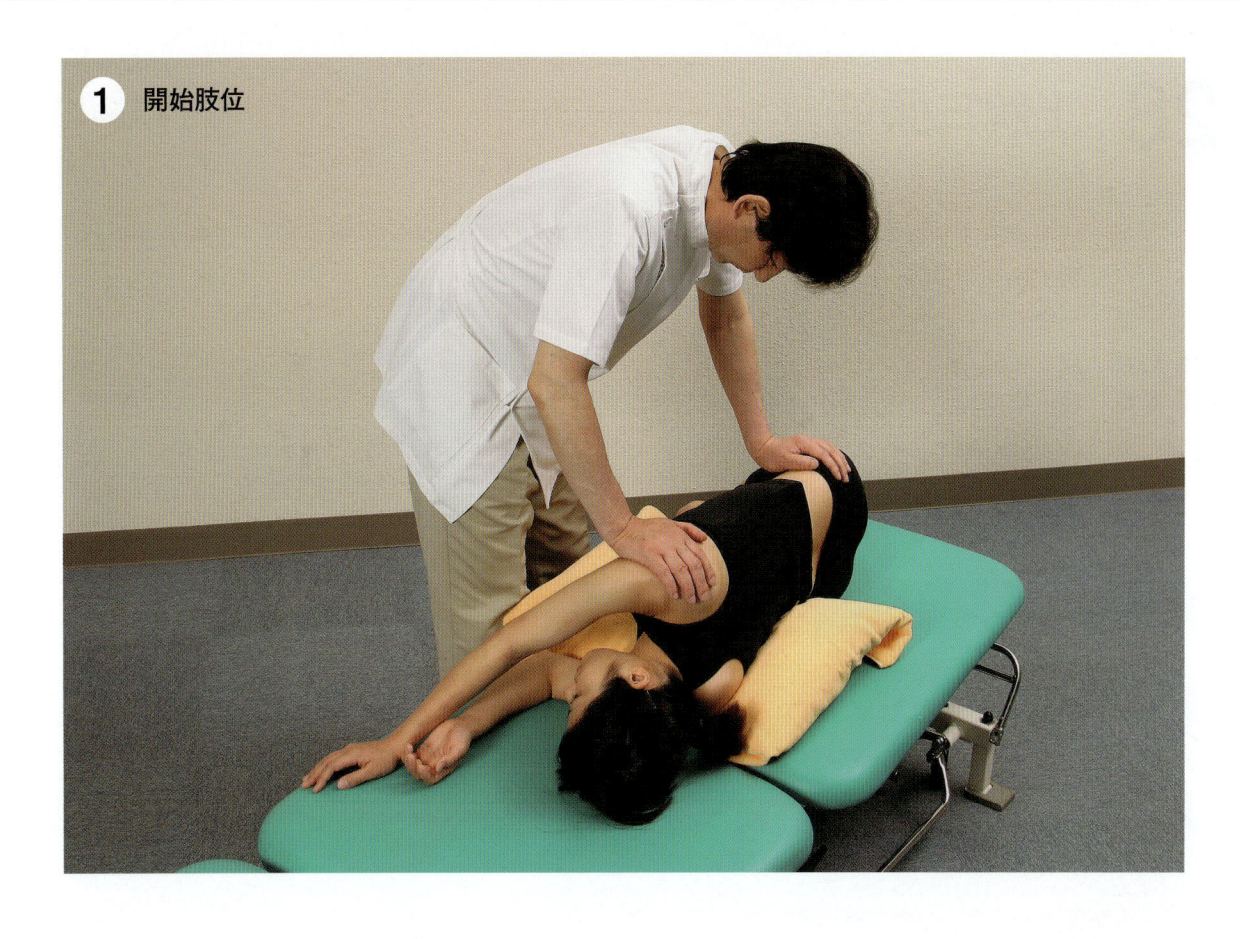

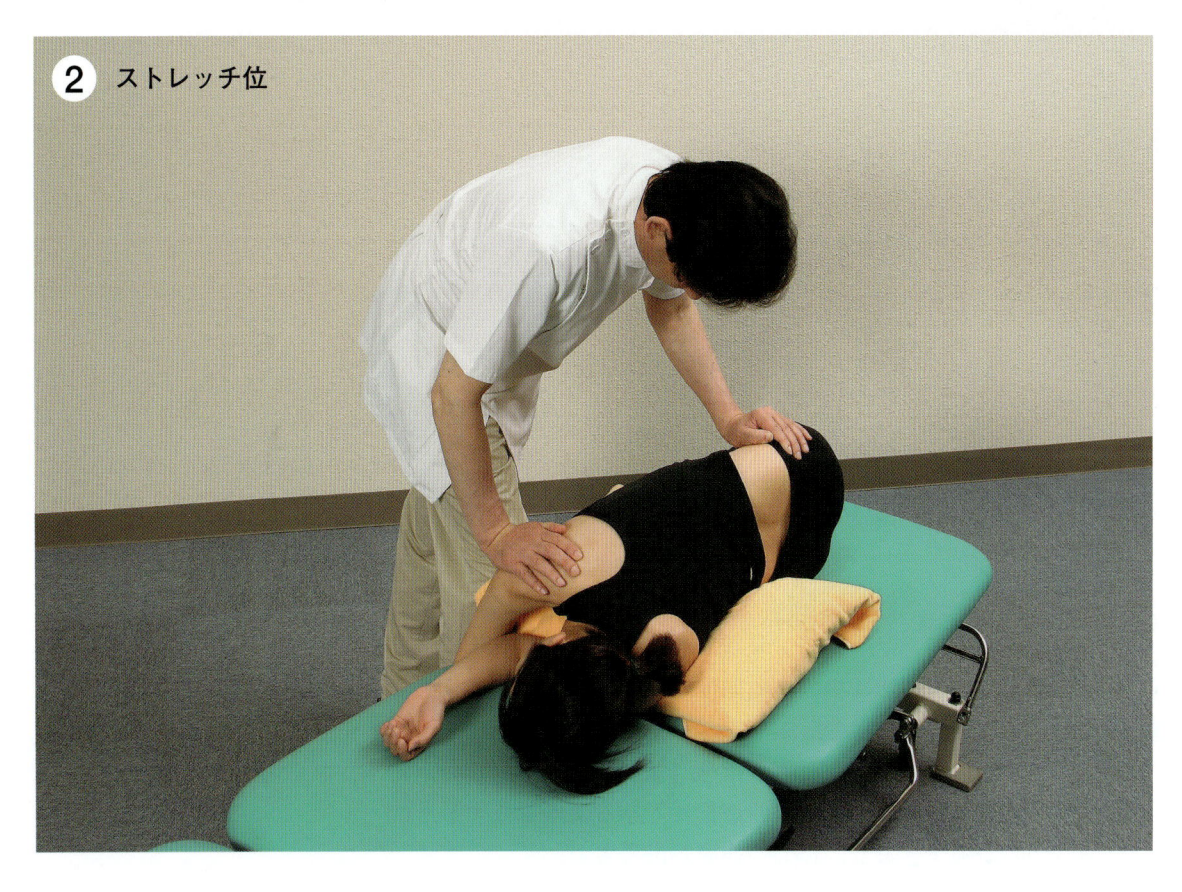

1 開始肢位

2 ストレッチ位

28 上腕三頂筋 m. triceps brachii　　→ 35 上腕三頭筋

起　　　始：肩甲骨関節下結節（長頭），上腕骨後面および外側上腕筋間中隔（外側頭），上腕骨後面および内側上腕筋間中隔（内側頭）
停　　　止：尺骨肘頭
神 経 支 配：橈骨神経 C6〜8
血 管 支 配：後上腕回旋動脈，上腕深動脈，尺側側副動脈
筋 　連 　結：大円筋，肩甲下筋，広背筋，大胸筋，肘筋，烏口腕筋，上腕筋，（肩関節包を介して）大胸筋，小胸筋，棘上筋，棘下筋，小円筋，肩甲下筋，上腕二頭筋，（肘関節包を介して）上腕筋，肘筋，総指伸筋，短橈側手根伸筋，尺側手根伸筋，短母指伸筋，回外筋，浅指屈筋

上腕三頭筋ランドマーク

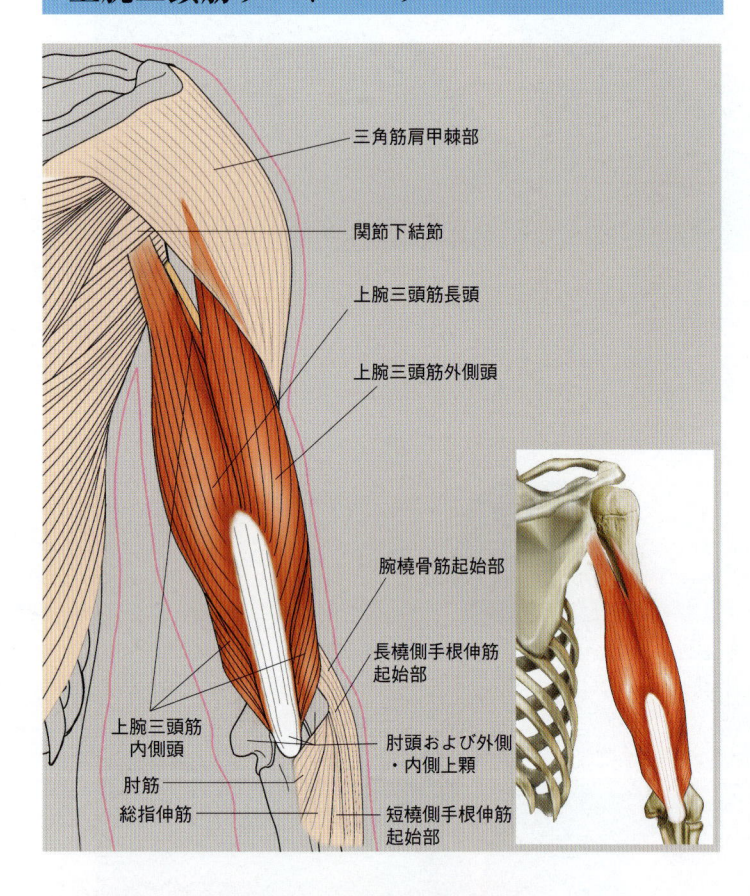

上腕三頭筋伸張法（長頭部）

開 始 肢 位：端座位．肩関節は中等度屈曲位．肘関節は最大屈曲位．
自分の位置：後方に立つ．右手で肘頭部を，左手で手背部を把持する．
伸　張　法：肩関節を屈曲しながら，手指を同側肩甲骨に移動し固定する．さらに肩関節を最大屈曲する．この際，肘関節の最大屈曲が維持できるよう留意する．
備　　　考：伸張が強すぎると，体幹の伸展が出現する．

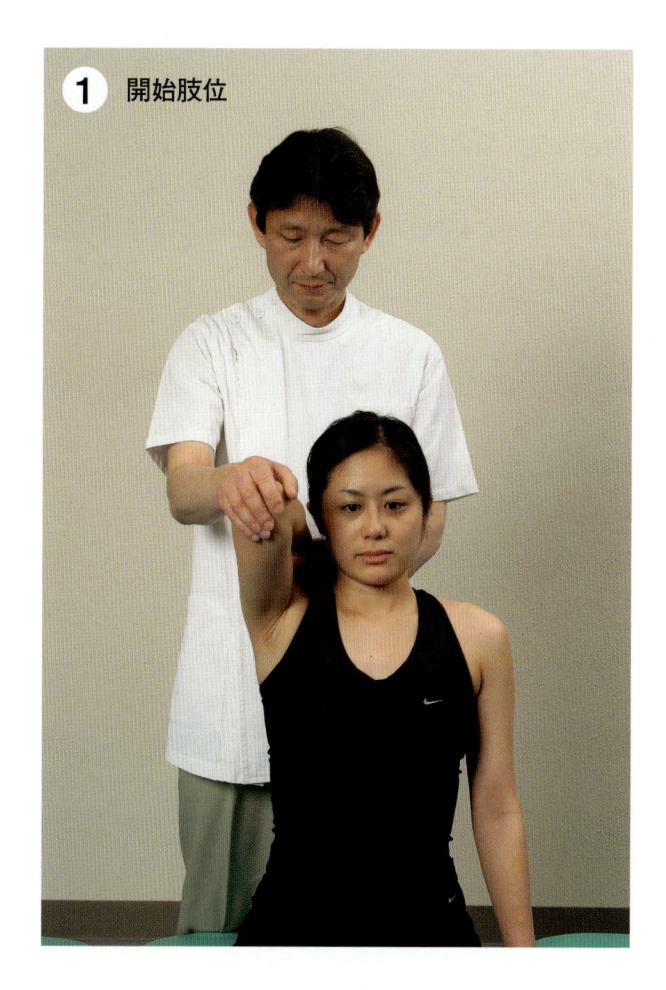

上腕三頭筋 m. triceps brachii   131

① 開始肢位

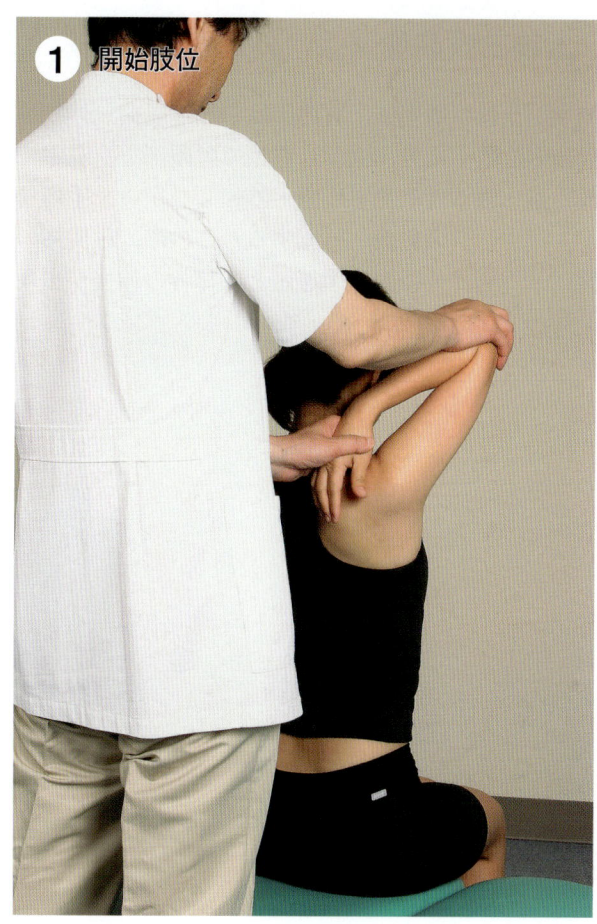

① 開始肢位

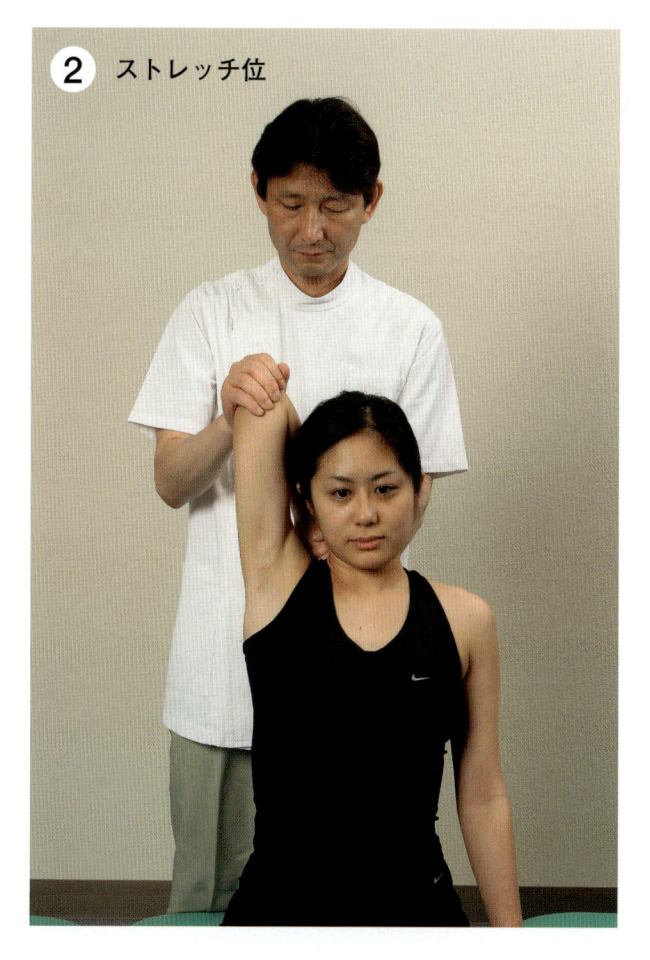

② ストレッチ位

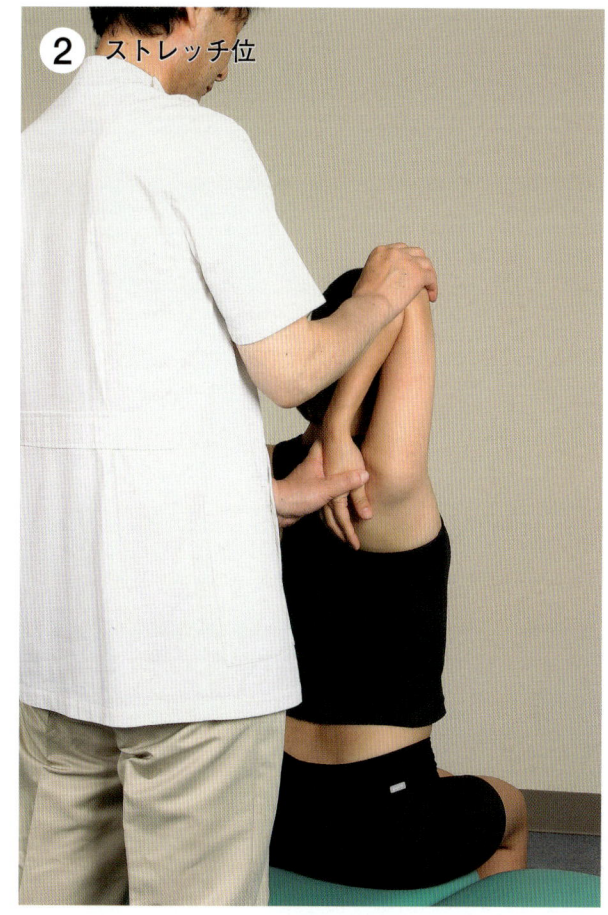

② ストレッチ位

上腕三頭筋伸張法（外側頭部）

開 始 肢 位：端座位．肩関節は中等度屈曲・外転位．肘関節は最大屈曲位．
自分の位置：後方に立つ．右手で肘頭部を，左手で手背部を把持する．
伸　張　法：肩関節を屈曲・外転しながら，手指を対側肩甲骨方向に移動し固定する．さらに，肩関節を最大屈曲・外転する．この際，肘関節の最大屈曲が維持できるよう留意する．
備　　　考：伸張が強すぎると，体幹の伸展が出現する．

開 始 肢 位：端座位．肩関節は中等度屈曲・外転位．肘関節は最大屈曲位．
自分の位置：後方に立つ．右手で肘頭部を，左手で手背部を把持する．

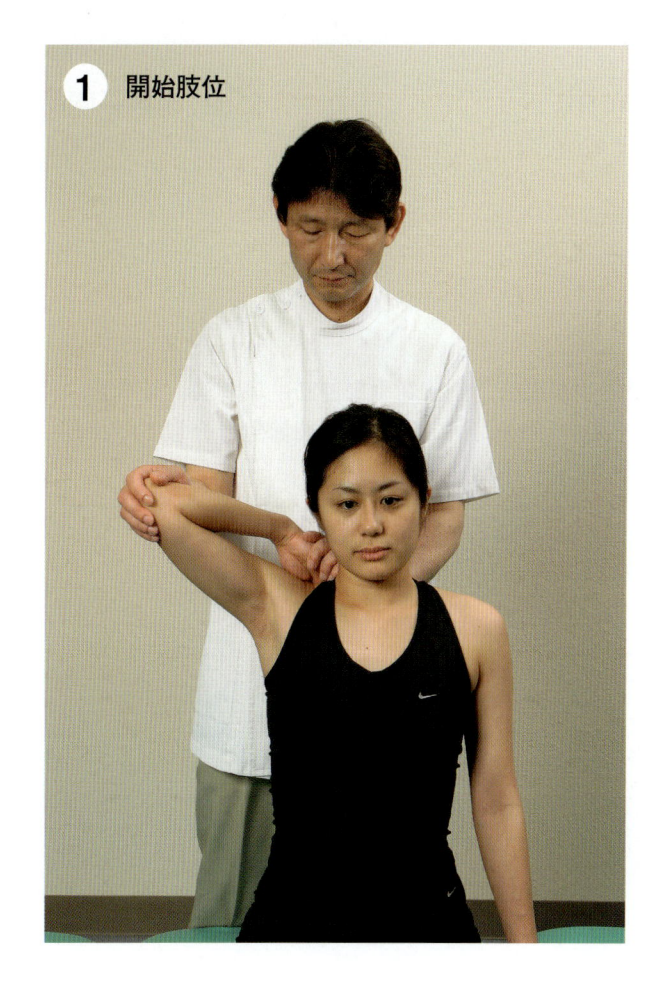

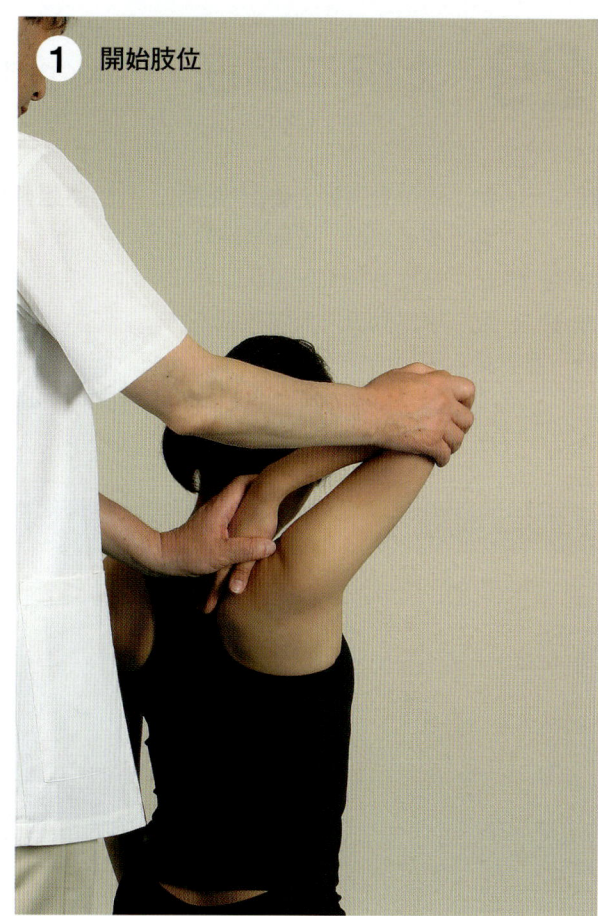

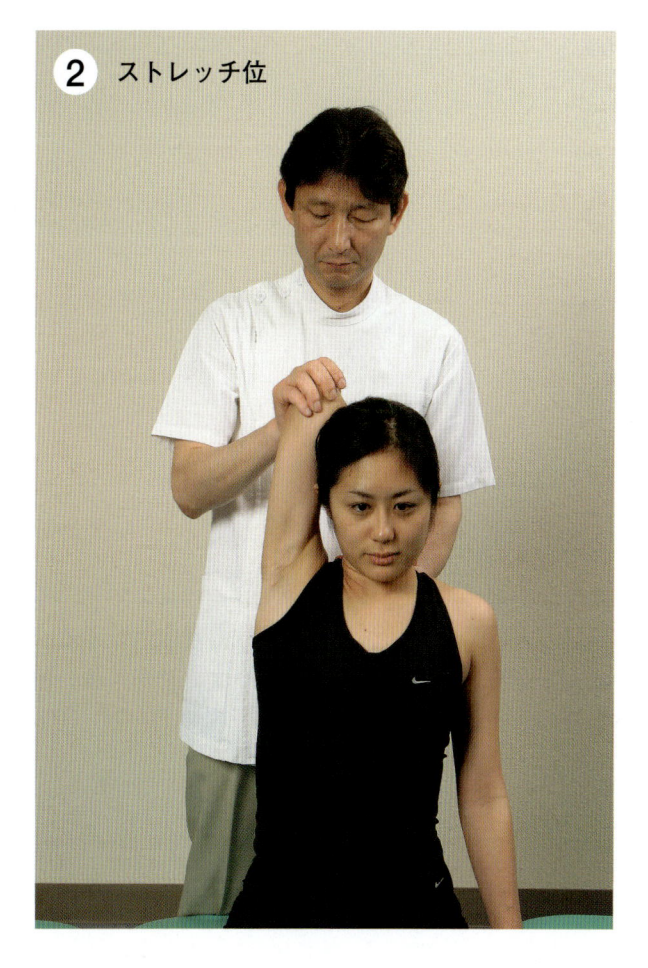

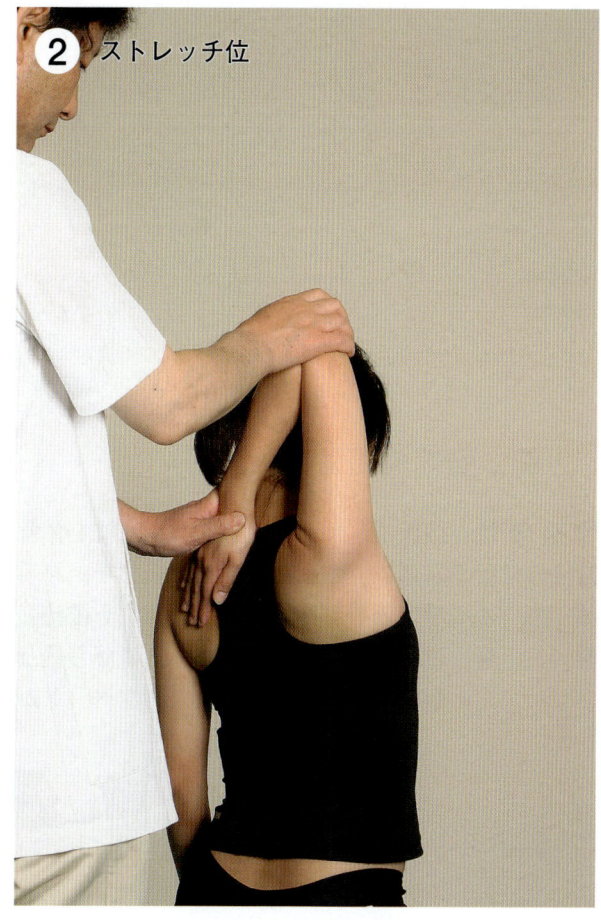

上腕三頭筋 m. triceps brachii 133

① 開始肢位

① 開始肢位

② ストレッチ位

② 開始肢位

29 上腕二頭筋 m. biceps brachii　　　→　36 上腕二頭筋

起　　　始：肩甲骨関節上結節（長頭），烏口突起（短頭）
付　　　着：橈骨粗面，前腕筋膜
神 経 支 配：筋皮神経 C5〜6
血 管 支 配：腋窩動脈，上腕動脈
筋　連　結：円回内筋，大胸筋，上腕筋，腕橈骨筋，橈側手根屈筋，長橈側手根伸筋，広背筋，長掌筋，尺側手根屈筋，総指伸筋，小指伸筋，小指対立筋，（短頭）烏口腕筋，（肩関節包を介して）大胸筋，棘上筋，棘下筋，小円筋，肩甲下筋，上腕三頭筋，小胸筋

上腕二頭筋ランドマーク

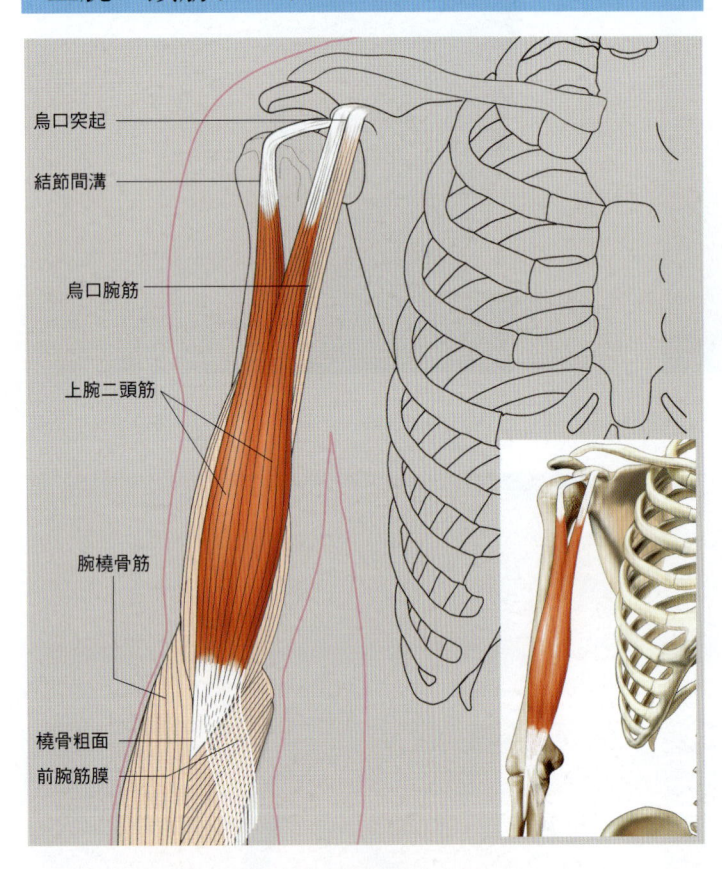

烏口突起
結節間溝
烏口腕筋
上腕二頭筋
腕橈骨筋
橈骨粗面
前腕筋膜

上腕二頭筋伸張法（長頭部）

開 始 肢 位：腹臥位．手掌を上に向け，上肢を体幹に沿わせる．
自分の位置：右側に立つ．右手で肘関節部を，左手で手関節部を把持する．
伸　張　法：肩関節を軽度外転し，内旋位を維持して，伸展方向に動かす．さらに最終域で軽度内転する．
備　　　考：最終域では，上腕骨が前方に落ち込むことによる関節包への疼痛が出現しやすいため，強い伸張は注意する．なお，穴あきベッドがない場合は，頸椎は左回旋とする．

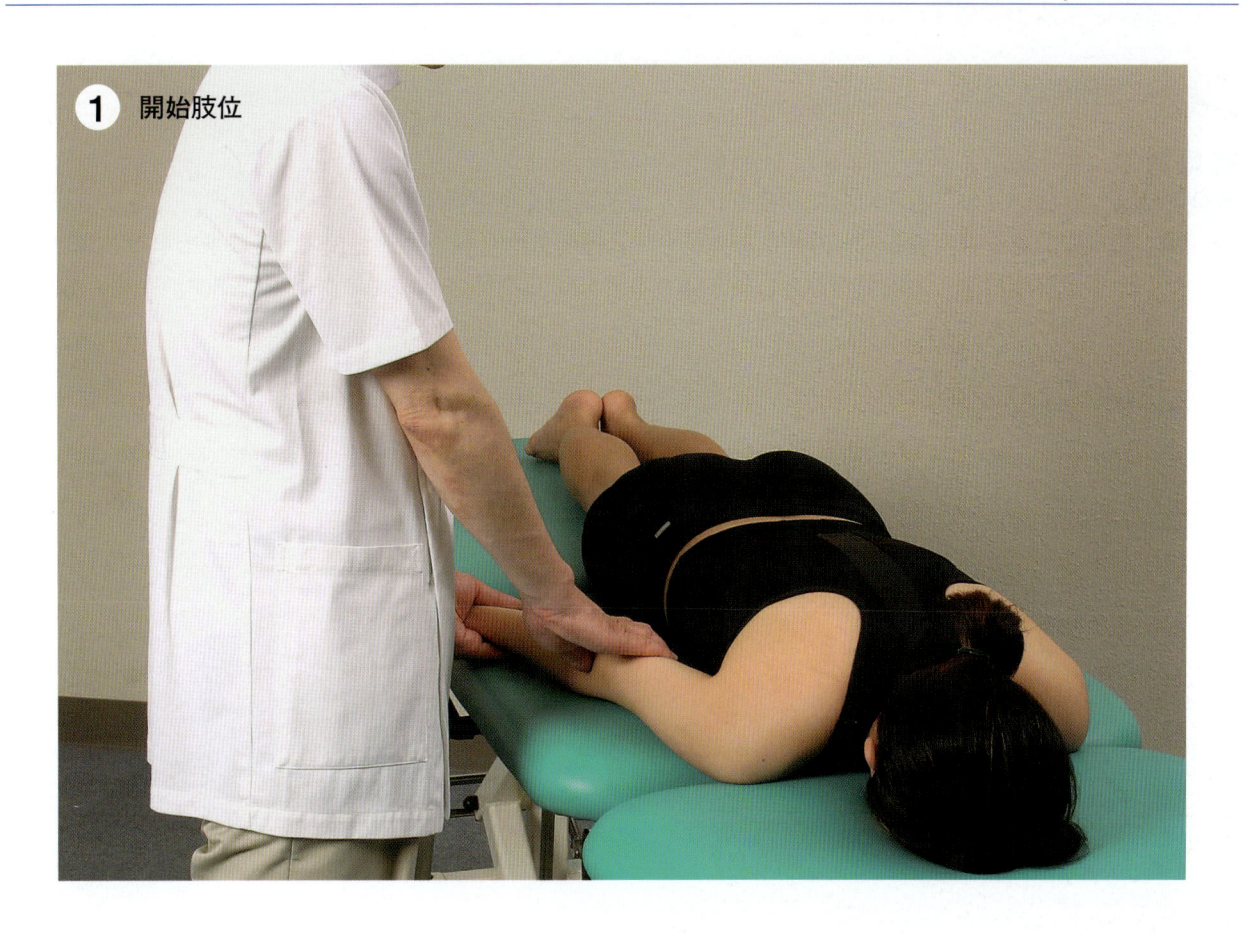

上腕二頭筋 m. biceps brachii   135

1 開始肢位

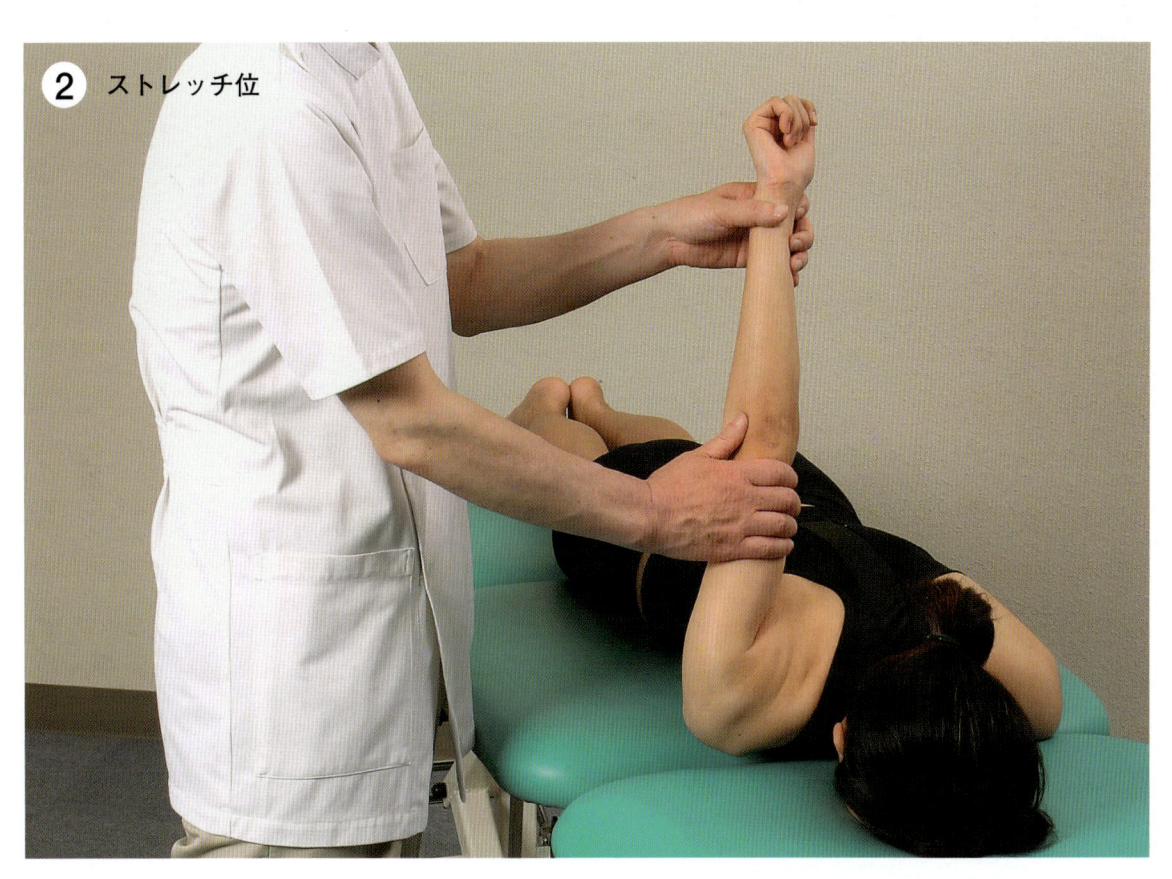

2 ストレッチ位

上腕二頭筋伸張法（短頭部）

開 始 肢 位：腹臥位．手掌を下に向け，上肢を体幹に沿わせる．
自分の位置：右側に立つ．右手で肘関節部を，左手で手関節部を把持する．
伸　張　法：肩関節を軽度外転し，外旋位を維持して，伸展方向に動かす．さらに，最終域で軽度内転する．
備　　　考：最終域では，上腕骨が前方に落ち込むことによる関節包への疼痛が出現しやすいため，強い伸張は注意する．なお，穴あきベッドがない場合は，頸椎は左回旋とする．

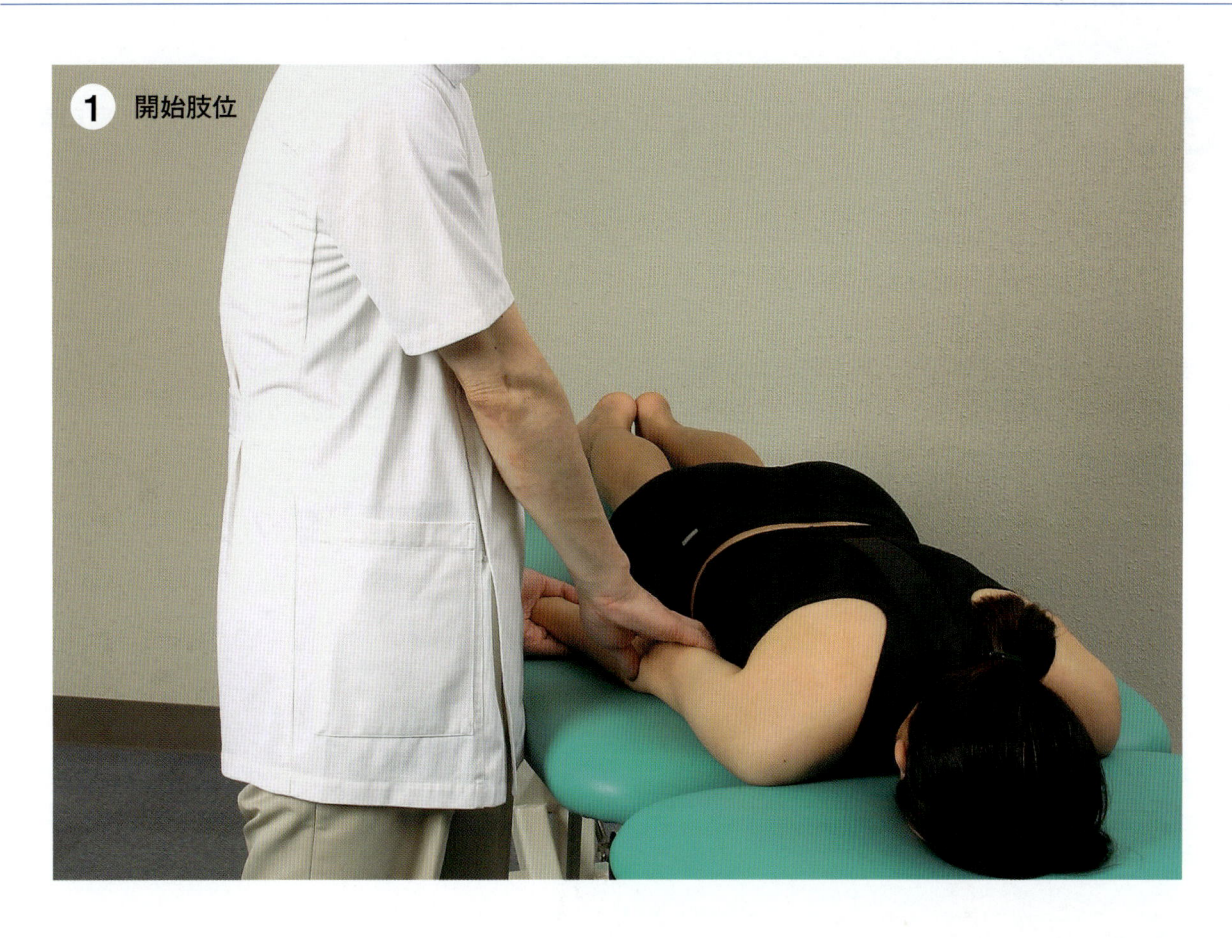

上腕二頭筋 m. biceps brachii   137

❶ 開始肢位

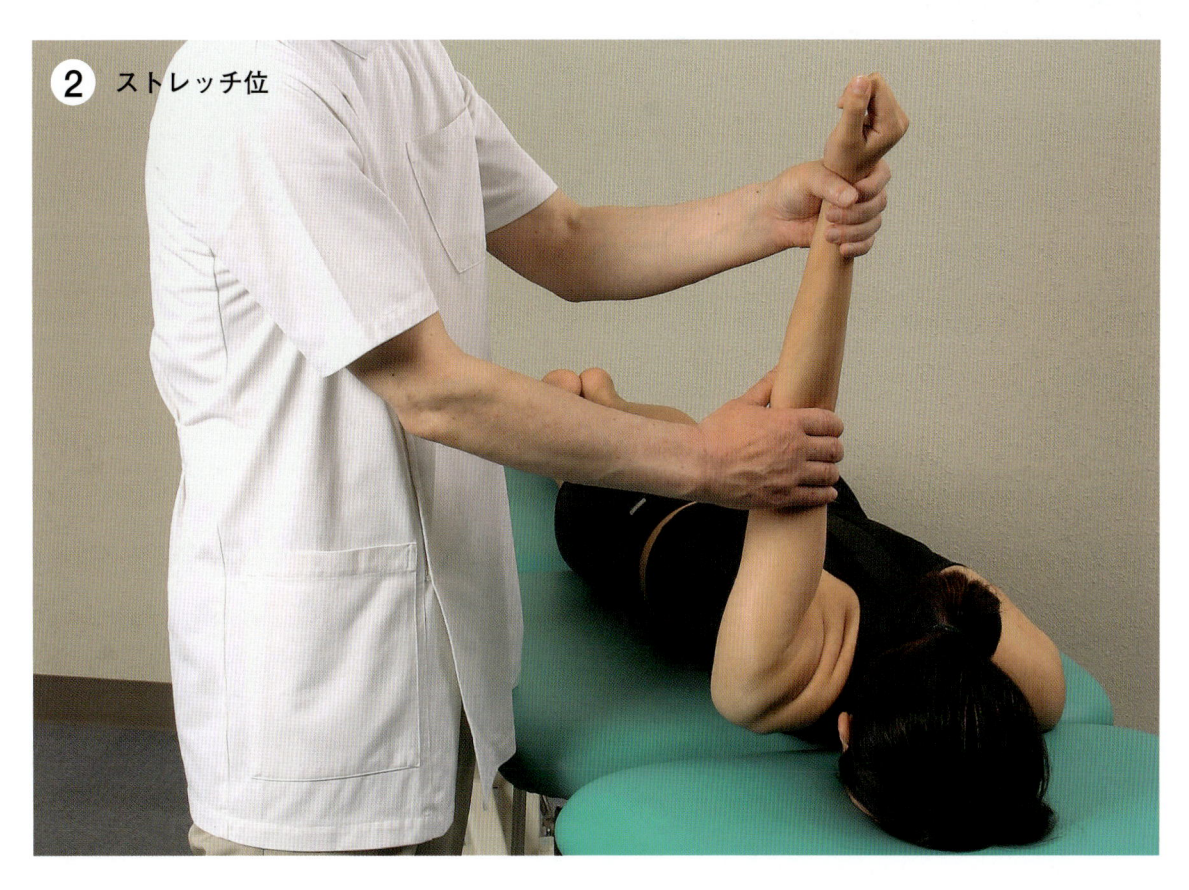

❷ ストレッチ位

30 烏口腕筋 m. coracobrachialis　▶ 37 烏口腕筋

起　　　始：肩甲骨烏口突起
停　　　止：上腕骨中央部小結節稜下方
神 経 支 配：筋皮神経 C6〜7
血 管 支 配：後上腕回旋動脈，前上腕回旋動脈
筋 連 結：三角筋，上腕二頭筋短頭，上腕筋，上腕三頭筋，円回内筋，広背筋，小胸筋

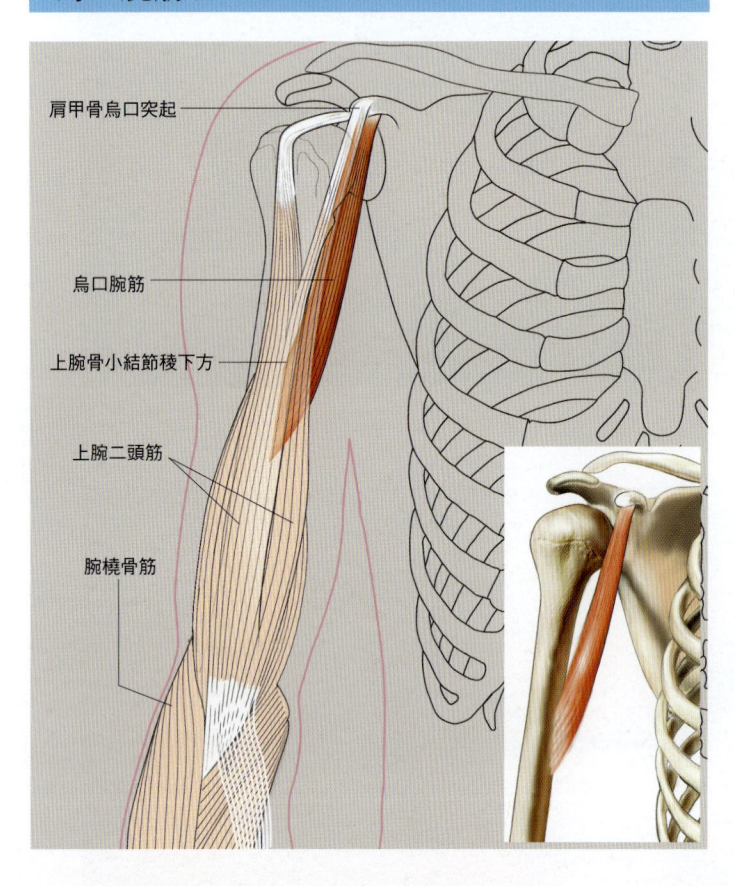

烏口腕筋ランドマーク

- 肩甲骨烏口突起
- 烏口腕筋
- 上腕骨小結節稜下方
- 上腕二頭筋
- 腕橈骨筋

烏口腕筋伸張法

開 始 肢 位：背臥位．右肩関節をベッドの端から出す．肩関節は軽度外転・外旋位．肘関節は中等度屈曲位．
自分の肢位：右側に立つ．右手で肘関節部を，左手で手関節を把持する．
伸　張　法：肩関節を最大外旋させた後，水平外転方向に動かす．

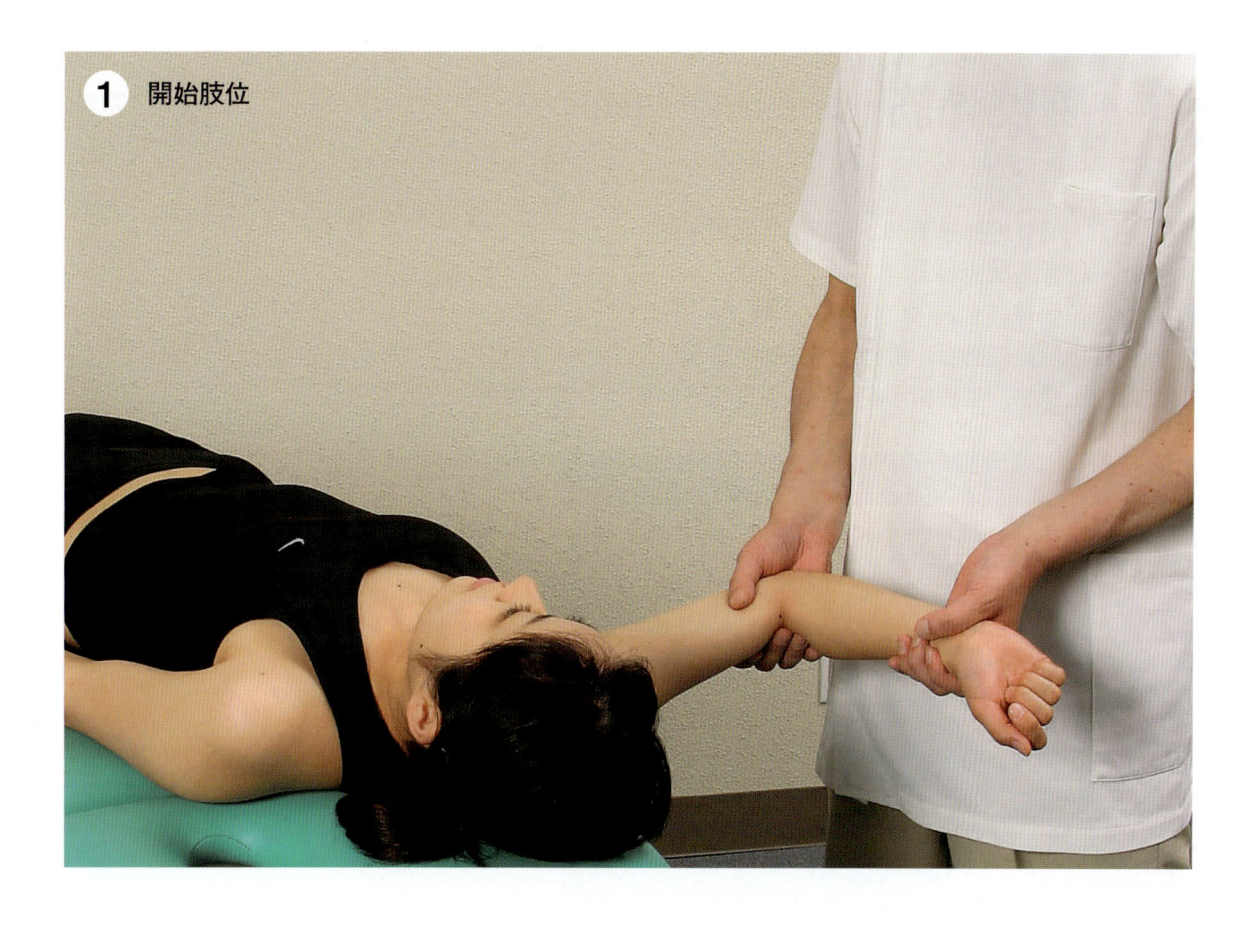

烏口腕筋 m. coracobrachialis 139

1 開始肢位

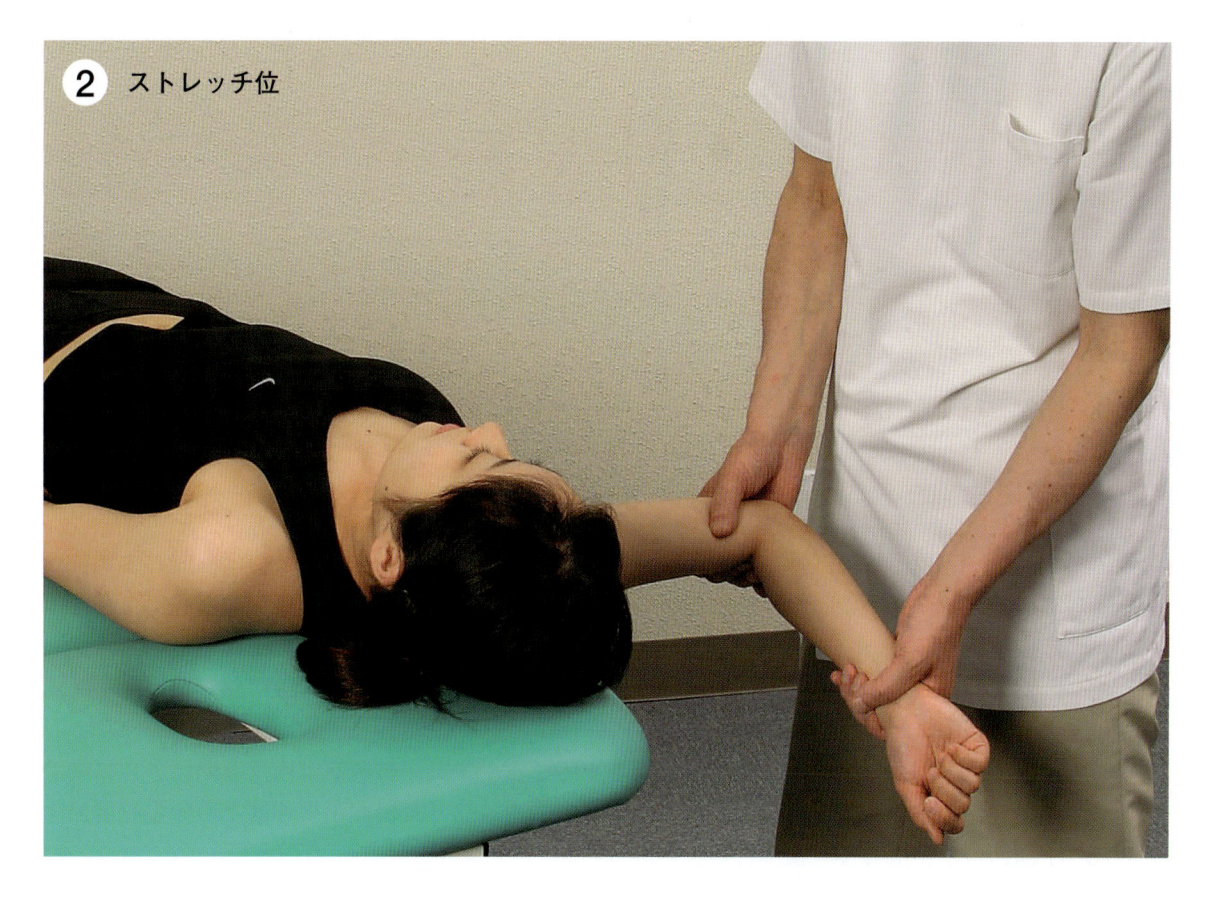

2 ストレッチ位

31 腕橈骨筋 m. brachioradialis　　39 腕橈骨筋

起　　　始：上腕骨外側縁下部，外側上腕筋間中隔
停　　　止：橈骨茎状突起上方
神 経 支 配：橈骨神経 C5〜6
血 管 支 配：橈側側副動脈，橈側反回動脈
筋　連　結：上腕筋，長橈側手根伸筋，長母指外転筋，上腕二頭筋，上腕三頭筋

腕橈骨筋ランドマーク

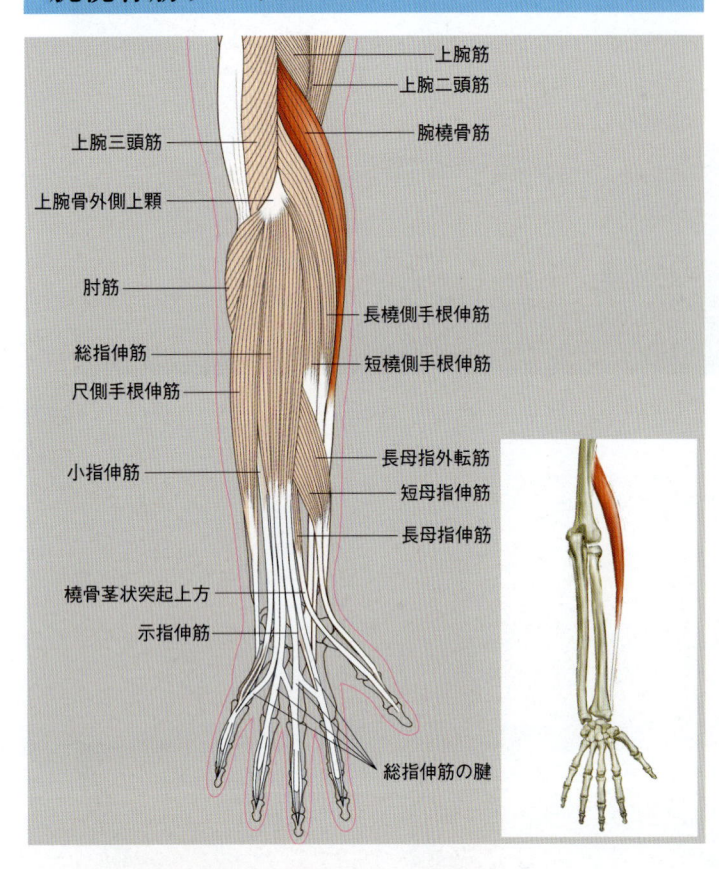

上腕筋
上腕二頭筋
腕橈骨筋
上腕三頭筋
上腕骨外側上顆
肘筋
総指伸筋
尺側手根伸筋
長橈側手根伸筋
短橈側手根伸筋
小指伸筋
長母指外転筋
短母指伸筋
長母指伸筋
橈骨茎状突起上方
示指伸筋
総指伸筋の腱

腕橈骨筋伸張法

開 始 肢 位：背臥位．肩関節は軽度外転・内外旋中間位．肘関節は軽度屈曲位．前腕は回内外中間位．
自分の位置：右側に立つ．右手で手背部を，左手で肘頭を内側から把持しながら自分の前腕で上腕を固定する．
伸　張　法：前腕を回内しながら肘関節を伸展・内反し，肘関節部での骨性の抵抗が感じた後，手関節を掌屈・尺屈する．
備　　　考：伸張時，肘関節を完全伸展させると痛みを感じる．また，肘関節は内反方向にさらに動く程度の余裕が必要である．前腕は回内位の程度で，当該筋と長橈側手根伸筋との伸張を調節する．手関節の掌屈はあまり強く行わない．

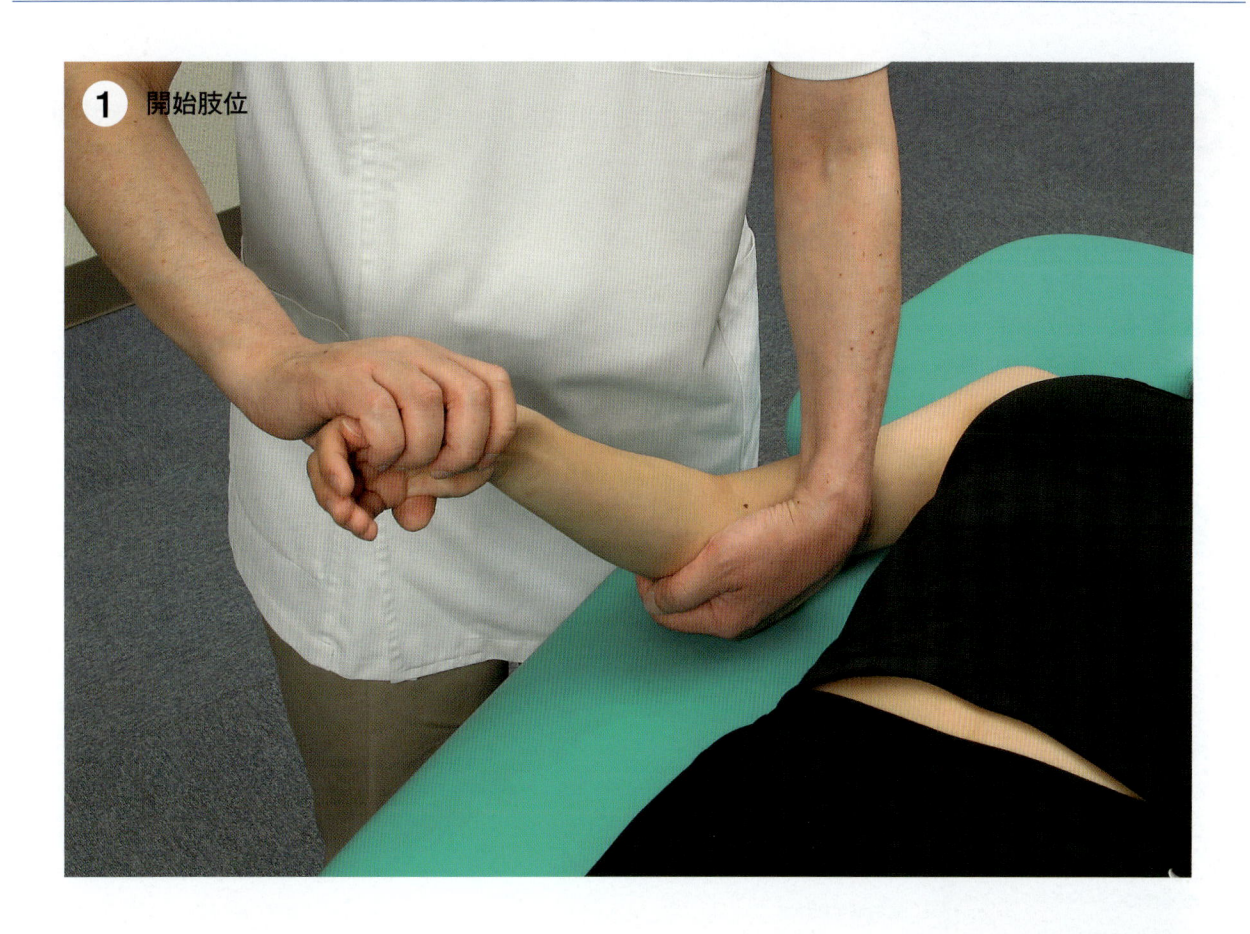

腕橈骨筋 m. brachioradialis 141

① 開始肢位

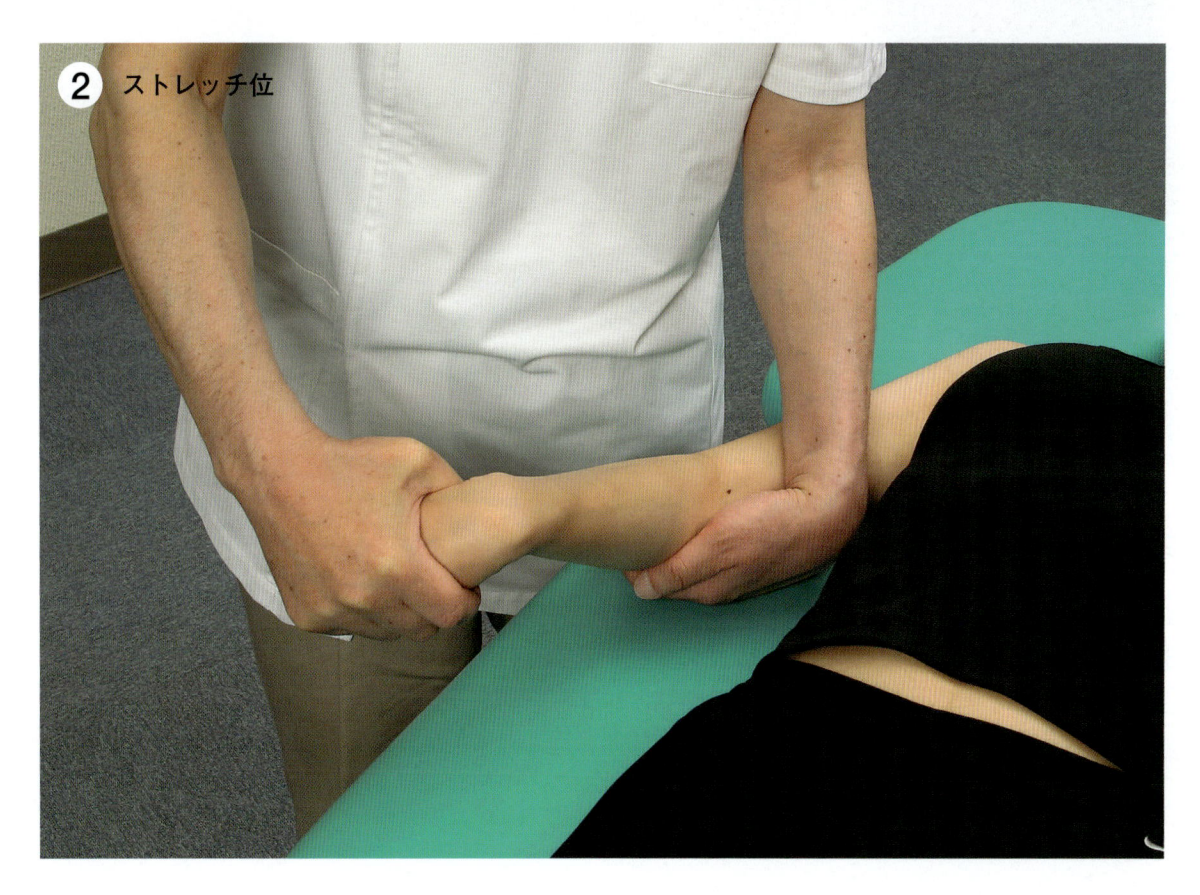

② ストレッチ位

32 長橈側手根伸筋 m. extensor carpi radialis longus ……▶ 40 長橈側手根伸筋

- 起　　始：上腕骨外側上顆，外側上腕筋間中隔
- 停　　止：第2中手骨底背面
- 神 経 支 配：橈骨神経 C6〜7
- 血 管 支 配：橈側側副動脈，橈側反回動脈
- 筋 連 結：腕橈骨筋，母指内転筋，短橈側手根伸筋，総指伸筋，小指伸筋，尺側手根伸筋，短母指伸筋，上腕二頭筋，上腕筋，上腕三頭筋

長橈側手根伸筋ランドマーク

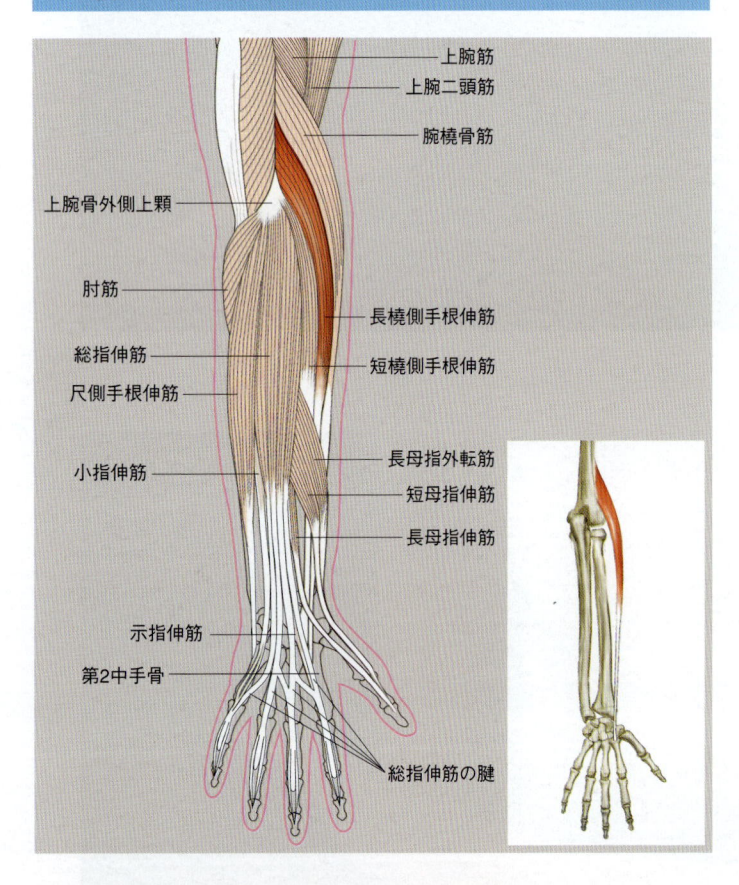

長橈側手根伸筋伸張法

- 開 始 肢 位：背臥位．右肩関節は軽度屈曲・軽度外転位．肘関節は伸展位．前腕は回内位．
- 自分の位置：右側に立つ．右手で手背部を把持し，左手で肘関節を後方より固定する．
- 伸　張　法：前腕を回内しながら，手関節を掌屈・尺屈する．
- 備　　考：手指伸筋群の伸張を防ぐため，手指は屈曲位に固定しない．また，手関節掌屈が強すぎると尺屈制限が生じるので注意する．

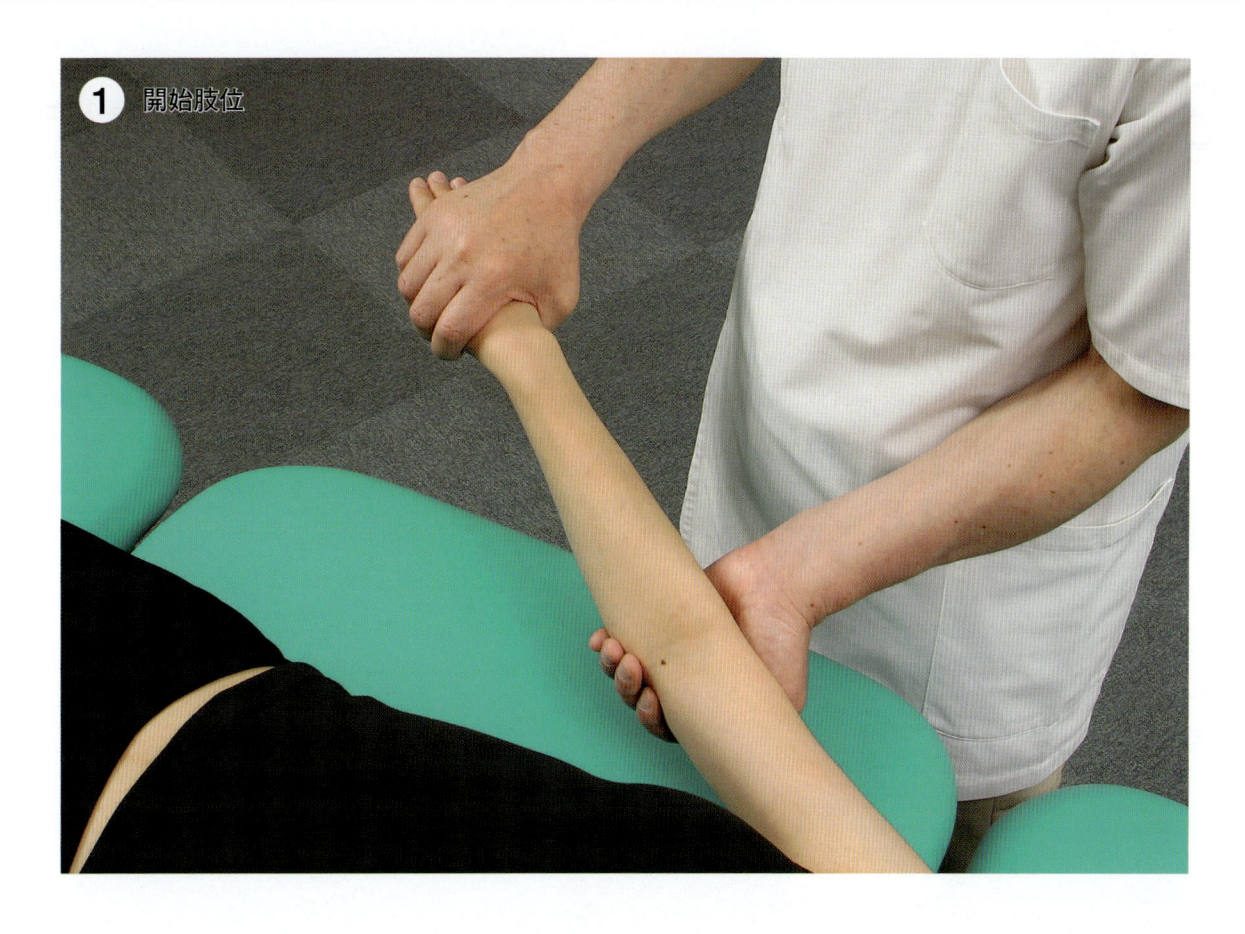

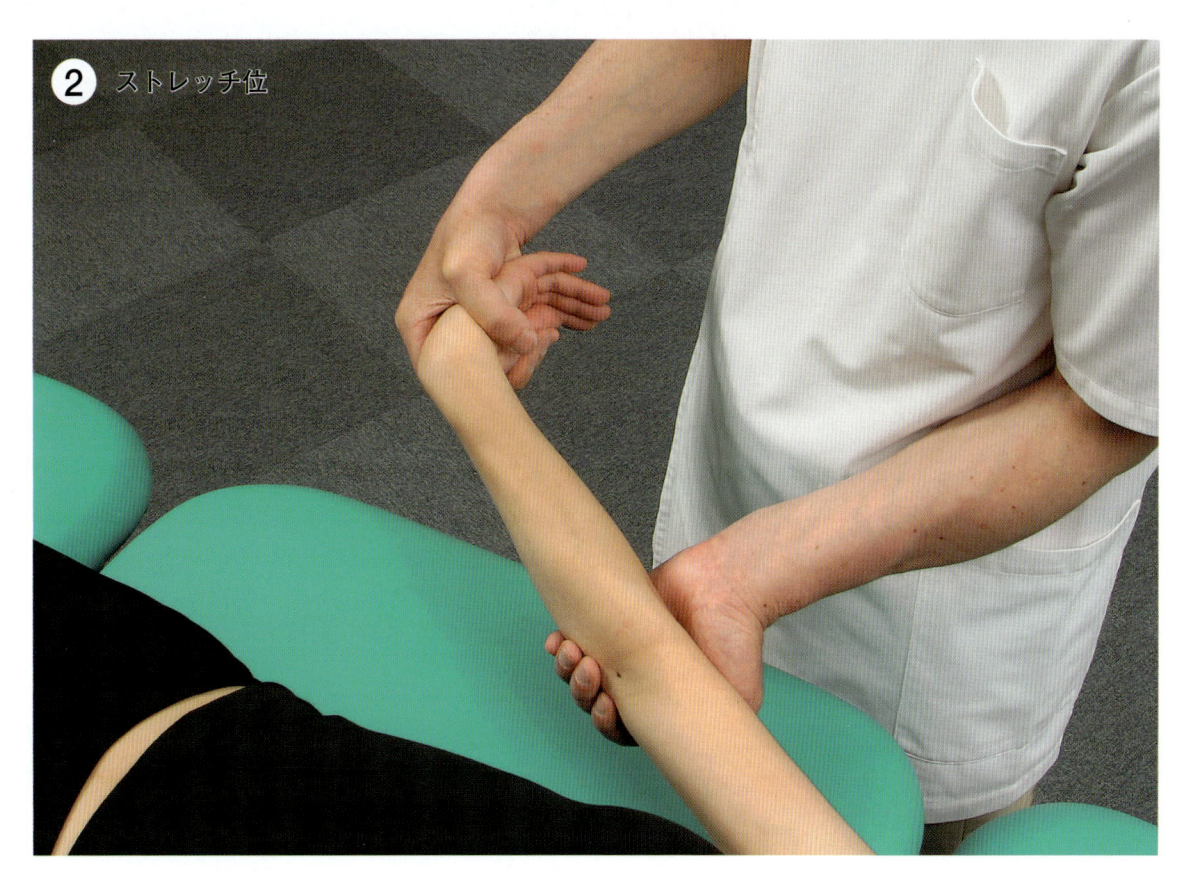

長橈側手根伸筋 m. extensor carpi radialis longus 143

① 開始肢位

② ストレッチ位

33 短橈側手根伸筋 m. extensor carpi radialis brevis ········▶ 41 短橈側手根伸筋

- 起　　　始：上腕骨外側上顆，橈骨輪状靱帯，この筋と総指伸筋間の腱板
- 停　　　止：第3中手骨底
- 神 経 支 配：橈骨神経深枝 C5〜7
- 血 管 支 配：橈側側副動脈，橈側反回動脈
- 筋 連 結：長橈側手根伸筋，回外筋，示指伸筋，（肘関節包を介して）上腕筋，上腕三頭筋，肘筋，総指伸筋，浅指屈筋，回外筋，尺側手根伸筋，短母指伸筋

短橈側手根伸筋ランドマーク

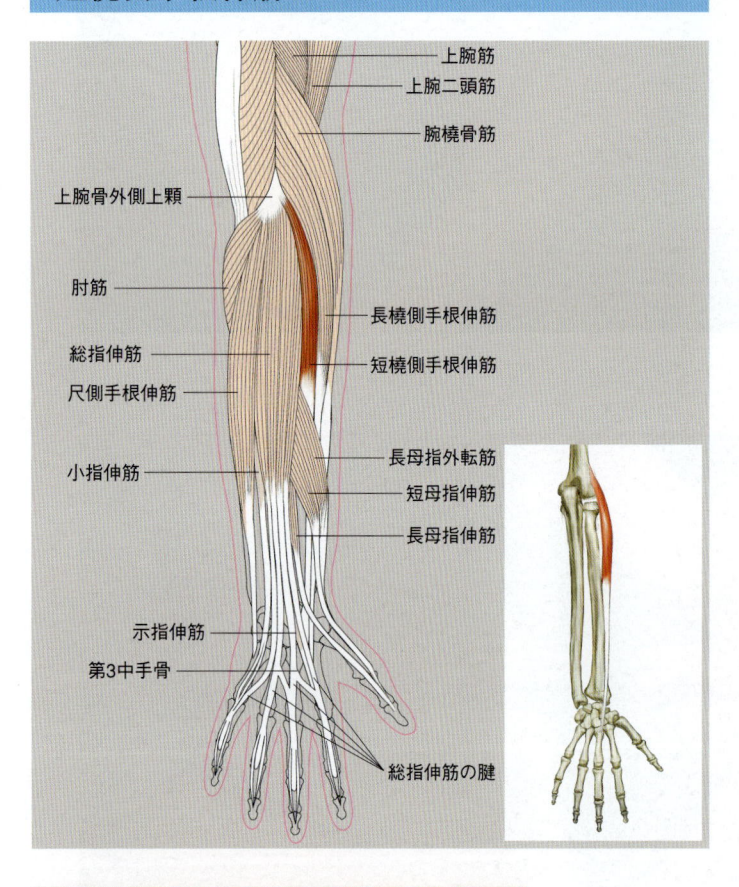

短橈側手根伸筋伸張法

- 開 始 肢 位：背臥位．右肩関節は軽度屈曲・軽度外転位．肘関節は伸展位．前腕は回内位．
- 自分の位置：右側に立つ．右手で手背部を把持し，左手で肘関節を後方より把持する．
- 伸　張　法：手関節を上方に押し上げながら掌屈する．

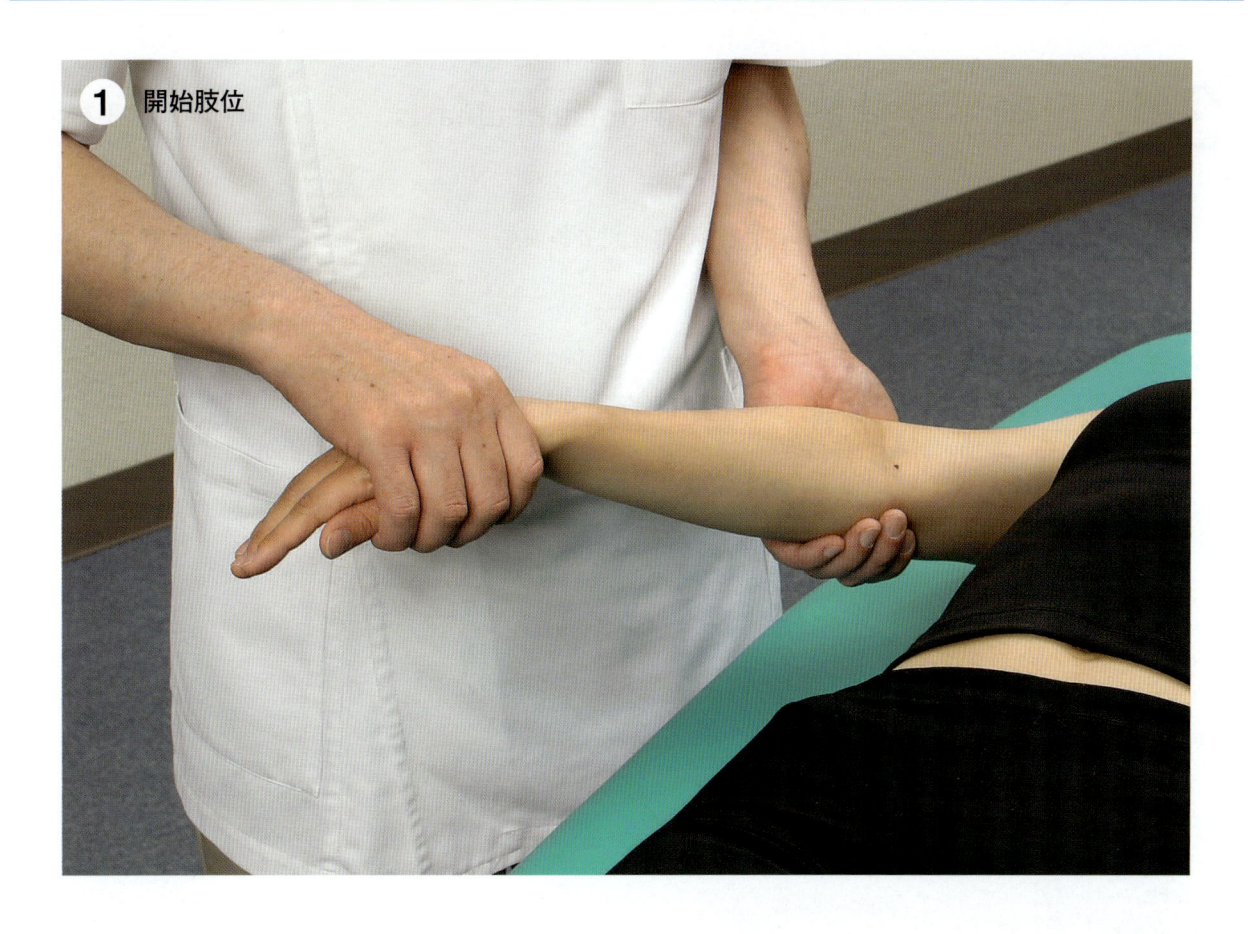

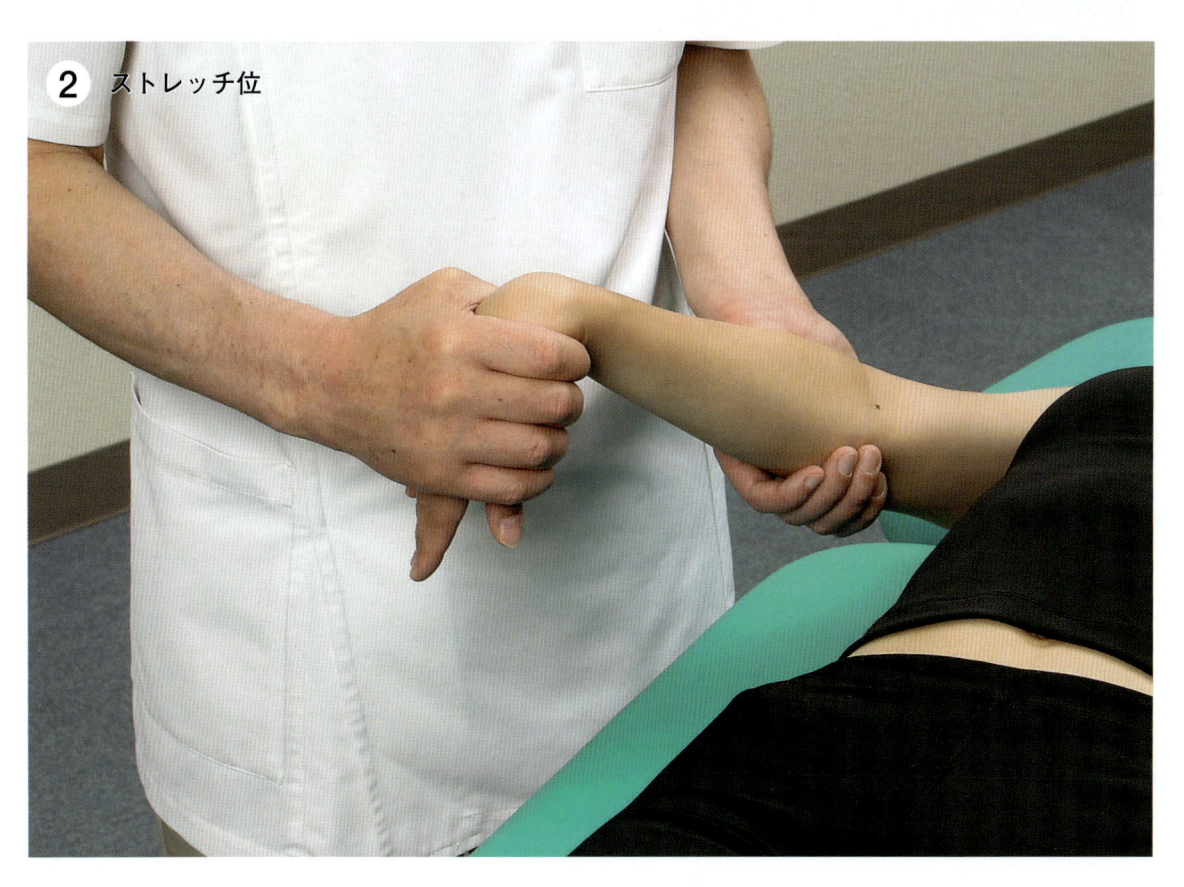

短橈側手根伸筋 m. extensor carpi radialis brevis　145

1 開始肢位

2 ストレッチ位

34 尺側手根伸筋 m. extensor carpi ulnaris ……▶ 42 尺側手根伸筋

起　　始：上腕骨外側上顆，肘関節橈側側副靭帯，尺骨後面
停　　止：第5中手骨底背面
神 経 支 配：橈骨神経深枝 C6〜8
血 管 支 配：後骨間動脈
筋 連 結：尺側手根屈筋，深指屈筋，長橈側手根伸筋，示指伸筋，小指伸筋，（肘関節包を介して）上腕筋，
　　　　　上腕三頭筋，肘筋，総指伸筋，浅指屈筋，短橈側手根伸筋，短母指伸筋，回外筋

尺側手根伸筋ランドマーク

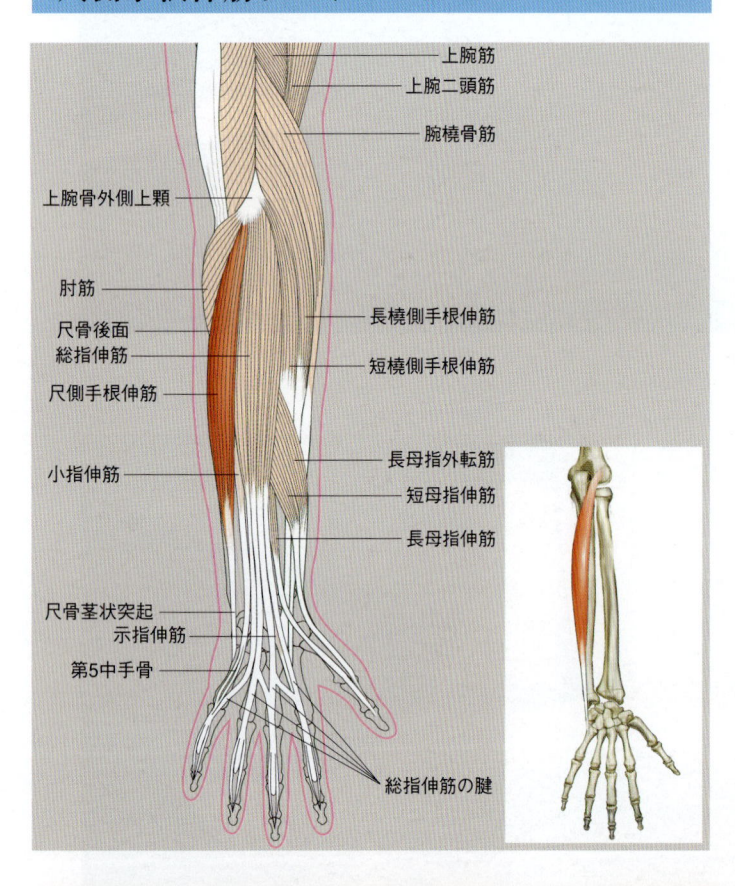

尺側手根伸筋伸張法（筋腹・起始部）

開 始 肢 位：背臥位．肩関節は軽度屈曲・軽度外転位．肘関節は伸展位．前腕は最大回外位．手指は屈曲位
　　　　　（母指を中に握り込む）．
自分の位置：右側に立つ．左手で肘関節を後方より把持し，右手で手背部より手指を握り込む．
伸 張 法：手関節を掌屈・橈屈する．

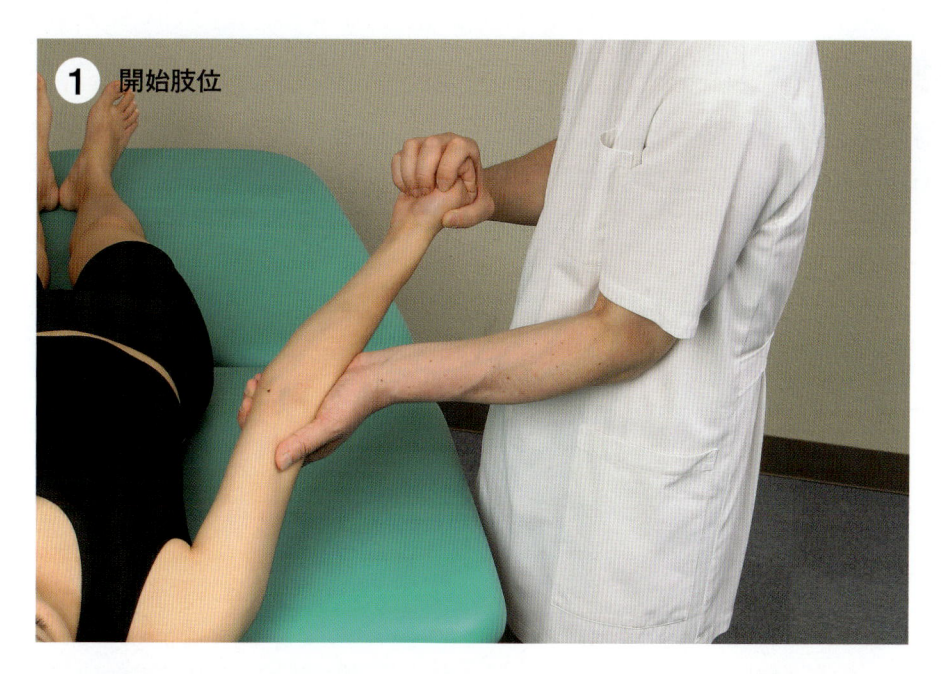

尺側手根伸筋 m. extensor carpi ulnaris 147

1 開始肢位

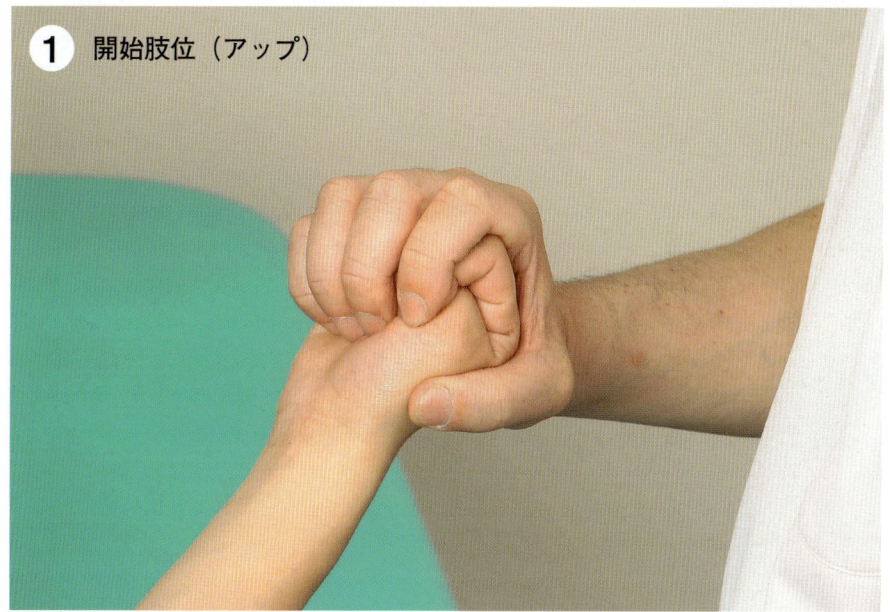

1 開始肢位（アップ）

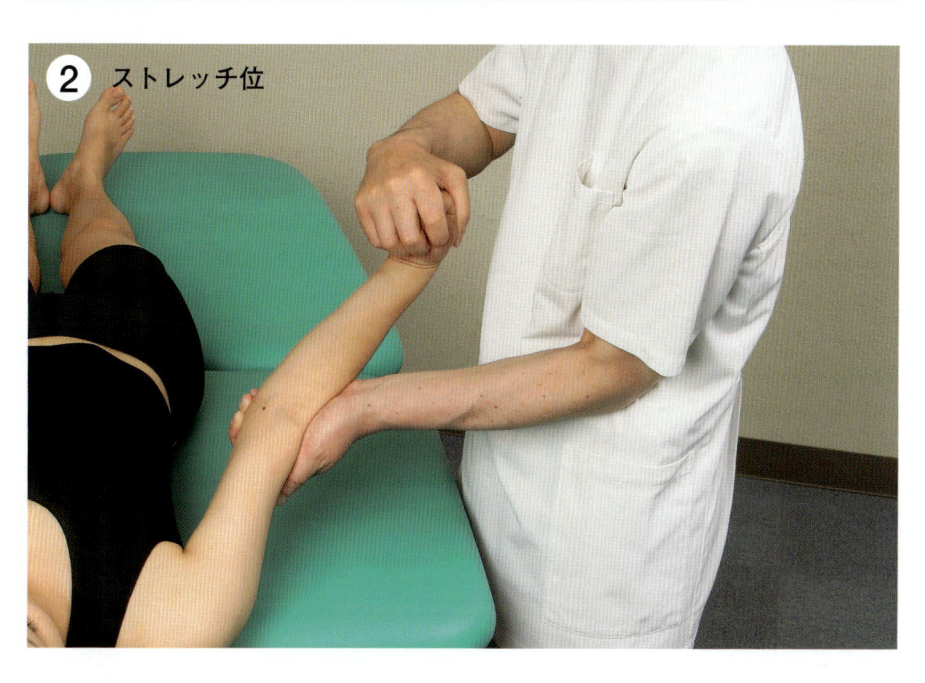

2 ストレッチ位

尺側手根伸筋伸張法（停止部）

開始肢位：背臥位．肘関節は約90°屈曲位．前腕は回内外中間位．手指は屈曲位（母指を中に握り込む）．
自分の位置：右側に頭部に向かって立つ．右手で前腕遠位部を，左手で手背部より手指を握り込む．
伸　張　法：前腕を手前に引き寄せながら，回内外を制限し，左手で手関節を掌屈・橈屈する．

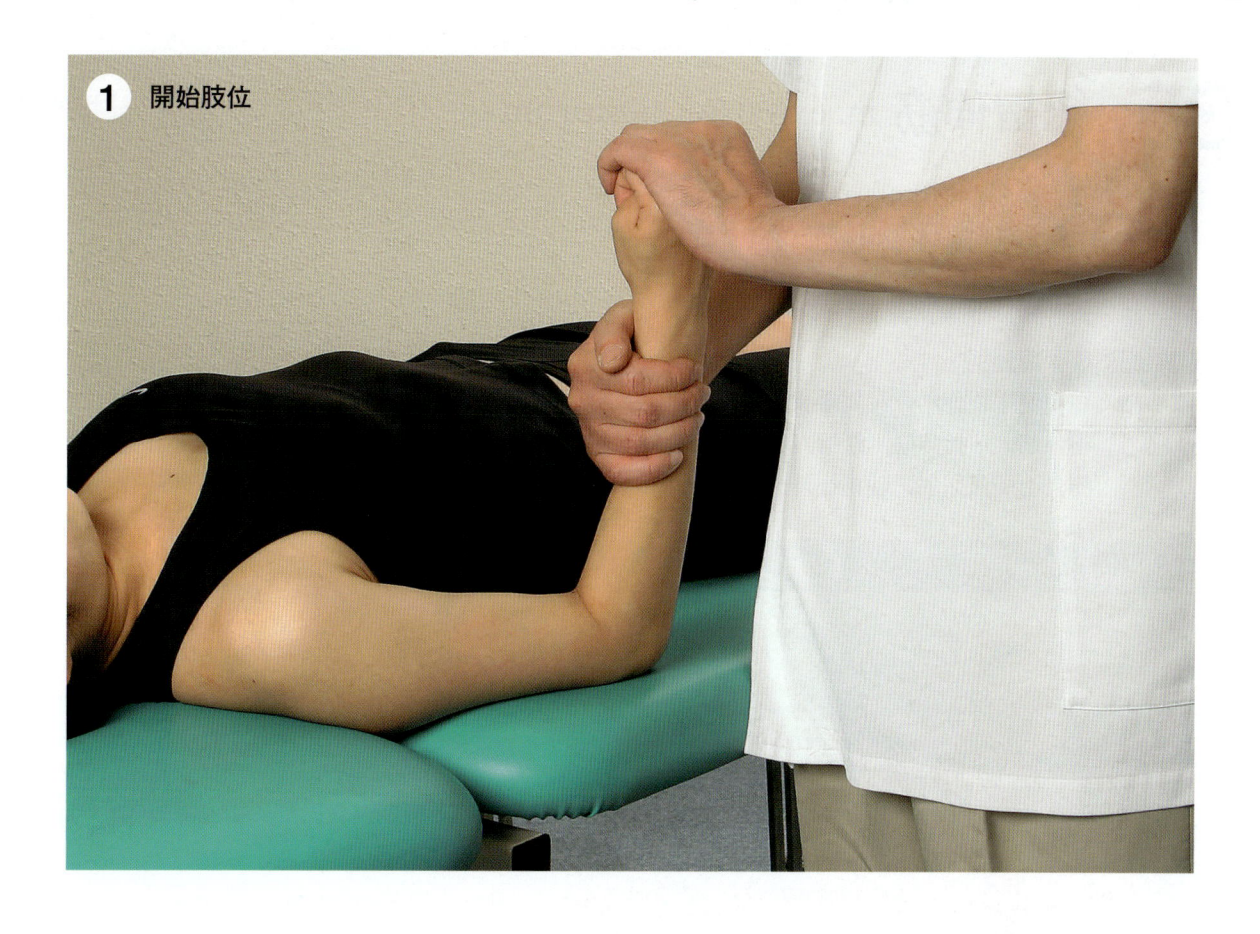

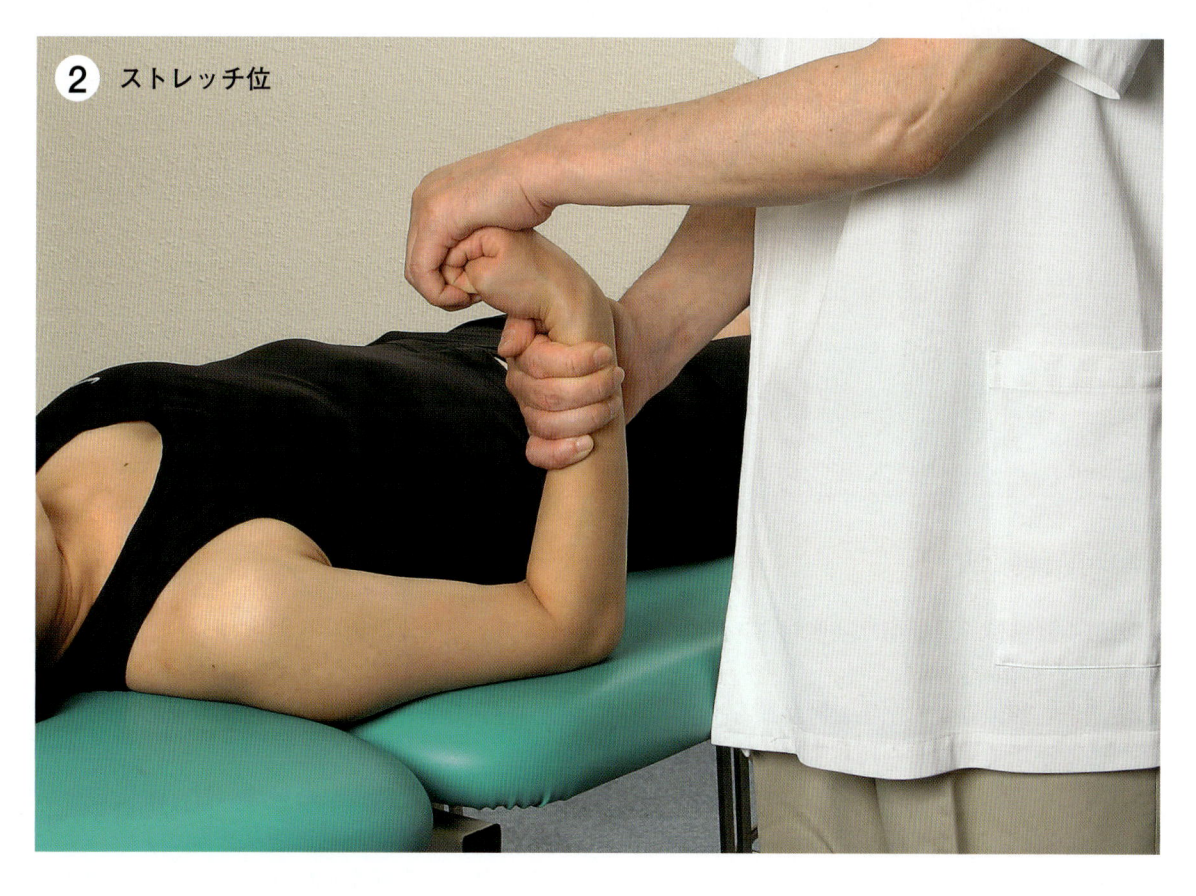

尺側手根伸筋 m. extensor carpi ulnaris 149

1 開始肢位

2 ストレッチ位

35 総指伸筋 m. extensor digitorum　→ 45 総指伸筋

- 起　　　始：上腕骨外側上顆，前腕筋膜
- 停　　　止：第2～5中節骨底・末節骨底
- 神 経 支 配：橈骨神経深枝 C6～8
- 血 管 支 配：後骨間動脈
- 筋 　連 　結：短橈側手根伸筋，尺側手根伸筋，掌側骨間筋，小指伸筋，長母指外転筋，短母指外転筋，短母指伸筋，示指伸筋，母指内転筋，小指外転筋，短小指屈筋，虫様筋，（肘関節包を介して）上腕筋，上腕三頭筋，浅指屈筋，短橈側手根伸筋，尺側手根伸筋，短母指伸筋，回外筋

総指伸筋ランドマーク

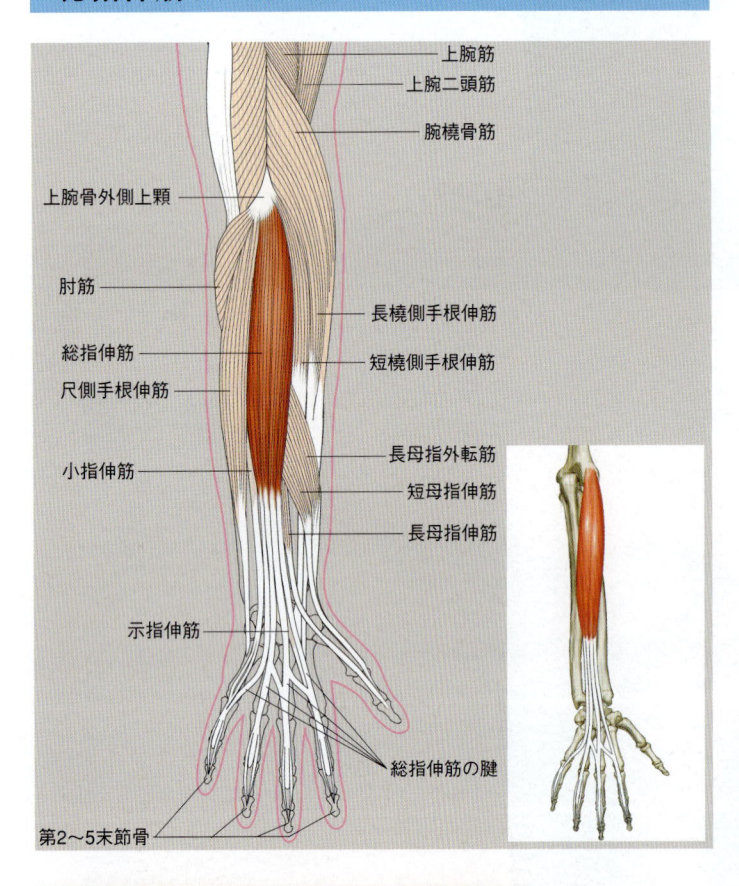

総指伸筋伸張法

- 開 始 肢 位：背臥位．肩関節は軽度屈曲・軽度外転位．肘関節は伸展位．前腕は最大回外位．手指は屈曲位（母指を除く）．
- 自分の位置：右側に立つ．左手で肘関節を後方より把持し，右手で手背部より手指を握り込む．
- 伸　張　法：手指を屈曲しながら手関節を掌屈する．
- 備　　　考：本筋は第2～5指へと走行が分かれている．示指側を主に伸張したい場合は，手関節を掌屈・軽度尺屈し，小指側を主に伸張したい場合は，手関節を掌屈・軽度橈屈するとよい．また，示指側を伸張する場合は，示指伸筋も同時に伸張され，小指側を伸張する場合は，小指伸筋も同時に伸張される．

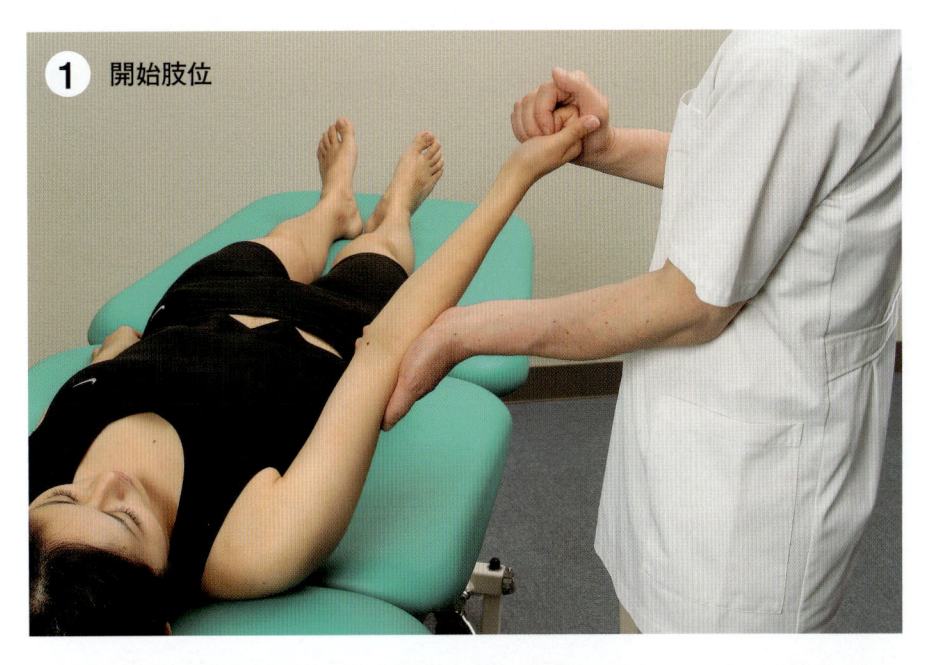

総指伸筋 m. extensor digitorum 151

1 開始肢位

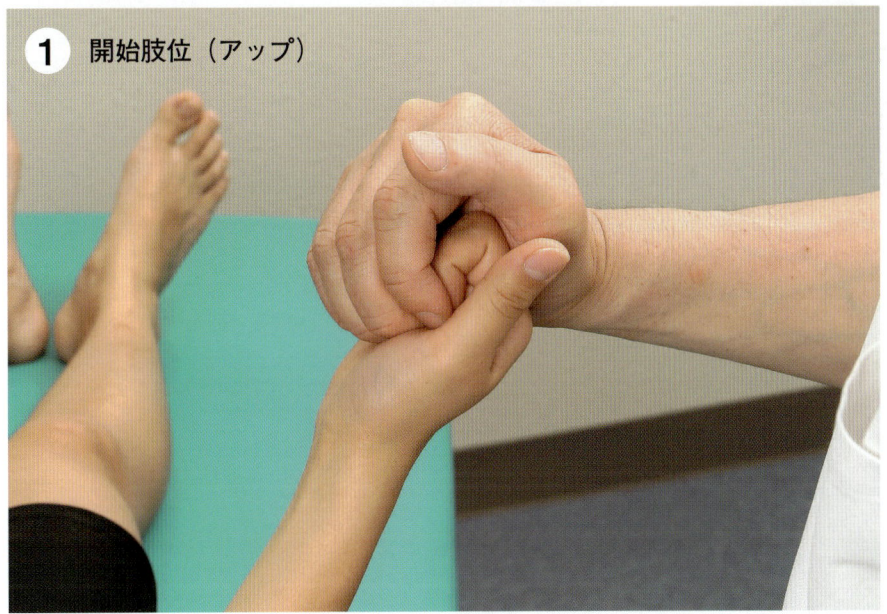

1 開始肢位（アップ）

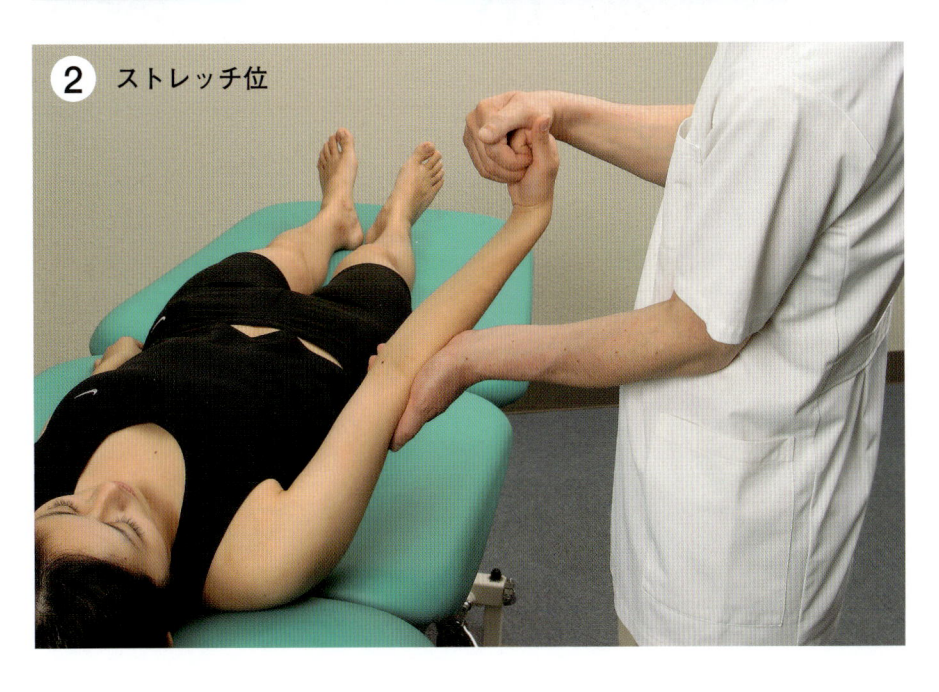

2 ストレッチ位

36 長母指伸筋 m. extensor pollicis longus ········▶ 46 長母指伸筋

起　　　始：前腕骨間膜，尺側手根伸筋筋膜
停　　　止：母指末節骨底
神 経 支 配：橈骨神経深枝 C6〜8
血 管 支 配：後骨間動脈
筋 連 結：短母指伸筋，長母指屈筋，総指伸筋，示指伸筋，長母指外転筋，深指屈筋

長母指伸筋ランドマーク

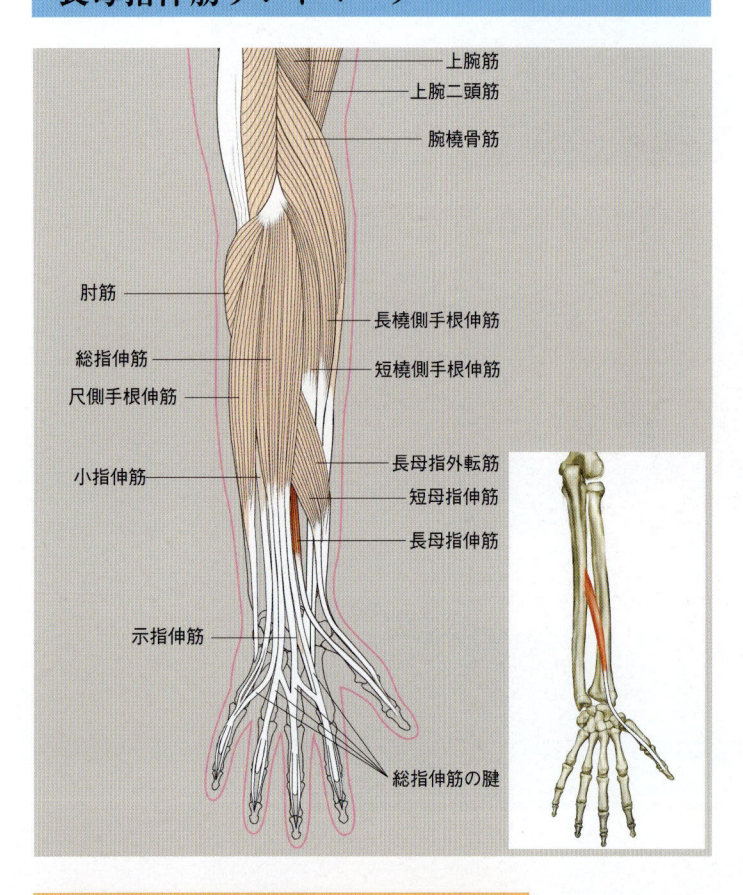

長母指伸筋伸張法

開 始 肢 位：背臥位．肘関節は中等度屈曲位．前腕は回内外中間位．母指は掌側外転位．
自分の位置：右側に立つ．右示指・中指で相手の母指を挟み込み，自分の母指を基節骨背側に置き，左手で相手の右手を小指側より把持する．
伸　張　法：左手で手関節を押し上げるように掌屈・尺屈した後，右手で母指指節間関節までを屈曲する．
備　　　考：伸張時，右手で手根中手関節の対立位を十分維持し，腱走行を確認しながら行う．

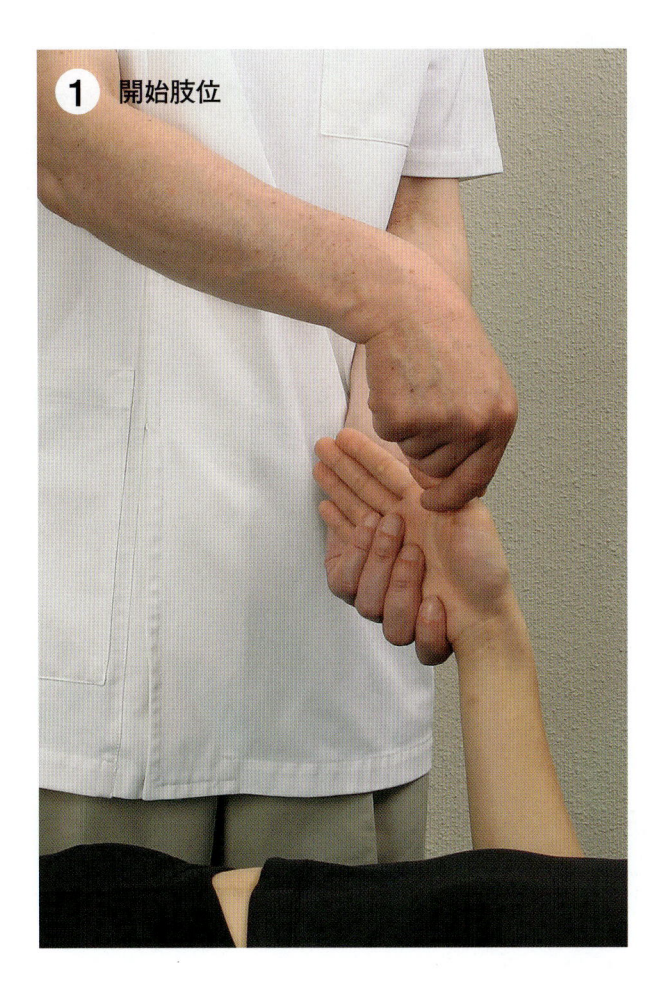

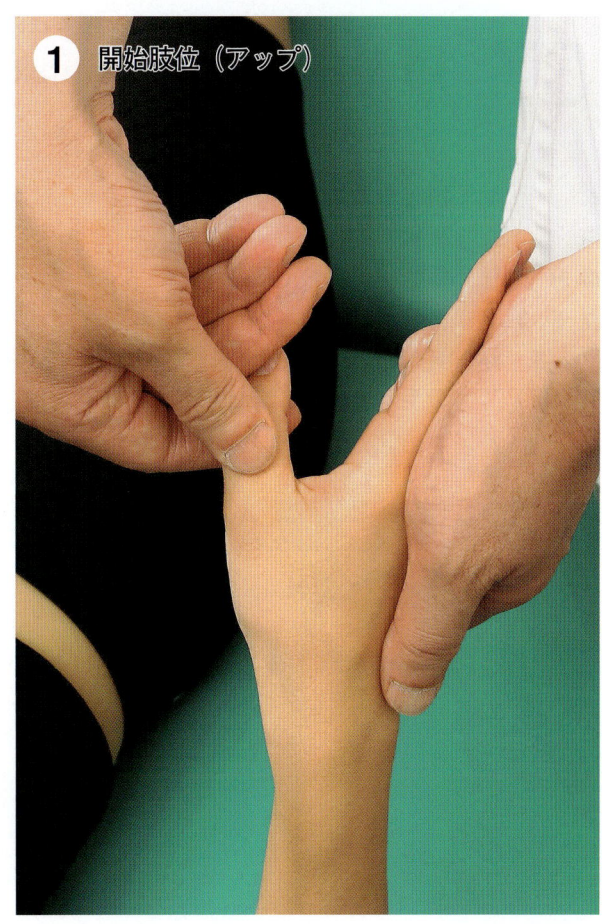

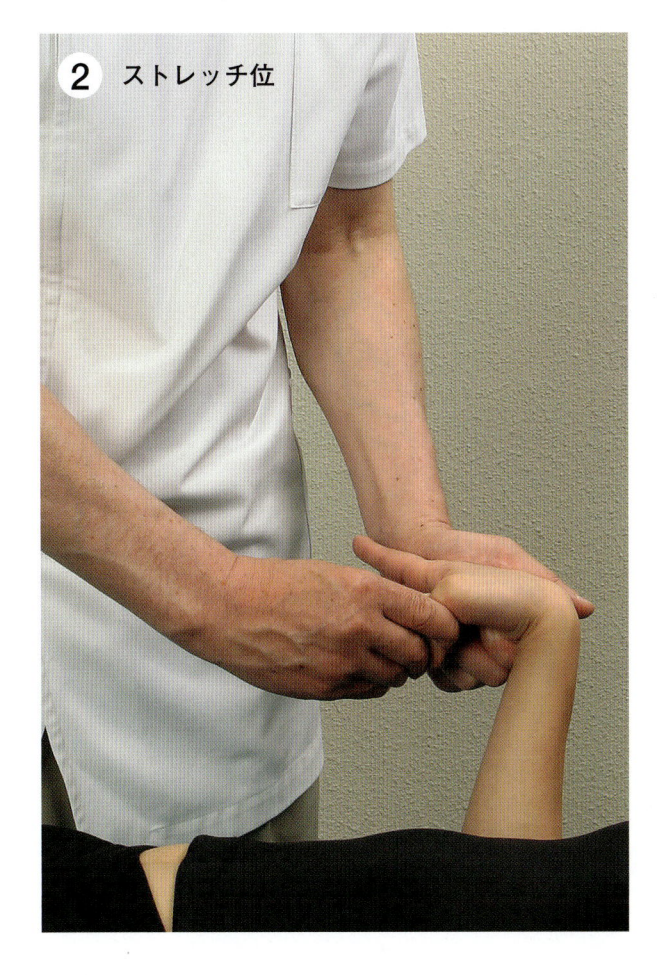

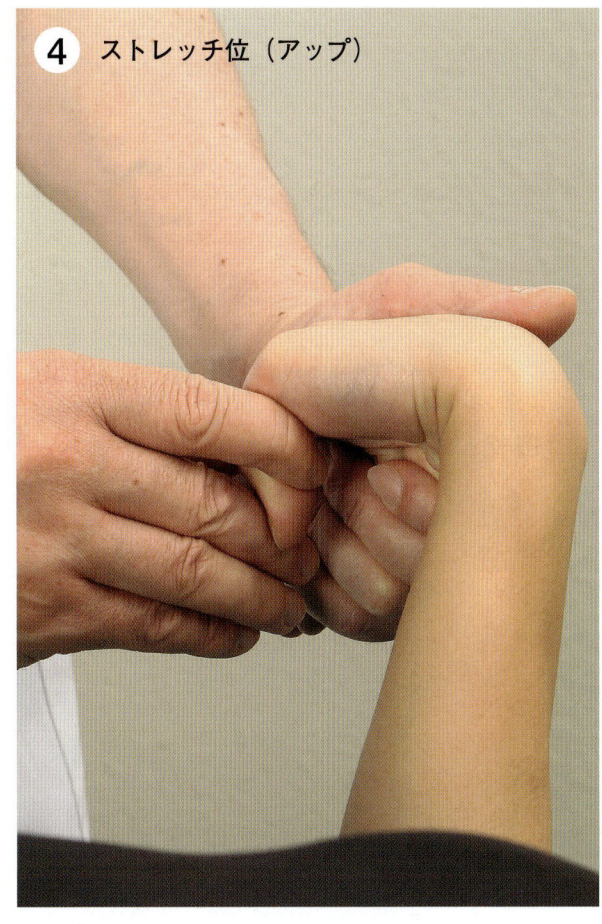

長母指伸筋 m. extensor pollicis longus 153

❶ 開始肢位

❶ 開始肢位（アップ）

❷ ストレッチ位

❹ ストレッチ位（アップ）

37 短母指伸筋 m. extensor pollicis brevis ┈┈▶ 47 短母指伸筋

起　　始：前腕骨間膜，橈骨
停　　止：母指基節骨底
神 経 支 配：橈骨神経深枝 C6～8
血 管 支 配：後骨間動脈
筋 連 結：長母指伸筋，短母指外転筋，長橈側手根伸筋，長母指屈筋，総指伸筋，長母指外転筋，（肘関節包を介して）上腕筋，上腕三頭筋，肘筋，総指伸筋，浅指屈筋，短橈側手根伸筋，尺側手根伸筋，回外筋

短母指伸筋ランドマーク

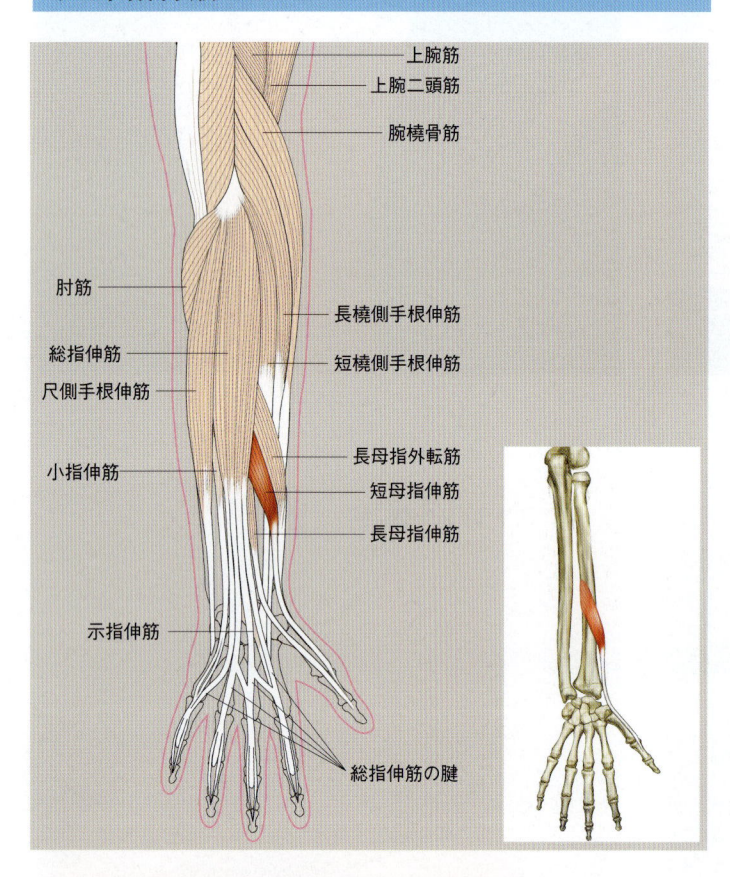

短母指伸筋伸張法

開 始 肢 位：背臥位．肘関節は中等度屈曲位．前腕は回内外中間位．手関節は軽度背屈・尺屈位．
自分の位置：右側に立つ．右示指・中指で相手の母指を挟み込み，自分の母指を母指中手骨背側に置く．左手は相手の右手を小指側より把持する．
伸 張 法：母指手根中手関節を内転した後，中手指節関節を屈曲する．
備　　考：伸張時，腱走行を確認しながら行う．

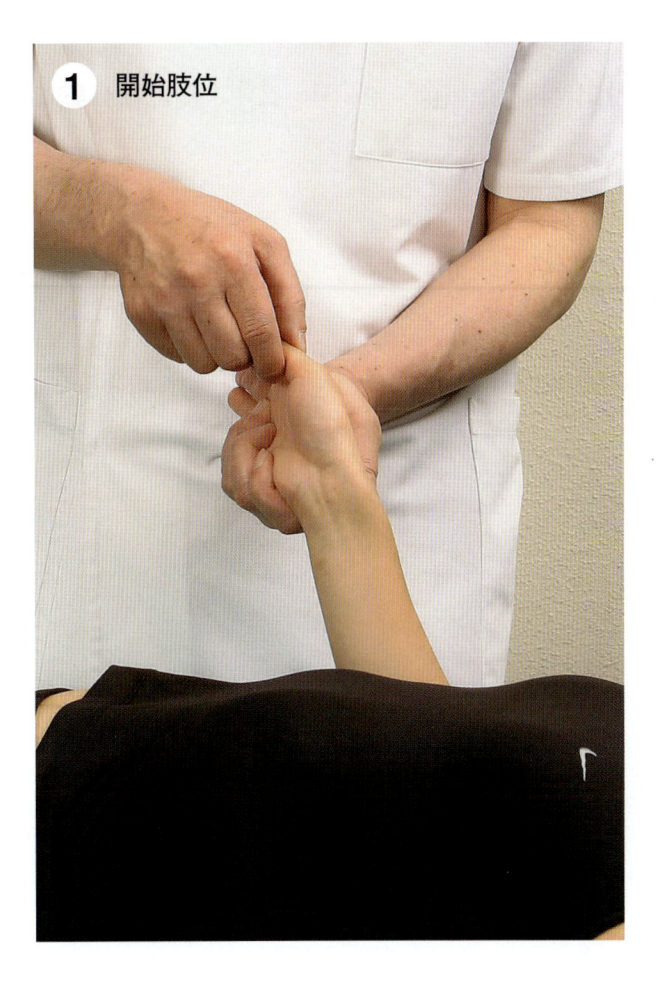

短母指伸筋 m. extensor pollicis brevis 155

1 開始肢位

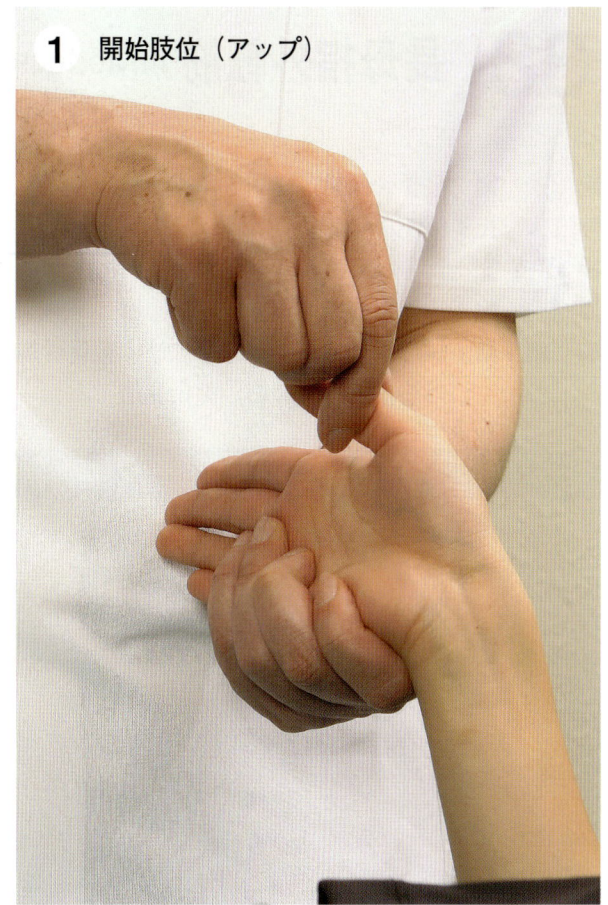

1 開始肢位(アップ)

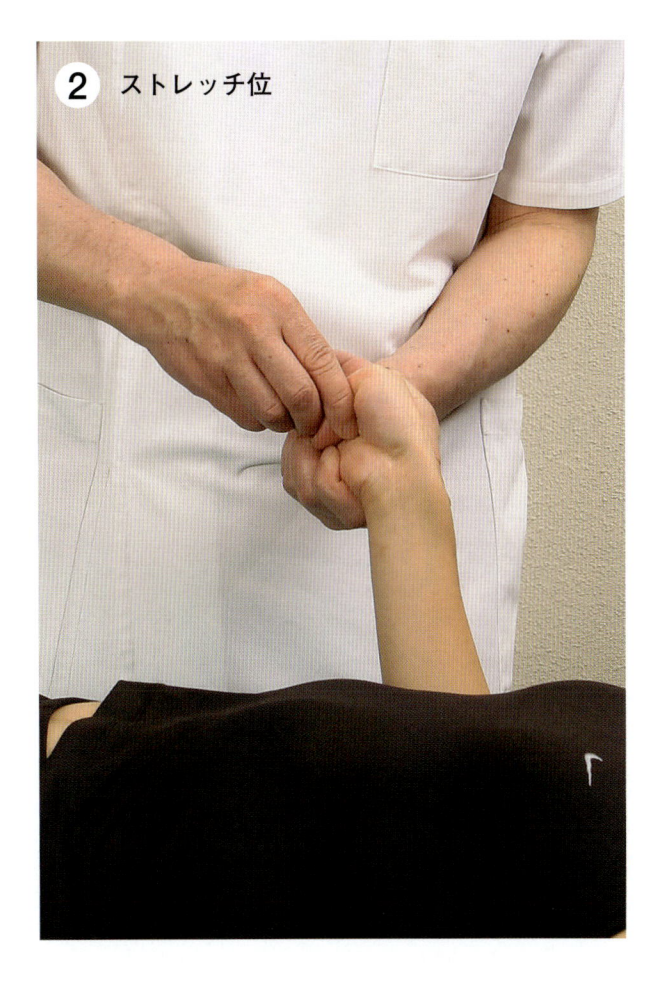

2 ストレッチ位

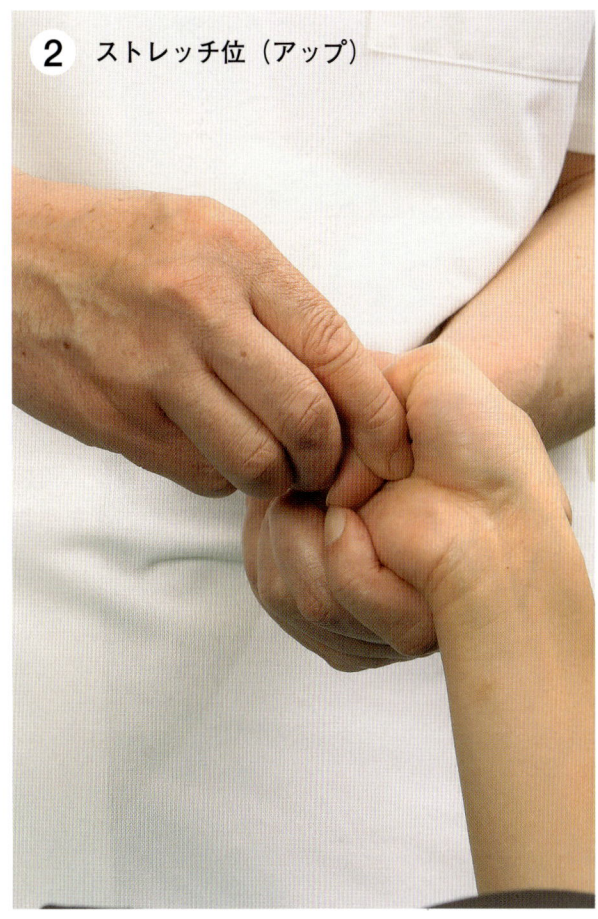

2 ストレッチ位(アップ)

38 長母指外転筋 m. abductor pollicis longus ▶ 48 長母指外転筋

起　　始：尺骨骨間縁，前腕骨間膜，橈骨後面
停　　止：第1中手骨底
神経支配：橈骨神経深枝 C6〜8
血管支配：後骨間動脈
筋 連 結：短母指外転筋，母指対立筋，腕橈骨筋，母指内転筋，長母指屈筋，総指伸筋，短母指伸筋，回外筋，長母指伸筋，深指屈筋

長母指外転筋ランドマーク

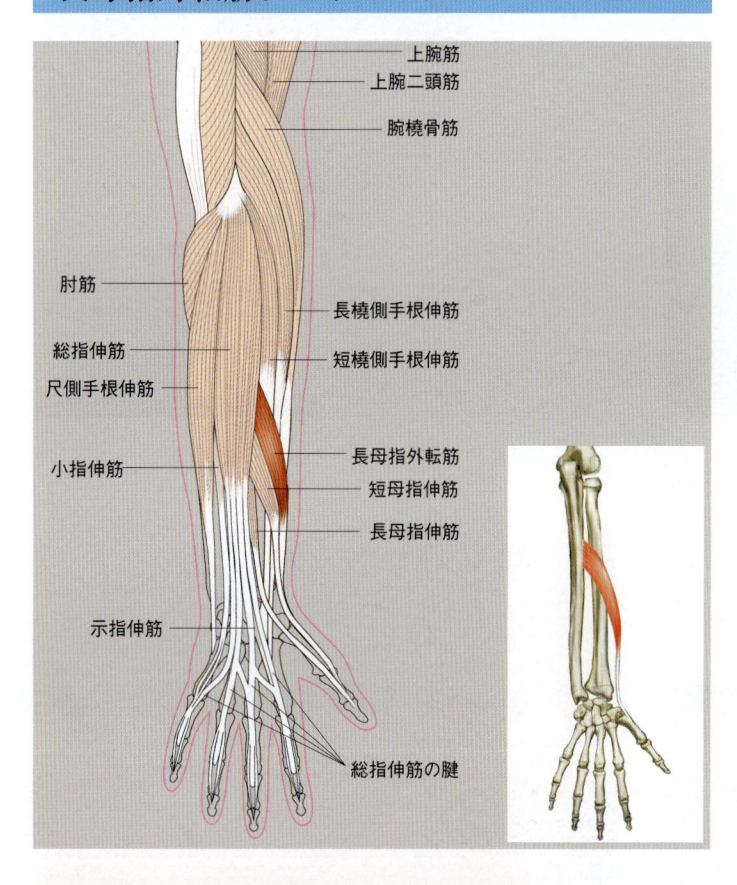

長母指外転筋伸張法

開始肢位：背臥位．肘関節は中等度屈曲位．前腕は軽度回外位．手関節は軽度背屈・尺屈位．
自分の位置：右側に立つ．左手で相手の右手を小指側より把持し，右手で母指中手骨を把持する．
伸　張　法：母指手根中手関節を内転する．
備　　考：伸張時，腱走行を確認しながら行う．

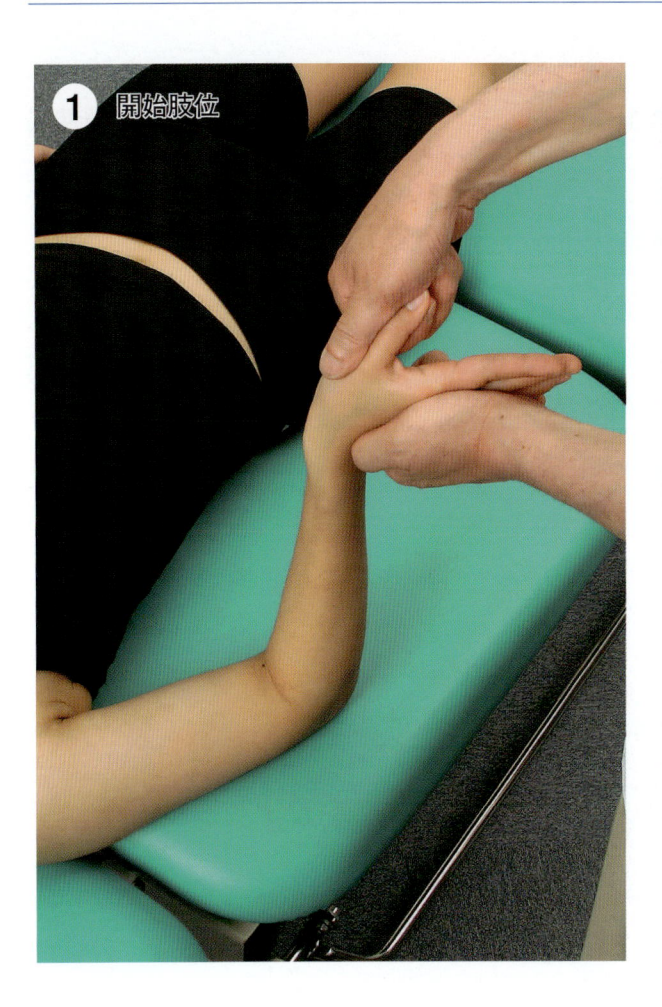

長母指外転筋 m. abductor pollicis longus   157

① 開始肢位

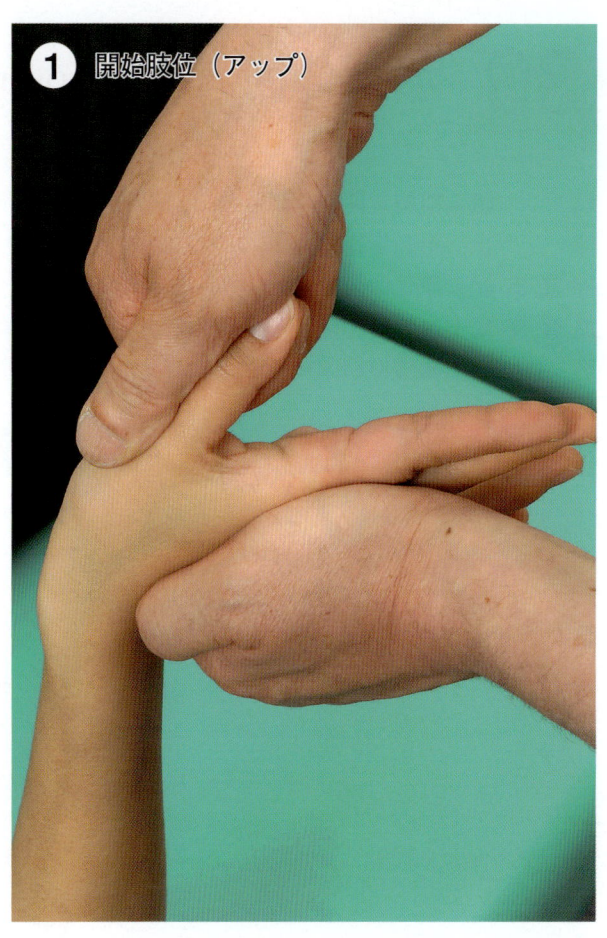

① 開始肢位（アップ）

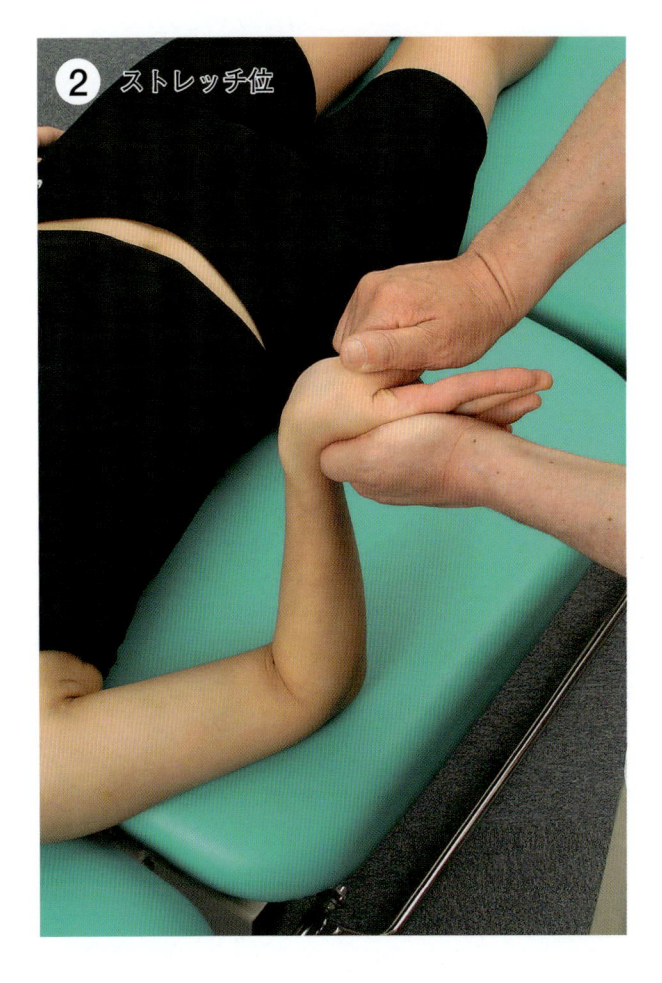

② ストレッチ位

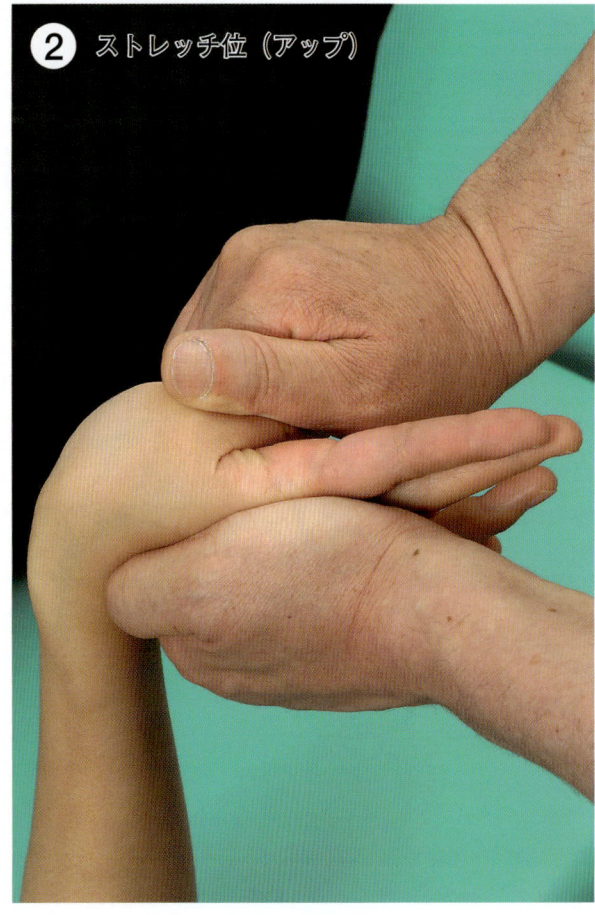

② ストレッチ位（アップ）

39 示指伸筋 m. extensor indicis　　49 示指伸筋

起　　始：前腕骨間膜，尺骨後面，尺側手根伸筋筋膜
停　　止：第2指指背腱膜
神 経 支 配：後骨間神経 C6〜8
血 管 支 配：後骨間動脈，前骨間動脈
筋 連 結：総指伸筋，尺側手根伸筋，長母指伸筋，短橈側手根伸筋

示指伸筋ランドマーク

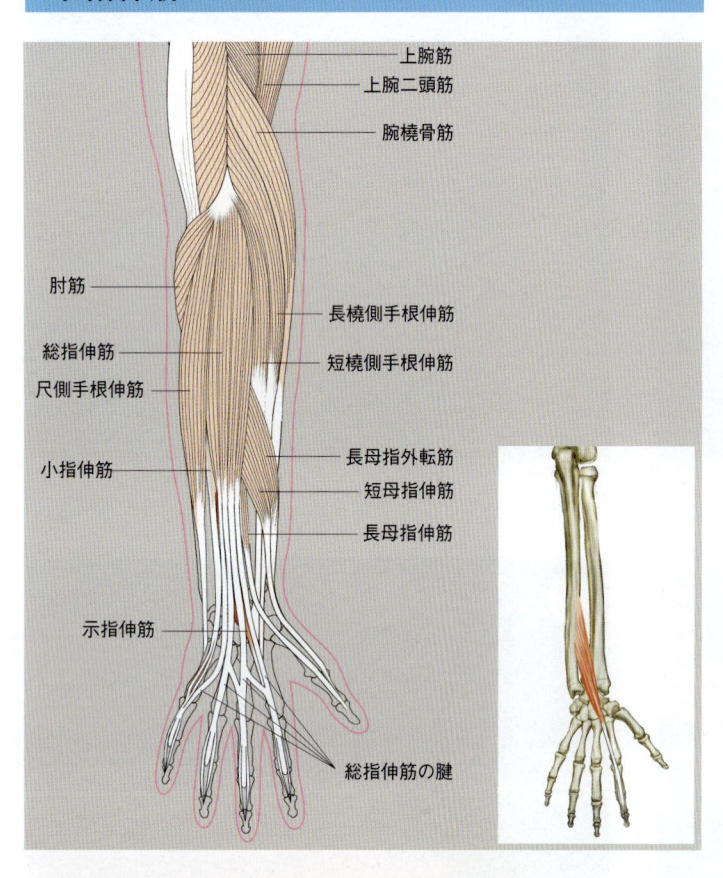

示指伸筋伸張法

開 始 肢 位：背臥位．肘関節は中等度屈曲位．前腕は最大回外位．示指は屈曲位．
自分の位置：右側に立つ．左手で前腕遠位部背側を，右手で示指を把持する．
伸　張　法：示指の各関節を屈曲した後，手関節を掌屈する．
備　　考：伸張時，総指伸筋も同時に伸張される．

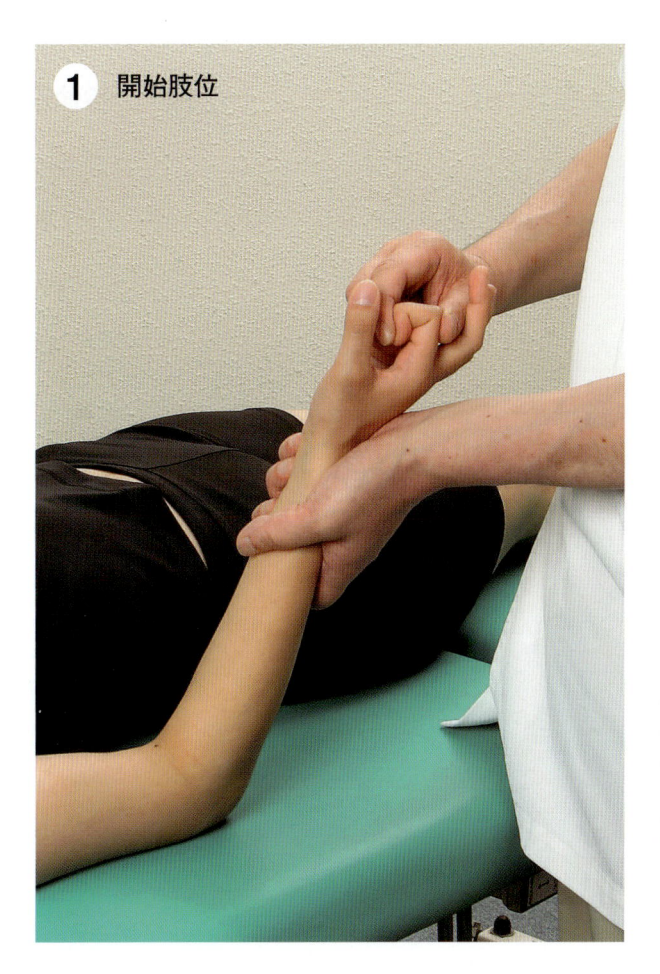

示指伸筋 m. extensor indicis 159

① 開始肢位

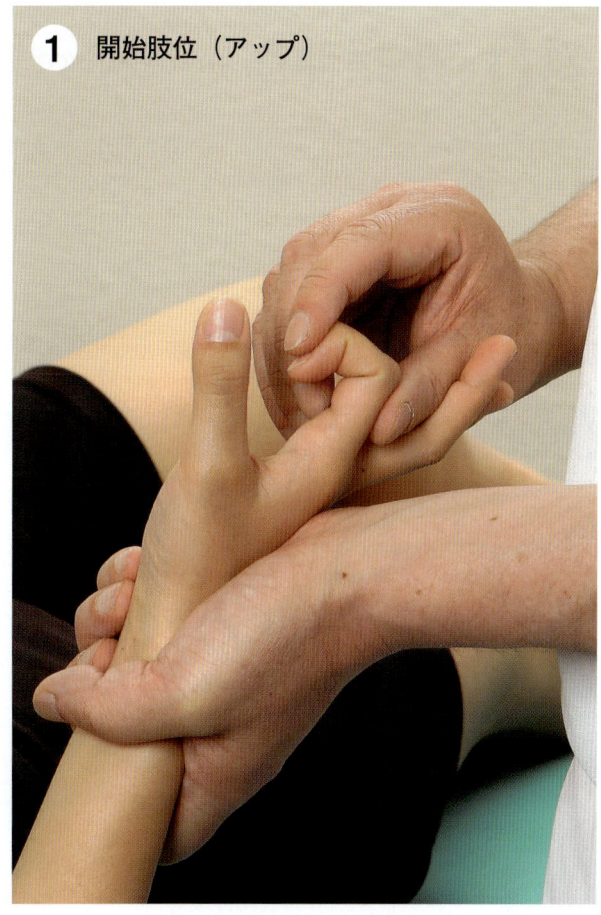

① 開始肢位(アップ)

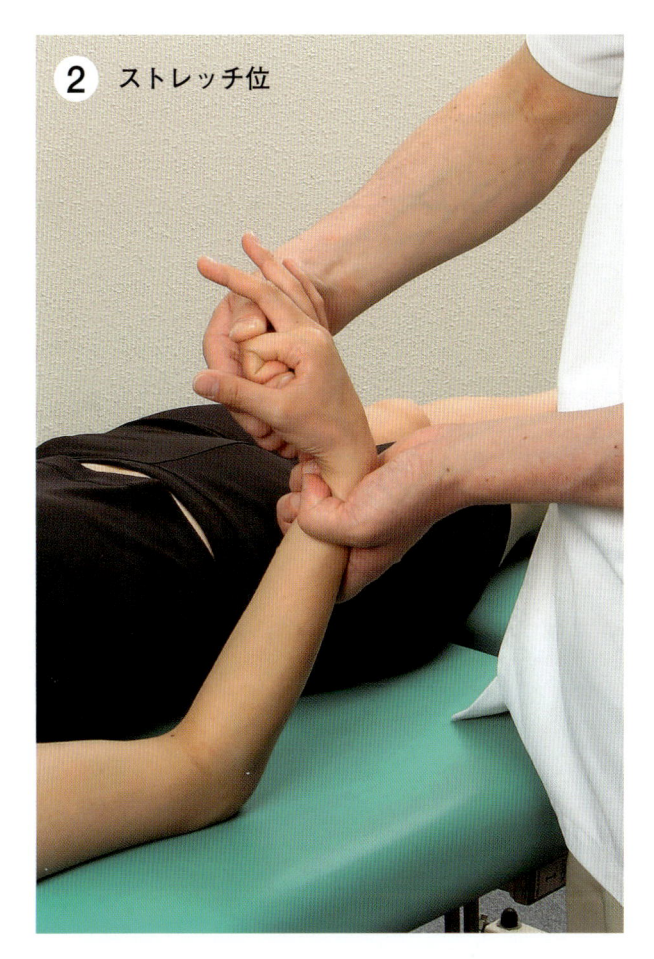

② ストレッチ位

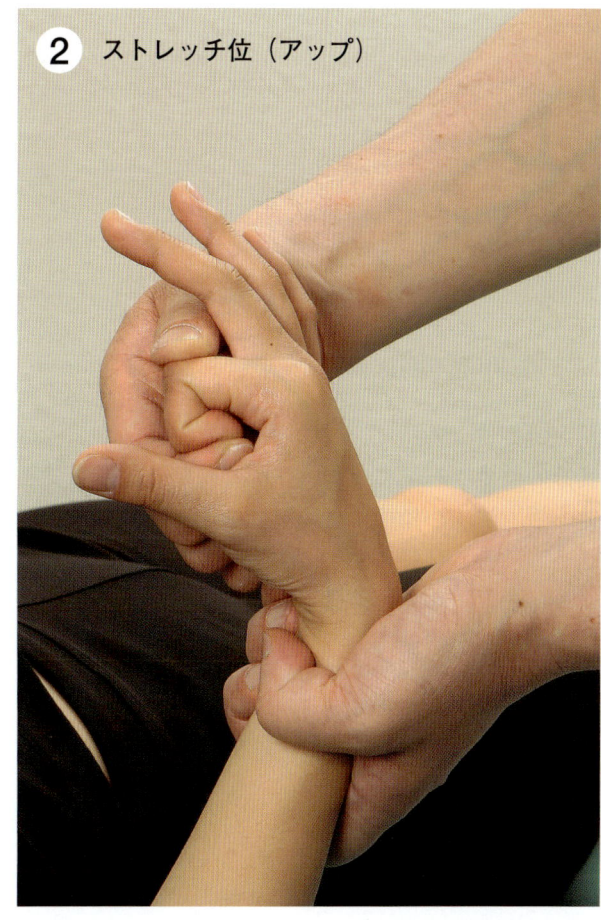

② ストレッチ位(アップ)

40 小指伸筋 m. extensor digiti minimi → 50 小指伸筋

起　　　始：前腕骨間膜，橈骨
停　　　止：小指基節骨底
神 経 支 配：橈骨神経深枝 C6〜8
血 管 支 配：後骨間動脈
筋 連 結：総指伸筋，尺側手根伸筋

小指伸筋ランドマーク

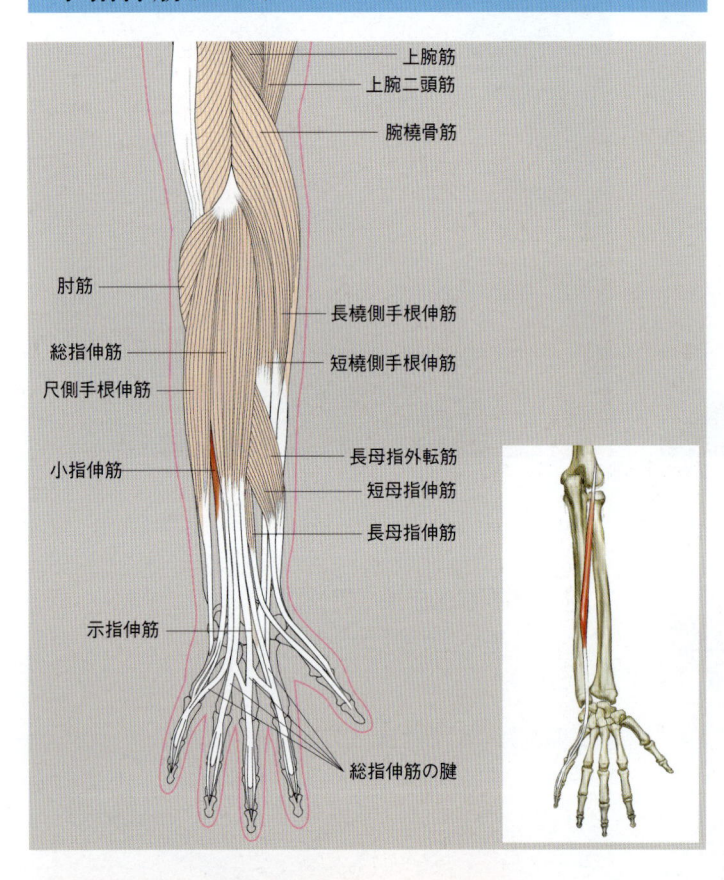

（図：上腕筋，上腕二頭筋，腕橈骨筋，肘筋，総指伸筋，尺側手根伸筋，小指伸筋，長橈側手根伸筋，短橈側手根伸筋，長母指外転筋，短母指伸筋，長母指伸筋，示指伸筋，総指伸筋の腱）

小指伸筋伸張法

開 始 肢 位：背臥位．肘関節は軽度屈曲位．前腕は最大回外位．小指は屈曲位．
自分の位置：右側に立つ．左手で前腕遠位部背側を，右手で小指を把持する．
伸　張　法：小指中手指節関節を屈曲した後，手関節を掌屈・橈屈する．
備　　　考：伸張時，総指伸筋も同時に伸張される．ただし，総指伸筋に痛みが限局する場合は示指・中指・環指を伸展させて行う．また手関節橈屈時，掌屈が緩まないように注意する．

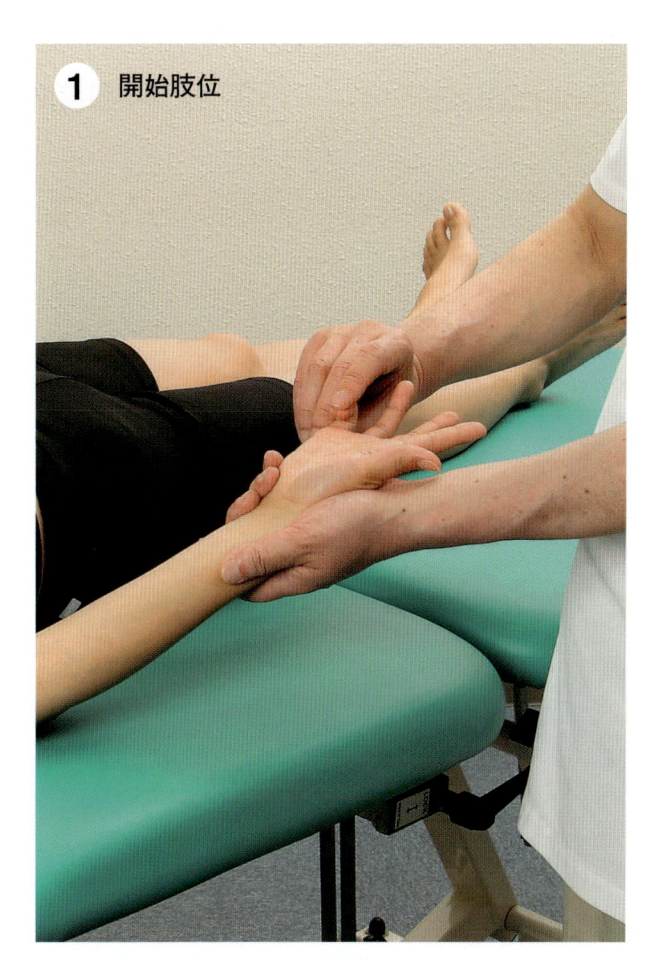

小指伸筋 m. extensor digiti minimi 161

1 開始肢位

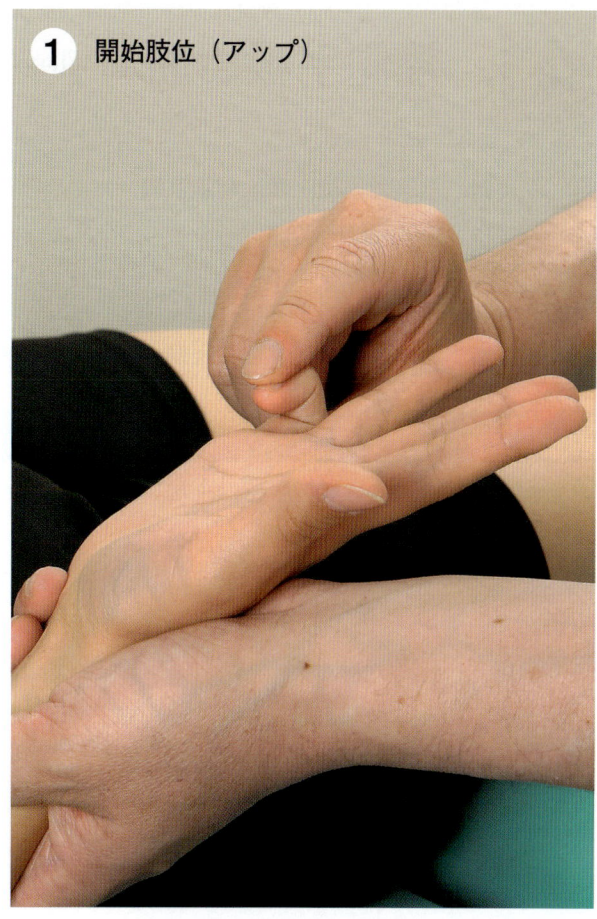

1 開始肢位（アップ）

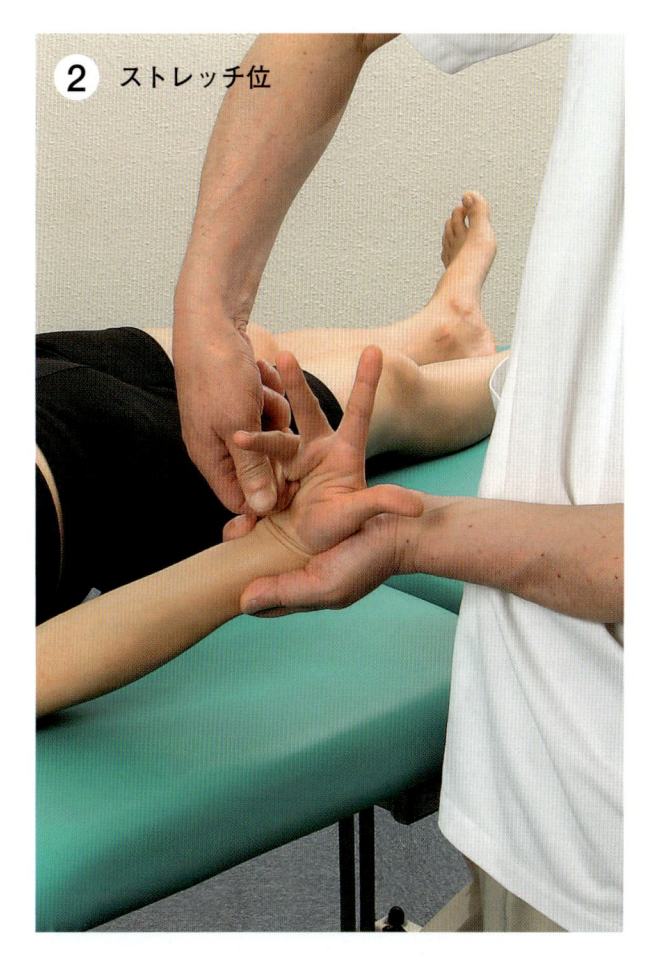

2 ストレッチ位

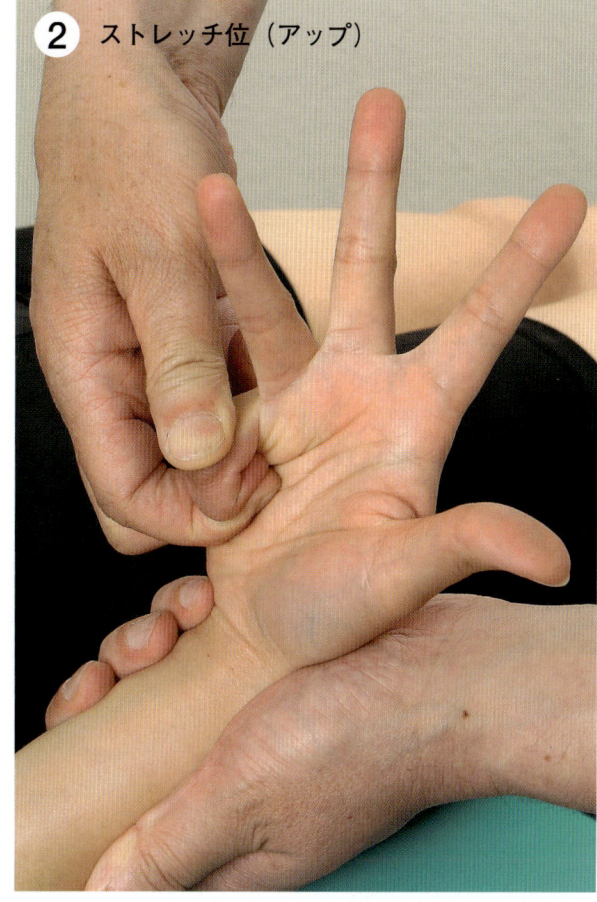

2 ストレッチ位（アップ）

41 橈側手根屈筋 m. flexor carpi radialis ········▶ 52 橈側手根屈筋

起　　　始：上腕骨内側上顆，前腕筋膜
停　　　止：第2〜3中手骨底掌側
神 経 支 配：正中神経 C6〜8
血 管 支 配：橈骨動脈
筋 連 結：円回内筋，長掌筋，尺側手根屈筋，浅指屈筋，上腕二頭筋，短母指外転筋

橈側手根屈筋ランドマーク

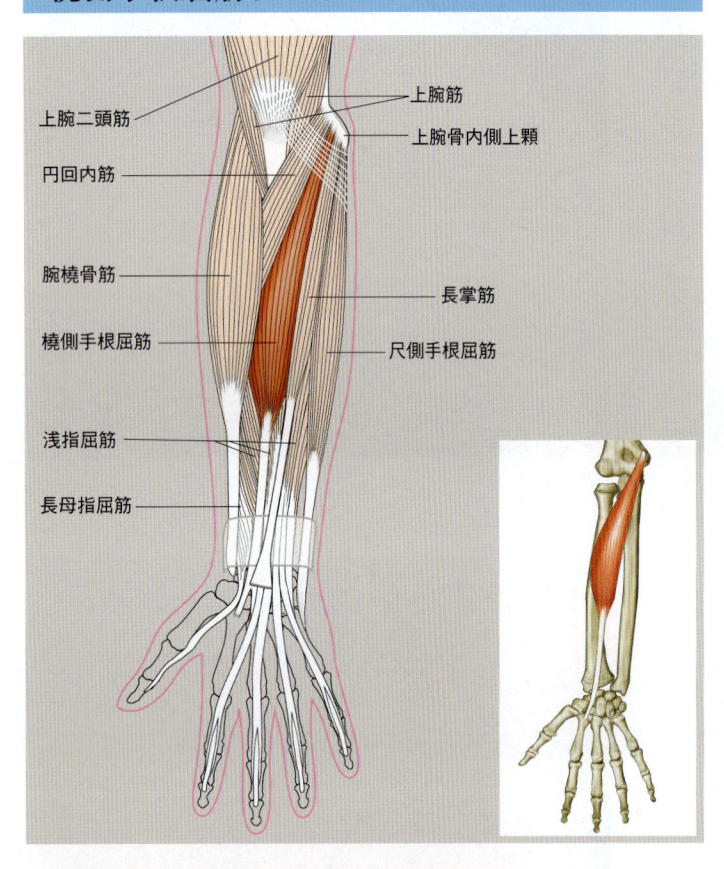

（図：上腕二頭筋，上腕筋，円回内筋，上腕骨内側上顆，腕橈骨筋，長掌筋，橈側手根屈筋，尺側手根屈筋，浅指屈筋，長母指屈筋）

橈側手根屈筋伸張法

開 始 肢 位：背臥位．肩関節は軽度外転位．肘関節は伸展位．前腕は最大回外位．手指は屈曲位（母指を中に握り込む）．
自分の位置：右側に立つ．左手で後方より肘関節を，右手で手掌部を把持する．
伸　張　法：手関節を背屈・尺屈する．
備　　　考：尺屈する時，背屈が減少しやすので注意する．なお伸張時，尺屈が強すぎると尺骨茎状突起部に痛みが出現する．肘関節は軽度屈曲位でも伸張されるが，この場合，手関節の背屈角度が増すことになる．

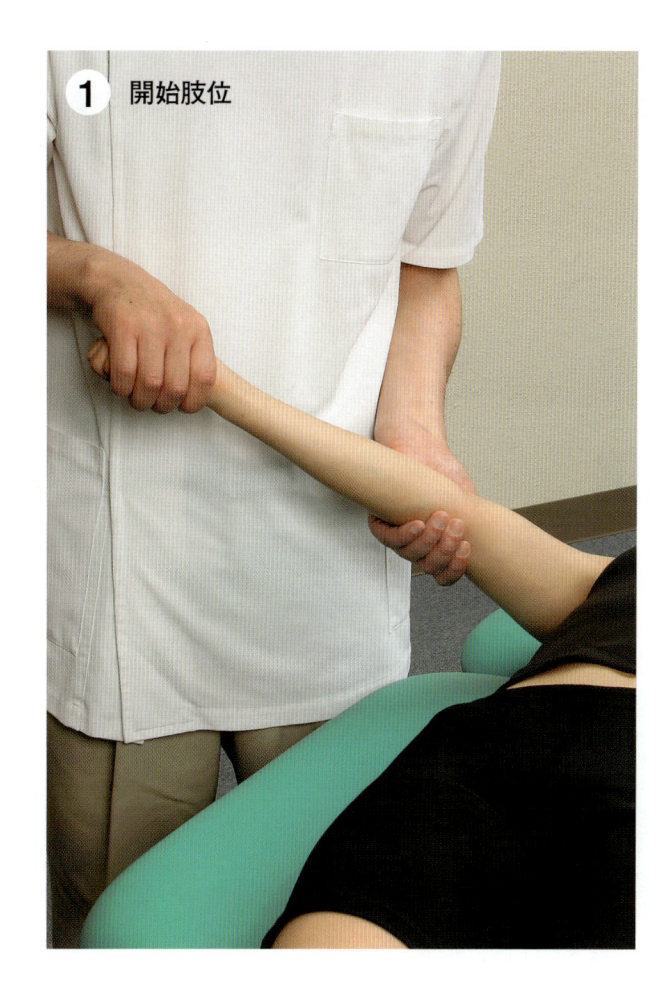

橈側手根屈筋 m. flexor carpi radialis 163

1 開始肢位

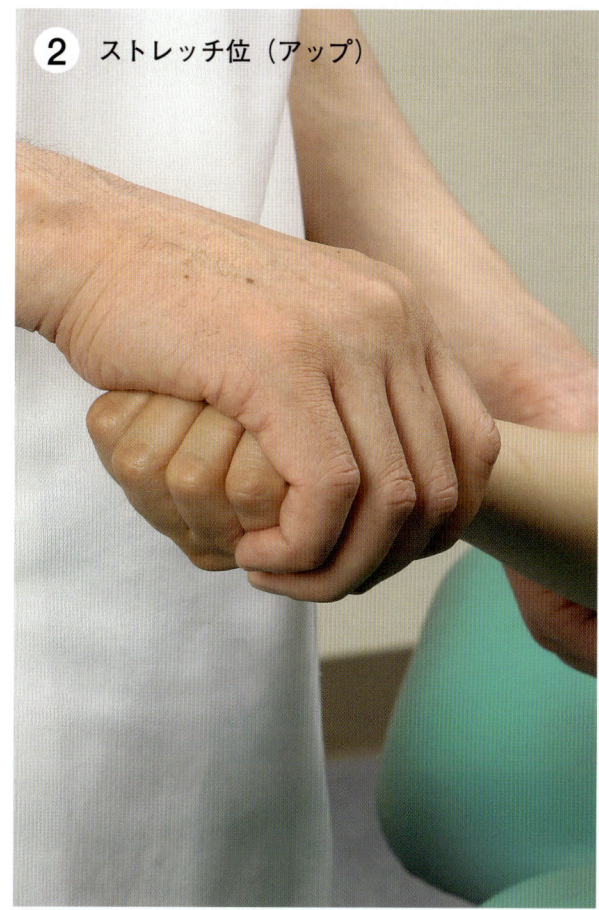

2 ストレッチ位（アップ）

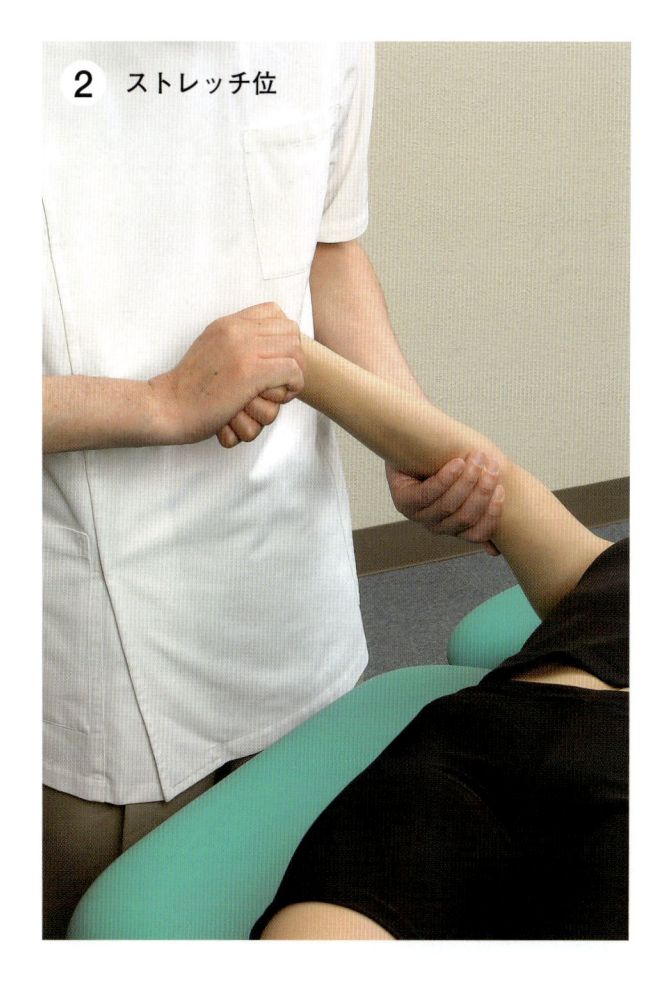

2 ストレッチ位

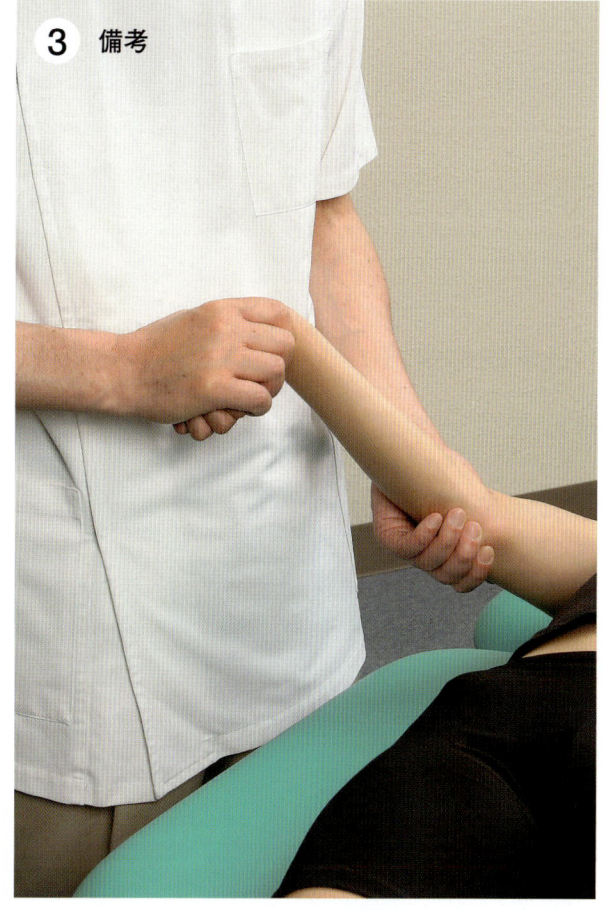

3 備考

42 長掌筋 m. palmaris longus　　　　53 長掌筋

起　　　始：上腕骨内側上顆，前腕筋膜
停　　　止：手掌腱膜
神 経 支 配：正中神経 C7〜Th1
血 管 支 配：尺骨動脈
筋 連 結：橈側手根屈筋，尺側手根屈筋，母指内転筋，円回内筋，小指対立筋，上腕二頭筋，浅指屈筋

長掌筋ランドマーク

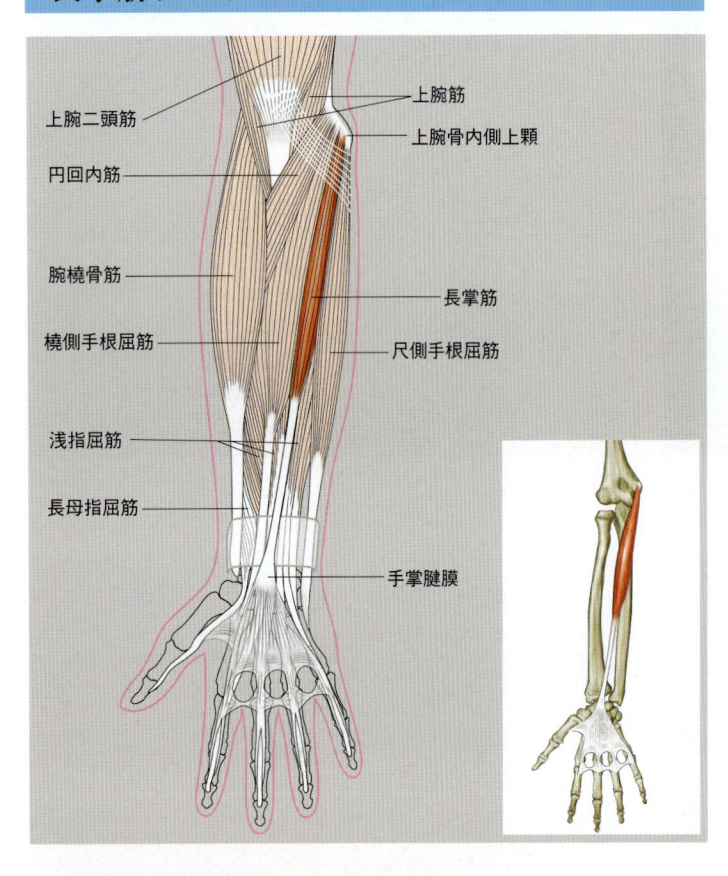

長掌筋伸張法

開 始 肢 位：背臥位．肩関節は軽度屈曲・軽度外転位．肘関節は伸展位．前腕は最大回外位．母指は橈側外転位．
自分の位置：右側に頭部に向かって立つ．右手で小指を，左手で母指を把持する．
伸　張　法：肩関節を屈曲しながら，手関節を背屈し，手掌を広げる．
備　　　考：この方法は，主に近位側の伸張のために用いる．また伸張時，手掌を広げるのは手掌腱膜を伸ばすためである．両小指を相手の母指と小指に引っ掛けて把持すると手掌を広げやすい．

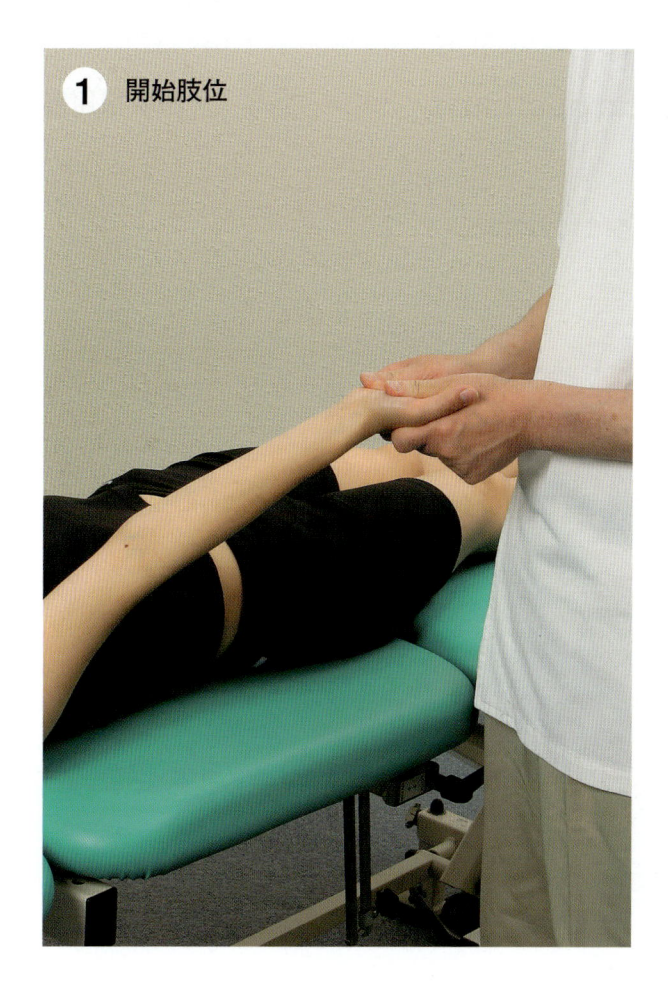

長掌筋 m. palmaris longus

1 開始肢位

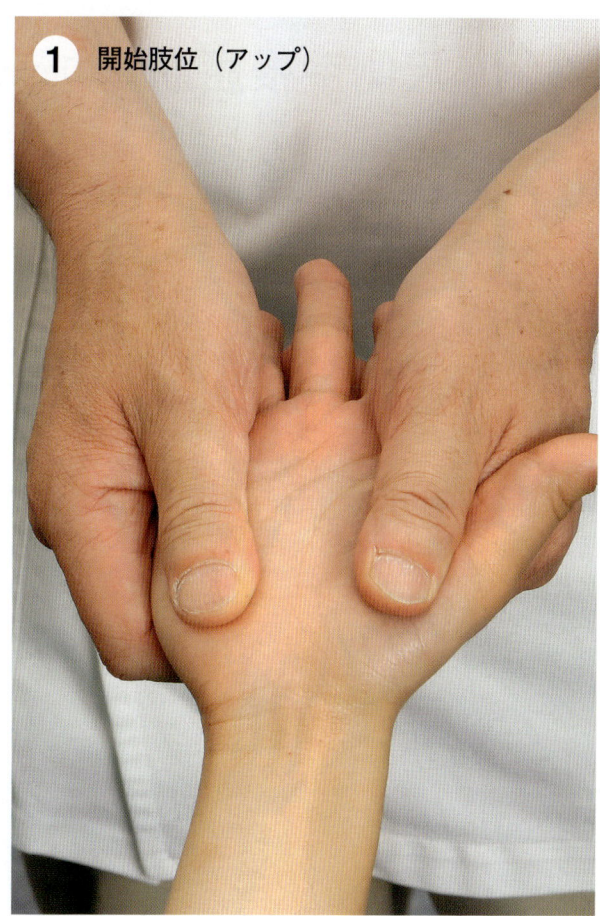

1 開始肢位（アップ）

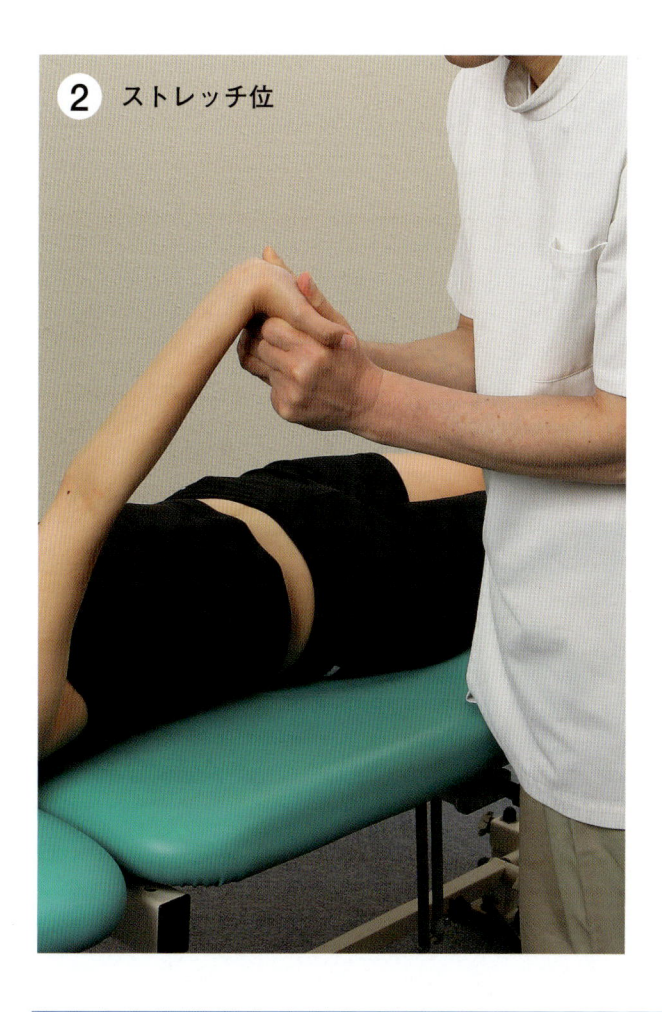

2 ストレッチ位

43 尺側手根屈筋 m. flexor carpi ulnaris ……▶ 54 尺側手根屈筋

起　　　始：上腕骨内側上顆，肘頭，前腕筋膜，尺骨中部までの後縁
停　　　止：豆状骨，有鈎骨，第5中手骨
神 経 支 配：尺骨神経 C7〜Th1
血 管 支 配：尺側側副動脈，尺骨動脈
筋　連　結：尺側手根伸筋，深指屈筋，小指外転筋，円回内筋，小指対立筋，上腕二頭筋，浅指屈筋，長掌筋

尺側手根屈筋ランドマーク

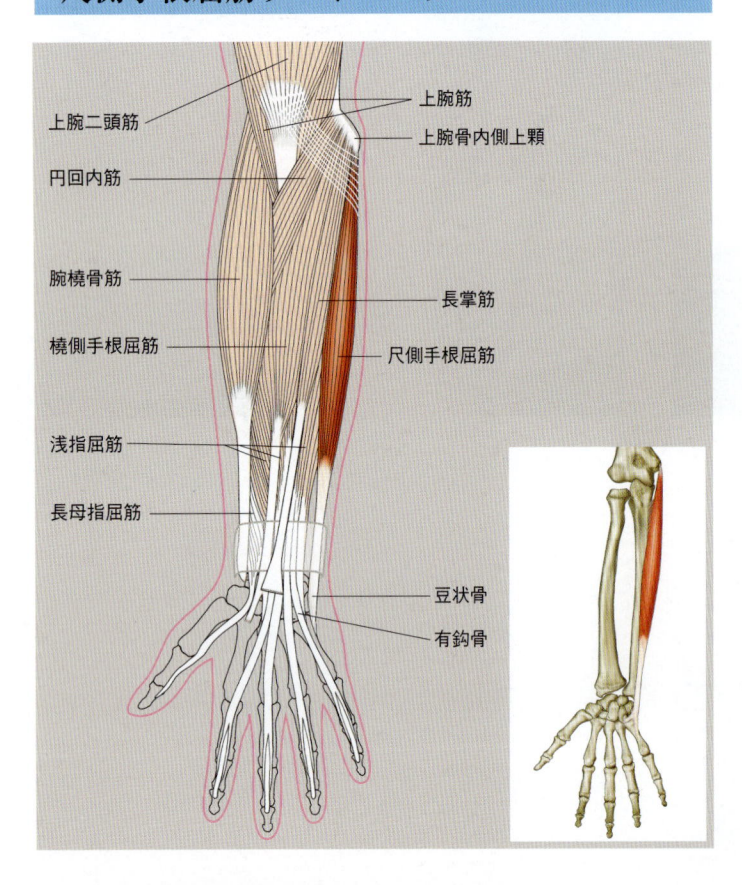

尺側手根屈筋伸張法

開 始 肢 位：背臥位．肩関節は軽度屈曲・軽度外転位．肘関節は伸展位．前腕は最大回内位，手指は屈曲位（母指を中に握り込む）．
自分の位置：右側に立つ．左手で後方より肘関節を，右手で手掌より手指を握り込むよう把持する．
伸　張　法：手関節を背屈・橈屈する．
備　　　考：伸張時，手関節を十分橈屈するが，過度の圧迫による橈骨手根関節の痛みを避けるよう注意する．

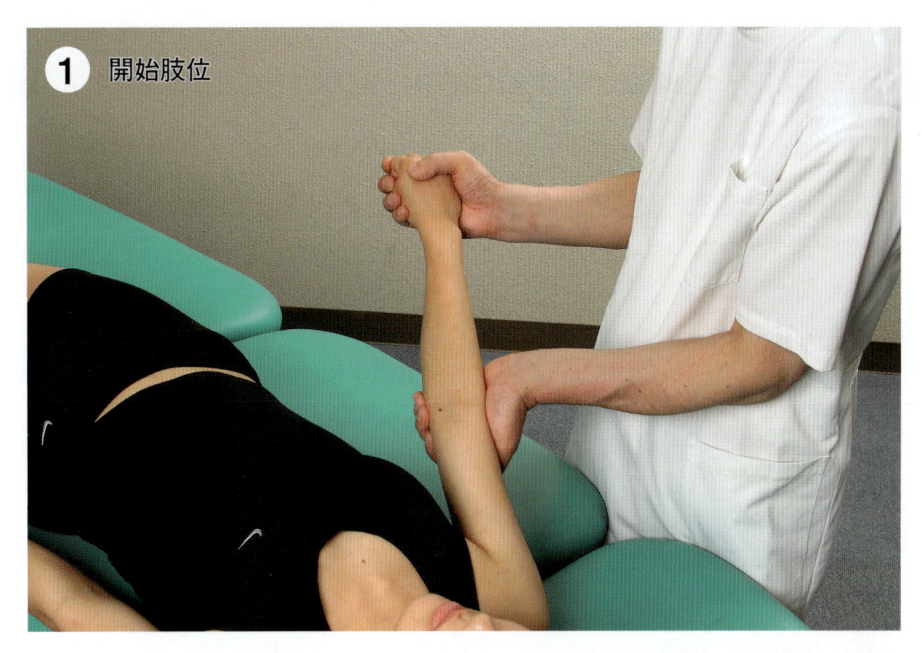

尺側手根屈筋 m. flexor carpi ulnaris 167

1 開始肢位

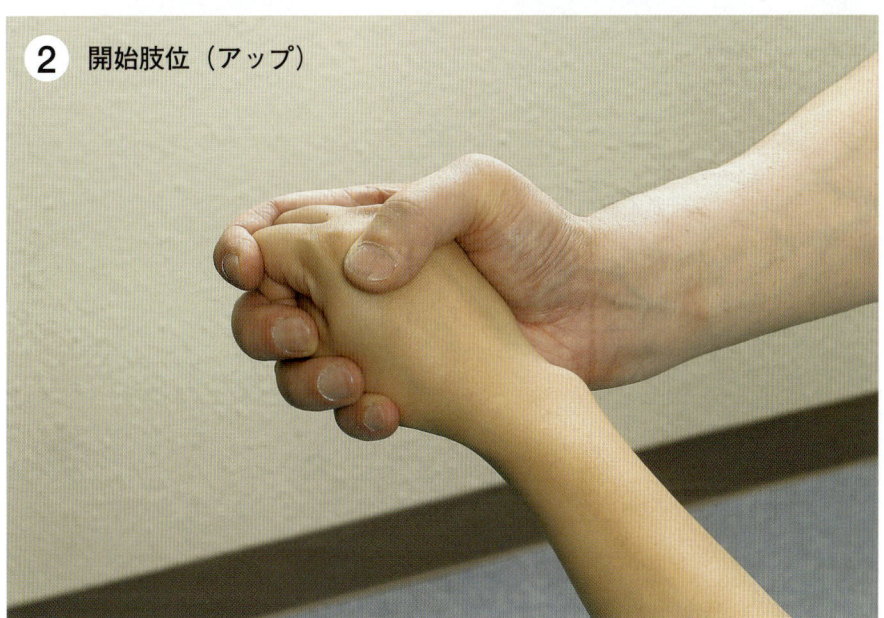

2 開始肢位（アップ）

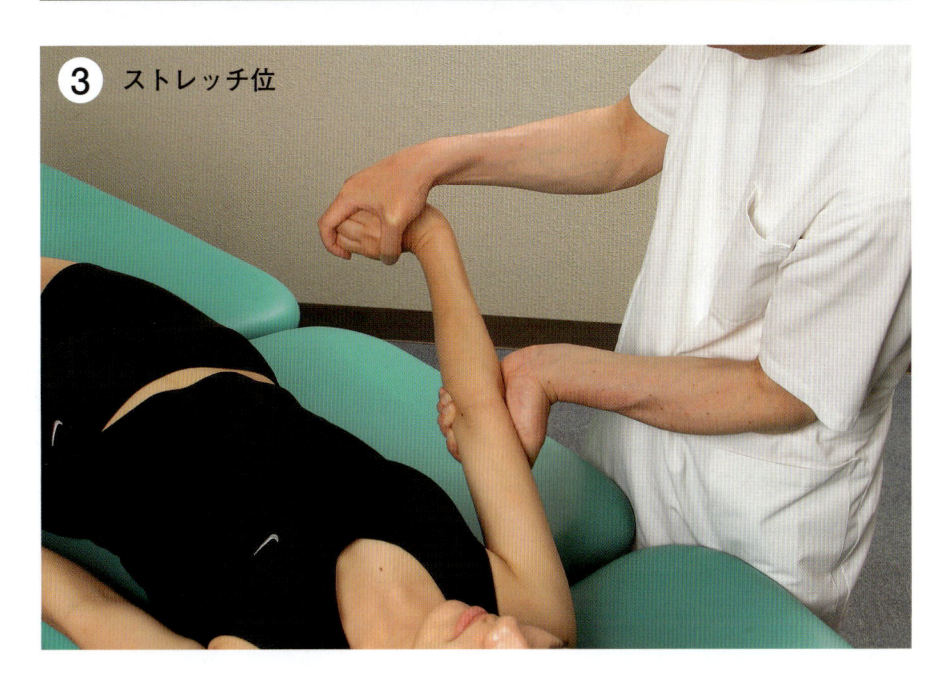

3 ストレッチ位

44 浅指屈筋 m. flexor digitorum superficialis ……▶ 55 浅指屈筋

起　　始：（上腕尺骨頭）上腕骨内側上顆，尺骨粗面内側，（橈骨頭）橈骨上方前面
停　　止：第2〜5中節骨底掌面
神 経 支 配：正中神経 C7〜Th1
血 管 支 配：尺骨動脈，橈骨動脈
筋 連 結：深指屈筋，長母指屈筋，円回内筋，長掌筋，橈側手根屈筋，尺側手根屈筋，上腕二頭筋，（肘関節包を介して）上腕筋，上腕三頭筋，肘筋，総指伸筋，短橈側手根伸筋，尺側手根伸筋，短母指伸筋，回外筋

浅指屈筋ランドマーク

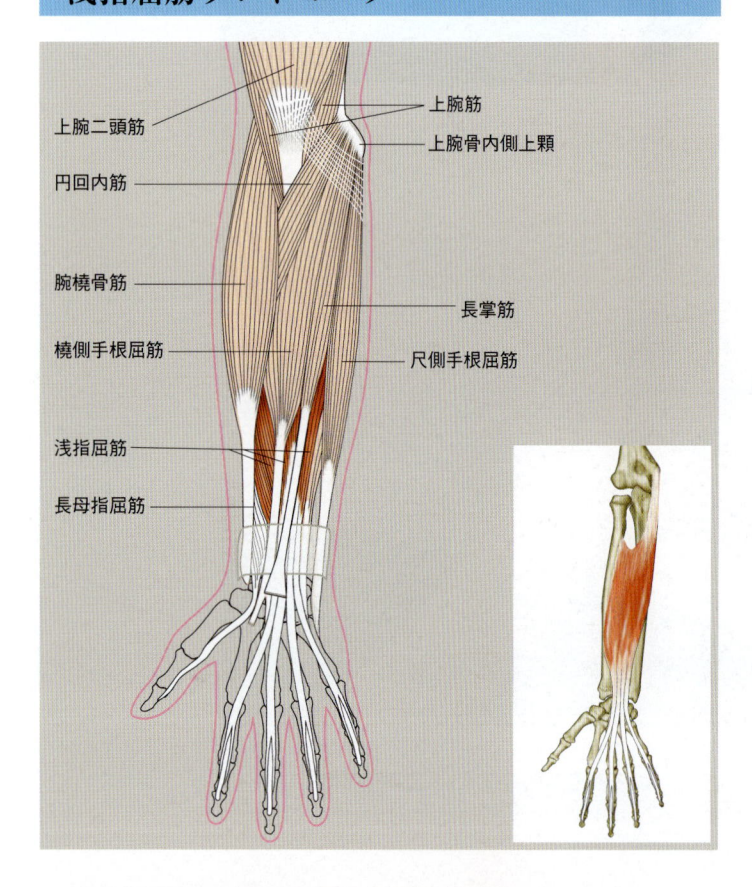

浅指屈筋伸張法

開 始 肢 位：背臥位．肩関節は軽度屈曲・軽度外転位．肘関節は伸展位．前腕は最大回外位．
自分の位置：右側に立つ．左手で後方より肘関節を，右手で手掌から近位指節間関節までを把持する．
伸 張 法：手関節を背屈，中手指節関節・近位指節間関節を伸展する．
備　　考：伸張時，長掌筋も同時に伸張される．また，肘関節を屈曲していくと遠位部が伸張される．

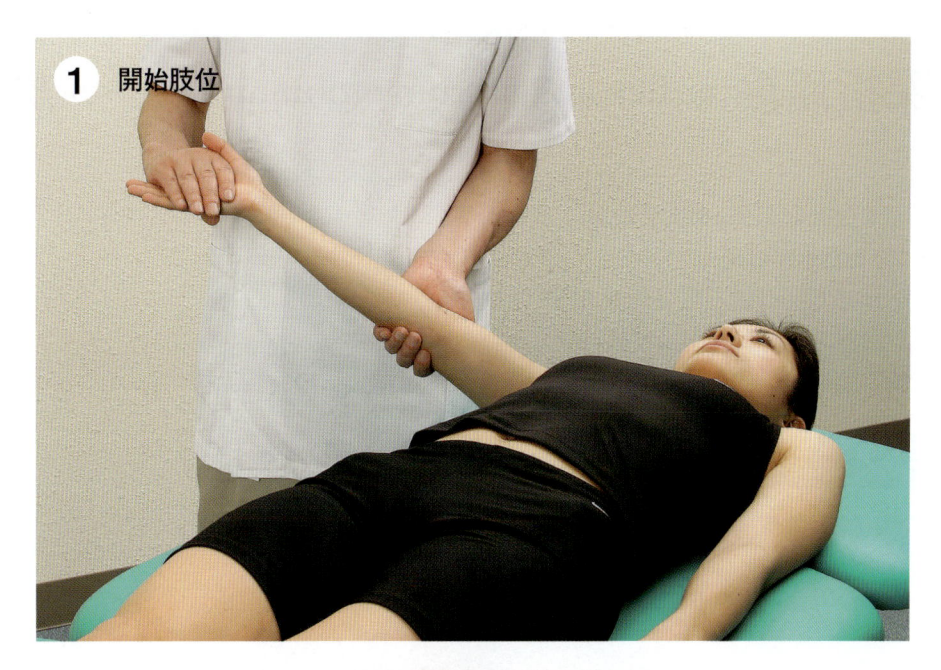

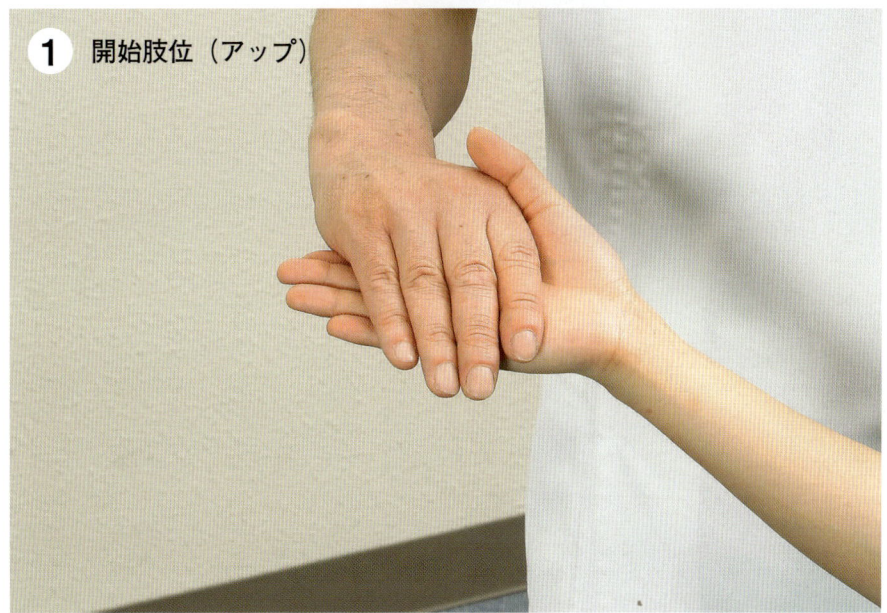

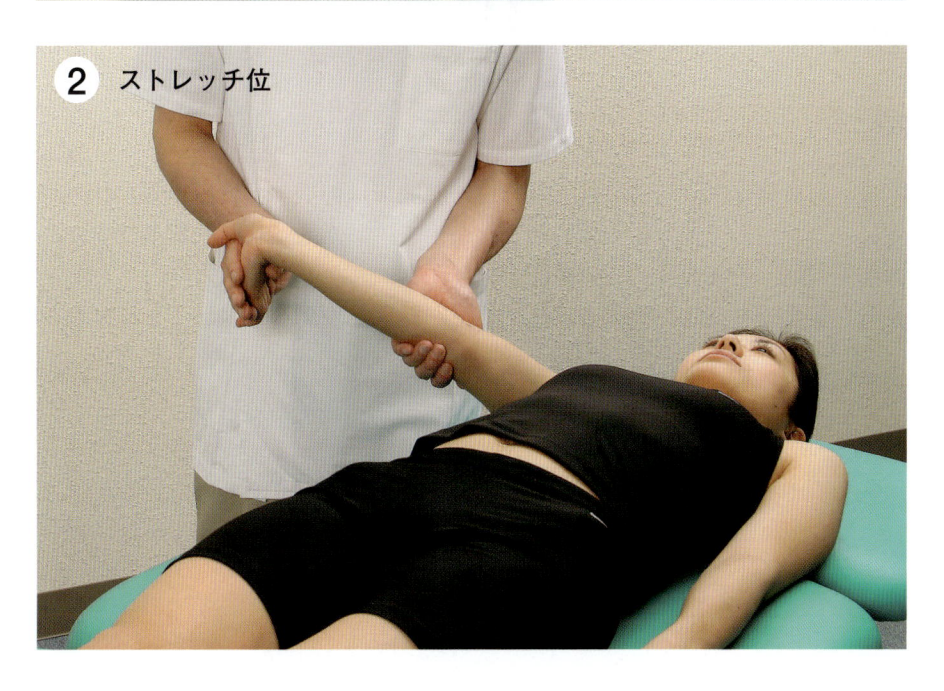

浅指屈筋 m. flexor digitorum superficialis 169

1 開始肢位

1 開始肢位（アップ）

2 ストレッチ位

45 深指屈筋 m. flexor digitorum profundus ▶ 56 深指屈筋

起　　　始：尺骨前面近位 2/3，前腕骨間膜
停　　　止：第 2～5 指末節骨底
神 経 支 配：正中神経 C7～Th1，尺骨神経 C7～Th1
血 管 支 配：尺骨動脈掌側骨間枝および筋枝
筋 　連 　結：上腕二頭筋，尺側手根屈筋，長母指屈筋，長母指外転筋，長母指伸筋

深指屈筋ランドマーク

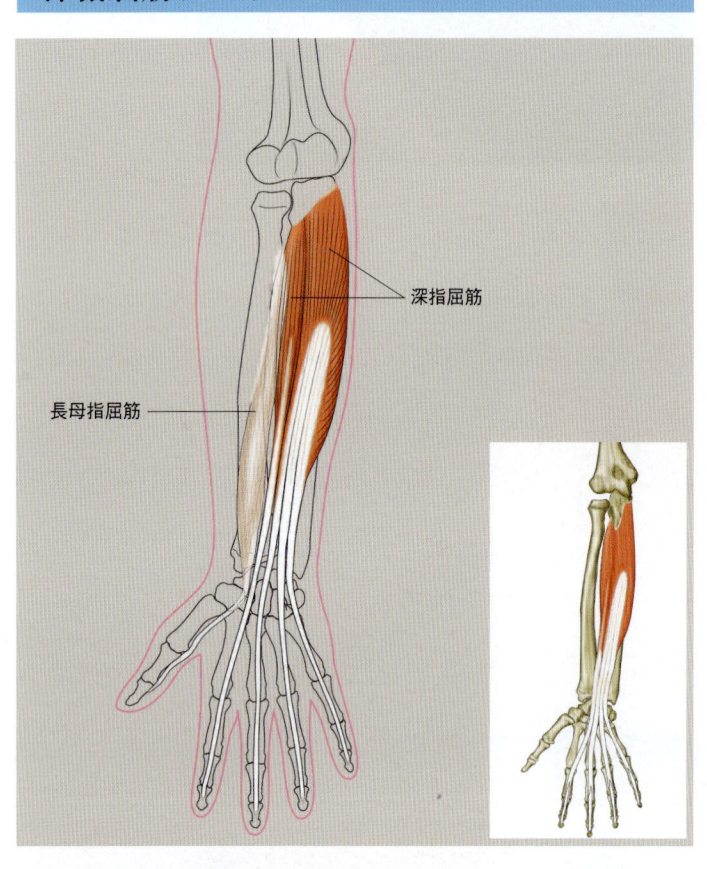

深指屈筋伸張法

開 始 肢 位：背臥位．肩関節は軽度屈曲・軽度外転位．肘関節は伸展位．前腕は最大回外位．
自分の位置：右側に立つ．左手で後方より肘関節を，右手で手掌から遠位指節間関節までを把持する．
伸　張　法：手関節を背屈，手指のすべての関節を伸展する．
備　　　考：伸張時，長掌筋も同時に伸張される．また，肘関節を屈曲していくと遠位部が伸張される．

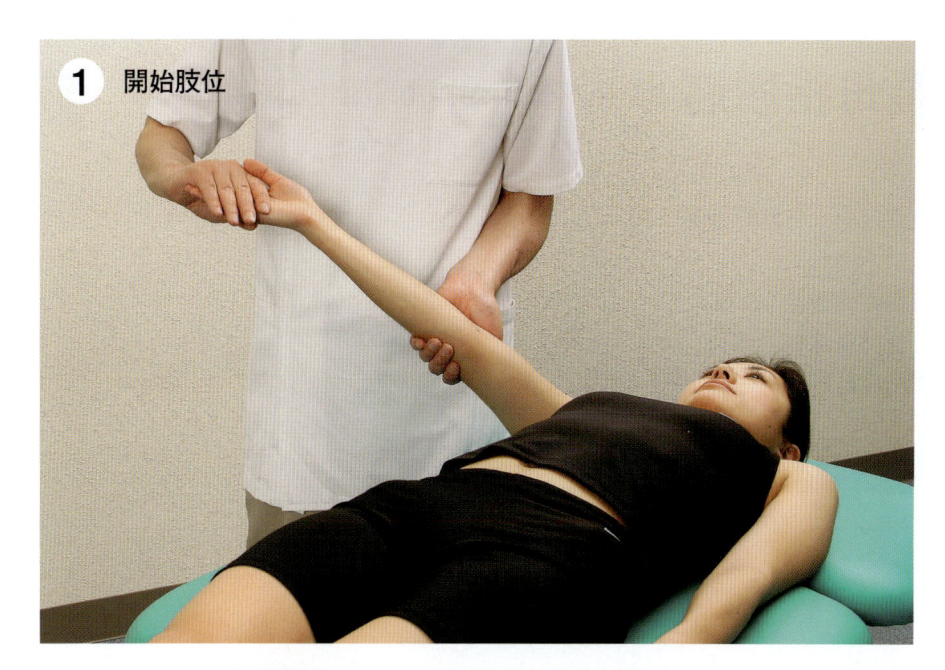

深指屈筋 m. flexor digitorum profundus　171

① 開始肢位

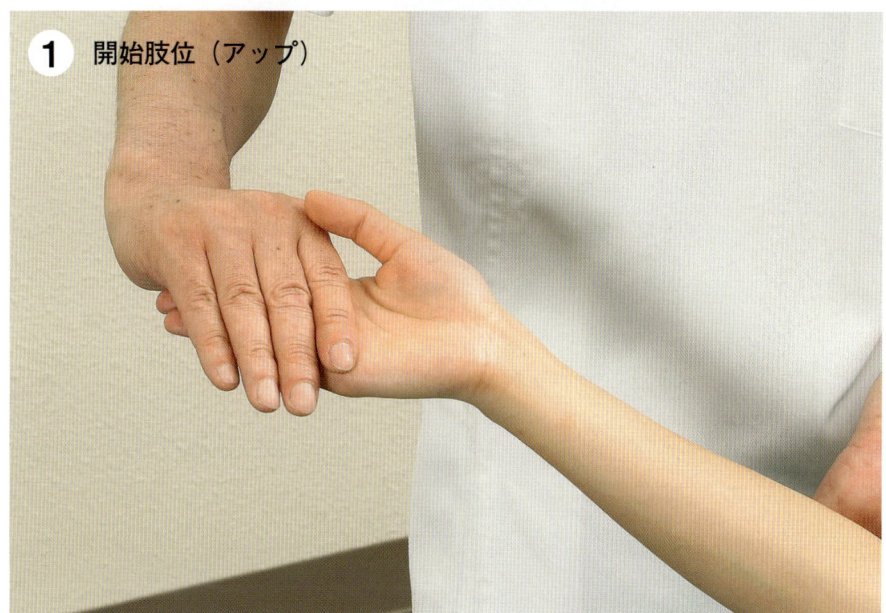

① 開始肢位（アップ）

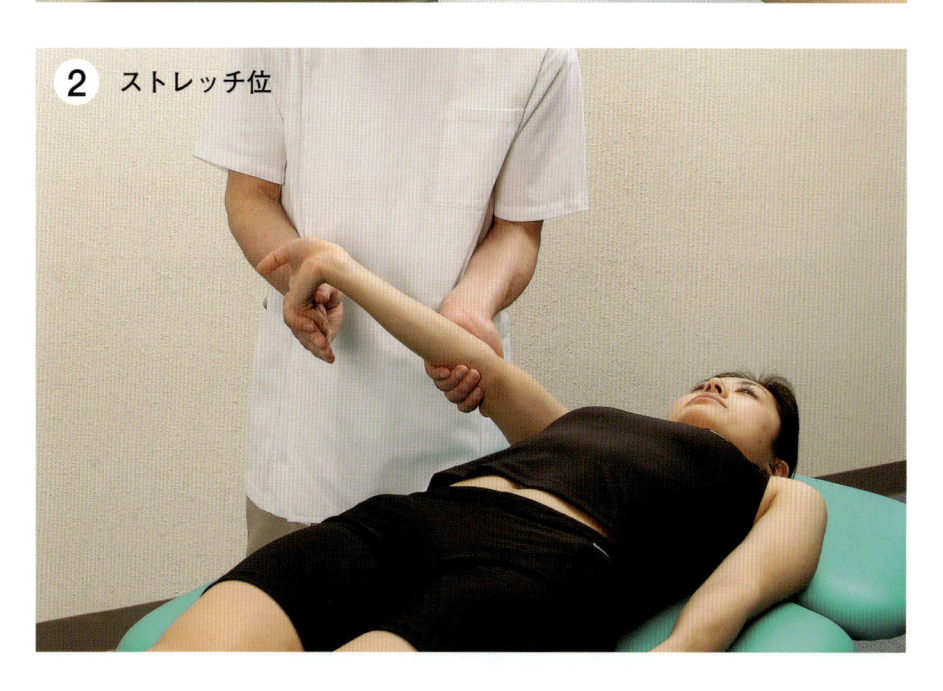

② ストレッチ位

46 長母指屈筋 m. flexor pollicis longus ▶ 57 長母指屈筋

起　　　始：橈骨前面，前腕骨間膜
停　　　止：母指末節骨底
神 経 支 配：前腕骨間神経 C6〜7
血 管 支 配：尺骨動脈掌側骨間枝
筋 　連　 結：深指屈筋

長母指屈筋ランドマーク

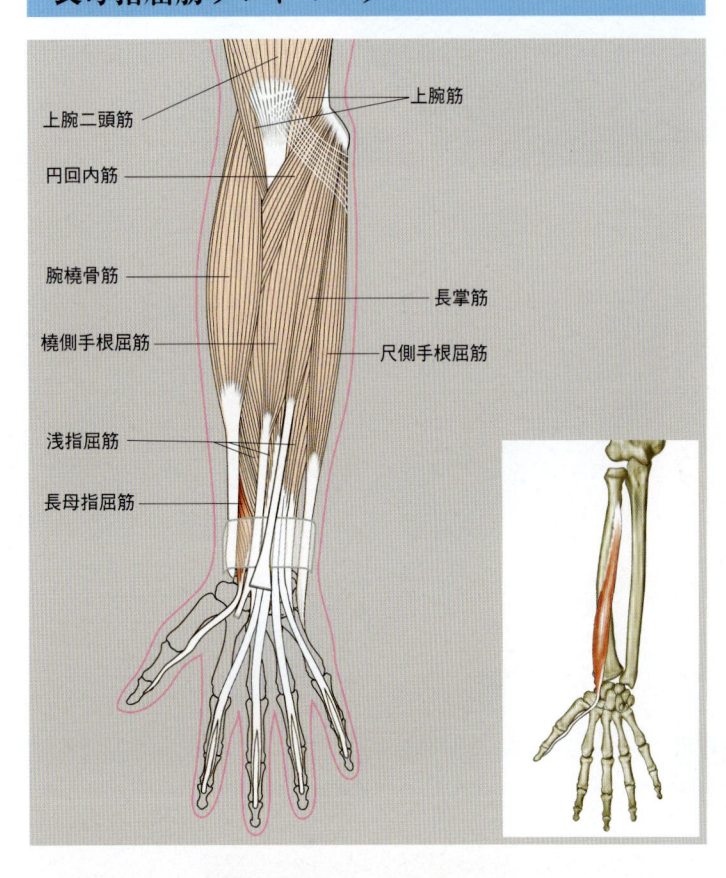

（図：上腕二頭筋，上腕筋，円回内筋，腕橈骨筋，橈側手根屈筋，長掌筋，尺側手根屈筋，浅指屈筋，長母指屈筋）

長母指屈筋伸張法

開 始 肢 位：背臥位．肩関節は軽度外転位．肘関節は軽度屈曲位．前腕は最大回外位．
自分の位置：右側に立つ．右手で手掌を，左手で母指を把持する．
伸　張　法：右手で肘を屈曲させながら手関節を背屈し，左手で母指指節間関節までを橈側外転・伸展する．

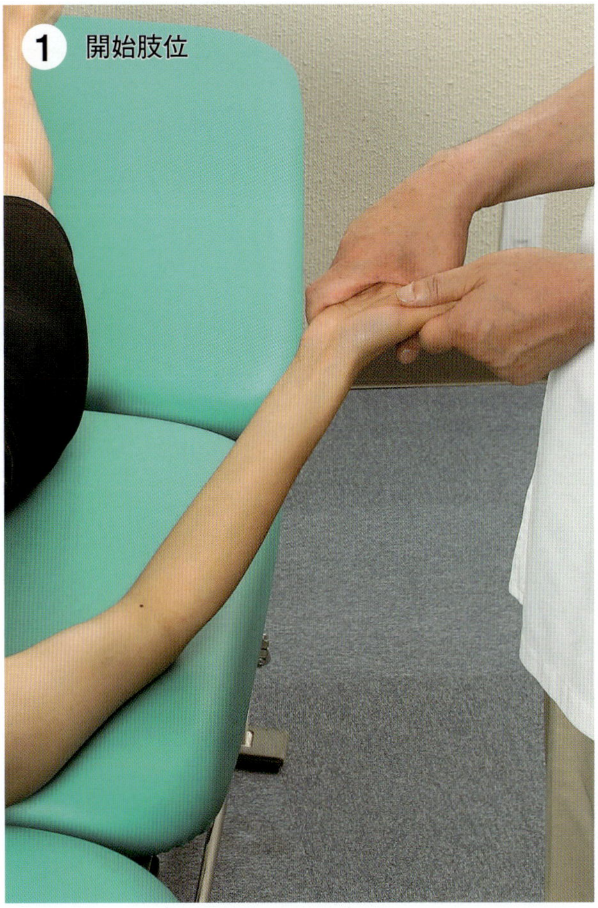
① 開始肢位

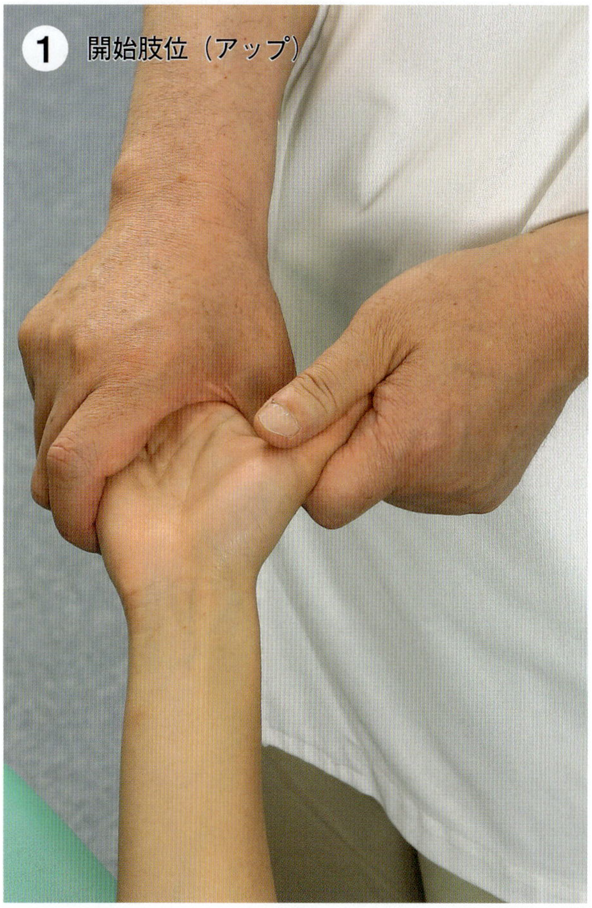
① 開始肢位（アップ）

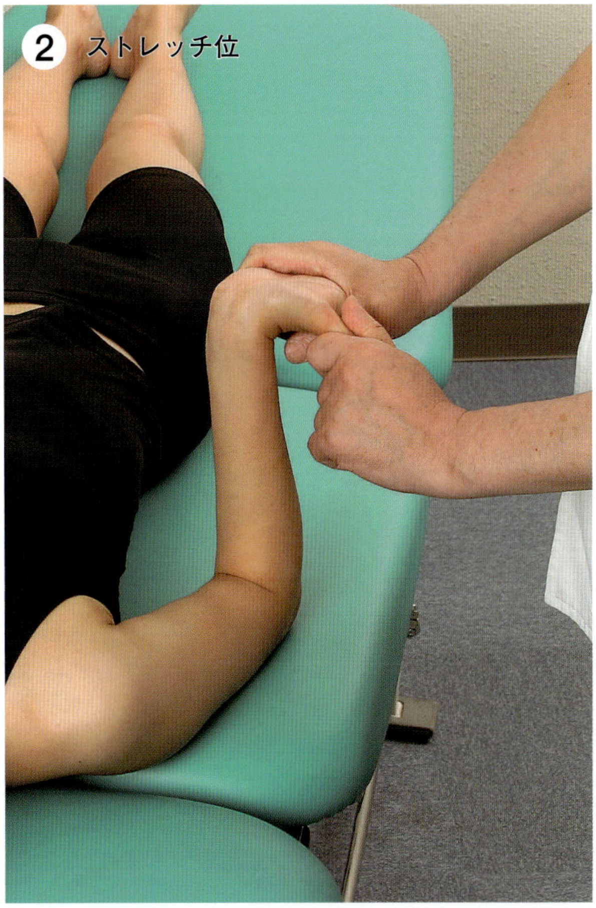
② ストレッチ位

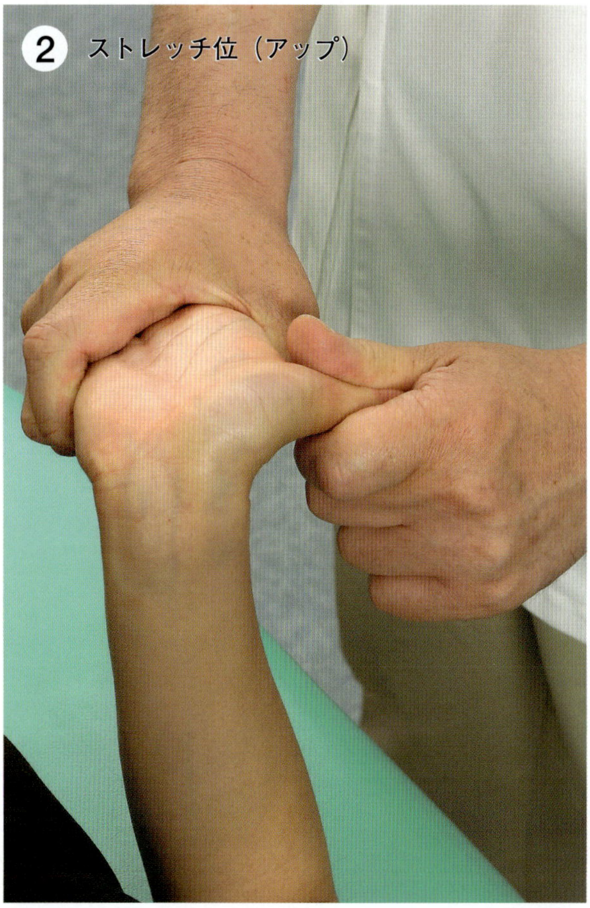
② ストレッチ位（アップ）

第4章

IDストレッチングの実際

下肢

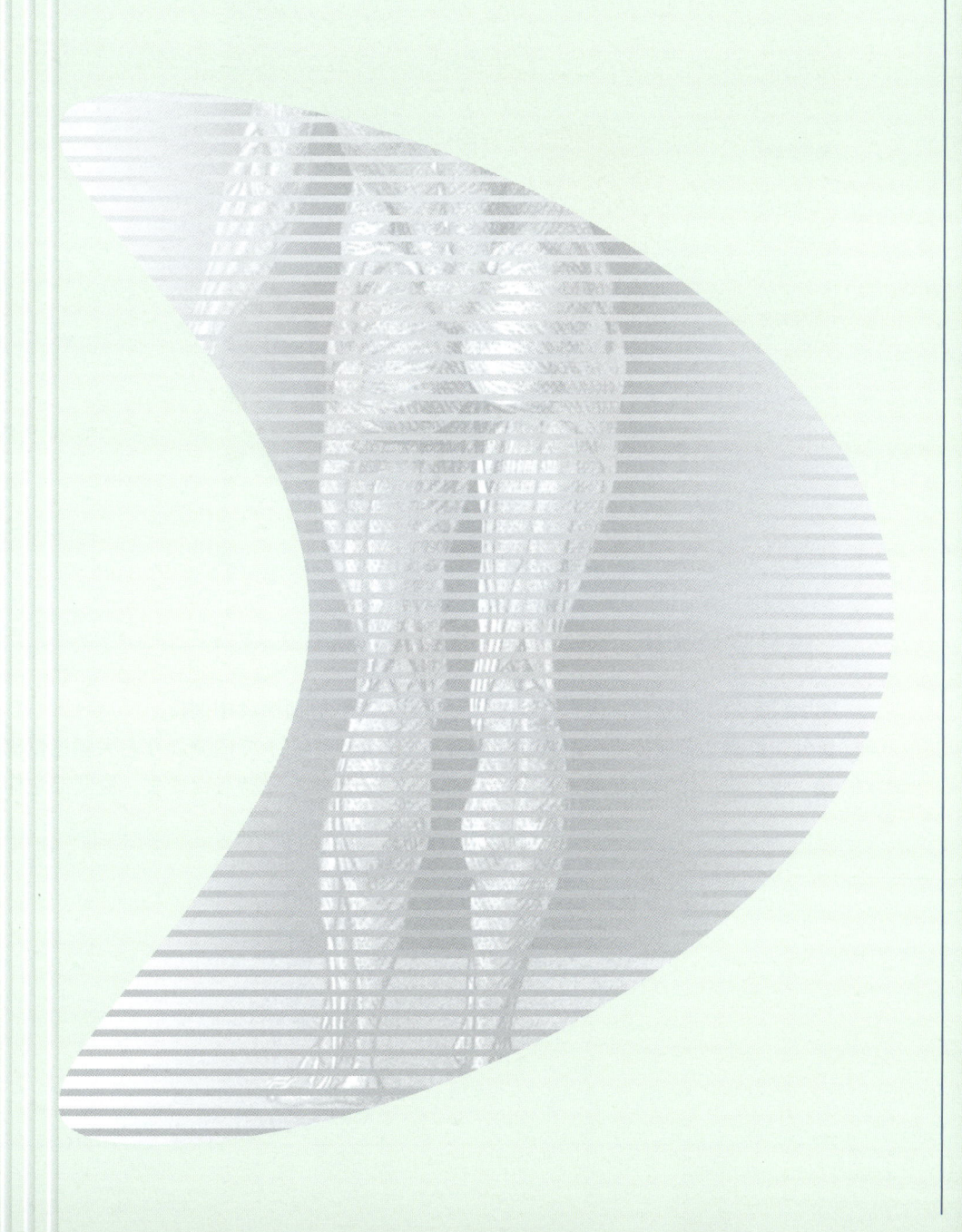

47 腸骨筋 m. iliacus　▶ 68 腸骨筋

起　　　始：腸骨上縁・内面
停　　　止：大腰筋内側，大腿骨小転子
神 経 支 配：腰神経叢と大腿神経の枝 L2～S2
血 管 支 配：腸腰動脈，深腸骨回旋動脈
筋　連　結：大腰筋，腰方形筋，内閉鎖筋，上双子筋，下双子筋，縫工筋，大腿直筋，内側広筋，大腿筋膜張筋，恥骨筋，（股関節包を介して）大腰筋，小腰筋，小殿筋，梨状筋，外閉鎖筋

腸骨筋ランドマーク

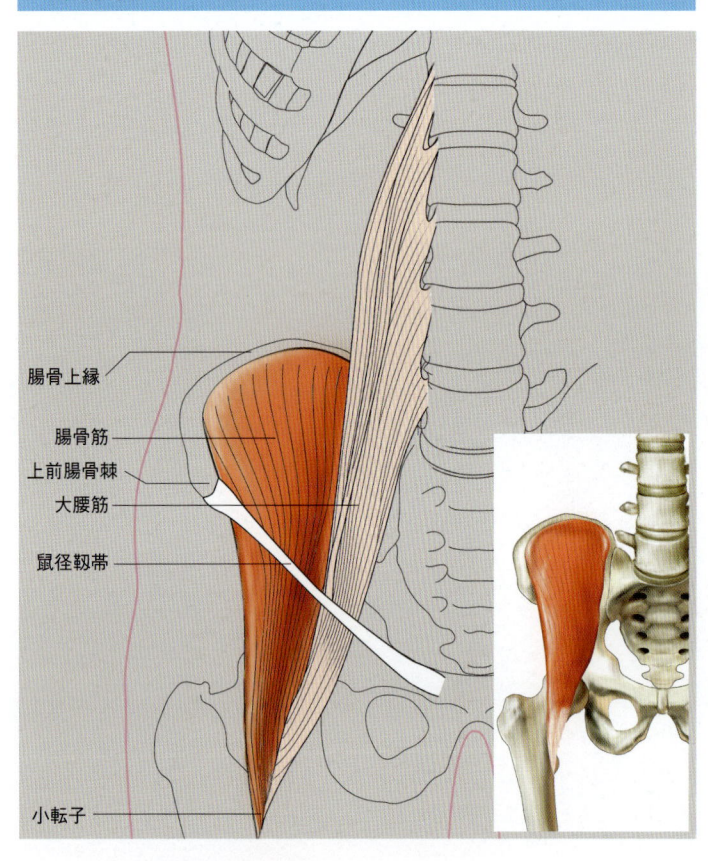

腸骨上縁
腸骨筋
上前腸骨棘
大腰筋
鼠径靱帯
小転子

腸骨筋伸張法

開 始 肢 位：腹臥位．両上肢は挙上しておく．右股関節は中間位．
自分の位置：右側に立つ．右手で右殿部を固定し，左手で内側より右大腿遠位部前面を把持する．
伸　張　法：骨盤の後傾を制限し，膝関節の伸展位を維持したまま，股関節を伸展する．

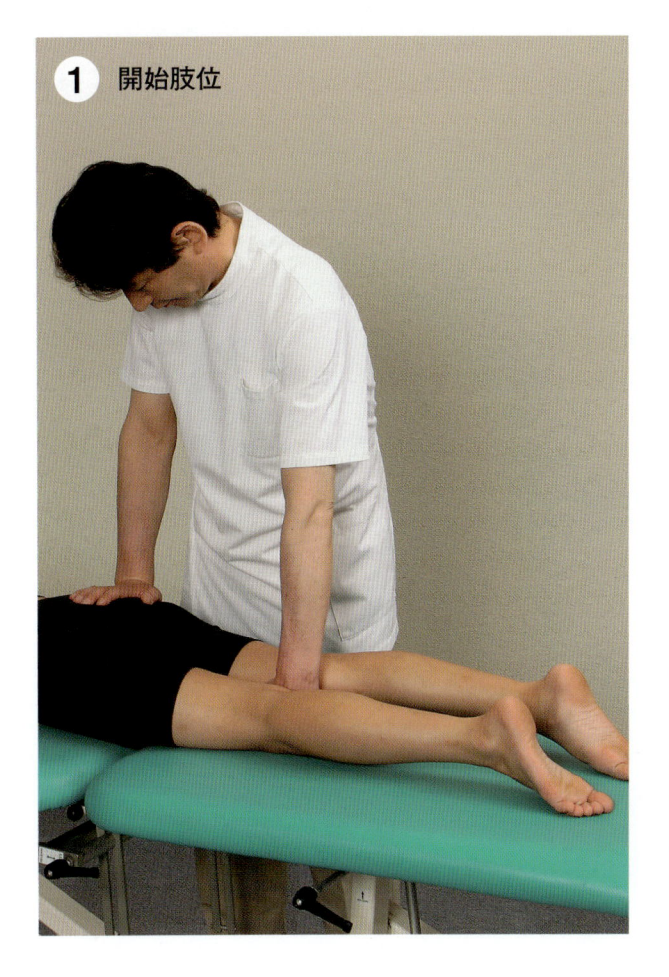

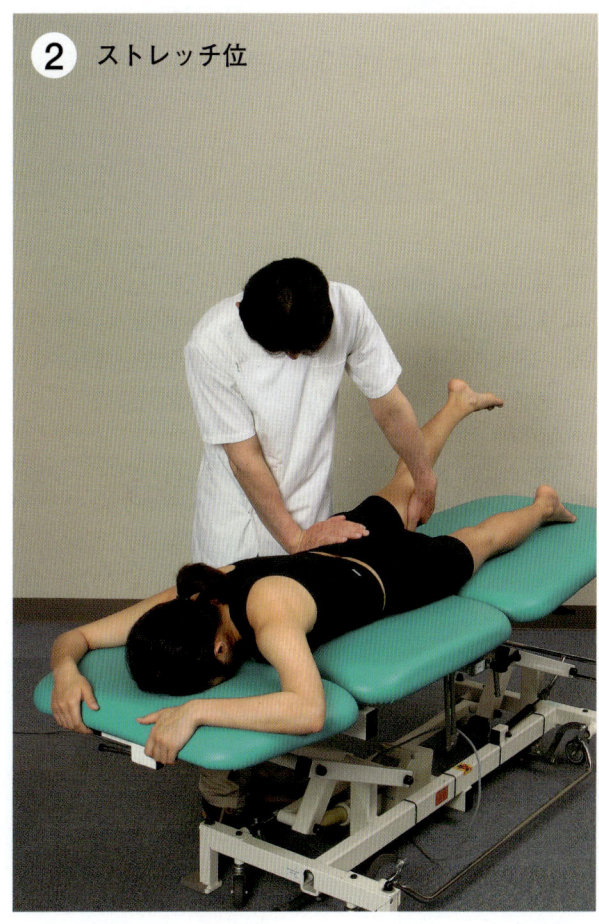

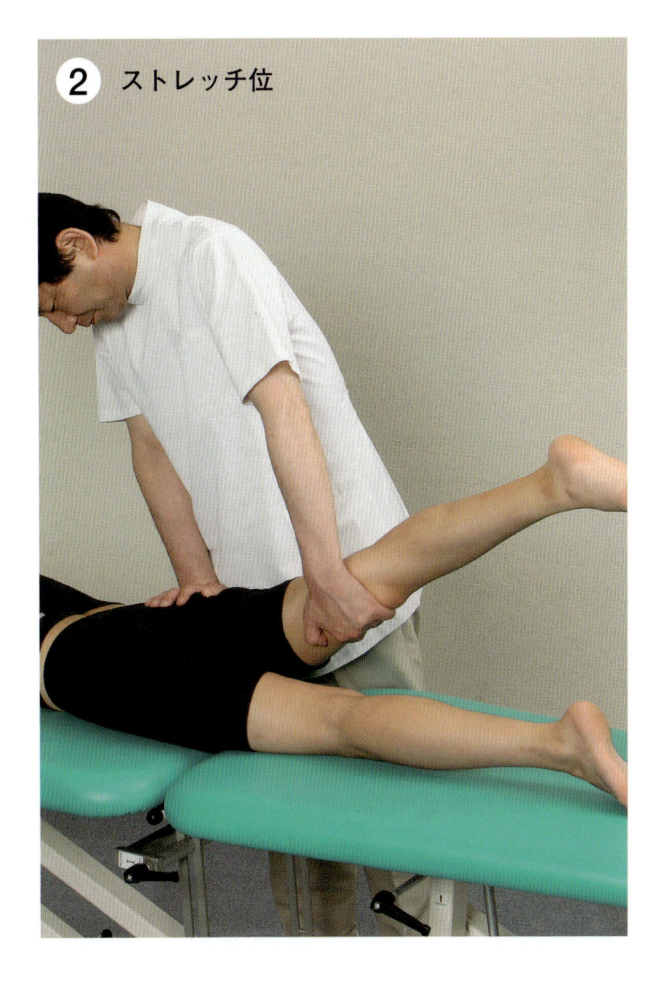

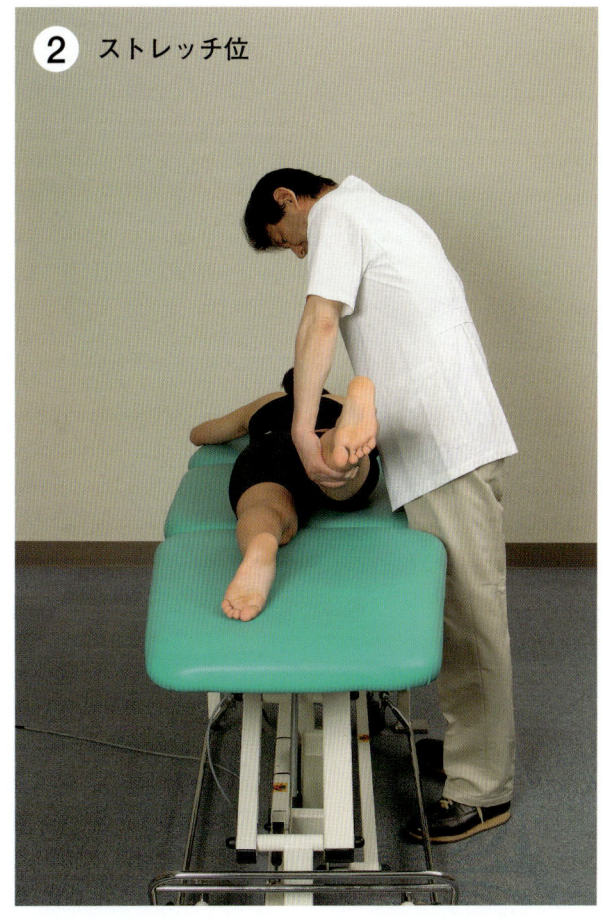

腸骨筋 m. iliacus　177

| ① 開始肢位 | ② ストレッチ位 |
| ② ストレッチ位 | ② ストレッチ位 |

48 大腰筋 m. psoas major　　69 大腰筋

起　　　始：第12胸椎椎体および第1～4腰椎の椎体・肋骨突起，第1～5腰椎肋骨突起
停　　　止：大腿骨小転子
神 経 支 配：腰神経叢と大腿神経の枝 Th12～L4
血 管 支 配：肋下動脈，腰動脈，腸腰動脈，内側大腿回旋動脈
筋 連 結：腸骨筋，横隔膜，腰方形筋，最長筋，腸肋筋，（股関節包を介して）腸骨筋，小腰筋，恥骨筋，小殿筋，梨状筋，外閉鎖筋

大腰筋ランドマーク

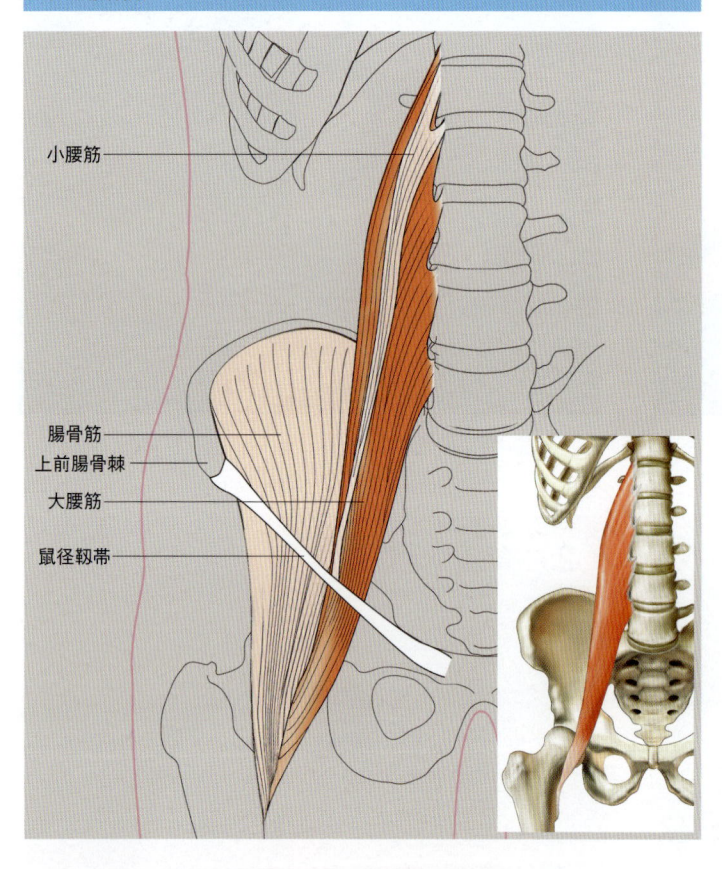

（小腰筋，腸骨筋，上前腸骨棘，大腰筋，鼠径靱帯）

大腰筋伸張法

開 始 肢 位：腹臥位．両上肢は挙上しておく．右股関節は軽度外転位．
自分の位置：右側に立つ．右手で右腰部を固定し，左手で内側より右大腿遠位部前面を把持する．
伸　張　法：骨盤の前傾を許しながらも股関節の伸展位を維持したまま，股関節を伸展する．

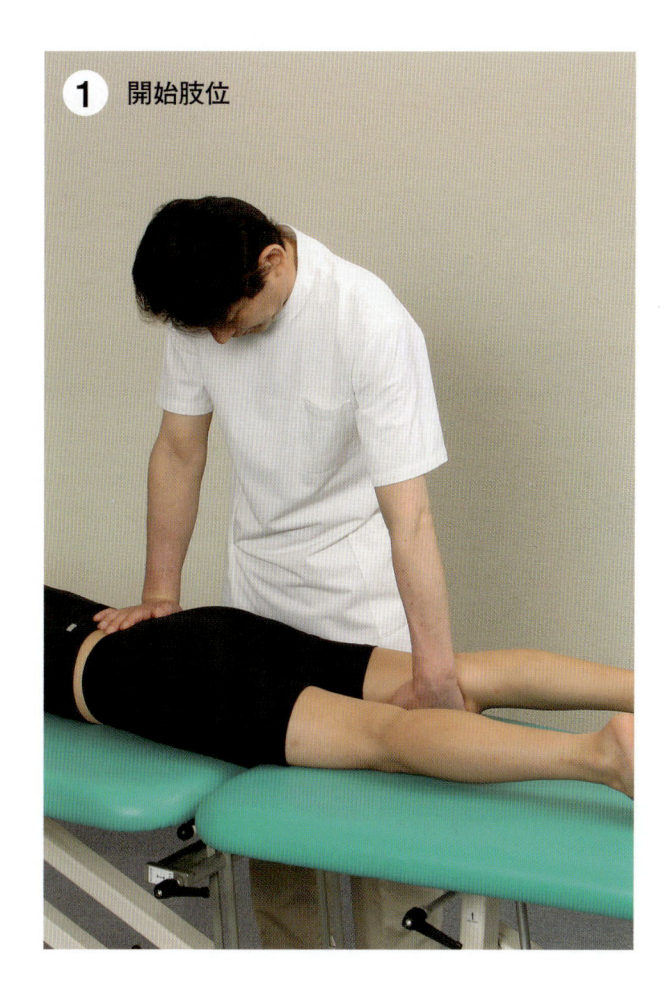

大腰筋 m. psoas major 179

1 開始肢位

2 ストレッチ位

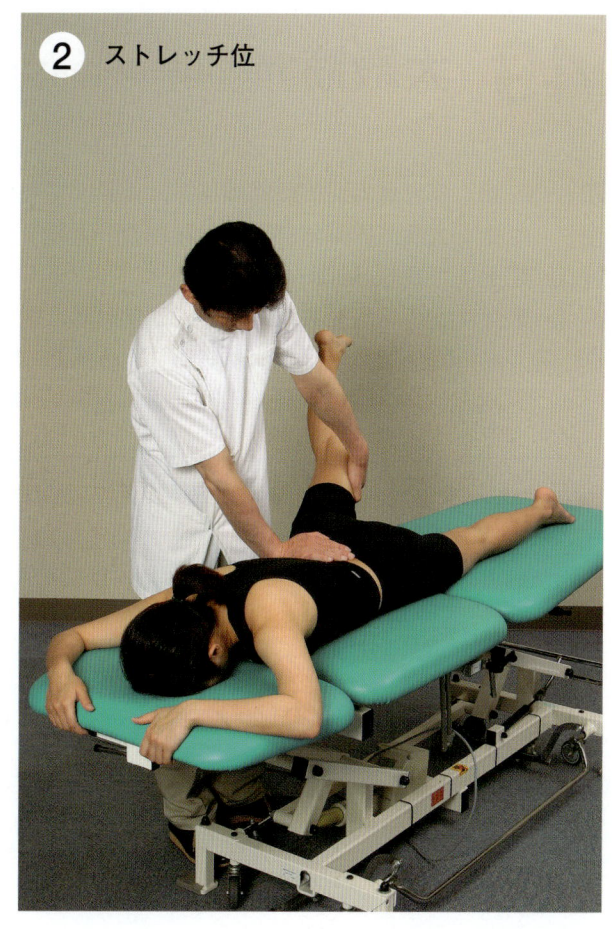

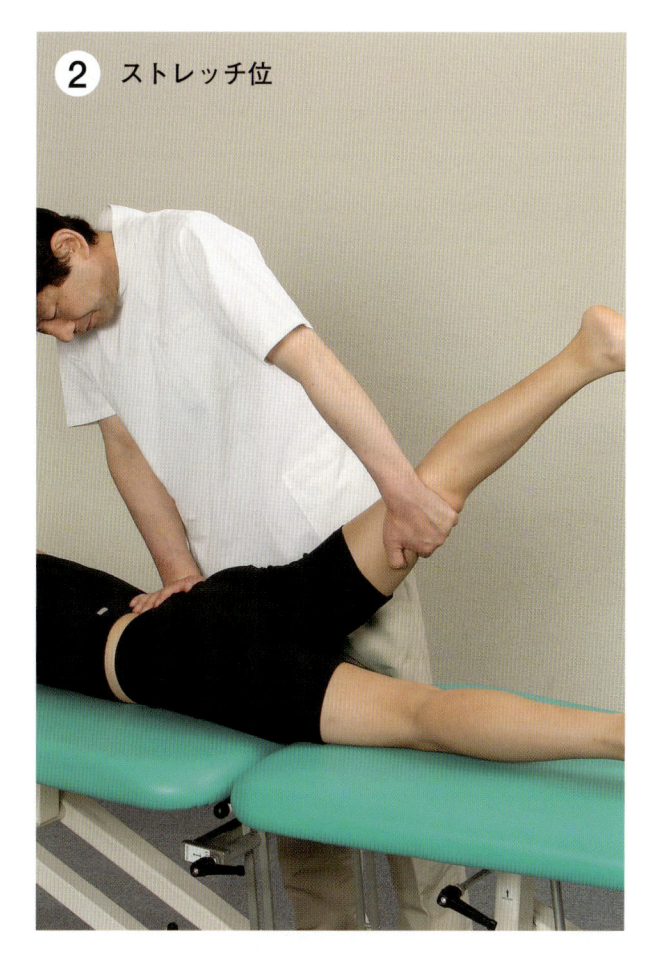

2 ストレッチ位

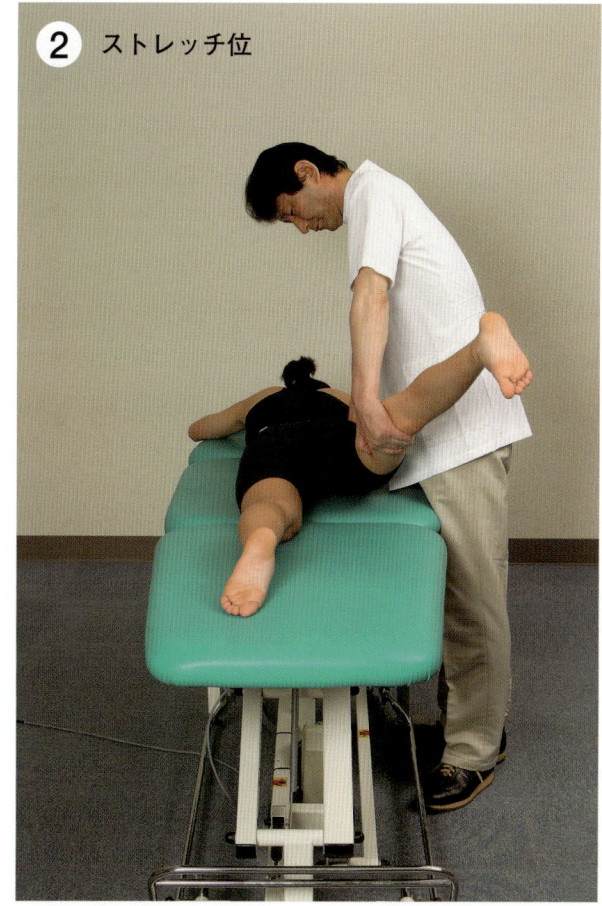

2 ストレッチ位

49 大殿筋 m. gluteus maximus　→　70 大殿筋

起　　　始：腸骨翼外面後殿筋線後方，仙骨・尾骨外側縁，胸腰筋膜，仙結節靱帯
停　　　止：大腿筋膜外側部から腸脛靱帯，大腿骨殿筋粗面，大腿筋膜
神 経 支 配：下殿神経 L4〜S2
血 管 支 配：上・下殿動脈，内側大腿回旋動脈，大腿深動脈の第1貫通動脈
筋 連 結：脊柱起立筋群，仙棘筋，中殿筋後部（殿筋膜），外側広筋下部，梨状筋，中間広筋，大腿筋膜張筋，大腿方形筋，大腿二頭筋短頭

大殿筋ランドマーク

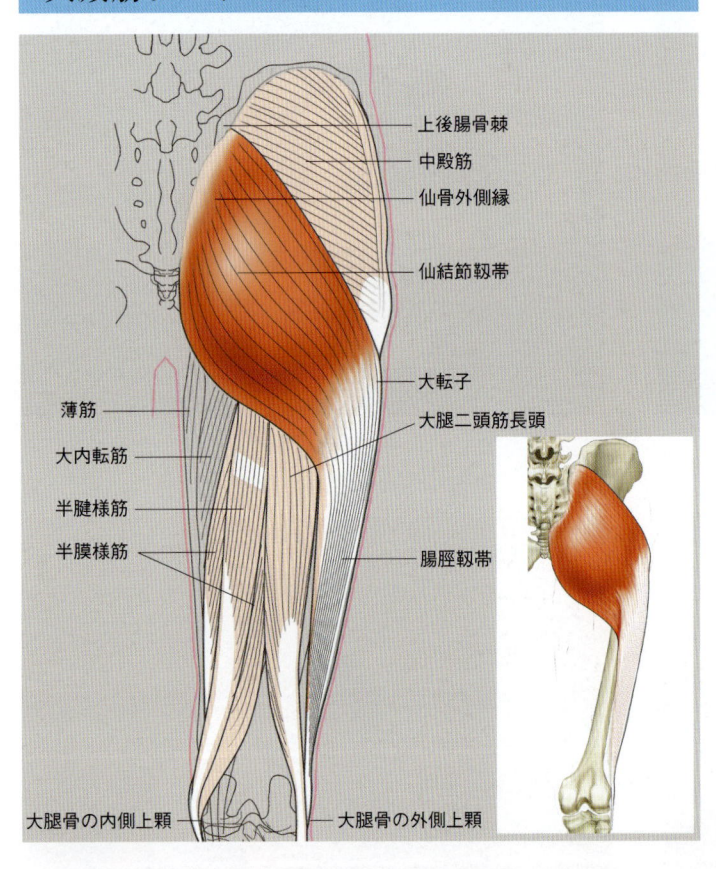

（図：上後腸骨棘，中殿筋，仙骨外側縁，仙結節靱帯，大転子，大腿二頭筋長頭，腸脛靱帯，薄筋，大内転筋，半腱様筋，半膜様筋，大腿骨の内側上顆，大腿骨の外側上顆）

大殿筋伸張法〔上部線維（腸脛靱帯付着部線維）〕

開 始 肢 位：背臥位．左上肢は挙上しておく．右股関節は屈曲・内転・内旋位．膝関節は屈曲位．
自分の位置：左大腿部外側に立つ．両手で右膝を把持する．
伸　張　法：両手で大腿骨長軸方向に牽引した後，右膝関節が左腋窩につく方向に押し込む．
備　　　考：最終域で力が足りない場合は，右前腕部を使って押し込むとよい．伸張時には，骨盤の後傾と左回旋が強くならないことに注意する．また，左股関節の屈曲拘縮がある場合には，左膝関節の固定が必要となる．大殿筋が伸張される前に，右股関節前面に疼痛が発生する場合には，まず疼痛を軽減した後に伸張するよう心がける．

大殿筋 m. gluteus maximus 181

1 開始肢位

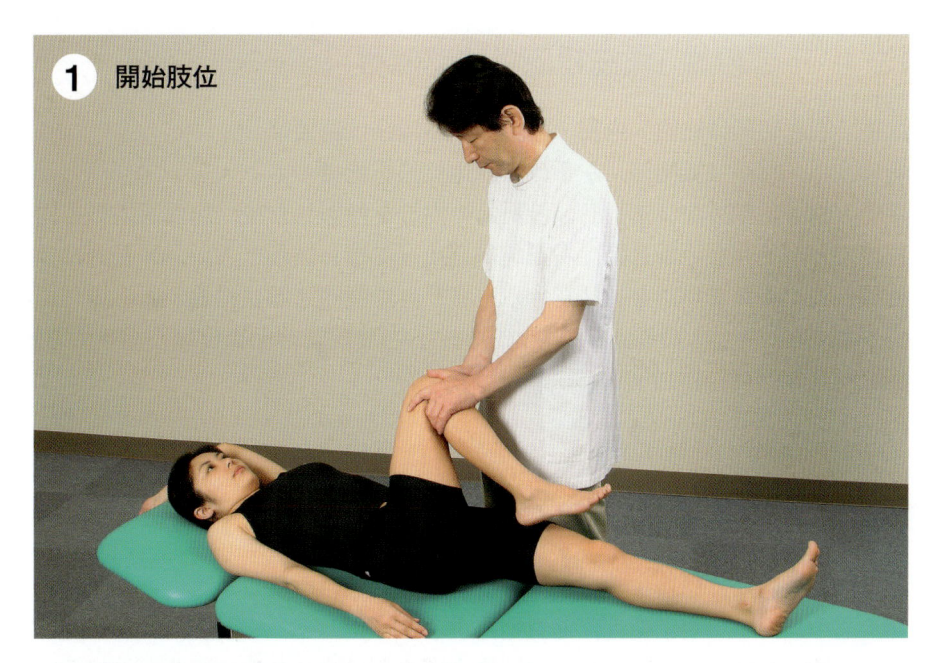

2 ストレッチ位

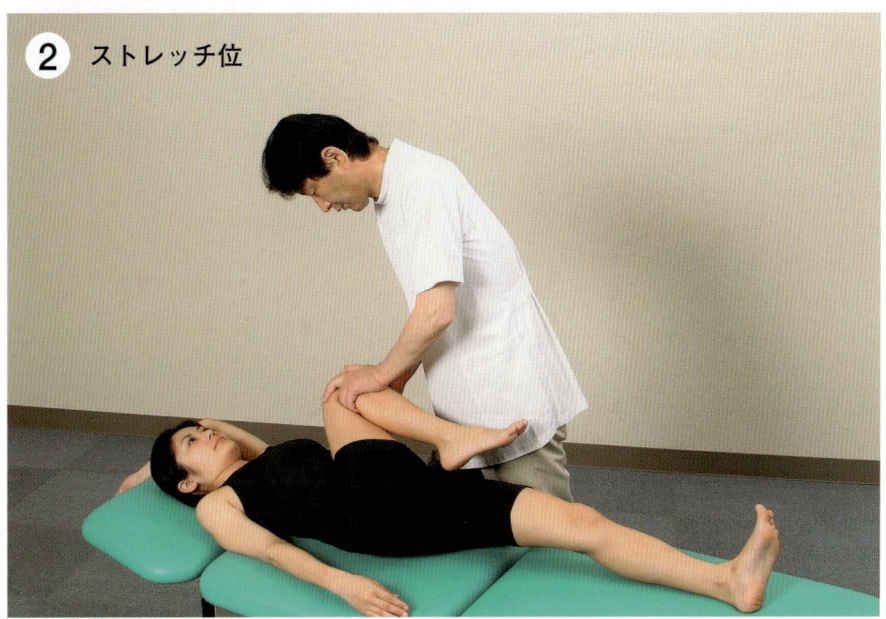

3 備考

大殿筋伸張法1〔下部線維（殿筋粗面付着部線維）〕

開 始 肢 位：背臥位．右股関節は屈曲・内転・内旋位．膝関節は屈曲位．
自分の位置：左側に立つ．右手は膝関節，左手は下腿遠位部を把持する．
伸　張　法：右手で大腿骨長軸方向に牽引し，股関節の内旋を増強した後，屈曲・内転方向に押し込む．
備　　　考：最終域で力が足りない場合は，右前腕部を使って押し込むとよい．伸張時には，骨盤の後傾と左回旋が強くならないことに注意する．また，左股関節屈曲拘縮がある場合には，左膝関節の固定が必要となる．大殿筋が伸張される前に，右股関節前面に疼痛が発生する場合には，まず，疼痛を軽減した後に伸張するよう心がける．

大殿筋伸張法2〔下部線維（殿筋粗面付着部線維）〕

開 始 肢 位：背臥位．右股関節は屈曲・内転・内旋位．膝関節は屈曲位．
自分の位置：右側に立つ．両手で右下腿近位部を把持する．
伸　張　法：両手で大腿骨長軸方向に牽引し，股関節の内旋を増強した後，屈曲・内転方向に押し込む．
備　　　考：伸張時には，骨盤の後傾と左回旋が強くならないことに注意する．また，左股関節屈曲拘縮がある場合には，左膝関節の固定が必要となる．大殿筋が伸張される前に，右股関節前面に疼痛が発生する場合には，まず，疼痛を軽減した後に伸張するよう心がける．

大殿筋 m. gluteus maximus   183

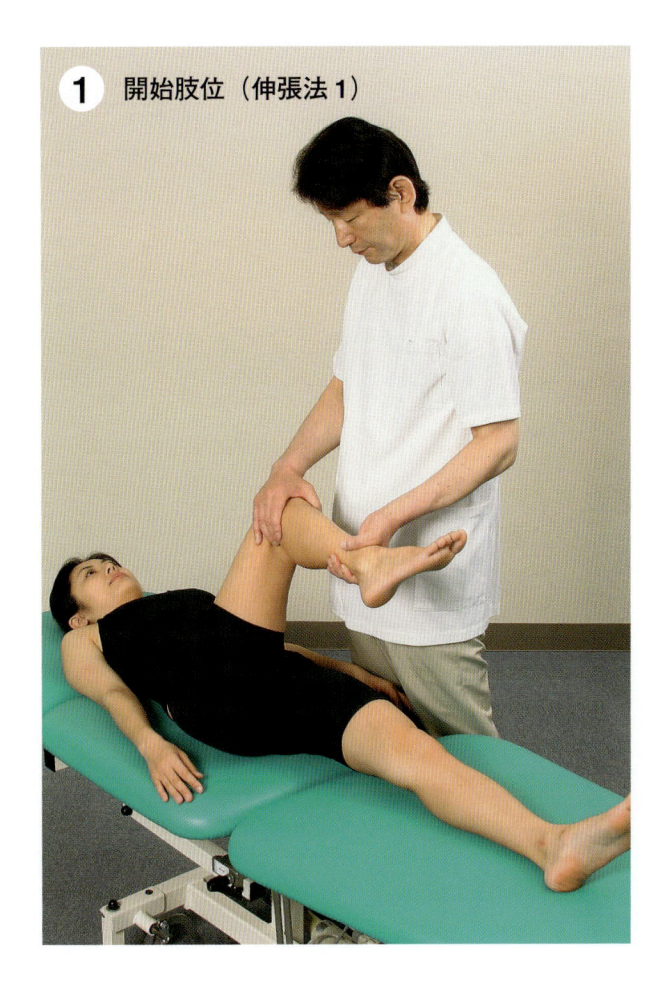

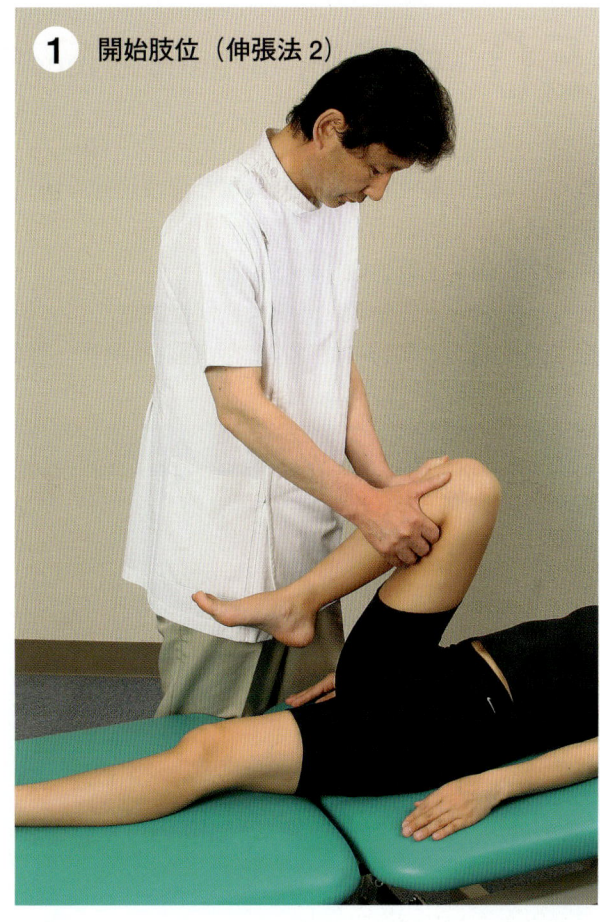

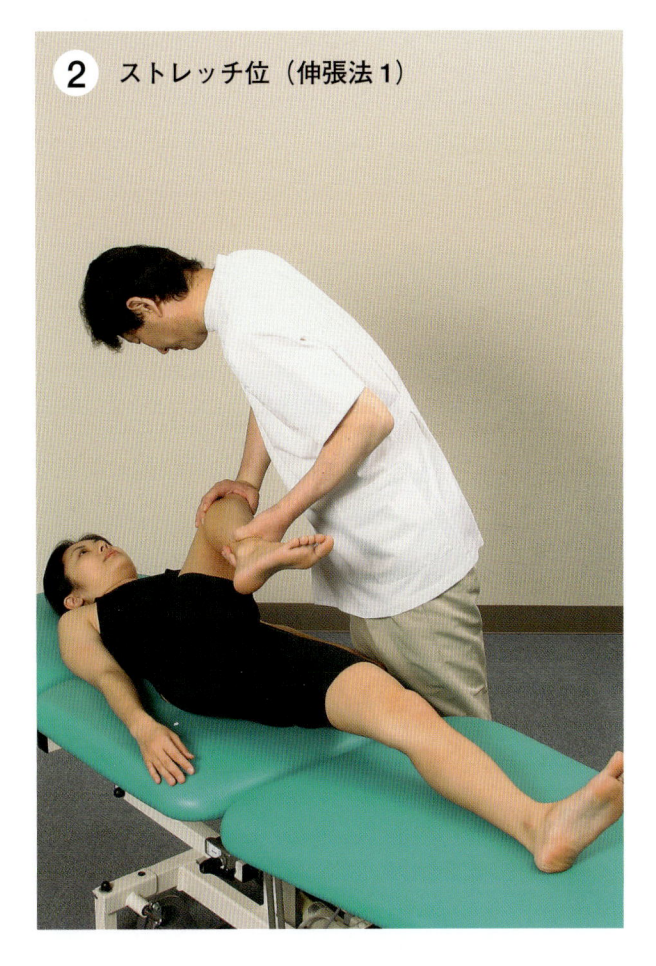

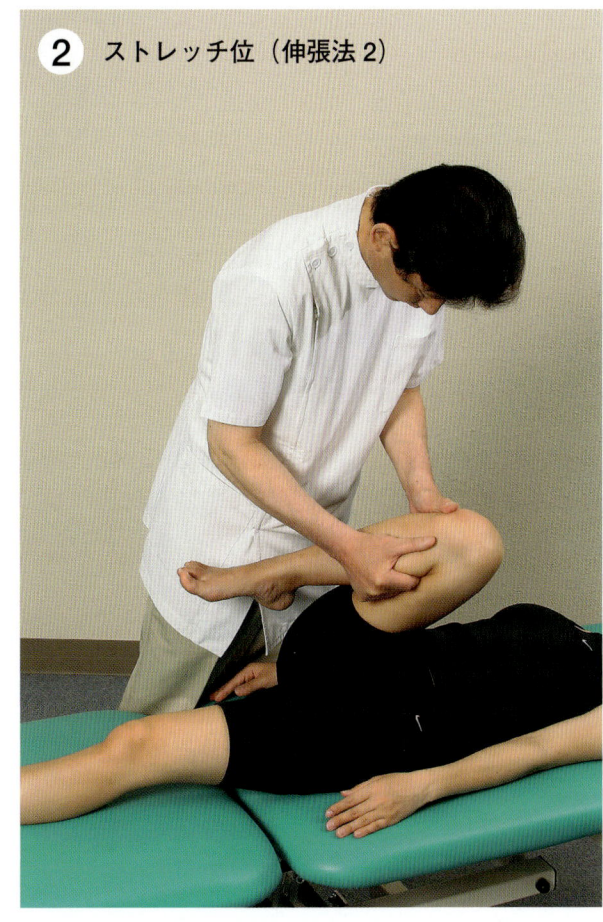

❶ 開始肢位（伸張法1）

❶ 開始肢位（伸張法2）

❷ ストレッチ位（伸張法1）

❷ ストレッチ位（伸張法2）

50 中殿筋 m. gluteus medius　→　71 中殿筋

起　　　始：腸骨翼外面前殿筋線と後殿筋線の間，腸骨稜外唇，殿筋膜
停　　　止：大転子尖端外側面
神 経 支 配：上殿神経 L4〜S2
血 管 支 配：上殿動脈，外側大腿回旋動脈
筋 連 結：大殿筋（殿筋膜），大腿筋膜張筋，外側広筋，縫工筋，小殿筋，梨状筋

中殿筋ランドマーク

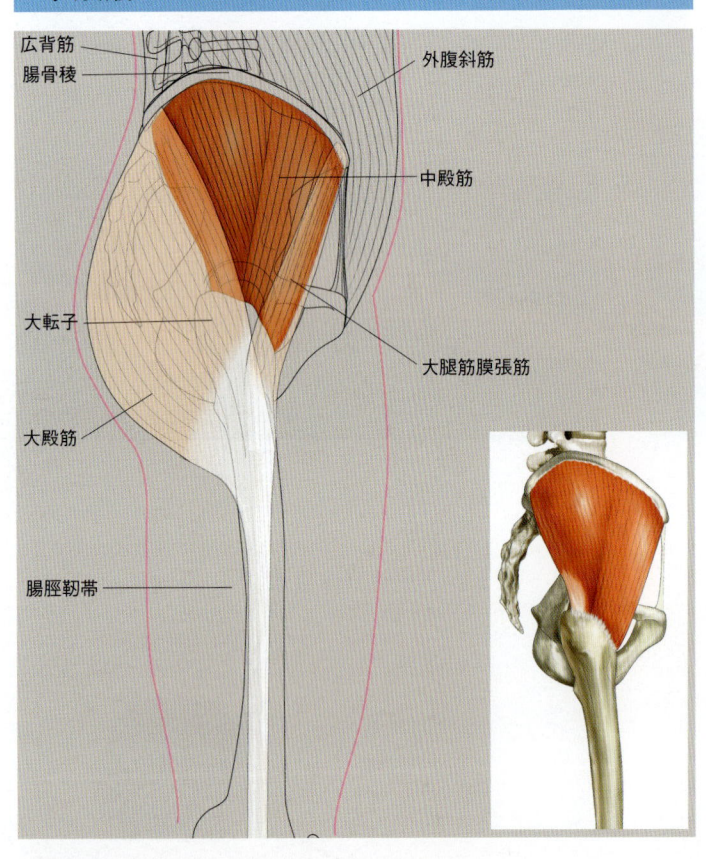

中殿筋伸張法（後部線維）

開 始 肢 位：背臥位．右股関節は屈曲・内転・内旋位．膝関節は屈曲位．
自分の位置：左側に立つ．両手で右膝を把持する．
伸　張　法：両手で大腿骨長軸方向に軽く牽引した後，右手で右上前腸骨棘を固定し，左手で股関節内転方向に押し込む．
備　　　考：最終域で力が足りない場合は，左前腕部を使って押し込むとよい．中殿筋の伸張法は，大殿筋と比べ股関節の屈曲角が小さく，内転角度が大きい．また，左手で右上前腸骨棘部を固定するのは骨盤の回旋を防ぐためである．なお，股関節屈曲角度が大きいほど内側部線維を，小さいほど外側部線維をそれぞれ伸張する．

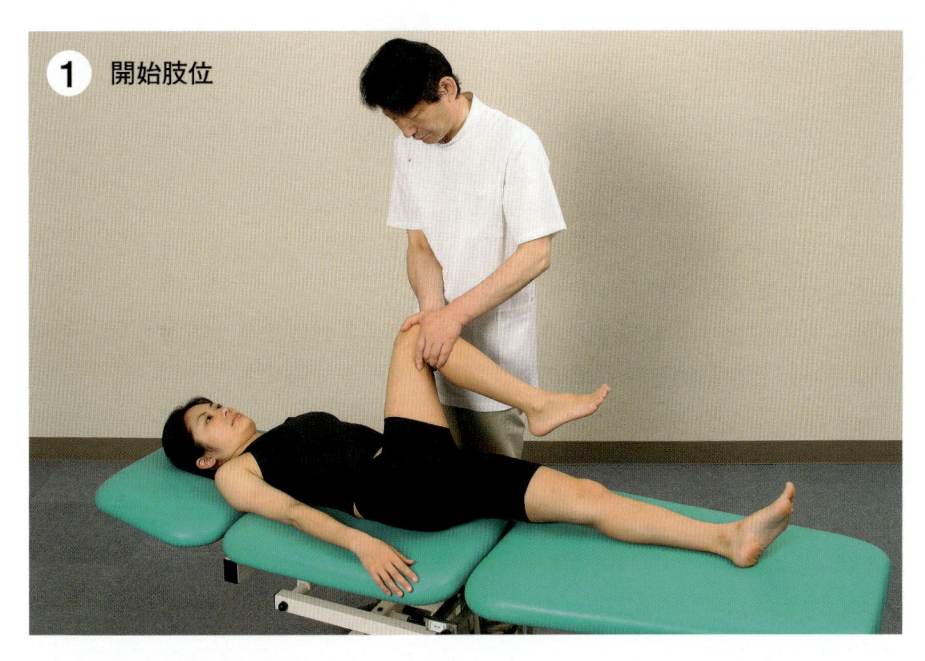

中殿筋 m. gluteus medius 185

1 開始肢位

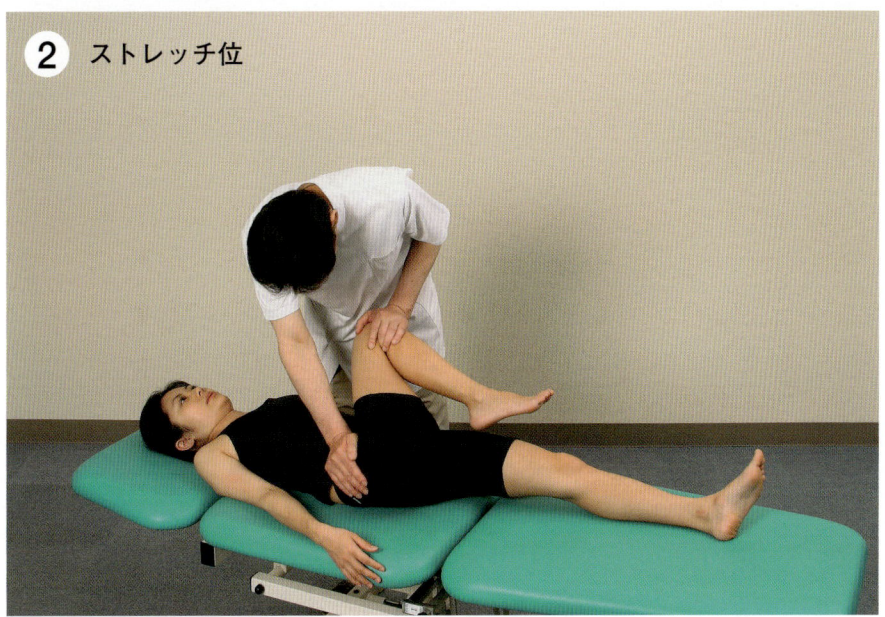

2 ストレッチ位

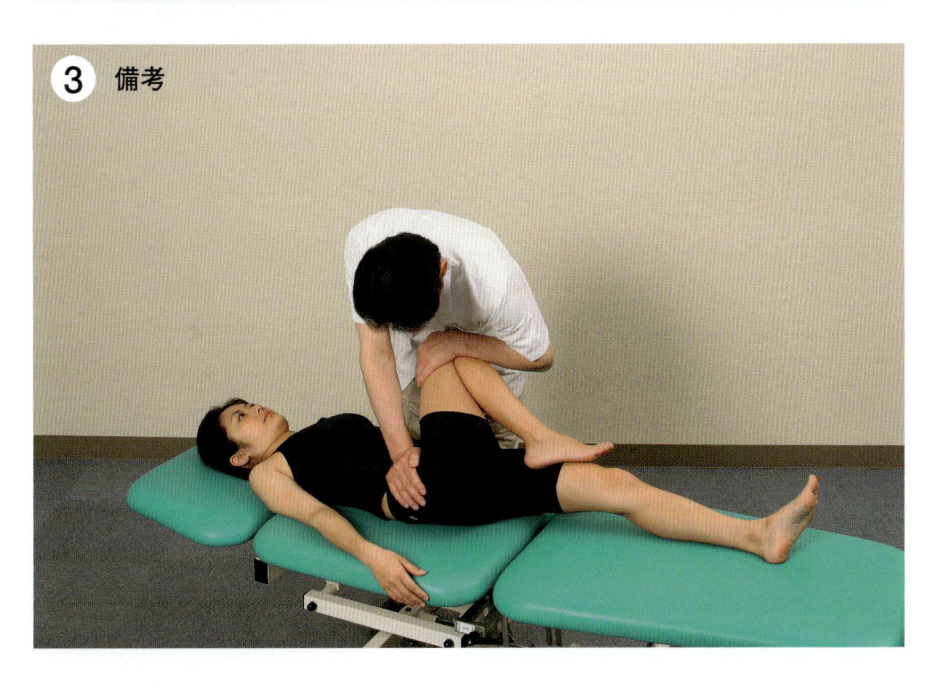

3 備考

中殿筋伸張法（前部線維）

開始肢位：背臥位．左上肢は挙上しておく．右膝を立てた状態で，左下肢を上にして足を組み，右股関節を内転する．
自分の位置：左側に立つ．右手で右上前腸骨棘を固定し，左手で膝関節部を把持する．
伸　張　法：左手で右股関節を軽度屈曲して右足を持ち上げ，右手で骨盤の極端な回旋を防ぎながら，左手で右股関節内転方向に押し込む．
備　　　考：この時，左骨盤はベッド上に，両下肢はベッドより外に出るようになる．なお，股関節屈曲角度が小さいほど前部線維を，大きいほど後部線維を伸張する．

中殿筋 m. gluteus medius 187

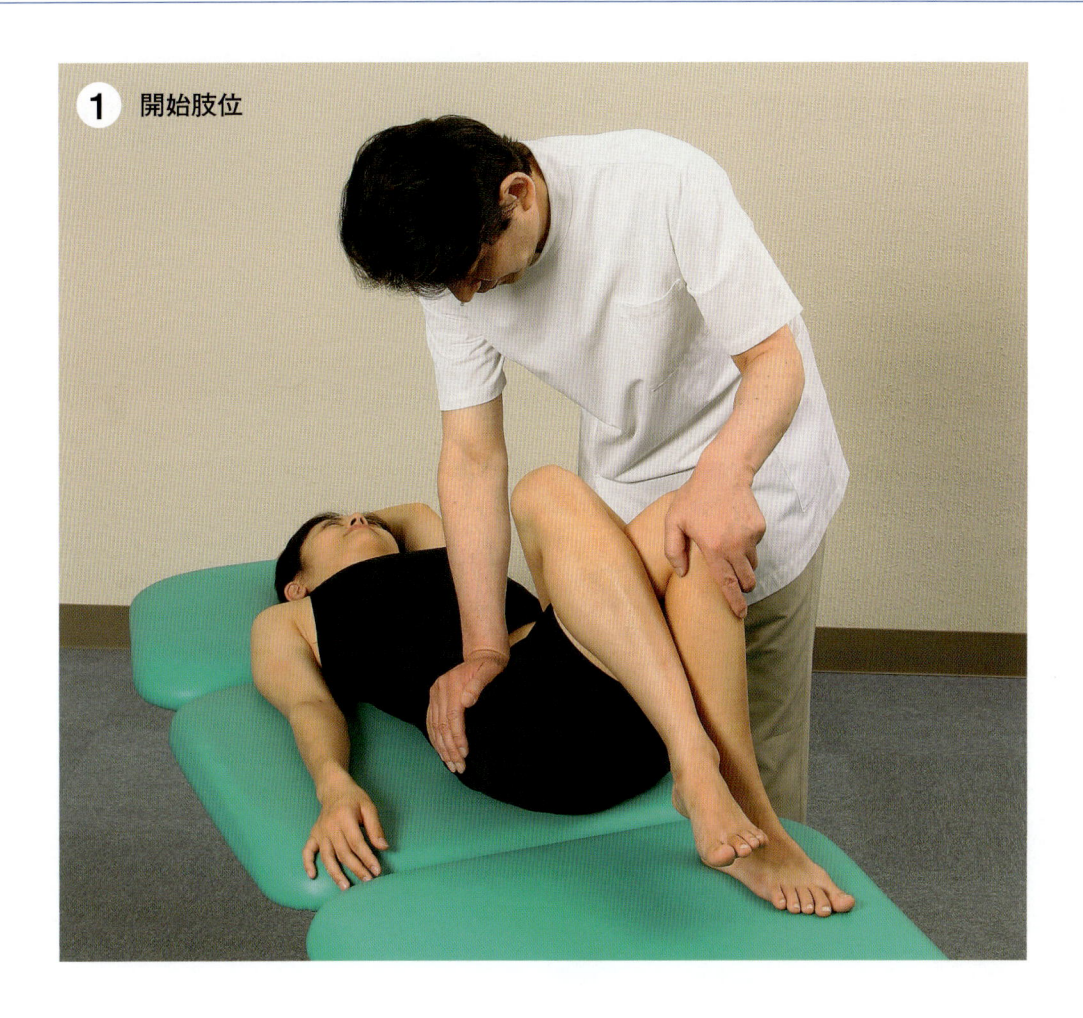

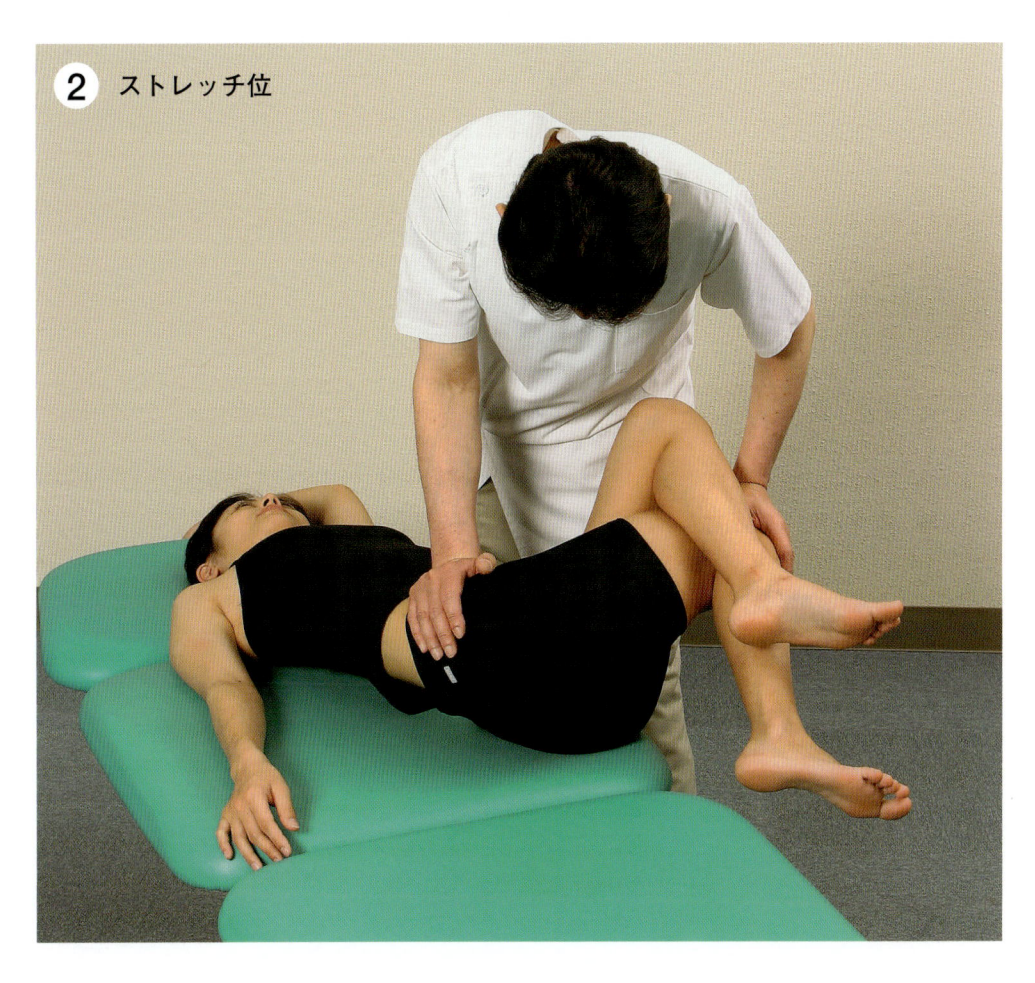

1 開始肢位

2 ストレッチ位

51 大腿筋膜張筋 m. tensor fasciae latae　▶ 72 大腿筋膜張筋

起　　　始：上前腸骨棘
停　　　止：脛骨外側顆
神 経 支 配：上殿神経 L4〜5
血 管 支 配：外側大腿回旋動脈，上殿動脈
筋 連 結：大殿筋，中殿筋，縫工筋，腸骨筋，小殿筋，足底筋，外側広筋

大腿筋膜張筋ランドマーク

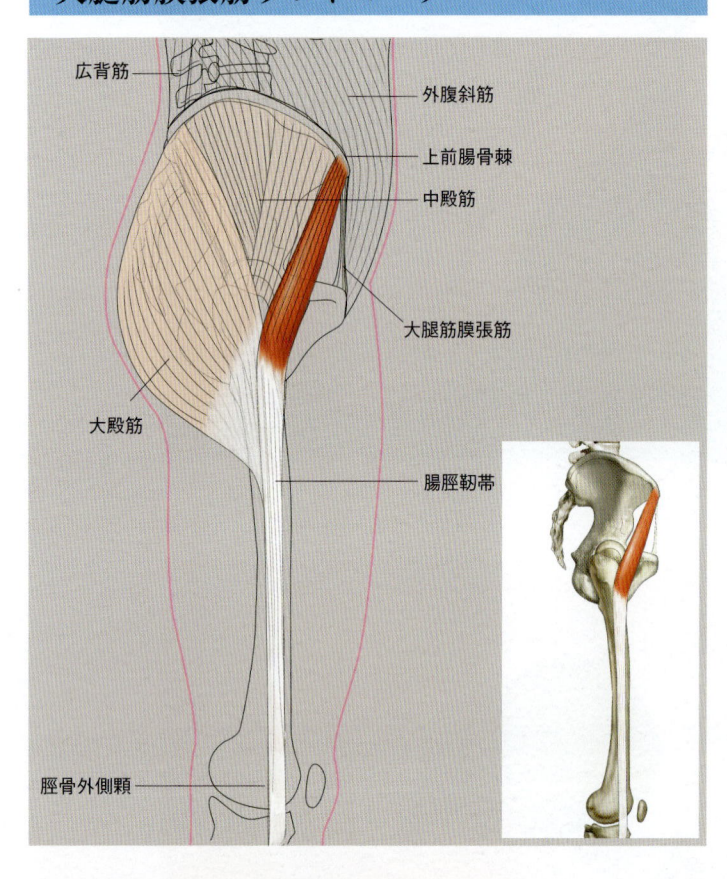

（図：広背筋，外腹斜筋，上前腸骨棘，中殿筋，大腿筋膜張筋，大殿筋，腸脛靱帯，脛骨外側顆）

大腿筋膜張筋伸張法 1

開 始 肢 位：背臥位．右股関節は軽度内転位．左股・膝関節は中等度屈曲位で，足底を右下肢の外側に置く．
自分の位置：左側に立つ．右手で左膝関節を固定し，左手で右下腿遠位部を把持する．
伸　張　法：左手で右大腿長軸方向に牽引しながら，股関節を内転する．
備　　　考：伸張しきれない場合は，膝関節を軽度屈曲位にして股関節を外旋し，右下腿長軸方向に牽引しながら内転するとよい．

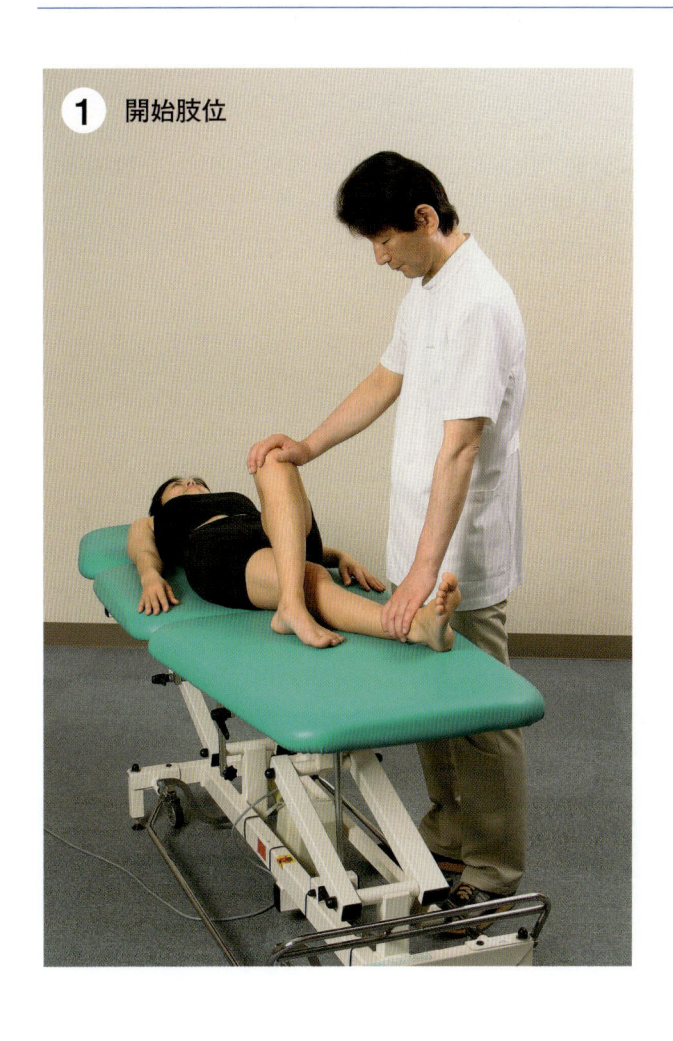

大腿筋膜張筋 m. tensor fasciae latae   189

1 開始肢位

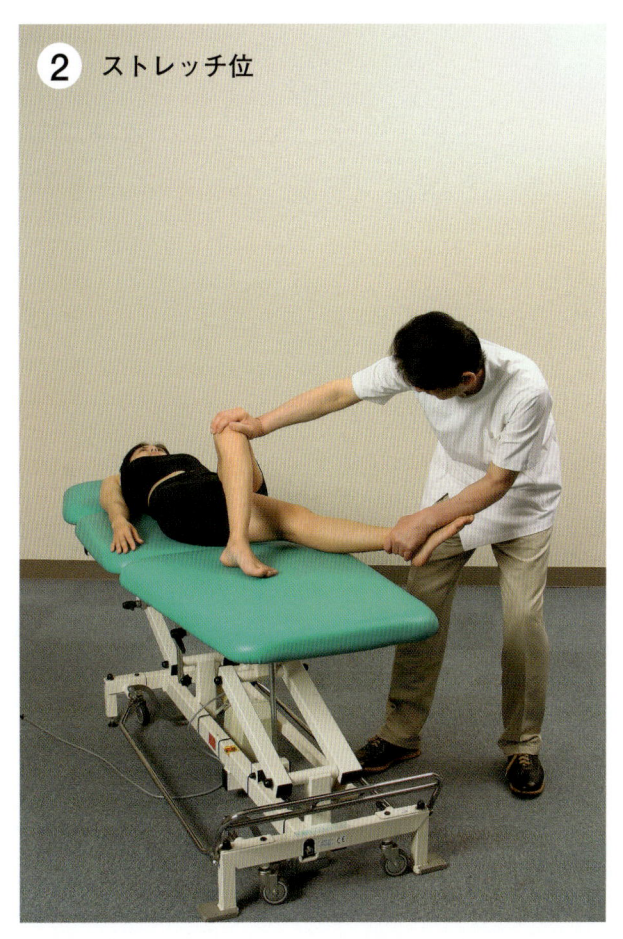

2 ストレッチ位

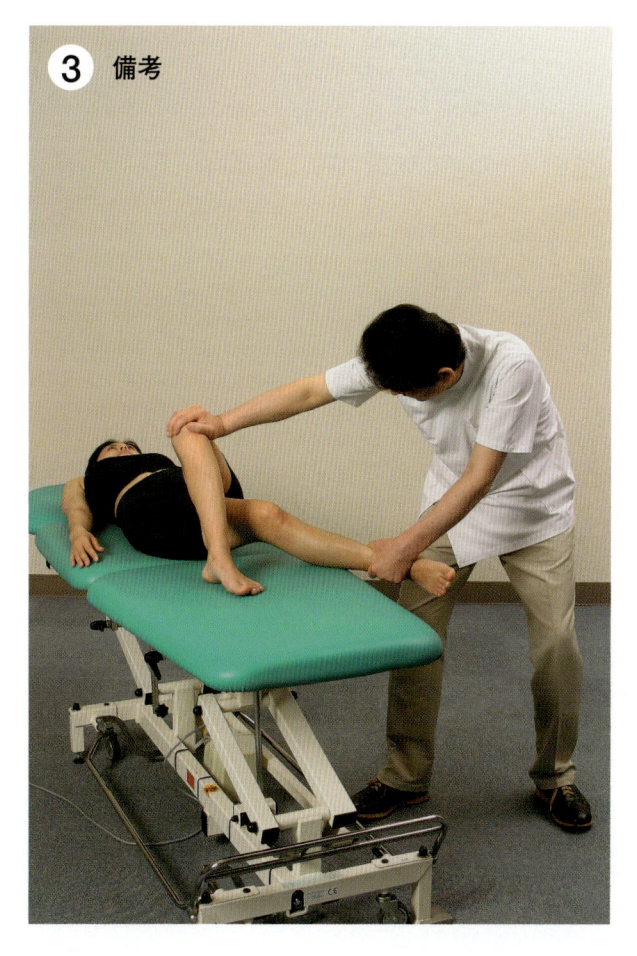

3 備考

大腿筋膜張筋伸張法 2

開 始 肢 位：背臥位．左上肢は挙上しておく．右股関節は外旋・内転位．膝関節は中等度屈曲位．左股関節・膝関節は中等度屈曲位で，左足底を右下肢の外側に置く．
自分の位置：足部に向かって左側に座る．右肘で左下肢を固定しながら，右手で膝関節部を，左手で下腿遠位部を把持する．
伸　張　法：両手で右下腿長軸方向に牽引し，股関節を内転する．

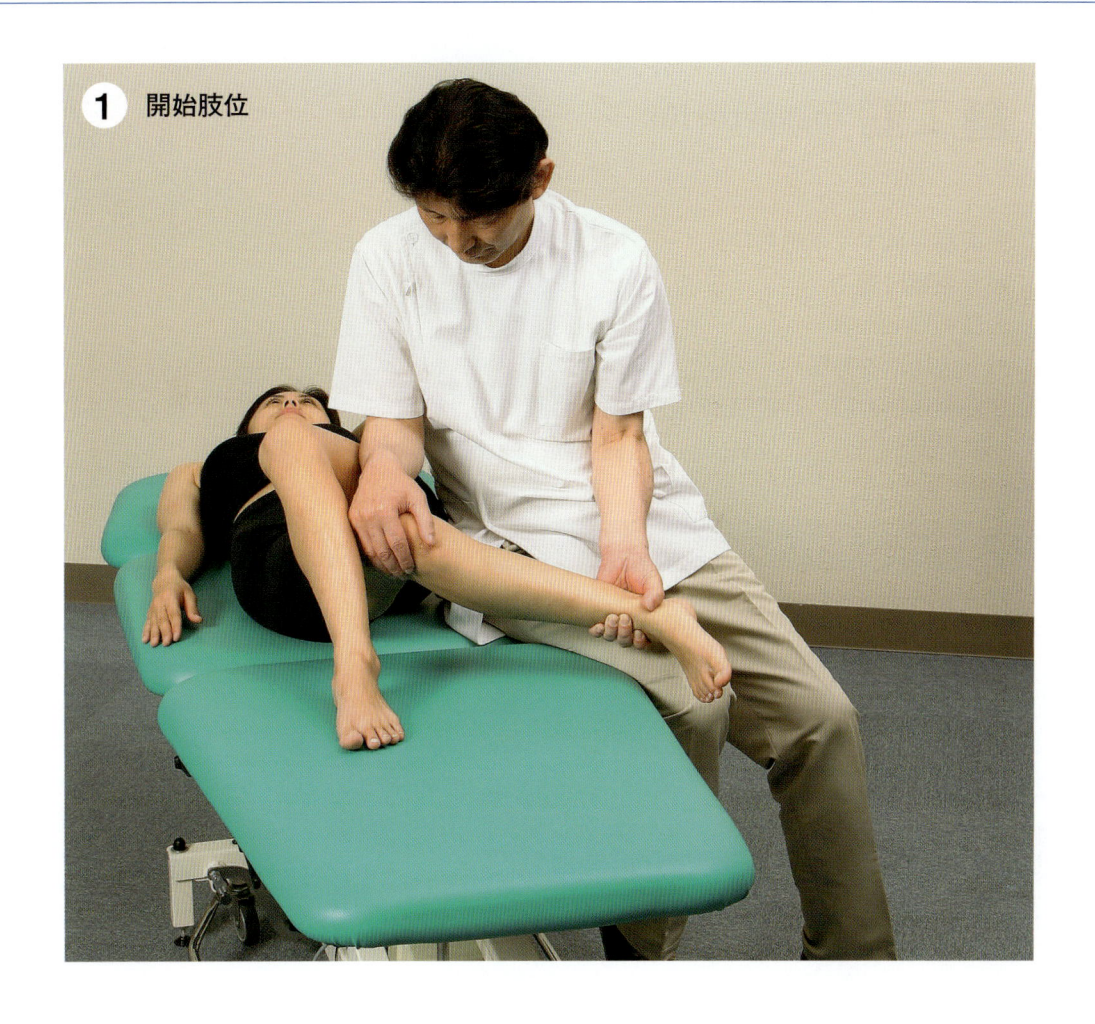

大腿筋膜張筋 m. tensor fasciae latae   191

① 開始肢位

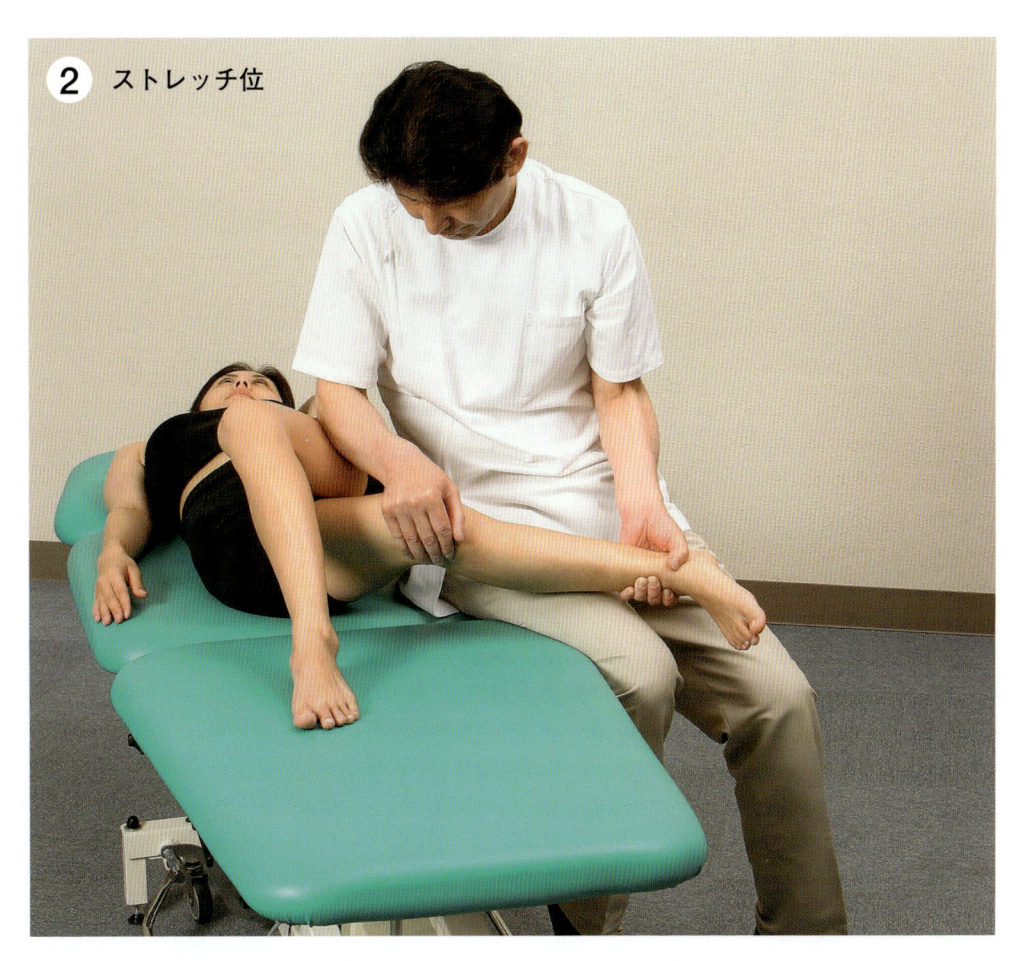

② ストレッチ位

開始肢位

52 縫工筋 m. sartorius　　　　　　73 縫工筋

起　　　始：上前腸骨棘すぐ下尾側
停　　　止：脛骨粗面内側
神 経 支 配：大腿神経 L2〜3
血 管 支 配：外側大腿回旋動脈
筋　連　結：半腱様筋，薄筋，中殿筋，大腿直筋，半膜様筋，腓腹筋，長内転筋，大腿筋膜張筋，腸骨筋，
　　　　　　（膝関節包を介して）外側広筋，内側広筋，膝関節筋，足底筋，膝窩筋

縫工筋ランドマーク

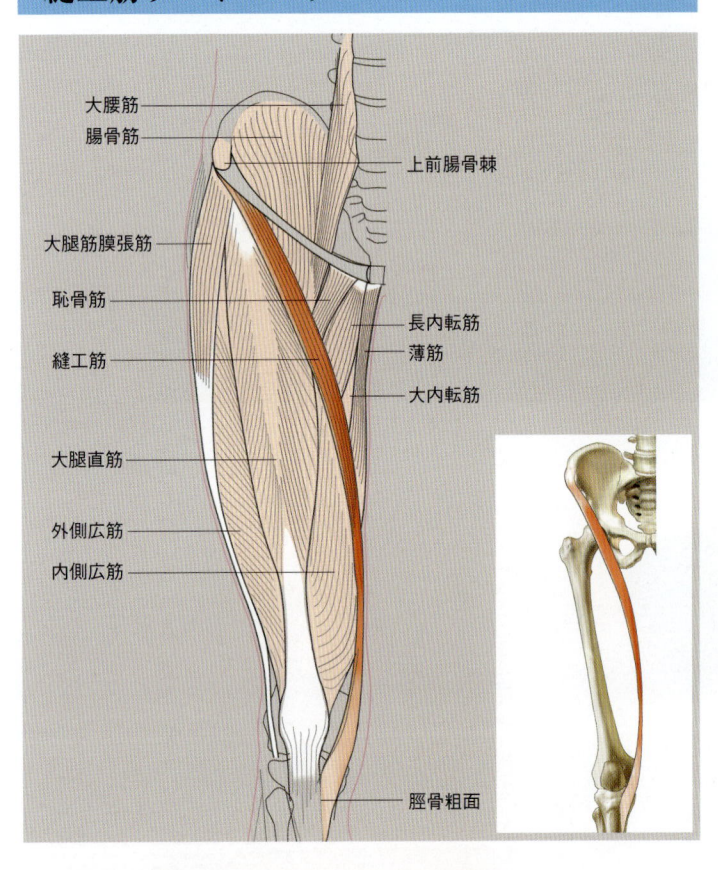

縫工筋伸張法

開 始 肢 位：背臥位．右上肢は挙上しておく．左下肢は足底をベッド上につけ，膝を立てる．右下肢はベッ
　　　　　　ドの端から下ろし，股関節を伸展・外転位にする．
自分の位置：右側に立つ．左手は大腿遠位部前面を，右手は下腿遠位部前面を把持する．そして，左肘で大
　　　　　　腿外側部を押さえて骨盤の回旋を制限する．
伸　張　法：右膝を屈曲位に把持したまま，股関節を最大内旋・伸展する．
備　　　考：左下肢の開始肢位は，骨盤を後傾させる目的をもつ．

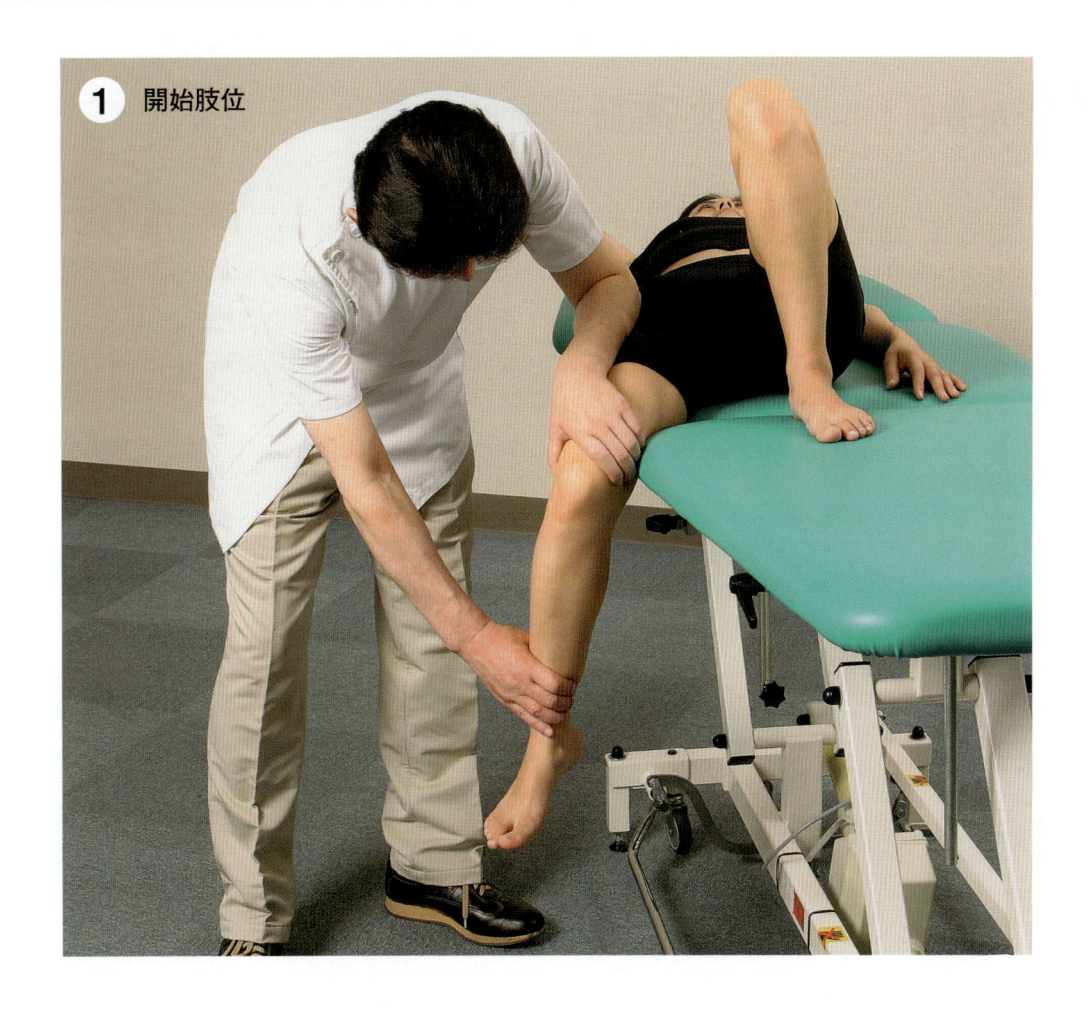

縫工筋 m. sartorius 193

① 開始肢位

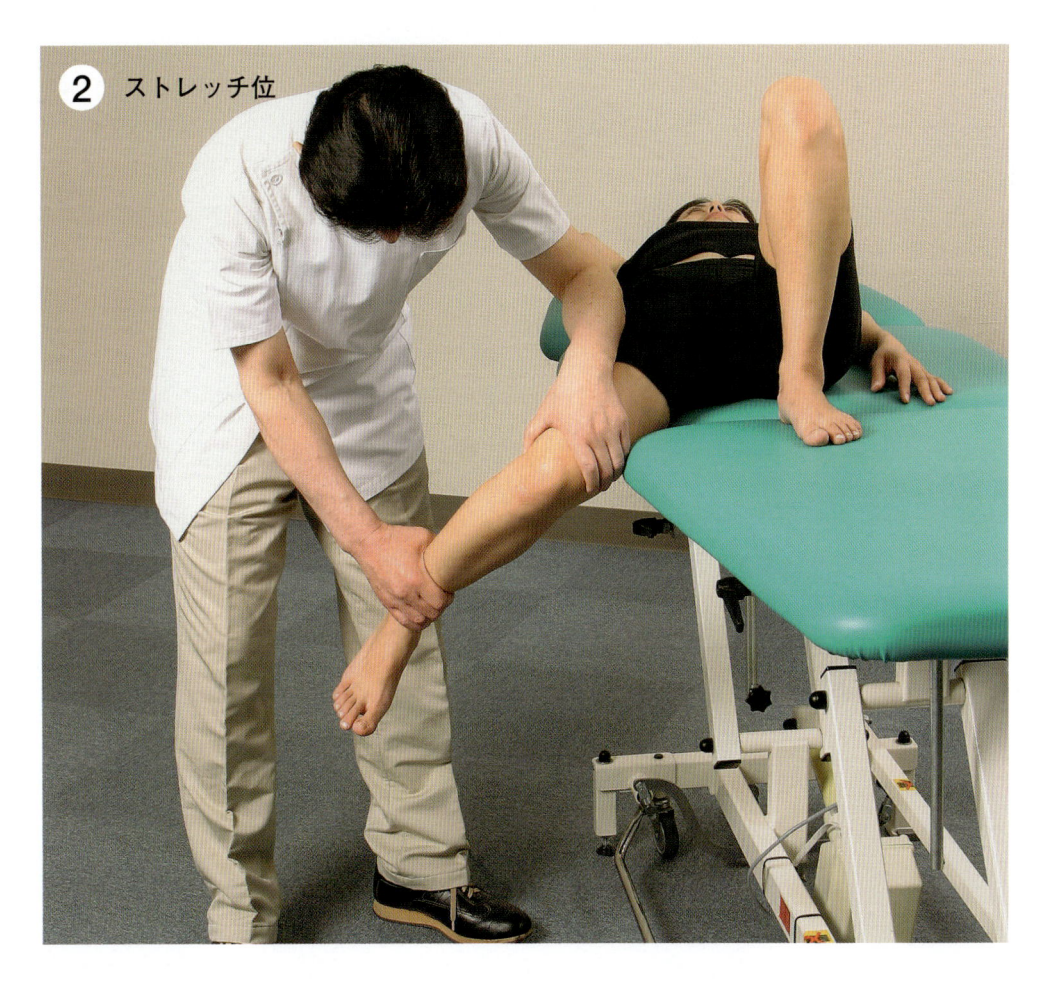

② ストレッチ位

53・54 恥骨筋 m. pectineus・短内転筋 m.addutor brevis ▶ 74・76 恥骨筋・短内転筋

起　　始：恥骨櫛，恥骨筋膜
停　　止：恥骨筋線
神経支配：大腿神経 L2〜3（ときに閉鎖神経の枝も受ける）
血管支配：内側大腿回旋動脈浅枝
筋 連 結：腸骨筋，内側広筋，外側広筋

起　　始：恥骨下枝
停　　止：恥骨筋線下半，大腿骨粗線内側唇
神経支配：閉鎖神経前枝 L2〜4
血管支配：大腿深動脈筋枝，内側大腿回旋動脈深枝
筋 連 結：小内転筋，薄筋，内側広筋

恥骨筋ランドマーク

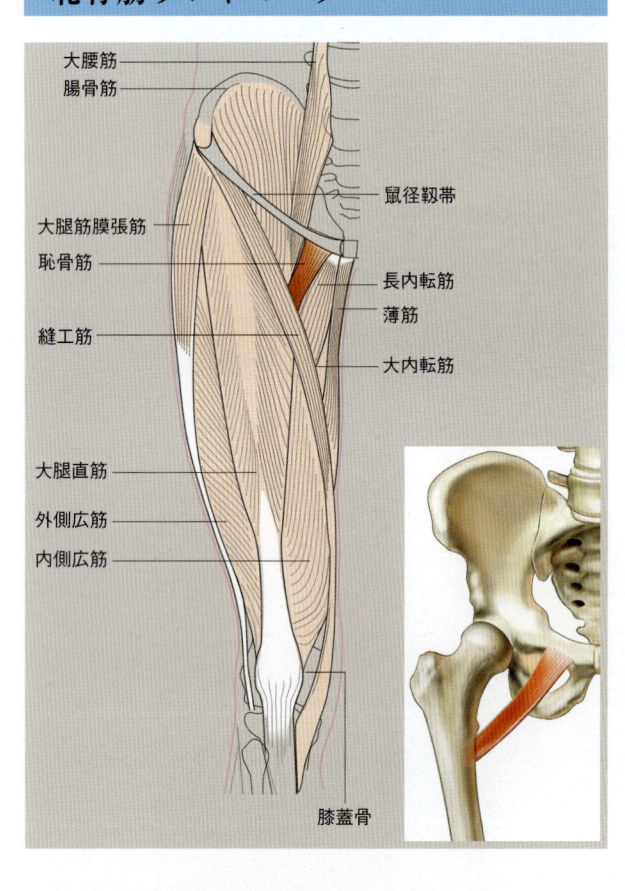

短内転筋ランドマーク

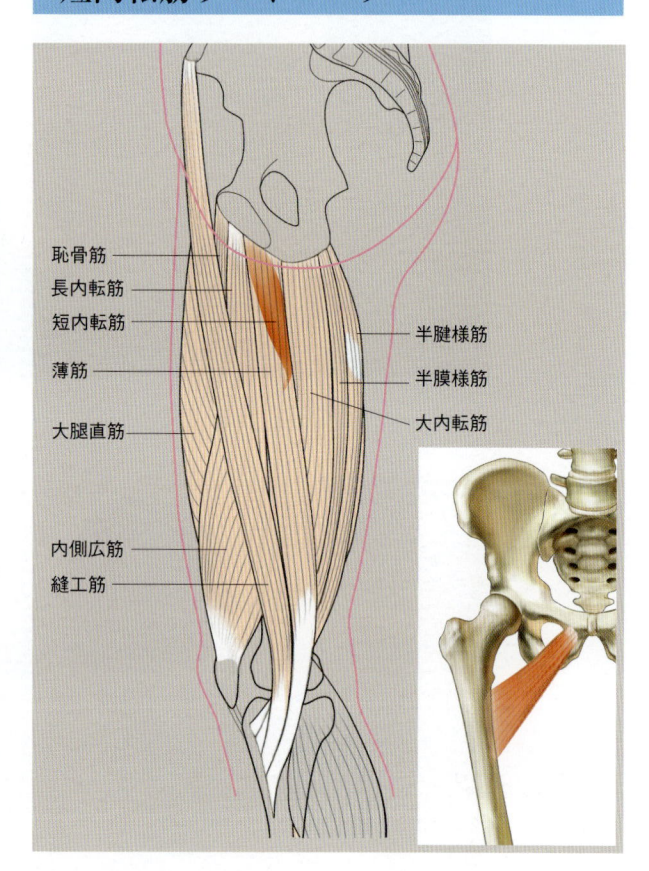

恥骨筋・短内転筋伸張法

開始肢位：腹臥位．両上肢は挙上しておく．膝関節は90°屈曲位．
自分の位置：右側頭部に向かって立つ．右手で下腿遠位部を，左手で大腿遠位部を前面より把持する．
伸　張　法：股関節を軽度伸展させた後，外転・内旋する．
備　　考：股関節内旋をあまり強くすると外旋筋群が伸張されるため，外転を強調する．

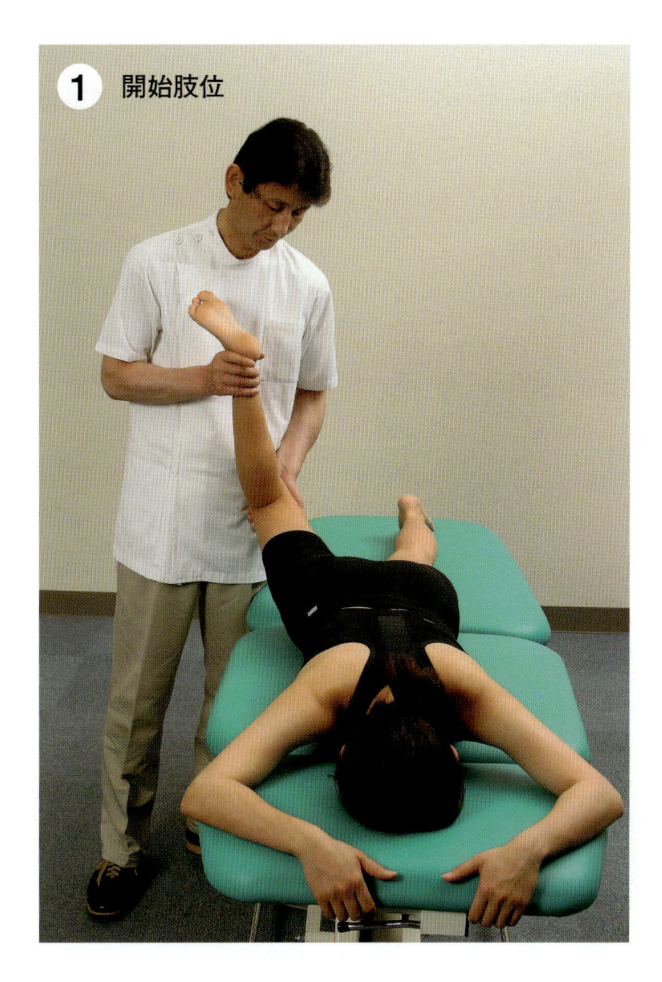

恥骨筋 m. pectineus・短内転筋 m. addutor brevis

1 開始肢位

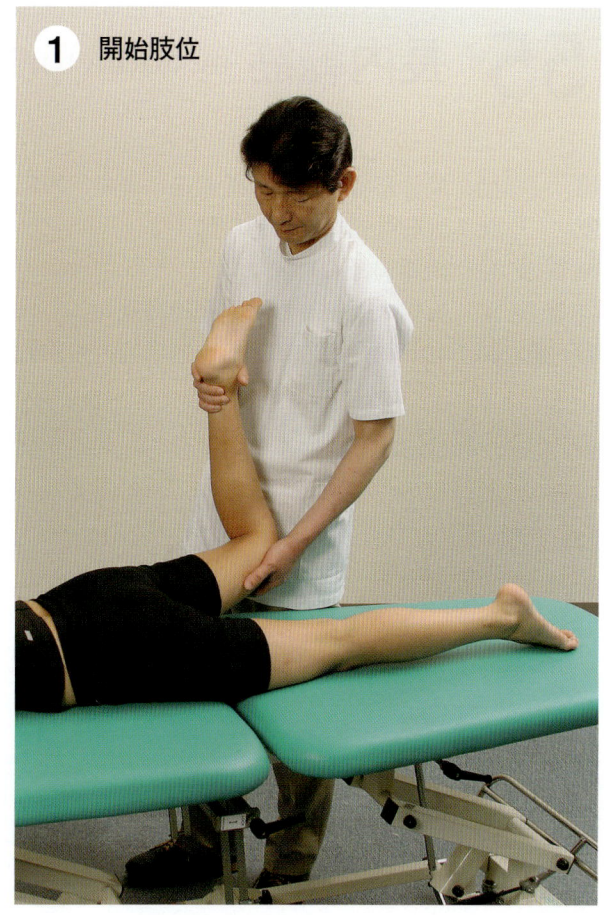

1 開始肢位

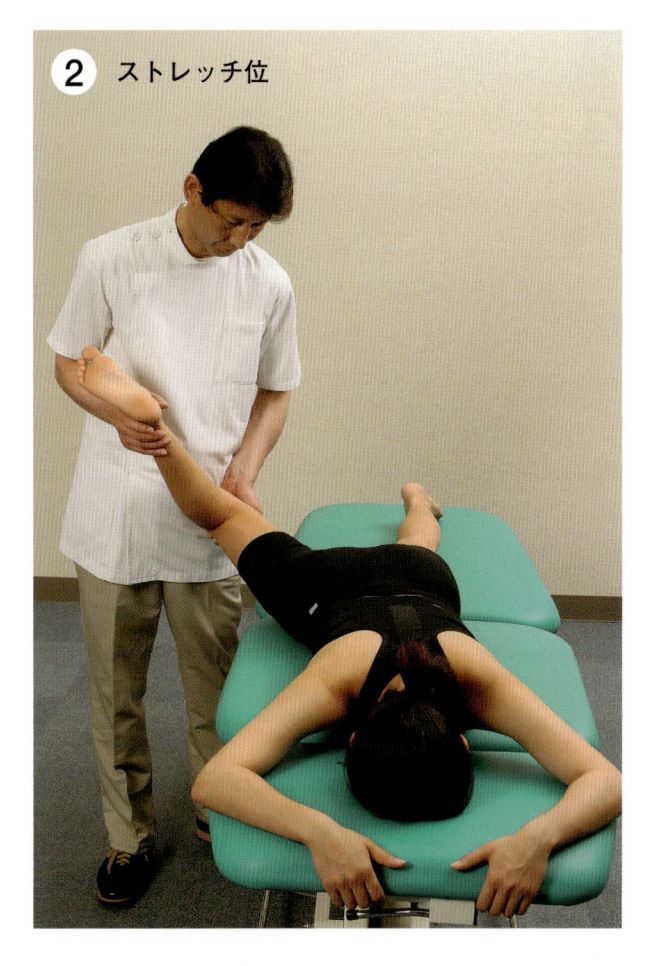

2 ストレッチ位

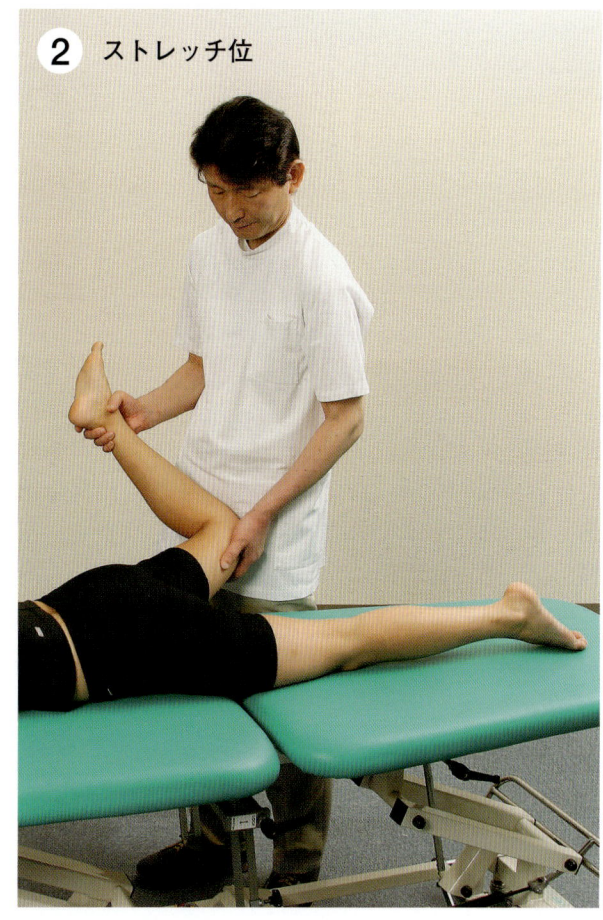

2 ストレッチ位

55 長内転筋 m. adductor longus　　▶ 75 長内転筋

起　　　始：恥骨結合前面と恥骨結節による三角形の面
停　　　止：大腿骨粗線内側唇中部 1/3
神 経 支 配：閉鎖神経 L3〜4
血 管 支 配：内側大腿回旋動脈，閉鎖動脈
筋 連 結：恥骨筋，大内転筋，内側広筋，短内転筋，薄筋

長内転筋ランドマーク

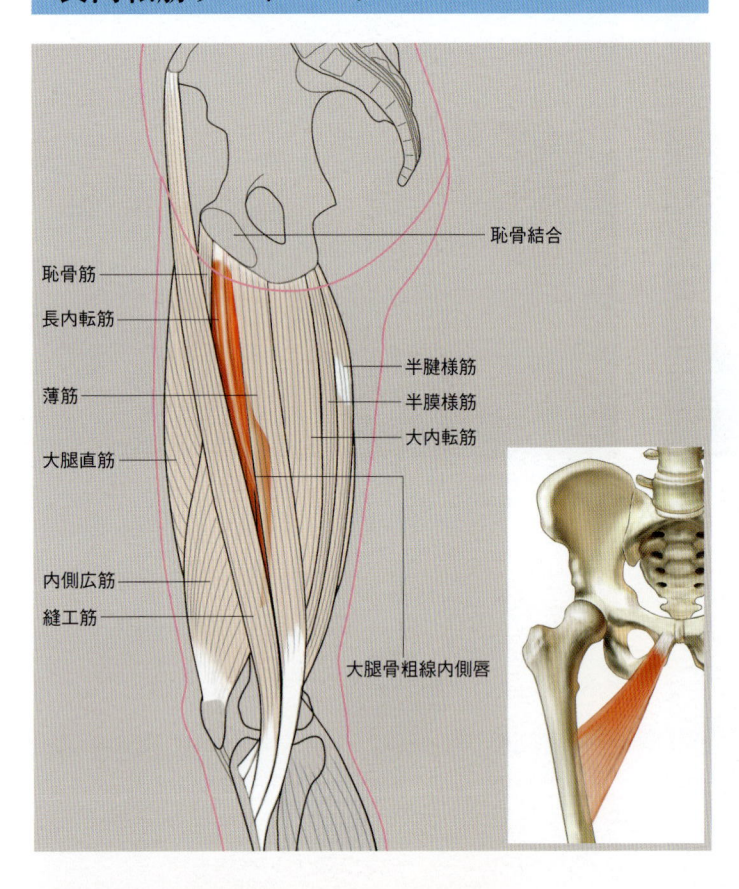

長内転筋伸張法

開 始 肢 位：背臥位．右上肢は挙上しておく．右股・膝関節は屈曲位．
自分の位置：右側に立つ．左手で右下腿近位部を把持し，右手で左上前腸骨棘を固定する．
伸 張 法：右手で骨盤の回旋を制限しながら，左手で股関節を屈曲・外転・外旋する．
備　　　考：股関節は外転を強調する．また，大内転筋と比較して股関節屈曲角度は小さく，外転角度は大きい．

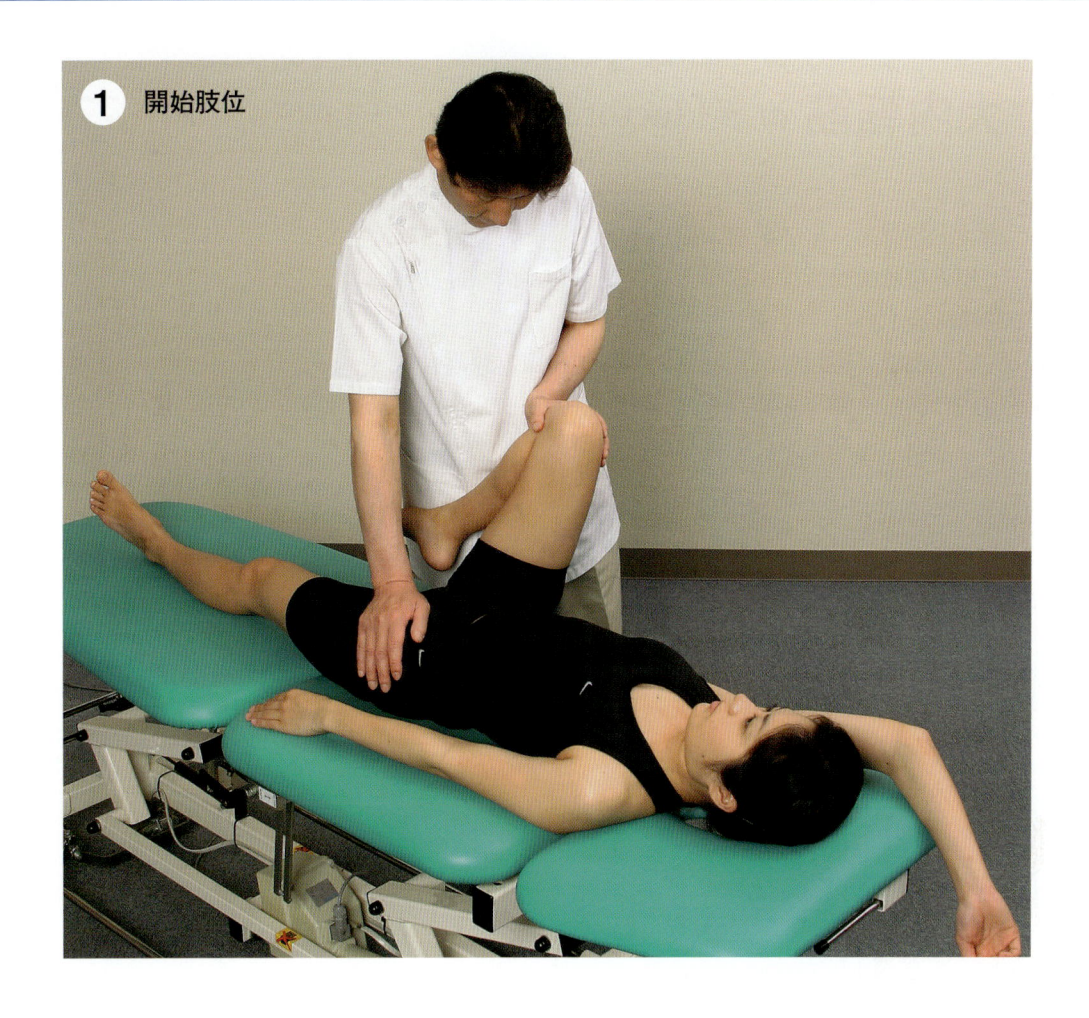

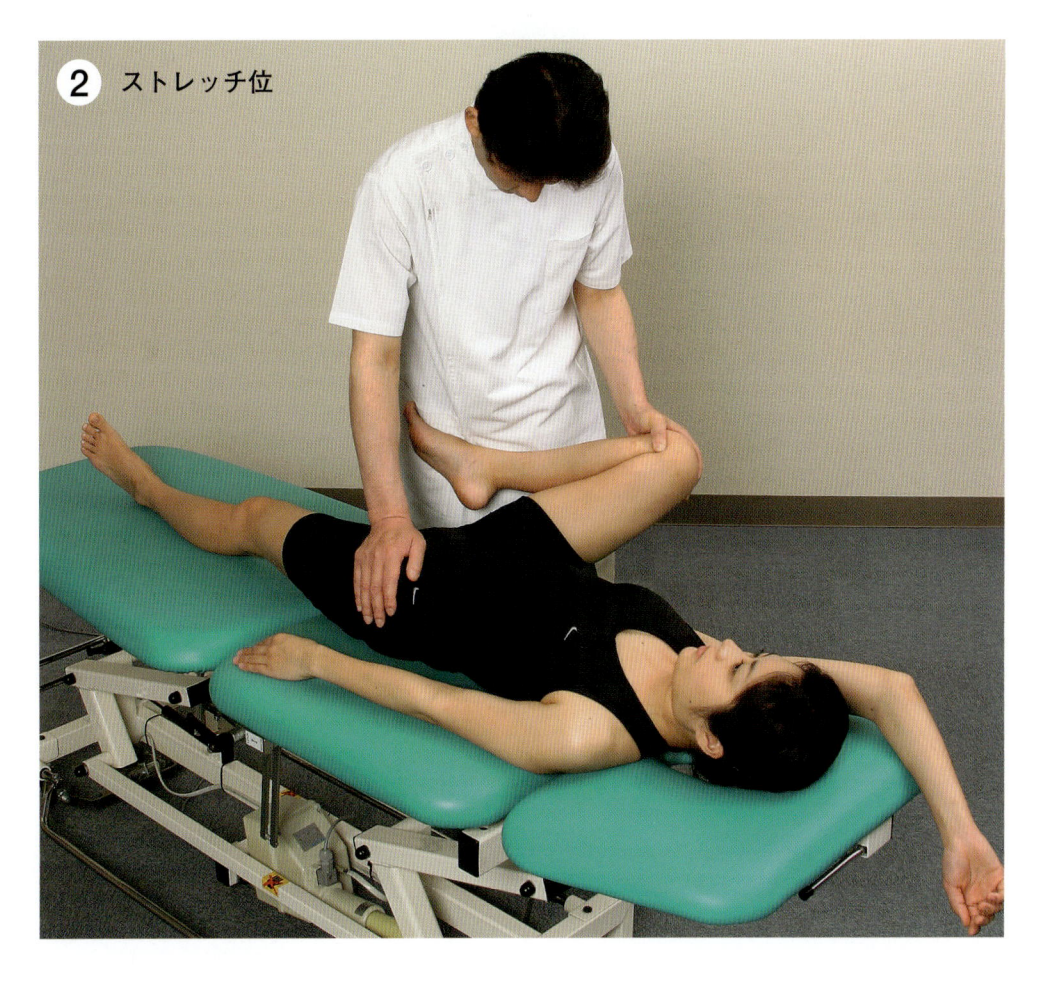

長内転筋 m. adductor longus 197

1 開始肢位

2 ストレッチ位

56 大内転筋 m. adductor magnus ▶ 77 大内転筋

起　　始：坐骨下枝前面，坐骨結節下面
停　　止：大腿骨粗線内側唇の小転子から内側上顆・内側筋結節の間
神経支配：閉鎖神経 L3〜4
血管支配：大腿深動脈，閉鎖動脈，内側大腿回旋動脈，膝窩動脈
筋 連 結：短内転筋，大腿方形筋，長内転筋，半膜様筋，小内転筋，薄筋，外側広筋，内側広筋，中間広筋，大腿二頭筋短頭，半腱様筋，腓腹筋

大内転筋ランドマーク

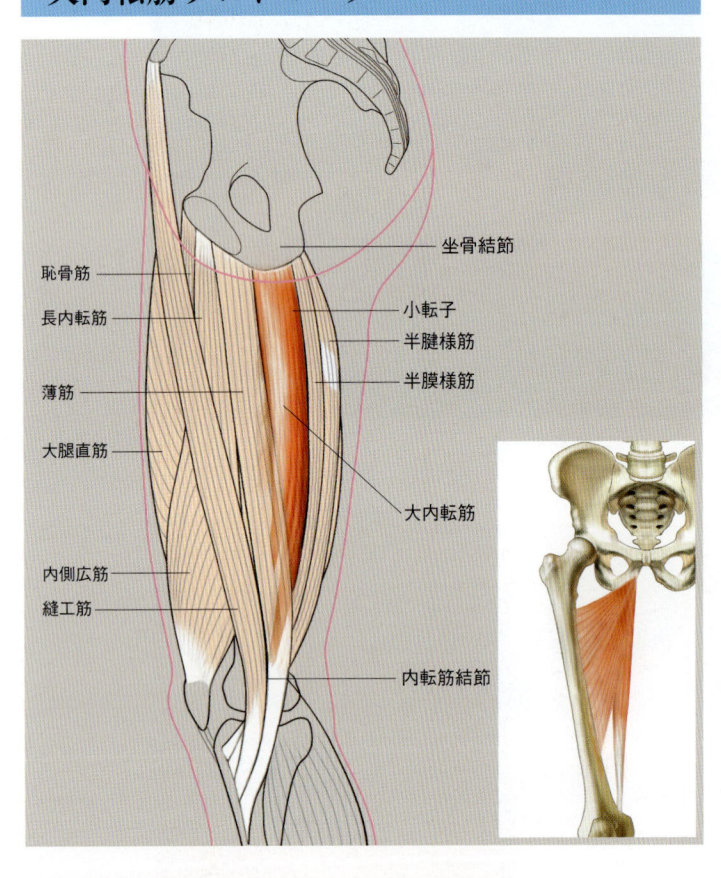

大内転筋伸張法

開始肢位：背臥位．右上肢は挙上しておく．右股・膝関節は屈曲位．
自分の位置：右側に立つ．左手で右下腿近位部を把持し，右手で左上前腸骨棘を固定する．
伸　張　法：右手で骨盤の回旋を制限しながら，左手で股関節を屈曲・外転・外旋する．
備　　考：股関節は屈曲を強調する．また，長内転筋に比較して，股関節外転角度は小さく，屈曲角度は大きい．

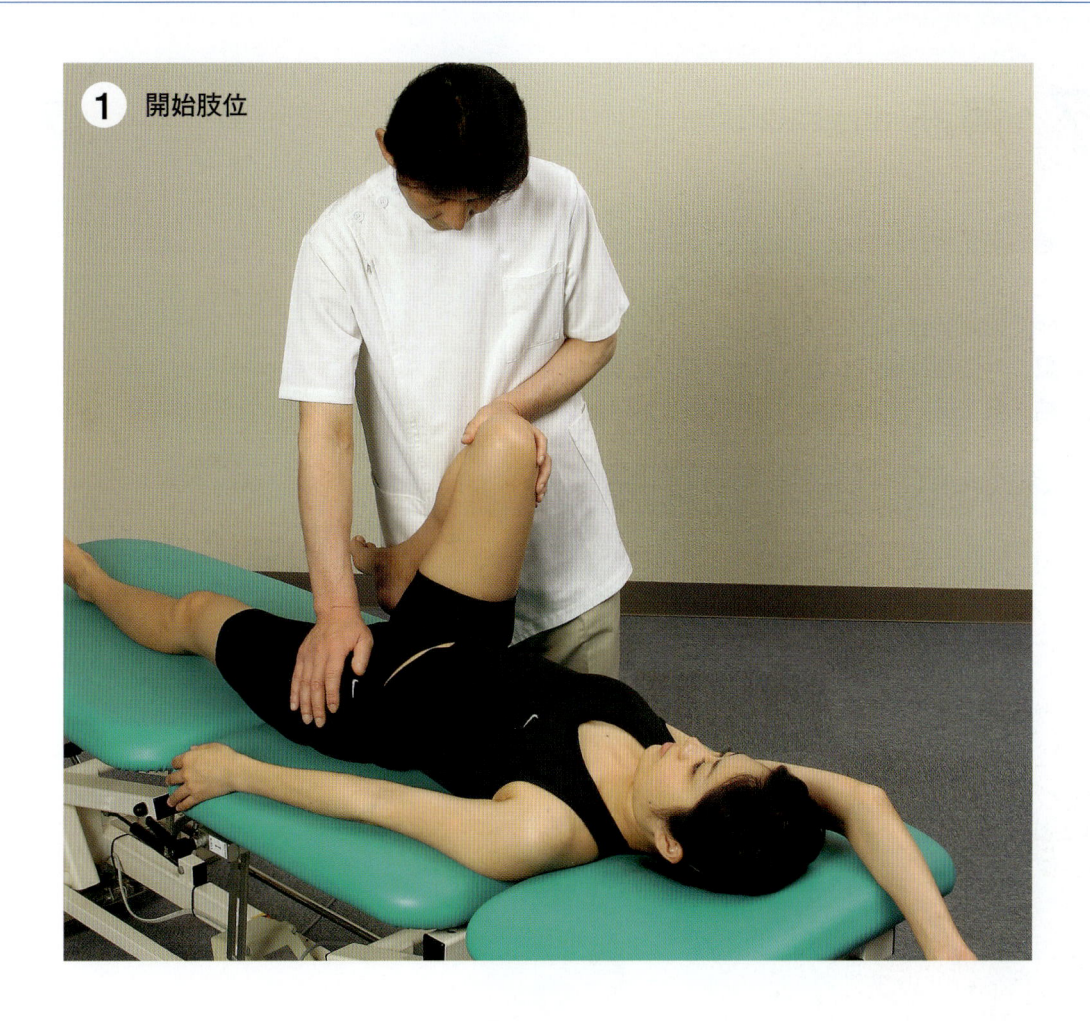

大内転筋 m. adductor magnus 199

1 開始肢位

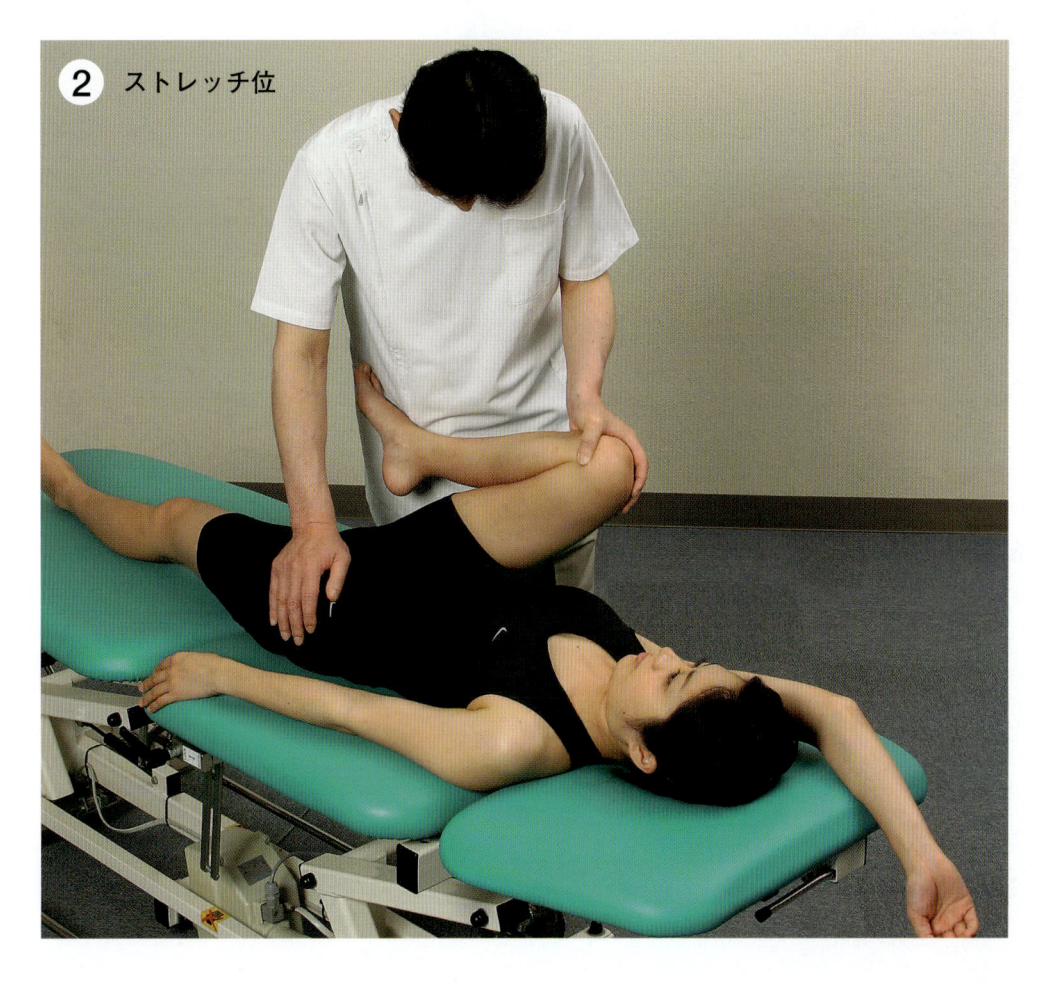

2 ストレッチ位

57 薄筋 m. gracilis ▶ 78 薄筋

起　　始：恥骨結合外側縁
停　　止：脛骨上縁縫工筋付着部後方
神 経 支 配：閉鎖神経 L2〜4
血 管 支 配：外陰部動脈，大腿深動脈，閉鎖動脈
筋 　連 　結：縫工筋，半腱様筋，長内転筋，短内転筋，大内転筋

薄筋ランドマーク

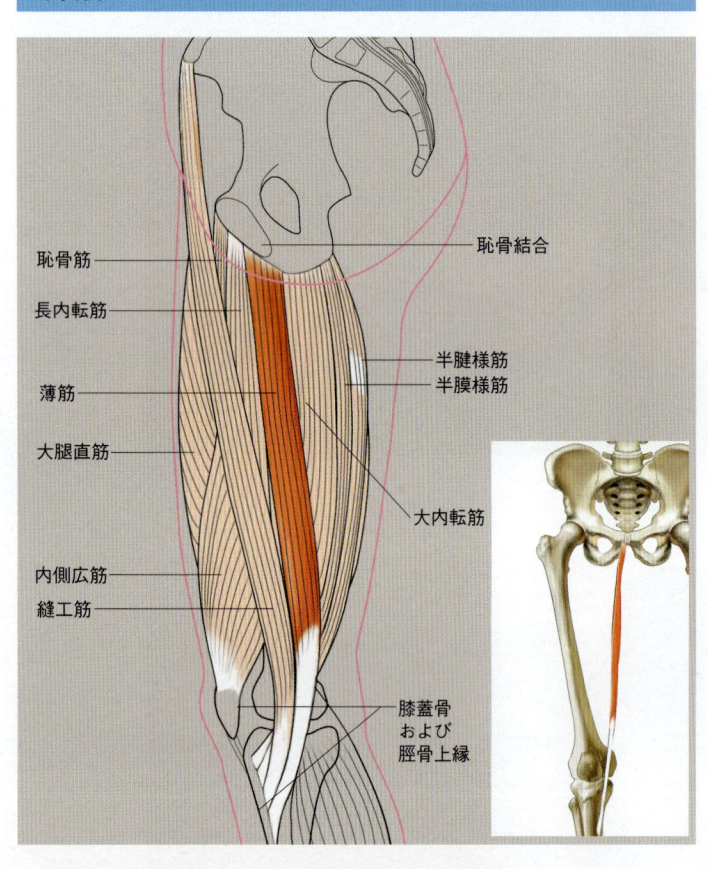

薄筋伸張法

開 始 肢 位：背臥位．右上肢は挙上しておく．右股関節は外旋位．左踵部をベッドの端に掛ける．
自分の位置：右側に立つ．右手で下腿遠位部内側を，左手で大腿遠位部外側を把持する．
伸 　張 　法：股関節を外旋したまま，外転する．
備 　　　考：左下肢の肢位は，伸張時に骨盤を固定するためである．なお，付着部に限局した伸張痛を感じる場合は外旋を緩めるとよい．股関節中間位，内旋位でも伸張される場合があるので，その肢位でのストレッチングを行う．

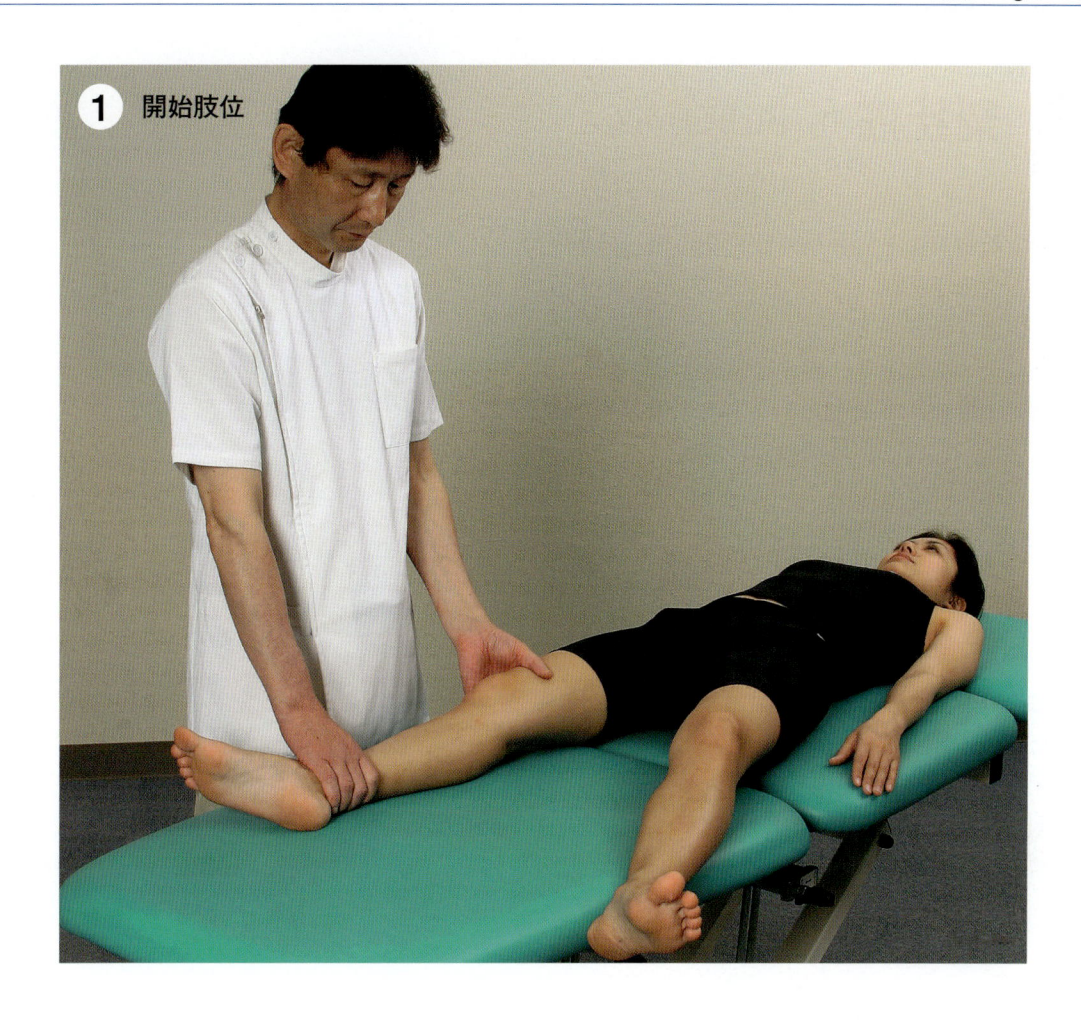

薄筋 m. gracilis 201

① 開始肢位

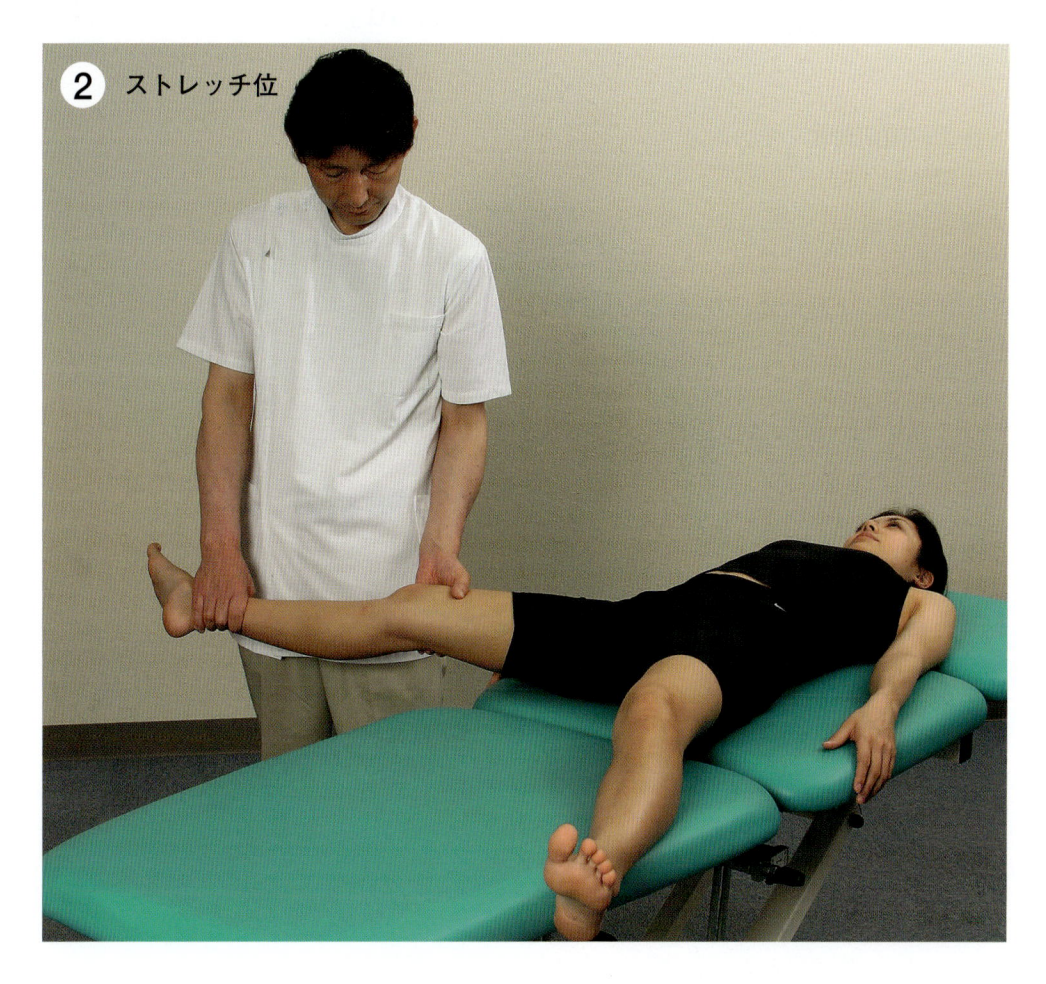

② ストレッチ位

58 梨状筋 m. piriformis ────────────▶ 79 梨状筋

- 起　　始：仙骨前面上方3つ前仙骨孔の間・傍ら
- 停　　止：大転子上縁
- 神 経 支 配：仙骨神経叢 S1〜2
- 血 管 支 配：上・下殿動脈，内陰部動脈
- 筋 連 結：中殿筋，小殿筋，上双子筋，仙棘筋，内閉鎖筋，下双子筋，（股関節包を介して）大腰筋，小殿筋，恥骨筋，外閉鎖筋，腸腰筋

59 外閉鎖筋 m. obturatorius externus ────────────▶ 80 外閉鎖筋

- 起　　始：寛骨外面閉鎖孔縁・閉鎖膜
- 停　　止：転子窩
- 神 経 支 配：閉鎖神経 L3〜4
- 血 管 支 配：閉鎖動脈，内側大腿回旋動脈
- 筋 連 結：内閉鎖筋，大腿方形筋，小殿筋，梨状筋，上双子筋，下双子筋，小内転筋，（股関節包を介して）大腰筋，小殿筋，恥骨筋，腸腰筋

60 内閉鎖筋 m. obturatorius internus ────────────▶ 81 内閉鎖筋

- 起　　始：寛骨内面閉鎖膜・その周り
- 停　　止：大腿骨転子窩
- 神 経 支 配：仙骨神経叢 L5〜S3
- 血 管 支 配：閉鎖動脈，内陰部動脈，下殿動脈
- 筋 連 結：上双子筋，下双子筋，外閉鎖筋，梨状筋，小殿筋

61 上双子筋 m. gemellus superior ────────────▶ 82 上双子筋

- 起　　始：坐骨棘
- 停　　止：内閉鎖筋腱
- 神 経 支 配：仙骨神経叢 L4〜S3
- 血 管 支 配：下殿動脈
- 筋 連 結：下双子筋，内閉鎖筋，小殿筋，梨状筋，外閉鎖筋

62 下双子筋 m. gemellus inferior … 83 下双子筋

- 起　　　始：坐骨結節
- 停　　　止：内閉鎖筋腱
- 神 経 支 配：仙骨神経叢 L4〜S3
- 血 管 支 配：下殿動脈
- 筋 連 結：上双子筋，内閉鎖筋，外閉鎖筋，大腿方形筋，梨状筋，小殿筋

63 大腿方形筋 m. quadratus femoris … 84 大腿方形筋

- 起　　　始：坐骨結節
- 停　　　止：大転子下部・転子間稜
- 神 経 支 配：坐骨神経 L4〜S1
- 血 管 支 配：下殿動脈，内側大腿回旋動脈
- 筋 連 結：下双子筋，大内転筋，大殿筋，外側広筋，外閉鎖筋

外・内閉鎖筋，上・下双子筋ランドマーク

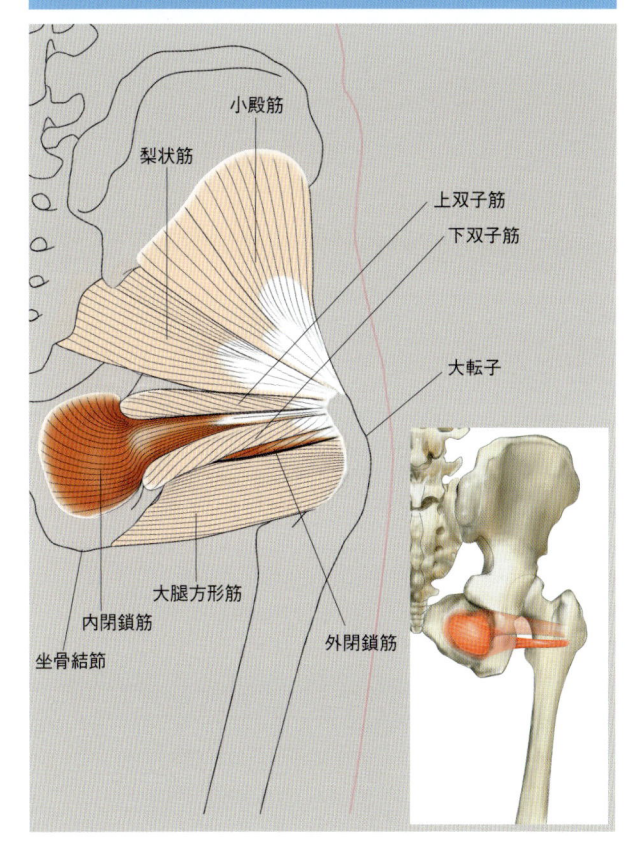

梨状筋，大腿方形筋ランドマーク

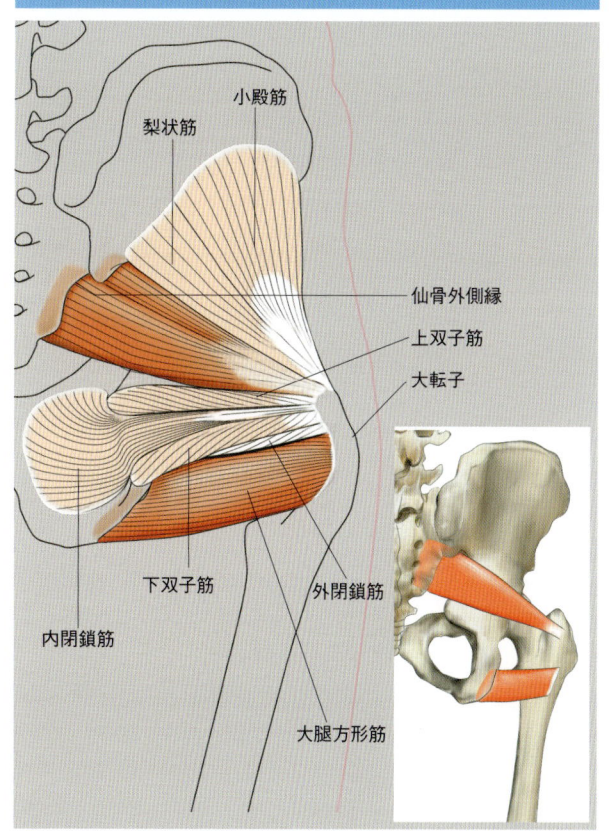

外旋筋群伸張法1（梨状筋・外閉鎖筋・内閉鎖筋・上双子筋・下双子筋・大腿方形筋）

開始肢位：背臥位．両手はベッドの端を把持し，体幹を固定する．右膝を立てた状態で，左下肢を上にして足を組み，右股関節を内転する．
自分の位置：左側に立つ．左手で下腿遠位部内側を，右手で右大腿遠位部外側を把持する．
伸　長　法：股関節を徐々に屈曲させながら内転・内旋する．

外旋筋群伸張法2（梨状筋）

開始肢位：腹臥位．両上肢は挙上しておく．右股関節は伸展・内転位．膝関節は90°屈曲位．
自分の位置：右側足部に向かって座る．左手で内側から右下腿遠位部を，右手で右大腿遠位部前面を把持しながら，右肘で左殿部を固定する．
伸　長　法：股関節を内旋する．

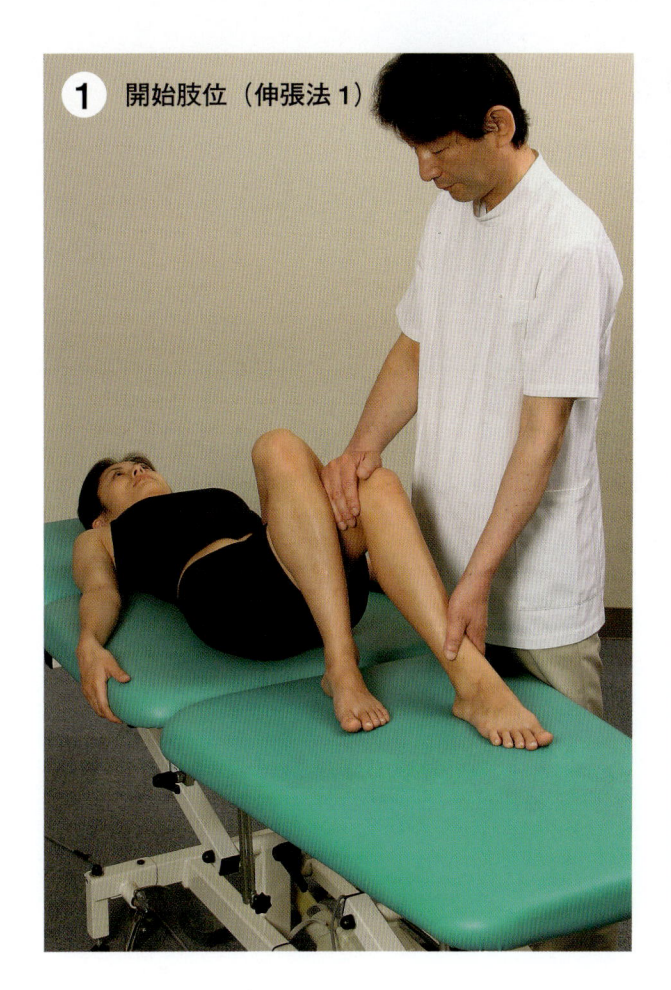

梨状筋 m. piriformis・外閉鎖筋 m. obturatorius externus・内閉鎖筋 m. obturatorius internus・上双子筋 m. gemellus superior・下双子筋 m. gemellus inferior・大腿方形筋 m. quadratus femoris

1 開始肢位（伸張法1）

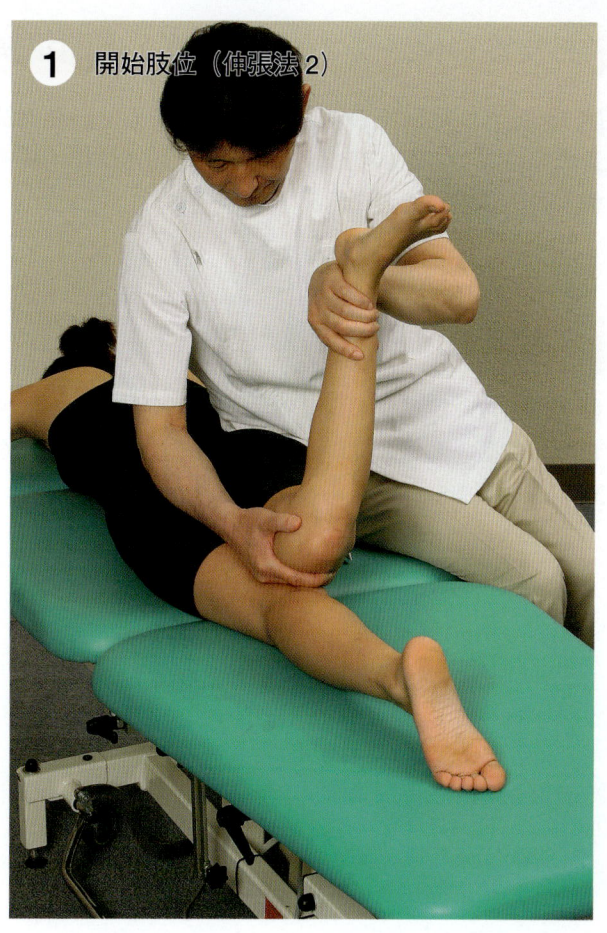

1 開始肢位（伸張法2）

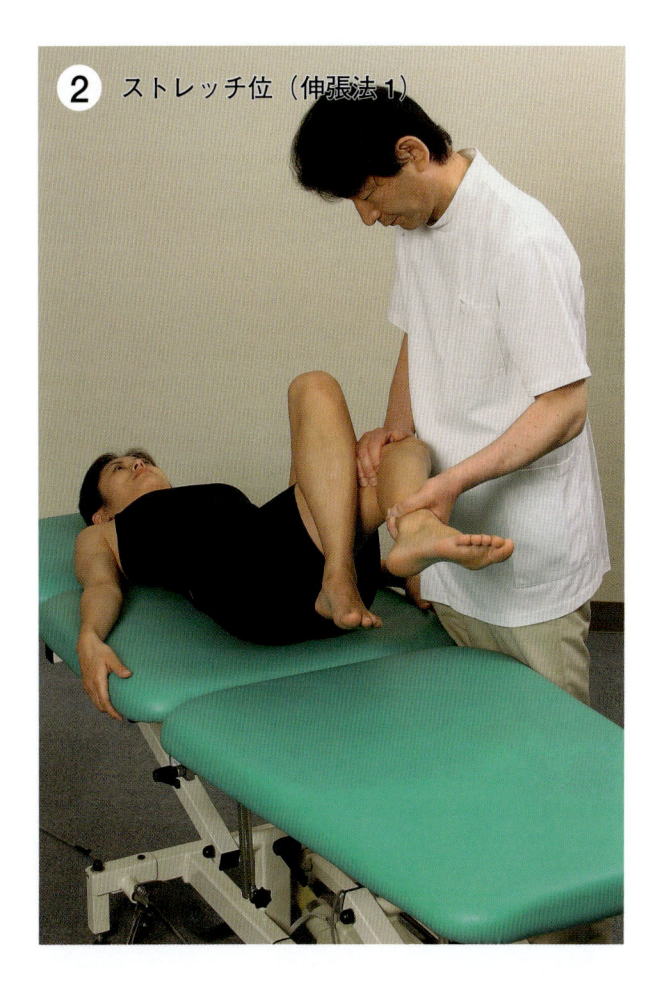

2 ストレッチ位（伸張法1）

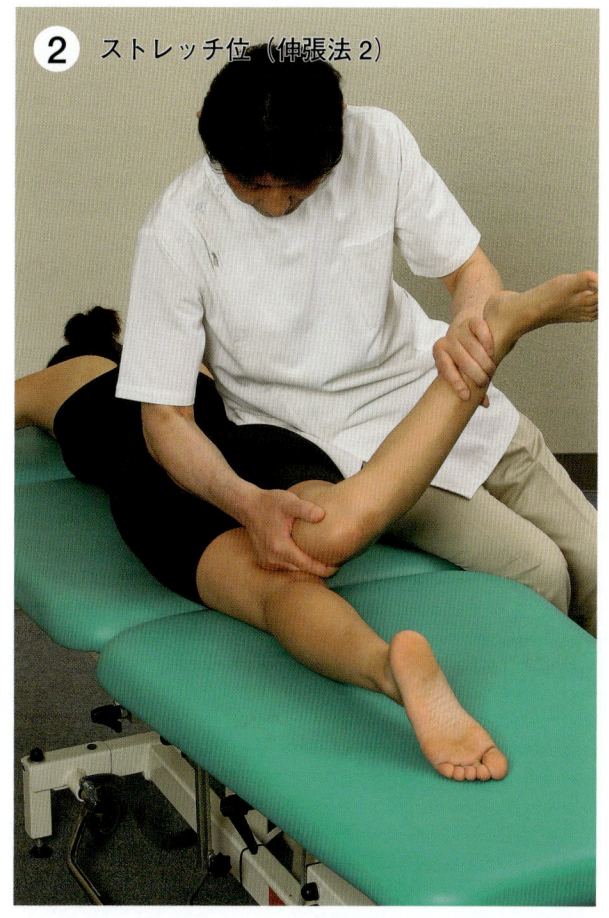

2 ストレッチ位（伸張法2）

外旋筋群伸張法 3（外閉鎖筋・内閉鎖筋・上双子筋・下双子筋）

開 始 肢 位：腹臥位．両上肢は挙上しておく．膝関節は 90°屈曲位．
自分の位置：右側に立つ．左手で右下腿遠位部内側を把持し，右手で左殿部を固定する．
伸　長　法：股関節を内旋する．

外旋筋群伸張法 4（大腿方形筋）

開 始 肢 位：腹臥位．両上肢は挙上しておく．右股関節は軽度外転位．膝関節は 90°屈曲位．
自分の位置：右側に立つ．左手で右下腿遠位部内側を把持し，右手で左殿部を固定する．
伸　長　法：股関節を内旋する．

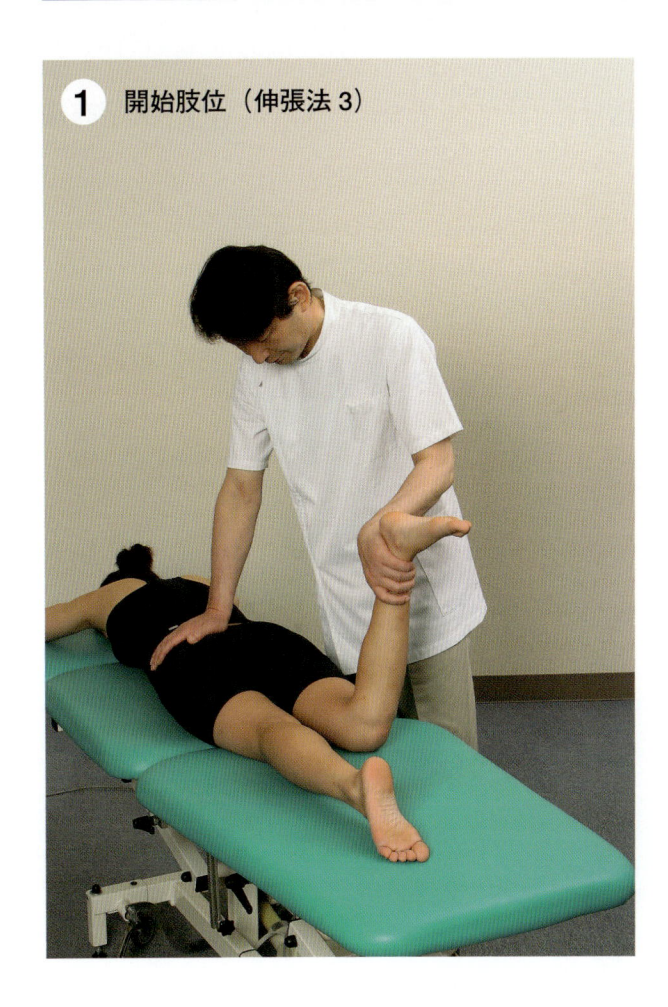

梨状筋 m. piriformis・外閉鎖筋 m. obturatorius externus・内閉鎖筋 m. obturatorius internus・上双子筋 m. gemellus superior・下双子筋 m. gemellus inferior・大腿方形筋 m. quadratus femoris

1 開始肢位（伸張法3）

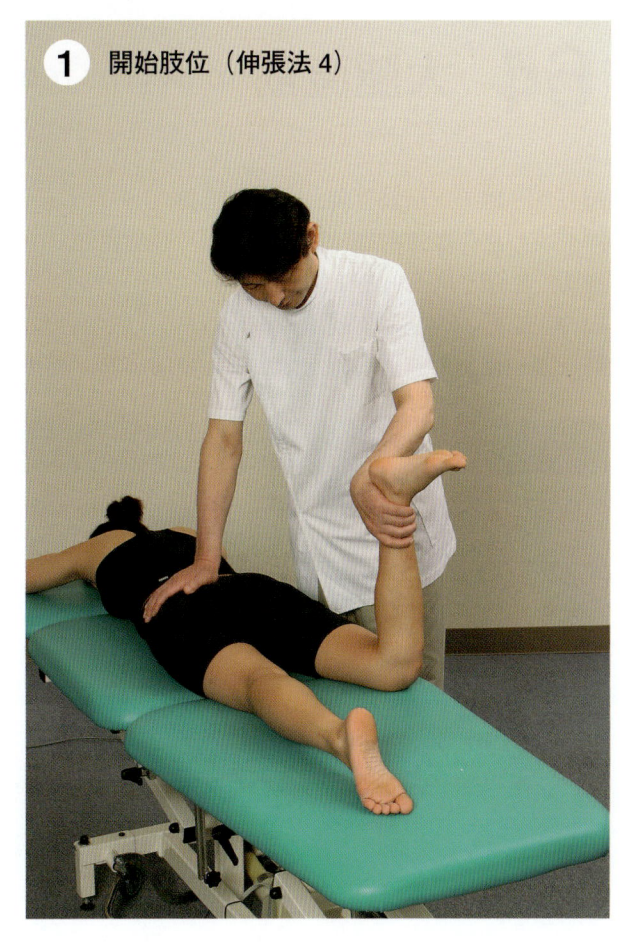

1 開始肢位（伸張法4）

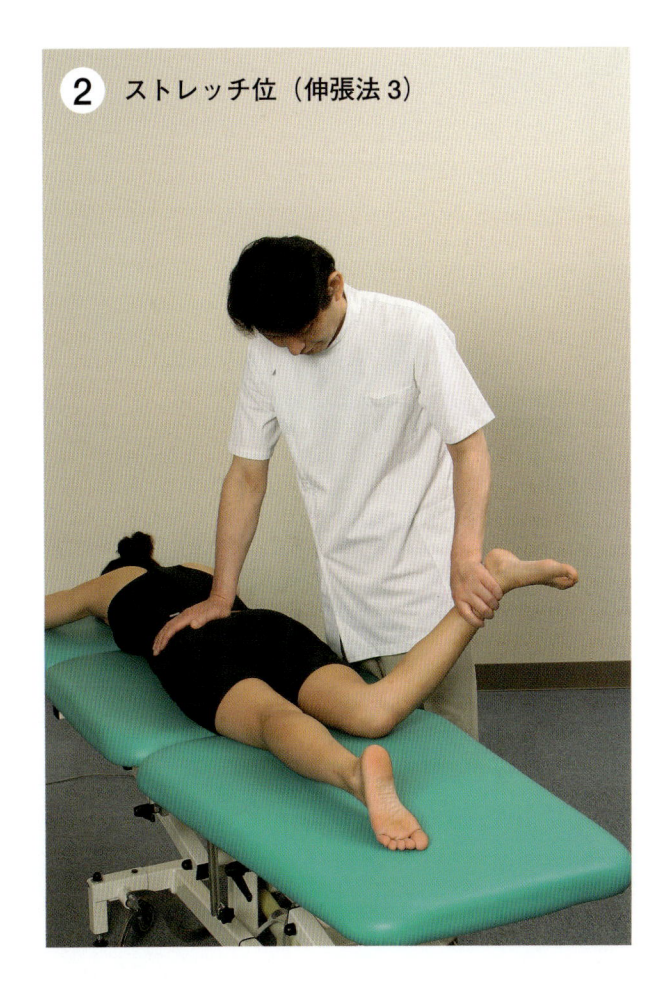

2 ストレッチ位（伸張法3）

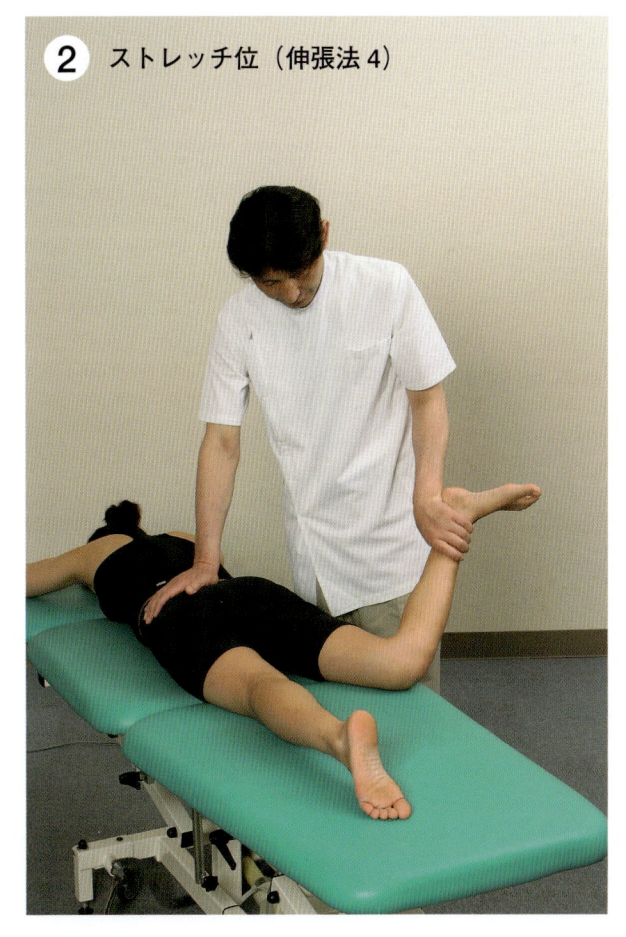

2 ストレッチ位（伸張法4）

64 大腿直筋 m. rectus femoris　　▶ 85 大腿直筋

- 起　　　始：下前腸骨棘，寛骨臼上縁
- 停　　　止：膝蓋骨底，膝蓋靱帯から脛骨粗面
- 神 経 支 配：大腿神経 L2〜4
- 血 管 支 配：大腿回旋動脈
- 筋 連 結：外側広筋，内側広筋，中間広筋，縫工筋，腸骨筋

大腿直筋ランドマーク

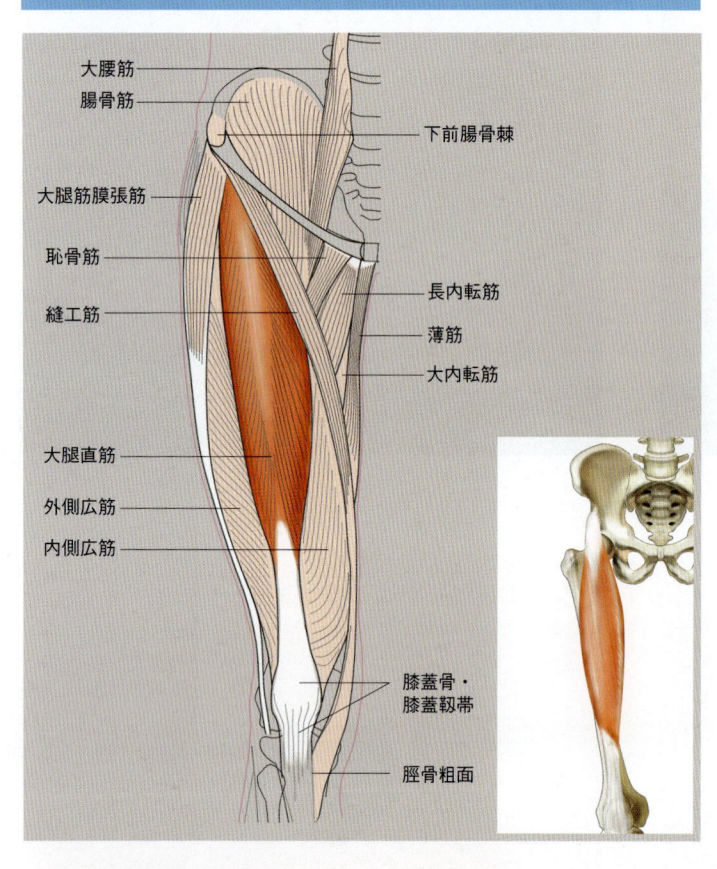

図中ラベル：大腰筋，腸骨筋，大腿筋膜張筋，恥骨筋，縫工筋，大腿直筋，外側広筋，内側広筋，下前腸骨棘，長内転筋，薄筋，大内転筋，膝蓋骨・膝蓋靱帯，脛骨粗面

大腿直筋伸張法

- 開 始 肢 位：腹臥位．両上肢は挙上しておく．右膝関節は屈曲位．
- 自分の位置：右側に立つ．右手で足背部を，左手で大腿遠位部前面を把持する．
- 伸　張　法：踵が右殿部中央に触れるように膝関節を最大屈曲した後，股関節を伸展する．
- 備　　　考：踵が殿部に触れる前に抵抗を感じたら，それ以上，膝関節を屈曲しない．

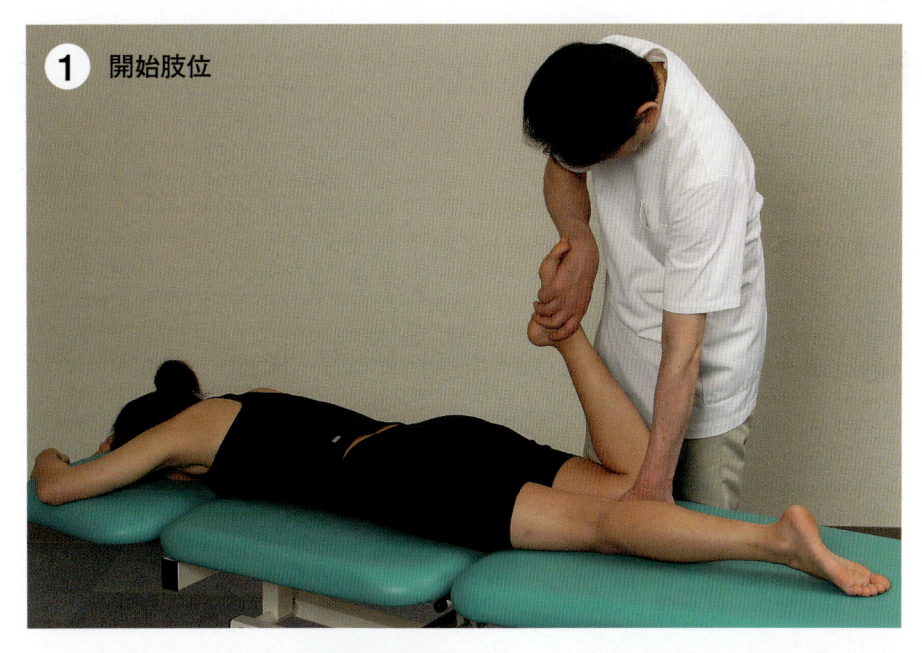

大腿直筋 m. rectus femoris 209

① 開始肢位

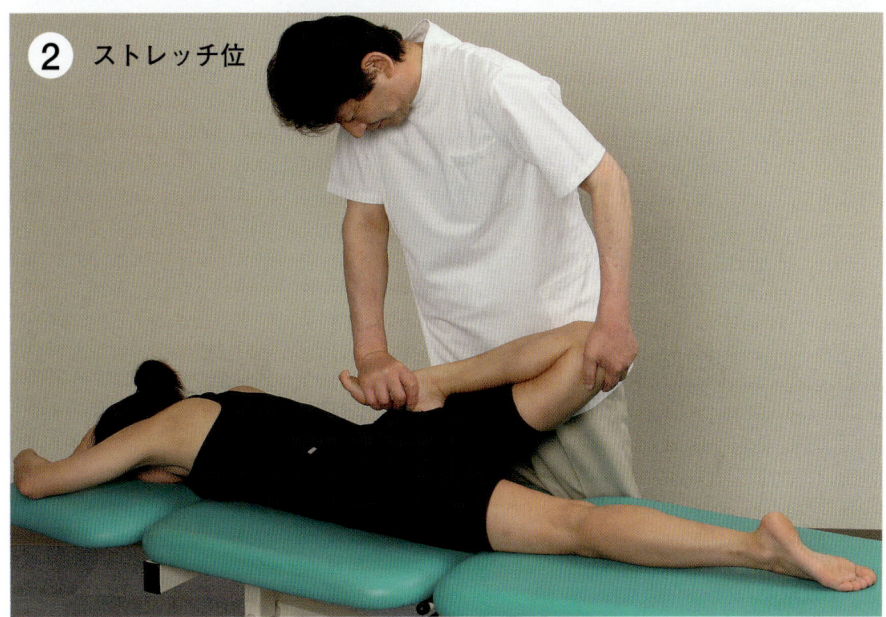

② ストレッチ位

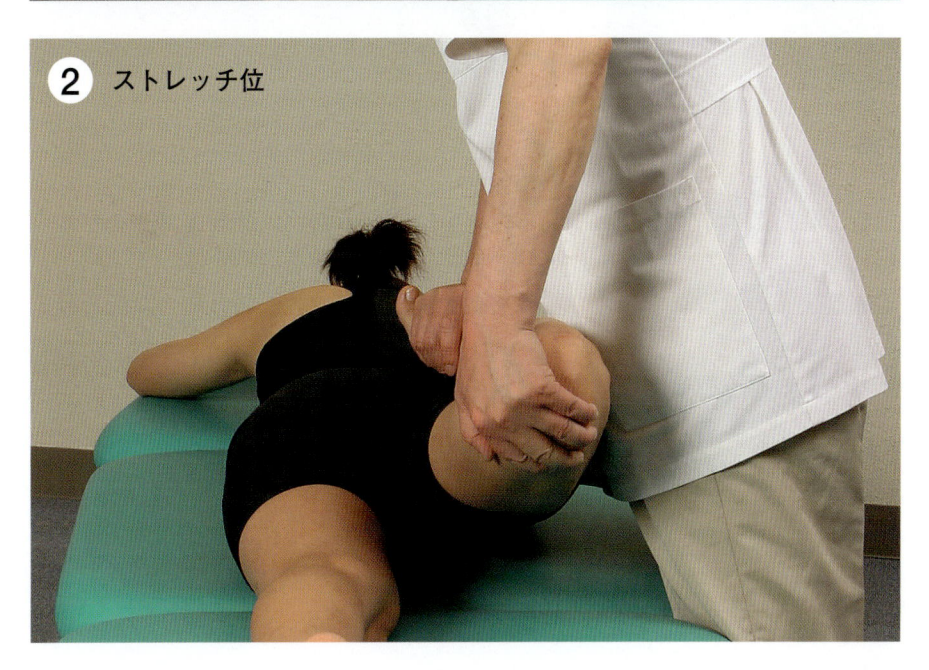

② ストレッチ位

65 内側広筋 m. vastus medialis ………▶ 86 内側広筋

起　　　始：大腿骨転子間線下部，大腿骨粗線内側唇
停　　　止：膝蓋骨内側縁・上縁，中間広筋終腱
神 経 支 配：大腿神経 L2〜3
血 管 支 配：大腿深動脈，大腿動脈，膝窩動脈
筋 　連 　結：大腿直筋，長内転筋，大内転筋，腸骨筋，中間広筋，恥骨筋，短内転筋，（膝関節包を介して）
　　　　　　縫工筋，外側広筋，膝関節筋，足底筋，半膜様筋，膝窩筋，腓腹筋

内側広筋ランドマーク

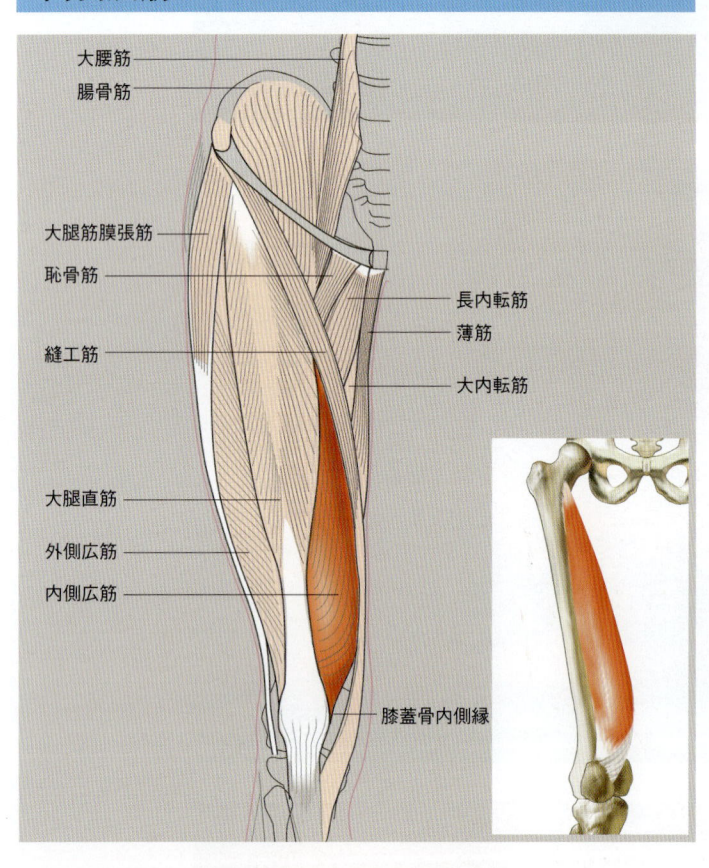

内側広筋伸張法

開 始 肢 位：腹臥位．両上肢は挙上しておく．右股関節は軽度外転位．膝関節は屈曲位．
自分の位置：右側に立つ．右手で足背部を，左手で大腿遠位部前面を把持する．
伸　張　法：踵が殿裂あるいは殿裂を越えて左殿部に触れるように股関節外旋・膝関節最大屈曲した後，股関節を伸展する．
備　　　考：小柄な術者が行う時は反対側に立ち，伸張するとよい．

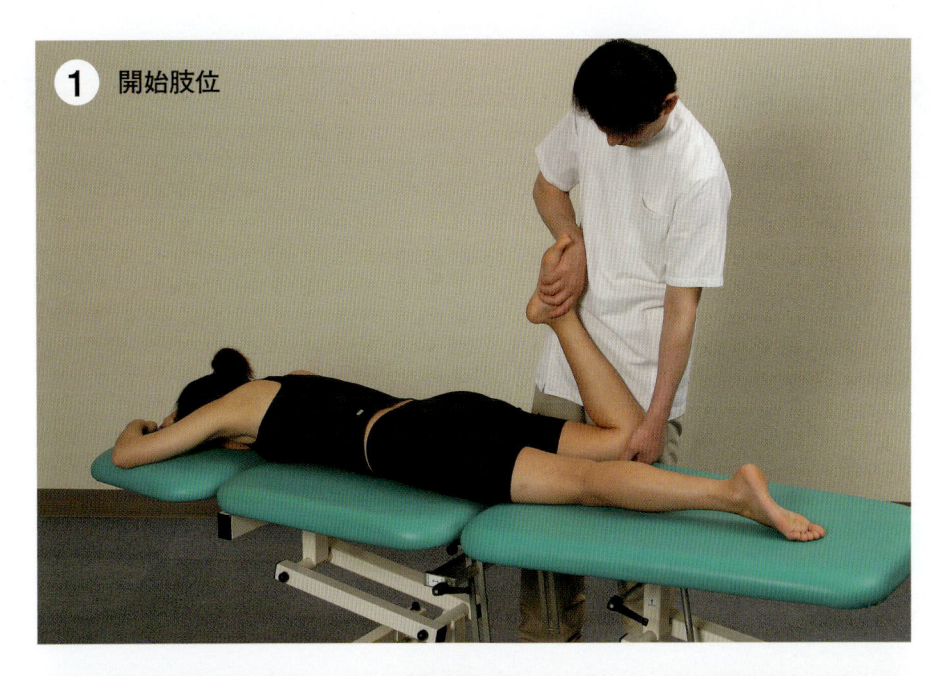

内側広筋 m. vastus medialis 211

① 開始肢位

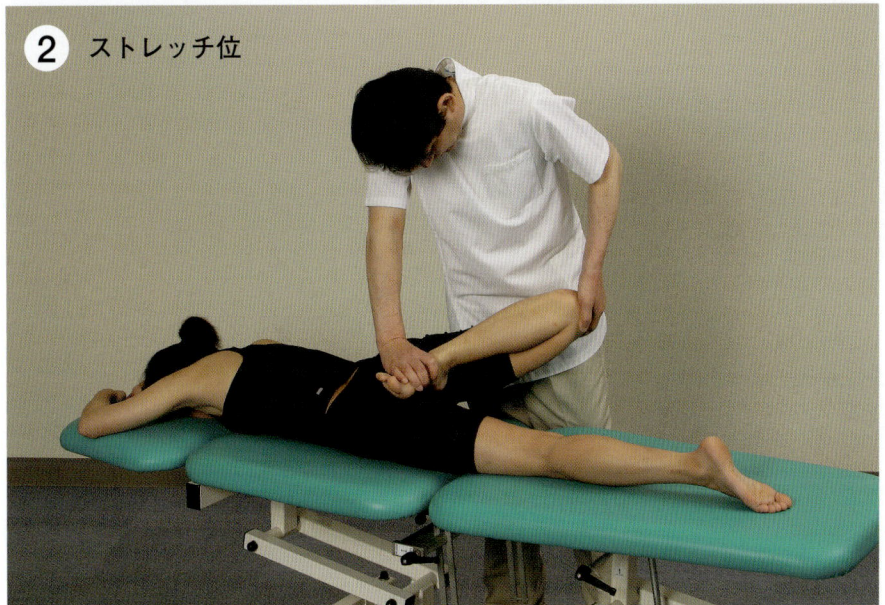

② ストレッチ位

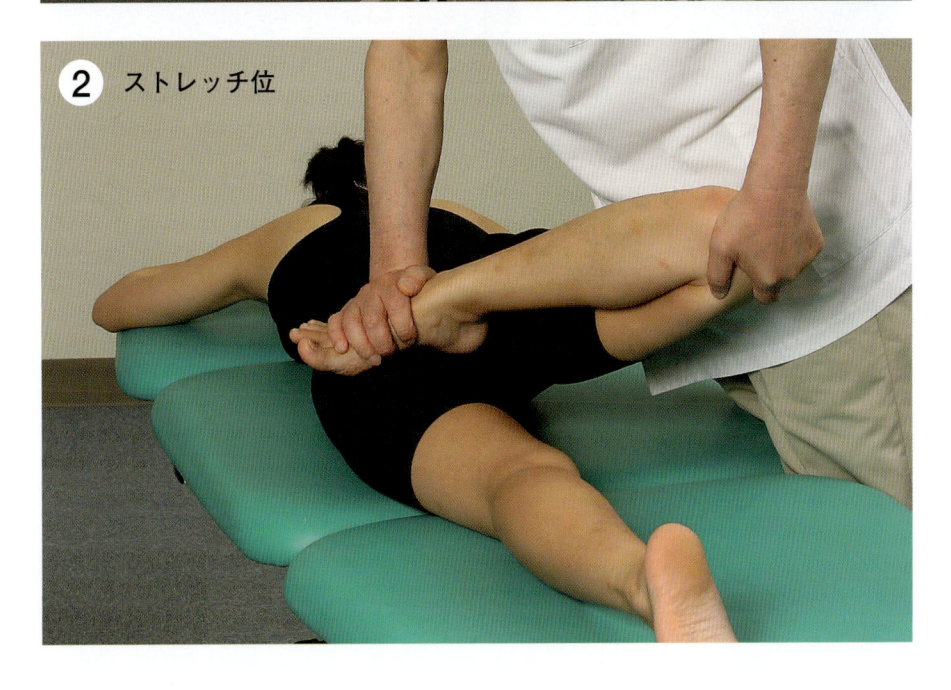

② ストレッチ位

66 外側広筋 m. vastus lateralis ▶ 87 外側広筋

起　　　始：大転子外側面，大腿骨粗線外側唇
停　　　止：膝蓋骨外側縁・上縁，中間広筋・大腿直筋終腱
神 経 支 配：大腿神経 L3～4
血 管 支 配：外側大腿回旋動脈
筋　連　結：大腿直筋，中間広筋，小殿筋，大腿二頭筋短頭，大殿筋，大内転筋，中殿筋，大腿方形筋，大腿筋膜張筋，恥骨筋，小内転筋，（膝関節包を介して）縫工筋，内側広筋，膝関節筋，足底筋，半膜様筋，膝窩筋，腓腹筋，長内転筋

外側広筋ランドマークの触診

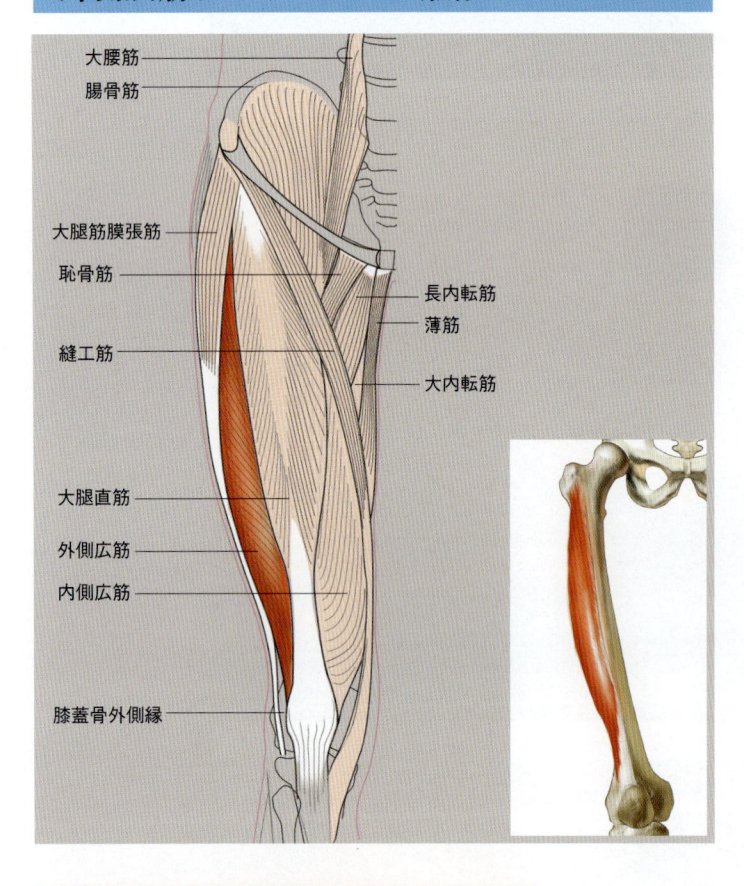

外側広筋伸張法

開 始 肢 位：腹臥位．両上肢は挙上しておく．右股関節は軽度内転位．膝関節は屈曲位．
自分の位置：右側に立つ．右手で足背部を，左手で大腿遠位部前面を把持する．
伸　張　法：踵が右殿部の外側に出るように股関節内旋・膝関節最大屈曲した後，股関節を伸展する．

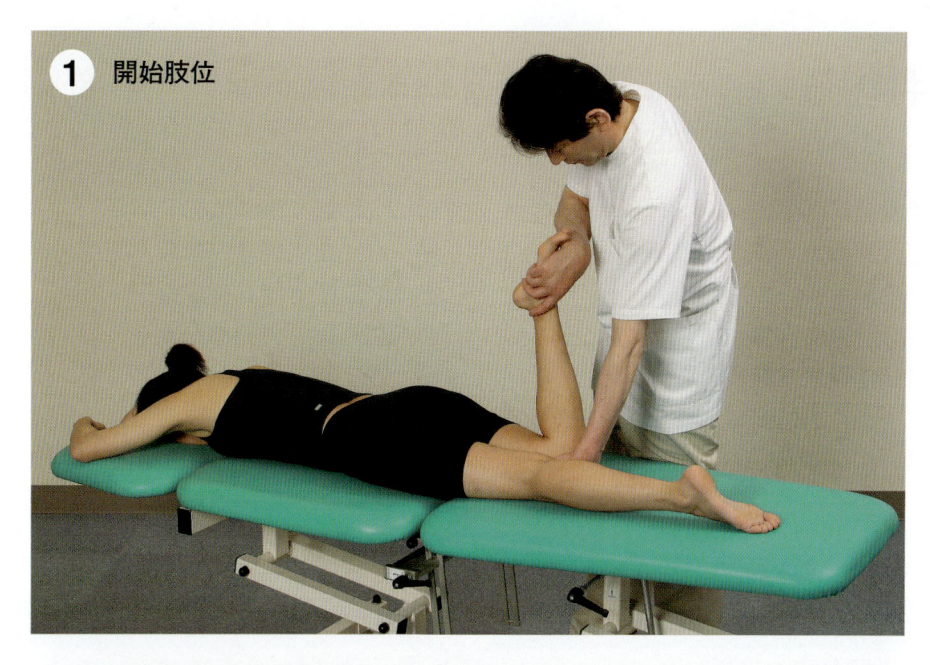

外側広筋 m. vastus lateralis 213

① 開始肢位

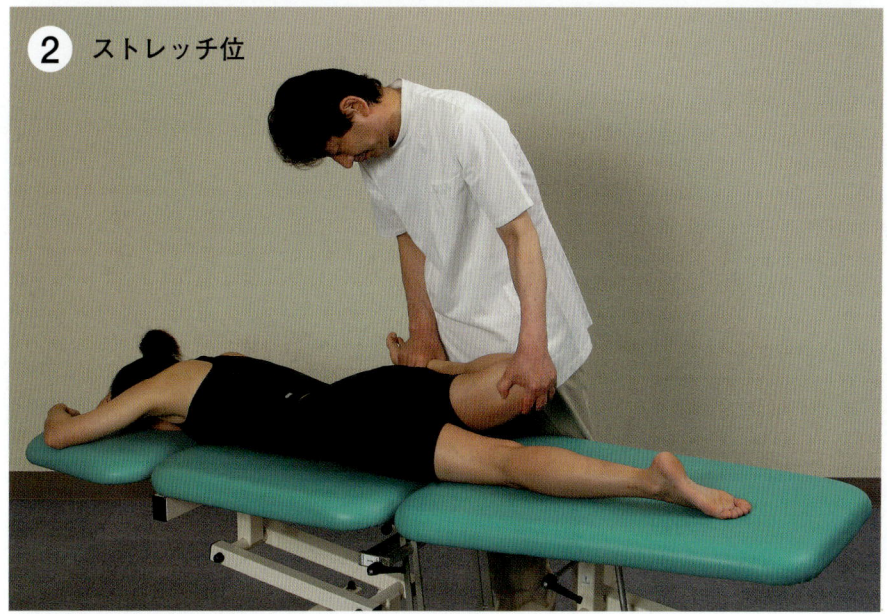

② ストレッチ位

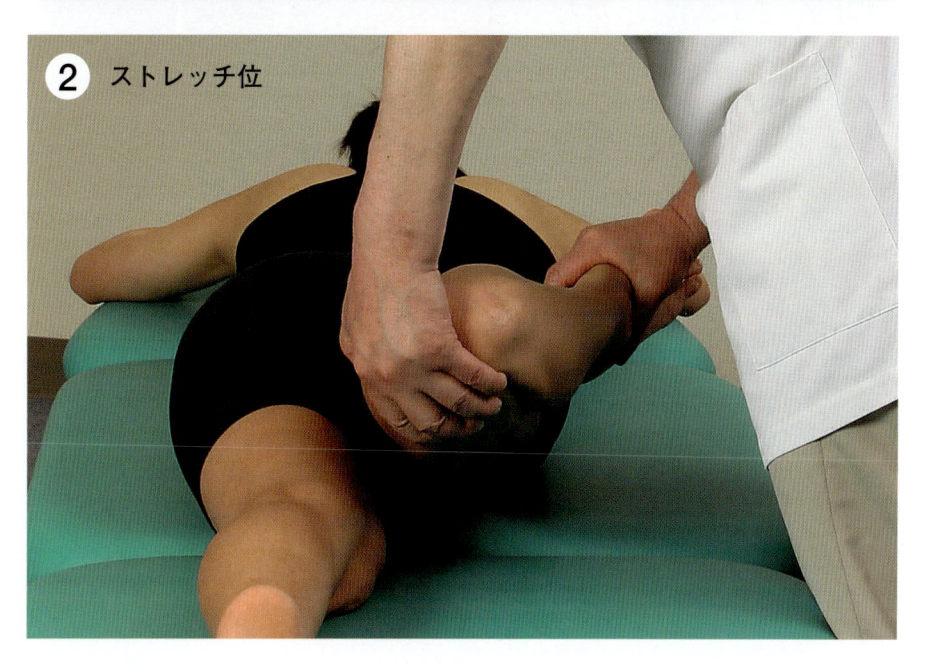

② ストレッチ位

67・68 半腱様筋 m. semitendinosus・半膜様筋 m. semimembranosus ……▶ 88・89 半腱様筋・半膜様筋

起　　　始：坐骨結節内側面
停　　　止：脛骨粗面沿い薄筋付着部後下方から下腿筋膜
神 経 支 配：脛骨神経 L4～S2
血 管 支 配：大腿深動脈，膝窩動脈
筋 連 結：恥骨筋，大腿二頭筋長頭，縫工筋，薄筋，半膜様筋，大内転筋，腓腹筋

起　　　始：坐骨結節
停　　　止：脛骨内側顆，斜膝窩靱帯，下腿筋膜
神 経 支 配：脛骨神経 L4～S1
血 管 支 配：大腿深動脈
筋 連 結：大内転筋，恥骨筋，足底筋，膝窩筋，大腿二頭筋短頭，仙棘筋，（膝関節包を介して）縫工筋，外側広筋，内側広筋，膝関節筋，膝窩筋，腓腹筋，長内転筋，半腱様筋

半腱様筋ランドマーク

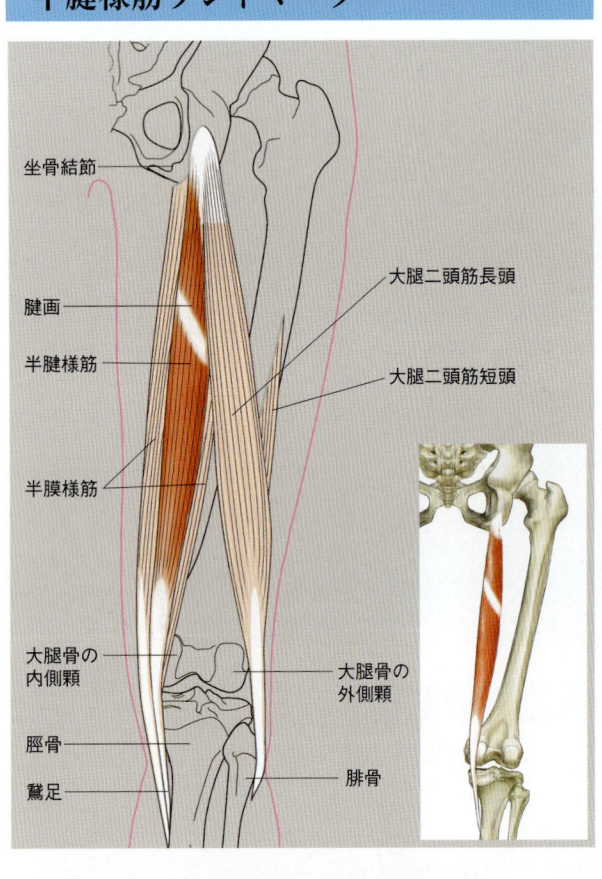

半膜様筋ランドマーク

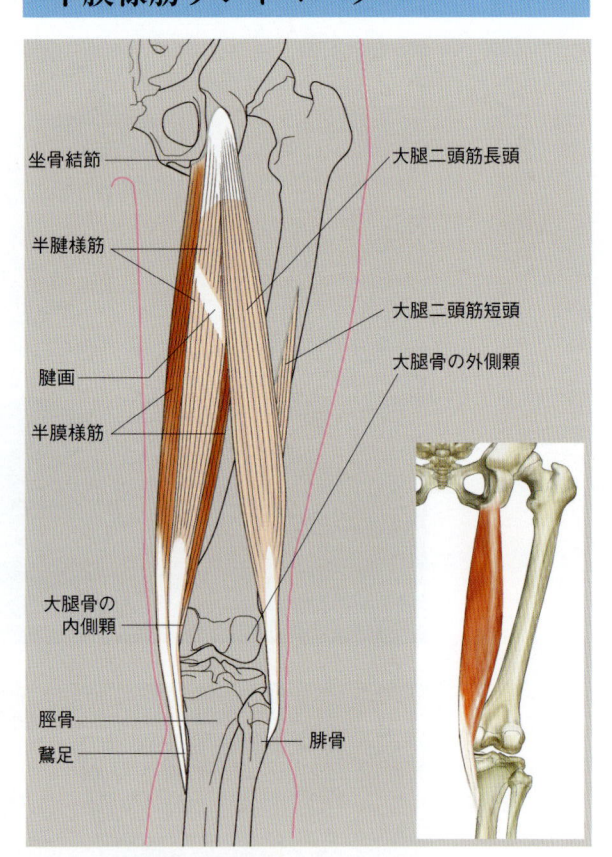

半腱様筋・半膜様筋伸張法

開 始 肢 位：背臥位．右股関節は屈曲・内転・内旋位．膝関節は中等度屈曲位．
自分の位置：右側に立つ．右手で下腿遠位部後面を，左手は大腿遠位部外側面を把持する．
伸　張　法：股関節の屈曲・内転・内旋位を維持し，膝関節を伸展しながら，踵を体幹長軸に対して平行かつ上方に引き上げる．
備　　　考：股関節の屈曲角度が大きい時は，起始部あるいは筋腹が，屈曲角度が少ない時は遠位部が伸張されやすい．一方，膝関節は伸張時にも完全伸展位にはならない．また，小柄な術者が行う場合には，自分の位置を左側に立つと行いやすい．

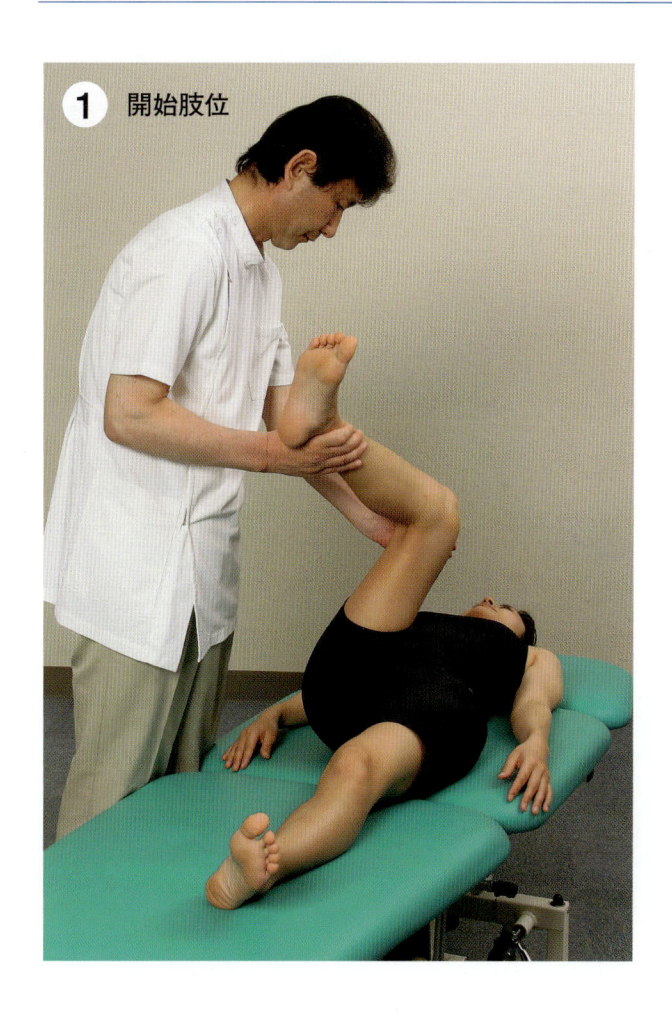

半腱様筋 m. semitendinosus・半膜様筋 m. semimembranosus 215

① 開始肢位

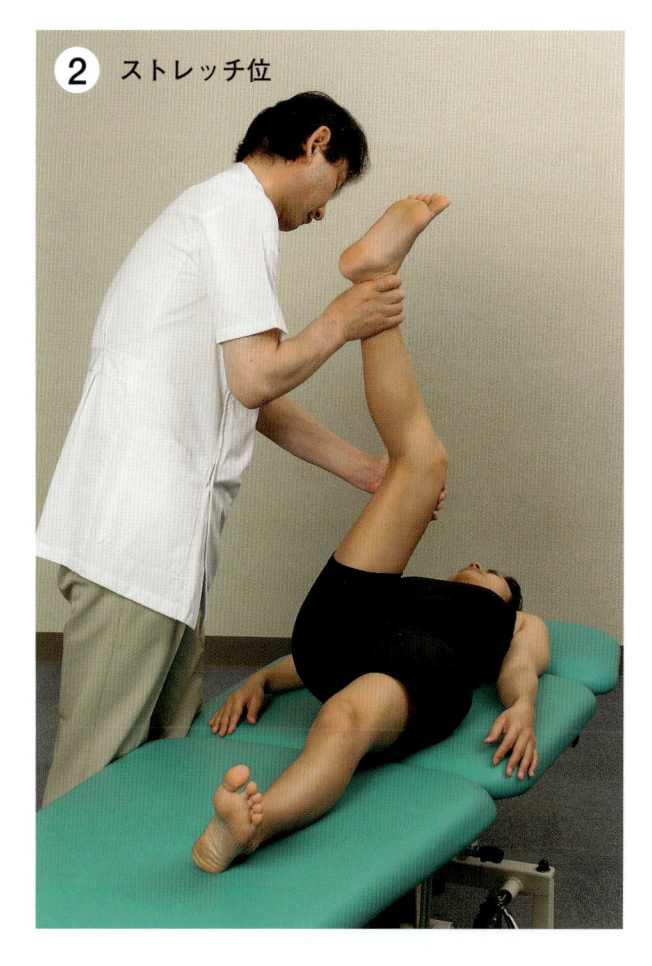

② ストレッチ位

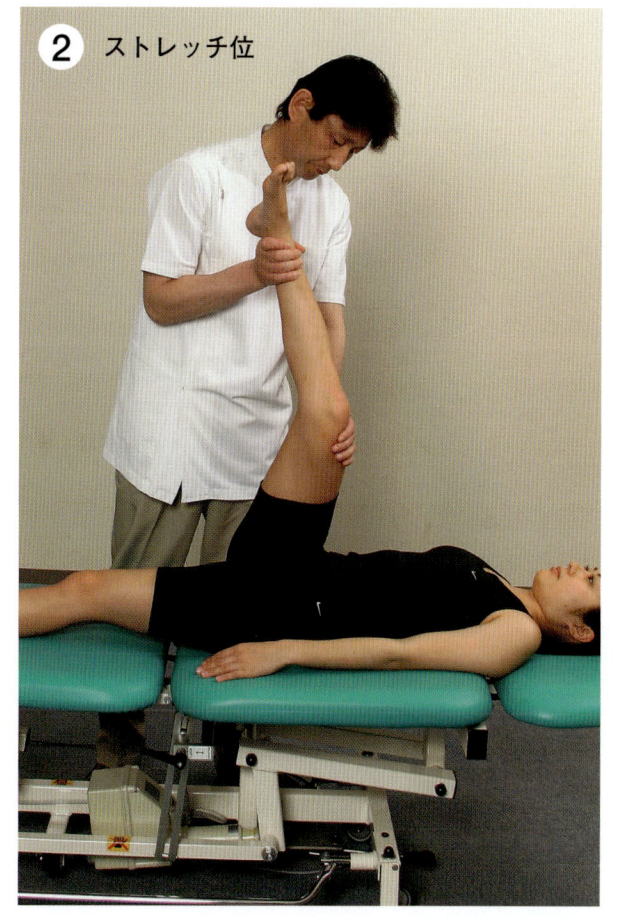

② ストレッチ位

① 開始肢位

69 大腿二頭筋 m. biceps femoris ▶ 90 大腿二頭筋

起　　始：（長頭）坐骨結節後面，（短頭）大腿骨粗線外側唇下方 1/2
停　　止：腓骨頭，下腿筋膜
神 経 支 配：（長頭）脛骨神経 L5～S1，（短頭）総腓骨神経 L4～S1
血 管 支 配：大腿深動脈，膝窩動脈
筋 連 結：腓腹筋，梨状筋，半腱様筋，（仙棘筋），半膜様筋，前脛骨筋，縫工筋，（長頭）長腓骨筋，（短頭）中間広筋，外側広筋，大殿筋，大内転筋，膝窩筋

大腿二頭筋ランドマーク

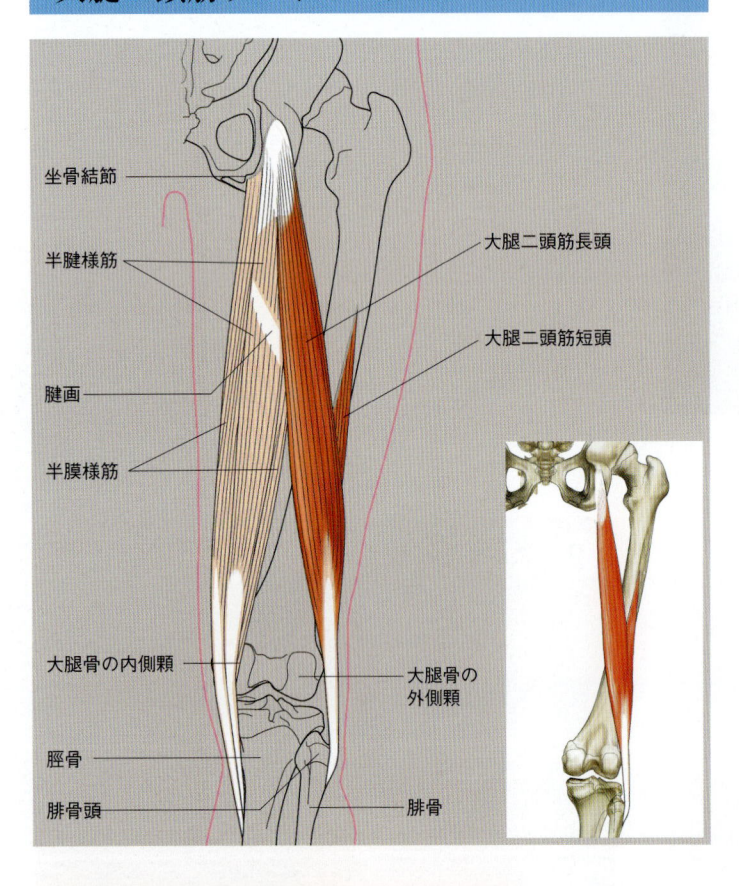

大腿二頭筋伸張法

開 始 肢 位：背臥位．右股関節は屈曲・外転・外旋位．膝関節は中等度屈曲位．
自分の位置：右側に立つ．右手で下腿遠位部後面を，左手で大腿遠位部内側面を把持する．
伸　張　法：股関節の屈曲外転・外旋位を維持し，膝関節を伸展しながら，踵を体幹長軸に対して平行かつ上方に引き上げる．
備　　考：股関節の屈曲角度が大きい時は起始部あるいは筋腹が，屈曲角度が小さい時は遠位部が伸張される．なお，膝関節は伸張時にも完全伸展位にはならない．

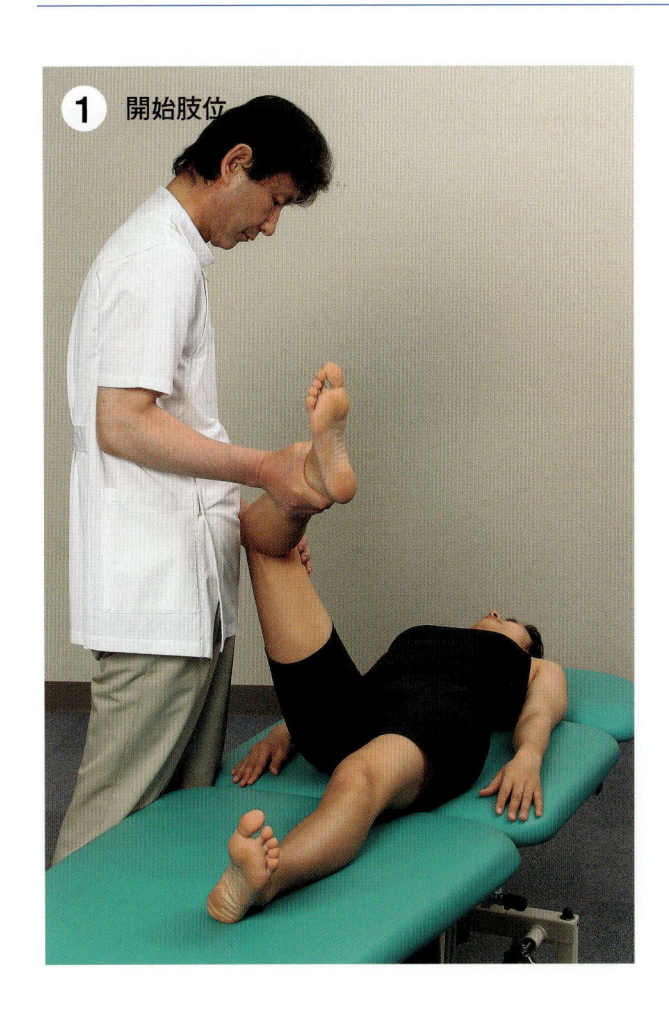

大腿二頭筋 m. biceps femoris

1 開始肢位

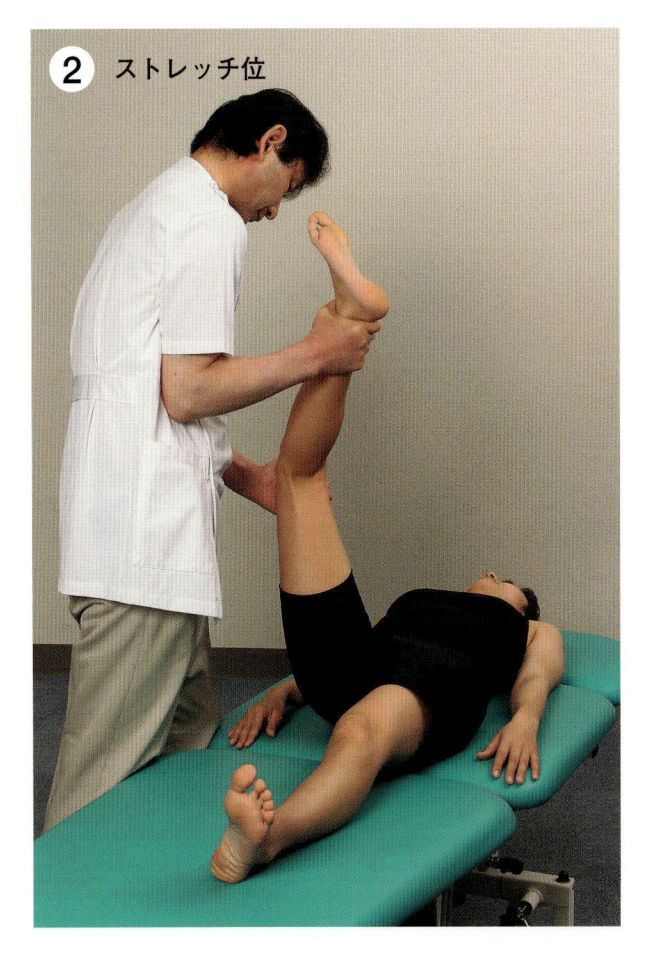

2 ストレッチ位

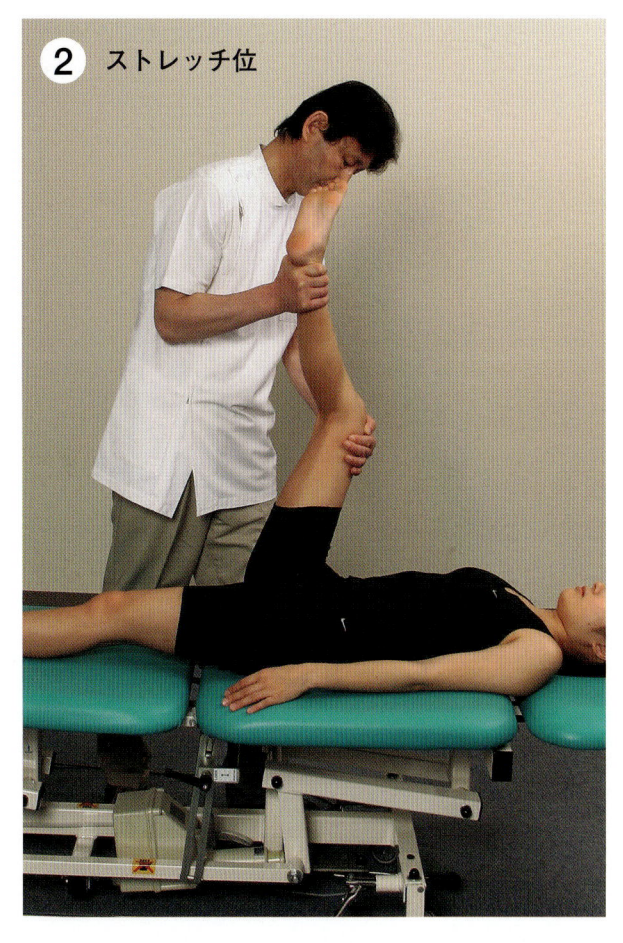

2 ストレッチ位

70 腓腹筋外側頭 m. gastrocnemius caput laterale ········▶ 91 腓腹筋外側頭

- 起　　始：大腿骨外側上顆
- 停　　止：踵骨隆起
- 神 経 支 配：脛骨神経 L4〜S2
- 血 管 支 配：膝窩動脈
- 筋 連 結：ヒラメ筋，大腿二頭筋，大内転筋，長趾屈筋，(膝関節包を介して)縫工筋，外側広筋，内側広筋，膝関節筋，足底筋，半膜様筋，膝窩筋

腓腹筋外側頭ランドマーク

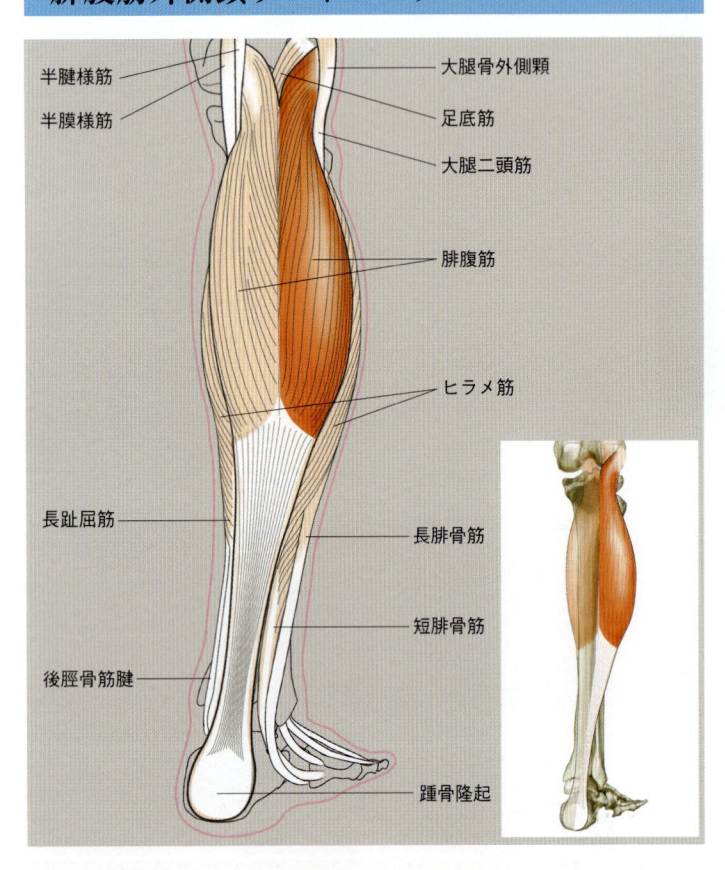

（図中ラベル：半腱様筋，半膜様筋，大腿骨外側顆，足底筋，大腿二頭筋，腓腹筋，ヒラメ筋，長趾屈筋，長腓骨筋，短腓骨筋，後脛骨筋腱，踵骨隆起）

腓腹筋外側頭伸張法

- 開始肢位：背臥位．右股関節は軽度屈曲・外転・外旋位．膝関節は伸展位．
- 自分の位置：右側に立つ．左手で下腿遠位部後面を把持する．右手で踵を包み込むように把持し，右前腕を足底内側部に沿わせる．下肢を自分の体幹で固定する．
- 伸　張　法：自分の右足を後ろに引き，体重を後方に移動させ，股関節外転・外旋を増加させながら足関節を背屈する．伸張する方向は，下腿長軸より外側である．
- 備　　考：股関節の屈曲角度は，ベッドの高さにより調節する．

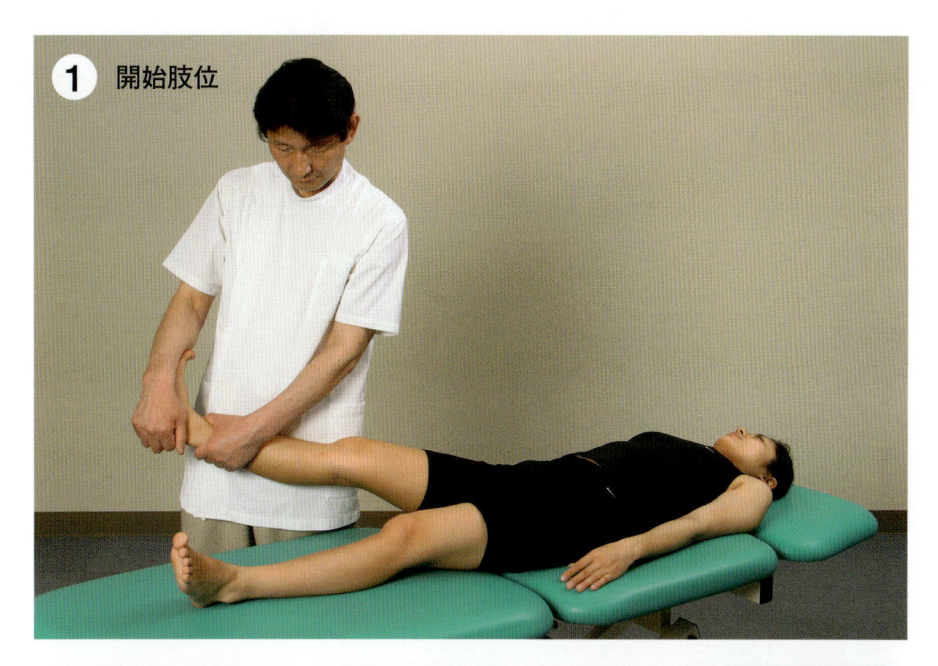

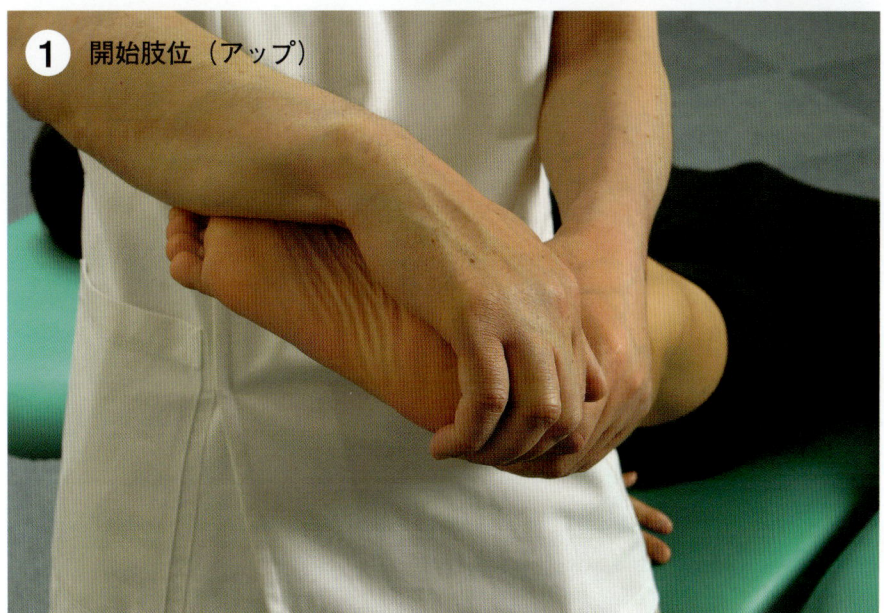

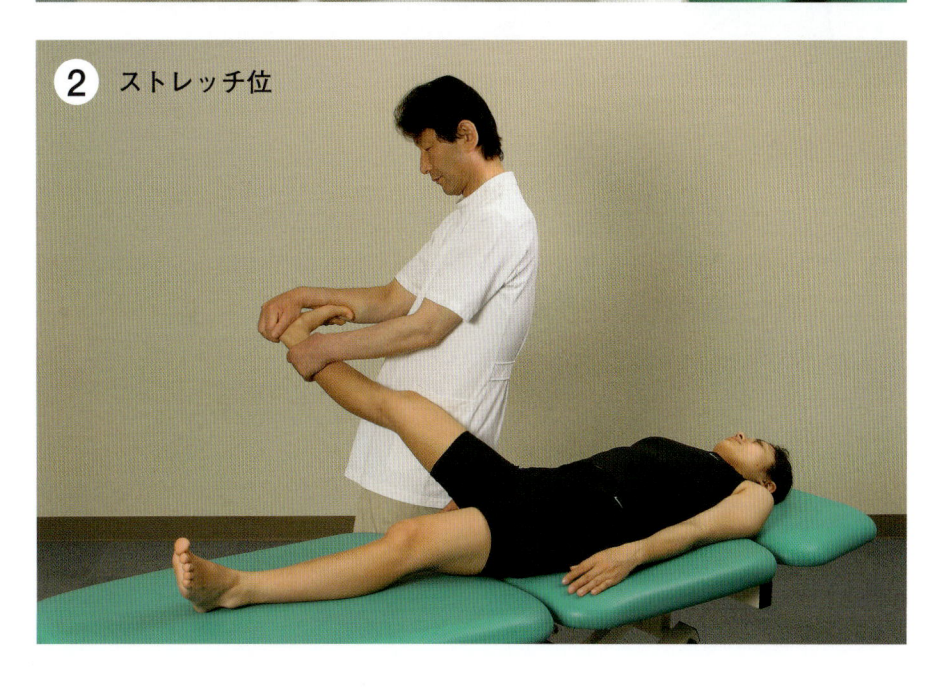

腓腹筋外側頭 m. gastrocnemius caput laterale 219

① 開始肢位

① 開始肢位（アップ）

② ストレッチ位

71 腓腹筋内側頭 m. gastrocnemius caput mediale ▶ 92 腓腹筋内側頭

- 起　　　始：大腿骨内側上顆
- 停　　　止：踵骨隆起
- 神 経 支 配：脛骨神経 L4〜S2
- 血 管 支 配：膝窩動脈
- 筋 連 結：ヒラメ筋，大腿二頭筋，大内転筋，長趾屈筋，（膝関節包を介して）縫工筋，外側広筋，内側広筋，膝関節筋，足底筋，半膜様筋，膝窩筋

腓腹筋内側頭ランドマーク

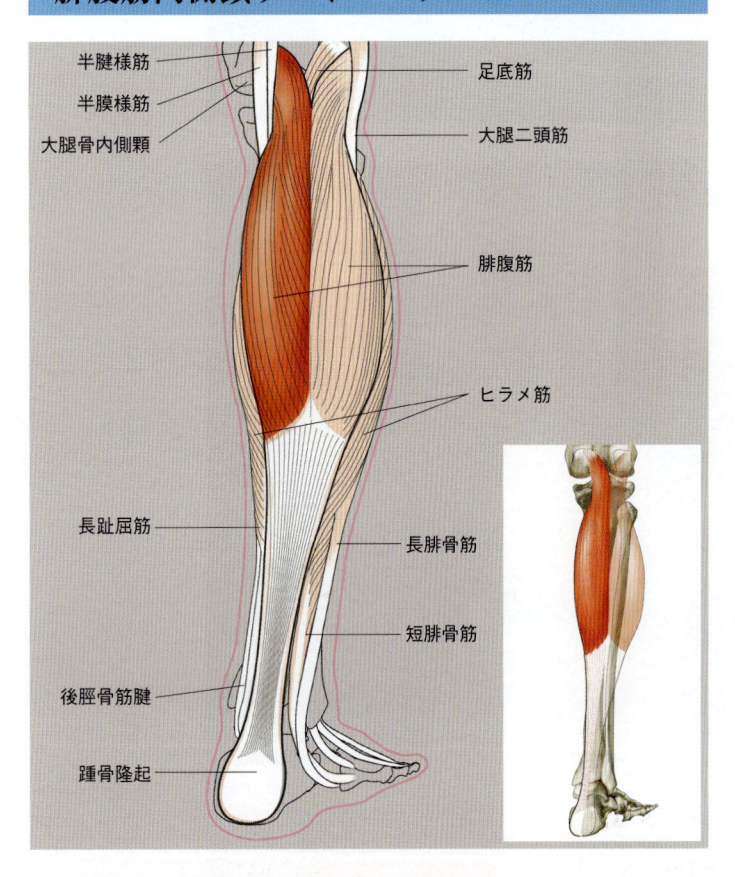

半腱様筋
半膜様筋
大腿骨内側顆
足底筋
大腿二頭筋
腓腹筋
ヒラメ筋
長趾屈筋
長腓骨筋
短腓骨筋
後脛骨筋腱
踵骨隆起

腓腹筋内側頭伸張法

- 開 始 肢 位：背臥位．右股関節は軽度屈曲・外転・内旋位．膝関節は伸展位．
- 自分の位置：右側に立つ．左手で下腿遠位部を前面から把持する．右手で踵部を内側より包み込むように把持し，右前腕を足底外側部にあてる．
- 伸　張　法：左肘を右膝外側にあて膝関節を固定する．次に，体重を左腰部方向に移動させ，股関節内旋位を増加させながら，足関節を背屈・外反する．伸張する方向は下腿長軸より内側である．
- 備　　　考：股関節の屈曲角度は，ベッドの高さにより調節する．

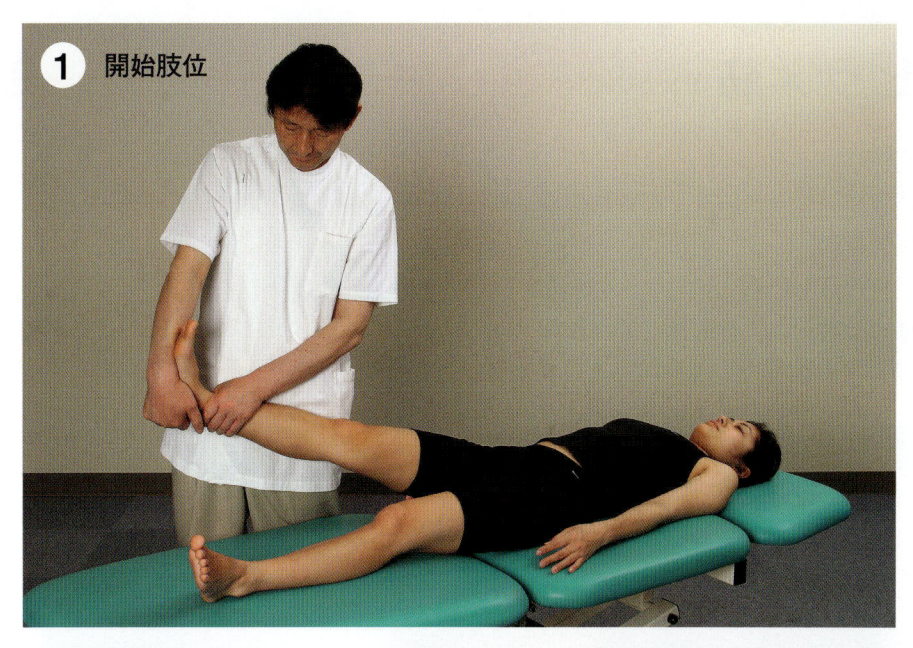

腓腹筋内側頭 m. gastrocnemius caput mediale 221

1 開始肢位

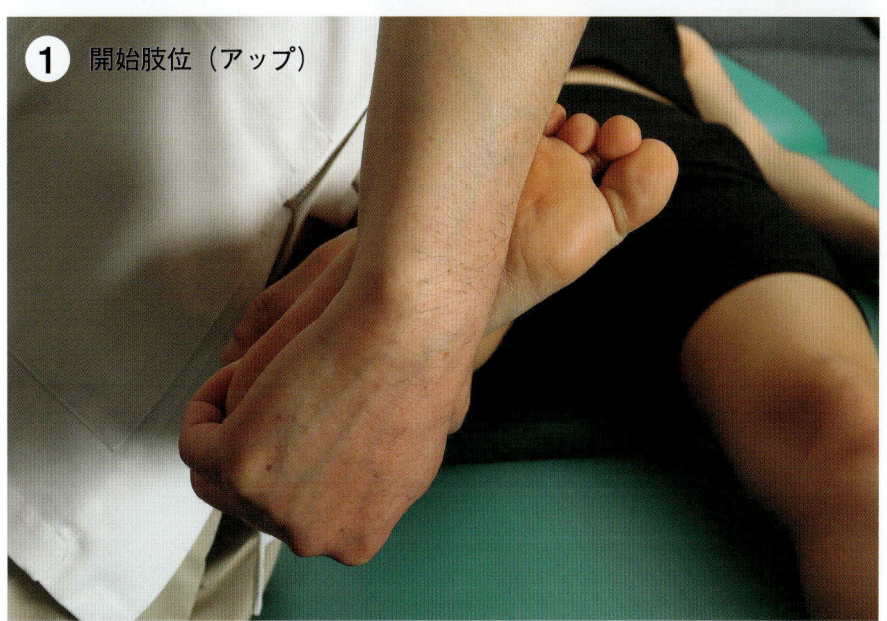

1 開始肢位（アップ）

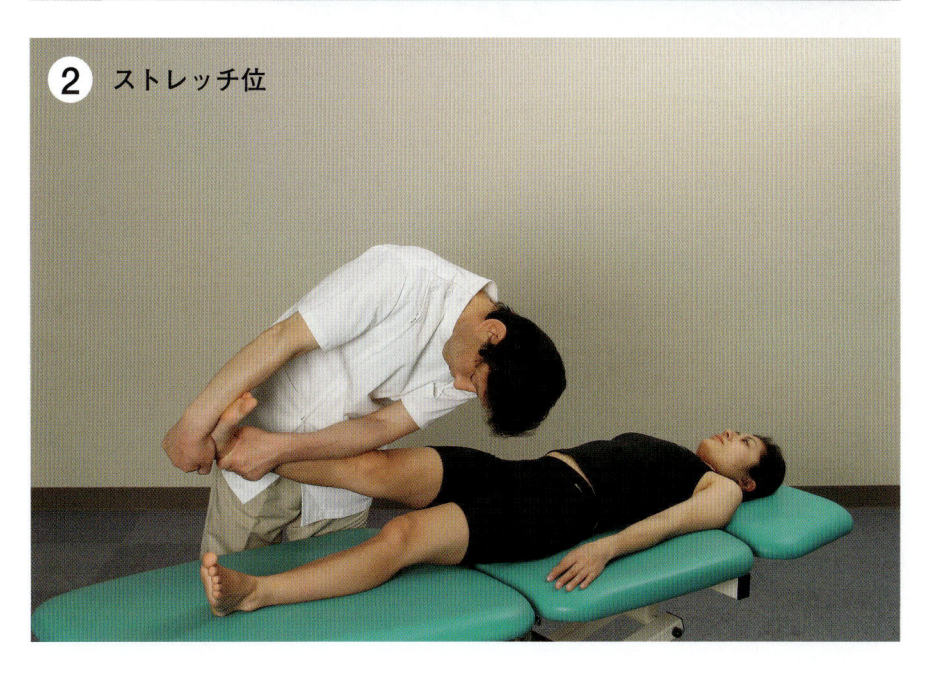

2 ストレッチ位

72 ヒラメ筋 m. soleus　→　93 ヒラメ筋

起　　　始：脛骨後面ヒラメ筋線，脛骨内側縁，腓骨頭，ヒラメ筋腱弓
停　　　止：踵骨隆起
神 経 支 配：脛骨神経 L4〜S3
血 管 支 配：後脛骨動脈，腓骨動脈，膝窩動脈
筋 連 結：腓腹筋，膝窩筋，長腓骨筋，長趾屈筋，後脛骨筋，足底筋

ヒラメ筋ランドマーク

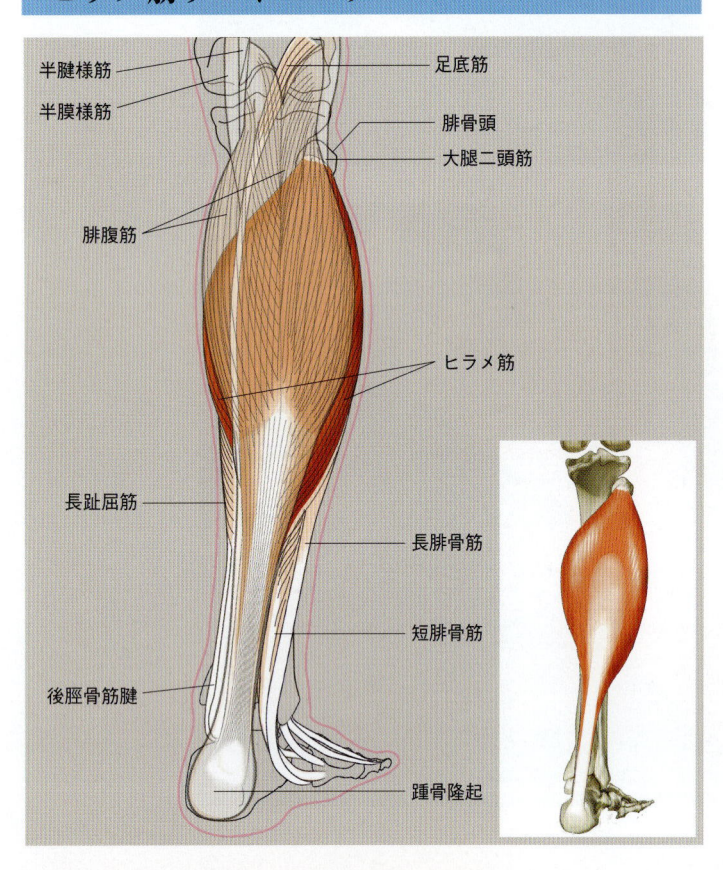

ヒラメ筋伸張法（背臥位）

開 始 肢 位：背臥位．右股関節は 90°屈曲位．右膝関節は約 90°屈曲位．
自分の位置：右側に立つ．左手で下腿遠位部後面を把持し，左前腕と腹部で下腿を固定する．次に，右手掌で踵を包み込むよう把持し，前腕を足底部に沿わせる．
伸　張　法：左足を一歩引き，体重を移動して，股・膝関節屈曲を増強しながら足関節を最大背屈する．

ヒラメ筋伸張法（腹臥位）

開 始 肢 位：腹臥位．両上肢は挙上しておく．右股関節は軽度外転位．膝関節は 90°屈曲位．
自分の位置：右側に立つ．両手で足部を把持し，両母指を足底部に置く．
伸　張　法：右足を前に踏み出し，膝関節屈曲を増強しながら足関節を最大背屈する．

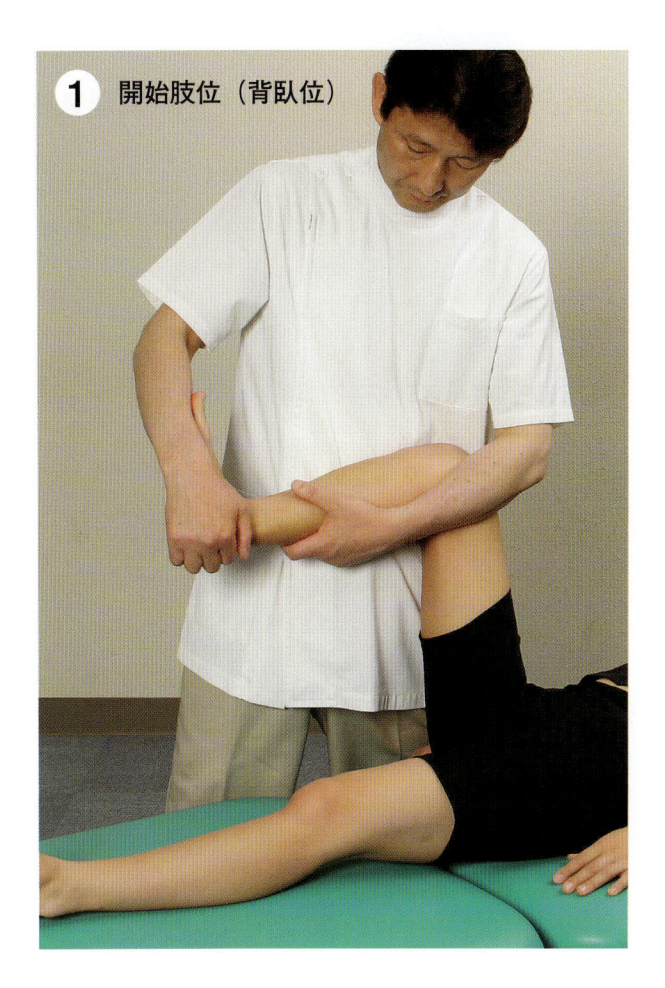

ヒラメ筋 m. soleus 223

① 開始肢位（背臥位）

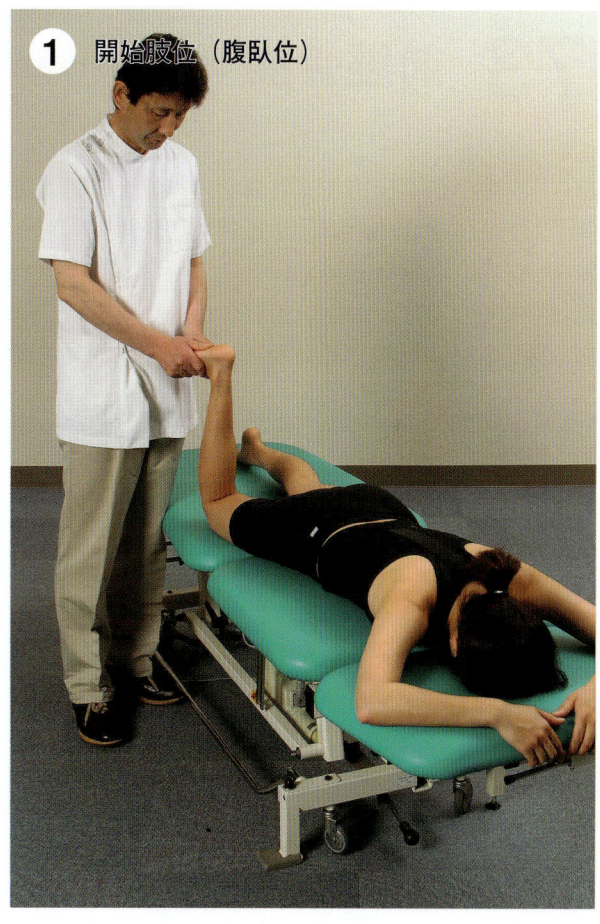

① 開始肢位（腹臥位）

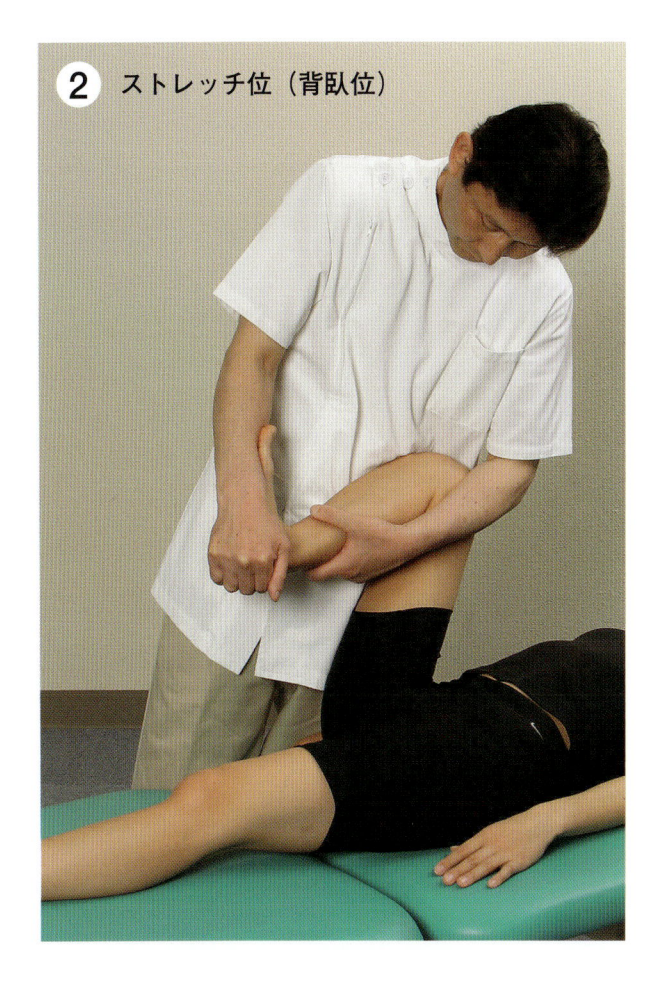

② ストレッチ位（背臥位）

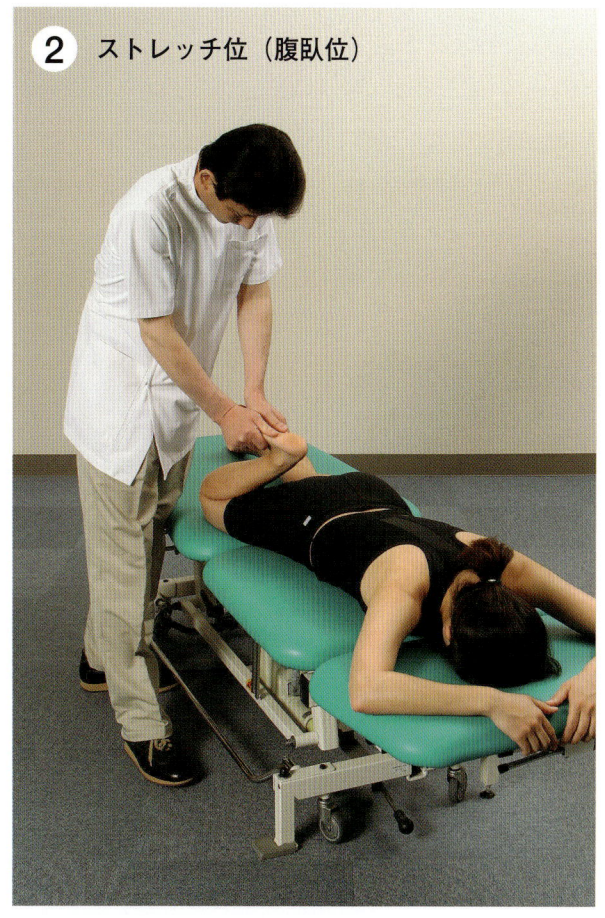

② ストレッチ位（腹臥位）

73 前脛骨筋 m. tibialis anterior　　96 前脛骨筋

起　　　始：脛骨上方1/2外側面，下腿骨間膜上方2/3前面，下腿筋膜
停　　　止：第1楔状骨・中足骨底足底面
神 経 支 配：深腓骨神経 L4〜S1
血 管 支 配：前脛骨動脈，前脛骨反回動脈
筋 　連 　結：大腿二頭筋短頭，長母趾伸筋，長趾伸筋，後脛骨筋，長母趾屈筋

前脛骨筋ランドマーク

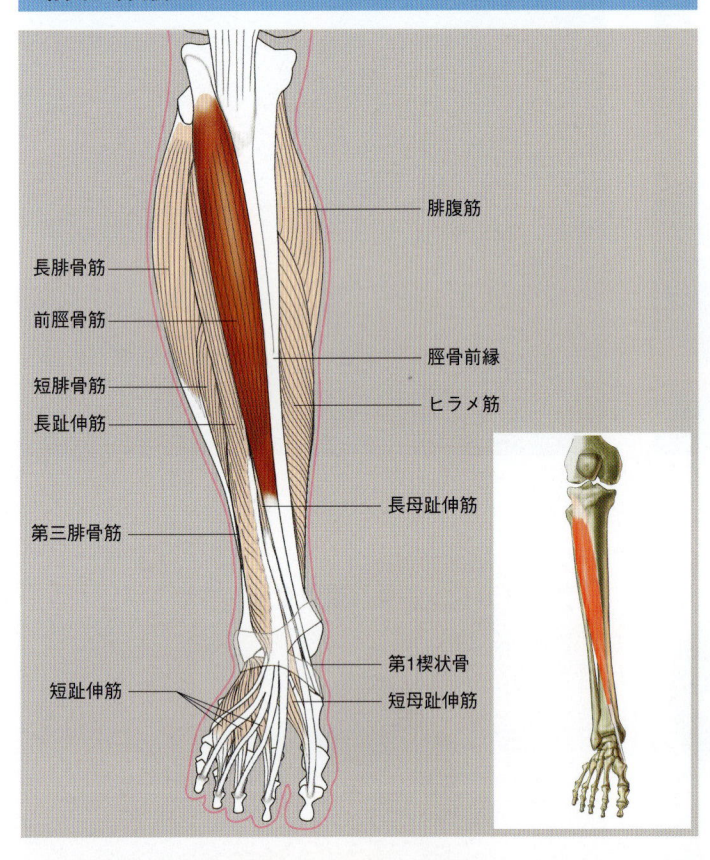

（図：長腓骨筋，前脛骨筋，短腓骨筋，長趾伸筋，第三腓骨筋，短趾伸筋，腓腹筋，脛骨前縁，ヒラメ筋，長母趾伸筋，第1楔状骨，短母趾伸筋）

前脛骨筋伸張法

開 始 肢 位：端座位．
自分の位置：右側方に座る．左手で踵を，右手で前足部を内側より把持する．
伸 　張 　法：左手で踵を持ち上げ，右手で足関節を底屈した後，最終域で足部を外反する．
備　　　考：伸張時，足部外反を強く意識せず，むしろ右手で母趾中足趾節関節を押し込む感覚がよい．

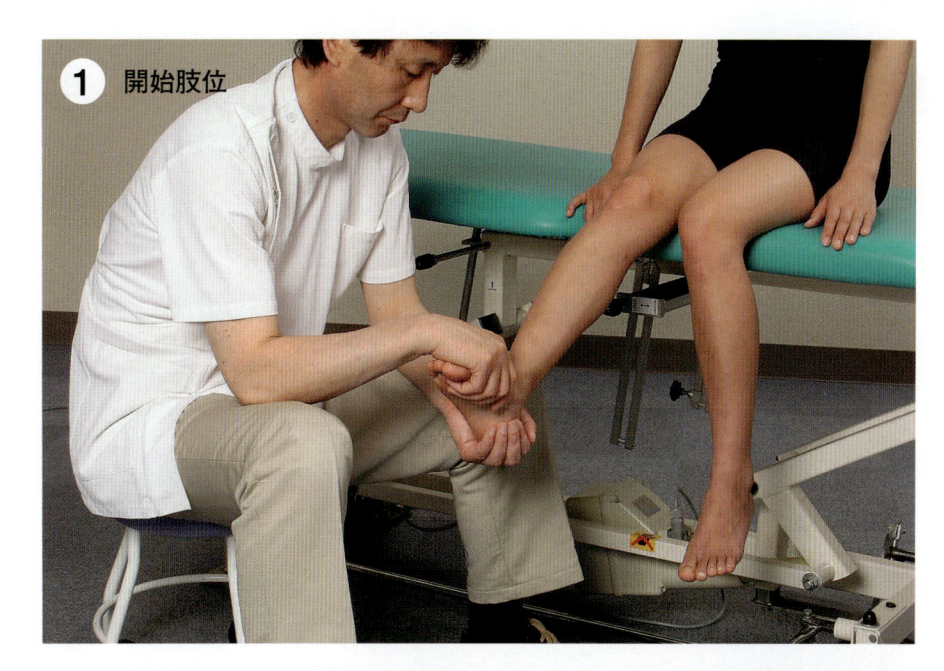

前脛骨筋 m. tibialis anterior

1 開始肢位

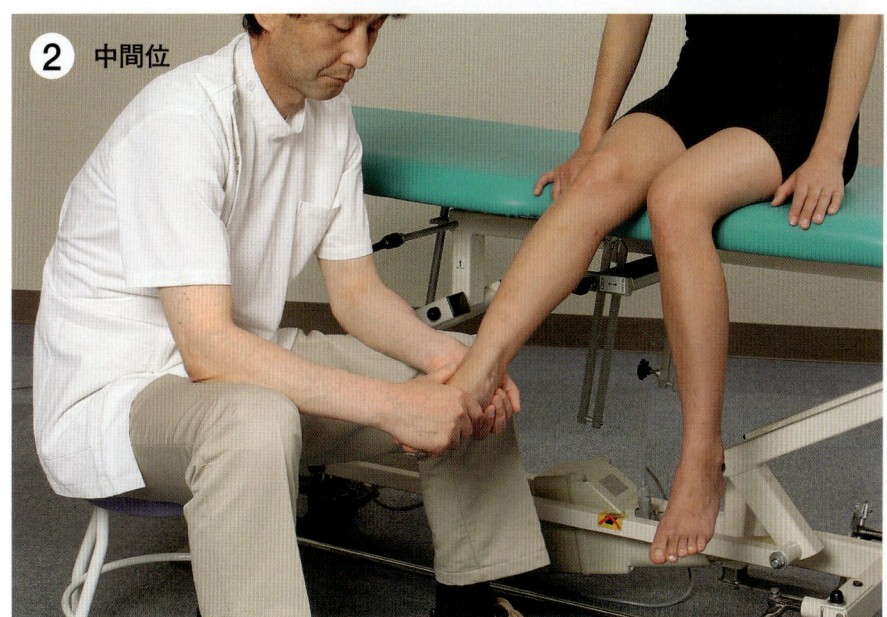

2 中間位

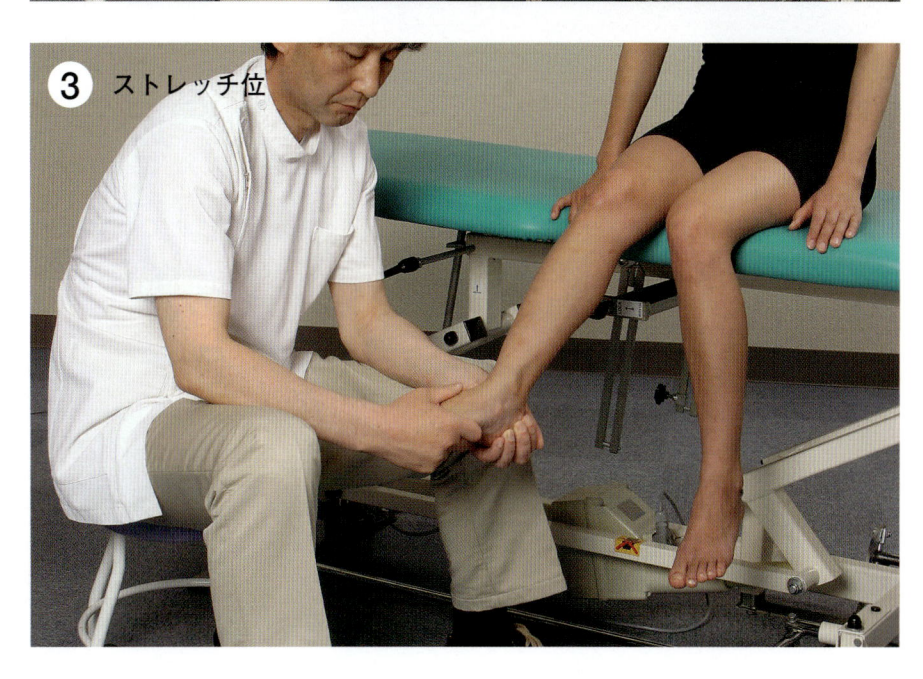

3 ストレッチ位

74 長趾伸筋 m. extensor digitorum longus ········▶ 97 長趾伸筋

起　　　始：脛骨上端外側面，腓骨前縁，下腿骨間膜，下腿筋膜
停　　　止：第2〜5趾趾背腱膜
神 経 支 配：深腓骨神経 L4〜S2
血 管 支 配：前脛骨動脈
筋 　連 　結：第三腓骨筋，短趾伸筋，背側骨間筋，虫様筋，長母趾伸筋，前脛骨筋，長腓骨筋，短腓骨筋

長趾伸筋ランドマーク

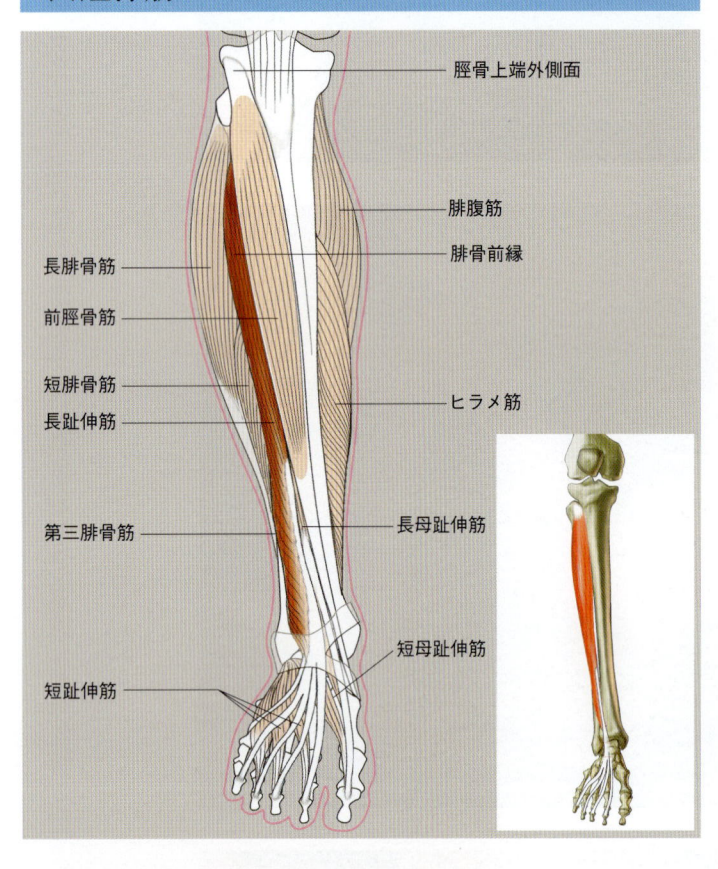

長趾伸筋伸張法（端座位）

開 始 肢 位：端座位．
自分の位置：右側方に座る．左手で踵を把持する．右母指を第2〜5趾趾背にあて，手指を足底に添える．
伸　張　法：左手で踵を持ち上げ，右手で足関節を最大底屈・内反しながら足趾を屈曲する．

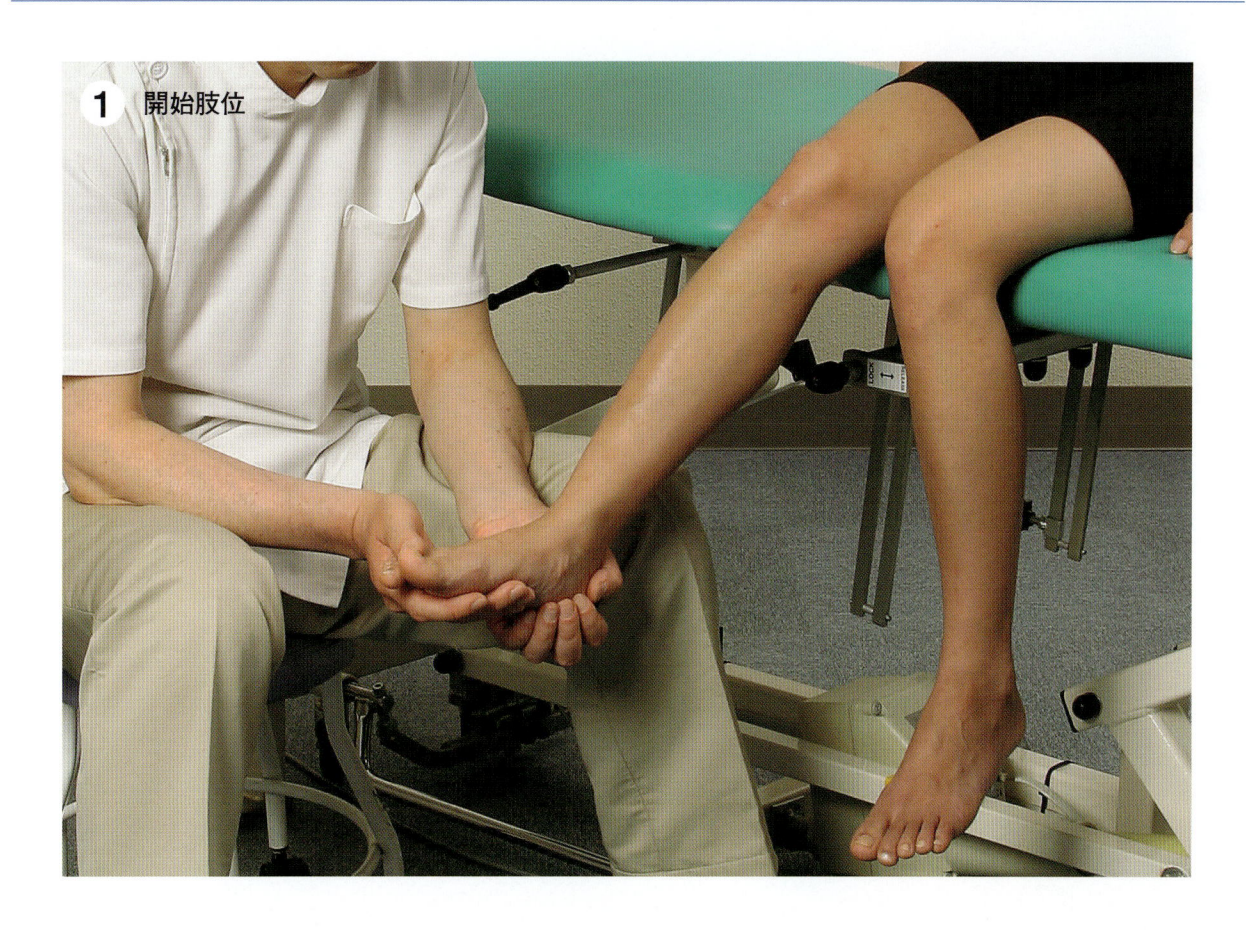

長趾伸筋 m. extensor digitorum longus 227

1 開始肢位

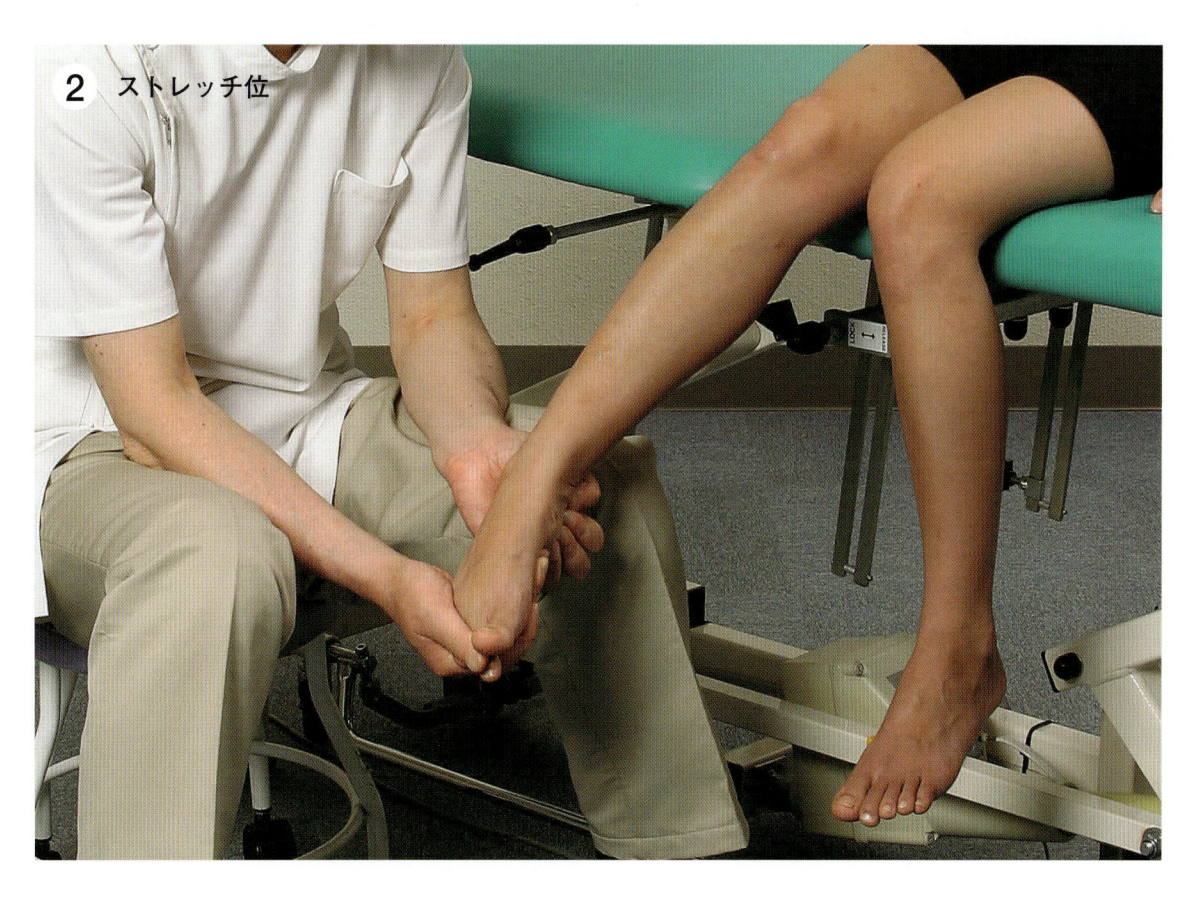

2 ストレッチ位

長趾伸筋伸張法（腹臥位）

開始肢位：腹臥位．両上肢は挙上しておく．右膝関節は約120°屈曲位．
自分の位置：頭部に向かって右側に座る．左手で下腿遠位部を把持し，右母指を第2～5趾趾背にあて，手指を足底に添える．
伸 張 法：左手で下腿を固定し，右手で足関節を最大底屈・内反しながら足趾を屈曲する．

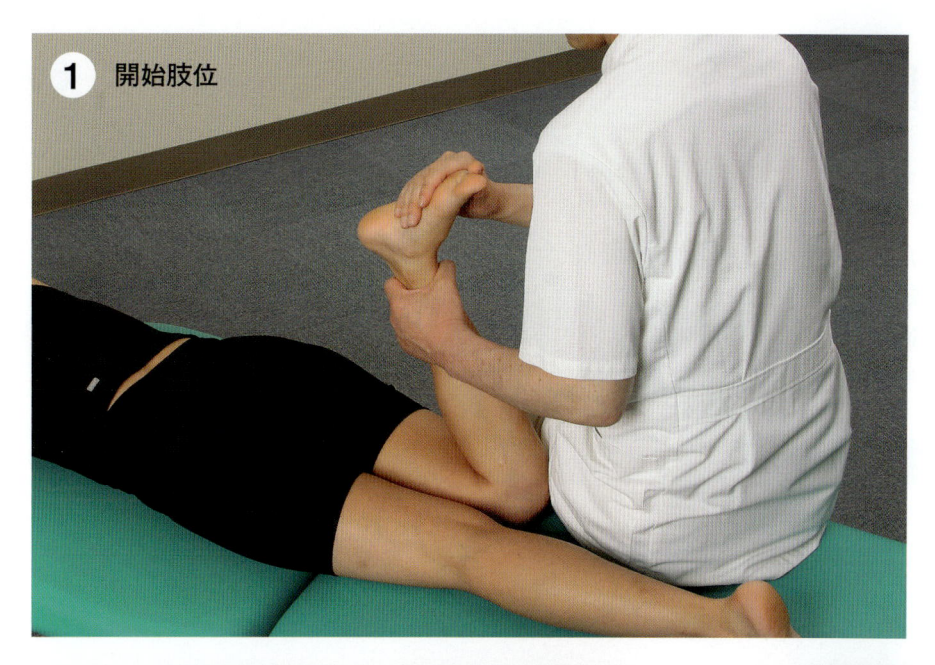

長趾伸筋 m. extensor digitorum longus 229

① 開始肢位

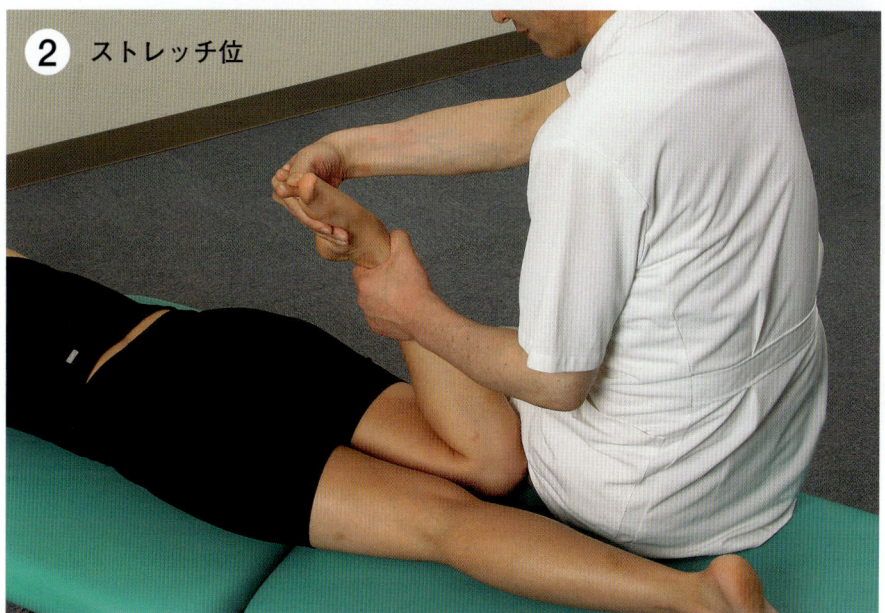

② ストレッチ位

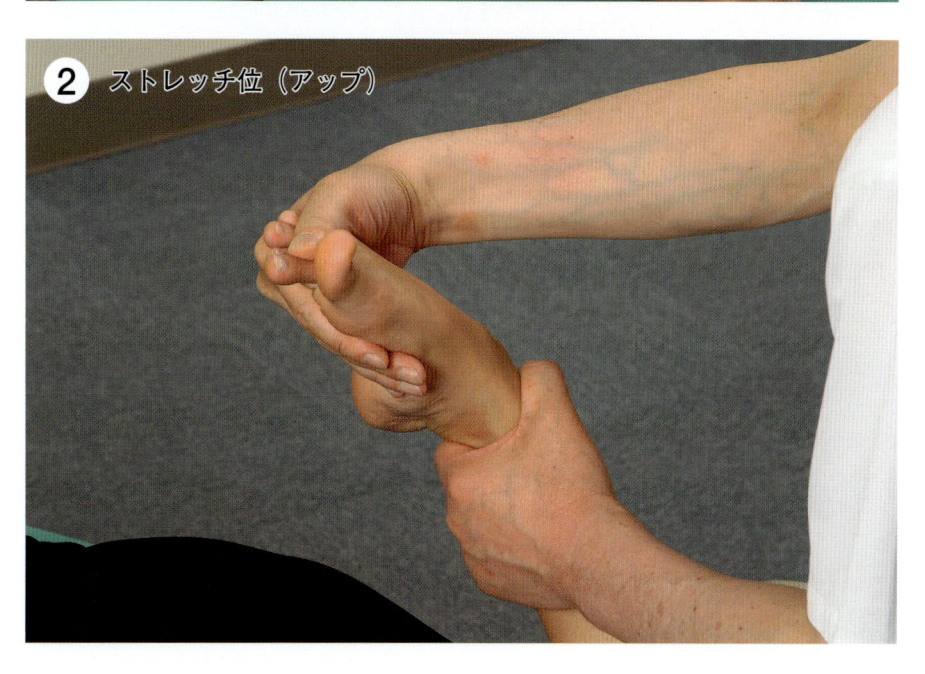

② ストレッチ位（アップ）

75 長母趾伸筋 m. extensor hallucis longus ……▶ 98 長母趾伸筋

- 起　　始：下腿骨間膜，腓骨中央内側面
- 停　　止：母趾末節骨底，一部は基節骨底
- 神 経 支 配：深腓骨神経 L4〜S1
- 血 管 支 配：前脛骨動脈筋枝
- 筋 連 結：前脛骨筋，後脛骨筋，第三腓骨筋，長趾伸筋，長母趾屈筋

長母趾伸筋ランドマーク

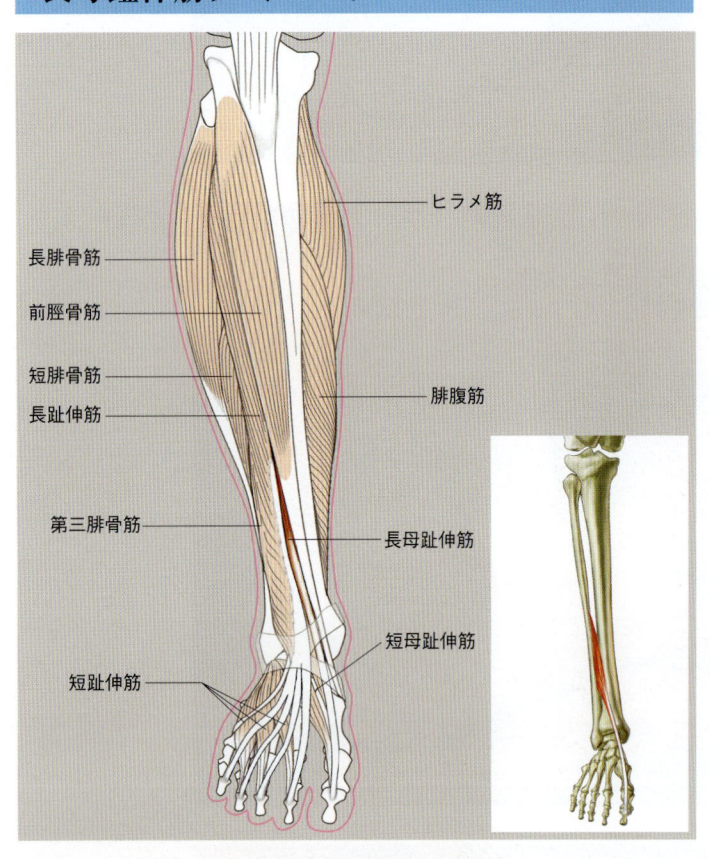

長母趾伸筋伸張法（端座位）

- 開 始 肢 位：端座位．
- 自分の位置：右側方に座る．左手で踵を，右手で母趾を把持する．
- 伸　張　法：左手で踵を持ち上げ，右手で足関節を底屈・軽度外反しながら母趾を屈曲する．

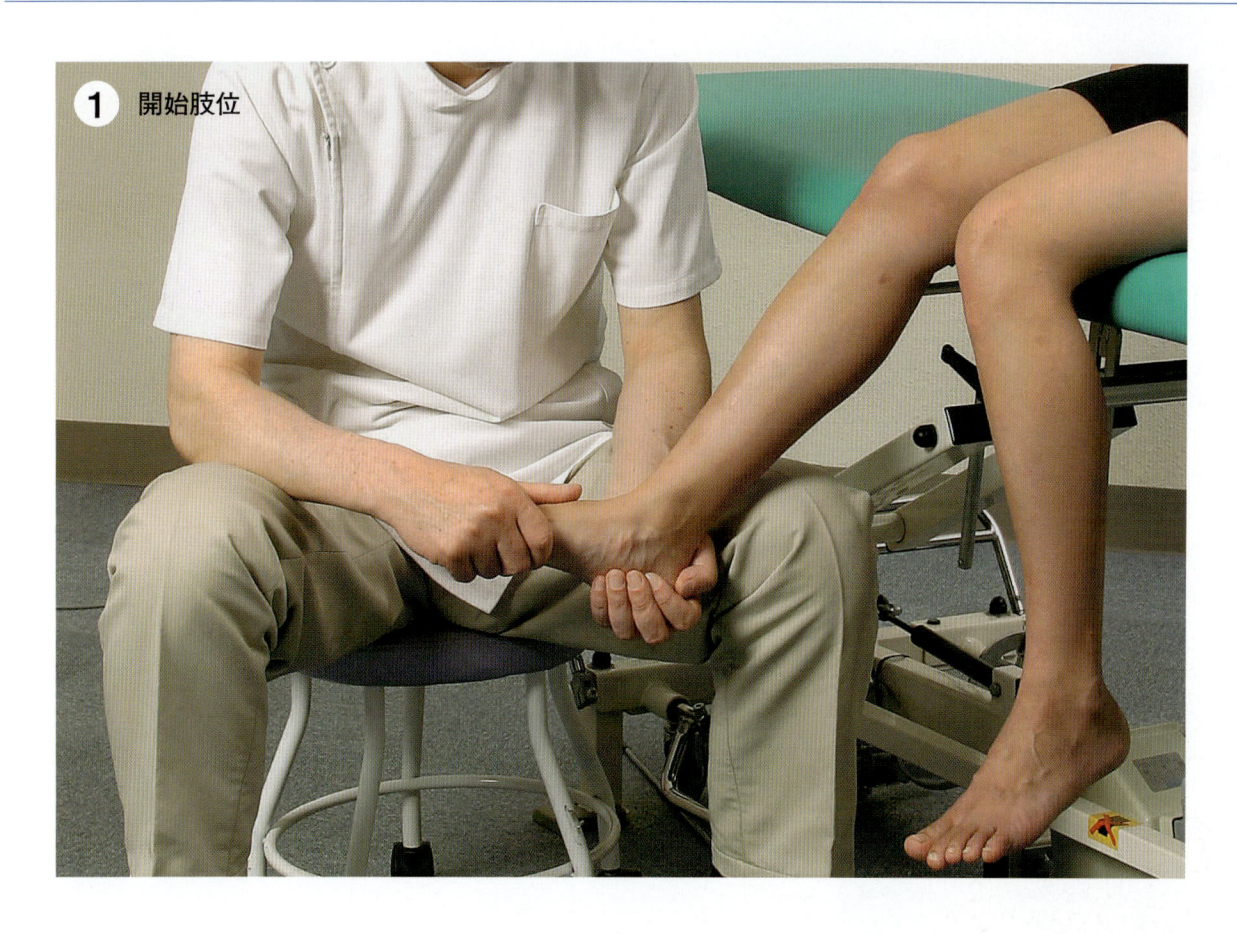

長母趾伸筋 m. extensor hallucis longus   231

1 開始肢位

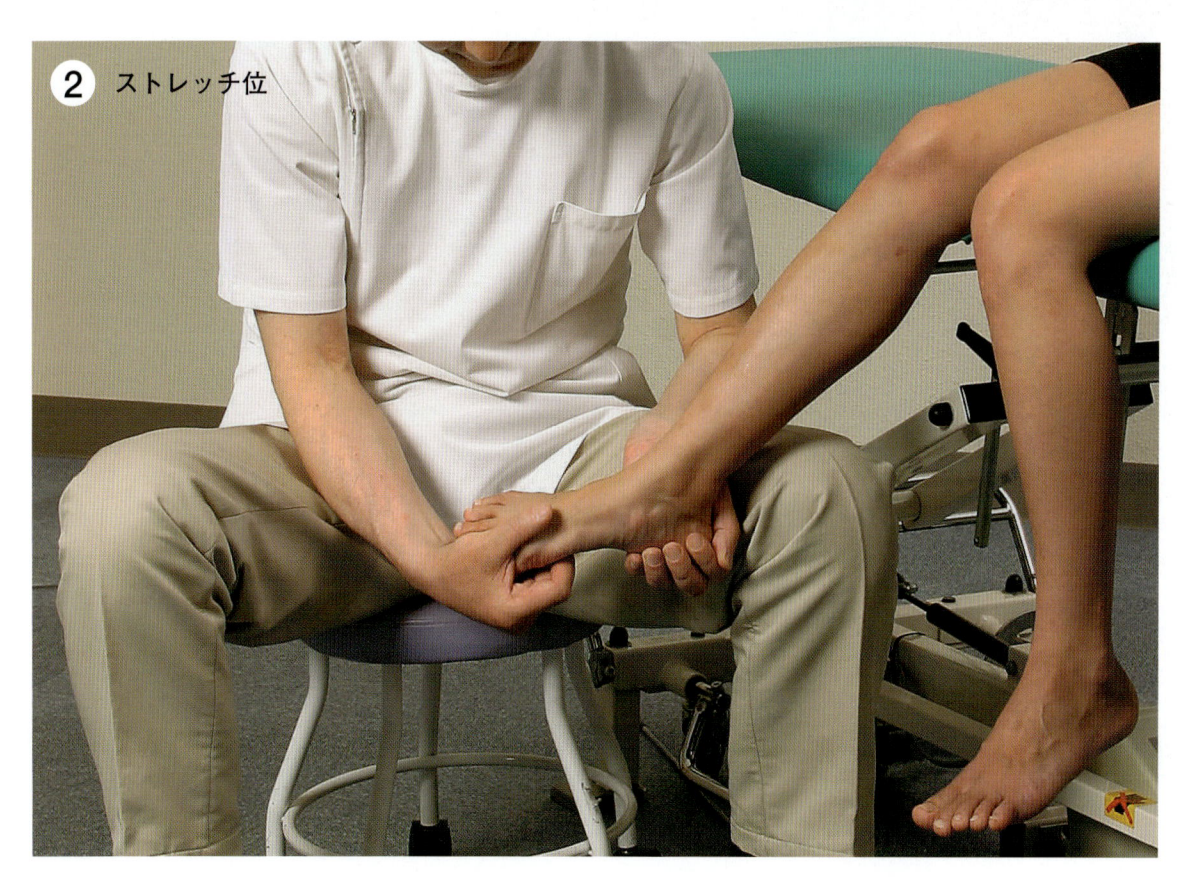

2 ストレッチ位

長母趾伸筋伸張法（腹臥位）

開 始 肢 位：腹臥位．両上肢は挙上しておく．右膝関節は約 120°屈曲位．
自分の位置：頭部に向かって右側に座る．右手で下腿遠位部を，左手で足部内側より把持し，左母指を相手の母趾趾背にあてる．
伸　張　法：右手で下腿を固定し，左手で足関節を底屈・外反しながら母趾を屈曲する．

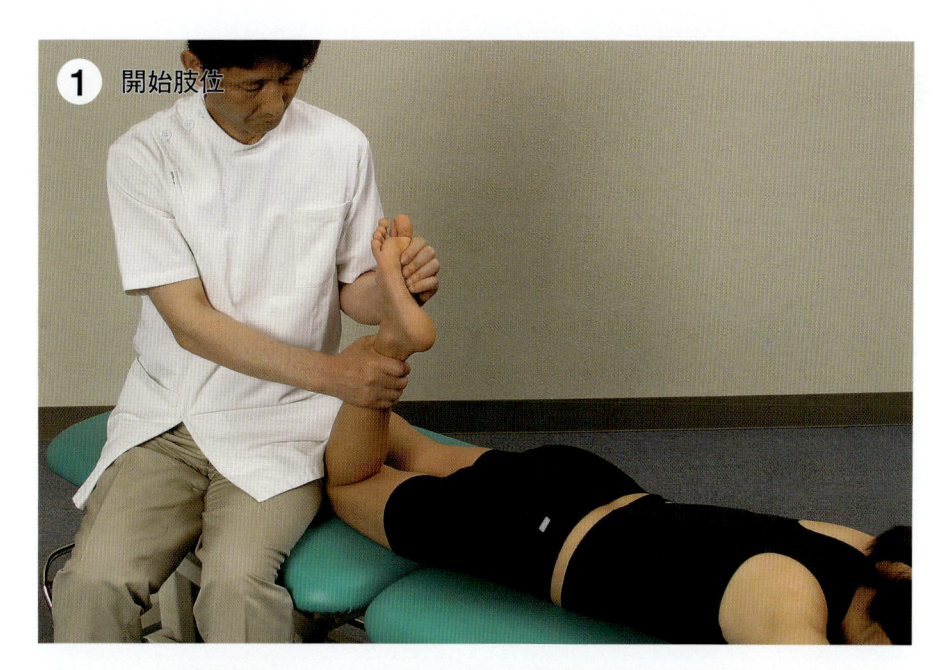

長母趾伸筋 m. extensor hallucis longus 233

① 開始肢位

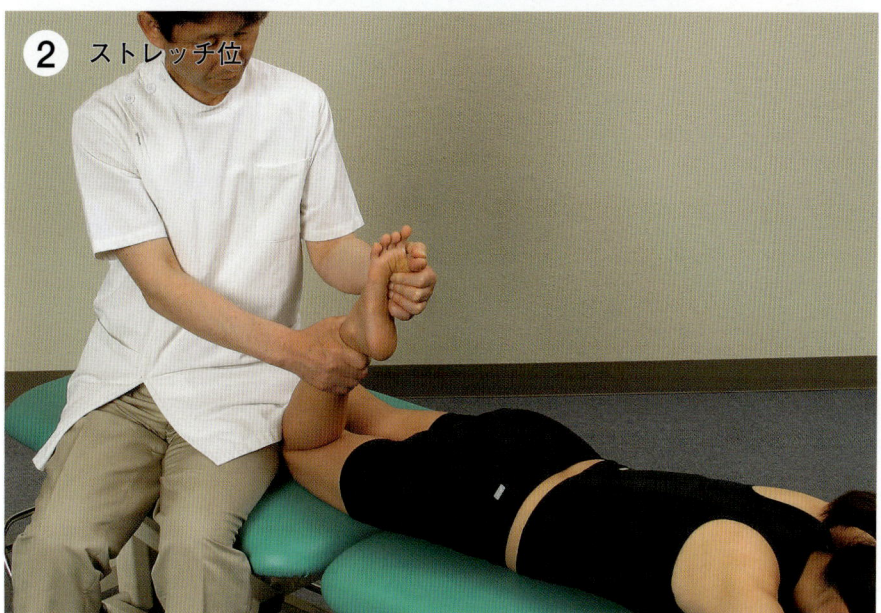

② ストレッチ位

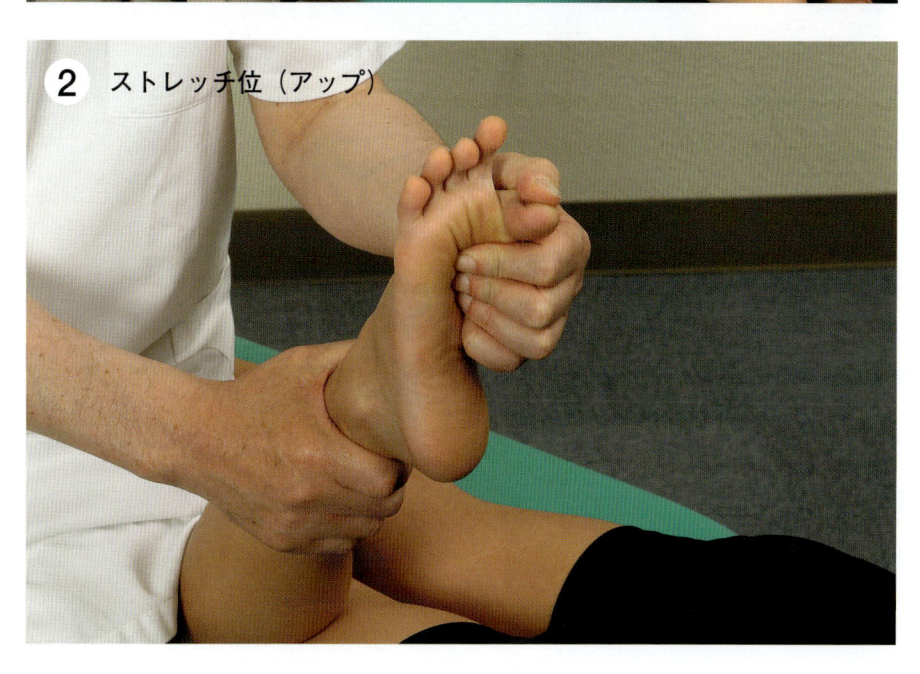

② ストレッチ位（アップ）

76・77 長腓骨筋 m. peroneus longus・短腓骨筋 m. peroneus brevis　▶ 99・100 長腓骨筋・短腓骨筋

起　　始：脛骨外側顆，脛腓関節包，腓骨頭，腓骨外側縁上方2/3，前・後下腿筋間中隔，下腿筋膜
停　　止：第1楔状骨足底面，第1中足骨底
神経支配：浅腓骨神経 L5〜S1
血管支配：外側下膝動脈，腓骨動脈，前脛骨動脈
筋 連 結：短腓骨筋，母趾内転筋，第三腓骨筋，長趾伸筋，大腿二頭筋長頭，長母趾屈筋，ヒラメ筋，足底筋

起　　始：腓骨外側面
停　　止：第5中足骨粗面
神経支配：浅腓骨神経 L5〜S1
血管支配：後脛骨動脈，腓骨動脈
筋 連 結：長腓骨筋，第三腓骨筋，長母趾屈筋，長趾伸筋

長腓骨筋ランドマーク

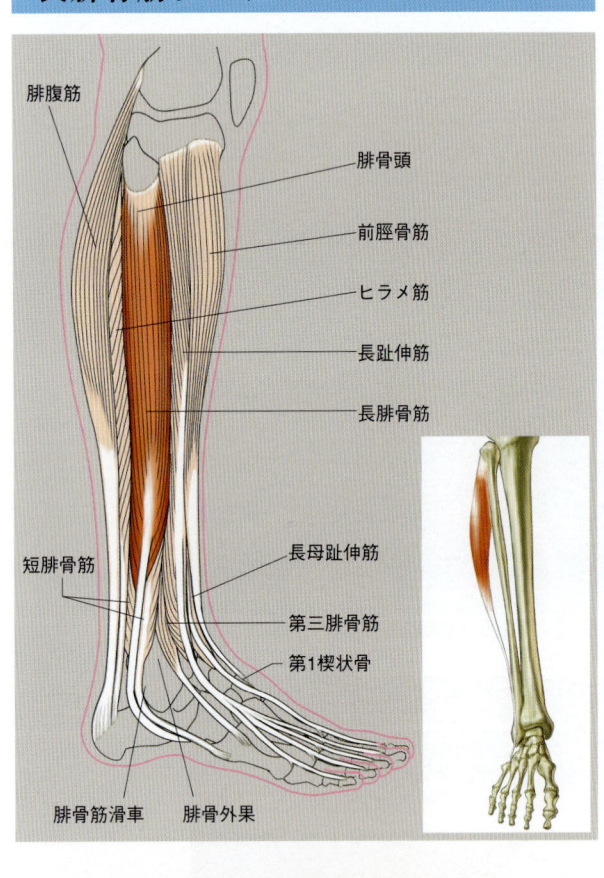

短腓骨筋ランドマーク

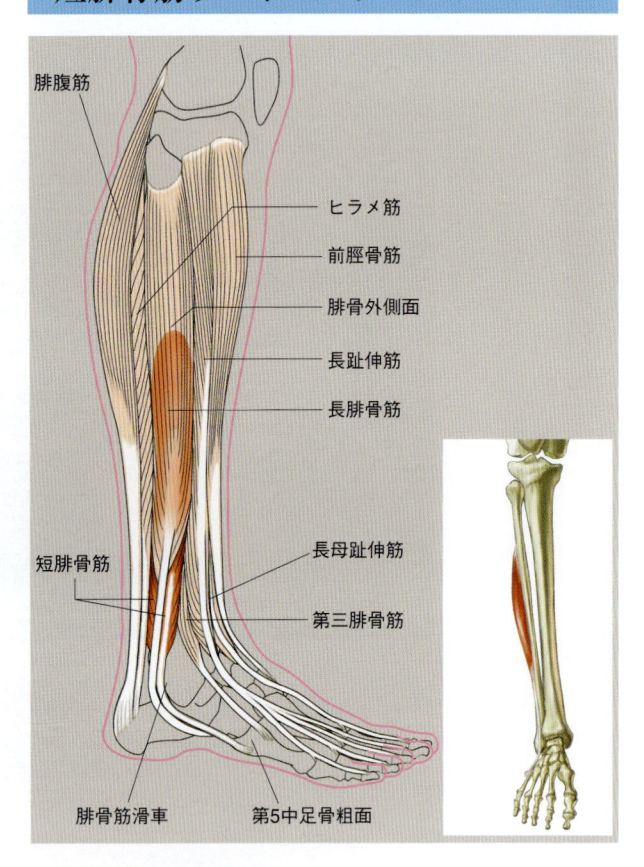

長・短腓骨筋伸張法 1

開始肢位：背臥位．右股関節は軽度屈曲・内転位．膝関節は伸展位．
自分の位置：左側に立つ．左手で踵骨を，右手で前足部外側縁を把持する．
伸 張 法：左手で踵を上に持ち上げながら，足関節を底屈・内反する．
備　　考：股関節を軽度屈曲・内転するのは大腿二頭筋を同時に伸張し，腓骨頭を固定するためである．

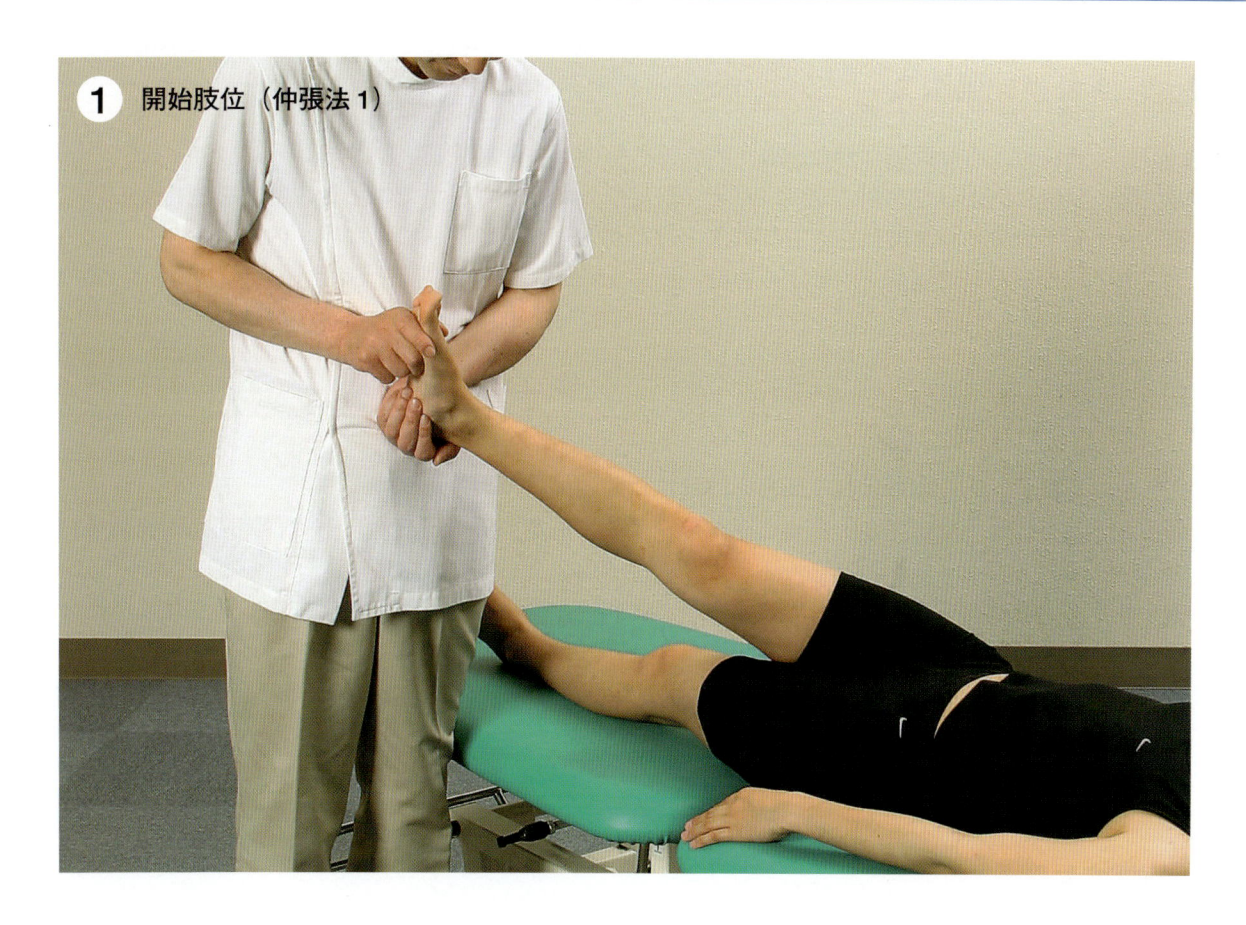

長腓骨筋 m. peroneus longus・短腓骨筋 m. peroneus brevis 235

① 開始肢位（伸張法1）

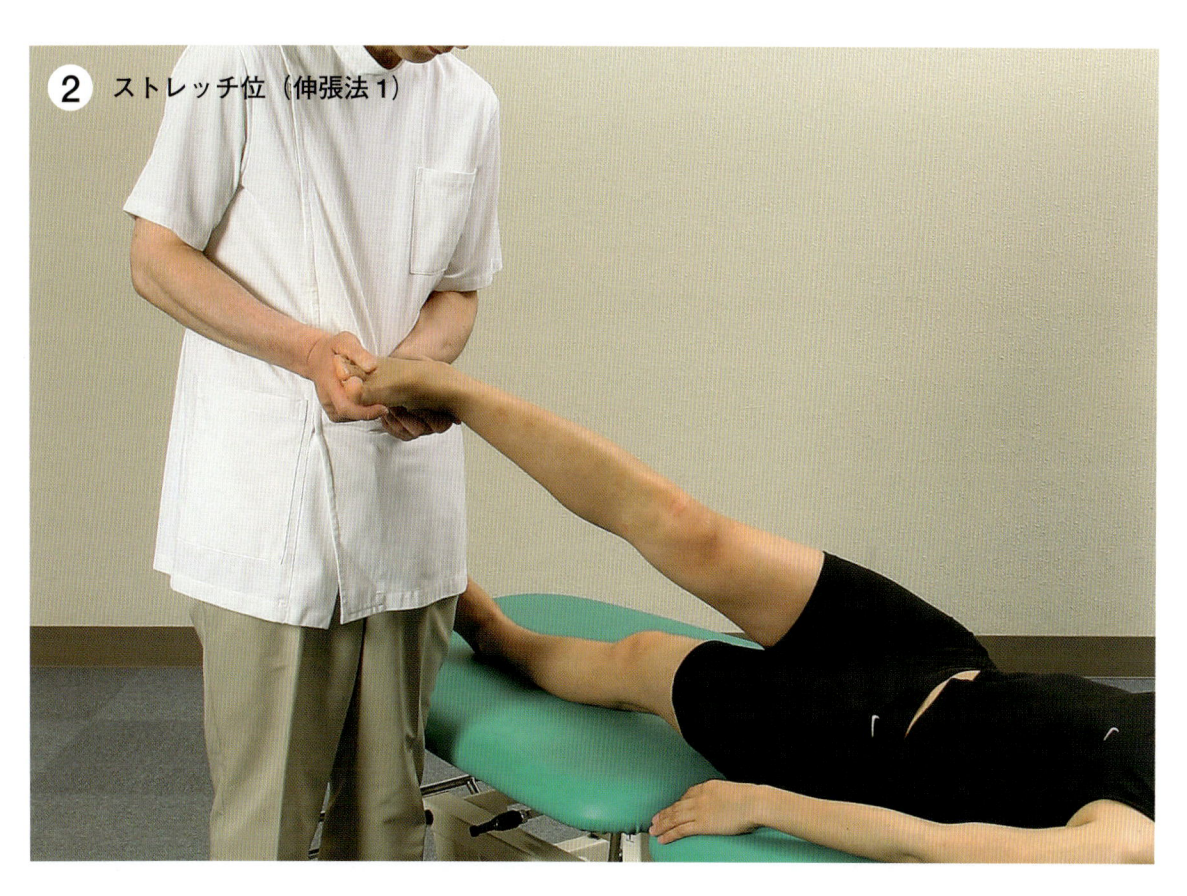

② ストレッチ位（伸張法1）

長・短腓骨筋伸張法 2

開 始 肢 位：背臥位．右股関節は軽度屈曲・内転位．膝関節は伸展位．
自分の位置：足部に向かって左側に立つ．左手で前足部外側縁を，右手でアキレス腱部を把持する．
伸　張　法：右手でアキレス腱部を上方に引き上げながら，左手で足関節を底屈・内反する．
備　　　考：股関節を軽度屈曲・内転するのは，大腿二頭筋を同時に伸張し，腓骨頭を固定するためである．

長・短腓骨筋伸張法 3

開 始 肢 位：背臥位．右股関節は軽度屈曲・内転位．膝関節は伸展位．
自分の位置：両下肢を肩幅に開き，左側に立つ．左手で右前足部外側縁を，右手で右膝関節内側部を把持する．
伸　張　法：右足に体重を移動させ，股関節をさらに屈曲・内転させながら右手で膝関節を伸展位に固定したまま，左手で足関節を底屈・内反する．
備　　　考：股関節を軽度屈曲・内転するのは，大腿二頭筋を同時に伸張し，腓骨頭を固定するためである．

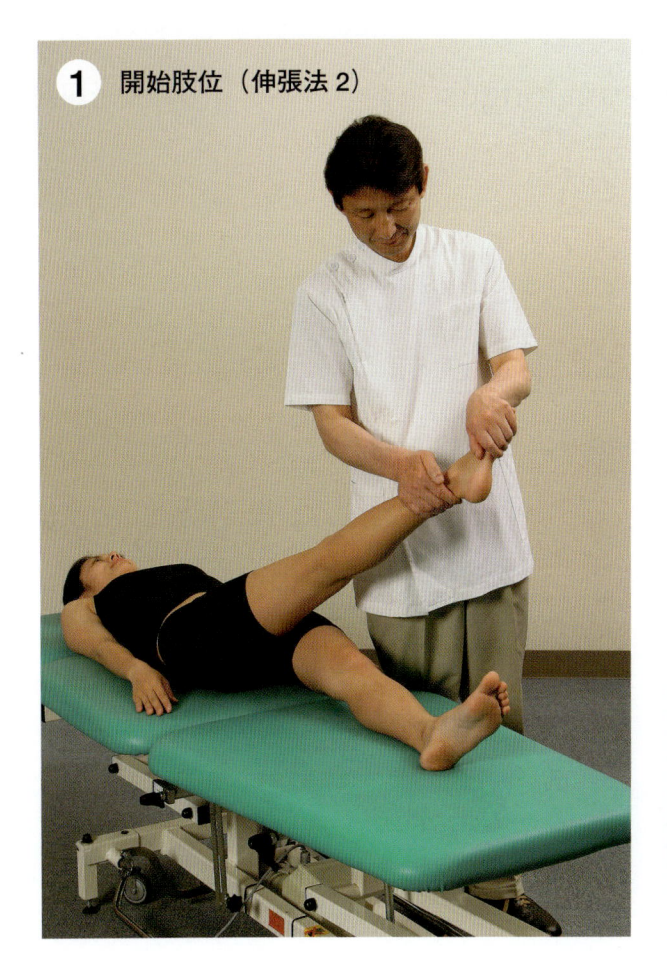

長腓骨筋 m. peroneus longus・短腓骨筋 m. peroneus brevis　237

① 開始肢位（伸張法 2）

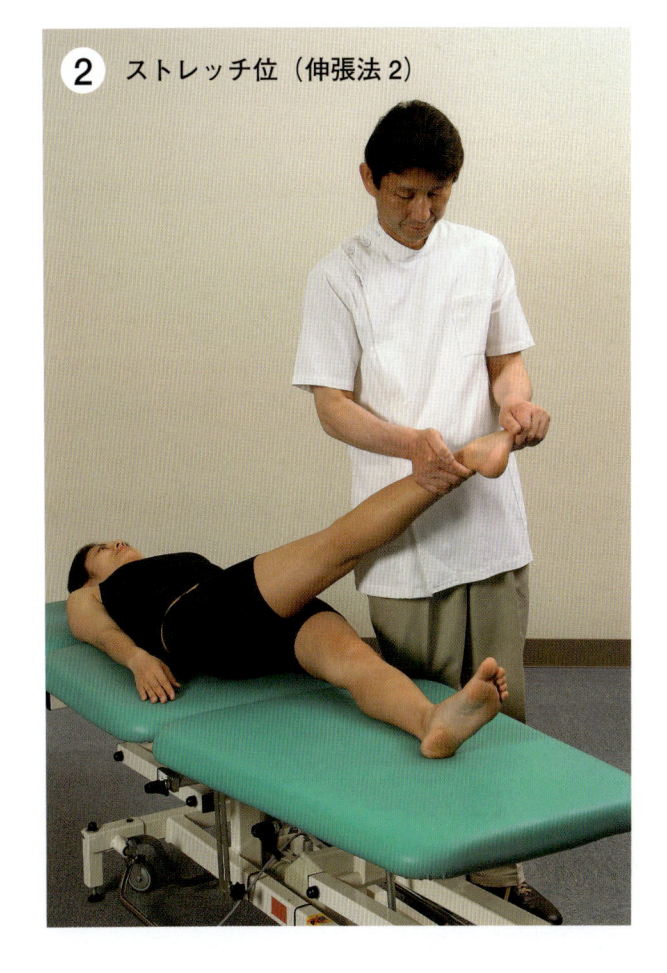

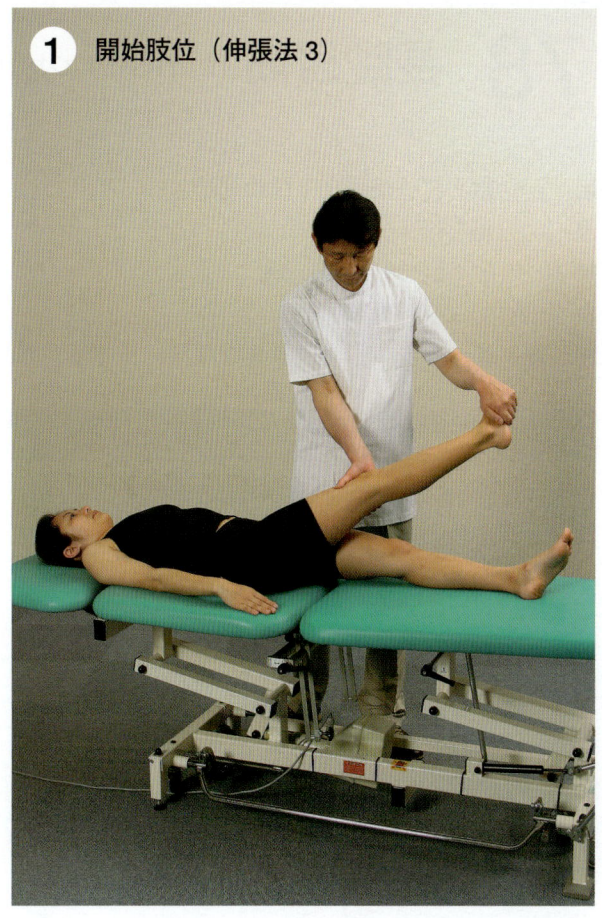

① 開始肢位（伸張法 3）

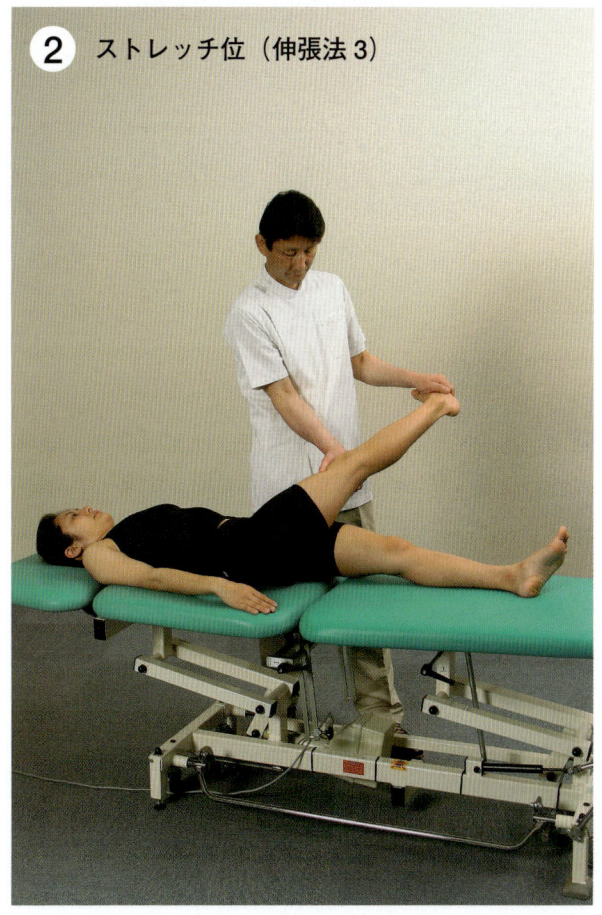

② ストレッチ位（伸張法 2）

② ストレッチ位（伸張法 3）

78 長趾屈筋 m. flexor digitorum longus ·········▶ 102 | 長趾屈筋

起　　始：脛骨後面，下腿骨間膜
停　　止：第2〜5趾末節骨底
神 経 支 配：脛骨神経 L5〜S2
血 管 支 配：後脛骨動脈
筋 　連 　結：足底方形筋，長母趾屈筋，虫様筋，後脛骨筋，腓腹筋，ヒラメ筋

長趾屈筋ランドマーク

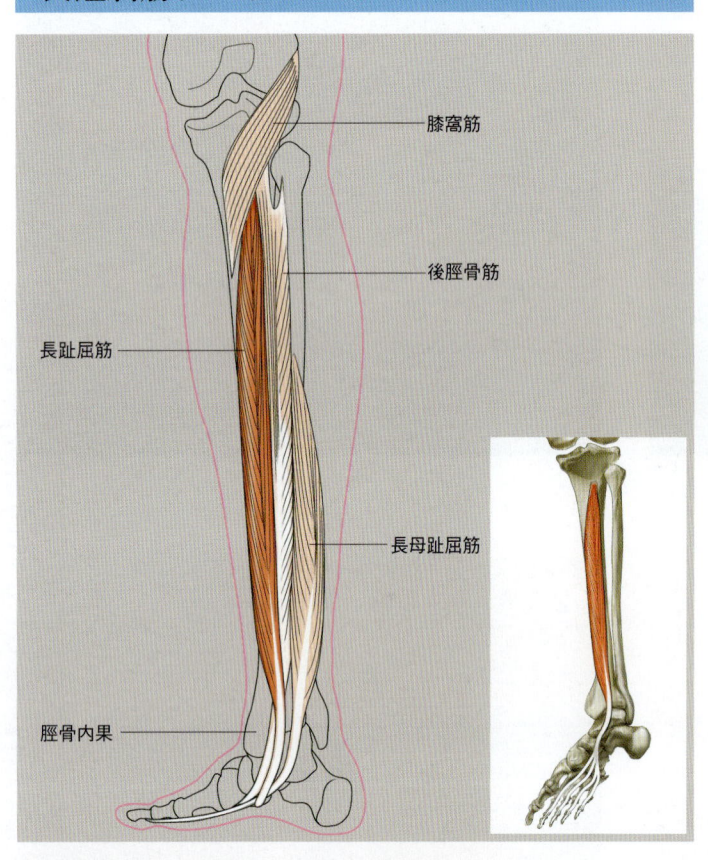

膝窩筋
後脛骨筋
長趾屈筋
長母趾屈筋
脛骨内果

長趾屈筋伸張法（背臥位）

開 始 肢 位：背臥位．右膝関節は軽度屈曲位．膝窩部に枕を置く．
自分の位置：右側に立つ．右手で踵を把持し，前腕を足底に沿わせる．左母指を第2〜5趾趾腹にあてる．
伸　張　法：右手で下腿外旋，足関節を外転・最大背屈した後，左母指で第2-5趾を伸展する．

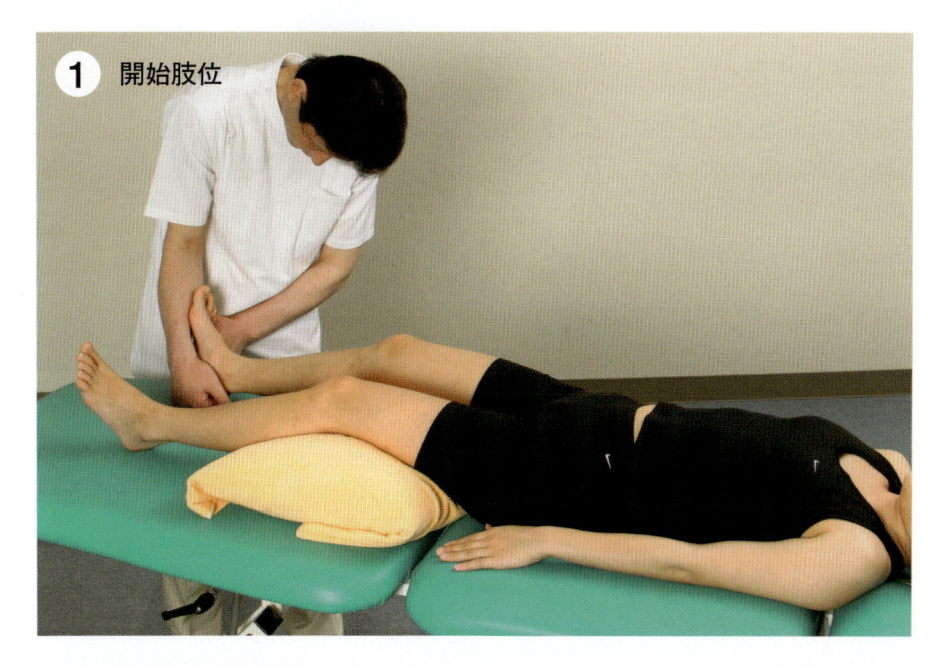

長趾屈筋 m. flexor digitorum longus 239

① 開始肢位

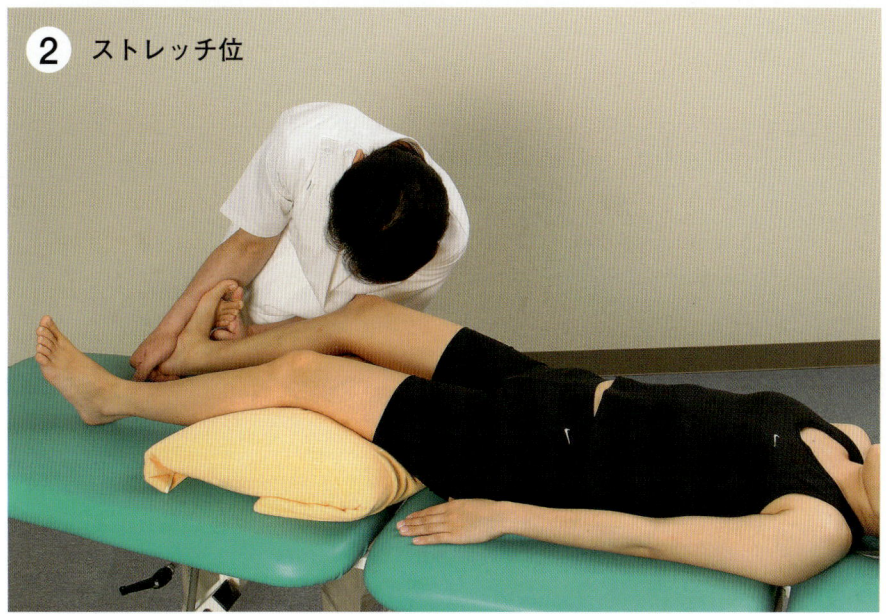

② ストレッチ位

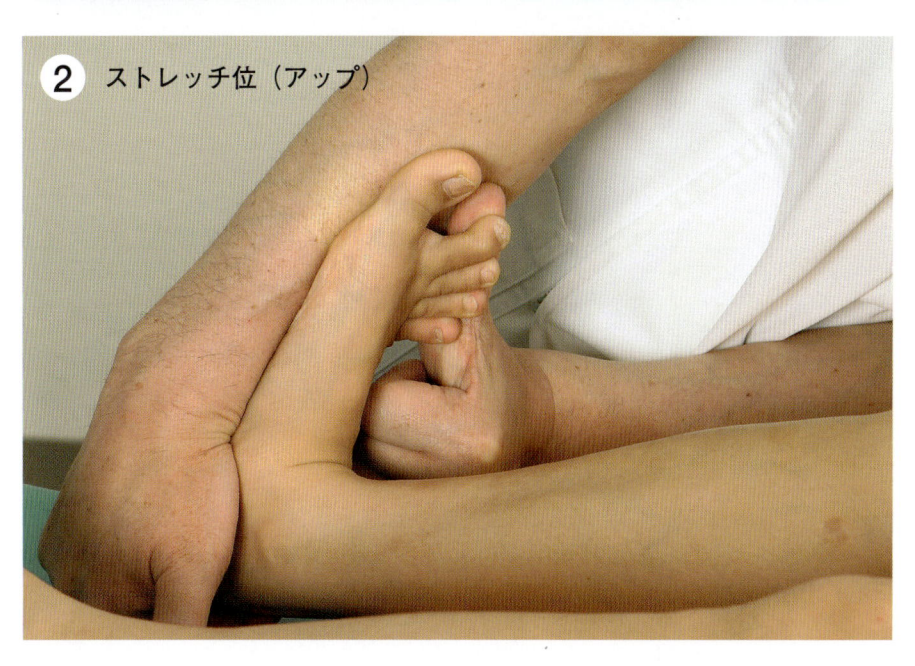

② ストレッチ位（アップ）

長趾屈筋伸張法（腹臥位）

開 始 肢 位：腹臥位．両上肢は挙上しておく．膝関節は90°屈曲位．下腿は外旋位．足関節は外転位．
自分の位置：右側に足部に向かって座る．右手で足部内側縁を把持し，前腕を踵の外側に沿わせる．左母指を第2〜5趾趾腹にあてる．
伸　張　法：右手で膝関節屈曲を増強しながら足関節を背屈し，左母指で足趾を伸展する．

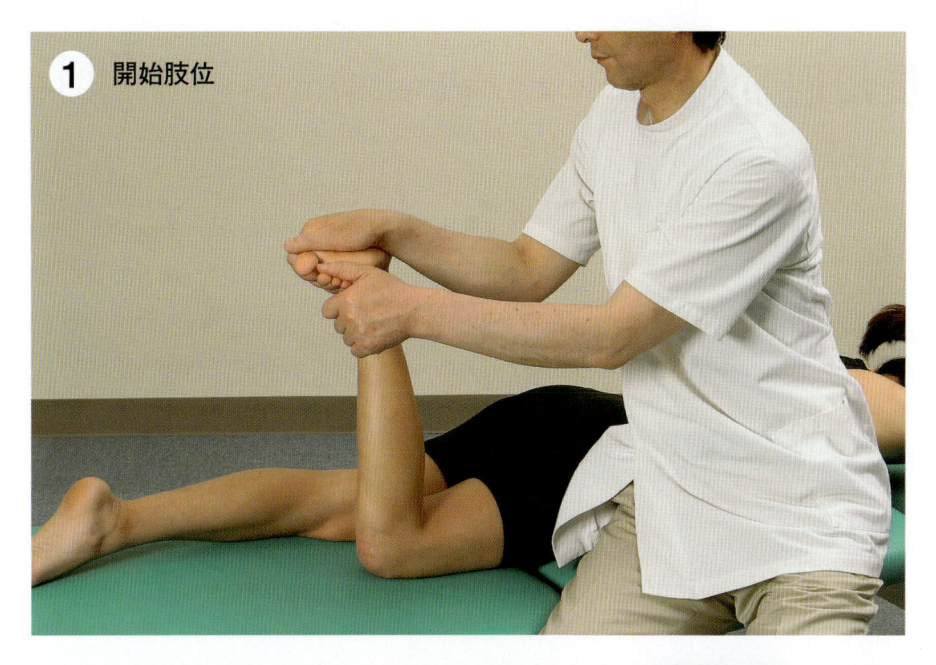

長趾屈筋 m. flexor digitorum longus 241

① 開始肢位

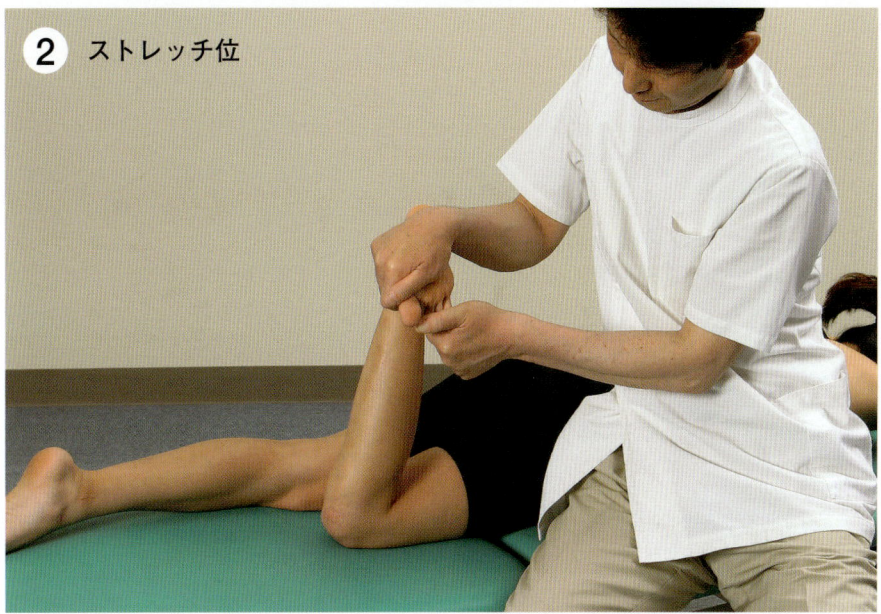

② ストレッチ位

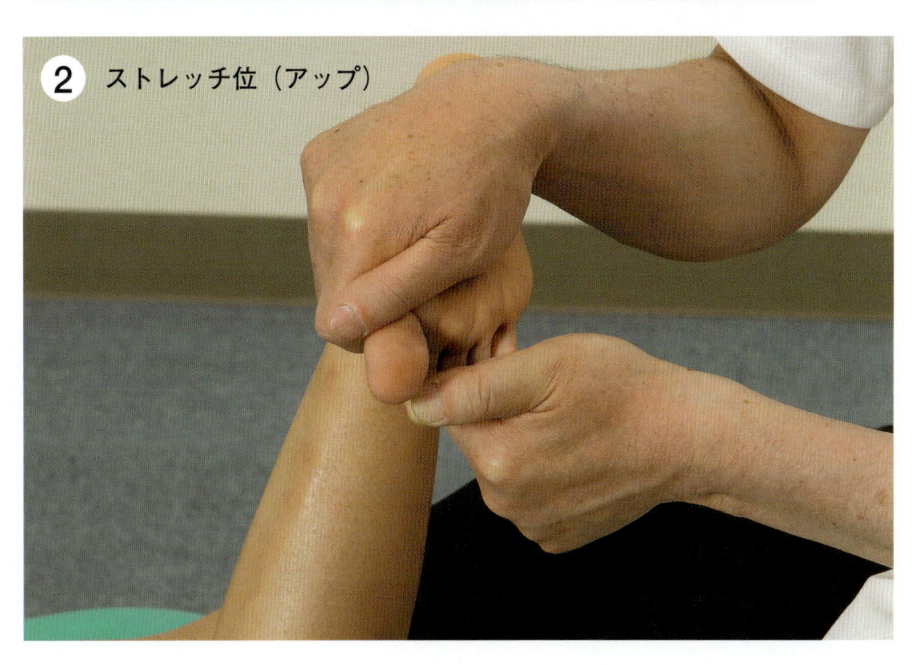

② ストレッチ位（アップ）

79 長母趾屈筋 m. flexor hallucis longus ……▶ 103 長母趾屈筋

起　　始：腓骨後面下方 2/3，下腿骨間膜後面下部
停　　止：母趾末節骨底
神経支配：脛骨神経 L5〜S2
血管支配：腓骨動脈
筋 連 結：長趾屈筋，後脛骨筋，長腓骨筋，短腓骨筋，前脛骨筋，長母趾伸筋

長母趾屈筋ランドマーク

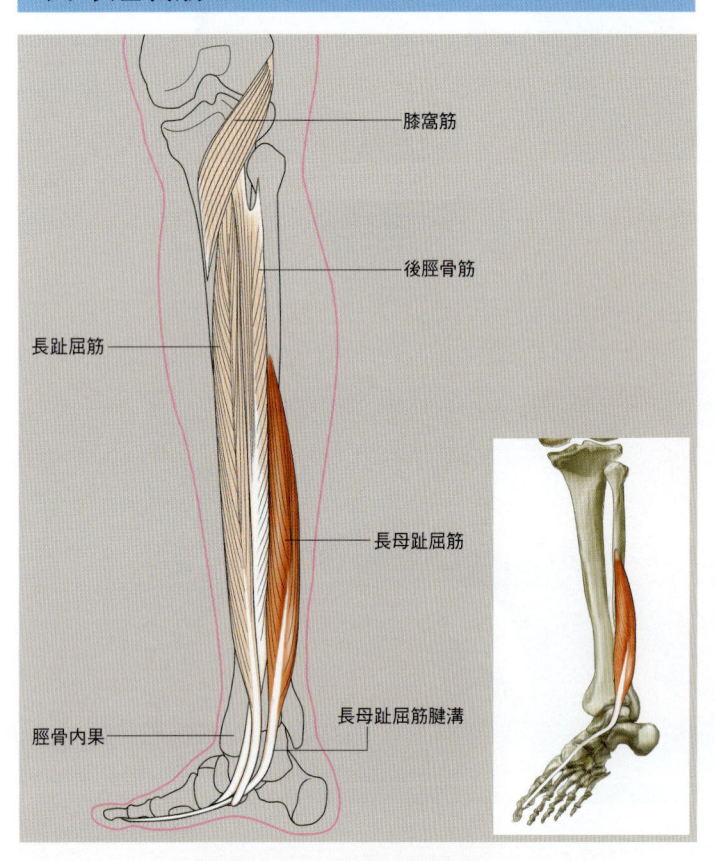

長母趾屈筋伸張法（背臥位）

開始肢位：背臥位．右膝関節は軽度屈曲位．膝窩部に枕を置く．
自分の位置：右側に立つ．右手掌で踵を把持し，前腕を足底に沿わせる．左手で母趾を把持する．
伸　張　法：右手で下腿を外旋し，足関節を外転・最大背屈した後，左手で母趾を伸展する．

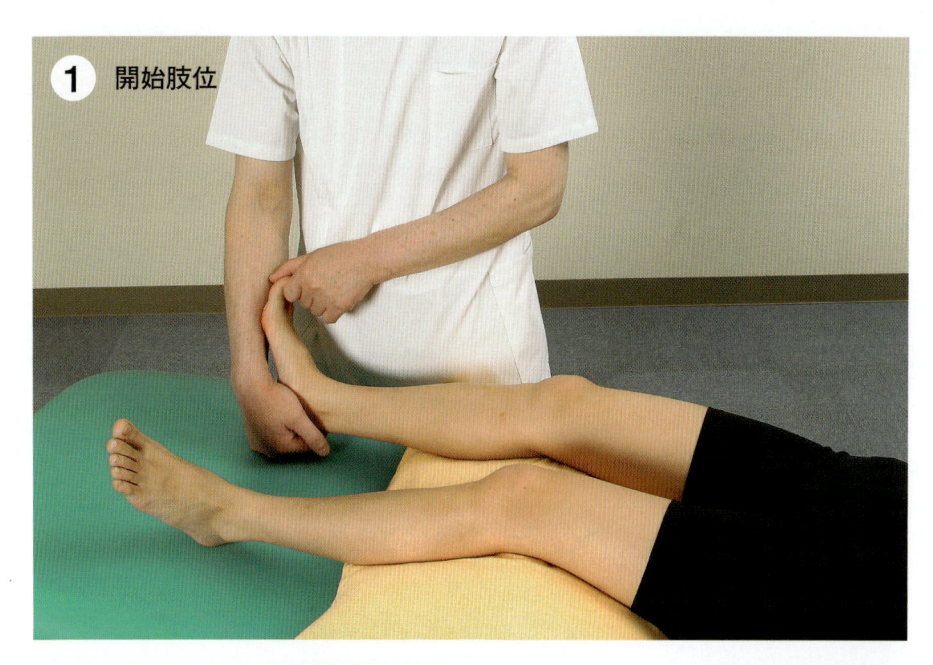

長母趾屈筋 m. flexor hallucis longus 243

① 開始肢位

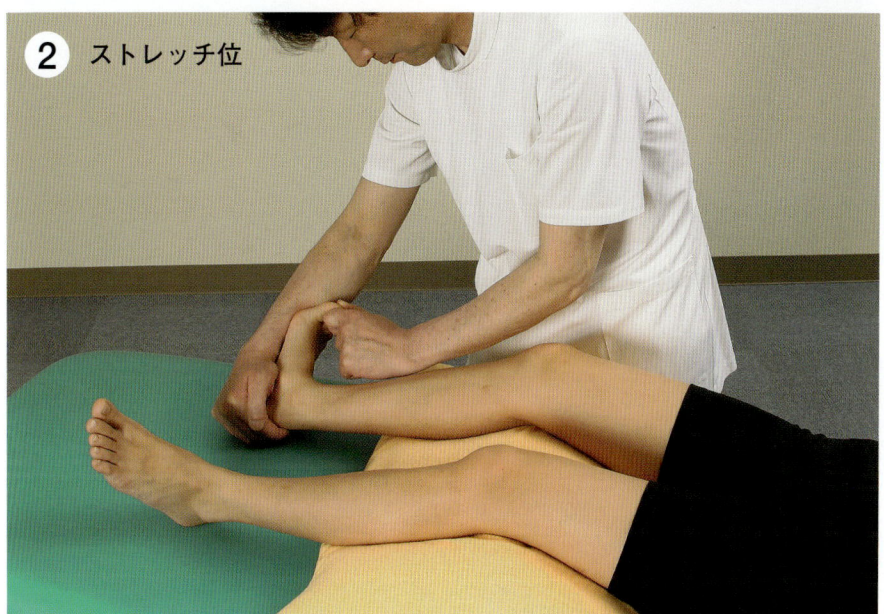

② ストレッチ位

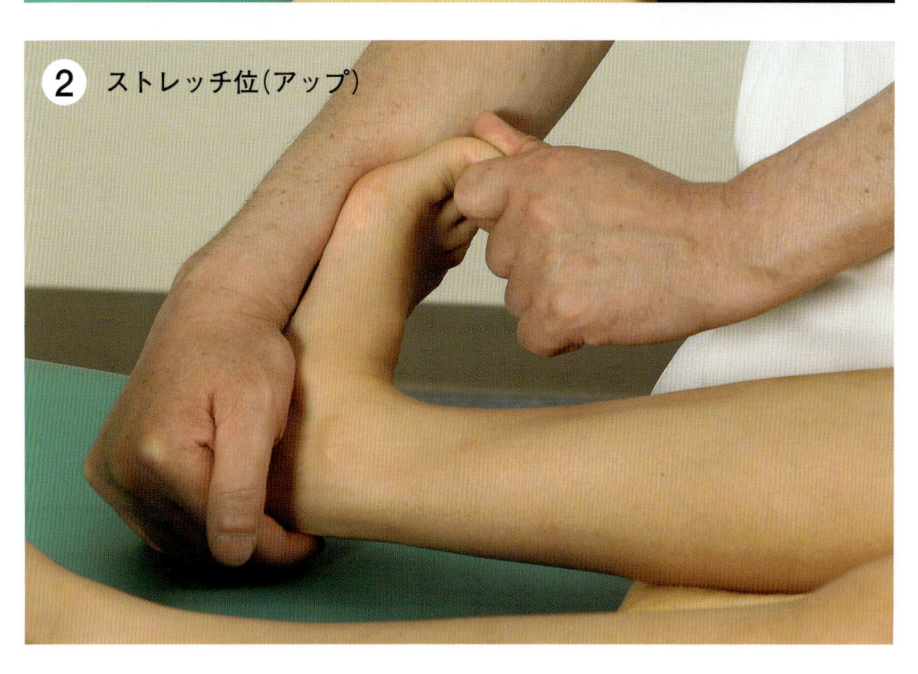

② ストレッチ位（アップ）

長母趾屈筋伸張法（腹臥位）

開始肢位：腹臥位．両上肢は挙上しておく．右膝関節は90°屈曲位．
自分の位置：右側足部に向かって座る．右手で足部内側縁を把持し，前腕を踵の外側に沿わせる．左手で母趾を把持する．
伸　張　法：右手で膝関節を屈曲，および下腿を外旋し，足関節を外転・背屈しながら左手で母趾を伸展する．

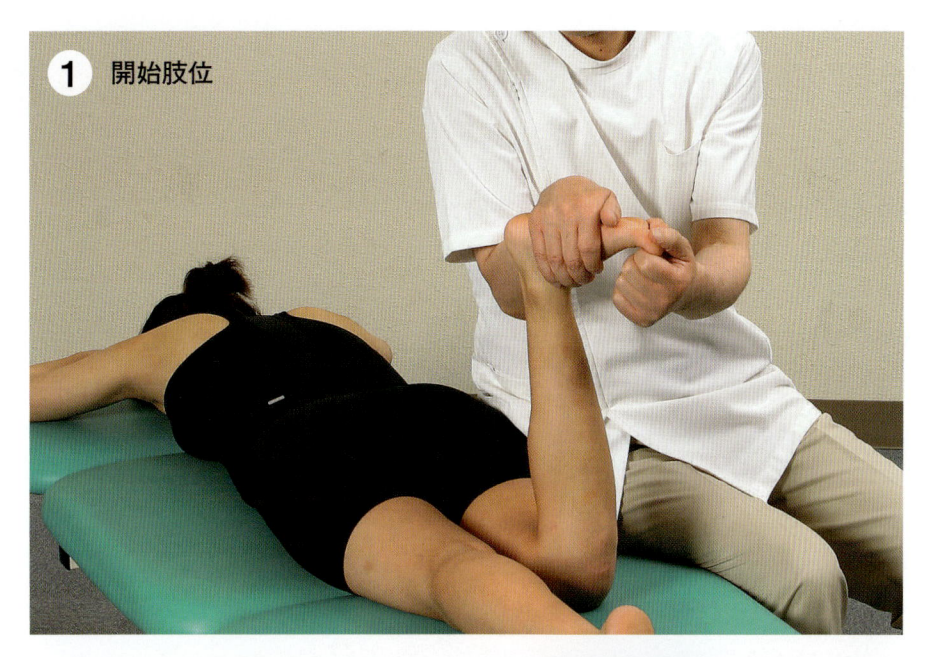

長母趾屈筋 m. flexor hallucis longus 245

1 開始肢位

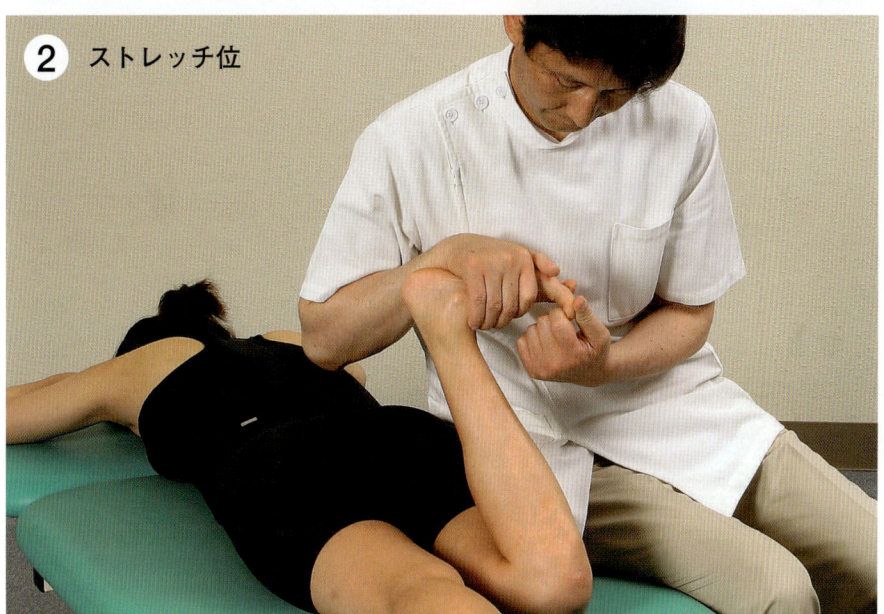

2 ストレッチ位

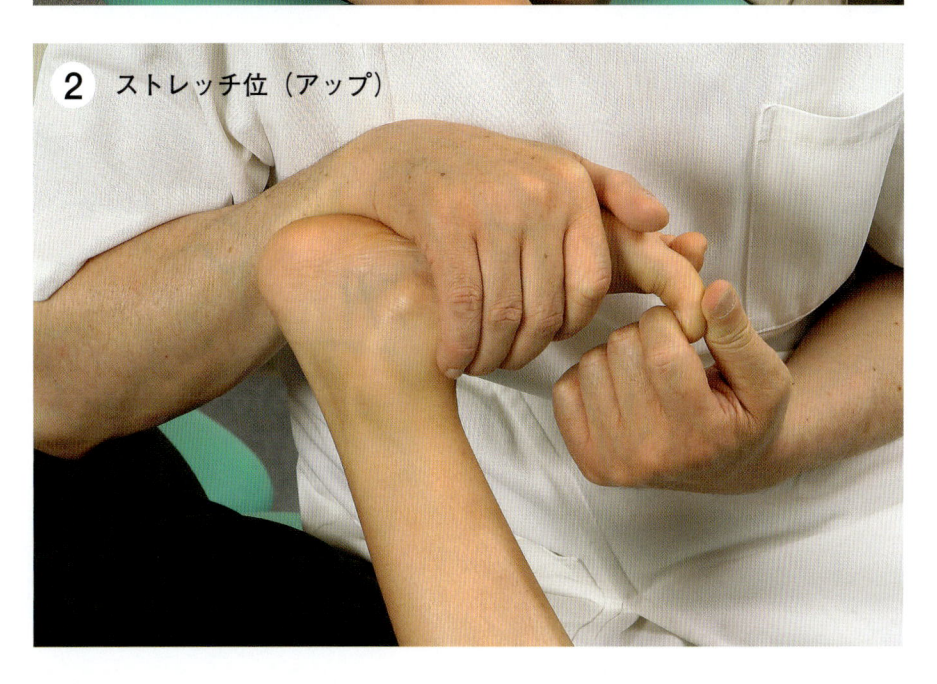

2 ストレッチ位（アップ）

80 後脛骨筋 m. tibialis posterior　　▶ 104 後脛骨筋

起　　　始：脛骨後面，腓骨内側面，下腿骨間膜後面
停　　　止：舟状骨粗面，第1〜3楔状骨，立方骨，第2〜4中足骨底側面
神 経 支 配：腓骨神経 L5〜S2
血 管 支 配：後脛骨動脈，腓骨動脈
筋 連 結：前脛骨筋，長母趾屈筋，長趾屈筋，ヒラメ筋，長母趾伸筋，膝窩筋

後脛骨筋ランドマーク

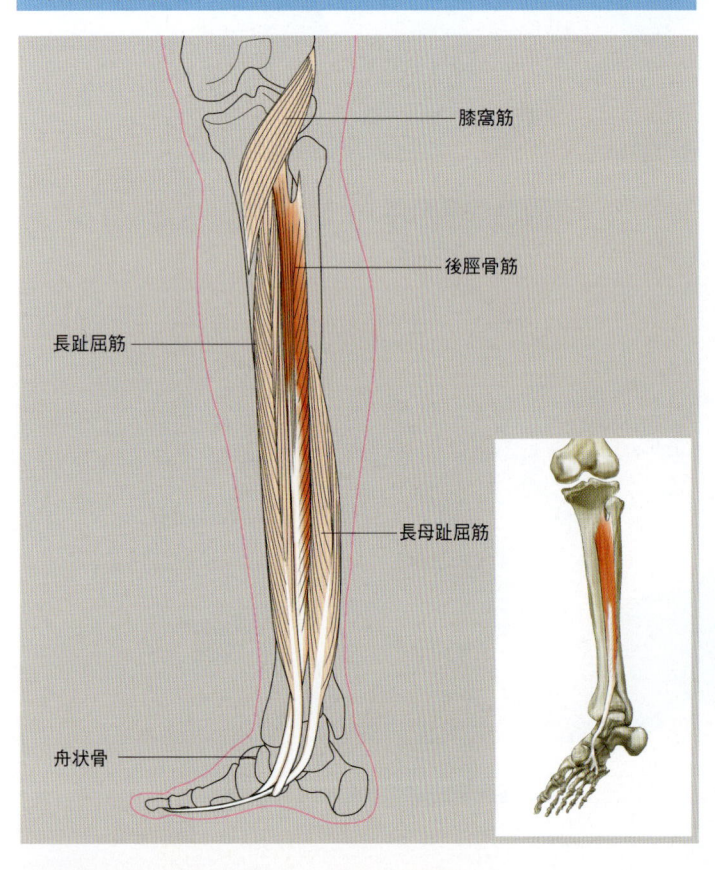

後脛骨筋伸張法

開 始 肢 位：腹臥位．両上肢は挙上しておく．右股関節は軽度外転位．膝関節は90°屈曲位．下腿は外旋位．足関節は外転位．
自分の位置：右側に立つ．両手で足部を把持し，両母指を足底部に置く．
伸 張 法：右足を前に踏み出し，膝関節を屈曲および足関節を背屈しながら，脛骨内果下部に緊張が及ぶように右手で外反方向に押し込む．
備　　　考：本法は停止部に近いところを伸張する．

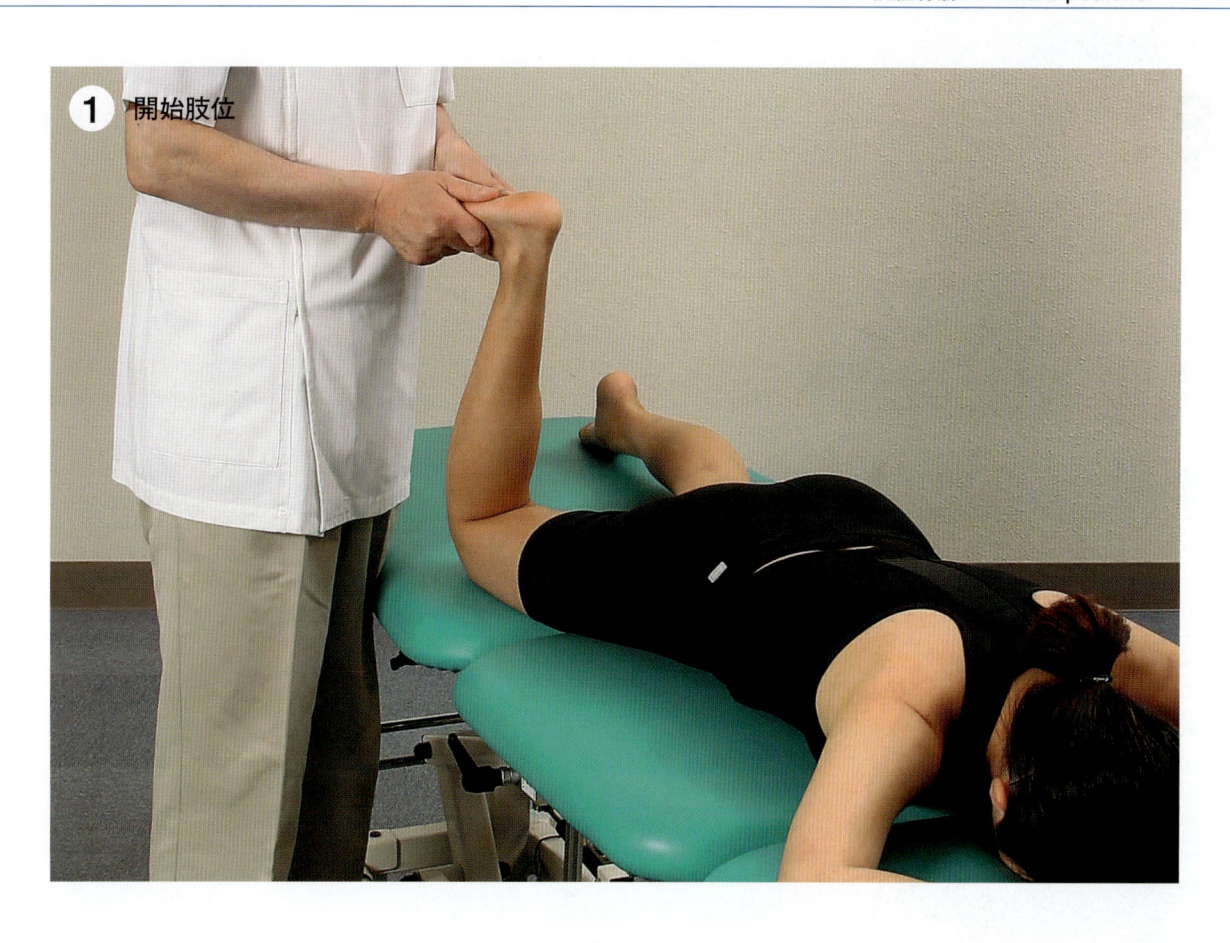

後脛骨筋 m. tibialis posterior　247

1 開始肢位

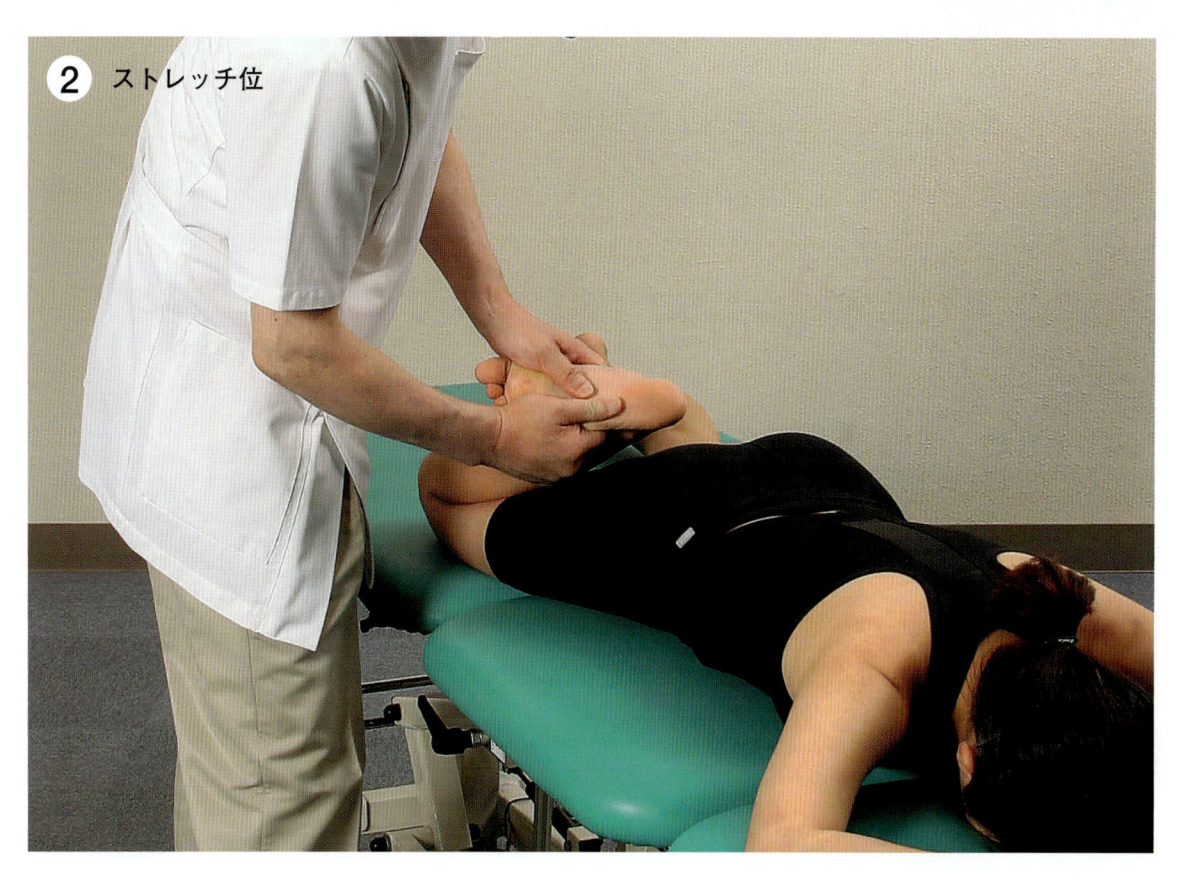

2 ストレッチ位

81 短趾伸筋 m. extensor digitorum brevis → 105 短趾伸筋

起　　始：踵骨前部背側面および外側面
停　　止：第2〜4趾背側腱膜
神 経 支 配：深腓骨神経 L4〜S1
血 管 支 配：足背動脈，外側足根動脈
筋 連 結：短母趾伸筋

短趾伸筋ランドマーク

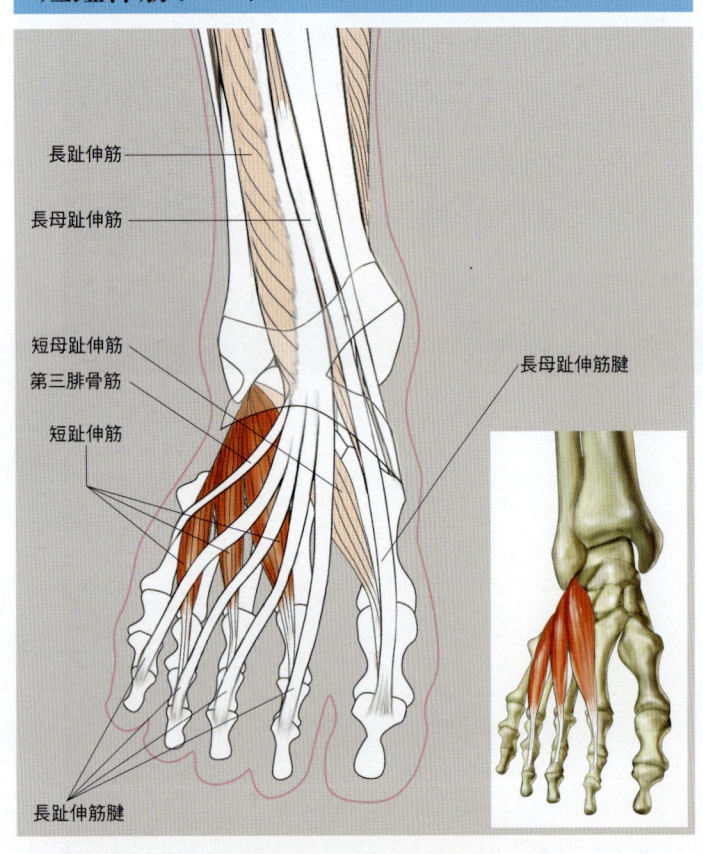

短趾伸筋伸張法（端座位）

開 始 肢 位：端座位．
自分の位置：右前方に座る．左手で踵を把持し，右母指を第2〜5趾趾背にあて，手指は足底に添える．
伸　張　法：右手で足関節を内反しながら，足趾を屈曲する．
備　　考：本伸張法では，長趾伸筋と区別するため内反を強調する．

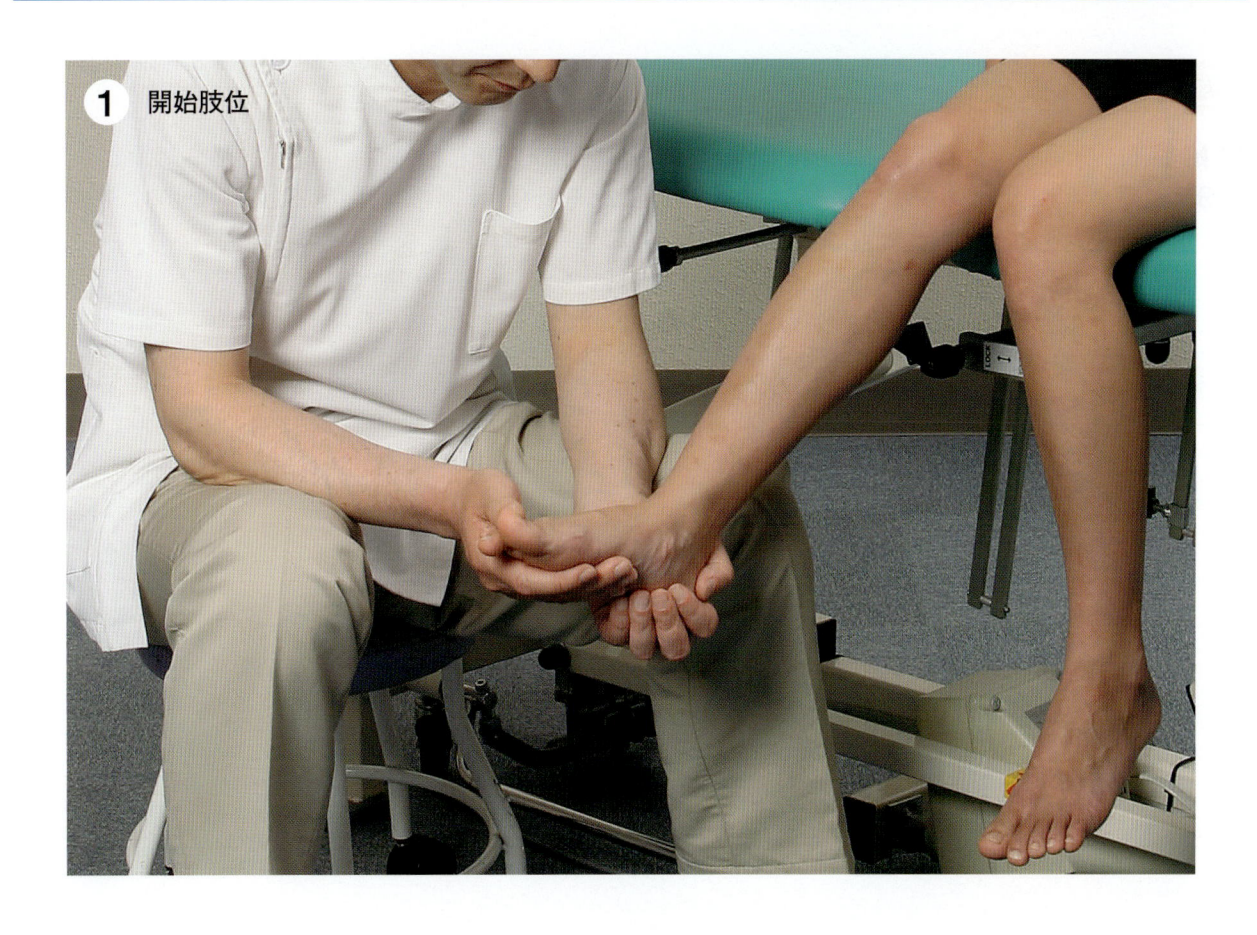

短趾伸筋 m. extensor digitorum brevis 249

1 開始肢位

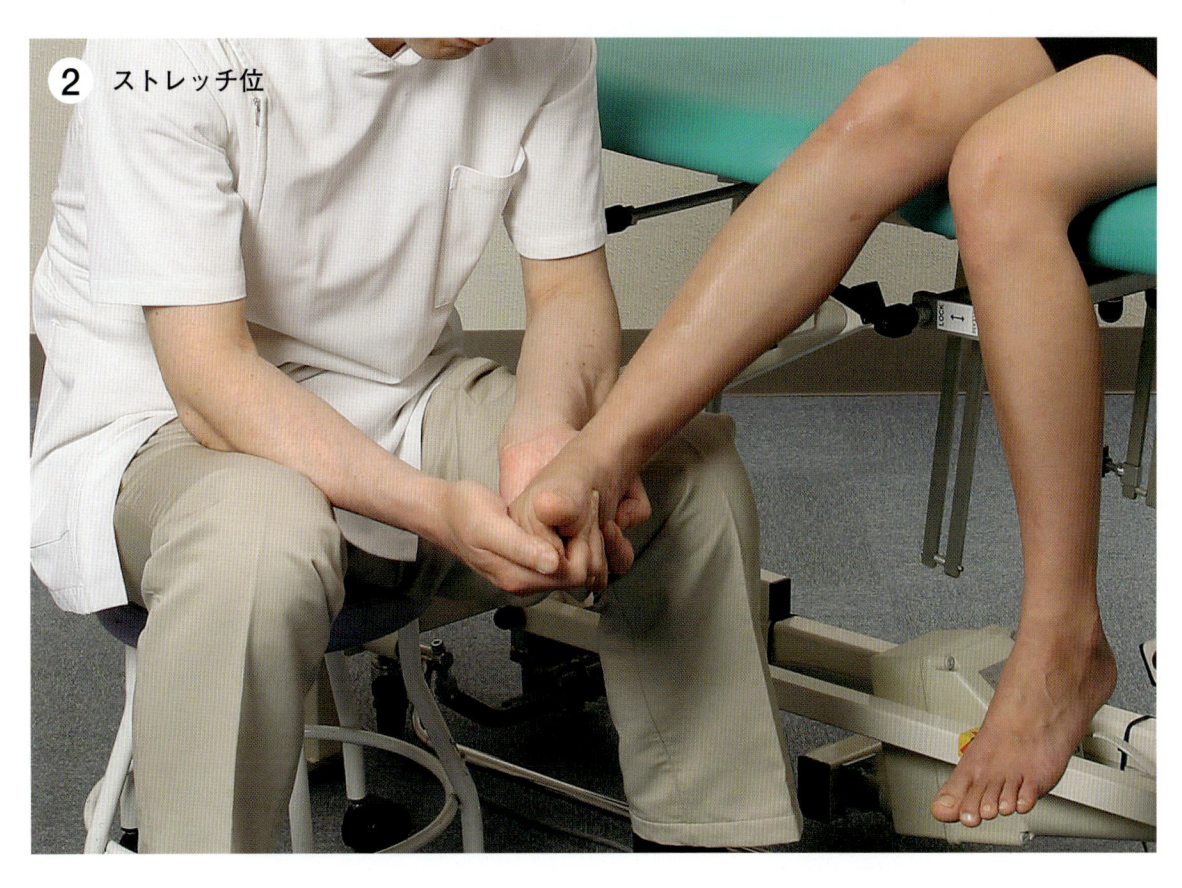

2 ストレッチ位

短趾伸筋伸張法（腹臥位）

開始肢位：腹臥位．両上肢は挙上しておく．膝関節は約120°屈曲位．
自分の位置：頭部に向かって右側に座る．右母指を第2〜5趾趾背にあて，手指を足底に添える．左手で下腿遠位部を把持する．
伸　張　法：左手で下腿を固定し，右手で足関節を内反しながら足趾を屈曲する．
備　　　考：本伸張法では，長趾伸筋と区別するため内反を強調する．

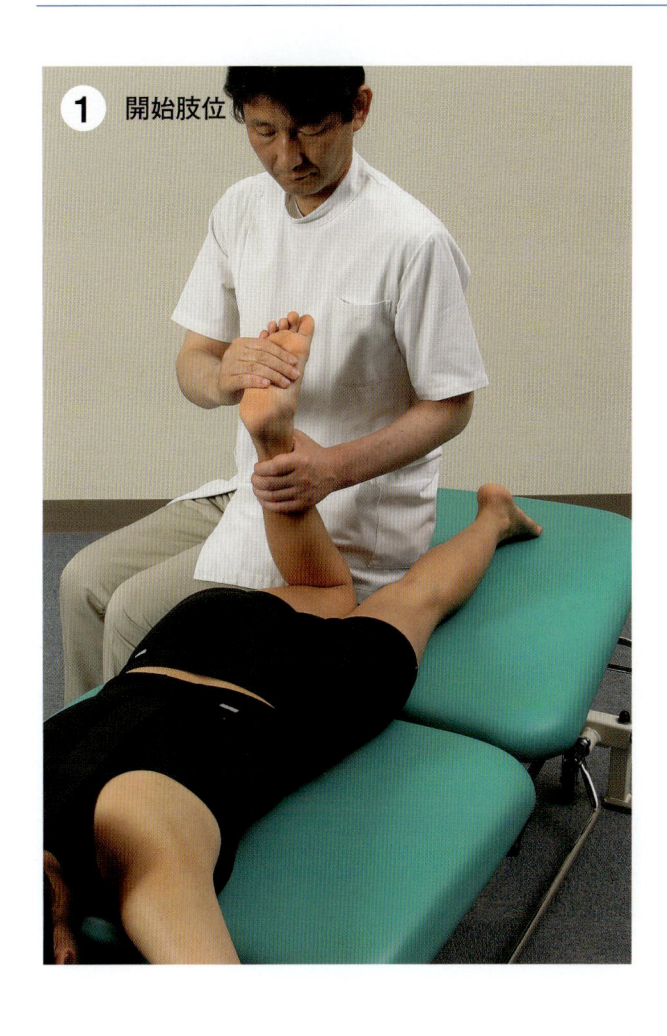

短趾伸筋 m. extensor digitorum brevis 251

① 開始肢位

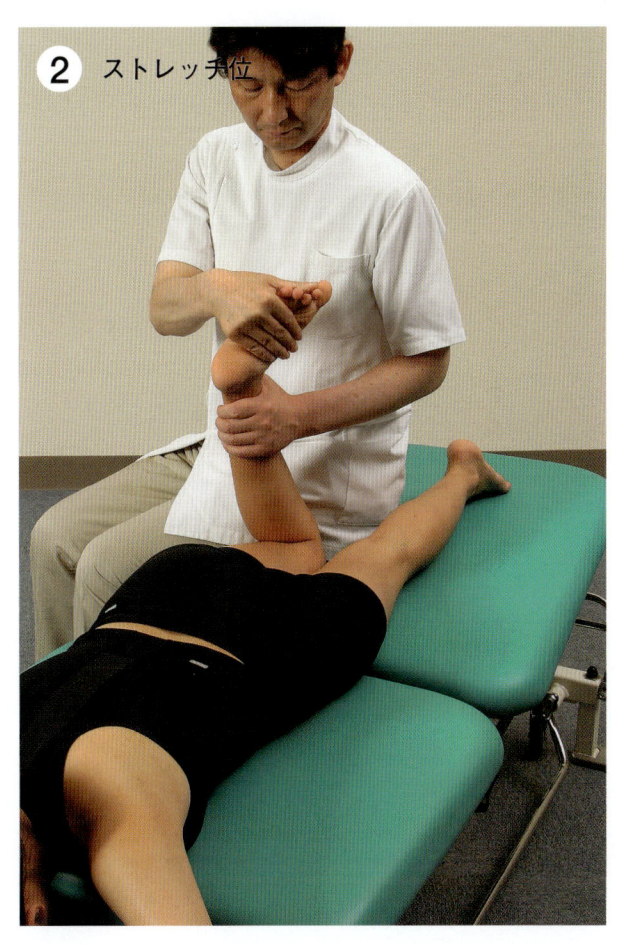

② ストレッチ位

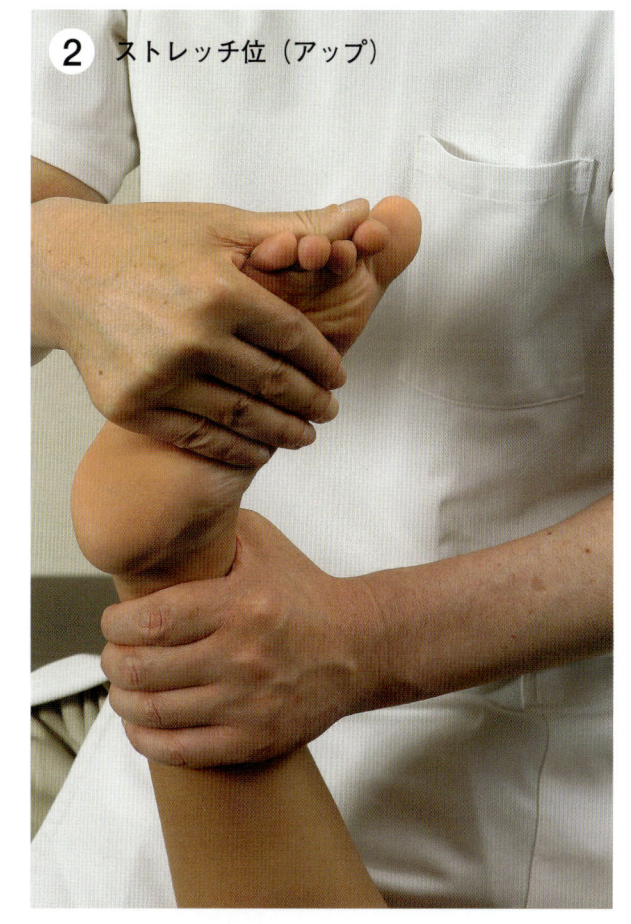

② ストレッチ位（アップ）

短趾伸筋伸張法（側臥位）

開 始 肢 位：左側臥位．右股関節は90°屈曲位．膝関節は90°屈曲位．右前足部はベッドの端から出す．
自分の位置：左側頭部に向かって立つ．右母指を第2〜5趾趾背にあて，左手で下腿遠位部を把持する．
伸　張　法：左手で下腿を固定し，右手で足関節を内反しながら足趾を屈曲する．
備　　　考：本伸張法では，長趾伸筋と区別するため内反を強調する．

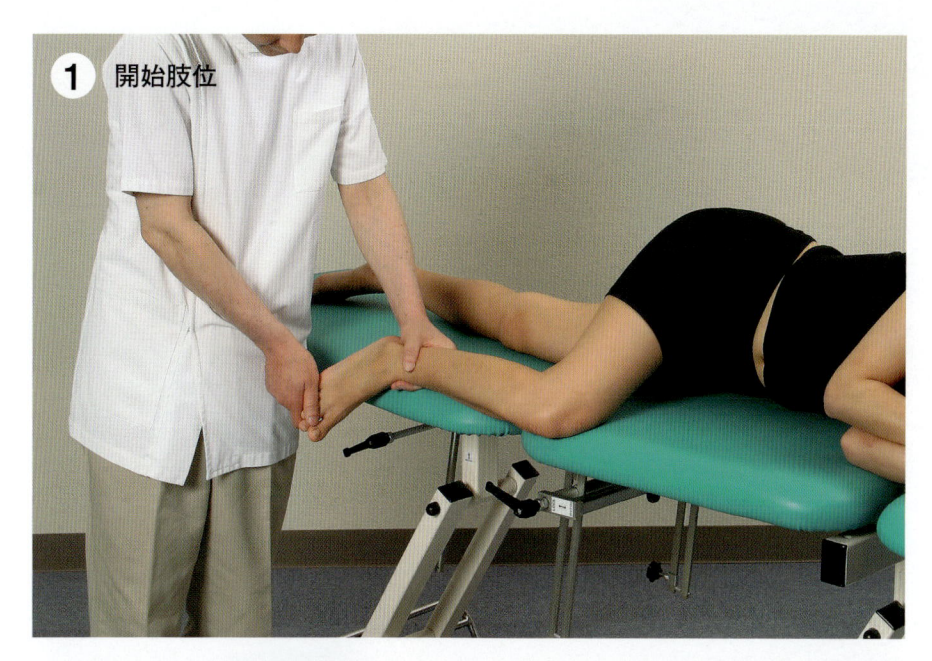

短趾伸筋 m. extensor digitorum brevis 253

1 開始肢位

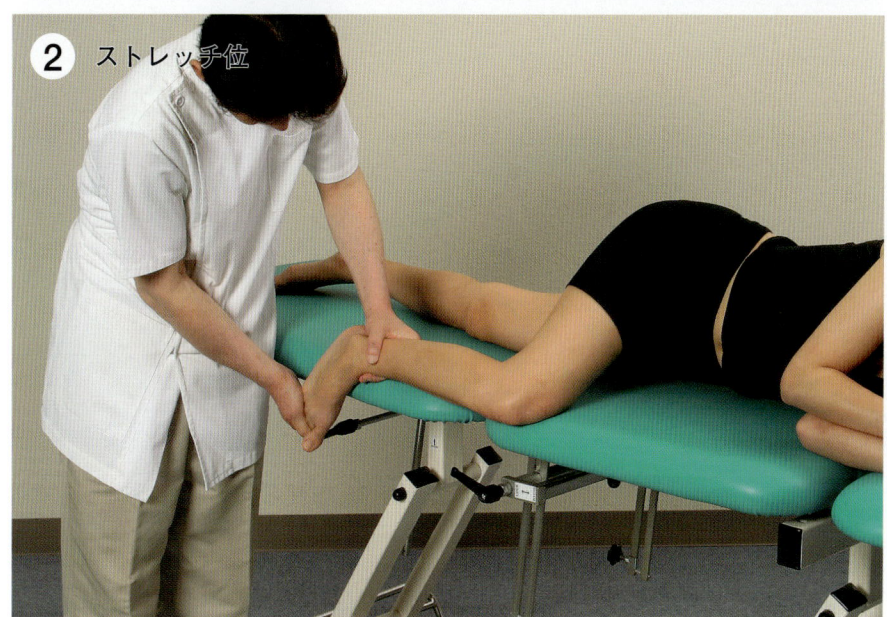

2 ストレッチ位

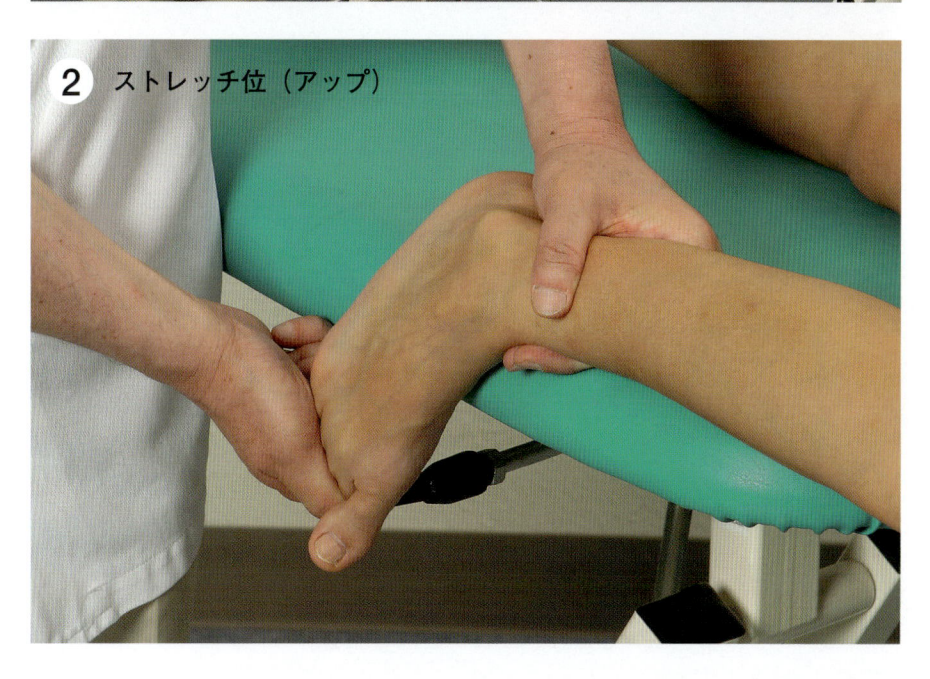

2 ストレッチ位（アップ）

資料

付表1. 身体部位と注目すべき筋群 ……………………… 256
付表2. スポーツ種目別IDストレッチング（1）……… 257
　　　スポーツ種目別IDストレッチング（2）……… 261

付表1. 身体部位と注目すべき筋群

部 位	関係する筋群		関係する疾患等
頸 部	1 腸肋筋 2 最長筋 4 僧帽筋上部 7 頭半棘筋 8 頭板状筋 9 肩甲挙筋	10 胸鎖乳突筋 11 前斜角筋 12 中斜角筋 13 後斜角筋 23 棘上筋	鞭打ち損傷　後縦靱帯骨化症 肩こり　寝違え　先天性斜頸 頸部脊椎症　胸郭出口症候群
胸 部	3 前鋸筋 16 大胸筋鎖骨部 17 大胸筋胸肋部	18 大胸筋腹部 19 小胸筋 30 烏口腕筋	胸郭出口症候群 リュックサック麻痺
背 部	1 腸肋筋 2 最長筋 5 僧帽筋中部	14 大菱形筋 15 小菱形筋	肩こり 脊柱側彎症
腰 部	1 腸肋筋 2 最長筋 6 僧帽筋下部	27 広背筋 49 大殿筋 50 中殿筋	筋・筋膜性腰痛　後腸骨稜骨端炎 腰椎分離症　腰椎椎間板ヘルニア ギックリ腰　変形性脊椎症
肩関節周囲	4 僧帽筋上部 16 大胸筋鎖骨部 17 大胸筋胸肋部 18 大胸筋腹部 20 三角筋鎖骨部 21 三角筋肩峰部 22 三角筋肩甲棘部	23 棘上筋 24 棘下筋 25 小円筋 26 大円筋 27 広背筋 28 上腕三頭筋 29 上腕二頭筋	肩関節周囲炎 インピンジメント症候群 滑液包炎　肩板損傷 上腕二頭筋長頭腱障害 三角筋拘縮症 棘上筋腱炎 回旋筋腱板損傷
肘関節周囲	28 上腕三頭筋 29 上腕二頭筋 31 腕橈骨筋 32 長橈側手根伸筋 33 短橈側手根伸筋	34 尺側手根伸筋 41 橈側手根屈筋 42 長掌筋 43 尺側手根屈筋	野球肘　テニス肘　ゴルフ肘 槍投げ肘　肘内障　内反肘 外反肘　外上顆炎 前・後骨間神経麻痺
手関節周囲	31 腕橈骨筋 32 長橈側手根伸筋 33 短橈側手根伸筋 34 尺側手根伸筋 35 総指伸筋 36 長母指伸筋 37 短母指伸筋 38 長母指外転筋	39 示指伸筋 40 小指伸筋 41 橈側手根屈筋 42 長掌筋 43 尺側手根屈筋 44 浅指屈筋 45 深指屈筋 46 長母指屈筋	スキーヤーの母指　槌指（突き指） フォルクマン拘縮　ボタン穴変形 ズーデック骨萎縮 デュピュイトラン拘縮 キーンベック病　ばね指 ドゥケルバン病　手根管症候群 クルッケンベルグ拘縮
股関節周囲	47 腸骨筋 48 大腰筋 49 大殿筋 50 中殿筋 51 大腿筋膜張筋 52 縫工筋 53 恥骨筋 54 短内転筋 55 長内転筋 57 薄筋	58 梨状筋 59 外閉鎖筋 60 内閉鎖筋 61 上双子筋 62 下双子筋 63 大腿方形筋 64 大腿直筋 67 半腱様筋 68 半膜様筋 69 大腿二頭筋	変形性股関節症 筋・筋膜性腰痛 坐骨神経痛　バネ股 梨状筋症候群 後腸骨稜骨端炎 腰椎分離症 腰椎椎間板ヘルニア ギックリ腰
膝関節周囲	51 大腿筋膜張筋 57 薄筋 64 大腿直筋 65 内側広筋 66 外側広筋	67 半腱様筋 68 半膜様筋 69 大腿二頭筋 70 腓腹筋外側頭 71 腓腹筋内側頭	前・後十字靱帯損傷　膝蓋骨亜脱臼症候群 内側側副靱帯損傷　鵞足炎（鵞足下滑液包炎） 膝蓋靱帯炎（ジャンパー膝）　大腿四頭筋拘縮症 オズグッド・シュラッター病 腸脛靱帯炎　変形性膝関節症
足関節周囲	70 腓腹筋外側頭 71 腓腹筋内側頭 72 ヒラメ筋 73 前脛骨筋 74 長趾伸筋 75 長母趾伸筋	76 長腓骨筋 77 短腓骨筋 78 長趾屈筋 79 長母趾屈筋 80 後脛骨筋 81 短趾伸筋	脛骨過労性骨膜炎（シンスプリント） テニスレッグ　アキレス腱炎 足関節捻挫　腓骨筋腱鞘炎 足底筋膜炎　後脛骨筋腱炎 踵骨後部滑液包炎　扁平足 コンパートメント症候群

付表2．スポーツ種目別IDストレッチング（1）

ここでは最も簡単で効果的な方法，すなわち代償運動が最も起こりにくいIDストレッチングのみを記載することとした．

野球・ソフトボール

体幹・上肢	下肢
1腸肋筋，2最長筋，14大菱形筋，15小菱形筋，16大胸筋鎖骨部，17大胸筋胸肋部，18大胸筋腹部，19小胸筋，20三角筋鎖骨部，21三角筋肩峰部，22三角筋肩甲棘部，23棘上筋，24棘下筋，25小円筋，26大円筋，27広背筋，28上腕三頭筋，29上腕二頭筋，31腕橈骨筋，41橈側手根屈筋，42長掌筋，43尺側手根屈筋，44浅指屈筋，45深指屈筋，46長母指屈筋	47腸骨筋，48大腰筋，49大殿筋，50中殿筋，51大腿筋膜張筋，52縫工筋，53恥骨筋，54短内転筋，55長内転筋，56大内転筋，57薄筋，64大腿直筋，65内側広筋，66外側広筋，67半腱様筋，68半膜様筋，69大腿二頭筋，70腓腹筋外側頭，71腓腹筋内側頭，72ヒラメ筋，73前脛骨筋，76長腓骨筋，77短腓骨筋，78長趾屈筋，79長母趾屈筋

サッカー

体幹・上肢	下肢
1腸肋筋，2最長筋，4僧帽筋上部，9肩甲挙筋，10胸鎖乳突筋，11前斜角筋，12中斜角筋，13後斜角筋，14大菱形筋，15小菱形筋，16大胸筋鎖骨部，17大胸筋胸肋部，18大胸筋腹部，19小胸筋，20三角筋鎖骨部，21三角筋肩峰部，22三角筋肩甲棘部，26大円筋，27広背筋，28上腕三頭筋，29上腕二頭筋	47腸骨筋，48大腰筋，49大殿筋，50中殿筋，51大腿筋膜張筋，52縫工筋，53恥骨筋，54短内転筋，55長内転筋，56大内転筋，57薄筋，58梨状筋，59外閉鎖筋，60内閉鎖筋，61上双子筋，62下双子筋，63大腿方形筋，64大腿直筋，65内側広筋，66外側広筋，67半腱様筋，68半膜様筋，69大腿二頭筋，70腓腹筋外側頭，71腓腹筋内側頭，72ヒラメ筋，73前脛骨筋，74長趾伸筋，75長母趾伸筋，76長腓骨筋，77短腓骨筋，78長趾屈筋，79長母趾屈筋，81短趾伸筋

バスケットボール

体幹・上肢	下肢
1腸肋筋，2最長筋，3前鋸筋，14大菱形筋，15小菱形筋，16大胸筋鎖骨部，17大胸筋胸肋部，18大胸筋腹部，20三角筋鎖骨部，21三角筋肩峰部，22三角筋肩甲棘部，26大円筋，27広背筋，28上腕三頭筋，29上腕二頭筋，31腕橈骨筋，32短橈側手根伸筋，33長橈側手根伸筋，34尺側手根伸筋，41橈側手根屈筋，42長掌筋，43尺側手根屈筋，44浅指屈筋，45深指屈筋，46長母指屈筋	47腸骨筋，48大腰筋，49大殿筋，50中殿筋，51大腿筋膜張筋，52縫工筋，53恥骨筋，54短内転筋，55長内転筋，56大内転筋，57薄筋，64大腿直筋，65内側広筋，66外側広筋，67半腱様筋，68半膜様筋，69大腿二頭筋，70腓腹筋外側頭，71腓腹筋内側頭，72ヒラメ筋，73前脛骨筋，76長腓骨筋，77短腓骨筋，78長趾屈筋，79長母趾屈筋

バレーボール

体幹・上肢	下肢
1腸肋筋，2最長筋，3前鋸筋，16大胸筋鎖骨部，17大胸筋胸肋部，18大胸筋腹部，20三角筋鎖骨部，21三角筋肩峰部，22三角筋肩甲棘部，26大円筋，27広背筋，28上腕三頭筋，31腕橈骨筋，32長橈側手根伸筋，33短橈側手根伸筋，34尺側手根伸筋，41橈側手根屈筋，42長掌筋，43尺側手根屈筋，44浅指屈筋，45深指屈筋	47腸骨筋，48大腰筋，49大殿筋，50中殿筋，51大腿筋膜張筋，52縫工筋，53恥骨筋，54短内転筋，55長内転筋，56大内転筋，57薄筋，64大腿直筋，65内側広筋，66外側広筋，67半腱様筋，68半膜様筋，69大腿二頭筋，70腓腹筋外側頭，71腓腹筋内側頭，72ヒラメ筋，76長腓骨筋，77短腓骨筋，78長趾屈筋，79長母趾屈筋

ラグビー

体幹・上肢	下肢
1腸肋筋，2最長筋，3前鋸筋，4僧帽筋上部，5僧帽筋中部，6僧帽筋下部，7頭半棘筋，8頭板状筋，10胸鎖乳突筋，11前斜角筋，12中斜角筋，13後斜角筋，16大胸筋鎖骨部，17大胸筋胸肋部，18大胸筋腹部，20三角筋鎖骨部，21三角筋肩峰部，22三角筋肩甲棘部，26大円筋，27広背筋，28上腕三頭筋，29上腕二頭筋，31腕橈骨筋，44浅指屈筋，45深指屈筋，46長母指屈筋	47腸骨筋，48大腰筋，49大殿筋，50中殿筋，51大腿筋膜張筋，52縫工筋，53恥骨筋，54短内転筋，64大腿直筋，65内側広筋，66外側広筋，67半腱様筋，68半膜様筋，69大腿二頭筋，70腓腹筋外側頭，71腓腹筋内側頭，72ヒラメ筋，73前脛骨筋，74長趾伸筋，76長腓骨筋，77短腓骨筋，78長趾屈筋，79長母趾屈筋，81短趾伸筋

テニス

体幹・上肢	下肢
1腸肋筋，2最長筋，3前鋸筋，16大胸筋鎖骨部，17大胸筋胸肋部，18大胸筋腹部，20三角筋鎖骨部，21三角筋肩峰部，22三角筋肩甲棘部，24棘下筋，25小円筋，26大円筋，27広背筋，28上腕三頭筋，31腕橈骨筋，41橈側手根屈筋，42長掌筋，43尺側手根屈筋，44浅指屈筋，45深指屈筋，46長母指屈筋	47腸骨筋，48大腰筋，49大殿筋，50中殿筋，51大腿筋膜張筋，52縫工筋，53恥骨筋，54短内転筋，64大腿直筋，65内側広筋，66外側広筋，67半腱様筋，68半膜様筋，69大腿二頭筋，70腓腹筋外側頭，71腓腹筋内側頭，72ヒラメ筋，73前脛骨筋，76長腓骨筋，77短腓骨筋

体　操

体幹・上肢	下肢
1腸肋筋，2最長筋，3前鋸筋，4僧帽筋上部，5僧帽筋中部，6僧帽筋下部，7頭半棘筋，8頭板状筋，12大円筋，14大菱形筋，15小菱形筋，16大胸筋鎖骨部，17大胸筋胸肋部，18大胸筋腹部，20三角筋鎖骨部，21三角筋肩峰部，22三角筋肩甲棘部，27広背筋，28上腕三頭筋，29上腕二頭筋，31腕橈骨筋，32長橈側手根伸筋，33短橈側手根伸筋，34尺側手根伸筋，41橈側手根屈筋，42長掌筋，43尺側手根屈筋，44浅指屈筋，45深指屈筋，46長母指屈筋	47腸骨筋，48大腰筋，49大殿筋，50中殿筋，51大腿筋膜張筋，52縫工筋，53恥骨筋，54短内転筋，55長内転筋，56大内転筋，57薄筋，64大腿直筋，65内側広筋，66外側広筋，67半腱様筋，68半膜様筋，69大腿二頭筋，70腓腹筋外側頭，71腓腹筋内側頭，72ヒラメ筋，73前脛骨筋，76長腓骨筋，77短腓骨筋，78長趾屈筋，79長母趾屈筋

水　泳

体幹・上肢	下肢
1腸肋筋，2最長筋，3前鋸筋，4僧帽筋上部，5僧帽筋中部，6僧帽筋下部，7頭半棘筋，8頭板状筋，10胸鎖乳突筋，14大菱形筋，15小菱形筋，16大胸筋鎖骨部，17大胸筋胸肋部，18大胸筋腹部，20三角筋鎖骨部，21三角筋肩峰部，22三角筋肩甲棘部，26大円筋，27広背筋，28上腕三頭筋，29上腕二頭筋，31腕橈骨筋，32長橈側手根伸筋，33短橈側手根伸筋，34尺側手根伸筋，41橈側手根屈筋，42長掌筋，43尺側手根屈筋，44浅指屈筋，45深指屈筋，46長母指屈筋	47腸骨筋，48大腰筋，49大殿筋，50中殿筋，51大腿筋膜張筋，52縫工筋，53恥骨筋，54短内転筋，55長内転筋，56大内転筋，57薄筋，64大腿直筋，65内側広筋，66外側広筋，67半腱様筋，68半膜様筋，69大腿二頭筋，70腓腹筋外側頭，71腓腹筋内側頭，72ヒラメ筋，73前脛骨筋，74長趾伸筋，75長母趾伸筋，78長趾屈筋，79長母趾屈筋，81短趾伸筋

陸上（距離競技）

体幹・上肢	下肢
1腸肋筋，2最長筋，14大菱形筋，15小菱形筋，16大胸筋鎖骨部，17大胸筋胸肋部，18大胸筋腹部，19小胸筋，20三角筋鎖骨部，21三角筋肩峰部，22三角筋肩甲棘部，26大円筋，27広背筋，28上腕三頭筋，29上腕二頭筋	47腸骨筋，48大腰筋，49大殿筋，50中殿筋，51大腿筋膜張筋，52縫工筋，53恥骨筋，54短内転筋，55長内転筋，56大内転筋，57薄筋，64大腿直筋，65内側広筋，66外側広筋，67半腱様筋，68半膜様筋，69大腿二頭筋，70腓腹筋外側頭，71腓腹筋内側頭，72ヒラメ筋，73前脛骨筋，76長腓骨筋，77短腓骨筋，78長趾屈筋，79長母趾屈筋

陸上（投てき競技）

体幹・上肢	下肢
1腸肋筋，2最長筋，3前鋸筋，4僧帽筋上部，5僧帽筋中部，6僧帽筋下部，7頭半棘筋，8頭板状筋，9肩甲挙筋，10胸鎖乳突筋，14大菱形筋，15小菱形筋，16大胸筋鎖骨部，17大胸筋胸肋部，18大胸筋腹部，19小胸筋，20三角筋鎖骨部，21三角筋肩峰部，22三角筋肩甲棘部，26大円筋，27広背筋，28上腕三頭筋，29上腕二頭筋，45深指屈筋，46長母指屈筋	47腸骨筋，48大腰筋，49大殿筋，50中殿筋，51大腿筋膜張筋，52縫工筋，53恥骨筋，54短内転筋，55長内転筋，56大内転筋，57薄筋，64大腿直筋，65内側広筋，66外側広筋，67半腱様筋，68半膜様筋，69大腿二頭筋，70腓腹筋外側頭，71腓腹筋内側頭，72ヒラメ筋，73前脛骨筋，76長腓骨筋，77短腓骨筋，78長趾屈筋，79長母趾屈筋

柔 道

体幹・上肢	下肢
1腸肋筋，2最長筋，3前鋸筋，7頭半棘筋，8頭板状筋，9肩甲挙筋，10胸鎖乳突筋，11前斜角筋，12中斜角筋，13後斜角筋，16大胸筋鎖骨部，17大胸筋胸肋部，18大胸筋腹部，19小胸筋，20三角筋鎖骨部，21三角筋肩峰部，22三角筋肩甲棘部，24棘下筋，25小円筋，26大円筋，27広背筋，28上腕三頭筋，29上腕二頭筋，31腕橈骨筋，45深指屈筋，46長母指屈筋	47腸骨筋，48大腰筋，49大殿筋，50中殿筋，51大腿筋膜張筋，52縫工筋，53恥骨筋，54短内転筋，55長内転筋，56大内転筋，57薄筋，64大腿直筋，65内側広筋，66外側広筋，67半腱様筋，68半膜様筋，69大腿二頭筋，70腓腹筋外側頭，71腓腹筋内側頭，72ヒラメ筋，73前脛骨筋，76長腓骨筋，77短腓骨筋，78長趾屈筋，79長母趾屈筋

空 手

体幹・上肢	下肢
1腸肋筋，2最長筋，3前鋸筋，9肩甲挙筋，10胸鎖乳突筋，16大胸筋鎖骨部，17大胸筋胸肋部，18大胸筋腹部，20三角筋鎖骨部，21三角筋肩峰部，24棘下筋，25小円筋，26大円筋，27広背筋，28上腕三頭筋，29上腕二頭筋	47腸骨筋，48大腰筋，49大殿筋，50中殿筋，51大腿筋膜張筋，52縫工筋，53恥骨筋，54短内転筋，55長内転筋，56大内転筋，57薄筋，64大腿直筋，65内側広筋，66外側広筋，67半腱様筋，68半膜様筋，69大腿二頭筋，70腓腹筋外側頭，71腓腹筋内側頭，72ヒラメ筋，73前脛骨筋，78長趾屈筋，79長母趾屈筋

剣道

体幹・上肢	下肢
1腸肋筋，2最長筋，3前鋸筋，4僧帽筋上部，5僧帽筋中部，6僧帽筋下部，7頭半棘筋，8頭板状筋，9肩甲挙筋，10胸鎖乳突筋，11前斜角筋，12中斜角筋，13後斜角筋，14大菱形筋，15小菱形筋，16大胸筋鎖骨部，17大胸筋胸肋部，18大胸筋腹部，19小胸筋，20三角筋鎖骨部，21三角筋肩峰部，22三角筋肩甲棘部，26大円筋，27広背筋，28上腕三頭筋，29上腕二頭筋，31腕橈骨筋，32長橈側手根伸筋，33短橈側手根伸筋，34尺側手根伸筋，41橈側手根屈筋，42長掌筋，43尺側手根屈筋，44浅指屈筋，45深指屈筋，46長母指屈筋	47腸骨筋，48大腰筋，49大殿筋，50中殿筋，51大腿筋膜張筋，52縫工筋，53恥骨筋，54短内転筋，55長内転筋，56大内転筋，57薄筋，64大腿直筋，65内側広筋，66外側広筋，67半腱様筋，68半膜様筋，69大腿二頭筋，70腓腹筋外側頭，71腓腹筋内側頭，72ヒラメ筋，73前脛骨筋，78長趾屈筋，79長母趾屈筋

ゴルフ

体幹・上肢	下肢
1腸肋筋，2最長筋，3前鋸筋，7頭半棘筋，8頭板状筋，10胸鎖乳突筋，14大菱形筋，15小菱形筋，16大胸筋鎖骨部，17大胸筋胸肋部，18大胸筋腹部，20三角筋鎖骨部，21三角筋肩峰部，22三角筋肩甲棘部，26大円筋，27広背筋，28上腕三頭筋，29上腕二頭筋，31腕橈骨筋，32長橈側手根伸筋，33短橈側手根伸筋，34尺側手根伸筋，41橈側手根屈筋，42長掌筋，43尺側手根屈筋，44浅指屈筋，45深指屈筋，46長母指屈筋	47腸骨筋，48大腰筋，49大殿筋，50中殿筋，51大腿筋膜張筋，52縫工筋，53恥骨筋，54短内転筋，55長内転筋，56大内転筋，57薄筋，64大腿直筋，65内側広筋，66外側広筋，67半腱様筋，68半膜様筋，69大腿二頭筋，70腓腹筋外側頭，71腓腹筋内側頭，72ヒラメ筋，76長腓骨筋，77短腓骨筋，78長趾屈筋，79長母趾屈筋

付表2. スポーツ種目別IDストレッチング (2)

ここでは各筋とIDストレッチングの方法（番号で示す）および各スポーツ競技との関係を体幹・上肢、下肢に分けてまとめた。
＊印は各スポーツ競技で特にIDストレッチングが必要な筋を示す．

	筋　名	野球・ソフトボール	サッカー	バスケットボール	バレーボール	ラグビー	テニス	体操	水泳	陸上(距離競技)	陸上(投てき競技)	柔道	空手	剣道	ゴルフ
体幹・上肢	1 腸肋筋						*	*	*			*		*	*
	2 最長筋	*	*				*	*	*	*	*	*	*	*	*
	3 前鋸筋			*	*		*	*	*			*	*	*	*
	4 僧帽筋上部		*			*		*	*	*	*			*	
	5 僧帽筋中部					*		*	*			*		*	
	6 僧帽筋下部					*		*	*	*	*	*		*	
	7 頭半棘筋		*			*		*				*			*
	8 頭板状筋		*			*		*				*			*
	9 肩甲挙筋		*			*			*					*	
	10 胸鎖乳突筋		*							*	*		*	*	*
	11 前斜角筋		*			*									
	12 中斜角筋		*			*									
	13 後斜角筋		*			*									
	14 大菱形筋	*	*	*		*	*	*	*	*					*
	15 小菱形筋	*	*	*		*	*	*	*	*					*
	16 大胸筋鎖骨部	*	*	*	*	*	*		*	*	*	*		*	*
	17 大胸筋胸肋部	*	*	*	*	*	*		*	*	*	*		*	*
	18 大胸筋腹部	*	*	*	*	*			*	*	*	*		*	*
	19 小胸筋	*	*	*	*	*			*	*	*	*		*	*
	20 三角筋鎖骨部	*	*	*	*	*	*	*				*		*	*
	21 三角筋肩峰部	*	*	*	*	*		*				*		*	*
	22 三角筋肩甲棘部	*	*	*	*	*	*	*				*		*	*
	23 棘上筋	*					*	*							
	24 棘下筋	*					*	*							
	25 小円筋	*	*					*	*	*	*	*	*		*
	26 大円筋	*	*	*	*	*		*	*	*	*	*	*		*
	27 広背筋	*	*	*	*	*	*	*	*		*	*			*
	28 上腕三頭筋	*	*	*	*		*	*							*
	29 上腕二頭筋	*	*	*	*			*	*						*
	30 烏口腕筋		*	*	*			*	*						*
	31 腕橈骨筋	*	*	*	*	*	*	*				*			*
	32 長橈側手根伸筋			*	*			*						*	*
	33 短橈側手根伸筋			*	*			*						*	*
	34 尺側手根伸筋			*	*									*	*
	35 総指伸筋													*	
	36 長母指伸筋														
	37 短母指伸筋										*				*
	38 長母指外転筋														
	39 示指伸筋														
	40 小指伸筋														
	41 橈側手根屈筋	*			*		*	*	*					*	*

筋名	野球・ソフトボール	サッカー	バスケットボール	バレーボール	ラグビー	テニス	体操	水泳	陸上（距離競技）	陸上（投てき競技）	柔道	空手	剣道	ゴルフ
42 長掌筋	*							*						*
43 尺側手根屈筋	*							*					*	*
44 浅指屈筋								*					*	*
45 深指屈筋	*							*					*	*
46 長母指屈筋	*							*				*	*	*
47 腸骨筋	*	*	*	*		*	*	*	*					*
48 大腰筋	*	*	*	*	*	*	*	*	*		*	*	*	*
49 大殿筋	*	*	*	*	*	*	*	*	*		*	*	*	*
50 中殿筋	*	*	*	*	*	*	*	*	*		*	*	*	*
51 大腿筋膜張筋	*	*	*	*	*	*	*		*		*	*	*	*
52 縫工筋	*	*	*	*	*	*	*	*	*		*	*		*
53 恥骨筋		*	*	*	*	*	*	*	*		*	*		*
54 短内転筋	*	*	*	*	*	*		*	*		*	*		
55 長内転筋		*	*	*	*	*		*	*		*	*		
56 大内転筋	*	*	*	*	*	*	*	*	*		*	*		
57 薄筋		*	*	*		*		*	*					
58 梨状筋		*												
59 内閉鎖筋		*												
60 外閉鎖筋		*												
61 上双子筋		*												
62 下双子筋		*												
63 大腿方形筋		*												
64 大腿直筋	*	*	*	*	*	*	*	*	*	*	*	*	*	*
65 内側広筋	*	*	*	*	*	*	*	*	*	*	*	*	*	*
66 外側広筋	*	*	*	*	*	*	*	*	*	*	*	*	*	*
67 半腱様筋	*	*	*	*	*	*			*	*	*	*		*
68 半膜様筋	*	*	*	*	*	*			*	*	*	*		*
69 大腿二頭筋	*	*	*	*	*	*	*		*	*	*	*		*
70 腓腹筋外側頭	*	*	*	*	*	*	*		*	*	*	*		*
71 腓腹筋内側頭	*	*	*	*	*	*	*		*	*	*	*		*
72 ヒラメ筋	*	*	*	*	*	*	*		*	*	*	*		*
73 前脛骨筋		*	*	*	*				*	*				
74 長趾伸筋		*	*	*	*				*	*				
75 長母趾伸筋		*			*		*		*	*				
76 長腓骨筋	*	*			*		*	*	*	*				*
77 短腓骨筋	*	*			*		*	*	*	*				*
78 長趾屈筋	*	*			*			*	*	*				*
79 長母趾屈筋		*						*	*	*				
80 後脛骨筋		*												
81 短趾伸筋					*									

ID ストレッチング第 2 版
―Individual Muscle Stretching

発　行	1999 年 3 月 31 日　第 1 版第 1 刷
	2005 年 2 月 1 日　第 1 版第 12 刷
	2006 年 3 月 15 日　第 2 版第 1 刷
	2024 年 4 月 10 日　第 2 版第 11 刷Ⓒ
編　者	鈴木重行
著　者	鈴木重行・平野幸伸・鈴木敏和
発行者	青山　智
発行所	株式会社 三輪書店
	〒113-0033　東京都文京区本郷 6-17-9　本郷綱ビル
	TEL 03-3816-7796　FAX 03-3816-7756
	http://www.miwapubl.com
印刷所	三報社印刷 株式会社

本書の無断複写・複製・転載は，著作権・出版権の侵害となることがありますのでご注意ください．

ISBN978-4-89590-239-7　C 3047

JCOPY ＜出版者著作権管理機構 委託出版物＞

本書の無断複製は著作権法上での例外を除き禁じられています．複製される場合は，そのつど事前に，出版者著作権管理機構（電話 03-5244-5088, FAX 03-5244-5089, e-mail: info@jcopy.or.jp）の許諾を得てください．

■ 待望の IDストレッチング DVD版、ついに発売!!

DVD IDストレッチング
Individual Muscle Stretching

監修・指導　鈴木重行　名古屋大学名誉教授

　競技種目により特異的な筋群に負荷がかかるスポーツ選手の傷害予防に、また、部分的な痛みによる運動制限などに対するアプローチとして、大きな効果を発揮するIDストレッチング。好評だったビデオ版の進化形、DVD版がついに発売！
　このDVD版では
①ビデオ版で提示したストレッチング技術のブラッシュアップ！
②新たに7筋（頭半棘筋、頭板状筋、前鋸筋、深指屈筋、長母指屈筋、恥骨筋、短内転筋）を追加！
③広汎性侵害抑制調節（DNIC：diffuse noxious inhibitory controls）を利用した疼痛抑制法の掲載！
④ビデオ版ではターゲット筋のみ描かれていたCG解剖図を、周辺筋との関連もわかるようにリニューアル！
職場、教室、自宅で、見たい筋ストレッチングが選択でき、瞬時に見て学べる。テキストだけでは分からない動作が理解でき、技術習得を可能にする決定版。

● 定価16,500円（本体15,000円+税10%）
DVD　82分　2006

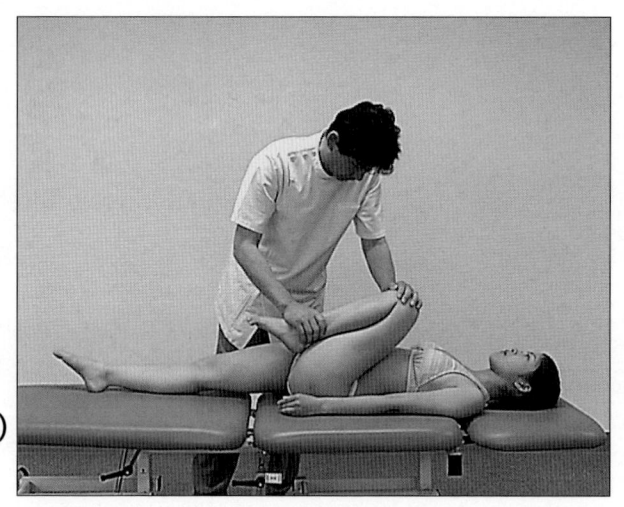

■ 主な内容　全82分

体幹・上肢（46分）

下肢（27分）

広汎性侵害抑制調節（DNIC：diffuse noxious inhibitory controls）を利用した疼痛抑制法（9分）

お求めの三輪書店の出版物が小売書店にない場合は，その書店にご注文ください．お急ぎの場合は直接小社に．

〒113-0033
東京都文京区本郷6-17-9 本郷綱ビル

三輪書店

編集 ☎03-3816-7796　FAX 03-3816-7756
販売 ☎03-6801-8357　FAX 03-6801-8352
ホームページ：http://www.miwapubl.com

■ イラスト・写真を増加させ、個別筋の触診に必要な知識を網羅した待望の第2版

ID触診術【第2版】

編著　鈴木 重行
著　　平野 幸伸
　　　鈴木 敏和

「筋の触診では走行に沿って触れられる能力だけでなく、隣接する筋との区別、異常な筋緊張や痛みを呈している部位を評価する力が必要である。第1版で好評だった写真での触診方法に立体的な筋のイラストを加え、触診の基本事項について初学者でも理解しやすいようにより詳細に解説した。身体に関わる全職種に必要とされる基礎知識のつまった一冊。

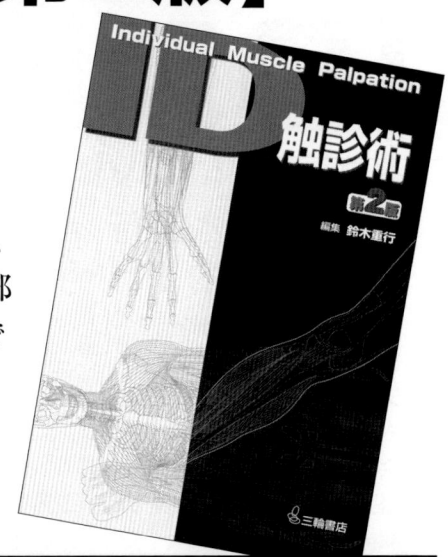

■ 主な内容 ■

触診の基本事項
ランドマークの触診

■ 頸部・体幹・上肢
1. 腸肋筋
2. 最長筋
3. 多裂筋
4. 腰方形筋
5. 前鋸筋
6. 外腹斜筋
7. 腹直筋
8. 僧帽筋上部
9. 僧帽筋中部
10. 僧帽筋下部
11. 頭半棘筋
12. 頭板状筋
13. 後頭下筋群
14. 肩甲挙筋
15. 胸鎖乳突筋
16. 前斜角筋
17. 中斜角筋
18. 後斜角筋
19. 大菱形筋
20. 小菱形筋
21. 上後鋸筋
22. 大胸筋鎖骨部
23. 大胸筋胸肋部
24. 大胸筋腹部
25. 小胸筋
26. 三角筋鎖骨部
27. 三角筋肩峰部
28. 三角筋肩甲棘部
29. 棘上筋
30. 棘下筋
31. 小円筋
32. 大円筋
33. 広背筋
34. 肩甲下筋
35. 上腕三頭筋
36. 上腕二頭筋
37. 烏口腕筋
38. 上腕筋
39. 腕橈骨筋
40. 長橈側手根伸筋
41. 短橈側手根伸筋
42. 尺側手根伸筋
43. 肘筋
44. 回外筋
45. 総指伸筋
46. 長母指伸筋
47. 短母指伸筋
48. 長母指外転筋
49. 示指伸筋
50. 小指伸筋
51. 円回内筋
52. 橈側手根屈筋
53. 長掌筋
54. 尺側手根屈筋
55. 浅指屈筋
56. 深指屈筋
57. 長母指屈筋
58. 母指対立筋
59. 短母指外転筋
60. 短母指屈筋
61. 母指内転筋
62. 小指外転筋
63. 短小指屈筋
64. 小指対立筋
65. 虫様筋
66. 背側骨間筋
67. 掌側骨間筋

■ 下肢
68. 腸骨筋
69. 大腰筋
70. 大殿筋
71. 中殿筋
72. 大腿筋膜張筋
73. 縫工筋
74. 恥骨筋
75. 長内転筋
76. 短内転筋
77. 大内転筋
78. 薄筋
79. 梨状筋
80. 外閉鎖筋
81. 内閉鎖筋
82. 上双子筋
83. 下双子筋
84. 大腿方形筋
85. 大腿直筋
86. 内側広筋
87. 外側広筋
88. 半腱様筋
89. 半膜様筋
90. 大腿二頭筋
91. 腓腹筋外側頭
92. 腓腹筋内側頭
93. ヒラメ筋
94. 膝窩筋
95. 足底筋
96. 前脛骨筋
97. 長趾伸筋
98. 長母趾伸筋
99. 長腓骨筋
100. 短腓骨筋
101. 第三腓骨筋
102. 長趾屈筋
103. 長母趾屈筋
104. 後脛骨筋
105. 短趾伸筋
106. 短母趾伸筋
107. 短母趾屈筋

● 定価 8,360円（本体 7,600円＋税10%）　A4　248頁　2014年　ISBN 978-4-89590-475-9

お求めの三輪書店の出版物が小売店にない場合は、その書店にご注文ください．お急ぎの場合は直接小社に．

〒113-0033
東京都文京区本郷6-17-9 本郷綱ビル

三輪書店

編集 ☎03-3816-7796　FAX 03-3816-7756
販売 ☎03-6801-8357　FAX 03-6801-8352
ホームページ：http://www.miwapubl.com

■ 待望の「IDストレッチング」セルフケアバージョン、遂に刊行！

アクティブIDストレッチング
Active Individual Muscle Stretching

編　集　鈴木　重行　名古屋大学名誉教授
執筆者　鈴木　重行・平野　幸伸・鈴木　敏和

　1999年、「個別的筋ストレッチング」という新しい概念を確立した『IDストレッチング』。その姉妹版として、患者さん自らが行える『アクティブIDストレッチング』がここに完成。

　『アクティブIDストレッチング』は、従来セラピストによってのみ行われていたIDストレッチングに、患者自らが、どんな場所でも、ストレッチングの強度を自覚しながら安全に実施できる工夫を施すことで、ホームエクササイズを可能にしたものである。

　また本書は、その数『IDストレッチング』の実に2倍以上の530点以上ものカラー写真を用いることで、動画並みに動きが理解しやすい紙面となった。

　現代日本が抱える医療費増加の抑制にも一石を投じるこのセルフケア法は、現在すでにIDストレッチングを取り入れている理学療法士、柔道整復師、スポーツトレーナー、カイロプラクターに、またこのような科学的根拠に基づいたストレッチングを探している方にとって、十分に満足いただける一冊である。

　ぜひ本書を、患者さんの指導に役立てていただきたい。

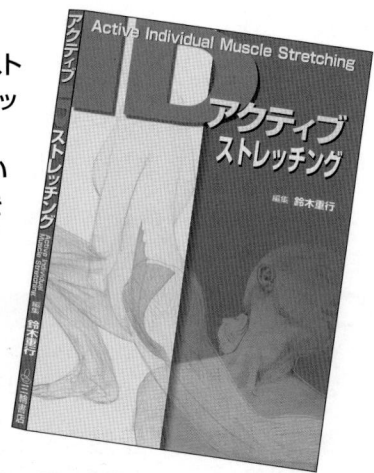

■ 主な内容 ■

第1章　アクティブIDストレッチングの概論
● アクティブIDストレッチングの基本事項
1. 器質的変化と機能的変化
2. 関節可動域とストレッチング
3. 等尺性収縮と筋緊張
4. 筋緊張と痛み
5. Ib活動とストレッチング
6. ストレッチングの方向
7. 筋触診と筋走行の熟知
8. ストレッチングの時間
9. ストレッチングの強度
10. 禁忌

第2章　アクティブIDストレッチングの実際
● 体幹・上肢
1. 腸肋筋
2. 最長筋
3. 前鋸筋
4. 僧帽筋上部
5. 僧帽筋中部
6. 僧帽筋下部
7. 頭半棘筋
8. 頭板状筋
9. 肩甲挙筋
10. 胸鎖乳突筋
11. 前斜角筋
12. 中斜角筋
13. 後斜角筋
14. 大菱形筋
15. 小菱形筋
16. 大胸筋鎖骨部
17. 大胸筋胸肋部
18. 大胸筋腹部
19. 小胸筋
20. 三角筋鎖骨部
21. 三角筋肩峰部
22. 三角筋肩甲棘部
23. 棘上筋
24. 棘下筋
25. 小円筋
26. 大円筋
27. 広背筋
28. 上腕三頭筋
29. 上腕二頭筋
30. 烏口腕筋
31. 腕橈骨筋
32. 長橈側手根伸筋
33. 短橈側手根伸筋
34. 尺側手根伸筋
35. 総指伸筋
36. 長母指伸筋
37. 短母指伸筋
38. 長母指外転筋
39. 示指伸筋
40. 小指伸筋
41. 橈側手根屈筋
42. 長掌筋
43. 尺側手根屈筋
44. 浅指屈筋
45. 深指屈筋
46. 長母指屈筋

● 下肢
47. 腸骨筋
48. 大腰筋
49. 大殿筋
50. 中殿筋
51. 大腿筋膜張筋
52. 縫工筋
53. 恥骨筋
54. 短内転筋
55. 長内転筋
56. 大内転筋
57. 薄筋
58. 梨状筋
59. 外閉鎖筋
60. 内閉鎖筋
61. 上双子筋
62. 下双子筋
63. 大腿方形筋
64. 大腿直筋
65. 内側広筋
66. 外側広筋
67. 半腱様筋
68. 半膜様筋
69. 大腿二頭筋
70. 腓腹筋外側頭
71. 腓腹筋内側頭
72. ヒラメ筋
73. 前脛骨筋
74. 長指伸筋
75. 長母指伸筋
76. 長腓骨筋
77. 短腓骨筋
78. 長指屈筋
79. 長母指屈筋
80. 後脛骨筋
81. 短指伸筋

● 定価4,950円（本体4,500円+税10%）　A4　220頁　2007年
ISBN 978-4-89590-270-0

お求めの三輪書店の出版物が小売書店にない場合は，その書店にご注文ください．お急ぎの場合は直接小社に．

〒113-0033
東京都文京区本郷6-17-9 本郷綱ビル

三輪書店

編集 ☎03-3816-7796　FAX 03-3816-7756
販売 ☎03-6801-8357　FAX 03-6801-8352
ホームページ：http://www.miwapubl.com